Blick-Wechsel

Konstruktionen von Männlichkeit und Weiblichkeit
in Kunst und Kunstgeschichte

Herausgegeben von
Ines Lindner / Sigrid Schade /
Silke Wenk / Gabriele Werner

DIETRICH REIMER VERLAG BERLIN

Dieser Band enthält Vorträge der 4. Kunsthistorikerinnen-Tagung, die im September 1988 in Berlin stattfand. Organisiert wurde sie vom Lu Märten Verein zur Förderung von Frauenforschung in Kunst- und Kulturwissenschaften e.V.: Sammy Bahl, Katja von der Bey, Barbara Borek, Susanne von Falkenhausen, Susanne Jensen, Patricia Krey, Ines Lindner, Nina Lübbren, Carola Muysers, Ulla Rüter, Sigrid Schade-Tholen, Silke Wenk, Gabriele Werner.
In seinem Auftrag erfolgt die Herausgabe dieses Bandes.

CIP-Titelaufnahme der Deutschen Bibliothek

Blick-Wechsel : Konstruktionen von Männlichkeit und Weiblichkeit in Kunst und Kunstgeschichte / Ines Lindner ... (Hg.). – Berlin : Reimer, 1989
ISBN 3–496–00471–1
NE: Lindner, Ines [Hrsg.]

Dr. Friedrich Kaufmann
Unter den Eichen 57
1000 Berlin 45

Umschlaggestaltung: Werner Ost, Frankfurt / M.

Unter Verwendung des Bildes: Meret Oppenheim, *Das Auge der Mona Lisa*, 1967, 23 x 32 cm

Printed in Germany
ISBN 3–496–00471–1

Inhalt

Vorwort

Die erste deutschsprachige Einführung über den »feministischen Ansatz« in der Kunstgeschichte ist 1985 erschienen; ein Jahr später fand in Wien die 3. Kunsthistorikerinnen-Tagung statt.[1] Schon dort zeichneten sich Veränderungen in den Perspektiven von Kunsthistorikerinnen ab. Wie die Frauenbewegung(en) auch in anderen Feldern von Wissenschaft und Politik über eine nur nach-tragende, die »Frauenfrage« ergänzende Praxis hinausgehen, so hat sich auch feministische Kunstwissenschaft von einem lediglich additiven Verfahren entfernt. Ihre Fragen betreffen nicht mehr nur den Anteil von Frauen an der Kunstproduktion und -geschichte oder »das Frauenbild bei ...«. Es geht vielmehr darum, wie in und über Bilder, in und über Kunstgeschichte und deren Institutionen Macht- und Herrschaftsverhältnisse hergestellt und stabilisiert werden, in denen all das, was als nicht-männlich gilt, untergeordnet und ausgegrenzt wird.

Wie die Konstruktion des Künstlers – »als unaussprechliches Ideal in Ergänzung der bürgerlichen Mythen vom universalen klassenlosen Menschen/Mann«[2] – in die Reproduktion von Herrschaftsverhältnissen eingespannt ist, diese Problemstellung hat Forschungen provoziert, die nicht nur manche schon vermutete Sicherheit in der Frauen(kunst)politik neu infrage stellen, sondern auch eine Herausforderung an die Kunstgeschichte als Disziplin sind.

Es wird sich zeigen, ob und inwieweit ihre Vertreter bereit sind, ihr eigenes Selbstverständnis zu reflektieren, und was sie als »wissenschaftsfähig« anzuerkennen gedenken. Es sieht so aus, als ob der »feministische Ansatz« als ein *der Frau* gewidmeter durch seine Aufnahme in eine »Einführung in die Kunstgeschichte« zumindest im Anhang zum Grundwissen eines angehenden Kunsthistorikers gerechnet wird.[3] Vielleicht haben sich die berufenen Repräsentanten inzwischen auch daran gewöhnt, daß weibliche Studierende sich häufiger und selbstbewußter ihren Geschlechtsgenossinnen in Kunst und Geschichte zuwenden. Es scheint so, daß sie zu Zugeständnissen bereit sind. Jedoch ist die Kunstgeschichte als Institution, die sich vor allem über »die Werke« und ihre Urheber definiert, durch bloße Hinzufügungen des Anteils von Frauen auch nicht ernsthaft tangiert.

Aus *dem* feministischen Ansatz sind inzwischen viele Sätze geworden. Das wurde auf der 4. Kunsthistorikerinnen-Tagung im September in Berlin überdeutlich. Dies zeigten nicht nur die Beiträge, von denen wir hier eine Auswahl veröffentlichen, sondern auch der damit nicht mehr wegzudenkende Streit um methodische Verfahrensweisen und Fragestellungen, der sich in den Besprechungen der Tagung fortsetzte.[4] In der Frauenforschung hat ein Paradigmenwechsel stattgefunden. Die Fragen lauten nicht mehr nur, welche Frauen im Verborgenen bleiben mußten, oder wer ihnen eine öffentliche Wirksamkeit verweigerte, sondern warum und wie sie ausgegrenzt wurden. Die Verschiebung der Fragen zu den Strukturen des Aus- und Einschlusses von Frauen und allem nichtmännlichen anderen hatte verschiedene Konsequenzen.

Zum einen haben sich die Themen und Objekte feministischer Kunstwissenschaft erweitert. Über Bilder hinaus sind die Kon-Texte, in denen sie produziert, gesehen, vermittelt und tradiert werden, von Belang. Texte und Institutionen – als geschlechts- wie klassenspezifisch organisierte – können nicht länger ausgeblendet werden, wenn »das Werk« und »der Künstler« als kulturelle Konstruktionen freigelegt werden, in denen die Kunstgeschichte als reproduzierendes Element eingebaut ist.

Zum anderen läßt sich feministische Kunstwissenschaft nicht mehr mit dem oben genannten Paradigma als *einem* einheitsstiftenden Muster identifizieren. Wie in der feministischen Forschung in anderen Fächern wird auch in der Kunstwissenschaft auf Methoden und theoretische Konzepte Bezug genommen, die der Psychoanalyse, der Diskurstheorie und/oder poststrukturalistischen Versuchen der Dekonstruktion zugeordnet werden können. Sie stehen neben der Sozialgeschichte oder der in der Disziplin längst anerkannten Ikonologie. Wie die unterschiedlichen theoretischen Konzepte in einer feministischen Perspektive verbunden werden können, wird noch weiter zu diskutieren sein. Bislang aber nützen uns die vervielfältigten Suchbewegungen nur.

Allerdings wird es immer schwieriger, »festen Grund« unter den Füßen zu halten, aber da er uns ohnehin nicht gehört hat, dürfte uns Gelassenheit nicht allzu schwer fallen. Und inzwischen wissen wir ja auch: Verliebte Blickwechsel mit der Institution eröffnen keine Alternativen; sie haben wohl kaum jemals in eine glückliche Ehe geführt – und erst recht nicht zu einer gleichberechtigten Verfügung über den Grund-Besitz. Ein Blick-Wechsel aber hat schon manchmal die Disziplin vor einer gefährlich werdenden Erstarrung bewahrt.

Immer schwieriger und vielleicht auch unmöglich dürfte auch die »Sicherung der Gegenstände« werden, die die schon erwähnte »Einführung« als eine der zentralen Aufgaben der Kunstgeschichte darstellt. Wie sie von den Gegenständen über die »Ortssicherung« zur »Individualsicherung« führt – und damit ohne Umstände zum Genie, das »nur der Einzelne haben« kann, läßt sie sich leicht als wiederholte Selbst-Versicherung der »Kunstkennerschaft« entziffern[5]. Damit gerät die Kunstgeschichte als »disziplinäre Gemeinschaft« und »soziales System«, das auf den Werken und ihren Schöpfern gründet, auf den Prüfstand. Nicht nur ihr Grund wird genauer zu besehen sein, sondern auch die »disziplinären Imperative«, die »Gebote der Anschaulichkeit kunsthistorischer Rede« eingeschlossen[6]. Sie hatten häufig vor allem die Funktion, die Grenzen dicht zu machen – gegenüber anderen Ansprüchen und Fragen, die die »gesicherten Gegenstände« ebenso betreffen wie die »gesicherten Erkenntnisse«. Und daß sich die kunsthistorische Disziplin heute auf Wissenschaftler als maßgebliche Autoritäten beruft, die ihrerzeit jenseits der Grenzen des Faches dachten und forschten[7], bestätigt ja nur die Regel.

Von den Referentinnen der 4. Kunsthistorikerinnen-Tagung haben nur wenige Dauerstellen in kunstgeschichtlichen Institutionen. Viele arbeiten »nebenberuflich« in der kunstwissenschaftlichen Forschung, einige kommen aus einem anderen Fach.

Wir haben bei der Konzeption und Vorbereitung der Tagung Interdisziplinarität beansprucht[8], vielleicht ist dieser Anspruch erneut zu überdenken. Nicht nur weil es schwer ist mit der Einlösung eines solchen Vorhabens, sondern weil wir vielleicht etwas anderes brauchen, was wir vorläufig Contra-Disziplinarität nennen möchten – gegen die Disziplinierung des Wissens.

Die Teilnehmerinnenzahl der 4. Kunsthistorikerinnen-Tagung hat sich gegenüber der ersten in Marburg 1982 mehr als versechsfacht.[9] Was sich seither nicht geändert hat, ist, daß die Organisation, Planung und Durchführung einer solchen Tagung von der Initiative einzelner Frauen, studierender und (in unteren Positionen) lehrender, abhing. In Berlin haben wir einen Verein gegründet mit dem Namen von Lu Märten, die mit ihren Forschungen zu Kunst und Kultur quer zu den Grenzen der Disziplinen gearbeitet hat.[10] Im Auftrag dieses Vereins geben wir Beiträge der Tagung heraus.

Mit der Unterstützung der traditionellen Institutionen der Kunstgeschichte war nicht zu rechnen. So bleibt uns an dieser Stelle, dem Senator für Wirtschaft Berlin für seine großzügige Kongreßförderung (incl. Druckkostenzuschuß) zu danken, der Hochschule der Künste und der Technischen Universität Berlin, dem Ulmer Verein für Kunst- und Kulturwissenschaften und schließlich den vielen privaten Spenderinnen.

Ines Lindner, Sigrid Schade, Silke Wenk und Gabriele Werner
Berlin, im April 1989

Anmerkungen

1 Ellen Spickernagel: Geschichte und Geschlecht: Der feministische Ansatz. In: Belting u. a. (Hg.) 1985; die Beiträge der Wiener Kunsthistorikerinnen-Tagung sind 1987 erschienen (Ilsebill Barta u. a.).

2 Griselda Pollock: Phantasie, Stimme und Macht. Feministische Kunstgeschichte und Marxismus. In: Das Argument. Zeitschrift für Philosophie und Sozialwissenschaften, 161/1987, 66. Dieser Aufsatz, eine Übersetzung von »Vision, Voice and Power« (1982) stellt pointiert die Ergebnisse der Studie »Old Mistresses« von Roszika Parker und Griselda Pollock (London 1981) vor. Ihre Untersuchungen waren grundlegend für eine nicht-additive feministische Kunstwissenschaft. Es ist wohl kein Zufall, daß sie im deutschsprachigen Raum zunächst abseits der Disziplin Kunstgeschichte zur Kenntnis genommen und zumindest partiell übersetzt wurden (vgl. auch die Rezension von Wenk 1985). – Das Vorwort zu Pollocks »Vision and Difference« (1988) wurde in gekürzter Fassung in den »kritischen berichten« (H. 1, 1988) publiziert. Vgl. auch Parker u. Pollock 1987.
Einen Überblick über die Entwicklung der Frauenforschung in der angloamerikanischen Kunstgeschichte bieten Thalia Gouma-Peterson u. Partricia Mathews (1987). – Zur Entwicklung der Diskussion im deutschsprachigen Raum vgl. Helga Möbius 1989.

3 Spickernagels Darstellung des feministischen Ansatzes (siehe Anm. 1) ist einer unter acht Aufsätzen im Teil 3 »Gegenstandsdeutung« der »Einführung«, in denen u. a. die ikonographisch-ikonologische Methode, der »rezeptionsästhetische Ansatz« oder der »sozialgeschichtliche Ansatz« erläutert werden.

4 Vgl. u. a. Daniela Hammer-Tugendhat; Marion Landolt-Starke und Daniela Schulz 1988; Hilla Frübis/Gotlind Birkle 1989; Thea Struchtemeier; Katharina Sykora 1989; Liz Crossley 1989; Ann Stieglitz 1989.

5 So explizit Sauerländer: Die Gegenstandssicherung – allgemein. Und ders.: Alterssicherung, Ortssicherung und Individualsicherung. In: Belting a.a.O., S. 55 u. 134.

6 Vgl. Dilly's Beschreibungen der Funktionweise der »disziplinären Gemeinschaft« und ihrer »Gebote« in: Einleitung zu Belting a.a.O., 11–16.

7 So z. B. Heinrich Wölfflin, der u. a. Experimentalphysik studierte und bei einem Fachfremden sein Studium abschloß; seine »kunstgeschichtlichen Grundbegriffe« sind durch sein Studium der damaligen Psychologie geprägt (vgl. dazu auch Dilly 1986).
Der andere Name, der hier genannt werden muß – mit einer weitaus widersprüchlicheren Rezeptionsgeschichte – ist Aby M. Warburg.

8 Vgl. Vorwort des Lu Märten Vereins zur Förderung von Frauenforschung in Kunst – und Kulturwissenschaft e.V. im Reader zur 4. Kunsthistorikerinnen-Tagung. Berlin 1988; Wiederabdruck in: Frauen in der Literaturwissenschaft H. 21, 1989.

9 Die Beiträge der Marburger Tagung wurden 1984 (Cordula Bischoff u. a.) publiziert.

10 Vgl. Chryssoula Kambas 1988.

I
Spiegelungen: Identifikationsmuster patriarchaler Kunstgeschichte

Einleitung

»Gestern ist Joseph Beuys gestorben« sind die einleitenden Worte eines Aufsatzes, der nicht etwa ein Nachruf auf Beuys ist, sondern von kunsthistorischen Methoden handelt (Bockemühl 1988, 63). Mit der Nennung eines Datums wird ein historischer Einschnitt behauptet, bei dem etwas Neues, etwas Bedeutendes geschehen sei. Etwas also, von dem die weitere Geschichte bestimmt wäre und das auch der vergangenen eine neue Perspektive verliehe.

Wesentlich ist, daß mit der Markierung von Daten bedeutet wird, daß von ihrer Kenntnis das Verständnis historischer Verläufe abhängig sei. Im Gebrauch dieser Daten werden Interpreten der Geschichte zu Vertretern der Kennerschaft. Das Besondere in diesem Fall ist der Tod eines Künstlers, dessen Bedeutung als unumstritten gilt. Einen Tag nach seinem Tod zu sprechen, läßt offenbar den Autor an der Besonderheit partizipieren. Durch die Nennung des Todestages und durch die nachfolgenden Sätze, die Betroffenheit signalisieren, kann er sich der Bedeutung seiner Rede versichern, und damit der seiner eigenen Person. Die Größe Beuys wird zum reflektierenden Spiegel für den davor posierenden Kunsthistoriker.[1]

Wie dieses Spiegel-Verhältnis erster Ordnung zu einem wahren Spiegelkabinett werden kann, ist dem Vorwort zu dem Band »Kunstgeschichte – Aber Wie?«, in dem der Aufsatz erschienen ist, zu entnehmen. »Für das Verständnis seines Vortrags sollte erwähnt werden, daß er am 24. 1. 1986 gehalten wurde, also einen Tag nach dem Tod von Joseph Beuys«, heißt es dort (Rosenberg u. a. 1989, 9). Diese Tatsache ist jedoch für die Botschaft des Textes über »Anschauen als Bildkonstitution« völlig unerheblich; der Autor wird ihn vermutlich sowieso mehrere Tage zuvor, also noch zu Lebzeiten von Beuys verfaßt haben. Trotzdem erweisen sich diese Sätze als bedeutungsträchtig. Sie produzieren den Anschein, als wäre der Einblick in das Verhältnis Kunsthistoriker – Künstler der geheime Schlüssel, mit dessen Hilfe sich die *eigentlichen* Informationen des Textes erschließen ließen. In diese eingeweiht können die studentischen Herausgeber erscheinen – und damit als die ausersehenen Nachfolger der (professoralen) Väter.

Die mit der Metapher »Spiegelungen« ausgedrückten Bedingungen gegenseitiger Abhängigkeiten, Interaktionen und Beziehungen haben Tradition, das zeigen z. B. die Forschungsergebnisse von Anne

Domm über das Verhältnis von Hans von Marées und seinem Historiographen Julius Meier-Graefe (vgl. Domm 1987; 1989).

Ein vortreffliches Beispiel für die Allianz zwischen Vätern und Söhnen bot der letzte Kunsthistorikerkongreß (1988). Hier sprach Heinrich Klotz in seinem Festvortrag zur Postmoderne von Vasari als dem »Stammvater« der Kunstgeschichte. Der ebenso häufig vollführte Vatermord gehört mit zum System, in dem sich Kontinuität und Identität versichert wird: Sind die Väter erst einmal errichtet, können/müssen sie bisweilen auch wieder gemordet werden, auf daß die Söhne an ihre Stelle treten können.

Damit die Identifikation des Kunsthistorikers mit dem Künstler und das Erbschaftsverhältnis zwischen Vätern und Söhnen überhaupt funktioniert, muß offenbar Geschichte als eine von Helden geschrieben werden. Heldengeschichten sind Männerschauplätze par excellence, und von ihnen aus gesehen müssen feministische Forschungen als Liebhabereien erscheinen.

Feministische Kunsthistorikerinnen weisen nach, daß diese Konstruktionen mit den Geschlechterverhältnissen verknüpft sind und wie jene in der patriarchalen Kunstgeschichte zur Schaffung nationaler Mythen beitragen. Die Funktionen, die Künstlern in diesem Zusammenhang zugedacht werden, sind nicht nur die eines maßgebenden Identifikationsideals, sondern auch die des nationalen Stellvertreter-Heros.[2]

Doch auch Kunsthistorikerinnen sind herausgefordert, wenn es darum geht, Spiegelungen und Identifikationsmuster zu befragen und deren Wirkungsmechanismen bei ihren Theorieproduktionen und bei ihren Untersuchungen künstlerischer Praxis von Frauen. Auch wir schauen oft und gerne in den Spiegel und dies nicht nur, um uns unserer spezifischen Sicherheiten zu vergewissern. Die Spiegelung im Anderen, Identifikationen, werden auch von uns tagtäglich praktiziert. Die Analyse der Spiegelungsverhältnisse in der patriarchalen Kunstgeschichte ist eine Gelegenheit, unser eigenes Schauen zu überprüfen und unseren Blick in den Spiegel skeptisch zu betrachten. Dann können wir uns auch überlegen, mit wem wir Blicke wechseln (wollen), welche Spiegel wir getrost erblinden lassen und welche wir zuzuhängen gedenken. Die Auseinandersetzung mit Arbeiten von Künstlerinnen, die eben die Bedingungen von Weiblichkeit und ihrer Repräsentation befragen, die versuchen Wege und Formen zu finden, mit denen eine Verweigerung gegen das einseitig-eindeutige Image »Frau« erprobt wird, ist dabei eine notwendige Verknüpfung mit unserer Kritik an der Bildrezeption und »Bild«-produktion patriarchaler Kunstgeschichte.

Gabriele Werner

Anmerkungen

1 In welcher Weise sich Beuys zur Bildung von Künstlermythen eignet, zeigt Neumann 1986, 100f.

2 Daß die Präsentation des männlich konnotierten Helden in einer Ausstellung für eine »nationale Leistungsschau« benutzt werden kann und welche wesentlich gleichbleibenden Rollen innerhalb dieses Kontextes Frauen zugedacht werden, zeigt Monika Wagner in ihrer Ausstellungsbesprechung zu »Triumph und Tod des Helden« (1988, 88–91). Ihr Vorschlag mag verlokkend sein, z. B. Manets provokanter »Olympia« den rechtmäßigen Rang einer zeitgenössischen Heldin einzuräumen – als Gegenbild. Er scheint mir aber wenig sinnvoll, da bei solchen Gegenbildern die Vorbilder mitgedacht und sie lediglich eine Affirmation des Grundmusters sind.

Irit Rogoff

Er selbst – Konfigurationen von Männlichkeit und Autorität in der Deutschen Moderne

Wie sich Männlichkeit und Kultur stillschweigend verbünden, um sich gegenseitig als Autorität zu konstruieren, davon handelt dieser Aufsatz. In unserer progressiven, analytischen und kritischen westlichen Kultur bleibt die Männlichkeit *Das große Unausgesprochene*. Der Disput, und ihn gibt es zunehmend in unserer Welt, dreht sich um Körper und Geist von Frauen, Schwarzen, Asiaten, Schwulen und Lesben, um jede denkbare Art des Anders-Seins. Die Männlichkeit bleibt dabei jedoch zurückgezogen, »wie eine bröckelnde Burg, um die herum die Schlacht gegen das »Andere« tobt, *Ursache* aber noch immer nicht *Ort* des Kampfes« (Rutherford 1988, 11). Teil daran hat die Tatsache, daß die Sprache, auch die theoretische und verfeinerte Sprache kritischer Kulturtheorie, keine Form der Männlichkeit als entweder *geschlechtliche Subjekte* oder *bezeichnungsbedürftige Kategorie* produziert. Heterosexuelle Männlichkeit hat sich in die Vorstellung geflüchtet, daß ihre sexuelle Identität absolut sei. Ihre Dominanz und die Ideologien, die sie tragen, indem sie andere Erfahrungen zum Schweigen bringen, die Machtstrukturen und Privilegien, die sie verschleiert, die alltägliche aktive Unterordnung aller Formen des »Anderen« – Frauen, Schwule, sexuelle Abweichungen und Manierismen, der offene Rassismus kolonialen Erbes – all das wird aufrechterhalten durch die Fähigkeit, selbst außer Frage zu bleiben und außerhalb der Formulierungen der Sprache. Es ist eine Identität, die sich stetig bemüht, ihre zentrale Position in der Kultur zu behaupten, und zugleich sich der eigenen Abwesenheit versichert, um nicht Gegenstand des Diskurses zu werden. Wenn ich die Kategorie »Männlichkeit« einbringe, dann geht es um eine *sozial* konstruierte und differenzierte Kategorie, nicht um eine, die biologisch determiniert und zu »Natur« gemacht wäre. Darum ist Männlichkeit keine fixe, kohärente oder eindeutige Identität. Vielmehr ist sie in unterschiedlicher Weise in Bezug auf Rassen, Klassen, Kulturen und Sprachen bestimmt. Indem ich mich gegen die normative Tradition wende, daß Männlichkeit nicht als Kategorie existiere, sondern als eine Menge gegebener Annahmen, will ich sie als eine *Subjektivität* definieren, die in Strukturen von Kontrolle und Autorität organisiert ist. Es handelt sich gleichermaßen um eine Kategorie, einen Diskurs und um eine Subjektposition.

Mittlerweile haben wir gelernt, daß es unsere Fragen sind, die einem Untersuchungsfeld seine Formulierung geben, nicht etwa das empirische Material oder die epistemischen Strukturen, in denen sie behandelt werden. Es ist darum wichtig, daß es hier nicht um die soziale oder formale Geschichte einer Reihe von Kunstwerken geht. Vielmehr werde ich eine visuelle Form der Repräsentation von Männlichkeit untersuchen. Die Frage lautet, wie diese sozialen und kulturellen Subjektpositionen zustande kommen und repräsentiert werden. Konstruiert sich die Männlichkeit die Kultur als ihre Repräsentation, oder liefert die Kultur Formulierungen der Männlichkeit, aus der wiederum Bedeutungen konstruiert werden? Ist es die zweite, also die konstitutive statt reflexive Rolle der Kultur, wie gewinnen dann die Bilder ihre Autorität, die wir so gut kennen?

Mein Gegenstand sind Selbstportraits. Sie werden traditionell als die bildliche Verarbeitung biographischer Erfahrung und als Visualisierung »psychologischer Einsichten« angesehen. Im Folgenden geht es mit Blick auf die visuelle Repräsentation um die historische Genealogie des Selbst. Im Zentrum steht die Konstruktion eines identifizierbaren Bildes vom männlichen Künstler im Kontext der kulturellen Ideologie Deutschlands seit der Reichsgründung 1871. Im Brennpunkt stehen Werke von Böcklin, Liebermann, Corinth, Kirchner und Immendorff, die in der Kunstgeschichtsschreibung dominierende Bewegungen repräsentieren.

Selbstportraits männlicher Künstler sind zum akzeptierten Standard im Bild *»des Künstlers«* geworden, ohne daß das Geschlecht oder irgend eine andere Form der Differenzierung dabei eine Rolle spielte. Die patriarchale Kultur hat dem männlichen Künstler eine Rolle und einen Modus ihrer visuellen Repräsentation konstruiert, die wiederum in der deskriptiven kulturellen Praxis – bei uns, in der Kunstgeschichte – als Standard akzeptiert ist.

Um mit der Demontage dieser traditionellen und normierenden Formulierung voranzukommen, müssen wir uns gleichzeitig mit der diskursiven Konstruktion des »Autors« befassen und mit der eingebauten männlichen Identität. Hier versuche ich, einen solchen Ansatz zu entwickeln und eine metonymische Beziehung herzustellen zwischen je einer Reihe von Bildern, historischen Tatsachen, kulturellen Diskursen und einer Auseinandersetzung mit folgenden Termini:

– das Männliche
– die Konstruktion öffentlicher Bedeutung kultureller Diskurse
– die Konstruktion der Funktion des Autors
– Autorität versus Marginalität des Autors in der Moderne.

Jede dieser Kategorien könnte selbstverständlich einen eigenen, abgetrennten Diskurs formieren. Das Wichtige an der Repräsentation des Selbst liegt jedoch gerade darin, daß sie Kreuzungspunkte bilden, die Möglichkeiten für andere Diskurse, in denen sich Fragen individueller Autorität und kollektiver Bestrebungen treffen, eröffnen. Die Entstehung der Moderne als historischer Ort dieser Diskussion führt auf einen scheinbaren Widerspruch, die sogenannte *Marginalität des Künstlers*, die im Ethos der Moderne eine bedeutende Rolle spielt. Diese Überschneidung historischer und theoretischer Bedingungen am Selbstporträt erweitert seine Bedeutung über das eines speziellen Genres hinaus. Selbstporträts übernehmen die Rolle der Sprache in der Bedeutungskonstruktion verschiedener kultureller, ideologischer und geschlechtsbezogener Diskurse. Über ihren Status als Werk innerhalb des Oeuvres eines bestimmten Künstlers hinaus werden sie so zu kulturellen Bindungen und Formen der Legitimation, die der Künstler dem Publikum vermittelt.

> »(...) Merkmal der Funktion Autor. Sie bildet sich nicht so spontan, wie man einen Diskurs einem Autor zuschreibt. Sie ist das Ergebnis einer komplizierten Operation, die ein gewisses Vernunftwesen konstruiert, das man Autor nennt.« (Foucault 1974, 20)

Bildliche Referenzen auf künstlerische Traditionen entstehen in einem strengen Auswahlprozeß, in dem man sich auf frühere Künstler oder Epochen in Form einer aktuellen Referenz beruft und nicht in der Kontinuität von Traditionen oder als künstlerische Hommage. Der Verweis steht im Blickwinkel des zeitgenössischen Diskurses; die Genealogie des Selbst wird zur Geschichte der Gegenwart. Das Zitieren und Anspielen von Selbstporträts, die zum Mythos aufgerückt sind, ist eine Form der Selbstlegitimation. Die diskursiven Praktiken der Kulturgeschichte und die künstlerischen Traditionslinien haben solche Bilder zu Flaggschiffen patriarchaler Kultur gemacht. Daraus können Jüngere Kapital schlagen, indem sie sie als Ausweis kultureller Autorität beschwören. Neben dieser visuellen Kodierung kultureller Identität haben die Verweise und Zitate auch die Funktion, die Gesamtkultur zu markieren, in der die spezifische, persönliche Auswahl getroffen werden kann. Diese Form des Verweisens ist dem Besitz von Sprache verwandt, der Fähigkeit, aus den Komponenten der Kultur einen Diskurs zu konstruieren, ein anderer Modus, kulturelle Herrschaft und die damit verbundene Autorität zu etablieren und auszuüben.[1]

»Autorität« ist ein so beladener Terminus, daß ich meinen Gebrauch klarstellen muß, in dem nicht *notwendig*, wie im Fall autoritärer Herrschaft, die Unterwerfung und Beherrschung anderer impliziert ist. Vielmehr geht es um privilegiertes Wissen und die Aura der Einzigartigkeit, die dem männlichen Künstler durch den kreativen Prozeß scheinbar zukommt. Diese Form kultureller Autorität kann darum sehr wohl Figuren einschließen, die von bürgerlichen Herrschaftspositionen weit entfernt sind, das »wahnsinnige Genie«, den »sittenlosen Bohemien« oder die gesellschaftliche »Randexistenz«.[2] In all diesen sozial konstruierten Figuren kommen Autorität, Kraft der Vision und Männlichkeit in einer Weise zusammen, die diesen Künstlern Zugang verschafft zu einem öffentlichen Diskurs, in dem sie zwischen privater Phantasie und öffentlicher Erfahrung vermitteln.

Dieser Zusammenhang bestimmt auch die Darstellung von Frauen in den Selbstporträts, wo sie als Modell, Familienmitglied, oder als Sujet im Hintergrund gezeigter Bilder erscheinen. In vielen Fällen handelt es sich um sorgfältig konstruierte Bilder vom Privatleben des Künstlers, die für die Öffentlichkeit gedacht und auf deren Erwartungen hin formuliert sind, weit entfernt, Realitäten des Privatlebens wiederzugeben. Darüber hinaus plazieren Ausstellung und Handel die scheinbar »privaten« Bilder fest im Feld öffentlicher Kultur. Der männliche Charakter des öffentlichen Selbst wird nicht nur im Geschlecht des Künstlers fixiert, sondern auch in der Weise, in der in diesem Konstrukt von weiblichen Figuren Gebrauch gemacht wird.

Weiterhin müssen die Bilder als Dokumente der Verschiebungen von Status und Position des Selbst auf der Bahn der Moderne gesehen werden. Historisch zeigt sich hier die zunehmende Erosion der alten Grenzen des Privatlebens in der Moderne. Der Ort der Konstruktionen des Selbst und seiner Repräsentationen innerhalb dieses sich verschiebenden Feldes zwischen Öffentlich und Privat ist von Sennet beschrieben worden: »In den vergangenen hundert Jahren hat die körperliche Liebe eine Neubestimmung erfahren; sie erscheint nicht mehr als Erotik, sondern als Sexualität. Die viktorianische Erotik bezog sich auf soziale Zusammenhänge, Sexualität bezieht sich auf persönliche Identität.« (1986, 20)

Mit »Selbstbildnis mit fiedelndem Tod« (1872, Abb. 1) hat Arnold Böcklin das historisch wirksame Bild des sozial autonomen Künstlers produziert, ein künstlerisches Credo. Es war Bezugspunkt im Diskurs mehrerer Generationen von Künstlern über die schöpferische Autonomie, die Marginalität des Künstlers und die Beziehung zum sozialen Ganzen. Böcklin kombinierte künstlerische Traditionen des Nordens und des Südens und säkularisierte gleichermaßen den religiösen Sinn des *Totentanzes* in den zeitgenössischen bürgerlichen Gleichheitsgedanken wie er die romantische Vorstellung der besonderen visionären Kraft des Künstlers unterlief. Diese Neuinterpretationen dienten sämtlich dazu, den Künstler aus seiner eingeschlossenen, untergeordneten Position zu lösen. Böcklin porträtiert sich in mehrfacher Weise als eine Person hart am Rande. Selbst im

Vordergrund, lauscht er intensiv dem Tod hinter seiner Schulter, der in Gestalt eines Skeletts eine Violine mit nur einer Saite spielt. Statt der Macht des Todes und der Endlichkeit des Lebens erscheint hier die Nähe zum Tod als Quelle künstlerischer Inspiration und enthebt in dieser Repräsentation Kunst und Künstler den Gesetzen, die für gewöhnliche Sterbliche gelten. In der gleichen Weise wie er die Ge-

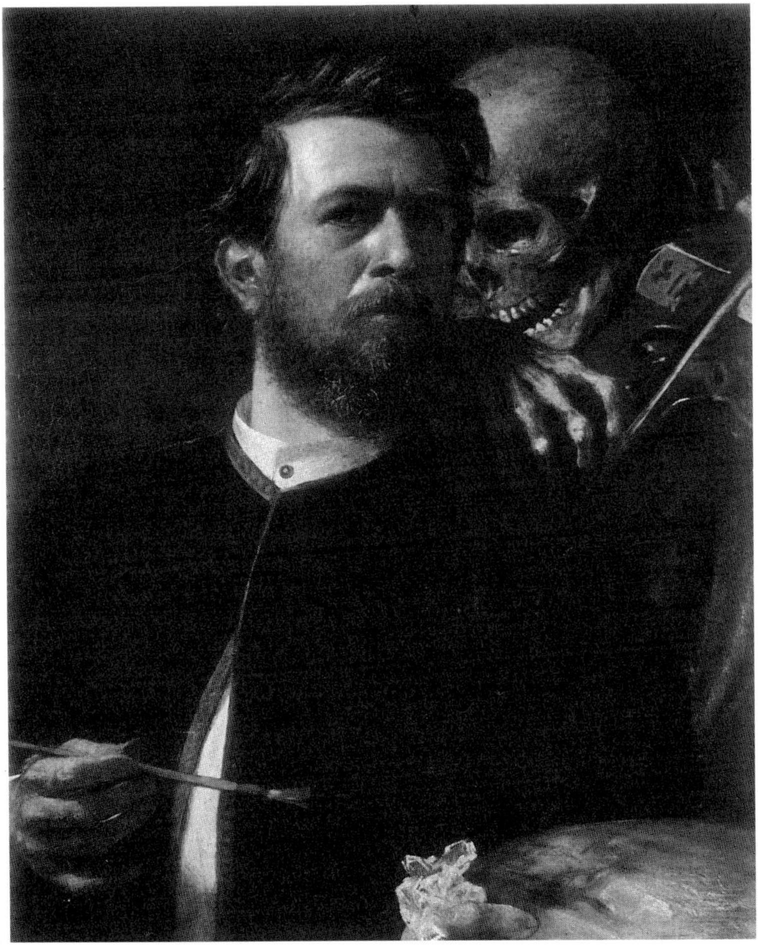

Abb. 1: Arnold Böcklin, Selbstbildnis mit fiedelndem Tod, 1872, Berlin (West), Nationalgalerie, Staatliche Museen Preußischer Kulturbesitz.

meinschaftlichkeit eines »Freundschaftsporträts« abwehrte, verweigerte sich Böcklin auch dem gemeinschaftlichen System höfischen Patronats um die Mitte des 19. Jahrhunderts, einer Art Gilde, an der viele seiner Münchner Kollegen wie Wilhelm Kaulbach und Franz Lenbach erfolgreich beteiligt waren.[3] Nach seinen schlechten Erfahrungen mit adliger Förderung in München und Weimar in den fünfziger und sechziger Jahren wie auch mit einigen bürgerlichen Mäzenen (Andrée 1977, 19f; 24f), begann Böcklin die zusammenhängenden Elemente seiner Sujets, seines Stils und seiner Haltung als Künstler zu verdichten. Schon in diesem frühen Stadium war seinem Projekt bereits in jeder Hinsicht ein Bewußtsein des gespannten Verhältnisses von Zentrum und Peripherie in der Kultur eingeschrieben ebenso wie das, was er als die zwiespältige Marginalisierung des Künstlers wahrnahm. Er verließ Deutschland, ging nach Italien und begann eine künstlerische Ausdrucksweise zu entwickeln, die als »heidnische Naturmythologie« beschrieben worden ist (Moffet 1973, 53). Ich würde behaupten, daß Böcklins systematische Suche nach einem Weg, die Stagnation der akademischen Mythenmalerei zu durchbrechen, viel mit dem spezifischen Kulturpessimismus zu tun hatte, den seine Freunde und Kollegen Burckhardt, Bachofen und Nietzsche im Basel der sechziger Jahre pflegten. Ihre dekonstruktive Auseinandersetzung mit der Entwicklung, Konstruktion und Repräsentation westlicher Kultur wurde zur Basis einer der weitgreifendsten Formen kulturpessimistischer Modernitätskritik in der zweiten Hälfte des Jahrhunderts.[4]

Inmitten der vielen Kritik fand sich auch die Revision der Rolle des Künstlers und seine Erhebung zum Rang eines Moralwächters und geistigen Führers. Darin liegt eine unklare Spannung zwischen dem kritischen Engagement im Zentrum und dem Bestehen auf einer Randposition, die die Autonomie garantiert. Die kritische Distanz wurde zuerst als geographische wahrgenommen; erst spät im neunzehnten Jahrhundert wurden die Möglichkeiten bewußt und genutzt, in einer offen kritischen Kulturproduktion von Innen heraus zu agieren. Neben der geographischen Entfernung gab es eine soziale Distanzierung, in der Künstler wie Böcklin sich den Klassenschichten und dem darin diktierten kulturellen Patronat zu entziehen vermochten. Vor allem suchte er Distanz herzustellen zu den diversen Schichten konventioneller Rezeption antiker und christlicher Mythen, die die ikonographischen Formeln der Kunst für die Repräsentation der geballten Macht von Ordnung, Vernunft und europäischem Geist produzierten.

Böcklins Projekt als Maler war durchdrungen von der Mission, Natur und Kultur durch eine Revision ihrer Darstellung sich neu anzueignen. Darin verwandte er das Selbstbild, das Künstler der Romantik konstruiert hatten und in dem die Distanz vom Alltag betont wird durch die visuelle Anrufung von Konzepten der »Vision«. In »Der Künstler mit seiner Frau« (1863/64, Abb. 2) weist Böcklin, gestützt durch seine deutlich ergebene und ehrfürchtige Frau, Natur wie Kultur zurück (in der Form der römischen Campagna und der alten Bauten am Stadtrand). Sein Blick geht in die Weite, aus der, so

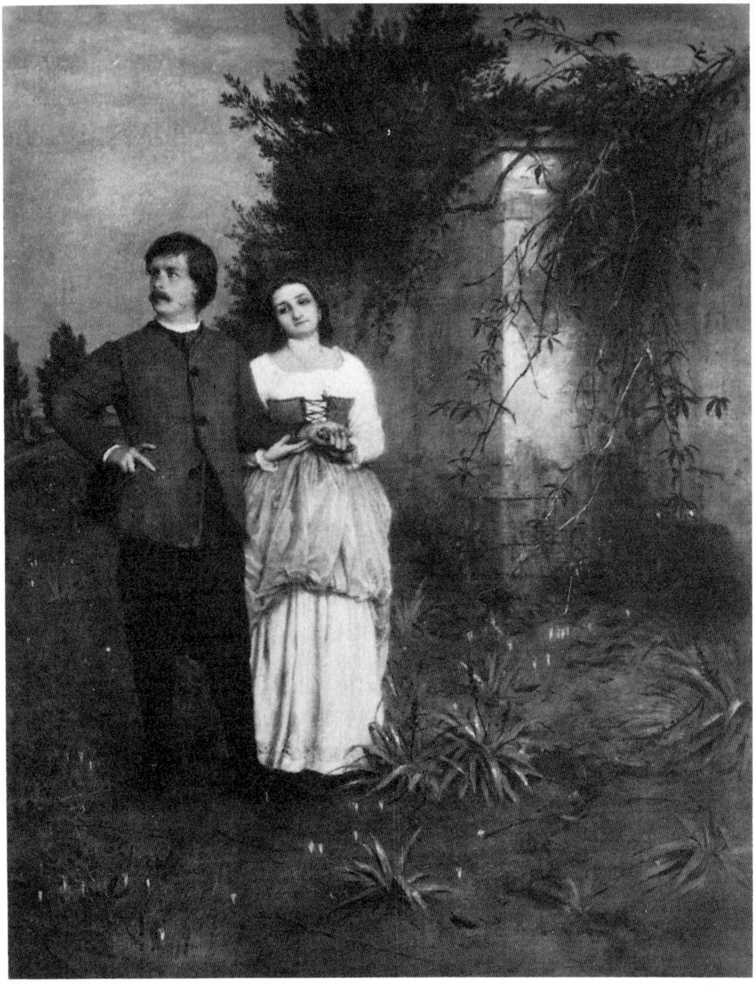

Abb. 2: Arnold Böcklin, Der Künstler mit seiner Frau, 1863/64, Berlin (West), Nationalgalerie, Staatliche Museen Preußischer Kulturbesitz.

scheint es, die Inspiration ihm kommt. Die Frau wird hier sowohl als Natur positioniert wie auch als Ausdruck kultureller Verhaltensnormen wie Ehe, Unterstützung und Kameradschaft. Der Kode der Gesten, in dem beide verbunden sind, zeichnet die Beziehung als eine, die der Künstler als notwendig anerkennen mag, die aber nicht die geistige Wirklichkeit ausmacht, in der er wahrhaft verankert ist. Die dem schöpferischen Geist innewohnende Männlichkeit ist hier kodifiziert als Abwehr des konkreten Geistes der Natur, den für ihn die Frau verkörpert. Der autonome Künstler ist mit solchen Werken in einer Kulturideologie gegründet, seine Kreativität und Männlichkeit sind ineinander verschränkt, und seine Autorität bezieht er durch die Unterwerfung des Kontexts ebenso wie aus seiner heroischen Fähigkeit, Natur in Kultur zu verwandeln.

Marginalität war in der Moderne, so wie sie sich in den Selbstdarstellungen zeigt, immer eine Form der Kulturkritik wie auch eine Wendung im Diskurs, mit der spezifische soziale und politische Formen des Ausschlusses sich artikulieren ließen. Gerade die Selbstporträts von Max Liebermann eignen sich für die kritische Analyse, weil sie üblicherweise als richtungsweisende Leistungen beschrieben werden (Hancke 1923, Pauli 1911, Stuttmann 1961). Die Werke scheinen vor allem deswegen berühmt zu sein, weil sie einem Prozeß der Professionalisierung des Künstlers im Raum bestimmter bürgerlicher Schichten Ausdruck geben. In ihnen kann die Betonung eines sicheren, zurückhaltenden und problemlosen Kodes reifen, professionellen Verhaltens gesehen werden, der eine beruhigende Alternative zum Bild der unheimlichen künstlerischen Randexistenzen bietet, die den rechts- und vernunftfreien Raum der Bohème bevölkern. Liebermanns Selbstporträts als Koch (1873, Abb. 3), das er zu Abschluß des Studiums in Weimar fertigstellte, treibt das Thema der Professionalität bis in ein etwas komisches Extrem, aber es zeigt das Selbst als fachlich kompetent und geschickt, wohlverwurzelt in einer Welt realer Arbeit und Leistung. Auch diese Betonung einer sozialen Norm hält den Wert männlicher Professionalität hoch und verweist das Weibliche auf eine Position des passiven Konsums von Kultur. Wenn Liebermann dann seine Frau oder seine Tochter in die Selbstdarstellung einschließt, wie in »Das Atelier des Künstlers« (1902, Abb. 4), erscheinen sie immer als Konsumenten von Büchern oder anderen Kulturstücken, Hauptstütze der häuslichen Kulturökonomie. Er seinerseits ist der professionelle Mittler zwischen der äußeren sozialen Ordnung, an der er vollberechtigt teilhat, und der inneren des Heims, die sie in einem Stand gedankenverlorener, unkonzentrierter Versunkenheit bewohnen.

Der Naturalist Liebermann präsentiert sich selbst als auf die ungeschmückte Wahrheit ausgerichtet und auf die optische Verarbeitung einer Wirklichkeit, wie sie jene erleben, die bis dahin nicht

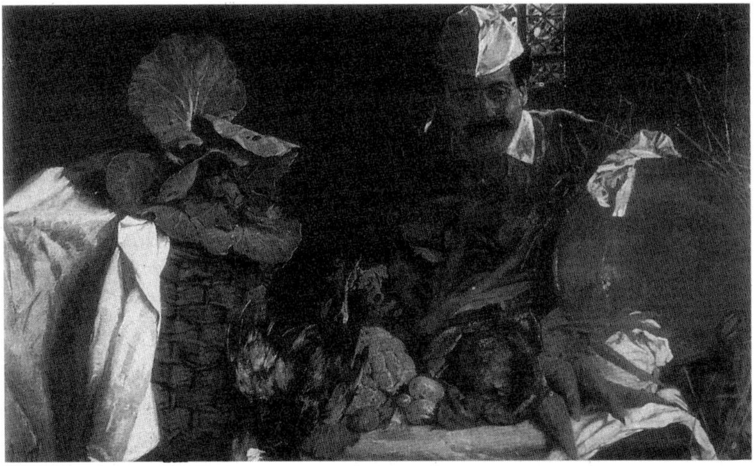

Abb. 3: Max Liebermann, Selbstbildnis mit Küchenstilleben, 1873, Gelsenkirchen, Städtische Kunstsammlungen.

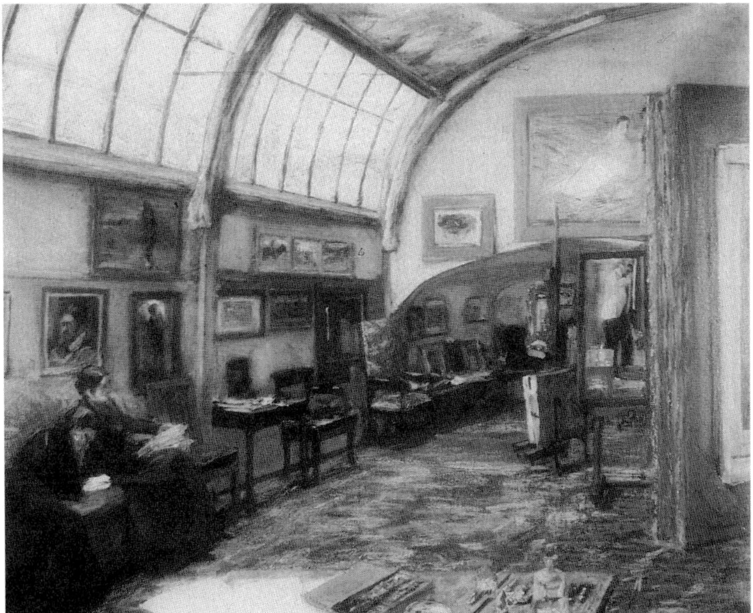

Abb. 4: Max Liebermann, Atelier des Künstlers, 1902, St. Gallen, Kunstmuseum.

repräsentierter Teil offizieller Kultur waren. Zwischen 1873 und den frühen neunziger Jahren malte er zahlreiche Bilder von autonomen, auf sich selbst bezogenen bäuerlichen Gemeinschaften und gab damit einem Teil der Gesellschaft eine visuelle Identität, der vorher höchstens Spiegel folkloristischer Träumereien des Bürgertums gewesen war. Es gelang ihm durch die Darstellungsweise im Bild (z. B. »Arbeiter im Rübenfeld« 1876), in der die Gruppen so formuliert werden, daß sie jede Form eines visuellen Sich-Einlassens mit dem

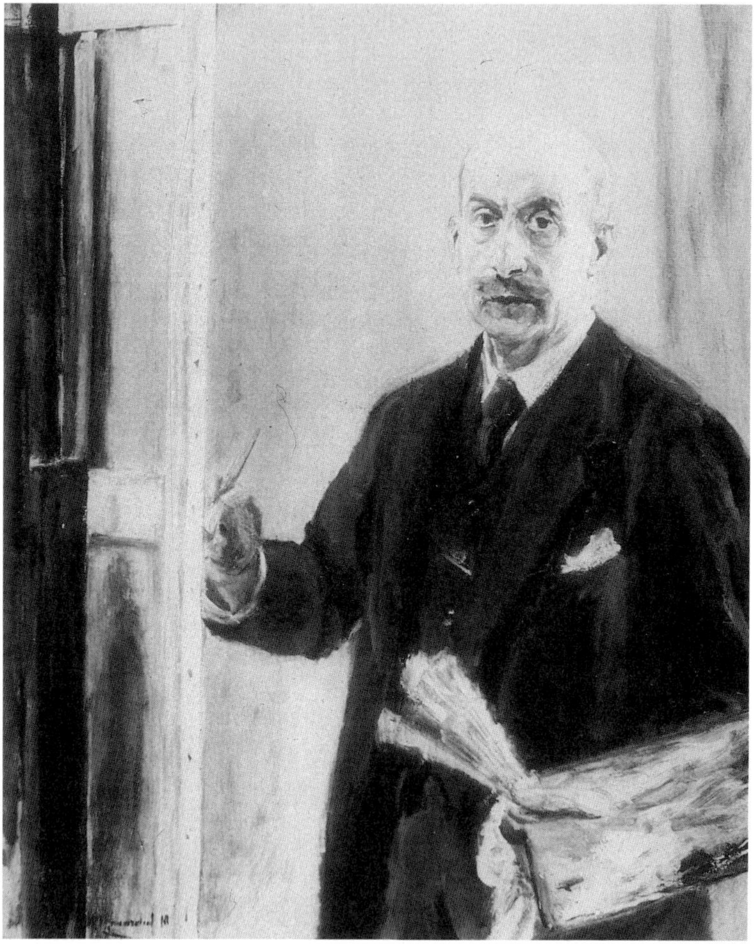

Abb. 5: Max Liebermann, Selbstbildnis an Staffelei, 1916, Bremen, Kunsthalle.

bürgerlichen Betrachter abwehren und damit auf einer Autonomie bestehen, die sich als höchst schockierend für die Kritiker und das Publikum seines Frühwerks erwies (Rogoff 1986, 124–128). Mit solchen Darstellungen ordneten sich der Künstler und sein Diskurs klassenspezifisch ein, und seine Rolle bekam einen sozial vermittelnden Aspekt. Liebermanns frühes Werk kombinierte die soziopolitischen Themen seiner Zeit mit seiner persönlichen Situation, bestimmt durch preußische Ernsthaftigkeit, bürgerliche Arbeitsethik und das jüdische Erbe der Bindung an die Gemeinschaft mit dem eigenen inneren Kodex sozialer Verantwortung. Durch seine Bilder begab sich der Künstler in die Position des engagierten Beobachters als Mittler zwischen den divergierenden kulturellen und ökonomi-

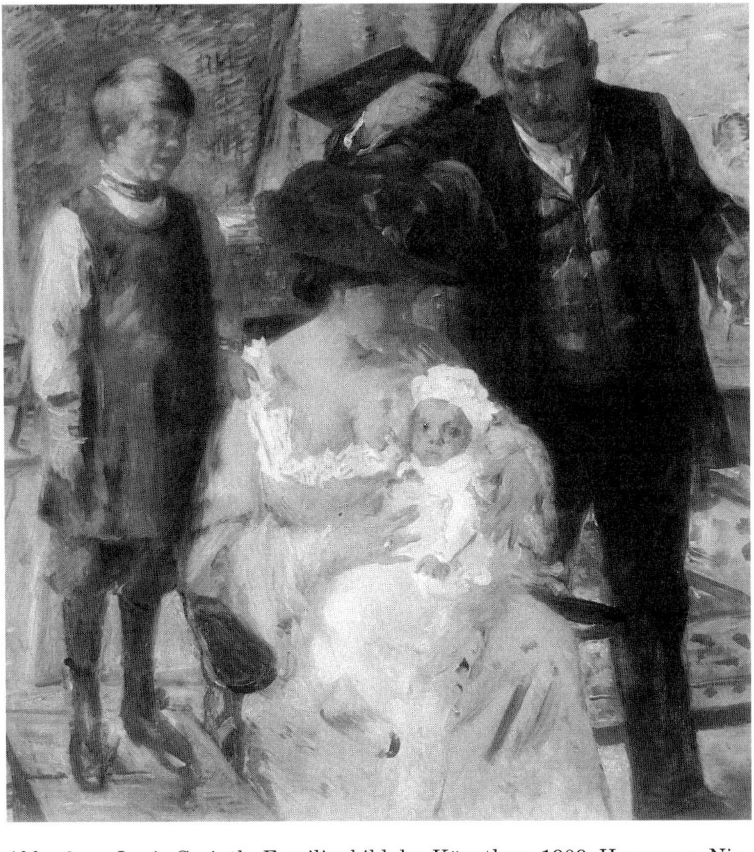

Abb. 6: Lovis Corinth, Familienbild des Künstlers, 1909, Hannover, Niedersächsisches Landesmuseum.

schen Schichten der wilhelminischen Gesellschaft. Die Darstellungen arbeitender Bauern und seine späteren kulturpolitischen Aktivitäten als Präsident der Berliner Secession mit dem Versuch, mehr Internationalität in die Berliner Kunstszene zu bringen, führte zu einer anderen, extremen Form der Marginalisierung. Sein energischer Auftritt für eine öffentlichere Kultur, gestützt und gefördert durch die vornehmlich jüdische, aufsteigende Bourgeoisie Berlins, machte ihn zum Zentrum vielfältiger konservativer und antisemitischer Angriffe. Während der Kaiser ihn zum gefährlichen Anarchisten erklärte, wurde er in Hunderten von Karikaturen als jüdischer Verschwörer oder als bösartiger Agent ausländischer, undeutscher Kultur gezeichnet.[5] An Liebermann wird die komplexe Dialektik zwischen Marginalität und Zentralität in der sozialen Positionierung »des Künstlers« deutlich. Ich meine, daß Liebermanns Dutzende nüchterner, rätselhafter Selbstporträts (z. B. »Selbstbildnis an der Staffelei« 1916, Abb. 5) eine strategische Antwort waren auf die Furcht der Öffentlichkeit und die antisemitischen Verleumdungen seiner Arbeit als Maler und Kulturpolitiker. Diese Politik der Versicherung wird noch deutlicher in seiner Ausstellungs- und Marktpolitik. Die Arbeiten wurden strategisch in wichtigen öffentlichen und privaten Sammlungen plaziert, um ein Bild beruhigender, solider Bürgerlichkeit vom Künstler zu verbreiten.

Derartige Formen einer geheimen Verständigung zwischen Künstler und Publikum erinnern wiederum an die diskursive Formation, die Foucault die »Funktion Autor« nennt:

> »Zwar versucht man, diesem Vernunftwesen einen realistischen Status zu geben: im Individuum soll es einen ›tiefen‹ Drang geben, schöpferische Kraft, einen ›Entwurf‹, und das soll der Ursprungsort des Schreibens sein, tatsächlich aber ist das, was man an einem Individuum als Autor bezeichnet (oder das, was aus einem Individuum einen Autor macht) nur die mehr bis minder psychologisierende Position der Behandlung, die man Texten angedeihen läßt, der Annäherungen, die man vornimmt, der Merkmale, die man für erheblich hält, der Kontinuitäten, die man zuläßt, oder der Ausschlüsse, die man macht.« (Foucault 1974, 20)

Der Mangel an generischen und stilistischen Mitteln der Charakterisierung und Kategorisierung für solche Analysen wird am Vergleich zweier Selbstporträts mit Familie von Corinth und Liebermann deutlich, den beiden führenden Malern der Berliner Secession, die beide unter der Kategorie des Naturalismus operieren. Lovis Corinth dokumentiert im Bild vor allem den erreichten Status und die soziale Position. Nachdem er 1901 von München nach Berlin gezogen war und sich der Sezession angeschlossen hatte, etablierte er sich als erfolgreicher Maler in der Hauptstadt. Wie er in seinem Tagebuch und in diesem Bild ausführt, hatte er auch eine junge Frau und eine Familie »erworben« und sich so persönlich und beruflich eine Basis in seinem neuen Leben geschaffen (vgl. Corinth 1926). Der Künstler porträtiert sich malend; er schwingt Pinsel und Palette über den Köpfen der Familie und fixiert sie mit seinem Blick in ihrer Position (1909, Abb. 6). Sie sind Objekt seiner Malerei und Objekt in seinem Herrschaftsbereich, Zeugnis seiner Errungenschaften. Die Frau des Malers, Charlotte Berend, selbst eine vielversprechende professionelle Künstlerin, wird in einem theatralischen Stereotyp beschrieben, gekleidet in eine Wolke aus Spitzen und Rüschen, der große braune Hut eine schützende Haube über die junge Familie. Im Gegensatz zu dieser Form der Künstlerautorität in der Beherrschung des privaten Bereichs dokumentiert Liebermann in seinem Selbstproträt mit Familie (um 1925, Abb. 7) den Komfort und die kulturelle Vielfalt des bürgerlichen Environments, in dem man malen, lesen oder sich unterhalten kann, ganz eigenständig als Teil des Alltagslebens. Er sitzt, in der erörterten »professionalisierten« Weise in einem weißen Kittel abseits und beobachtet die Dynamik seines heimischen Kulturhaushalts.

Zur Autor-Position als kritischer oder gefeierter Teilnehmer am Unternehmen Kultur, wie sie Liebermann und Corinth vorstellen,

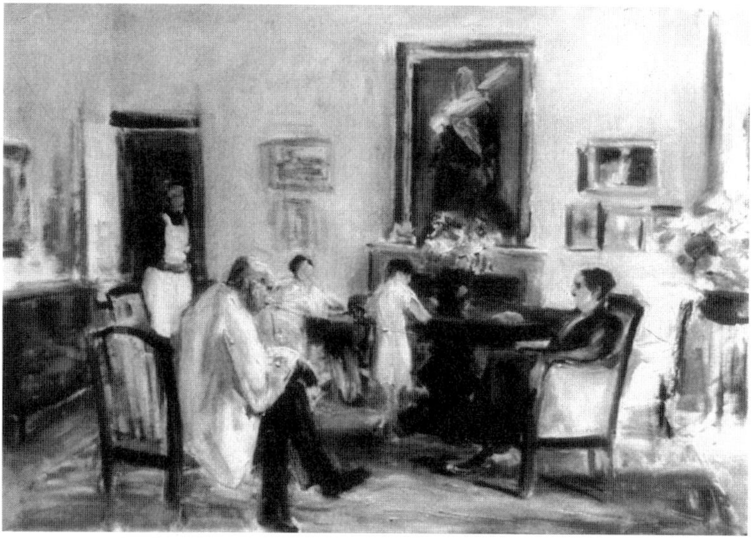

Abb. 7: Max Liebermann, Familienbild, um 1925, Verbleib unbekannt.

können wir die zunehmend radikale Konstruktion exklusiver, nicht vermittelnder Marginalität der Avantgarde-Künstler in Gegensatz stellen, wie sie Ernst-Ludwig Kirchner artikuliert. Die Differenz der zwei Positionen kann man als den Unterschied zwischen zwei Formen der Kritik fassen. Die eine wertet aus und korrigiert, während die andere die Strukturmuster in Frage stellt, in denen Kultur produziert und erfahren wird. Der Übergang in die Kunst der Avantgarde führt in eine vorherrschende Form der Kritik, in der die Bezugsgrößen der herrschenden sozialen Ordnung grundsätzlich in Frage gestellt werden. Mit dieser bohèmehaften Marginalität stellt der

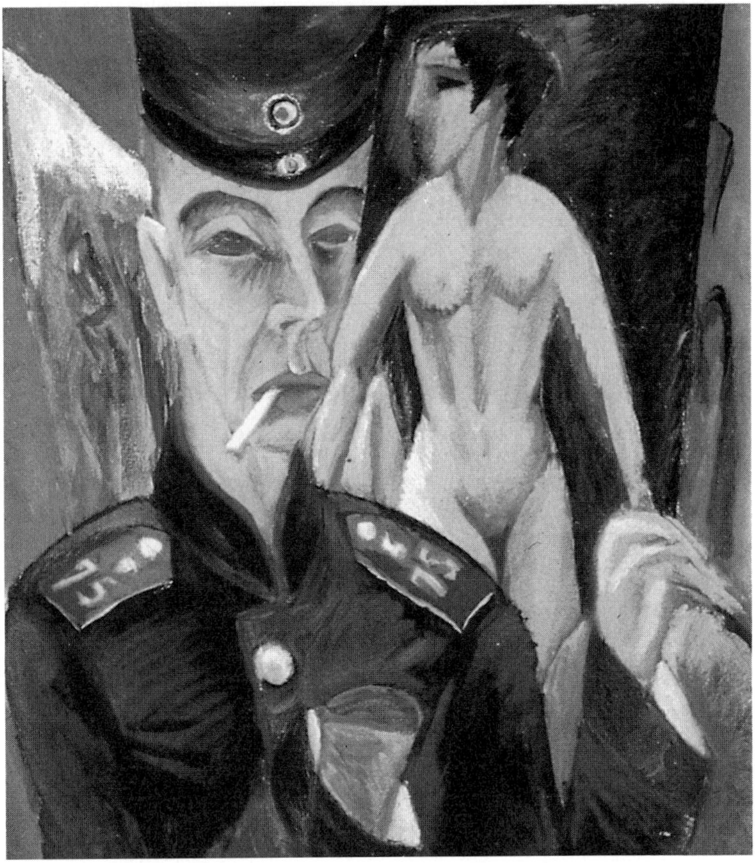

Abb. 8: Ernst Ludwig Kirchner, Selbstportrait als Soldat, 1915, Oberlin, Allen Memorial Art Museum, Oberlin College, Charles F. Olney Fund 1950.

Avantgardekünstler einige der traditionellen Konstrukte für den Ort des Künstlers in Frage und löst sie auf. Daraus ergibt sich eine entschieden moderne, vermeintlich autonome Identität, in die nicht mehr ein Muster sozialer Beziehungen, sondern Geschlecht, Sexualität und Ausdrucksmittel eingeschrieben sind.

In Kirchners »Selbstporträt als Soldat« (1915, Abb. 8), gemalt aus der Erfahrung und Wahrnehmung des Krieges als totalem Zusammenbruch, findet er eine Formulierung der verheerenden Wirkungen

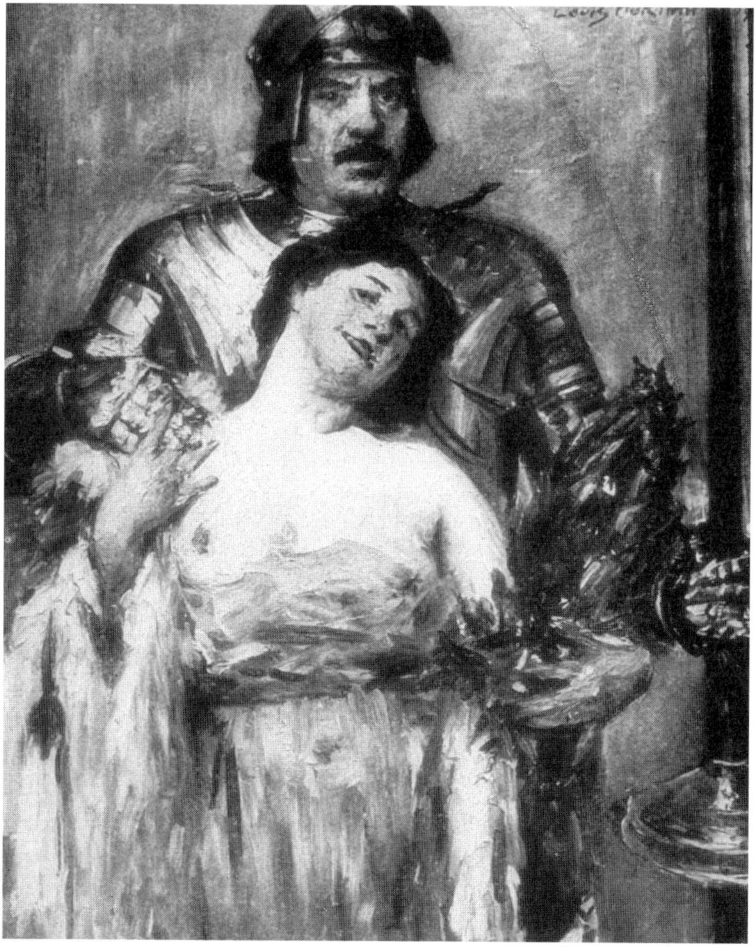

Abb. 9: Lovis Corinth, Der Sieger, 1910, Privatbesitz.

auf ihn selbst, die jegliche Möglichkeit einer Trennung zwischen dem Sozialen, dem Geschlechtlichen und dem Künstlerischen beiseite fegt. Das Bild des Todes ist hier in das Bild des Künstlers als Selbstzerstörung hineingenommen. Die fiktive Zerstörung, hier die amputierte rechte Hand, ist Ausdruck der Marginalität des Selbst in der entmenschlichenden kollektiven Rekrutierung und Beherrschung durch die Gesellschaft, die der Krieg ist. Das Bild zieht in dualen Gegensätzen eine Reihe von Konsequenzen. So bezieht sich die körperliche Verkrüppelung des Künstlers auf die erzwungene Unterdrückung sowohl des künstlerischen wie des sexuellen Triebs. Die Paarung von künstlerischer Ausdrucksmöglichkeit und Virilität oder von Kreativität und Kastration ist darüber hinaus dem Thema Dominanz und Unterwerfung verbunden. Die Beherrschung der viel kleineren nackten Figur des Modells zur Rechten ist ihrer Konstruktion bzw. Produktion als Kunstwerk auf der Linken verknüpft. Er selbst wird beherrscht, unterworfen und rekonstruiert durch die äußere soziale Ordnung, die seine Identität von der eines Künstlers in die eines Soldaten formen wollte. In dieser Analogie beschwört der Künstler die Impotenz in der Form der Darstellung als passives Opfer. Jedoch wird diese Darstellung zugleich Lügen gestraft durch das aktiv Kriegerische der Uniform und die Unterwerfung des weiblichen Modells, das auf Größe und Status eines künstlichen Objekts im Atelier reduziert ist. Ein Effekt dieser Gegensatzpaarungen im Bild ist, daß die in der Uniform erscheinende kollektive Männlichkeit und ihre historisch-soziale Bedeutung die individuelle Männlichkeit in Virilität und Kreativität negiert und auslöscht.

Mir scheint, daß in diesem Versuch, Identitätskonflikten visuellen Ausdruck zu geben, eine erste Einsicht liegt, wie Repräsentation Bedeutung erzeugt. In jeder der Dualitäten begegnen wir einer Gestalt des »Realen«, die sogleich, wie im Falle des Modells und des Kunstwerks, ihrer eigenen Repräsentation gegenübergestellt wird. Der Künstler, dessen »Realität« die Kunst ist, wird repräsentiert im sozialen Konstrukt des Soldaten. Die visuelle Sinnkonstruktion dieses inneren, heroischen Konflikts zwischen dem »realen« und darum inneren Gehalt und der Bedeutungszuweisung durch äußere Realität ist eine Hauptstütze männlichen Kulturheroismus, der die Moderne als Bewegung und die Avantgarde als Form der marginalisierten und marginalisierenden künstlerischen Anstrengung beherrscht. In dieser Leseart wird deutlich, daß die Moderne das Konstrukt Marginalität geschlechtsspezifisch differenziert. Gesellschaftliche Marginalität ist für den männlichen Künstler der Avantgarde eine heroische, kulturell privilegierte Form des Daseins, während die Marginalität des weiblichen Künstlers oder des Modells, mit allen besonderen historischen Implikationen für Geschlecht und Sozialität, einen Ausschluß bedeutet aus der großen Unternehmung Kultur.

Durch die ganze Serie der Bilder kann man einen steten Dialog verfolgen in den Termini, die Böcklin gesetzt hat und die das einzigartige, individuelle Wesen Künstler bestimmen als von seiner Vision zugleich inspiriert und gefährdet. Die Repräsentation der »künstlerischen Vision« trägt so zur Marginalisierung des Künstlers in der sozialen Ordnung bei, gibt seinem Projekt aber zugleich eine heroische Dimension. Zwischen Repräsentation und sozialer Spezifität vermitteln allerdings noch die verschiedenen kulturellen Ideologien. So kleideten sich zum Beispiel der Kulturpessimismus und Antimodernismus völkischer Ideologie in eine Form der Suche nach einem neuen Primitivismus. Die heroisierenden Konfigurationen von Kunst, Genie und Macht eröffneten neue Möglichkeiten für die Rolle des Künstlers (Corinth »Der Sieger«, Selbstporträt 1910, Abb. 9). Durch die Pose der Kampfbereitschaft, die Corinth in seiner Rüstung einnimmt, wird der Konflikt nach außen verlegt. Der äußere Feind ist die ganze brodelnde Kultur der Zeit. Mittel, ihr die Stirn zu bieten und sie zu besiegen, sind die nostalgische, mittelalterlich mythische Ausstattung und die opulenten Evokationen des Barock. Auf einer anderen Ebene wird diese Visualisierung von Macht noch gesteigert durch die eklatante sexuelle Aggression und Dominanz in diesem und anderen Bildern. In der Verkleidung als Zitat und Verweis auf die barocke Bildkonvention der Zusammenstellung glänzender metallischer Oberflächen mit der Textur weicher Haut, behauptet der gepanzerte Maler seine Dominanz über die verletzliche Nacktheit seiner Frau. Die kulturelle Streitbarkeit wird durch sexuelle Aggression bestärkt, indem der Künstler sich der Macht und Potenz seiner künstlerischen Vision versichert. In beiden Arten von Bildern, dem scheinbar progressiven, wie dem scheinbar regressiven, sieht man auch, daß männliches Begehren, die Kultur der Männlichkeit, sich weigert, sich als bewußtes Subjekt in einem visuellen Diskurs zu konstruieren. Wir finden nur Formen sexueller Dominanz oder sexuellen Konsums über die Projektion des Begehrens auf ein weibliches Subjekt. Nur höchst selten sieht man männliches Begehren als Thema, ohne ein weibliches Objekt auf das Selbst fokussiert.

Über die große Trennlinie zur Postmoderne hinweg hat sich in der figürlichen Malerei der »Neuen Wilden« in Deutschland ein ähnlich kodifiziertes Eingenommensein herausgebildet, verbunden mit der Referenz auf die frühe Moderne (Immendorff »Café Deutschland« 1978, Abb. 10). Der Bildraum verweist auf die Alternativräume früher Avantgardekultur in Café, Kabaret, Zirkus. Doch werden diese bescheidenen, peripheren Orte nun heimgesucht vom Geist nationaler Geschichte und deren Mythen. In einem den Zusammenhang brechenden Stil der Postmoderne bringt Immendorff diese Gegensätze zusammen, setzt zentrale Aktivitäten an den Rand und entwertet sie damit. Immendorff und sein DDR-Kollege Penck suchen in diesem

Forum, das einst klein und bescheiden war, die Barriere der Berliner Mauer zu durchbrechen, indem sie ihre (arbeitenden) Hände hindurchstoßen. Zugleich führt der zweigeteilte Immendorff in einer anderen Ecke des Proszeniums einen konvulsivischen Tanz auf, halb faschistischer Offizier in schwarzem Leder, halb Radikaler der Sechziger in Jeans und T-Shirt. Alle Mächte der Geschichte konvergieren hier an einem Ort, der einmal ein Refugium war, dazu da, die äußeren Realitäten umzudefinieren und nicht, sie zu versöhnen. Ihre Repräsentanten sind die beiden Künstler; markig und mit kühnen Gesten stellen sie sich dar, als lägen sie tatsächlich in einem körperlichen Kampf mit der Geschichte.

1972 malte Immendorff ein Selbstporträt mit dem Titel »Ich wollte Künstler werden...«. Unter einer jüngeren, von Zeitungen träumenden Version des Künstlers steht: »Ich träumte davon, in der Zeitung zu stehen, von vielen Ausstellungen, und natürlich wollte ich etwas ›Neues‹ in der Kunst machen. Mein Leitfaden war der Egoismus« (Kat. Immendorff 1985, 176). Auch wenn der Idealismus und Romantizismus der Expressionisten, deren Arbeiten diese Bilder oberflächlich gleichen, hier in Zynismus verwandelt wird, bleibt ihr

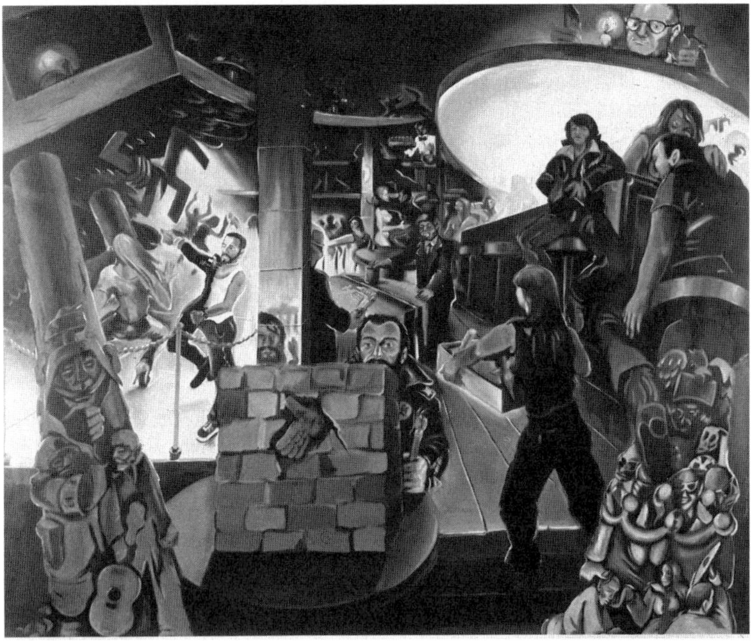

Abb.10: Jörg Immendorff, Café Deutschland I, 1978 Aachen, Neue Galerie – Sammlung Ludwig

Status als Bezugspunkt doch erhalten. Er markiert einen Weg, diesmal den in ein falsches Bewußtsein. Immendorff gibt nicht vor, daß sein Versuch, mehrere verschiedene Geschichten in einen wilden Bildraum zu bringen, irgendwie erfolgreich wäre. In einer anderen Version von »Café Deutschland« (1980) liegen er und Penck im Vordergrund auf dem Boden hingestreckt, niedergeworfen und besiegt von der Kunst. Zwar mag es hier um Kategorien von Desillusionierung und Nichtigkeit gehen, doch werden sie gebraucht, um nur noch eine weitere Fassung des sozial konstruierten Selbst zu präsentieren, gegründet in historischer Besonderheit und endlos besessen von den Möglichkeiten der Repräsentation, kulturelle Erzählungen zu konstruieren. Die spätere Selbst-Darstellung Immendorffs als Künstler, dem die Sicht versperrt ist, akzentuiert dies noch einmal (Kat. Selbstporträt 1985, Abb. 841).

All diese bravourösen Gesten der Verzweiflung und der Verblendung, dieser anspruchsvolle Egoismus und Zynismus – erheben sie nicht letztlich den Anspruch auf einen Platz in der Arena? Und wenn es die Arena falschen Bewußtseins ist, dann wird doch der Platz so heroisch, so männlich und so autoritär in Anspruch genommen und behauptet, wie es auch jene taten, die im Aufbruch der Moderne an ihm standen. Ein Photo von Immendorff, Lüpertz und Schnabel, 1987 in einem Dossier über Kunst unter dem Titel »Die starken Männer auf dem Kunstmarkt« abgedruckt (Die Zeit, 27. 3.), zeigt die drei Künstler mit sportlich-schick geschorenen Köpfen, nackt bis zum Gürtel, die beiden Deutschen mit Schmuck im Stil von Punks ausstaffiert, der Amerikaner mit Zigarre. Einmal mehr marschiert die Konfiguration von Kraft, Virilität, Inspiration und kommerzieller Stärke im Eroberungszug auf die Arena der Kultur: Aufwertung des Künstlers, Präventivschlag gegen kritische Praxis, im Bemühen, das künstlerische Subjekt zu den Werken zu produzieren und es durch einen Diskurs von Macht, männlicher Sexualität und künstlerischer Kreativität zu vermarkten.

Übersetzung: Herbert Mehrtens

Anmerkungen

1 Auch die Autorität des Kritikers ist in solcher Weise aus Besitz und Manipulation der Sprache konstruiert, vgl. Said 1984.

2 Vgl. Pollock 1980. Sie analysiert die Konstruktion des individualisierten künstlerischen Genies an der Rezeption von Vincent van Gogh und zitiert etwa Albert Aurier, der 1890 schrieb: »In seiner kategorischen Bejahung des Charakters der Dinge, in seiner oft furchtlosen Vereinfachung der Formen, (...) zeigt er sich kraftvoll, ein Mann, ein Draufgänger, häufig brutal

und manchmal genial zart. Mehr noch kann man aus der fast orgiastischen Expressivität all seiner Werke erraten: Hier ist ein Mann der Ekstase, Feind bürgerlicher Nüchternheit und Kleinlichkeit, eine Art trunkener Riese, ein schreckliches, wahnsinniges Genie, oft erhaben, manchmal grotesk, immer steigt er auf zu Höhen, die pathologischen Zuständen nahe kommen.«

3 Vgl. Katalog Allotria 1961; für eine ausführlichere historische Darstellung der Beziehung zwischen Patronat und künstlerischer Produktion vgl. Warnke 1985.

4 Vgl. Gossmann 1983. In Basel formulierte zu dieser Zeit Burckhardt seine humanistische Revision der Entstehung der Kultur, Bachofen schrieb über die Entwicklung von Glaubenssystemen und die Ersetzung der ursprünglichen Erdmütter durch männliche Himmelsgötter in den klassischen Religionen, und Nietzsche schleuderte seine wuchtige Rhetorik gegen ein Verständnis des Lebens nach den Prinzipien naturwissenschaftlich rationaler Systeme.

5 Vgl. Kat. Max Liebermann 1979. Dieser Katalog von M. Eberle und S. Achenbach ist eine Ausnahme in der Literatur. Liebermanns Werk steht hier im sozialhistorischen Kontext und es wird ein Anfang gemacht mit der Demontage des normativen mythologischen Konstrukts des hochstehenden Großbürgers, zu dem Liebermann selbst kräftig beigetragen hat.

Abbildungsnachweis:

Foto: J. P. Anders, Berlin, Nationalgalerie, Staatliche Museen Preußischer Kulturbesitz, Berlin (West) (1, 2); Städtische Kunstsammlungen, Gelsenkirchen (3); Kunstmuseum, St. Gallen (4); Kunsthalle Bremen (5); Niedersächsisches Landesmuseum, Hannover (6); Oberlin, Allen Memorial Art Museum, Oberlin College, Charles F. Olney Fund 1950 (8); Neue Galerie – Sammlung Ludwig, Aachen (10).

Alexandra Pätzold

Die Knabenliebe, der Antikendiskurs und das Nicht-Gesagte

Ich verstehe meine Ausführungen als Beitrag zu der Frage nach den kulturellen Bedingungen von Wahrnehmung. Im Rahmen dieser Fragestellung sind Bilder (im weitesten Sinne) visuelle Zeugnisse kultureller Festlegungen.

Da der Blick allein schweigsam ist, und die kognitive Ordnung des Gesehenen Sichtbares wahrnehmbar macht, interessieren mich auch die Bedingungen, die Sichtbares denkbar werden lassen. Ich frage nach Denkordnungen, die bei der Wahrnehmung von Bildern kulturell von Bedeutung sind. Und ich frage danach, wie diese Denkordnungen die Aussagen bedingen, die bei der Wahrnehmung des Sichtbaren ausgesprochen werden. Es geht mir hier also um die Verschränkung von Sichtbarem, seiner kognitiven Wahrnehmung in Denkgestalten und deren Ordnung in Aussagen.

Am Beispiel des Hauptmotivs im ›Goldenen Zeitalter I‹ Hans von Marées'‹ aus den Jahren 1879–1885 (Gerlach-Laxner 1980, 168; München 1987, 270) möchte ich eine solche Verschränkung von Sichtbarem, Denkbarem und Sagbarem aufzeigen. Thematisch geht es dabei um die Darstellung von Knabenliebe, ihrer Bildgestalt im Antikendiskurs und dem Schweigen darüber in der kunsthistorischen Deutung und bei Marées selbst.

Der Rückgriff auf die griechische und römische Antike ist ein Diskurs, der in der Kunst und in der Kunstgeschichte zugelassen ist. Sein Sinn geht historisch auf die idealistische Bedeutung ästhetischer Anschauung zurück. Er ist den philosophischen Denkkategorien verpflichtet, die Anschauung von Schönheit als Anschauung von Wahrheit begründen.

In der Maréesschen Bildgestalt dieses Antikendiskurses wird jedoch etwas sichtbar, das nicht in den Rahmen dieses Denkmusters paßt und deshalb nicht ausgesprochen wird, obwohl es gemeint ist und auch gesehen wird.

Marées wußte um diese Widersprüche. Brieflich hatte er verfügt, daß seine beiden Gemälde zum Thema Goldenes Zeitalter »unter allen Umständen« bei seinem Freund und Mäzen Konrad Fiedler verbleiben sollten (Domm 1987, 251). »Wenn ich nun selbst etwas über meine Sachen sagen soll, so weiss ich, dass dieselben in Folge eines unbedingten Triebes entstanden, aus einer reinen Verehrung für die Werke der Schöpfung und der grössten Liebe zu denselben hervorgegangen sind, und es der Darstellung an derber, unverdorbener Sinnlichkeit nicht fehlt«, schreibt er an Konrad Fiedler (Ebd. 260). Der Beschreibung dessen, was die Aufgabe des Künstlers

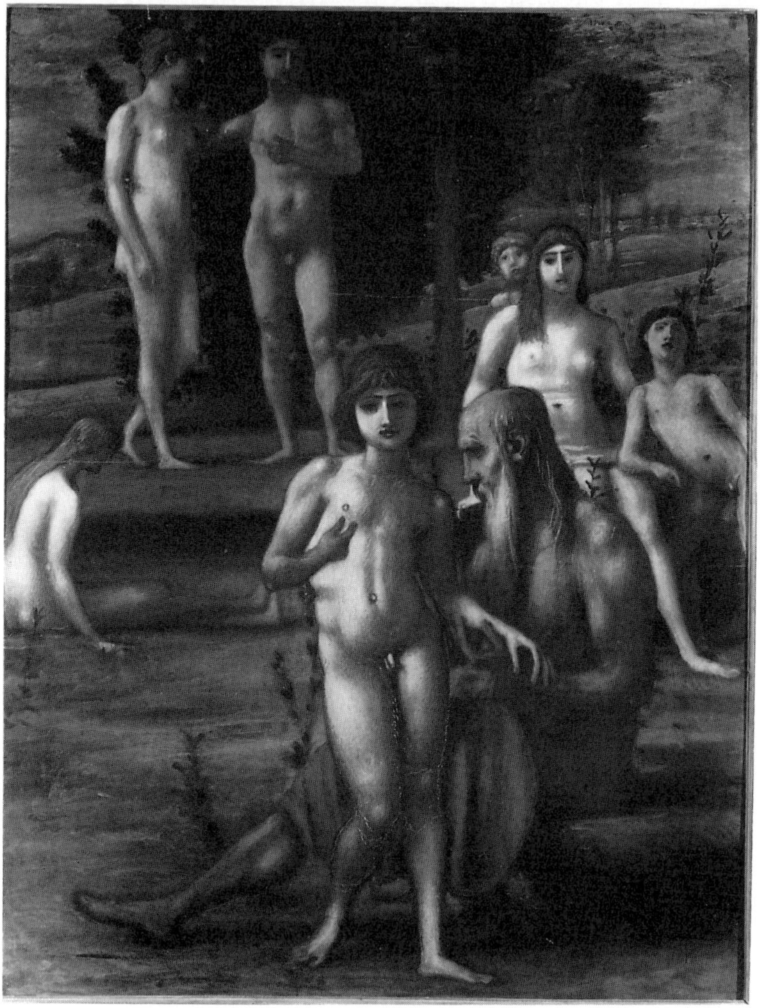

Abb. 1: Hans von Marées, Das Goldene Zeitalter I. 1879–1885, Mischtechnik auf Holz, München, Bayerische Staatsgemäldesammlungen, Neue Pinakothek.

sei, steht die Darstellung »derber«, aber »unverdorbener Sinnlichkeit« unvermittelt gegenüber. So als gäbe es einen großen Text, der Kunst und Künstler heißt, und einen kleinen Text, der sich auf Sexualität und deren Bewertung bezieht.[1] Der große Text kommt immer wieder, der kleine nur selten und versteckt vor. »Einen geborenen Künstler würde ich denjenigen nennen, dem die Natur von vornherein ein Ideal in die Seele gesenkt hat und dieses Ideal ist es, was ihm die Stelle der Wahrheit vertritt, an das er unbedingt glaubt und welches zur Anschauung der anderen sich selbst zum reinsten Bewusstsein zu bringen, seine Lebensaufgabe wird« (Ebd. 238). Im großen Text geht es um ein Ideal, das Wahrheit vertritt und das Natur zur Anschauung bringt. Im kleinen Text liegt eine Gefahr, die Meier-Graefe (1909) so umschreibt, wenn er über die Bildfiguren spricht: »Keine Leidenschaft bewölkt ihre Stirnen, keine versteckte oder laute Wollust bäumt ihre Glieder, nicht mal die leiseste Erregung aus irgendeinem Anlass malt sich in ihren Zügen. (...) Sie vollbringen mit ihrem Dasein allein eine stille Erfüllung. Das bewundern wir ohne eine unserer primitiven Begierden. Betrachtend, ohne zu fordern, stehen wir vor ihnen, so wie sie selbst sind. Und so überträgt sich wirklich das Goldene Zeitalter auf uns. Wir können nicht so leben und möchten es nicht, aber preisen als höchstes Glück, daß auch unser zerrissenes Dasein Momente kennt, wo wir so zu empfinden vermögen« (Meier-Graefe 1987, 569f). Keine Leidenschaft, Wollust oder Erregung soll laut werden. Stille Erfüllung ohne primitive Begierden wird bewundert. Der kleine Text soll still und leise bleiben und »unser zerrissenes Dasein« verdecken.

Im großen Text bewegen sich Marées und sein Interpret ganz im Rahmen der Kunstanschauung, wie sie bereits Winckelmann (1764) gefordert hatte: »Der Geist vernünftig denkender Wesen hat eine eingepflanzte Neigung und Begierde, sich über die Materie in die geistige Sphäre der Begriffe zu erheben, und dessen wahre Zufriedenheit ist die Hervorbringung neuer und verfeinerter Ideen« – in der Kunst (Winckelmann 1982, 201). Der große Text sorgt für die wahre Kunst, die die »Materie« hinter sich läßt und sich emporhebt in die »geistige Sphäre« großer Ideen.

In diesem Sinne suchte auch Marées – nach Meier-Graefe – »ein bestimmtes Verhältnis zur Welt, das von allen Beobachtungen der Natur nur gereinigt und gestählt, nie gefährdet werden konnte« (Meier-Graefe 1987, 539). Bedrohliche Untertöne werden laut. Wovon konnte Marées nur gereinigt und wogegen nur gestählt, nie aber gefährdet werden? (Vgl. dazu Theweleit 1986, 2, 185ff)

Es sind die »primitiven Begierden« der Knabenliebe, deren Idealisierung Marées in dem Motiv des Mannes mit dem Jungen im ›Goldenen Zeitalter‹ (Abb. 1) gesucht hat.[2] Im Lichte der ewigen Zeitlosigkeit, ohne Ort und ohne Tiefenraum, ohne Spuren der Alterung am

Körper des Mannes, begegnen sich Mann und Junge in idealer Nacktheit. Beim Malen dieses Paares ringt Marées um die Verwandlung eines Mittvierzigers in einen Leib ewiger Schönheit und um die Verwandlung eines kleinen Jungen in einen begehrlichen Knabenkörper ewiger Jugend – und dies um die reine Idee zu verkörpern. Zigfach übermalt er, um immer wieder zu dem großen Text zurückzufinden.

Es gibt aber Hinweise in den Bildern, die auf den anderen Text verweisen und die den Sinn ewiger Schönheit bröckeln lassen. Ich meine die Blicklosigkeit der Figuren im Bild. Der Mann und der Junge sind einander formal angenähert, aber sie haben kein Auge füreinander, auch keinen Blick für den Betrachter. Ohne Blick sind sie sprachlos gemacht. Kein Lächeln, kein befreiender Blick, schwere Lider in reglosen Gesichtern. Sie sind ohne Ziel beieinander.

Lastendes Schweigen und stummes Verharren kippt die ewige Jugend im schönen Leib.

Daß dies keine Frage malerischer Fähigkeiten des Künstlers ist, zeigt das ›Selbstbildnis mit Pinsel‹ von 1883 (München 1987, 291). Mit Blick und Geste[3] – aufrecht zwar wie ein preußischer Offizier mit gezücktem Pinsel und in korrektem Gesellschaftsanzug – ist er aber doch lebendig dargestellt, wenn auch als Herrscher und Zuchtmeister seiner selbst.

Auch in einer Zeichnung zum ›Goldenen Zeitalter I‹, datiert ins Jahr 1879 (München 1987, 270), machen Blick und Geste die Figuren lebendig und verdeutlichen, daß der Mann und der Junge zueinander gehören. Sie berühren sich körperlich. Der Junge sitzt auf dem einen Schenkel und stützt sich auf den anderen Schenkel des Mannes. Der Mann kommt dem Jungen so nah, daß er in sein Ohr flüstern könnte.

Auf dem Weg von der Zeichnung zum Gemälde hat Marées alle Hinweise auf eine lebendige Beziehung getilgt. Die Augen werden zu dunklen Höhlen, die Schenkel durch Tücher getrennt. Der Junge ist aufgerichtet. Das Flüstern wird zum Murmeln des Alleinseins.

Schicht um Schicht hat Marées das ihm persönlich Lebendige zugemalt und in lastendes Schweigen das verwandelt, was bedrohlich werden könnte, und von dem auch in der kunsthistorischen Literatur keine Rede ist.

Zwei pompejanische Fresken erläutern das Schweigen.

Die Knabengestalt des ›Goldenen Zeitalters‹ hat Marées aus der Szene entnommen, in der der Kentaur Chiron den Knaben Achill unterrichtet (Abb. 2).[4] Kopf- und Armhaltung hat er verändert, den Körper und seine Ponderierung übernommen. Die Beinstellung entspricht sich genau. Sogar die Zehen hat Marées so gemalt, als trüge der Knabe im Ölbild Sandalen wie Achill im Fresko.

In dem anderen Fresko aus Pompeji (Abb. 3)[5] entdecken wir die im Maréesschen Bild peinlich verpfuscht wirkende Geste, mit der der

Mann den Arm des Jungen von unten hält. Es ist des Geste des Zeus, in der seine Werbung um Hera als vollzogen angezeigt ist und ihre Liebesverbindung versinnbildlicht wird. Um den Sinn dieser Liebesgeste auch in seinem Werk anschaulich werden zu lassen, hat Marées den Knaben ›Achill‹ an die Stelle der Hera gerückt. Gleichzeitig hat er ›Achill‹ und ›Zeus‹ einander so zugeordnet, daß ›Zeus‹ die Liebesgeste nicht mit seiner Rechten, wie in Pompeji, sondern mit seiner Linken vollzieht. Damit wollte Marées vermutlich die Bedeutung dieser Geste vermindern. So wie er auch deren Eindeutigkeit zurückgenommen hat, indem der Mann nicht – wie Zeus – den Arm der geliebten Person umfaßt. Marées läßt den Arm des Jungen in dieser klauenhaften Fingerstellung des Alten schweben, als sei ein klares Umfassen ein zu deutliches Zeichen.

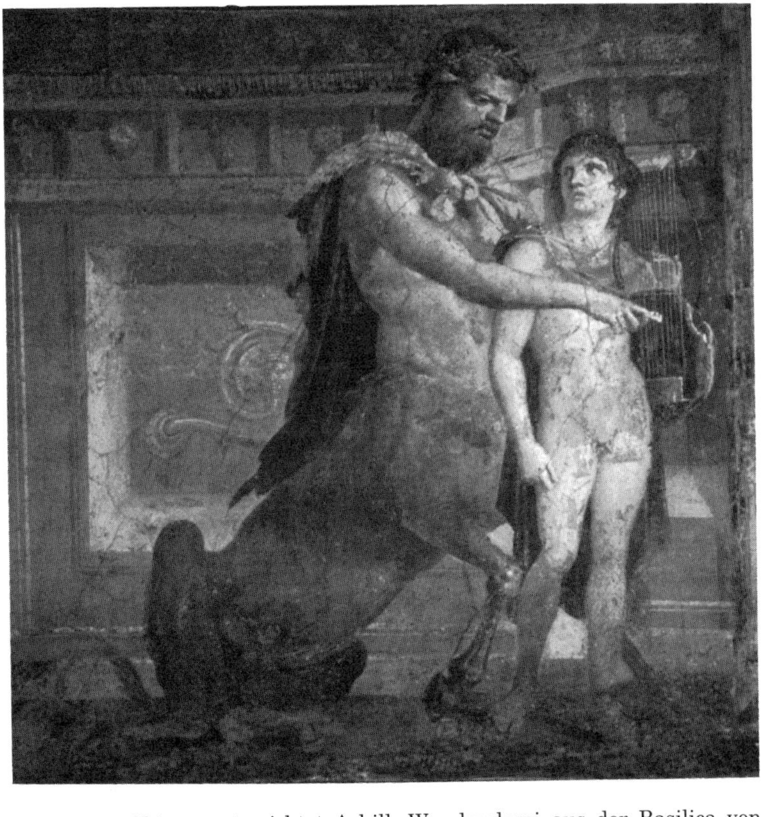

Abb. 2: Chiron unterrichtet Achill. Wandmalerei aus der Basilica von Herculaneum, Neapel, Nationalmuseum, Inv. Nr. 9109.

Durch die Montage der beiden Zitate aus pompejanischen Fresken, die Marées im Neapler Museum sehen konnte (München 1987, 82), hat der preußische Deutschrömer eine bedeutungsvolle Verbindung gewagt: Die formale Verschmelzung der Unterrichtsszene des künftigen Helden von Troja mit dem Liebesgestus des olympischen Gottes beschreibt nicht nur die Kultivierung homosexuellen Verlangens im pädagogischen Eros[6], sondern auch die Erfüllung dieses Verlangens im Bild der Begegnung von Zeus und Hera.

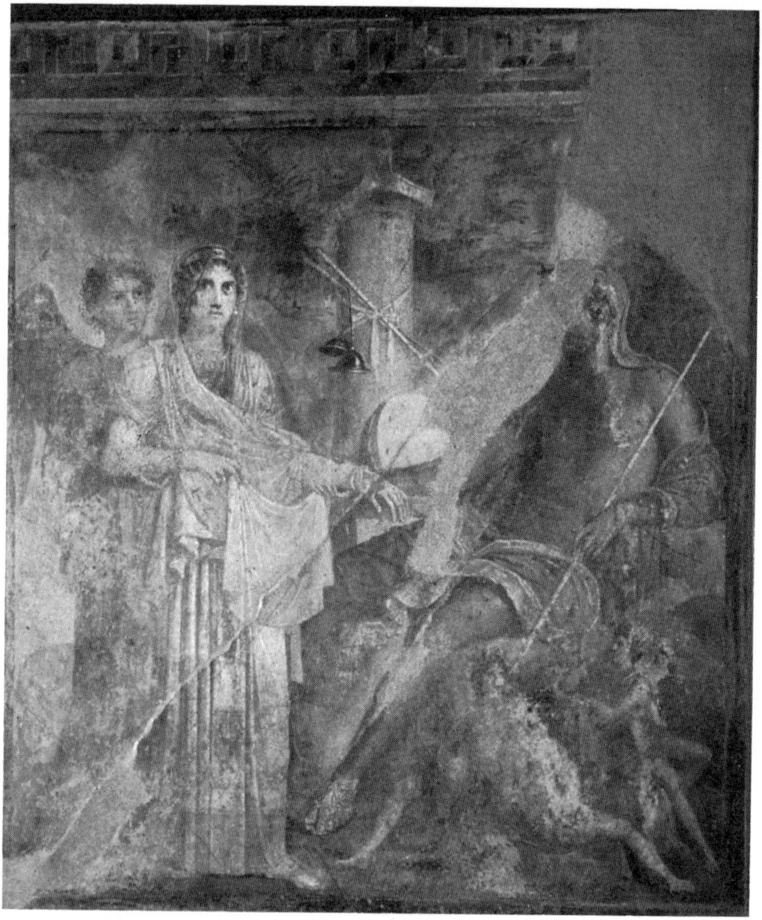

Abb 3: Hochzeit von Zeus (Kronos/Saturn) und Hera (Rhea/Kybele). Wandmalerei aus der Casa di Poeta Tragico, Pompeji VI 8, 3, Neapel, Nationalmuseum, Inv. Nr. 9559.

In der Zitatmontage läßt er die Erfüllung seines Liebeswunsches sichtbar werden und unterläuft sie zugleich: durch die Blicklosigkeit und das schweigende Verharren der Figuren und die Übermalung jeder Lebendigkeit. Mit dem Titel des Goldenen Zeitalters bezeichnet er noch einmal das Sichtbare. Es gilt der Bezug zur Antike, aber nur in der Verdeutlichung eines verlorenen Paradieses.[7] Der Blick geht unwiderruflich zurück, die Erfüllung liegt im Verlorenen.

Obwohl Marées in seinen (publizierten) Briefen ausführlich über Kunst und Künstler spricht, schweigt er doch darüber, wie genau er die pompejanischen Fresken kannte.

Ihre Kenntnis widerspricht offensichtlich dem Kanon ›stiller Größe‹ und ›edler Einfalt‹.[8]

In der Marées-Rezeption wird (1987) allenfalls von Pompeji geredet, wenn es um »Beobachtungen zu Figur und Komposition in der modernen Erneuerung einer antiken Malerei durch Marées« geht (München 1987, 82ff). Da wird von dem »Enkel im Vordergrund« gesprochen, der »eine Art älteren Bruder im Knaben Achill (hat)«: »Beide Knaben werden erzogen, werden unterwiesen oder still geführt« (Ebd. 83). Oder es ist die Rede davon, wie Marées »(sie) zu Figuren modern beseelten und gefühlten Daseins (wandelte)« (Ebd. 85). Der kleine Text schlägt immer wieder durch, ohne daß die konkrete Bedeutung ausgesprochen wird.

Dafür gibt es gute Gründe.

Mit diesem Bild der Knabenliebe, das ich in dieser Konsequenz und Raffinesse nur bei Marées gefunden habe, und das wohl auch im Bereich der ›hohen Kunst‹ deutscher Malerei allein dasteht, ist die Schallgrenze bürgerlichen Selbstverständnisses erreicht (vgl. dazu Dannecker 1978 u. Lautmann 1984).[9] Deshalb das Schweigen auch in der kunsthistorischen Literatur.

In diesem Verstummen über Sichtbares bleiben Marées und seine kunsthistorischen Rezipienten dem idealistischen Subjektentwurf Mann verpflichtet, in dem die dichotomische Trennung von Geist und Körper, Kultur und Natur, Verstand und Gefühl seit dem 18. Jahrhundert aufrechterhalten und systematisiert worden ist.

Die Würdigung von Männerliebe und Sexualität gehört nicht in das Denksystem des aufgeklärten Mannes: Selbst wenn sie sichtbar werden, soll ihnen auf keinen Fall das Wort geredet werden.

Anmerkungen

1 Aus der Erläuterung des Begriffes Sinnlichkeit im 1905 erschienenen Band des »Deutschen Wörterbuches« von Jacob und Wilhelm Grimm (dtv-Grimm Bd. 16, München 1984, Sp. 1184) schließe ich auf diese Bedeutung.

2 Wie sehr sich Marées nach dem »bacchantischen Jubel« der Knabenliebe sehnte, und wie stark er diese Sehnsucht ohne »Gelübde«, ohne »Schwur« und ohne »Treue« an den »höhere(n), bewusstere(n) Freuden« eines heterosexuellen »(Pallas)Dienst«-Verhältnisses gemessen hat, spricht er in einem Brief an Melanie Tauber aus: Domm 1987, S. 160.

3 Blick und Geste scheinen die Bildchiffren des bürgerlichen Rollenbildes des Mannes zu sein, in denen er sich als tätiges, arbeitendes Subjekt zu vergegenwärtigen sucht, vgl. Pätzold 1987, S. 345ff.

4 Fresko aus der sog. Basilica von Herculaneum, Neapel, Museo Nazionale, Inv. Nr. 9109; Curtius 1929, S. 13.

5 Fresko aus der Casa del Poeta tragico, Pompeji VI 8, 3, Neapel, Museo Nazionale, Inv. Nr. 9559. In der neueren archäologischen Forschung wird das Paar Zeus/Hera als Kronos (Saturn)/Rhea (Kybele) gedeutet; Schefold 1957, S. 103.

6 Winckelmann umschrieb diese Kultivierung so: »Achilles steht ruhig und gelassen, aber sein Gesicht gibt viel zu denken, es ist in den Zügen desselben eine vielversprechende Ankündigung des künftigen Helden, und man liest in den Augen (...) eine vorauseilende Lehrbegierde (...). In der Stirn erscheint eine edle Scham (...)« (1982, S. 294f). Vgl. dazu Mayer 1977, S. 205.

7 Zu dem antiken Weltaltermythos vgl. Bodo Gatz: Weltalter, Goldene Zeit und sinnverwandte Vorstellungen. Hildesheim 1967. Ich danke Marianne Bergmann, Marburg, für diesen Hinweis (und für den in Anm. 5).

8 »Diese Dinge müssen in sich selbst die Schwierigkeit haben«: »Da versagen vor dieser verwirrend-phantastischen Kunst des Hellenismus seine (Winckelmanns, A. P.) von der Plastik vornehmlich des 5. und 4. Jahrhunderts v. Chr. abgeleiteten Oppositionsbegriffe »der edlen Einfalt und stillen Größe«. (...) Ihm, dem ethischen Plastiker, (fehlt) die bedeutende Gesinnung, der monumentale Charakter« (Curtius 1929, S. 19).

9 Etwa gleichzeitig machte Wilhelm von Gloeden (1856–1931) Fotografien sizilianischer ›Knaben‹, ohne sie aber – und das ist der entscheidende Unterschied zu Marées – in der Darstellung selbst zusammen mit älteren Männern abzubilden (Frauenliebe – Männerliebe 1984, S. 87ff). Statt die liebende Begegnung im Bild sichtbar werden zu lassen, bleibt die Sehnsucht im Betrachter-Bild-Verhältnis verborgen.

Abbildungsnachweis:

Fotothek d. Bayer. Staatsgemäldesammlungen, München (1); Archiv Pedicini, Neapel (2, 3).

Miriam van Rijsingen

Sprechen und Schweigen

Zur Position des Interpreten in der Ästhetik Anselm Feuerbachs

> Die schweigenden Frauen sind die Sprecher des Gesprochenen. Sie treten aus dem Kreise, sie allein sehen die Vollendung seiner Rundung.
>
> Walter Benjamin

1.

In seinem »Vermächtnis« schreibt Anselm Feuerbach: »Das echte Kunstwerk bedarf keiner Vermittlung. Es spricht oder schweigt, je nach der Natur des Beschauers.« (1924, 156) Feuerbachs Aussage eröffnet eine Reflexion über die Bedeutungsproduktion, über das Erscheinen oder Nicht-Erscheinen, Verstehen oder Nicht-Verstehen von Bedeutung. Er setzt offensichtlich voraus, daß nur im Sprechen, in der Sprache Bedeutung erscheint oder hergestellt wird. Dies impliziert, daß das Schweigen als nicht-produktiv, nicht-sinnerzeugend aufgefaßt wird. Dabei weist Feuerbach jedoch die vermittelnde Instanz einer sprachlich instrumentierten Erklärung zurück. Das Kunstwerk könne selbst, mit eigenen Mitteln sprechen. Es *spricht*, aber seine Bedeutung erscheint nicht als sprachlich verfaßte. Der/die BeschauerIn wird – je nach seiner oder ihrer *Natur* – die Bedeutung verstehen oder nicht. Was Feuerbach mit Natur meint, bleibt unklar. Jedenfalls aber wollte er seine Gemälde als Andachtsbilder verstanden wissen, vor denen der/die BetrachterIn sich allein, still und offen hinsetzt.[1]

Damit ist die Problematik der Sprache als Erklärungsinstrument umschrieben: Im Bild selbst liegt eine Sprache beschlossen, deren Bedeutung vom Beschauer oder der Beschauerin verstanden werden kann, aber nur wenn seine oder ihre Natur es zuläßt, sich dieser Sprache zu öffnen, sie zu erkennen und zu verstehen. Implizit wird die Sprache des »echten Kunstwerks« einer Ordnung unterstellt, die einer anderen sprachlichen Struktur gehorcht. Vorausgesetzt wird weiter, daß diese andere Sprache (dieses Andere) auch im Beschauer oder der Beschauerin einen Grund hat oder haben kann. Wie sich diese Sprache zur außerbildlichen, vermittelnden verhält ist insoweit klar, als Feuerbach von *Poesie* spricht. (Vgl. Theissing 1976)[2] Diese Problematik der Sprache, besser zweier Sprachen im Verhältnis zur Natur der BetrachterInnen kann am Beispiel von Feuerbachs monumentalen Frauenbildern am deutlichsten demonstriert werden. Sie verbildlichen nämlich gleichsam – und das nicht zufällig – diese Problematik.

Feuerbachs Sätze über die Sprache des Kunstwerks sollten hier als Anregung und Herausforderung aufgefaßt werden, sich mit den Grenzen der Beschreibung und Interpretation seiner Frauenbilder zu befassen und mit der Problematik von Bedeutungsproduktion im Allgemeinen. Nicht zuletzt deshalb, weil die Natur des jeweiligen Betrachters oder der Betrachterin zur Diskussion steht.

Die Frage, wie, wo und von wem Bedeutung produziert wird und was dabei ›ungedeutet‹ bleibt, ist von (post)strukturalistischen TheoretikerInnen der 70er und 80er Jahre gestellt worden.

Autoren wie Lacan, Derrida und Kristeva haben kritische Begriffe wie den der *Symbolischen Ordnung* und den des *Sprechenden Subjekts* eingeführt und nachgewiesen, daß *Subjekt*, *Sprache* und *Bedeutung* bloße Funktionen und Konstruktionen der Symbolischen Ordnung sind. (Lacan 1966, Derrida 1972, Kristeva 1974 und 1977)[3]

Diese Konstruktionen, denen ein dichotomes (Denk)System zugrunde liegt (vgl. dazu Cixous, Clement 1975), haben den Effekt, daß in ihnen die männliche Spur dominiert, zu Ungunsten der weiblichen, die darin ver-schwindet. Sprache und Subjekt sind beide männlich definiert, während dasjenige, was keine Stimme hat, das was schweigt und in die Rand-Position verdrängt ist, das Weibliche bezeichnet. In diesem Kontext ist die Entdeckung der oben genannten Theorien entscheidend, daß dieses Schweigen nicht ohne Bedeutung ist und daß beide Positionen im Bedeutungsprozeß eingeschlossen sind.[4] Diese Entdeckung kann in einer dekonstruktiven Analyse der Sprachfunktionen von Text und Bild gemacht werden.

Zudem zeigen diese theoretischen Ansätze, daß Bedeutung sich intertextuell und intersubjektiv herstellt, das heißt, daß der/die BetrachterIn im Blick auf das Bild Bedeutung produziert. Anders formuliert könnte man sagen, daß die Art des Blicks und die Deutung die ›Natur‹ des Betrachters verrät.

Feuerbachs Frauenfiguren verweisen auf die Grenze der Sprachfunktionen. Sie markieren eine Position, von wo aus ›Weiblichkeit‹ sichtbar gemacht werden kann, die jede definierte Identität infrage stellt. In ihnen kreuzen sich Bildtraditionen als definierte Identitäten, während der Kreuzungspunkt als Signifikant jedoch leer bleibt.

Mythologische Figuration, Personifikation und einfaches Porträt mischen sich, ohne daß ihre Deutung darin vollständig aufginge. Diese Repräsentationen der Frauenfiguren heften sich aneinander an und verlieren ihre Geschichtlichkeit. Wo sie der tödlichen Verstei-

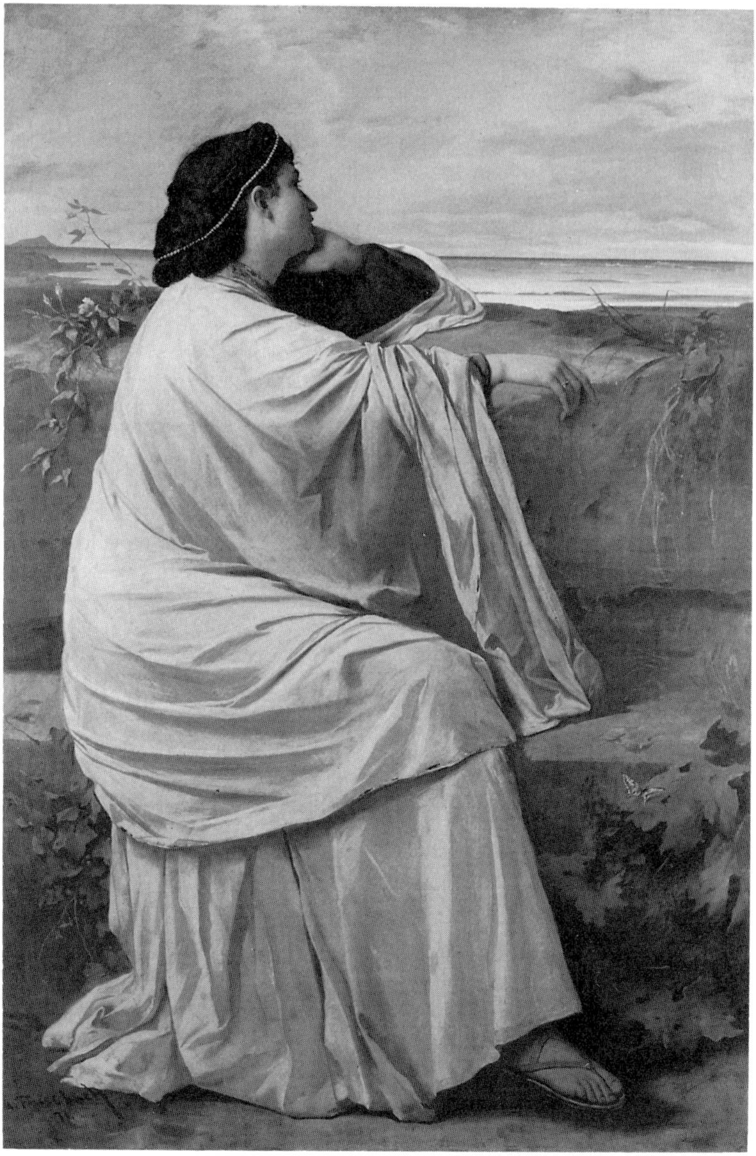

Abb. 1: Anselm Feuerbach, Iphigenie (2. Fassung), 1870 Stuttgart, Staatsgalerie.

nerung durch Sprache und Bildsprache entkommen, nähern sie sich der Grenze der Beschreibung, das heißt der Grenze von bloßer Identität von Zeichen und Vorstellungsbild. Der Alleinherrschaftsanspruch der Sprache wird gestört. Das Schweigen macht sein Entrée als Bedeutungsproduzent.

2. Der wortlose Blick – Beschreibungsversuche

Die Rezeptionsgeschichte zu Feuerbachs Gemälden verrät einen beharrlichen Streit zwischen Sprechen und Schweigen, zwischen Besprechen und Verschweigen. Ein Streit, bei dem Schönheit und Häßlichkeit, Lebendigkeit und Versteinerung, historisches Bewußtsein und zeitloser Idealismus einander abwechseln. Ohne allzu lang auf diese Rezeptionsgeschichte einzugehen sind einige Bemerkungen zu machen, um die Machtlosigkeit zu zeigen, die aus den Beschreibungen spricht. Vor allem da, wo die Figuren als *weibliche* Figuren beschrieben werden.

Über die erste Iphigenie (1862) schreibt Schasler 1862, daß sie ein »hässliches Stück Figur ist ... Ein schmütziges, hässliches altes Frauenzimmer, das besser thäte an den Ozean hinunterzusteigen, um sich erst Gesicht, Arme und Beine (sic! unsichtbar MvR) zu waschen«. (Richter 1976, 171) Pecht schreibt 1876 über die zweite Iphigenie (1871) (Abb. 1), da in ihr die »Vermählung antiker Formenschönheit mit modern romantischer Empfindung« stattfindet, sei sie eine »Einsame Schwalbe, die allein die Ehre der schwäbischen Regierung rettet« (Bringmann 1976, 144/5). Nicht nur in der zeitgenössischen Kritik, auch Anfang des 20. Jahrhundert begegnet man einem derartigen Kontrast. J. Meier-Graefe schreibt: »Seine Frauen sind oft kostümierte Denkmäler. Zwischen Kleid und Körper fehlt die zündende Verbindung. Das Monumentale, das nicht das Leben verewigt, hat keinen Belang«. Sie sei eine »Öde Draperie von Gewändern geworden«. (1915, 353/4) Uhde-Bernays schreibt dann, »Mit Gestalten wie Feuerbachs Iphigenien und Medeen vor Augen wird ein Volk niemals seine künstlerischen und menschlichen Aufgaben vergessen«. (1913, 33) Danach werden die Frauenfiguren mehr und mehr in den Rahmen der Ideen über »Zeitlose Schönheit«, »Zeitloses Ideal« und »Hang zum klassischen Griechenland« (z. B. Hamann, Hermand 1971, 31) eingepaßt.

Sobald sie nicht als Zeichen für etwas Anderes aufgefaßt werden, ergeben sich Schwierigkeiten mit dem ›Naturalismus‹ der Figuren, das heißt, daß die Erkennbarkeit des Modells als Mangel betrachtet wird. Das meint zum Beispiel der Mäzen Schack (Heyck 1909, 108) aber auch Grimm, der schrieb, daß der Künstler unfähig sei, sich über seine Modelle zu erheben (1882, 347). Schröder geht so weit zu behaupten, daß das Modell Anna Risi als Repräsentantin ihres Geschlechts das eigentliche Thema bildet. »Nicht irgendwelches Modell, sondern das Weib schlechthin und alle Seiten des weiblichen Wesens.« (1924, 106)[5] (Abb. 2) Er paraphrasiert Meier-Graefe, wenn er bemerkt, daß Lucia Brunacci, das zweite Modell, eine »weichere Schönheit« besitze, daß sie aber »unseren Schönheitssinn mit der wirren Masse der Gewandtfalten eher martert als zum Genuss einlädt«. (91)

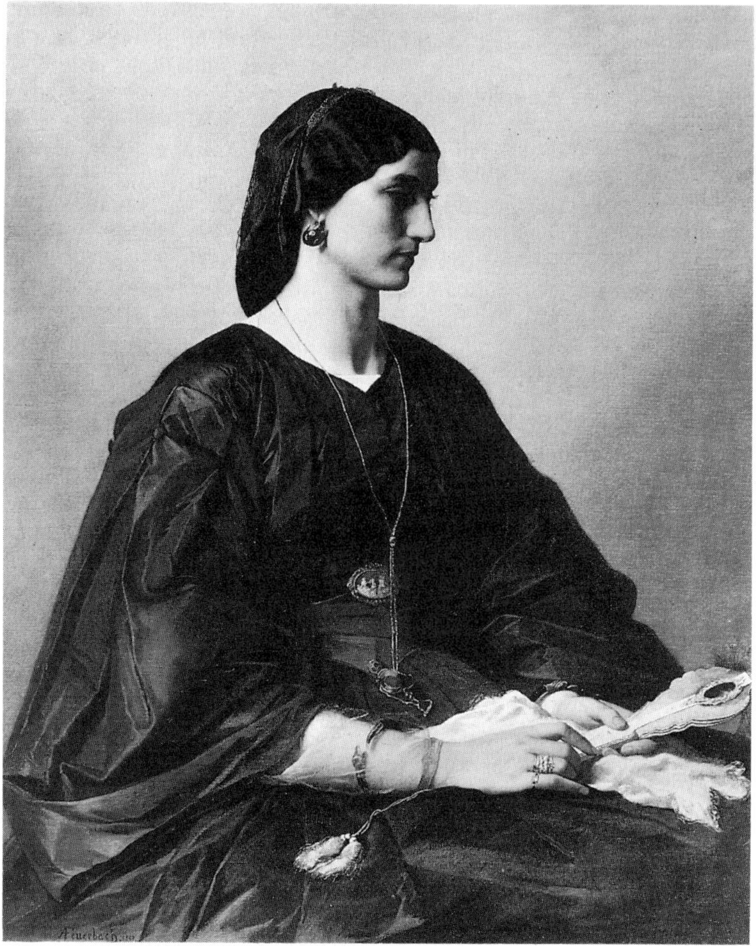

Abb. 2: Anselm Feuerbach, Nanna, 1861 Stuttgart, Staatsgalerie.

Der Betrachter tritt hier als (männlicher) Genießer un-verschämt zum Vorschein. Aber der arme Mann »verstrickt« sich in ihre Kleidung.

Als Repräsentation der Frau kann sie nur fehlen oder gefallen. Anerkannt wird sie nur als Zeichen für etwas Anderes. Einerseits soll sie ein zeitloses Ideal und Schönheit an sich vorstellen, mit einer ›lebendigen‹ Vorbildfunktion, andrerseits wird sie als schmutzig und farblos, versteinert und bedeutungslos beschrieben, also entweder als gelungenes (echtes) oder nicht-gelungenes Kunstwerk. In dieser Rezeptionsgeschichte zeigt sich das Paradox der Präsenz des weiblichen Körpers auf der Leinwand. Das heißt als Zeichen ist er anwesend, als Repräsentation der Frau aber abwesend. Die Frauenfiguren ermöglichen eine Reflexion ihrer Positionierung gerade auch dank dieses Paradoxes. Jede Beschreibung scheint möglich zu sein, keine trifft wirklich zu. Die Frauenfiguren entkommen immer wieder einer Definition, einer Typisierung. Ist es möglich, sie zu beschreiben und zu deuten, ohne das Paradox aus den Augen zu verlieren und die Zwei- oder Mehrdeutigkeit aufzuheben, indem man diese gerade als Ausgangspunkt nimmt?

Obwohl die Frauenfiguren sich monumental auf einem bühnenartigen Vordergrund aufdrängen, existieren sie vor allem in der Distanz die sie schaffen, im Entziehen, im Abwenden manchmal bis zum Verlust des Profils. Sie kreieren einen stillen Raum der Schweigsamkeit wo auch der/die BetrachterIn zu verstummen droht. Unfaßbar weit weg, trotz der inszenierten Nähe. Nur manchmal verweist ein einziges Attribut auf eine Geschichte (z. B. die Urne auf den Kindermord der Medea). Der Blaupausecharakter der Frauenfiguren aber reduziert das Gefundene auf Anekdotisches. Die dargestellten Frauen scheinen sich um Geschichte nicht zu kümmern und kehren sich ab. Die Haltung ihrer Körper wird bestimmt von der Spannung zwischen Bewegung und Ruhe. So heben sie ihre Titanenarme scheinbar machtlos und berühren mit ihren enormen Händen leicht und zurückhaltend ihre Brust. Sie sitzen, aber drehen, neigen und beugen sich. Nicht nur das drapierte Kleid, auch die entblößte Brust der Nanna wiederstehen einem allzu aufdringlichen Blick, der sich verirrt. Die Landschaft, in der sie sitzen oder die undefinierten Räume ergeben einen perspektivisch potentiell unendlichen Hintergrund. Die Augen sind niedergeschlagen, von Schatten verdunkelt oder gar unsichtbar. Nie schauen sie den/die BetrachterIn an und wohin sie schauen bleibt undefiniert. Und gerade darin liegt ihre Funktion.[6]

Die Welt der Objekte, die Welt der Geschichte bleibt unsichtbar. Eine unsichtbare Welt wird evoziert und so kommt die Haltung der Frauenfiguren zu ihren Bezeichnungen: Sehnsüchtig, trauernd, sinnend, der Tradition der Melancholia verpflichtet. Dieses Sinnen, diese Sehnsucht ist von der externen, sichtbaren Welt losgelöst und damit losgelöst von der Wirklichkeit des Subjekts, die außerhalb des Bildes bleibt. Eine *andere* Wirklichkeit tritt ins Bild. Ihr abgewendeter Blick wird ein nach innen gekehrter Blick, der jede geschichtliche Perspektive in der externen Welt verneint. Was wir sehen ist ein der Geschichte, der Subjektwelt *Entzogen-Sein* – und damit der Sprache der Subjektwelt oder der Symbolischen Ordnung. Der fragende Blick der Betrachter/In, die/der ein Wort zur Beruhigung, die Perspektive einer Geschichte und eine endgültige Antwort verlangt, wird vom Bilde her unbeantwortet bleiben. Wie gesagt, manche Definition wäre möglich, wenn sie sich nicht immer wieder entziehen würde. Eine innere Welt die sich der äußeren entzieht, aber gleichzeitig zum Bild drängt, verkörpert von Anna Risi und Lucia Brunacci.

3. Eine weibliche Position – ein Verlust-Verhältnis zur Welt.

Das Beispiel der Iphigenie. Sie hat ihr Vaterland verloren, wurde vom Vater geopfert, ins Exil gedrängt. Damit ist Iphigenie eine Verlorene und für immer eine (geheiligte) Fremde. Kaum wird sie noch sprechen. Jeder sehnsüchtige Seufzer, den sie übers Meer sendet, wird von den Wogen »dumpfe Töne brausend« (Goethe 1970, 251)[7] beantwortet. Sie lebt in einer anderen Welt, einer anderen Ordnung. Feuerbach veranschaulicht dieses Verloren-Sein, dieses Exil.

Iphigenie verliert die Sprache des Vaters und damit auch ihre Position in seiner Welt, und im Bild verliert sie ihren Blick. Sprachlos und blind gemacht, wohnte sie auf der Grenze zwischen Festem und Strömendem. Das aber verschafft ihr auch Einsichten[8]. Iphigenies Position ist nicht einzigartig. Die Frauenfiguren scheinen alle Welt, Geschichte, Platz und Zeit verloren zu haben. Geht es hier aber noch um ein *Etwas,* das verloren ist?[9] Oder geht es vielmehr um das *Verloren-Sein?* Oder eben um das *Sich-Verlieren* in einer objektivierten und objektivierenden Welt (der Sprache)? Bei Feuerbach handelt es sich um die zu Bild gewordene verlorene Position, was gleichzeitig das ideale Andere bezeichnet, die Poesie im Menschen, wie es in seinen Schriften heißt.

Wir können nun sagen, daß Frauen in der Symbolischen Ordnung das Andere bedeuten. Die weibliche Position ist die ausgeschlossene und schweigende, auch aufzufassen als die lebendige Erinnerung an das Vor-Sprachliche, oder wie Kristeva es formuliert, das *Semiotische,* der ›Raum‹ wo (die Sprache) der Väter (noch) nicht (mehr) herrscht, die Mutterbindung aufgespürt werden kann, ohne welche keine Poesie möglich ist. (Vgl. auch dazu Cixous, 1976).

Schweigsamkeit scheint damit die erste Bedingung für einen lebendigen Erinnerungsraum. Es ist auch die Schweigsamkeit die den tötenden Aspekt der Sprache verrät. In seiner Iphigenie beschuldigt Goethe den Dichter, den Tod in der Sprache zu ehren. Nur die Taten der heldenhaft streitenden Männer werden besungen, nicht die Trauer der Frauen.[10] Ist es Widerwilligkeit oder Ohnmacht, von dieser Trauer zu berichten? Dem toten Mann und seinem Streit, verewigt in der Sprache, stehen die lebendige Frau und ihre unbeschriebene wortlose Trauer gegenüber. Sie lebt und er ist tot, aber in den Worten des Dichters wird sie schweigen, während er spricht. So negativ es auch scheint, sie entkommt einer Sprache die vom Tod spricht, die tödlich ist. Feuerbachs Frauenfiguren drücken diese Schweigsamkeit aus, verweisen auf den Erinnerungsraum. Bei Benjamin würde das heißen: »Denn die Sprache entseelt sie. Die Frauen empfangen keinen Laut von ihr und keine Erlösung ... Ihr Schweigen tront über ihren Reden. Die Sprache trägt die Seele der Frauen nicht, den sie vertrauten ihr nicht; ihr Vergangenes ist nie beschlossen ... die schweigenden Frauen sind die Sprecher des Gesprochenen. Sie treten aus dem Kreise, sie allein sehen die Vollendung seiner Rundung ... das Schweigen der Gespräche war zukünftige Wollust, Wollust war vergangenes Schweigen. Unter den Frauen aber geschah der Anblick der Gespräche von der Grenze schweigender Wollust.« (1977, 95/6)

Bei Feuerbach ist von Leblosigkeit keine Rede. Von den Kritiker kaum bemerkt schreibt er, »daß man doch endlich aufhören sollte, von der herben Keuschheit meiner Bilder zu reden«. (Feuerbach 1924, 103)

Feuerbach hüllt das Andere, Verlorene in einen weiblichen Körper, scheinbar der Tradition nach. Gleichzeitig aber ermöglicht er eine Reflexion über Repräsentation und Repräsentierbarkeit des Weiblichen. Die Frau könnte alles sein, und gleichzeitig *ist* sie nichts. Sie bedeutet nichts, aber ohne sie würde kein Bild erscheinen. Sie markiert die Grenze des Sichtbaren und Sprechbaren, aber jede Auseinandersetzung mit der Sprache, der Symbolischen Ordnung bedeutet eine Beschattung ihres Blickes, der Kopf wird schwer, der weibliche Körper unbeweglich. Sie bewegt sich zwischen Sprechen und Schweigen. Vielleicht könnte man hier von der produktiven Mimesis sprechen. (Vgl. dazu Irigaray, 1977) Der/die BeschauerIn hat Teil an einen fortwährenden Streit der Sprache und sollte versuchen Verschwiegenes aufzudecken.

Nochmals Iphigenie. Laut Feuerbach bedeutet der abgebildete Schmetterling die Seele. Objektiviert, aber kaum bemerkt – Symbol der Metamorphose. Die Seele der Iphigenie spiegelt sich nicht mehr in ihren Augen, aber für immer in denen der BetrachterInnen. Sprachlose Zeichen die uns einen melancholischen Spiegel vorhalten, als Andachtsbild des Verloren-Seins.

Anmerkungen

1 Siehe z. B. Feuerbachs ›Zur Betrachtung eines Kunstwerks‹ in seinem Vermächtnis (1924, 154): »... womöglich ohne Begleitung ... setze sich in richtiger Distanz und suche, in Schweigen verharrend ... sein verehrliches Ich zu vergessen ... wird es ihm warm um das Herz und fühlt er, das seine Seele anfängt, sich über gewisse Alltagsvorstellungen und gewohnte Gedankenreihen zu erheben ...« Eine innere Erfahrung wird möglich, und der Grauenhafte Alltag vergessen. »... das man Tagelang davorsitzen kann, so wie es mich selbst im Sessel gebannt hält.« (Feuerbach 1911, 222) Feuerbach knüpft bei den Romantikern an.

2 H. Theissing geht ausführlich auf Feuerbachs Gedanken über Ewigkeit ein, Poesie, Wahrheit und Schönheit ein. Es ist die Verbildlichung des Vergangenen, das den Charakter des Ewigen gewinnt. Theissing führt den Begriff Uchronie – Utopie in der Zeit ein (1976, 69). Nicht nur Theissing, auch Uhde-Bernays verweist auf den Poesie-Begriff Feuerbachs (1913, XXV). Der Poesie-Begriff bei Feuerbach hat mit seinem Musikverständnis zu tun, wie aus seinen Briefen hervorgeht.

3 Obwohl die genannten Autoren zu unterscheiden sind, haben sie die linguistische Weiterführung der Psychoanalytischen Theorien Freuds gemein. Lacan hat das Subjekt in der Symbolischen Ordnung als ›gespaltetes Subjekt‹ definiert und hat weiter, was die Textproduktion betrifft, die Bedeutungsvielfalt aus dem Verhältnis zwischen Unbewußtem und Zeichenproduktion definiert. Bedeutung wird fortwährend produziert, ist offen und nie eindeutig. Der Signifikant wird nie das Signifikat völlig decken, wodurch fortwährend Verschiebungen auftreten. Sowohl Sprache als das Unbewußte konstituieren das Subjekt. Derrida versucht kritisch die Grenzen der Konstruktionen aufzuzeigen, was nur ›von innen her‹, aus den Konstruktionen selbst heraus geschehen kann, also in der Dekonstruktion. Kristeva definierte das ›semiotische‹ als Teil des Symbolischen. Nämlich den Teil, wo noch keine Rede ist von einem sprachlichen Gesetz, dem Gesetz des Vaters. Sie bezeichnet jenen als Weiblich. Das Semiotische kann in der Textproduktion aufgedeckt werden, als auch als Teil des sprechenden Subjekt aufgefaßt werden.

4 So Kristeva. Die Bedeutungsproduktion des Sprechenden Subjekts kann aufgefaßt werden als ein Spiel – eine fortwährende Bewegung zwischen den Semiotischen und die Symbolischen Komponenten der Sprache. Der kreative Prozeß wird, schreibt sie, gekennzeichnet durch ein Untertauchen im Semiotischen, was dann in der Sprache auf verschiedene Weise auftauchen wird. Siehe dazu z. B. Kristeva 1977.

5 Schröder typisiert die Frauenbilder Feuerbachs nach bekannten Kategorien: die Dämonische (Lucrezia Borgia), die königlich Thronende (Bianca Capello), die anmutig Spielende (Lesbia mit dem Vogel), das reife Weib (Iphigenie/Medea), das kranke Weib (Medea).

6 Die Frage ›Wohin schaut sie‹ wird von von Einem (1964) ausführlich besprochen. Die Leere des Horizonts (Iphigenie) deutet darauf, daß es ›keine Hoffnung‹ gibt, und ihre Sehnsucht ›unbestimmt‹ ist, ›keinen Grund‹ hat.

Damit ist sie nur die Personifikation der Sehnsucht. Von Einem geht nicht darauf ein, daß die Personifikation einen weiblichen Körper hat und problematisiert den Zeichencharakter der weiblichen Figur nicht.

7 Als Feuerbach seine Iphigenie malte, trug er fast immer, wie er schreibt, Goethes Iphigenie bei sich. In seinen Briefen taucht der Name Goethes oft auf, insbesondere in Bezug auf die Iphigenie. »Möge das Ganze einen anmuten wie ›Stille Musik‹ oder ›ein Gesang von Homer‹, wie Goethe sagt.« (Feuerbach 1911, 511) Er zitiert sogar Goethe, »Und an dem Ufer stehe ich lange Tage« (1924, 103). Auch in der Rezeption seiner Bilder wird oft von Goethe gesprochen, im Sinne des Vergleichs.

8 Goethes Iphigenie zeigt eine große Reflexionsfähigkeit. »Es ist reich an innerem Leben«, schreibt Goethe an Eckermann (1970, 671) Der Gedanke, daß eine Sprachlose und Blinde gerade große Einsichten haben kann, ist schon alt ... Die Tradition reicht vom klassischen ›Seher‹ bis zum Gedanken, daß der Unterdrückte eine bessere Einsicht in die Machtverhältnisse hat als derjenige, der die Macht vertritt.

9 Dieses ›Etwas‹ könnte Griechenland sein. Aber was bedeutet Iphigenie ihr Vaterland? Was bedeutet Griechenland für Feuerbach? Für Iphigenie ist es das Land einer verräterischen Sprache. Mit Hilfe einer Lüge – ihr wurde nämlich ein Mann, eine Heirat versprochen – wurde sie zu ihrem Vater gerufen, um dann für die Ehre des Vaterlandes zu sterben. Ihre ›Reise‹ ist definitiv. Auch für Feuerbach war Griechenland nicht mehr eine Wirklichkeit, die zurückgerufen werden konnte. Für ihn war es vielmehr ein denkbares Ideal, verknüpft mit einer vorstellbaren, unvergänglichen Schönheit. Scheinbar entgegengesetzte Positionen, die auf eine Grenze schauen.

10 »Der rasche Kampf verewigt einen Mann / Er falle gleich, so preiset ihn das Lied / Allein die Tränen, die unendlichen / der überbliebnen, der verlassnen Frau / zählt keine Nachwelt, und der Dichter schweigt / von tausend durchweinten Tagen und Nächten.« (Goethe 1970, 307/8)

11 In ›Questions‹ geht Irigaray darauf ein, daß es zwei Formen der Mimesis gibt, und geht dabei auf Plato zurück (1977). Die eine ist die Mimesis als Nachahmung, Spiegelung, Reproduktion und/oder Gleichmachung, die andere sollte verstanden werden als Produktion, so wie sie in der Musik vorkommt. Die Mimesis als Nachahmung hat, sagt Irigaray, eine bevorzugte Position in der Geschichte der Philosophie eingenommen. Die Mimesis als Produktion ist unterdrückt worden, könnte aber gerade dazu beitragen eine andere, weibliche Schrift entstehen zu lassen.

Abbildungsnachweis:

Staatsgalerie, Stuttgart (1,2)

Silke Wenk

Pygmalions moderne Wahlverwandtschaften

Die Rekonstruktion des Schöpfer-Mythos im nachfaschistischen Deutschland

1. Der Lichtbringer

Über dem Grab des Bildhauers Bernhard Hoetger befindet sich ein Relief mit einer nackten männlichen Gestalt, die sich mit dem Schwert auf einen feuerspeienden Drachen stürzt – sein Ende verkündend. Der Drache, Sinnbild des Teufels, des Heidentums, der Verführung, manchmal auch der Eva, wurde schon oft von bedeutenden Helden erledigt – ich erinnere an den Heiligen Georg, den Ritter, der die Königstochter befreit oder an den Erzengel Michael.

Das Relief wurde von Hoetger selbst entworfen. Vor seinem Tod

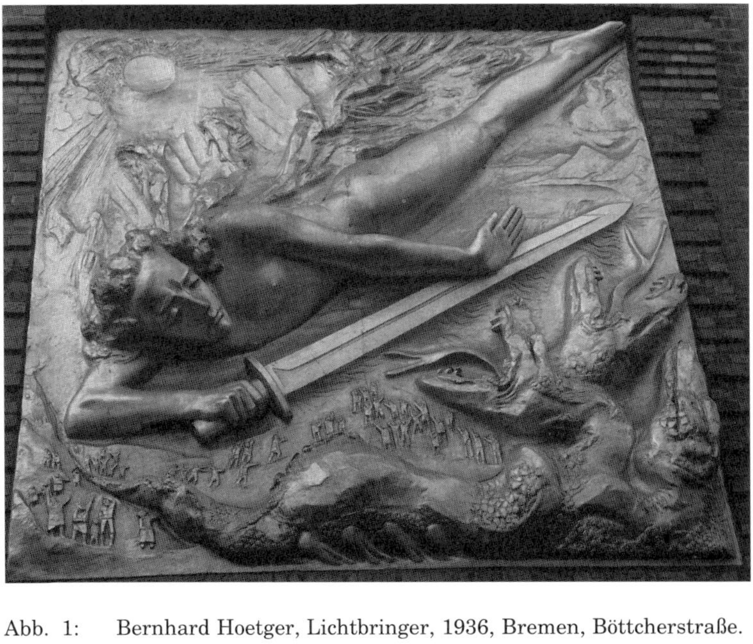

Abb. 1: Bernhard Hoetger, Lichtbringer, 1936, Bremen, Böttcherstraße.

(1949) war es an seinem Haus in Berlin angebracht (Golücke 1984, 24). Die große Ausführung dieses Reliefs mit dem Titel »Lichtbringer« schmückt seit 1936 den Eingang der Böttcherstraße in Bremen (Abb. 1). Auftraggeber war der Unternehmer Ludwig Roselius, berühmter Mäzen und Begründer der Böttcherstraße. Er beschrieb damals offiziellen Stellen gegenüber das Relief als Bild des »Sieges unseres Führers über die Mächte der Finsternis« (zit. ebd., 194).

Hoetger zählt nicht zu den großen, jedermann bekannten Bildhauern des 20. Jahrhunderts. »Als sich die Stimmen zur Wiedergutmachung des ›Entarteten-Unrechts‹ erhoben, wurden viele Namen genannt. Der seine fehlte ...« – So ein Nachruf 1949. – »Keine Gruppe, kein Einzelner beruft sich auf ihn ... Wird er eines Tages wiederkehren? Nach Erfahrungen der Geschichte müßte er es, und dann wird die Erscheinung Hoetgers einmal von der Glorie des Märtyrers umglänzt sein.« (Buesche 1949) Über Hoetger ist seither viel geschrieben worden, aber die »Glorie des Märtyrers« strahlt nicht weit.

Ich stelle diese vielleicht nebensächlich erscheinende Künstlergeschichte an den Anfang, weil sie exemplarisch Künstlermythen vorführt, wie sie in den fünfziger Jahren beschworen wurden: der Künstler, hier der Bildhauer als Held – im Kampf gegen die »Mächte der Finsternis« – und als Märtyrer oder Heiliger. Im Fall Hoetgers scheint es den Biographen nicht geglückt zu sein, ihn als einen der großen Märtyrer durchzusetzen. Die Gründe dafür müßten eigens untersucht werden. Aber die Biographen und Verehrer anderer Bildhauer hatten mit diesen Künstlermythen Erfolg, obgleich ihre Helden ebenso wie Hoetger im faschistischen Deutschland staatliche Aufträge angenommen hatten und nicht zu emigrieren brauchten. Einer von ihnen war Georg Kolbe. Ich will zeigen, wie Künstler-Mythen die Kunstgeschichtsschreibung über ihn bestimmen, ebenso wie die über Wilhelm Lehmbruck, dessen Rezeption ich im Vergleich dazu untersuche.

2. Lehmbruck und Kolbe als Schöpfer der Moderne

Diese beiden Bildhauer zählten schon in den frühen zwanziger Jahren zu den Begründern einer modernen Skulptur in Deutschland – neben Ernst Barlach, den ich hier ausklammere (vgl. dazu Piper 1987). Sie vertreten eine Generation. Der jüngere, 1881 geborene Lehmbruck machte seinem Leben kurz nach dem 1. Weltkrieg ein Ende; der vier Jahre ältere Kolbe erlebte nicht nur den Faschismus, sondern auch noch die ersten zwei Jahre nach der Kapitulation Nazi-Deutschlands. Er verfolgte zwischen 1933 und 1945 auch einige Projekte öffentlicher Skulptur; in den ab 1937 jährlich in München veranstalteten »Großen Deutschen Kunstausstellungen« wurden regelmäßig Arbeiten von ihm gezeigt. Er gehörte zu den Künstlern, »die den Nationalsozialismus nicht nur ganz gut überstanden hatten, sondern deren Aktplastik im faschistischen Deutschland auch ganz gute Dienste geleistet hatte« (Damus 1985, 121).

Lehmbruck dagegen zählte nicht zu den im NS-Staat anerkannten Künstlern. Seine Skulptur »Kniende« wurde auf der ersten Ausstellung »Entartete Kunst« in München 1937 an den Pranger gestellt (Abb. 2).

Wurden die künstlerischen Unterschiede in dem Oeuvre Lehmbrucks und Kolbes gerade in den fünfziger und sechziger Jahren von

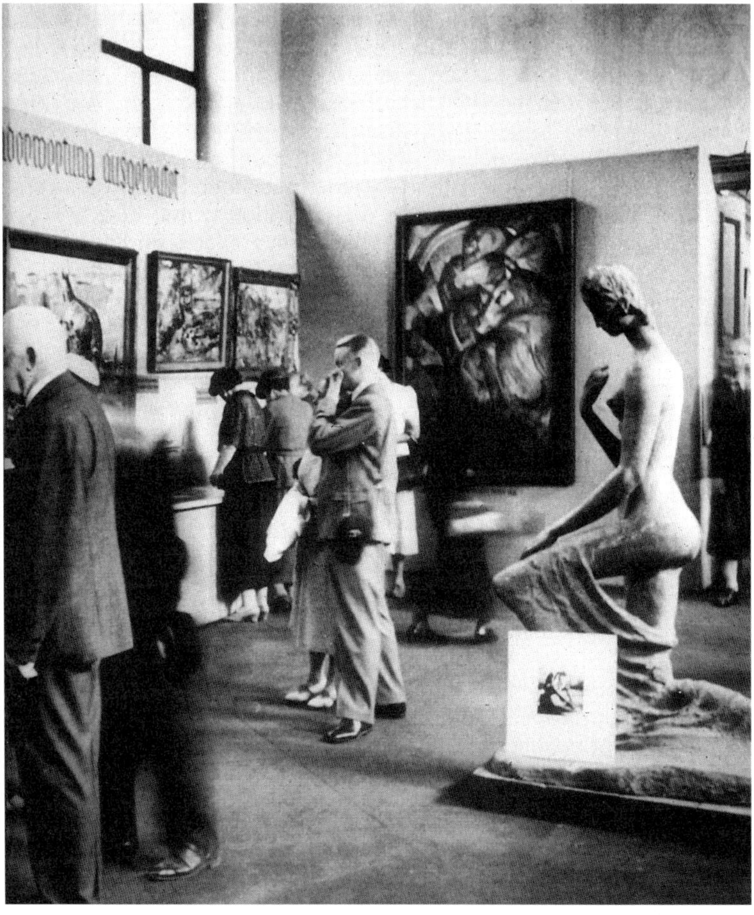

Abb. 2: Ausstellung »Entartete Kunst«, München 1937.

der Kunstgeschichtsschreibung und -kritik häufig zum Anlaß genommen, diese beiden Bildhauer gegeneinander abzusetzen, so wurde doch das Vergleichbare immer wieder von neuem betont. Ihrer beider Namen fehlen in keiner Darstellung der modernen Skulptur als Entwicklung zur *»reinen Form«*. Die Kunstgeschichtsschreibung machte sie unter dieser Perspektive zu Künstlern, die Gleiches wollten und vermochten.

In dem kunsthistorischen Diskurs, der nicht nur aus schriftlichen Äußerungen besteht, sondern auch aus ästhetisch-inszenierenden Formen der Vermittlung von Kunst z. B. in Ausstellungen, geht es um den *Künstler als (männlichen) Schöpfer.* Für die Bildhauerei ist der Schöpfer artikuliert mit ihrem Ursprungsmythos, der Erzählung von Pygmalion, wie sie in Ovids »Metamorphosen« (10. Buch) überliefert und insbesondere seit dem 18. Jahrhundert häufig zum Gegenstand literarischer und theoretischer Reflexion wurde (vgl. Dinter 1979).[1]

Ich will hier untersuchen, wie der Mythos vom Schöpfer in dem kunsthistorischen Diskurs der nach-faschistischen Zeit mit dem vom Künstler als Helden und Märtyrer verknüpft wird, und welchen Wandlungen er dabei unterliegt. Zeigen möchte ich – und dies sei als These vorweggenommen, daß sich der kunsthistorische Diskurs über die Figur des Künstlers als Märtyrer mit dem politischen Diskurs nach der Kapitulation des deutschen Faschismus verbinden läßt. Der Künstler-Schöpfer erhält als Märtyrer oder Held im Kampf um den Anbruch einer »neuen Zeit« eine zentrale Bedeutung.

Vorausschicken möchte ich, um mögliche Mißverständnisse zu vermeiden, daß die Diskurse, das Zueinander der verschiedenen Reden und ihre Effekte keineswegs bewußt sein müssen, ebensowenig wie die Motivationen der in ihnen Agierenden eindeutig sein müssen.

3. Die nach-faschistische Zeit als neue Neuzeit

Bis vor wenigen Jahren galt es als unbestreitbar, daß die Kunstpolitik des NS lediglich der Verfolgung und Ausgrenzung »wahrer Kunst« gedient habe, und daß alles, was im deutschen Faschismus Kunst zu sein beanspruchte, samt und sonders das Gegenteil war: Kitsch, Schund, Mittelmaß, Pornographie (vgl. dazu und zum folgenden Wenk 1988 und Schade 1988).

Diese Konstruktion der NS-Kunst als Nicht-Kunst wurde in den ausgehenden vierziger Jahren bereits vollzogen und hatte eine zentrale Funktion für die Neubegründung »der Moderne« nach 1945. Die strikte Ausgrenzung all dessen, was eine Nähe zur NS-Kunst auch nur ahnen ließ, hatte zugleich den Beweis zu erbringen, daß wahre

Kunst nichts mit Macht und vor allem nichts mit einer staatlichen Macht zu tun haben könne, die über Leben und Tod der Individuen zu entscheiden beanspruchte. Schließlich konnte diese Konstruktion noch darüber hinaus dazu dienen, eine Auffassung zu reetablieren, die die (männlichen) Intellektuellen spätestens seit der Jahrhundertwende zusammenzuhalten scheint, daß nämlich »Geist« und »Macht« in einem unversöhnlichen Gegensatz zueinander stünden. Der Nazismus wurde des Mordes am »Geist« bezichtigt, und um die »Freiheit des Geistes«, »seines Adels willen«, zu retten, war es durchaus üblich, »Volk« und »Volkesstimme« mit staatlicher Macht ineinszusetzen.[2]

Die Zeit der NS-Herrschaft und ihrer Kunstpolitik wurden gegen »die Moderne« abgesetzt und identifiziert mit dem Gegenbild, gegen das »die Neuzeit« sich schon immer abgesetzt hatte: dem »Mittelalter«. Nun hatte – wieder einmal – »der Geist« das Licht gegen die »Mächte der Finsternis« zu bringen. Zu dessen privilegiertem Vertreter wurde der Künstler. Seine Legitimität wurde nun sogar in der Tradition der mittelalterlichen Ketzerbewegungen verankert (z. B. Worringer 1948, 8). Die nach-faschistische Zeit wurde zur neuen Neuzeit erklärt.

Im Vergleich zu ihr wurde alles eben noch Gewesene zum ganz Anderen. Die Metaphern, in denen dies beschrieben wurde, hatten Tradition. Rave z. B., der Zeitzeuge und erste Historiker der NS-Kampagne gegen die »Entartete Kunst« nannte 1937 das Jahr »des schlimmsten geistigen Tiefstandes«, er sprach von den »Gegenkräften«, die »aufstiegen« und von der »anschwellenden Flut« und den wenigen, die »in der Brandung zu stehen« den Mut hatten (1949, Neuaufl., 14). – Die Metaphern und die Assoziationsräume, die eröffnet wurden, gleichen denen, mit welchen auch die deutschen Faschisten den völligen Neuanfang, den Bruch mit allem Überlieferten behauptet hatten. Die neue Ordnung gegen das Chaos, das Feste gegen das Strömende, Licht contra Finsternis. Die Kontinuität solcher Metaphern läßt sich unschwer nachweisen (vgl. auch Theweleit 1983). Sie reicht allerdings weiter zurück als bis 1933. Der Vergleich mit Ursprungsmythen der Menschheit liegt nahe: immer wird in ihnen von chaotischen, gefährlichen Verhältnissen berichtet, aus deren Überwindung erst »das Neue« entstehen konnte. Man könnte die Rede über den Nazismus und sein Ende auch als eine moderne Sage der Drachensaat lesen, wie sie der Gründung Thebens vorausgegangen sein soll (vgl. Heinrich 1987, 87).

In der nachfaschistischen Kunstgeschichtsschreibung können wir verwandte Muster finden. »Das schlechte Geschlecht der Arno Breker und der Josef Thorak ist bei uns erloschen.« So feierte die »Neue Zeit« (13. 4. 1947) Kolbes 70. Geburtstag. »Die Anfänge, die sich heute zeigen, versprechen viel für das Weiterleben des guten

Geschlechts. Der bedeutendste Senior dieses guten Geschlechts ist aber Georg Kolbe.«

4. Kolbes und Lehmbrucks Skulpturen als Zeichen für die Moderne

So unterschiedlich Lehmbruck und Kolbe auch eingeschätzt wurden, sie wurden beide – und häufig zusammen – in den kunsthistorischen Erzählungen der fünfziger Jahre über die Entstehung der modernen Skulptur in Deutschland als deren Begründer gefeiert. Einige ihrer Skulpturen wurden in den fünfziger Jahren öffentlich ausgestellt. Über diese Ausstellungen werden strukturelle Ähnlichkeiten im Oeuvre beider Bildhauer deutlich: sie finden sich in den Skulpturen stürzender Männer und komplementärer Bilder weiblicher Körper.[3] Die Anordnungen, in denen diese Skulpturen den Betrachtern präsentiert wurden, sind signifikant.

Lehmbrucks Skulptur »Der Gestürzte« von 1915/16 (Abb. 3) wurde 1953 auf der Hamburger Ausstellung »Plastik im Freien«, einer der großen Ausstellungen der fünfziger Jahre, in denen die Moderne wieder reetabliert werden sollte, in unmittelbarer Nachbarschaft von weiblichen Aktskulpturen anderer Künstler positioniert (vgl. Kat. Plastik im Freien 1953, 16–17: Lageplan).

Zwei Jahre später war Lehmbrucks »Kniende« von 1911 die Skulptur, die am Eingang der I. documenta 1955 in der Rotunde des Kasseler Fridericianums als erstes originales Werk die Schau »der

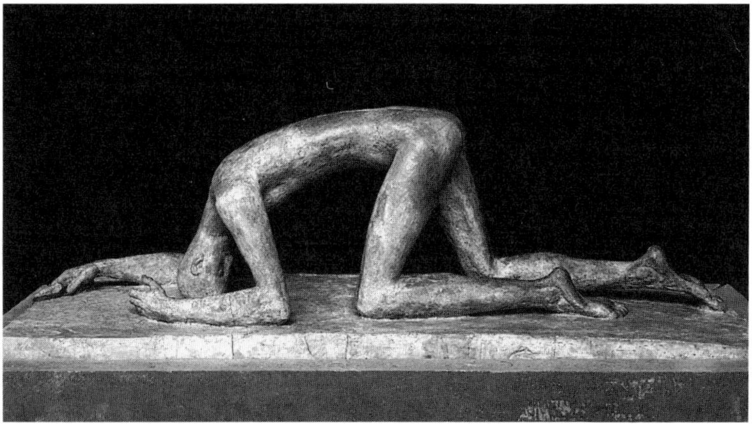

Abb. 3: Wilhelm Lehmbruck, Der Gestürzte, 1915/16, Duisburg, Wilhelm-Lehmbruck Museum.

modernen Kunst« eröffnen sollte (Abb. 4) und zugleich ihre Kontinuität zu bezeugen hatte (Vgl. Grasskamp 1987). Diese Tradition zieht sich übrigens bis in die achtziger Jahre durch: die »Kniende« ist die

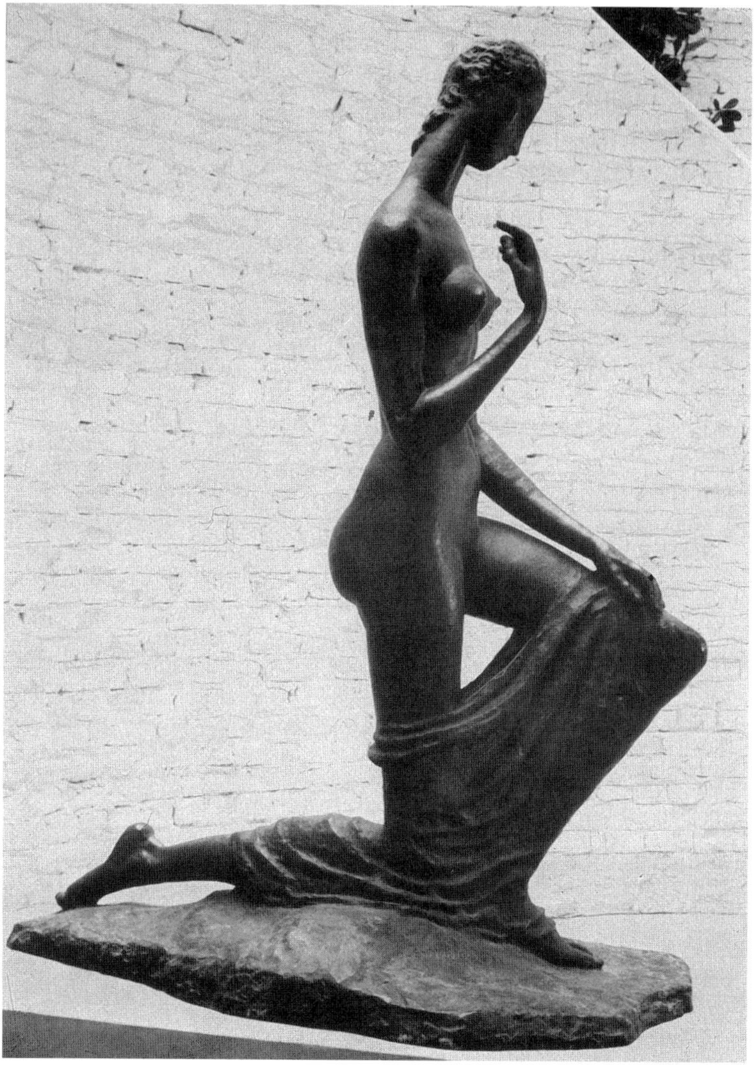

Abb. 4: Wilhelm Lehmbruck, Kniende, 1911, in der Rotunde des Fridericianums Kassel, documenta 1955.

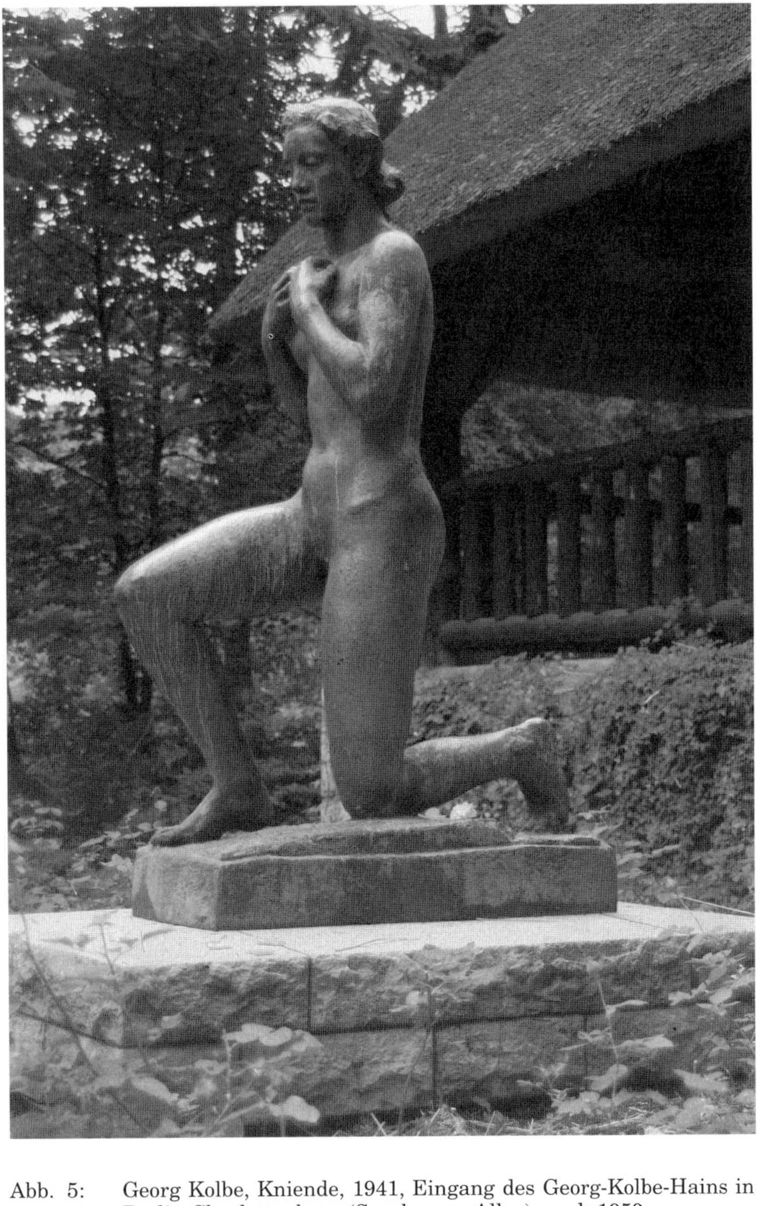

Abb. 5: Georg Kolbe, Kniende, 1941, Eingang des Georg-Kolbe-Hains in Berlin-Charlottenburg (Sensburger Allee), nach 1959.

Skulptur, die erwähnt wird, wenn es um »die Moderne« und ihre Verfolgung unterm NS-Regime geht (dazu später).

Aus Kolbes Oeuvre wurden zwischen 1959 und 1963 fünf Skulpturen auf einer Grünfläche in Berlin-Charlottenburg aufgestellt, die 1957 in »Georg-Kolbe-Hain« umbenannt wurde. Am Eingang des »Hains« befindet sich Kolbes »Kniende« vom Anfang der vierziger Jahre (Abb. 5), am anderen Ende der Diagonale wurde Kolbes »Stürzender« (1940) postiert (Abb. 6).

Von beiden Bildhauern also wurden Bilder des – stürzenden – Männlichen und des – demütigen, aber aufrechten – Weiblichen ausgestellt und in komplementärer Weise öffentlich inszeniert: als Zeichen für die moderne Skulptur und deren Schöpfer.

5. Die Reinheit der Form

Parallel zu den beschriebenen öffentlichen Inszenierungen moderner Skulptur entwickelt sich ein (schriftlicher) Diskurs der »Kunstsachverständigen« um das Moderne an der modernen Skulptur: »die reine Form«. Diese wird sowohl bei Lehmbruck wie bei Kolbe gefunden. Der Diskurs wird geführt von Kunstkritikern, Künstlern und Kunsthistorikern, Museumsleuten ebenso wie Universitätsangehörigen – die sich zwar der historischen Analyse moderner Kunst enthalten (vgl. Dilly 1988), aber dennoch ihre Einschätzungen der Moderne mit ihrer ganzen Autorität ins Spiel bringen.

»Kolbes zeitgeschichtliche Mission« – so schreibt z. B. Heise in seinem Nachruf auf Kolbe 1947 – »das ist der Durchbruch einer ausschließlich um die Reinheit der Form bemühten Wahrhaftigkeit.« (in Tiesenhausen 1987) In einem anderen Nachruf entspricht Kolbe der »allgemeinen Sehnsucht nach einer Wiedergeburt«, seine Gestalten seien »durch die bildende Kraft des Schöpfers eine wundersame Fortsetzung des Lebens« (Oschilewski 1949). Sie seien jedoch »mehr als die leiblichen Gestalten unserer Umwelt«, sie zeigten das »Dauernde, Eigene, Unbedingte, nicht aber das Zufällige unserer begrenzten Existenz« (ebd.). – An anderer Stelle heißt es, Kolbes »Geschöpfe ... werden nicht beengt und bedrängt von der flachen Wirklichkeit. Reinen Vertretern höheren Menschentums begegnen wir hier«. (»Sie« vom 7. 12. 1947)

Das »Reine« steht im Gegensatz zum »Schmutzigen«. In den hier exemplarisch ausgewählten Texten wird dies Gegenteil weiter präzisiert: als das Zufällige, das Sterbliche, der Leib – als das konkret Lebendige. Diese Opposition von Reinem und Leiblichem finden wir auch wieder in der kunsthistorischen Beurteilung und Einordnung von Lehmbrucks Skulpturen in den fünfziger Jahren – und darüber hinaus.[4]

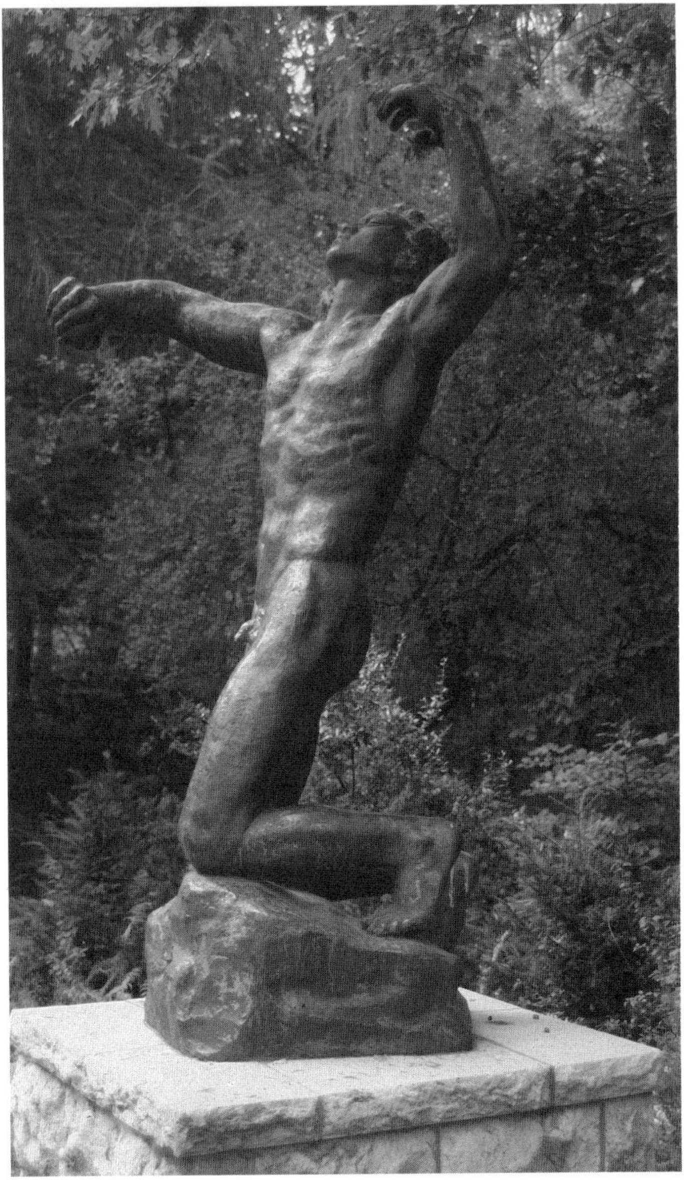

Abb. 6: Georg Kolbe, Stürzender, 1940, Georg-Kolbe-Hain in Berlin-Charlottenburg (Heerstraße), nach 1959.

Lehmbruck habe die »Wendung zur reinen Gestaltung« vollzogen (Skutsch 1957). Schmalenbach spricht von der »Reinheit des Plastischen« (1955), der menschliche Körper sei Lehmbruck »heilig« und er führe ihn »des seelischen Klanges willen zu großer Reinheit« (ebd.). – Nach Hofmann nimmt Lehmbruck dem Körper alles »Zufällige« (1963, 7). Bei von Einem schließlich wird das ganze Werk Lehmbrucks, wie es »in reiner Gestalt als Gesamtwerk vor uns (steht)«, unsterblich (1962, 7, 10).

Wenn von »dem Reinen« die Rede ist, ist »der Schöpfer« assoziierbar. So wie schon der mythische Pygmalion als Ersatz für die lasterhaften, lebendigen Frauen sich eine reine Frau aus Elfenbein schuf, so sind auch in der hier verhandelten Nachkriegsliteratur Bildhauer die Überwinder des Un-Reinen, des Materiellen – des Leiblichen als mangelhaften und sterblichen. – Über die »Schöpfung« Kolbes erfahren wir im Vorwort zu seinen 1949 herausgegebenen Schriften, »daß sie in Form und Willen rein mit männlichster Zucht entstand« (Beukker 1949). In den Ausführungen über Lehmbruck, der sich selbst das Leben nahm, ist zwar nicht mehr von »Zucht«, aber doch von Männlichkeit die Rede, wenn auch im modifizierter Form. Bei seiner »Erstgeborenen«, so bezeichnet Trier – implizit auf Pygmalion rekurrierend – Lehmbrucks »Kniende«, habe den Bildhauer großer Skrupel erfaßt, »ungewöhnliche und schwere Entscheidungen« seien ihm abverlangt worden (1958, 4–6). In der Lehmbruck-Rezeption tritt insgesamt der Künstler als männlicher Zweifler und Grübler in den Vordergrund. Das »Tragische« an ihm und seinem Freitod wird immer wieder betont (Schmalenbach 1955; Skutsch 1957 u. a.).

Aber diese Charakterisierungen bleiben nicht auf Lehmbruck beschränkt. Auch von Kolbe wird schon 1949 als einem »Heilig-Einsamen« gesprochen (Beucker 1949). – Haftmann bescheinigt schließlich der gesamten modernen Skulptur, Ergebnis »durchlittenen Lebens« zu sein, sie trage insgesamt die »Merkmale des Einsamen und Sinnenden« (Vorwort zum Kat. Plastik, 1953).

Der moderne Pygmalion vertritt als Schöpfer der »reinen Form« die »Wiedergeburt« des Neuen, d. h. auch den Bruch mit der NS-Vergangenheit. Sein Ringen um die »reine Form« zeichnet ihn im nach-faschistischen kunsthistorischen Diskurs zugleich aus als einsam-leidenden – und eben auch Heiligen.

6. Der Künstler als Erlöser

In der Kunstkritik der fünfziger Jahre wird häufig auch eine religiöse Rede geführt. Die Bildhauer nehmen darin verschiedene, nah beieinander gelegene Plätze ein: als gott-ähnlicher Schöpfer, als Gottes-Sohn, als Mittler zwischen Gott und den Menschen: als Messias, der die (kommende) Herrschaft des Göttlichen auf Erden anzukündigen hat (so z. B. bei Heise 1947) – und schließlich als Märtyrer. Die Figur des Heiligen, der Christi Leiden und Sterben für die Erlösung der Menschheit stellvertretend übernimmt, wird für den Nachkriegskünstler häufig angespielt. So werden zum Beispiel Kolbes Skizzen zu einem »Reliquienschrein« (Beucker 1949), zu Gegenständen also, die mit der Vorstellung von Fürbitte und Erlösung verknüpft sind. »Wir dürfen«, so heißt es in demselben Text, »diese durch den Tod geheiligte Erde aufbewahren, zumal soviel reife Früchte verdarben.« Der tote Künstler und seine Hinterlassenschaften werden somit zum Erlösungs-Grund (im doppelten Sinne).

Bekanntlich hat das Selbstbild vom Künstler als Christus oder Märtyrer eine längere Tradition, die insbesondere seit der Romantik an Bedeutung gewonnen hat. Vorliegende Untersuchungen dieser Tradition haben vor allem den Aspekt betont, daß sich die Künstler selbst als »Opfer einer Berufung« sehen und darstellen (Junod 1985, 76). Dem Betrachter wird also eine Identifikation mit dem Künstler als Leidenden nahegelegt (vgl. auch Neumann 1986, 98f).[5] Dies ist die manifeste Botschaft solcher Bilder. Mir scheint darüber hinaus wichtig, daß mit dem (in den Bildern gesagten) Satz »Ich leide wie Christus« ein weiterer mitzuhören ist, nämlich »Mein Leiden wird euch erlösen«. Erlösung kann Überwindung von irdischer Not sein wie auch Befreiung von Schuld.

Betonen möchte ich, daß in der Nachkriegszeit die Rede vom Künstler als Christusgleicher, als Märtyrer oder Erlöser nicht nur von Künstlern geführt wird, sondern daß sie legitimer Bestandteil des Diskurses der sog. Kunstsachverständigen über die Bildhauer der Moderne ist. Sie werden so in die Behauptung des völligen Neubeginns nach 1945 integrierbar: als diejenigen, die ein Opfer bringen – zur Erlösung der Zeitgenossen von ihrer Not und auch ihrer Schuld, die nach 1945 als nationale Schuld artikuliert war. Wir werden noch zu fragen haben, *was* sie opfern. Festhalten möchte ich hier: Die Leiden und Opfer der modernen Künstler, bzw. Bildhauer sind offenbar eine Gewähr für die Erlösung der Menschen im nachfaschistischen Deutschland.

7. Der Künstler als Stellvertreter nationaler Helden

In den öffentlichen Ausstellungen der Skulptur wird das Bild des stellvertretend für alle leidenden Künstlers ästhetisch untermauert und auch politisch ausdeutbar gemacht. Ein Exempel dafür ist die Anlage des Georg-Kolbe-Hains in Berlin Ende der fünfziger Jahre. Signifikant ist die Form dieses Freilichtmuseums für einen Bildhauer: ein Gedenkhain ist für Künstler ungewöhnlich. Diese Form knüpft an die Tradition von »Heldenhainen« für gefallene Soldaten an, wie sie schon seit den Befreiungskriegen in der Diskussion waren (vgl. u. a. von Seeger 1930, 28f, Abb. 130, 131). Im Georg-Kolbe-Hain übernimmt nun ein Bildhauer den Platz, der für Helden vorgesehen war. Der Schöpfer der reinen Form wird als Held inszeniert, als *nationaler* Erlöser. Anders gesagt: das Bild des Schöpfers nimmt das Bild des männlichen Helden auf und trägt es weiter. Kann also im Bereich des »Geistigen«, des »Reinen«, in der eben diesem verpflichteten Kunst überleben, was in der Politik im Zeichen der strikt verordneten Entmilitarisierung des Nachkriegsdeutschland nicht überleben darf?

Eine andere Form der Identifizierung des Künstlers mit dem männlichen Helden kann man schon in einem Nachruf auf Kolbe von 1947 finden. Einer Abbildung von Kolbes Skulptur »Pietà« (1930) ist ein Text zugeordnet, der mit dem Satz beginnt: »Die Trauernde kann nun den Tod ihres Schöpfers beklagen.« (»Sie« vom 7. 12. 1947) An Kolbes Skulptur ist interessant, daß von dem überlieferten Muster der Pietà abweichend nur die Mutter-Figur und zwar als jugendliche Aktfigur dargestellt wird (Abb. 7). Nur ihre Armhaltung erinnert noch daran, daß sie den toten Gottessohn präsentieren kann. Die derart in der Kolbeschen Skulptur enthaltene Leerstelle wird in dem Nachruf-Text gefüllt: durch den Bildhauer.

Darüber hinaus ist jedoch der Assoziationsraum, innerhalb dessen die männliche Figur in der Pietà ergänzt werden kann, noch durch eine andere Tradition besetzt. Das Bild der Pietà als das der Gottesmutter, die ihren toten Sohn präsentiert, der sich für das Heil der Menschen opferte, hat spätestens seit dem 19. Jahrhundert einen Bedeutungswandel oder zumindest -zuwachs erfahren. Nicht nur für die Passion des Künstlers wurde die Pietà Identifikationsbild (vgl. hierzu auch Hoffmann-Curtius 1987, 153f), sondern auch für die Soldaten und ihre Mütter, so bekanntlich in der öffentlichen Skulptur seit dem ausgehenden 19. Jahrhundert (vgl. auch Probst 1986). An die Stelle des Gottessohns, der sein Leben für die Erlösung der Menschheit opferte, ist darin der gewöhnliche Mann getreten, der sich für das Vaterland opfert. Auf diese Weise wurde bereits der Soldat, der Kriegs-Held, als Märtyrer artikulierbar.

In der Bild-Text-Anordnung des Nachrufs wird nun vorgeschlagen, den Bildhauer als denjenigen zu ergänzen, den die trauernde Mutter in ihren Armen hält. Damit wird er nicht nur wie der Gottessohn, sondern auch wie ein nationaler Held, wie einer, der sein Leben für die Menschen im nachfaschistischen Deutschland opferte.

Offensichtlich überlagern sich hier verschiedene Diskurse: kunsthistorischer, christlich-religiöser und politischer.

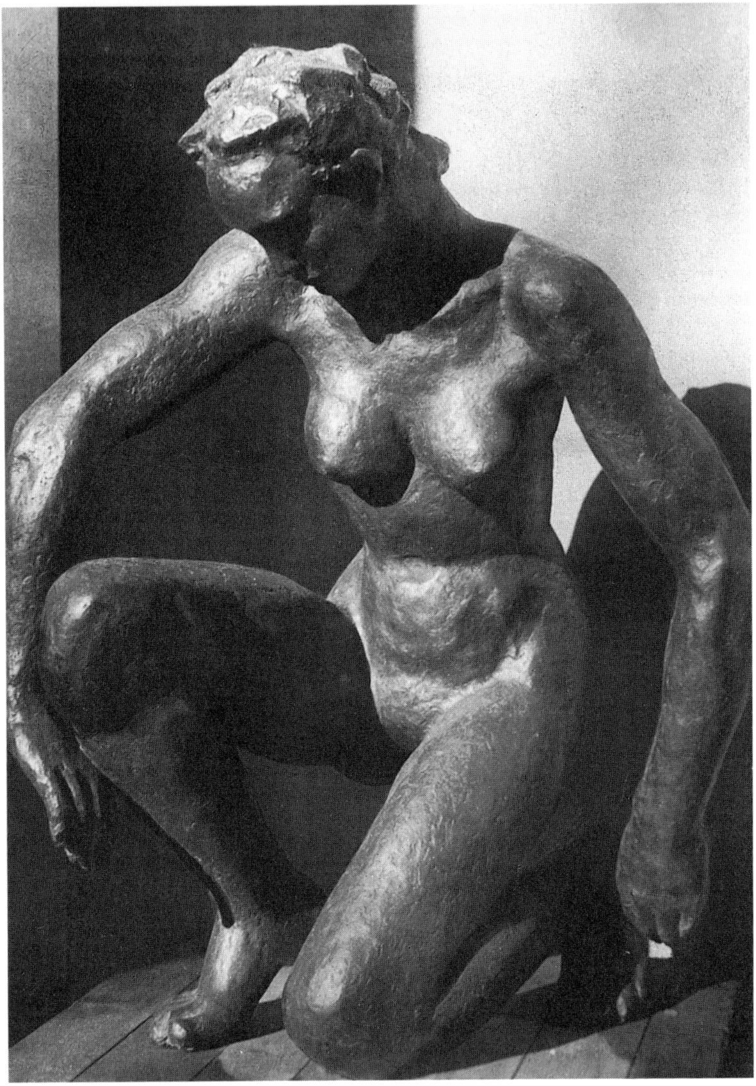

Abb. 7: Georg Kolbe, Große Pietà, 1928/30.

8. Bruch und Kontinuität

In der nach-faschistischen Rezeption der Skulptur des 20. Jahrhunderts lebt der alte Mythos von Pygmalion fort. Er ist präsent in der Erzählung vom Künstler als Bildner des Neuen und Zukünftigen. Wie Pygmalion soll er das Verworfene als das Alte hinter sich lassen und neue Schöpfungen an seine Stelle setzen.

Der Künstler als der – männliche – Bezwinger des Un-Reinen, des Konkret-Lebendigen, dieses zentrale Element des Pygmalion-Mythos hatte auch im Faschismus seinen Platz. Der Mythos wird z.B. 1942 als ein »Gleichnis unserer Zeit« artikuliert (Bodenstedt, 29). An die Stelle der »Laster des Weibergeschlechts«, die für den Pygmalion Ovids Ausgangspunkt seiner bildhauerischen Tat war, tritt in der NS-Künstlerideologie die »Welt des Niedergangs und der Entartung«, das »chaotische Interregnum« der Weimarer Republik (24, 29). Der Künstler soll als Schöpfer an der »revolutionären Neuordnung der Lebensgesetze« mitwirken (29). So kann er auch wie ein Führer artikuliert werden – wie es auch z. B. Kolbe vor 1945 geschah[6] (vgl. auch Haug 1987 u. Wenk 1987 a). Der Künstler kann zum »Helden des Geistes« werden, unter der Voraussetzung freilich, daß er sich am faschistischen Projekt des »neuen« Staates beteiligt. Die Erlösung, das Heil, wird als unter der NS-Herrschaft machbare proklamiert: das »Dritte Reich« als Erlösung, auch für die Künstler als Bildner des »Reinen«, hier rassistisch artikuliert.

Nach 1945 ist dies so nicht mehr möglich. Was allerdings bleibt, ist die Bestimmung des Künstlers als männlichem Schöpfer, als Bildner des Reinen, nun eben der »reinen Form«. In der Bestimmung des Künstlers als Schöpfer gibt es eine Kontinuität. Der Bruch, der behauptet wird, liegt innerhalb dieser Kontinuität. Festgehalten wird am Schöpfertum, negiert wird die faschistische Verheißung der Erlösung als Vollendung der Schöpfung im »Dritten Reich« als deutschem Reich. Im Diskurs der Kunstsachverständigen der Nachkriegszeit muß der Bildhauer Opfer bringen und wird zum Märtyrer – für eine Erlösung in einer anderen neuen Zeit.

9. Der scheiternde Pygmalion als Repräsentant deutscher Geschichte

Die Verheißung des Faschismus war auch eine Antwort auf Verunsicherung seit dem 1. Weltkrieg. Dessen Erfahrungen hatten nicht nur die Perspektiven einer mächtigen deutschen Nation infrage gestellt[7], sondern auch die des mit ihr verbundenen Künstler-Schöpfers. Wie diese beide Perspektiven miteinander verknüpft waren, kann ein Blick in die Kunstgeschichtsschreibung der zwanziger Jahre verdeutlichen. Der Krieg wird darin als wichtiger Einschnitt in der Entwicklung der modernen Skulptur und ihrer Vertreter Lehmbruck und Kolbe gesehen. In Valentiners Monographie über Kolbe von 1922 etwa wird eine künstlerische Konsequenz der Kriegserfahrungen in einer polaren Konzeption von Weiblichkeits- und Männlichkeits-Bildern gesehen: der fallende, stürzende Mann auf der einen Seite und die erhobene, emporschwebende Frauengestalt auf der anderen Seite, die »das Erdhafte« überwunden habe und als »reine Gestalt« zu sehen sei (12, 14). In Lehmbrucks Skulpturen wird eine verwandte Polarität ausgemacht. Däubler schreibt schon 1916 über den »Gestürzten«, angesichts dessen Lehmbrucks frühere Jünglingsgestalten nur noch als »Vorläufer« zu sehen seien: »Lehmbrucks Krieger kann nur fallen: denn sein Schöpfer glaubt an das große Opfer.« Die weiblichen Skulpturen dagegen seien »traumbeschwerter, ... sie stehen zu sich, in sich selber auf«. Und: »Die Berufung der Frau ist in die Lotrechte, die dem Mann vorbestimmt war; er wandert jedoch oder biegt sich aus der Horizontale zusammen. Wie ist diese Formensprache ein Geistiges!« (zit. nach Schubert 1981, 275).

Es scheint mir aufschlußreich zu sein, wie in den Texten der frühen zwanziger Jahre die Aufrichtung, bzw. die »Erhebung der Frau« angesichts des fallenden Mannes mit der »reinen Gestalt« zusammengesehen werden, wie schließlich »reinste Geistigkeit« (Kuhn 1922, 112) und die »nach Entmaterialisierung ... strebende Sehnsucht« (110) als Krisenphänomen bestimmt werden: »Der autonome westeuropäische Mensch brach in die Knie.« Und: »In dem großen Bankerott des Irdischen flüchtete sich die Seele wieder in die Bezirke übersinnlichen Seins.« (Ebd.) – Bei Lehmbruck, der im »Eingang« der neuen Kunst stehe, sei »der Geist souverän geworden« (112).

Souverän geworden ist er – das ergibt Kuhns Gesamttext – durch viele Opfer. Lehmbruck selbst wird als Opfer eines unversöhnlichen Gegensatzes zwischen Bauch und Geist beschrieben – Kuhn spricht von »blähenden, fetten Bäuchen«, und daß damit nicht nur Kapitalistenbäuche gemeint sind, wie sie Grosz oder Dix ins Bild setzten, erläutert der Text. Da ist von der »unlöslichen Tragik der mannerzeugten, aber muttergeborenen Existenz« die Rede (84). Die Bäuche scheinen für Materie/Mater überhaupt zu stehen. Das Fleisch, mit dem der Bildhauer gerungen habe, ist im Redefluß des Autors bisweilen kaum mehr vom weiblichen Körper zu unterscheiden (vgl. ebd., 112).

Daß die durch viele Opfer neu erkaufte »Souveränität des Geistes« notwendig wurde, weil eine tradierte Souveränität verloren ging, legen die Beschreibungen der Krise als einer Krise von Männlichkeit nahe. Westheim schrieb 1916 über Lehmbrucks »Gestürzten«: in ihm sei eine Welt zusammengebrochen, »deren Mittelpunkt dieser eine, dieser Held war« (zit. nach Kat. Skulptur des Expressionismus 1984, 18).

Lehmbrucks Skizzen und Grafiken ließen sich als eine weitere Quelle heranziehen, um das, was als Krise und Zusammenbruch erlebt wurde, zu erfassen. Figuren eines in die Knie gefallenen und eines gestürzten Mannes werden darin in verschiedene Bezüge gesetzt. Wir sehen ihn z. B. als Propheten Jeremias (1913, vgl. Händler 1985, 39) oder als Christus auf »Gethsemane, betend auf Torso« (Schubert 1981, T. 168; vgl. auch T. 169). Einen fallenden Mann in den Armen einer Frau finden wir sowohl als Pietà (1916) als auch als »Pygmalion« (1914, vgl. Händler 1985, 163, 29). In »Ode an den Genius/Ikarus« (1917/18) kniet ein nackter Jüngling in der Haltung des »Gestürzten« vor einem weiblichen Torso, seiner »Schöpfung« (Abb. 8; vgl. Schubert 1981, 210f).[8] Der »Gestürzte« vertritt also verschiedene männliche Helden, bzw. Schöpfer. In »Ode an den Genius/Ikarus« läßt nur noch der Stern im Hintergrund auf die Geburt eines Erlösers hoffen.

In der Kunstgeschichtsschreibung wird häufig das gesamte Werk Lehmbrucks als Fragment oder als Torso beschrieben (Meier-Graefe 1924 (1966); später auch bei Hoff 1936, 91, 65 und Werner 1940, 22). Als solches wird es insbesondere bei Meier-Graefe zum Symbol für die unvollendete Geschichte der modernen Skulptur in Deutschland. Lehmbruck wird zum Repräsentanten der Un-Möglichkeit der deutschen Geschichte, der Un-Möglichkeit des Projektes *einer* Identität. Die nationale Artikulation wird besonders deutlich in Meier-Graefes Vergleich zwischen Lehmbruck und Maillol (1966, 584–590). Der

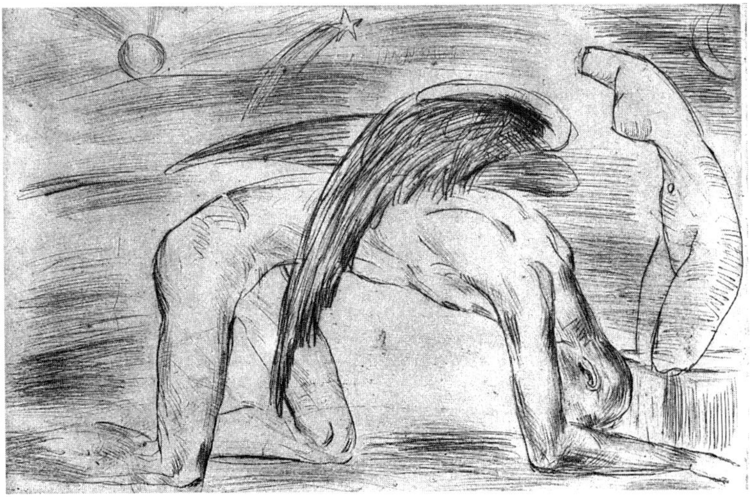

Abb. 8: Wilhelm Lehmbruck, »Ode an den Genius« – Ikarus, Radierung um 1917/18.

französische Bildhauer wird zur »Natur« – traditionell mit dem Weiblichen verknüpft, er wird zum Vertreter eines gleichsam von Natur aus »glücklichen Volkes«, während dagegen der deutsche Bildhauer als männlicher schafft, zugleich aber nicht zur Vollendung kommen kann (587f). Lehmbruck wird zu dem, der versuchte, »das Deutsche« zu bilden, aber tragisch scheiterte (vgl. auch Westheim 1919, zit. bei Skutsch 1957). Der Bildhauer wird als Schöpfer zum Repräsentanten der deutschen Geschichte auf der Suche nach einer Identität – und ihrem Bild, das als weibliches offenbar gegenüber dem fallenden Mann erhöhtes Pendant sein kann.

An diese Tradition der Identifikation des Künstler-Schöpfers mit der deutschen Nation und ihrem Scheitern kann die nachfaschistische Rezeption anknüpfen ebenso wie an die polare, aber komplementäre Anordnung der Weiblichkeits- und Männlichkeitsbilder (vgl. Abschn. 4).

10. Pygmalions Opfer

Pygmalions große Tat war die Herstellung einer Frauengestalt, die mit göttlicher Hilfe verlebendigt wurde und ein neues Geschlecht in die Welt brachte. Den Geschöpfen, die die modernen Bildhauer schufen, war dies versagt – so gesehen, sind sie gescheitert. Die Hoffnung auf Erlösung durch Neuschöpfung bleibt jedoch, wie wir gesehen haben, virulent.[9] Je vergeblicher sie erscheint, um so wichtiger scheint das Opfer zu werden – innerhalb der Logik des dargestellten Diskurses.

In der kunsthistorischen Literatur der fünfziger und sechziger Jahre werden bisweilen auch die Geschöpfe der Bildhauer heilig, und zwar vor allem die weiblichen. Analogien zur Mutter des Erlösers, zu Maria als der neuen Eva, werden in Nachkriegserzählungen vom Künstler als (nationalem) Erlöser etwa auf folgende Weise gezogen: Trier (1958) sieht z. B. in der Lehmbruckschen »Knienden« ein religiöses Bildwerk«, ein Bild von der »Verkündigung an Maria«. »Was über Keuschheit, Anmut der Knienden gesagt worden ist, würde damit nicht aufgehoben, sondern nur in einem höheren Sinnzusammenhang bestätigt und motiviert werden.« (207f, vgl. auch Seuphor 1959, 51) – Was so in eine religiöse Rede überführt wird, ist neben dem Bildhauer-Schöpfer auch sein Geschöpf. Dies wird damit auch in den Opfer-Diskurs eingegliedert. Der Bildhauer, so hörten wir, bringt Opfer. Ist etwa das Geschöpf die Gabe, die er opfert? Heiliges hatte ja auch immer mit Opfer zu tun, war häufig zu Opferndes (vgl. Girard 1983).

Es gibt im 20. Jahrhundert eine bemerkenswerte Neufassung der Pygmalion-Erzählung, die diese Vermutung bestärkt. In einem Drama von Georg H. Kaiser aus den Jahren 1943/44 (veröff. 1948; 1972) wird die Geschichte Pygmalions als Geschichte eines Frauen-Opfers erzählt: Auf sehnlichsten Wunsch des Bildhauers wird sein weibliches Geschöpf zunächst verlebendigt – wie im überlieferten Mythos, allerdings nicht von Venus, sondern Athena. Aber dieses verlebendigte Geschöpf hat im Unterschied zur Ovidschen Erzählung keine Überlebenschance. Die Mächtigen im Lande verbünden sich gegen den Künstler und seine Schöpfung. Pygmalion wird vor die Alternative gestellt, entweder sein künstlerisches Schaffen zu beenden oder sich von seinem geliebten Geschöpf zu trennen. Athena übermittelt ihm, daß in Zeus' Augen nur noch die Kunst der Menschheit ein Existenzrecht gebe. Da sein Schaffen also notwendige Bedingung des Weiterlebens seiner Zeitgenossen ist, stimmt Pygmalion schließlich zu, daß seine Geliebte zurückversteinert wird.

In Kaisers Drama gibt also der Künstler, um Kunst und Menschheit zu retten, sein Liebstes hin. Damit der Schöpfer seine Mission weiter nachgehen kann, opfert er ein »Stück« von sich: sein weibliches Geschöpf.[10] Das Bild des Weiblichen fungiert hier als metonymisches Zeichen des Opfer-Spenders. Mir scheint diese Variante der Pygmalion-Erzählung symptomatisch für die nachfaschistische Zeit. (Daß Kaisers Drama bereits 1943/44 verfaßt wurde, widerspricht dem nicht, da der Zusammenbruch des Faschismus bereits sichtbar war.)

Der alte Ursprungsmythos des Bildhauer-Schöpfers wird so verknüpfbar mit einem Diskurs der Nachkriegszeit, in dem die Erlösung von der »nationalen Schuld« durch erneute Opfer erreichbar schien, in dem »Gründungsopfer« den Anbruch einer »neuen Neuzeit« garantieren sollten (vgl. dazu Wenk 1988).

11. Endlose Erzählung

Kein Werk wurde nach 1945 so häufig als Zeichen für die moderne Skulptur und ihr »Schicksal« im Nazi-Deutschland veröffentlicht wie Lehmbrucks »Kniende«. Über den mit dieser Figur verknüpften Mythos verbinden sich die achtziger Jahre auf frappierende Weise mit den fünfzigern. Ich erinnere hier nur an die Inszenierung »Ent-art« in der Ausstellung »Mythos Berlin« 1987 (Kat., 309) oder an die Bilder aus Immendorffs »Lehmbruck-Saga«, die in der ersten Nummer der Zeitschrift »Lettre International« (1988) publiziert wurden.

Die Geschichte dieser Skulptur scheint wie keine andere dazu geeignet zu sein, die Erzählung über den deutschen Faschismus und seine Überwindung zu bilden. Mit ihr waren nicht nur große Hoffnungen auf eine moderne deutsche Skulptur verknüpft, sie war auch Anlaß des ersten großen Skandals um moderne Skulptur im öffentli-

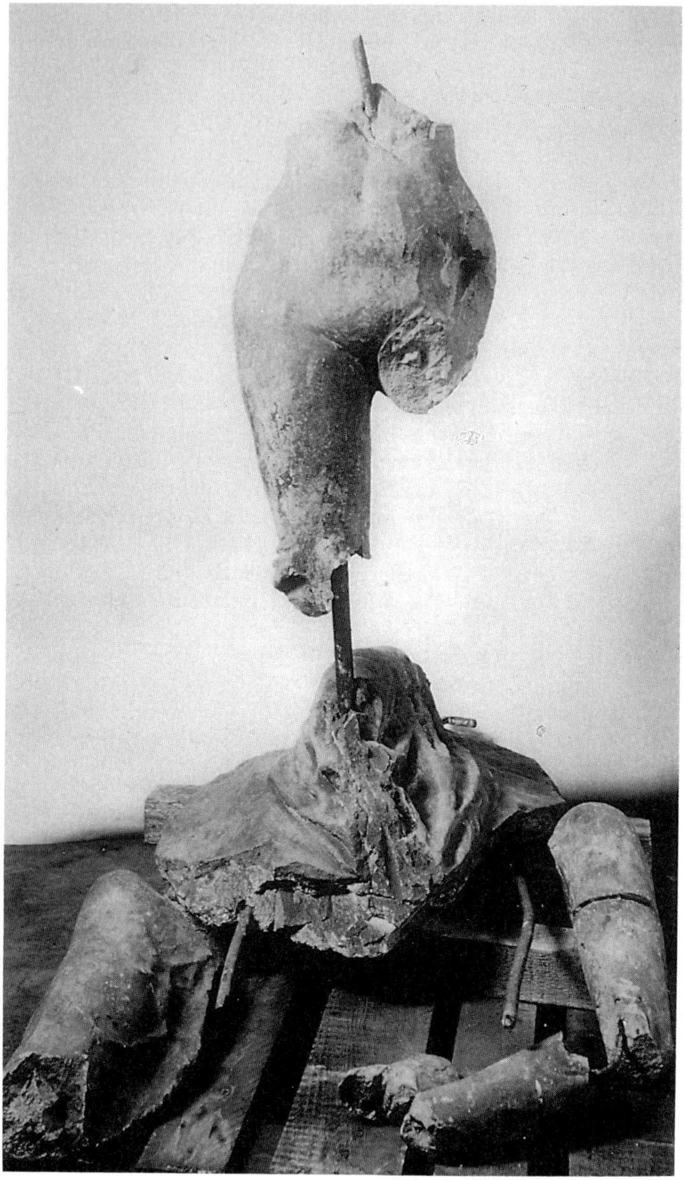

Abb. 9: Wilhelm Lehmbruck, Kniende, 1911, aus der Berliner Nationalgalerie im ehemal. Kronprinzenpalais, 1945 zerstört.

chen Raum 1927 in Duisburg (Salzmann 1981, 8–21). 1937 wurde sie von den Nazis als »entartet« präsentiert (Abb. 2), bei der Beschlagnahme »entarteter Kunst« 1938 wurde sie merkwürdigerweise übersehen (vgl. Kat. Schicksal einer Sammlung 1987, 3) – um dann schließlich bei einem Bombenangriff der Alliierten 1945 erheblich zerstört zu werden (Abb. 9). Damit ging nach Gillen »auch der Mythos einer ›deutschen‹ Kunst in die Brüche« (1987, 318). Daß er damit wirkungslos geworden ist, läßt sich schwerlich folgern. Eine solche Behauptung zeugte nur vom Fortwirken des Mythos vom völligen Neubeginn. Zudem gibt es in der Geschichte der »Knienden« noch ein Element, was sie für ihre wiederholte Erzählung so geeignet zu machen scheint: Die letzte, wirkliche Zerstörung des weiblichen Geschöpfs von Lehmbruck im Jahr 1945 kann nicht nur »den anderen«, d. h. den späteren Besatzern, zugeschrieben werden (es waren ihre Bomben), sie kann deswegen auch als – zwar erzwungenes, aber doch schon erbrachtes – Opfer ins Spiel gebracht werden: als Opfer, das eine neue deutsche Kunst-Geschichte ermöglichen kann. Und vielleicht soll zur Erinnerung an dies Opfer seine Geschichte immer wieder von neuen erzählt werden? Was, wie nach einem geheimen Zwang, in der wiederholten Erzählung immer wieder geopfert würde, ist ein vom männlichen Schöpfer geschaffenes Bild des Weiblichen. Die »Kniende«, seit 1945 ein Torso, verweist auf ein Werk, das insgesamt als Torso beklagt und geschätzt wurde, das nicht zur »Vollendung« kommen konnte (vgl. Abschn. 9).

Es sieht so aus, als ob in der wiederholten Veröffentlichung des Bildes der zerstörten weiblichen Figur dieses Nicht-Gelingen(-Können) immer wieder erinnert werden soll. Zugespitzter noch: als ob das Bild des Torsos als ein Bild für das nicht zur Vollendung kommende Projekt einer »deutschen Identität« fungierte.

Möglicherweise sucht sich der Wunsch, diese Vollendung dennoch zu erreichen, dennoch ein Bild »des Ganzen« zu formen, in Erzählungen vom scheiternden Pygmalion als nationalem Märtyrer seinen Raum. In dieser Figur scheint das Projekt wenigstens im Ästhetischen – in Bronze, Stein oder anderen überdauernden Materialien – weiter verfolgbar, immer wieder von neuem.

Im Bild des scheiternden Pygmalion kann nicht nur die Idee des männlichen Helden fortleben, nicht nur die Idee des Märtyrers, sondern auch – und das ist das Problem – die des dazugehörigen Opfers, das sie »Erlösung«, »das ganz Neue«, garantieren soll.

Anmerkungen

1 Ein anderer Mythos, der in den hier zur Diskussion stehenden Texten auch eine, aber m. E. untergeordnete Rolle spielt, nämlich der von Prometheus, und die Frage, wie er mit dem von Pygmalion verknüpft wird, muß einer weiteren Analyse vorbehalten bleiben.

2 Zitate aus der Passage aus Thomas Mann: »Doktor Faustus«, die Raves »Kunstdiktatur im Dritten Reich« (1949, neu hg. von Schneede o. J.) als Motto vorangestellt wurde. – Vergleichbare Metaphern und die Verknüpfung von »Volk« oder »Volkesstimme« und (staatlicher) Macht kann man z.B. auch bei Worringer (1949, 5, 8) finden.

3 Es liegt nahe, gegen den gleichmacherischen Diskurs der Kunstgeschichte und -kritik die Unterschiedlichkeit der Skulpturen von Lehmbruck und Kolbe zu betonen, wie es auch in der Diskussion auf der Tagung getan wurde. Allerdings macht dieser Diskurs doch auch darauf aufmerksam, daß es Gemeinsamkeiten gibt: so etwa in den hier genannten Skulpturen. Darüber hinaus scheint es mir wichtig, festzuhalten, daß beide Bildhauer an einer Modernisierung des klassischen Ideals des »ganzen« Körpers gearbeitet haben, wenn auch auf unterschiedliche Weise (was einer ausführlicheren Darstellung überlassen bleibt). Daß auch Lehmbruck noch im »Gestürzten« die »Kunstsprache der Neuklassik« bedient hat, darauf hat Reinhold Hohl in »Wilhelm Lehmbruck: Ein deutsches Schutzgebiet« zu Recht hingewiesen (1986, 435). Sein Aufsatz setzte endlich einen Kontrapunkt gegen die stetigen Wiederholungen der Einschätzungen von Kunsthistorikern der zwanziger Jahre, wie sie etwa Wieland Schmied bietet (1986, 47f).

4 So etwa bei Schmied über Lehmbruck: »Von der Knienden an definiert er den Menschen vor allem als Geistwesen, für den das Physische nur noch Hülle ist – freilich, welch eine Hülle, durchgeistigt in jeder Partie ihrer Oberfläche.« – »Diese ... auf die Vollständigkeit des Geistigen zielende Konzeption .. war es, die ... später Joseph Beuys inspirierte.« (1986, 48) – Beuys hat sich m. M. selbst in diesen Diskurs der reinen Form mit seiner Rede anläßlich der Verleihung des Wilhelm-Lehmbruck-Preises 1986 hineinbegeben. Sie wurde posthum zum ersten Mal unter dem – auf Beuys' Text rekurrierenden – Titel »Die Flamme weiterreichen« in der deutschen bauzeitung 9/87 publiziert (später unter »Dank an Wilhelm Lehmbruck« in Kat. Stationen 1988, 83–85). In dieser Rede beschreibt Beuys seine erste Begegnung mit einer Skulptur von Lehmbruck, einer Abbildung in einem »ziemlich verrupften kleinen Heftchen«: »Und in dem Bild sah ich eine Fackel, sah ich eine Flamme, und ich hörte: Schütze die Flamme!« (in: ebd., 83) – 1935 wurde diese Metapher auf Lehmbrucks »Kniende« angewandt: »Diese lautere Flamme strahlt aus der Gestalt der Knienden ... Der Körper erscheint in übernatürlicher Schlankheit; trotz der Beugung des Knies und der leichten Neigung des Nackens will die ganze Figur empor: ›Ich gehe Gott entgegen, sprach die Flamme‹ – wie es einmal bei Liliencron heißt. Die Gestalt bedarf nicht mehr der Engelsfittiche, um aufzuschweben.« (H. W. Fischer in dem in der Deutschen Buchgemeinschaft in Berlin 1935 erschienenen Band »Menschenschönheit« zu einer ganzseitigen Abbildung der »Knienden« (105).

5 Eckhard Neumann hat in seiner wichtigen Studie über »Künstlermythen« (1986) bereits die Tradition der Erlöser-, Märtyrer- und Christus-Identifikationen aufgezeigt und deren Funktion zu analysieren begonnen. Er sieht sie vor allem in »Begegnungserlebnissen« mit dem Künstler – als Identitätssicherung und Strategie der »Selbsterhöhung« der Kunstrezipienten (98f). – Ich meine, daß es darüber hinaus nicht nur wichtig ist, den Opfermechanismus im Kontext von sozialen und politischen Strukturen und deren Durchsetzung zu untersuchen, sondern daß grundlegender noch das Ineinander von Erlöser-Bild und Opfermechanismus ins Auge gefaßt werden muß: nicht nur verspricht das Opfer Erlösung, sondern umgekehrt scheint keine Erlösung, kein Neuanfang ohne Opfer machbar – innerhalb dieses Mechanismus. Und die weiterführende wichtige Frage ist, ob und wie dieser als unbewußte Struktur weiterwirkt und Opfer verlangt. Vgl. dazu auch Leach 1978 über die »Logik des Opferns« und ferner Girard 1983.

6 Pinder 1937 in seiner Monographie über Kolbe: »Er gehört zu jenen Auserlesenen, die wirklich ein Geschlecht in sich tragen, das völlig möglich ist und dennoch nur durch sie erst lebt, von einer anderen Wirklichkeit als die übrige Natur, aber als neue Natur dennoch wirklich wirksam.« (7) – Und: »Ganze Familien Kolbescher Gestalten warten nur darauf, für das neue Deutschland zu zeugen.« (14)

7 Die – traumatischen – Konsequenzen deutscher Niederlagen bis heute werden in psychohistorischer Perspektive untersucht von C.-V. Klenke u. Ch. Tholen 1988

8 Schubert hat bereits diese Bezüge aufgezeigt und dabei auch eine Parallele zu Kolbes stürzendem Ikarus von 1918 (Denkmalentwurf für gefallene Krieger) aufgezeigt, (1981, 210f). Diesen kann man auch als Vorläufer für Kolbes »Stürzenden« von 1940 ansehen (Abb. 6).
An Schuberts Text ist auffällig, wie er die in Lehmbrucks Gestürzten assoziierbaren Zusammenbrüche von Männlichkeit in der Figur eines heroischen Bildhauers ungeschehen zu machen versucht – mit Rückversicherung bei einer (philosophischen) Autorität. Seine Rede wird ebenso wie die hier behandelten Texte strukturiert von der Vorstellung eines autonom-verfügenden Schöpfersubjekts, das strebend sich bemüht: »Sollten tatsächlich ... die Gefallenen des Völkermordens, der Linos-Mythos, Pygmalion und Ikarus(-) in Lehmbrucks Plastik intentional (!) eingegangen sein, dann würde dieses Werk eines verzweifelten Bildhauers ... die Feststellung von Albert Camus belegen, die Skulptur sei die ehrgeizigste (!) aller Künste.« (211)

9 Und fast könnte man meinen, diese Hoffnung fände auch in musealen Arrangements der achtziger Jahre wieder einen Platz: Bemerkenswerterweise ist der »Gestürzte« der Stuttgarter Staatsgalerie unmittelbar vor Max Beckmanns Gemälde »Auferstehung« (1916–18) plaziert. Er kniet gleichsam vor ihr.

10 Nach der Ausarbeitung meines Vortragstextes bekam ich Klaus Theweleits »Buch der Könige. Bd. 1. Orpheus und Eurydike« (1988) geschenkt. Seine Rekonstruktion des Prozesses, in dem Gottfried Benn seine Eurydike Herta Benn opfert, hat mich sehr verblüfft (16-102). In Benns Geschichte scheint so genau das zu geschehen, worauf Kaisers Drama »Pygmalion«

hinausläuft: die Opferung der Liebsten zur Sicherung der Kunstproduktion, bzw. eines Neubeginns in der Kunstproduktion. Ein Aspekt, den Theweleit nur am Rande berücksichtigt, ist die »Bewältigung« des Nazismus und die Vorbereitung des Oberstabsarztes und Künstlers Benn auf die nach-faschistischen Verhältnisse, die doch in Benns Agieren späterstens seit 1944 eine wichtige Rolle spielen. – Theweleit stellt die Frage allerdings grundsätzlicher: »– mit einem Wort, ob das Frauenopfer, das in abstrakter Weise allen Produktionen des Patriarchats zugrundeliegt oder inhärent ist, auch in bestimmten Kunstproduktionen nicht nur als »symbolisches« da ist, nicht nur als imaginäres im Stoff und in der »Handlung« der Werke, sondern auch in wirklichen Paaren... vor sich ging und vor sich geht.« (107) Dazu kann die Kunstgeschichte sicherlich einiges beitragen.

Abbildungsnachweis:

Georg-Kolbe-Museum Berlin (Foto: M. Schwartzkopff) (7). Wilhelm-Lehmbruck Duisburg (3,8). Staatliche Museen zu Berlin/DDR, Nationalgalerie (2,9). Wenk (1,5,6). Westecker, Dieter u. a.: documenta-Dokumente 1955–1968. Georg Wenderoth Verlag, Kassel 1972 (4).

Annelie Lütgens

Künstlerische Selbstbehauptung im Faschismus

Stilwandel bei Jeanne Mammen*

> Krieg hat nichts zu tun mit Meisterwerken.
> Wer sagt das.
> Jeder sagt das.
> Sagt irgend jemand was ein Meisterwerk ist.
> Nein niemand.
>
> Gertrude Stein[1]

Die deutsche Kunst unter dem Faschismus scheint besonders geeignet, Kunstgeschichte als Heldengeschichte fortzuschreiben. Wo NS-Staatskunst zu entlarven ist, bietet sich als Kehrseite der Mythos vom verfolgten Künstler an.

> »Nie ist so deutlich geworden, daß Begabung allein nicht ausreicht, um Werke der Kunst zu schaffen, daß Charakter eine unabdingbare Voraussetzung der künstlerischen Qualität darstellt. Insofern war das Fegefeuer der Jahre zwischen 1933 und 1945 ein Schmelzofen, in dem alles zu Schlacke verbrannte, was nicht reines Metall war.« (Zimmermann 1980, 148)

Statt die in dieser Zeit entstandenen Werke Jeanne Mammens einer solchen Sprache und Kategorisierung anheimzugeben, frage ich mich, ob die Festschreibung Mammens als einer Künstlerin der zwanziger Jahre (was sich beispielsweise an Museums- und Ausstellungspräsentationen zeigt) und damit die Ignoranz der Kunstgeschichtsschreibung gegenüber ihrem Gesamtwerk nicht mit den Schwierigkeiten zusammenhängt, welche bis heute mit der in der Zeit des Faschismus entstandenen, nicht-offiziellen Kunst verbunden sind, reichen doch weder stilimmanente, noch historische oder politische Ansätze allein aus, den sensiblen Bereich zwischen Widerstand, Anpassung, Exil und innerer Emigration auszuleuchten.

Von den verschiedenen Stilperioden Mammens fällt der gravierendste Bruch in diese Zeit zwischen 1933 und 1945, in der sie sich intensiv mit dem synthetischen Kubismus und Picassos Malerei der späten dreißiger Jahre auseinandersetzt. Nicht zuletzt seine Stilwandlungen sind es, die Picasso als ›Genie‹ unseres Jahrhunderts

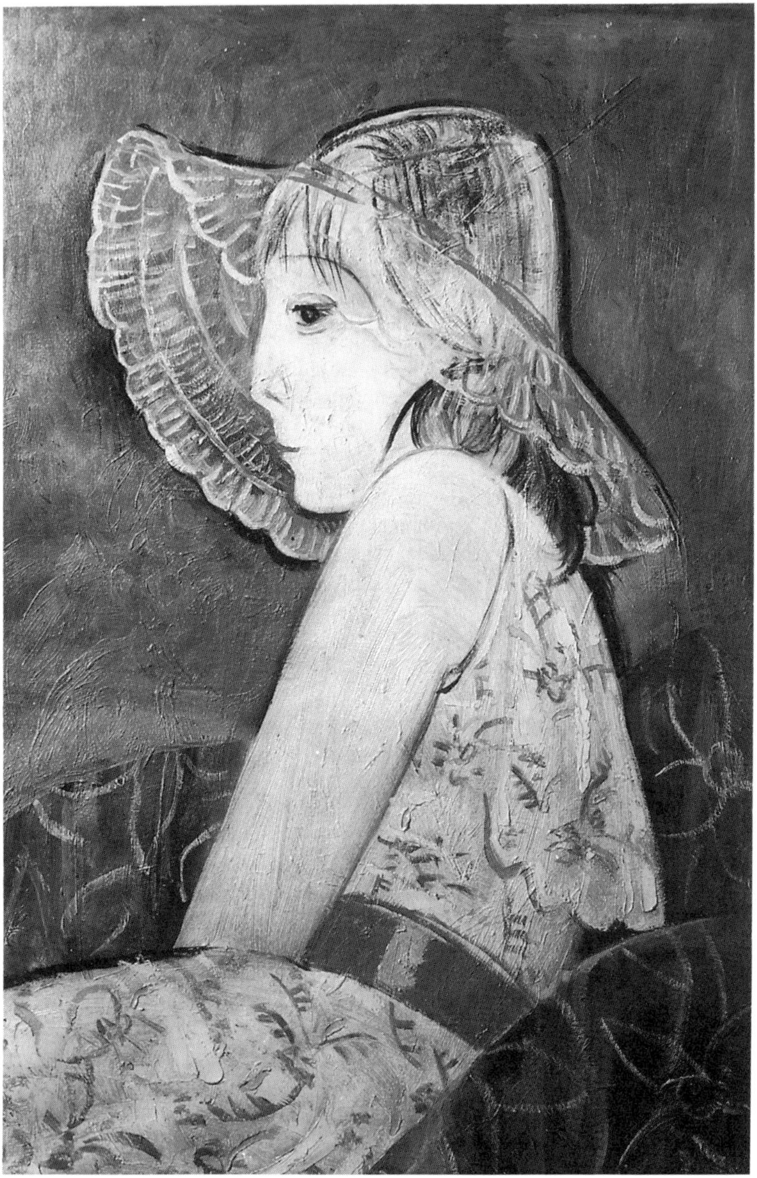

Abb. 1: Jeanne Mammen, Vögelchen, um 1930. Öl auf Leinwand, 72 x 47 cm. Berlin, Jeanne-Mammen-Gesellschaft.

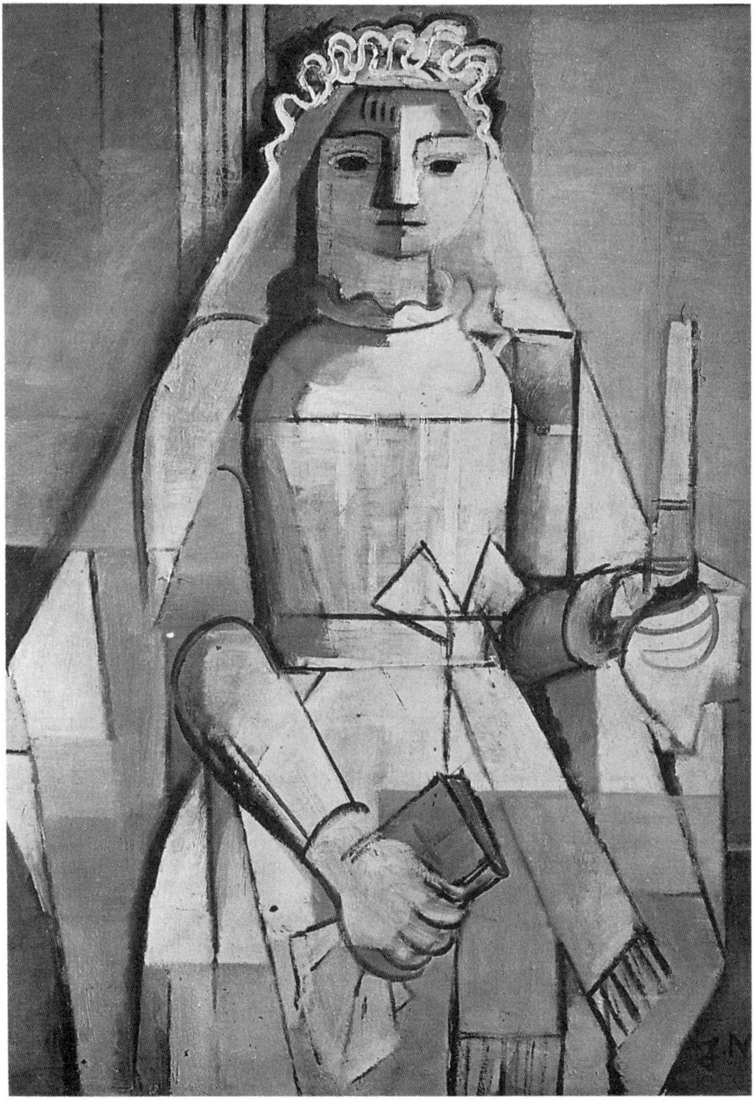

Abb. 2: Jeanne Mammen, Kommunikantin, um 1935. Öl auf Karton, 100 x 70 cm. Berlin, Jeanne-Mammen-Gesellschaft.

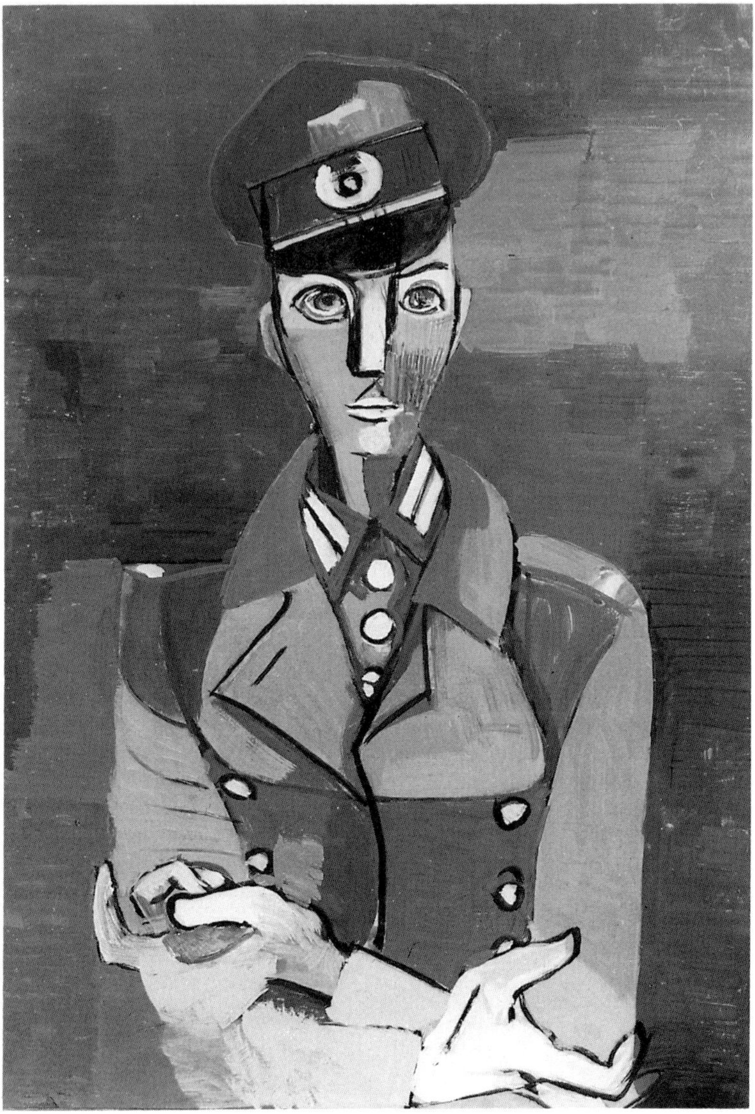

Abb. 3. Jeanne Mammen, Junger Soldat, um 1940. Tempera auf Karton, 100 x 70 cm. Berlin, Berlinische Galerie.

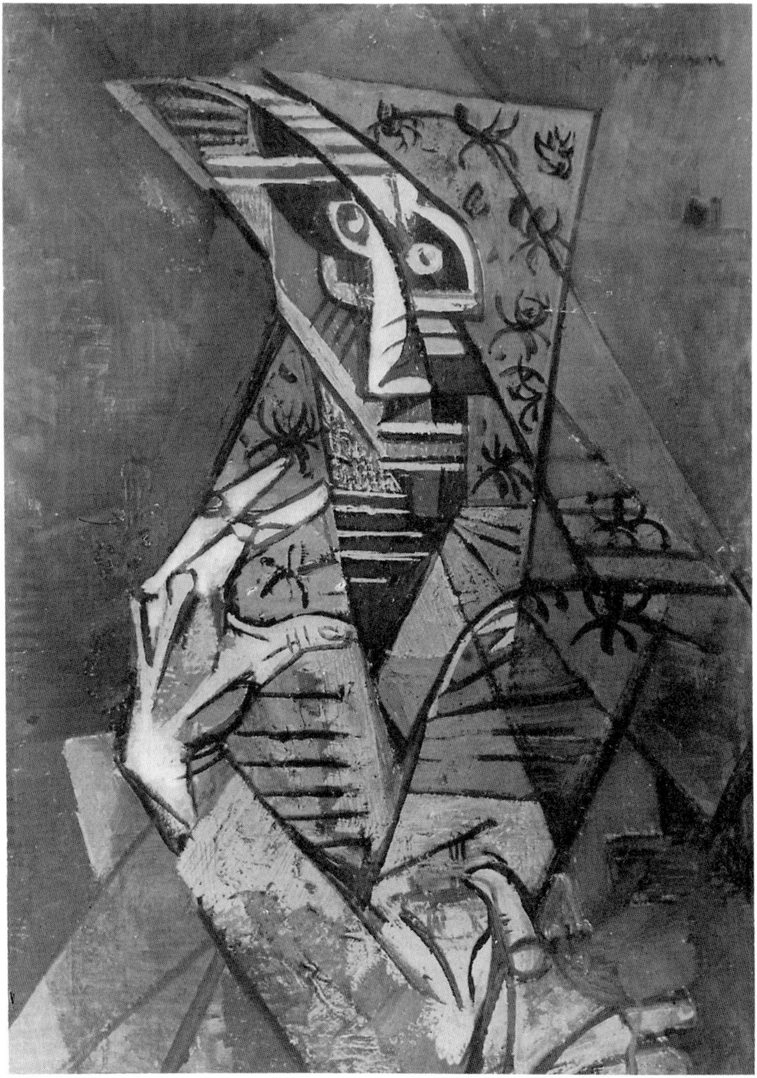

Abb. 4: Jeanne Mammen, Polnische Bäuerin, um 1940. Tempera auf Karton, 100 x 70 cm, Berlin, Jeanne-Mammen-Gesellschaft.

ausweisen. Mammens dagegen konnte bislang trotz der verschiedenen Facetten ihres Gesamtwerkes der Festlegung als Zeichnerin und Illustratorin nicht entgehen. Damit beschränkt sich die Rezeption auf einen Bereich, in dem Frauen traditionellerweise eher anerkannt werden, als in der sogenannten ›hohen‹ Kunst.

Das »Vögelchen« (Abb. 1) ist um 1930 entstanden. Jeanne Mammen ist vierzig Jahre alt. Ihre Aquarelle und Zeichnungen erscheinen regelmäßig in bürgerlichen Witzblättern wie »Simplicissimus«, »Jugend«, »Ulk«. Die Galerie Gurlitt zeigt die erste Einzelausstellung in Berlin, Mammens Geburtsstadt, in die sie 1915, nach »sorgloser Kindheit und Jugend in Paris« (Mammen 1974, o. S.) zurückgekehrt war. Die Kritik schätzt sie als »Menschen-Darstellerin« und betont ihre »männliche« Begabung (Sinsheimer 1930, o. S.). Es ist die Zeit der Wirtschaftskrise und der Massenentlassungen. Die junge Frau im hellen Sommerkleid und durchsichtigen Hut hat nur noch die modische Inszenierung mit ihren Schwestern der zwanziger Jahre gemeinsam, jenen »kunstseidenen Mädchen« (Reinhardt 1981, 19) Mammens, die mit Glitzerblick und kalter Schulter bewaffnet aus der Arbeitshetze in Büro und Fabrik in die Hektik der großstädtischen Vergnügungswelt flohen. Ernst und in sich gekehrt lehnt das Mädchen in den Polstern. Obwohl sie es bequem hat, wirkt sie angespannt, scheint zu frösteln. Die dekorative Garnierung kann nicht über Perspektivlosigkeit und Verlassenheit hinwegtäuschen: Der Diwan ist in Wahrheit ein Abstellgleis, der Spitzenhut ein Käfig. »Vögelchen« bedeutet nichts anderes als »kleine Hure«. Das Bild ist typisch für Mammens kritische und zugleich solidarische Haltung, mit der sie die widersprüchliche soziale, erotische und psychische Situation von Frauen beobachtet.

In dem Bild »Kommunikantin« (Abb. 2) aus den Mittdreißiger Jahren teilt Mammen die frontal gegebene Figur in geometrisierende Farbfelder auf. Dargestellt ist ein Mädchen in weißem Kleid, Schleier und den Insignien der Erstkommunion. Ein System von senkrechten und waagerechten dunklen Linien gliedert die Figur, rechteckige Farbflächen in kühlen Pastelltönen den Hintergrund. Fest eingebunden in die Bildgeometrie erstarrt die Kommunikantin zur Marionette. Auch der Rest von Plastizität, der durch die Verschattung am linken Rand entsteht, läßt höchstens an den Körper einer Gliederpuppe denken.

Die heilige Erstkommunion ist eine Art Initiation: Der Preis, den das Mädchen, dessen Kostüm nicht zufällig einem Brautkleid ähnelt, für die Aufnahme in die Gemeinsamkeit des ›Herrn‹ zu zahlen hat, ist die Aufgabe ihrer Individualität. Nicht nur das kirchliche Zeremoniell kann hier gemeint sein, vielmehr liefert es der Künstlerin den Vorwand, über Gleichschaltung und Fremdbestimmung, objektive gesellschaftliche Realität und subjektive Gefühlslage, zu reflektieren.

Um 1940 ist Jeanne Mammen Anfang fünfzig, lebt getarnt als arbeitslose Gebrauchsgraphikerin von Stempelgeld und spärlichem Zusatzverdienst, indem sie für ein Modehaus Schaufenster dekoriert und für ein Marionettentheater Puppenköpfe bemalt. Das faschistische Deutschland hat Polen überfallen, marschiert in Frankreich ein, plant den Angriff gegen die Sowjetunion. Der Kampf um die Kunst, den die NS-Ideologen seit Ende der zwanziger Jahre geführt hatten, ist längst entschieden. Für Jeanne Mammen, die noch 1933 an Aktionen der illegalen KPD teilgenommen hatte, ist die Malerei zum Behauptungs- und Befreiungskampf geworden: Befreiung von akademischer Tradition, Illustration und Modezeichnung, Behauptung der eigenen Existenz. Dies geschieht nicht von heute auf morgen, sondern ist Ergebnis von Verunsicherung und Orientierungslosigkeit.

Die Überwindung persönlicher Isolation und künstlerischer Krisen bewältigt Jeanne Mammen vor allem durch den Aufbau einer Gegenwelt. Sie übersetzt Rimbauds »Une saison en enfer« und Picassos 1935 in den »Cahiers d'Art« veröffentlichte Poesien und Bekenntnisse, beschäftigt sich mit europäischer Volkskunst und den Masken und Fetischen des Berliner Völkerkundemuseums. Die sogenannte primitive und vom NS-System als rassisch minderwertig verachtete Kunst sowie die als ›entartet‹ verfolgte Moderne bilden die Eckpfeiler für ihren humanistischen Gegenentwurf zur faschistischen ›Barbarei‹.[2] Zwei Schlüsselerlebnisse kommen hinzu. 1937 hat Mammen in Paris Gelegenheit, sowohl Picassos »Guernica« als auch eine Ausstellung der ›Maîtres de l'Art Indépendant‹ zu sehen, in der Picasso, Braque und Gris[3] ausführlich vertreten sind. Dies alles ermöglicht die Radikalisierung der eigenen Position: »Ende meiner ›realistischen‹ Periode, Übergang zu einer den Gegenstand aufbrechenden aggressiven Malweise (als Kontrast zum offiziellen Kunstbetrieb).« (Mammen 1974)

Die flächige Verschachtelung klarer, geometrischer Formen, linearer Gegenstandskürzel und Collageelemente erprobt Mammen anhand »phantastisch aufgemöbelter« Militärs (Klünner 1978, 34) wie beispielsweise am imaginären Porträt des preußischen Generalfeldmarschalls »Mackensen«[4] und gibt dem Formrepertoire des synthetischen Kubismus damit einen aktuellen, kritischen Gehalt: Die Militarisierung des öffentlichen Lebens – die verschiedenen Uniformen der NS-Organisationen, die ihren Trägern ein trügerisches Selbstbewußtsein verliehen, der Pomp der Aufmärsche und Parteitage, das militärisch-gespreizte Auftreten der NS-Repräsentanten – findet in den Bildern dieser Militärs, deren Operettenuniform nicht über ihre kriegerischen Absichten hinwegtäuscht, ihren gespenstischen Widerhall. Die bunte Maskerade, das Säbelrasseln und Zähnefletschen sind Vorahnungen des kommenden Krieges. Faschismus und Krieg erscheinen in den Bildnissen Jeanne Mammens (abgesehen von Tiersymbolik und apokalyptischen Darstellungen) als eine Welt der Männer – in farbenprächtigen Imponiergehabe die Täter, in düsterer Monochromie die Opfer: verstörte, entindividualisierte Soldaten, Krieger, Verwundete.[5]

Die Kriegsjahre sind auch in Picassos Leben und Werk Krisenjahre, in denen seine Betroffenheit über das Schicksal Spaniens und seine persönliche Situation im besetzten Paris künstlerische Neuorientierung bewirkte. In seinen Bildnissen weinender Frauen von 1937 sind die Züge der anonymen katalanischen Bäuerin wie der Lebensgefährtin Dora Maar eingegangen und zur radikalen Expressionsform des Schmerzes verallgemeinert. Ab 1940 benutzt er das Sujet ›Frau‹, um seine Emotionen in Bilderfindungen von rücksichtsloser Brutalität umzusetzen. Er würgt, knetet, verdreht, zerteilt die Gesichtsform, setzt die einzelnen Züge neu zusammen und »schafft die Möglichkeit jeden von ihnen zu seiner ausdrucksstärksten Form anwachsen zu lassen« (Meyer 1988, 103). Brigitte Baer interpretiert die zwischen 1939 und 1944 entstandenen, monströs deformierten Frauenbildnisse Picassos als Auseinandersetzung mit einer primären, negativen, zerstörerischen Weiblichkeit. Diese »Erinnyen«, so Baer, vereinigen in sich ohnmächtiges Leiden und wilde Angriffslust – Gefühle, die Picasso in sich selbst verspürte und die er nur weiblich darstellen könne (1988, 57).[6]

Im Gegensatz zu diesem aktiven und extrovertierten Moment, das Picassos Frauenbildern eigen ist und das sich, wie etwa bei der »Sitzenden Frau mit Hut«[7] bis zur Sprengung des Bildraumes steigern kann, verharren die Figuren Jeanne Mammens in einer stabil gebauten Komposition. Ihre Krieger, Soldaten, Jünglinge erscheinen wesenlos, ausgehöhlt oder wahnhaft verblendet. Eher blasse Gespenster als vitale Monstren, springen sie die Betrachter nicht an, sondern bleiben für sich. Die Handschrift der Künstlerin verspricht keine malerischen Sensationen: Mammen behandelt die Gegenstandsform, etwa in dem Bild »Soldat« (Abb. 3), rüde, fast unwillig, die Flächen wirken wie angestrichen. Sie arbeitet mit billiger Plakattempera auf Pappen, wie sie bei Luftangriffen zum Vernageln der Fenster benutzt wurden. Nicht für die Ewigkeit gedacht, zerstört diese Malerei sich am Ende selbst: einige Bilder weisen heute deutliche Zerfallserscheinungen auf, besonders dort, wo, wie bei der »Polnischen Bäuerin« (Abb. 4) die Farbe pastos und in vielen Schichten aufgetragen wurde: Geometrische Formkürzel und folkloristische wie primitivistische Elemente, etwa das gemusterte Kopftuch, die grob geschnitzte Gesichtsmaske, bestimmen die Figur. Die plastisch aufgefaßten Hände kontrastieren die flächige Gestaltsform. Die sitzende Frau ist in eine durchbrochene Rhomboidkomposition eingespannt, deren Hauptrichtungen zur Bildmitte führen. Die wie in einem Redegestus halbgeöffnete, verkrampfte Hand weist ebenfalls dorthin. Der flächige Rhomboid birgt damit zugleich eine räumlich von links oben kommende, sich um die Figur schließende und endlich in ihr Zentrum führende, eckige Spirale. Steigern sich die Farbkontraste vom komplementären Rot-Grün zum grellen Hellblau-Gelb und verdichten sich Farben und kleinteilige Formen inmitten der Figur, so enthält auch die Haltung der Frau eine völlige Konzentration auf sich selbst: Die angewinkelten Arme sind eng an den Körper gepreßt und die Hand mit deutlich heraustretenden Knochen und Gelenken richtet sich, einem bedrohlichen Fremdkörper ähnlich, gegen die Figur, der sie doch gleichwohl angehört. Für diese ergibt sich, unterstützt durch die Sogwirkung der Komposition, eine hermetische wie bedrohliche Selbstbezogenheit.

Die »Polnische Bäuerin« erhebt nicht Anklage, gemischt aus Ohnmacht und Angriffslust, sondern drückt einen Zustand von Bedrohung und Verkrampfung, Lähmung und Selbstzerstörung aus. Das Bild verrät, was Jeanne Mammen durch die Auseinandersetzung mit Picasso gewinnt: Die Überwindung dieses Zustandes durch Malerei als einer Synthese von künstlerischer Form und antifaschistischer Haltung.

Anmerkungen

* Grundlage für diesen Text ist meine in Kürze abgeschlossene Dissertation über Leben und Werk Jeanne Mammens (1890–1976).
An dieser Stelle möchte ich der Jeanne-Mammen-Gesellschaft für ihre freundliche Unterstützung und Erteilung der Reproduktionserlaubnis der hier abgebildeten Arbeiten der Künstlerin danken.

1 Gertrude Stein (1988, 150)

2 Die Bezeichnung des Faschismus als ›Barbarei‹ findet sich von Anfang an in der Terminologie seiner Gegner. So heißt es beispielsweise in einem Aufruf zur Einheitsfront von SPD und KPD, der im Februar 1933 veröffentlicht und u. a. von Käthe und Karl Kollwitz und Heinrich Mann unterzeichnet wurde: »Sorgen wir dafür, daß nicht Trägheit der Natur und Feigheit des Herzens uns in die Barbarei versinken lassen!« (Fritsch u. a. 1980, 427) Das Gegensatzpaar ›Humanität‹ und ›Barbarei‹ verwendet auch Frommhold (1968, 38): »Der Versuch, die Ideen der Humanität zu zerstören und die Herrschaft der Barbarei aufzurichten, beschwört bei den Gegnern des Faschismus alle Möglichkeiten herauf, die Humanität zu erhalten.« Peter Weiss (1981, 145/46) spricht im Zusammenhang mit seinen Erinnerungen an die Zeit des Faschismus vom »Zusammenbruch der Humanität«. Mir scheint der Humanitätsbegriff der Faschismusgegner auf die deutsche Klassik (v. a. Herder) zurückzugehen. Silke Wenk (1988, 25) weist darauf hin, daß auch das NS-Regime sich auf das »humanistische Erbe« berief. Siehe dazu auch: Hans-Werner-Schmidt (1987, 91–101)

3 Von den Künstlerinnen des Kubismus war nur Maria Blanchard vertreten. Siehe den Kat. Les Maîtres de l'Art Indépendant 1895–1937, Petit Palais, Paris 1937.

4 Mackensen. Um 1938. Tempera auf Karton, 100 x 70 cm, JMG Berlin. Abb. in: Kat. zwischen Widerstand und Anpassung 1978, 35. August von Mackensen (1849–1945) war im 1. Weltkrieg preußischer Generalfeldmarschall gewesen und gehörte zur Leibhusarengarde des Kaisers. Wie Hindenburg war er ein Vertreter der alten preußischen Militärkaste. Hitler gegenüber verhielt er sich loyal, lehnte ihn jedoch als ›Emporkömmling‹ ab. Bei militärischen Anlässen trug er noch nach 1933 eine reichdekorierte Gardeuniform. Eine Postkartenphotographie, die Mackensen in dieser Uniform zeigt, fand sich in Mammens Nachlaß.

5 Ich kenne kein anderes Werk eines deutschen Künstlers oder einer Künstlerin aus den Kriegsjahren, in dem sich so zahlreich entheroisierende Männerbildnisse finden.

6 Wenn Baer behauptet, daß die wenigen Männerdarstellungen Picassos in dieser Zeit meist »gute, sonnige Gemüter« zeigten (S. 53), dann sei auf jene stacheligen Männer mit Eistüte oder Lutscher verwiesen, die den Gegensatz ›wilde Frauen – friedliche Männer‹ relativieren. Siehe dazu z.B. Kat. Pablo Picasso. Eine Ausstellung zum hundertsten Geburtstag. Werke aus der Sammlung Marina Picasso. Haus der Kunst, München 1981, dort Kat.Nr. 201.

7 Sitzende Frau mit Hut, 1941, Öl auf Leinwand, 130,5 x 97,5 cm, Kunstmuseum Basel.

Abbildungsnachweis

Berlin, Jeanne-Mammen-Gesellschaft (1, 2, 4), Berlinische Galerie, Berlin. Reinhard Friedrich, Berlin (3). Marie-Agnes Schürenberg. Berlin (4)

Carola Muysers

Kunstgeschichtsschreibung gegen den Strich

Ljubow Popowas Beitrag zum Kubismus

Ljubow Popowa (1889–1924) reiste 1912 von Moskau nach Paris, um dort für ein Jahr in der Académie de la Palette bei Le Fauconnier und Metzinger die kubistische Mal- und Zeichentechnik zu studieren. Aus dieser Zeit stammen zahlreiche anatomische Studien und Bleistiftskizzen (Rudenstine 1982, 532, 362), in denen die Künstlerin Schritt für Schritt die neue kubistische Formensprache erlernte.

Von 1913 bis 1915 malte Popowa hauptsächlich kubistische Bilder mit Stilleben-, Akt- und Portraitthematik.

1. Obwohl ihre späte Zuwendung zur kubistischen Stilrichtung durchaus mit der von Gris zu vergleichen ist (vgl. Schmidt 1974, 174), wird die Künstlerin in der Literatur zum Kubismus nicht erwähnt. Fast alle großen Gesamtübersichten über die kubistische Epoche entstanden in der Zeit des kalten Krieges zwischen den Weltmächten, von dem auch der kulturelle Austausch und die kunsthistorische Forschung betroffen waren. Die englische Kunsthistorikerin Camilla Gray brachte als einzige 1962 mit ihrer Abhandlung über die russische Moderne Informationen, Dokumente und Abbildungen in die westliche Kunstgeschichtsschreibung ein. Die in ihrem Buch abgebildeten kubistischen Arbeiten von Ljubow Popowa wurden in der darauffolgenden Kubismusforschung weiterhin ignoriert. Pünktlich zum Zeitpunkt der politischen Entspannung stieg das Interesse an der osteuropäischen Moderne. In diesem kulturpolitischen Zusammenhang bezog der amerikanische Sammler und Kunsthistoriker Douglas Cooper die Entwicklungen im vorrevolutionären Rußland in seine Analyse der kubistischen Epoche aus dem Jahr 1971 mit ein und erwähnte die Beiträge Ljubow Popowas und ihrer Kollegin Nadeshda Udalzowa (163–64). Cooper hat die Begutachtung der russischen Kubistinnen und Kubisten in einem gesonderten Kapitel über die Auswirkungen des Kubismus außerhalb Frankreichs untergebracht und damit zugleich eine geographische Hierarchie entworfen: Paris wird darin zum Entstehungsort und Ausgangspunkt der zentralen Stilentwicklung erhoben, von dem aus Einflüsse in andere Länder gegangen sein sollten. Obwohl sich Popowa, die sich sowohl in Paris als auch in Moskau mit der kubistischen Malerei befaßt hat, eigentlich nicht in diese geographische Hierarchie einordnen läßt,

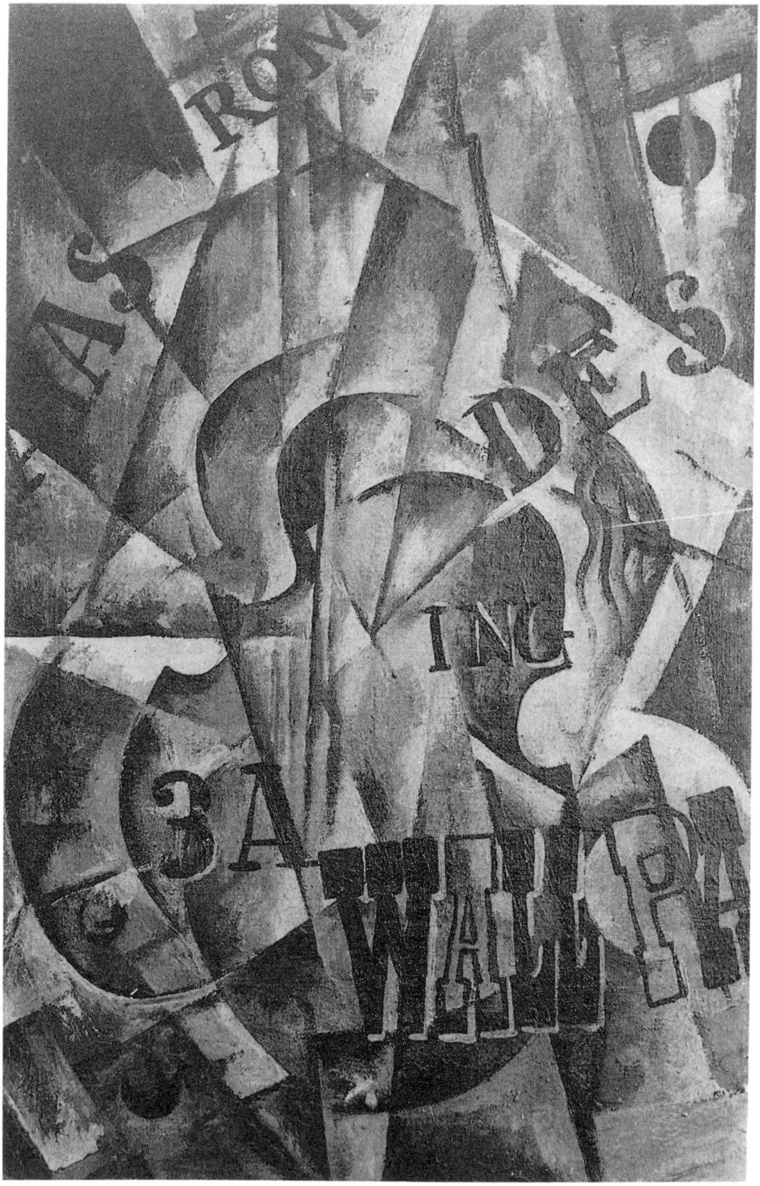

Abb. 1: Ljubow Popowa, Stilleben 1914, Köln, Museum Ludwig.

hat Cooper sie durch Zuordnung zur hierarchisch niedrigeren russischen Randregion gänzlich aus der zentralen Stilrichtung ausgegrenzt.

2. Die Aussparung der Kubistin aus der Geschichtsschreibung über den Kubismus bzw. ihre Abwertung sind nicht allein mit der politischen Ausrichtung auf die westlichen Länder und ihrer Kultur zur Zeit des Kalten Krieges zu erklären. Es ist festzustellen, daß durchgehend in allen umfassenden Werken über die kubistische Epoche die Stilentwicklung ausschließlich an den Beiträgen der Künstler Braque, Picasso und Gris orientiert ist, während der Anteil der anderen Pariser Kubisten stets durch abwertende Kritik abqualifiziert wird (vgl. Muysers 1989, 20ff).

Den Grundstein für die Auswahl der drei genannten Künstler als die einzigen stilprägenden und stilreinen Kubisten legte der Pariser Galerist Daniel Henry Kahnweiler 1915 mit seiner Schrift »Der Weg zum Kubismus«. Kahnweiler hat darin die Beiträge seiner vertraglich an ihn gebundenen Künstler Braque, Picasso und Gris in die Chronologie einer traditionellen Stilentwicklung geordnet, die seit Vasari die biologistischen Stadien Wachstum, Reife und Vollendung bzw. Alter zu durchlaufen hatte (vgl. Belting 1984, 15–16). Kahnweilers Anpassung an dieses Modell läßt sich exemplarisch an den Kapitelüberschriften in seiner Schrift nachvollziehen: »Der Kubismus, erstes Stadium: Das Problem der Form. Picasso und Braque«. »Der Kubismus, zweites Stadium: Die Durchbrechung der Form. Das Problem der Farbe. Picasso und Braque in gemeinsamer Arbeit.« »Die klassische Vollendung des Kubismus: Juan Gris« (1958, 20, 38, 90). Der Kunsthändler hat damit eine überaus geschickte kaufmännische Strategie verfolgt. Er koppelte die Beschreibung der kubistischen Kunst und ihre kunsthistorische Aufwertung durch die Einpassung in das traditionelle Stilmodell ausschließlich an die Beiträge seiner drei Vertragspartner und lenkte damit das Interesse des Kunstmarktes nur auf diese.

Die etablierte Kunstgeschichtsschreibung, die auf das traditionelle Stilmodell programmiert ist, hat Kahnweilers Vorgabe bis heute übernommen. Da die Geschichtsschreibung des Galeristen mit dem persönlichen kubistischen Werdegang von Braque, Picasso und Gris verwachsen ist, hat die Kunstgeschichte zugleich das Erbe des Galeristen in Form seiner drei Künstler übernommen und es nicht nur in die Forschung, sondern auch in das Ausstellungswesen transportiert.

Die Anerkennung des kubistischen Beitrages der Künstlerin Ljubow Popowa als eines, der an der Stilentwicklung Anteil hatte, würde das herrschende Stilmodell außer Funktion setzen und neue Herangehensweisen in der Kubismusforschung erfordern (vgl. Kuhn 1988, 28, 31).

3. Popowa war durch die in Frankreich stattfindende Verknüpfung von Kunstmarkt und Kunstgeschichtsschreibung, für die die Person Kahnweiler stand, einer zweifachen Diskriminierung ausgesetzt. Erstens wurde ihre Kunst wie die ihrer zeitgenössischen Kollegen aus der Geschichtsschreibung ausgespart, um ausschließlich die Kubisten Braque, Picasso und Gris auf dem Kunstmarkt durchzusetzen. Zweitens verringerte allein ihre Zugehörigkeit zum weiblichen

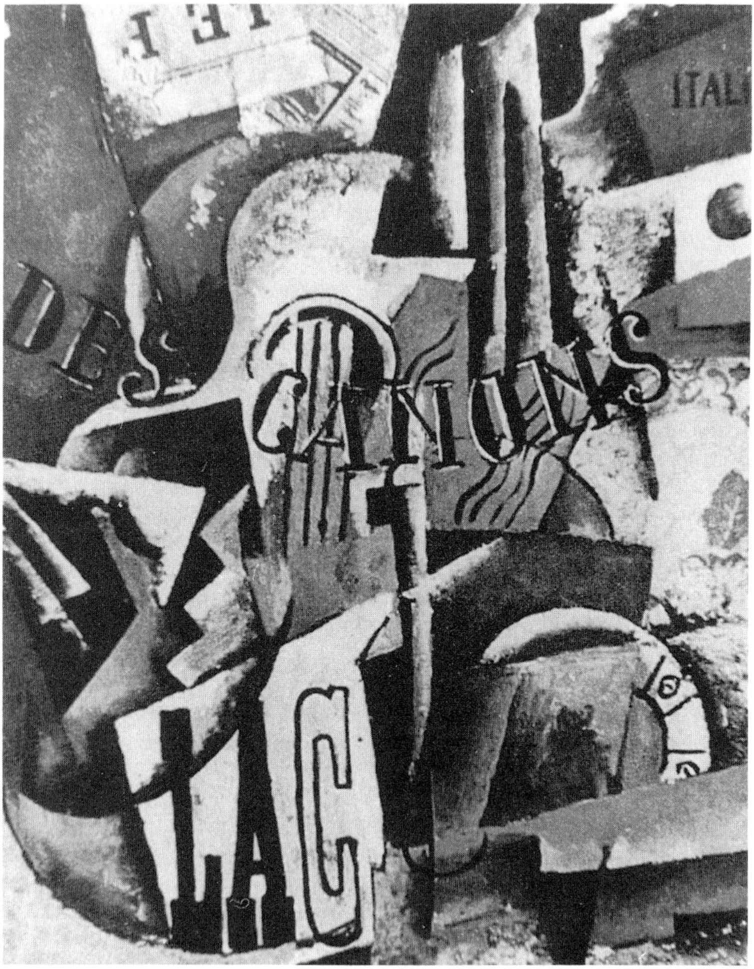

Abb. 2: Ljubow Popowa, Italienisches Stilleben, 1914.

Geschlecht den Marktwert ihrer künstlerischen Produkte so erheblich (vgl. mvz 1980, 156), daß Popowa von vornherein für die Strategie Kahnweilers nicht geeignet war und keinen Zugang zum Kunstmarkt und in die Geschichtsschreibung finden konnte.

Im krassen Gegensatz dazu steht ihre Präsenz in der Öffentlichkeit in Moskau gleich im Anschluß an ihre zweite Parisreise im Jahr 1914. Popowa beteiligte sich an der Moskauer Karo-Bube Ausstellung, in der auch die Werke der Pariser Kubisten Braque, Picasso, Derain, Le Fauconnier und Vlaminck zu sehen waren. Diese Konstellation eröffnete entgegen der diskriminierenden Mechanismen des Pariser Kunstmarktes, nach denen eine gemeinsame Ausstellung der genannten Künstler gar nicht denkbar gewesen wäre, Einblicke in die verschiedenen Stilausprägungen des Kubismus in Paris und Rußland. Popowas Präsenz in der Ausstellung machte ihren Anteil an der kubistischen Stilentwicklung deutlich.

Ihre Beteiligung an den anschließenden großen Ausstellungen »Tramway W« und »0–10« in Petersburg 1915 bestärkten ihre Anerkennung in der zeitgenössischen, russischen Moderne. Die öffentliche Präsenz Popowas als kunstschaffende Frau war im vorrevolutionären Rußland kein Einzelfall. Es lassen sich zeitgleich zu ihr eine große Anzahl ebenso anerkannter Künstlerinnen in der russischen Avantgarde konstatieren (Vachtova 1979/80, 41). Aus diesem, in der Geschichte der Kunst einzigartigen Phänomen ergibt sich die Frage nach den besonders günstigen Bedingungen, unter denen die Anerkennung der kunstschaffenden Frau in der russischen Moderne und im revolutionären Rußland möglich gewesen ist.

In der Literatur über die Künstlerinnen der russischen Avantgarde wird die Durchsetzungsfähigkeit der Frauen gerne mit der Tradition der akademisch ausgebildeten Künstlerinnen begründet, die in Rußland im Gegensatz zu ihren westeuropäischen Kolleginnen bereits seit 1871 Zugang zu den Kunstakademien hatten (Bowlt 1979/80, 28). Bei dieser Argumentation besteht jedoch die Gefahr, die Avantgardistinnen in die Tradition der akademischen Kunst zu setzen, von der sie sich jedoch ganz bewußt mit ihrem künstlerischen Schaffen abgegrenzt haben.

Die Abkehr von den akademischen Vorschriften, für die auch die kubistische Stilrichtung steht, ging in der russischen Avantgarde so weit, daß die Kunstschaffenden jede Einbindung in eine feste Stilausprägung ablehnten (vgl. Chevchenko 1913, 75). Die Stilelemente der verschiedenen antiakademischen Richtungen konnten ungehindert miteinander kombiniert werden, so daß sich die Grenzen zwischen den einzelnen Stilen verwischten. Der Status der Avantgardemitglieder war zu großen Teilen nicht mehr von außen, z. B. nach übernommenen Stilkriterien, bestimmbar, sondern definierte sich über das individuell ausgeprägte, künstlerische Schaffen des einzelnen: »Die Menge sagt oft mißtrauisch und mit Bedauern, ›dieser Künstler ist noch nicht festgelegt‹, aber darin liegt sein Leben, seine Authentizität« (Chevchenko 1913, 75). In diesem Zusammenhang ist die starke Präsenz von Frauen in der russischen Avantgarde zu sehen. Ohne eine strenge Festlegung von außen, die erfahrungsgemäß auch mit einer Diskriminierung von Künstlerinnen einhergeht, konnten diese ihre Produktivität entfalten und ihr Selbstverständnis

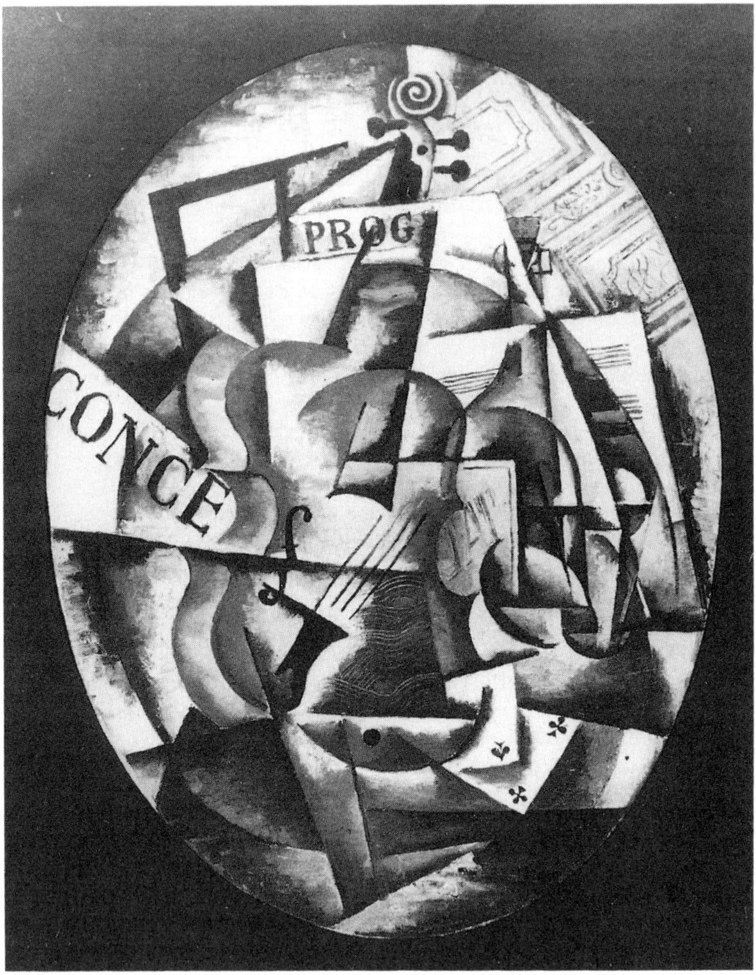

Abb. 3: Ljubow Popowa, Geige, 1915.

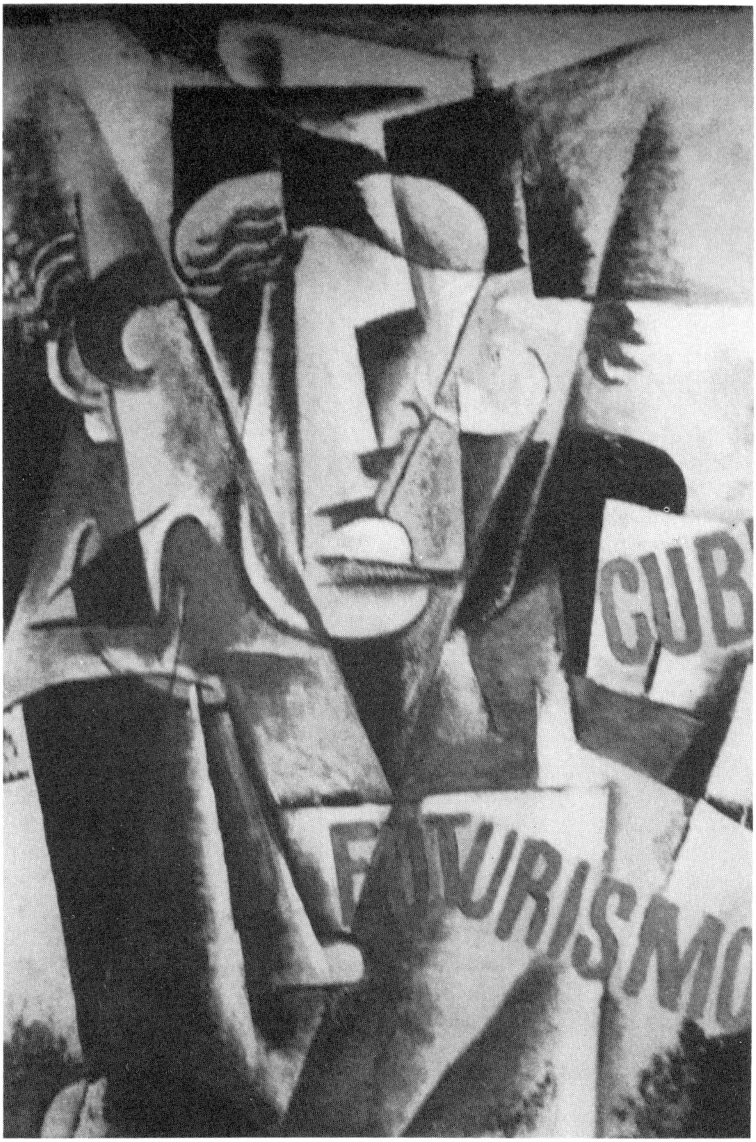

Abb. 4: Ljubow Popowa, Portrait, 1914/15.

über die von ihnen erzielten künstlerischen Ergebnisse beziehen (vgl. Bovenschen 1979, 73).

4. Ljubow Popowa hat zwar ihr Interesse speziell an der kubistischen Stilrichtung bekundet. Ihr Umgang mit den kubistischen Stilelementen und die daraus resultierenden Bildaussagen lassen sich jedoch durchaus innerhalb der stilübergreifenden Tendenzen der russischen Avantgarde sehen:

In ihren eng am Pariser Kubismus angelehnten Arbeiten »Stilleben« (Abb. 1), »Italienisches Stilleben« (Abb. 2) und »Geige« (Abb. 3) hat sie Elemente aus den verschiedenen Phasen der kubistischen Kunst miteinander kombiniert und sich damit jeglicher vorgegebener Stilchronologie widersetzt. In ihren um 1915 entstandenen Portraits hat sie mit dem verstärkten Zusammenspiel von sprachlichen und visuellen Zeichen die Grenzen zwischen den Medien der Malerei und Sprache, wie es vor ihr bereits die futuristischen Dichter und Dichterinnen praktiziert haben, durchbrochen. In einem ihrer letzten kubistischen Bilder, dem »Portrait« (Abb. 4) scheute sie sich nicht davor, die Portraitmalerei des Kubismus mit Hilfe von kubistischen Techniken und Stilelementen zu ironisieren und damit ihre Abkehr von dieser Stilrichtung visuell zu deklarieren (Muysers 1989, 26ff, 45ff).

Popowa hat in diesen Werken eine konsequente Gegenposition zur traditionellen Kunstauffassung, zu der die Festlegung einer Stilrichtung der Gattungen und Genres gehört, formuliert. Obwohl sie von denselben Veränderungen im Kunstverständnis und im Künstlerstatus beeinflußt gewesen ist wie ihre männliche Kollegen, ist die Motivation, die sich hinter ihren Bildaussagen verbirgt, eine andere. Popowa hat mit ihrer radikalen Position in ihrer Malerei zugleich eine Strategie entworfen, mit der sie sich gegen die traditionelle, Künstlerinnen diskriminierende Kunstauffassung behaupten konnte. Über dieses strategische künstlerische Verfahren eroberte sie sich als Frau eine Vorrangstellung innerhalb der russischen Avantgardebewegung.

Damit gehört Ljubow Popowa zu der ersten Generation von Künstlerinnen, der es möglich war, sich sowohl durch Begünstigungen von außen als auch durch ihre eigenen Bildstrategien als weibliche Kunstschaffende in der Öffentlichkeit durchzusetzen.

Abbildungsnachweis

Museum Ludwig, Köln (1); Camilla Gray: Das große Experiment. Russische Kunst 1863 – 1922, Köln 1974 (2); Irina Bolotina: Das russische Silleben, Leningrad 1987 (3); Katalog: Russische Avantgardekunst aus der Sammlung Costakis, München 1984 (4).

Caroline Fawkes

Die Konstruktion weiblicher Identität als Thema von zeitgenössischen Künstlerinnen in England

Ich beziehe mich auf das Werk von zwei Künstlerinnen, die sich auf verschiedene Weisen mit der Darstellung des Alterns befassen. Es geht dabei also um etwas, was bislang bei der Darstellung von Frauen tabuisiert worden ist. Helen Chadwick und Mary Kelly spielen auf je verschiedene Weise mit dem Tabu.

Die in den USA geborene Mary Kelly gehört zu den Frauen, die während der 70er Jahre die Möglichkeiten für eine kritische und feministische Kunstpraxis in Großbritannien grundlegend geändert und diese neu aufgebaut haben. Bei ihrem mehrteiligen »Post-Partum-Document« (1973–78) (Kelly 1983) geht es um die Mutter-Kind-Beziehung; nicht allein um die Entwicklung der Psyche des Kindes wie in der Psychoanalyse, die Mary Kellys Werke mitprägt, sondern gleichzeitig auch um die Konstruktion der weiblichen Identität »Mutter«. Das Werk besteht aus Textfragmenten und konkreten Gegenständen wie z. B. den gebrauchten Windelfuttern des Säuglings (Kellys Sohn). Mutter und Kind erscheinen nicht in einer fertigen, abgeschlossenen Repräsentation, sondern nur fragmentarisch auf eine Weise, die ihr Verhältnis zueinander und die gesellschaftliche Codierung dieser Beziehung sichtbar werden läßt. Der Verzicht auf direkte bildliche Darstellung ermöglicht ihr eine Freiheit von den patriarchalen Traditionen der Repräsentation der Mutter in der westlichen Kunst, z. B. als Madonna.

Die einige Jahre jüngere Helen Chadwick studierte noch zu der Zeit, als Kelly bereits an ihrem Post-Partum-Document arbeitete, zu einer Zeit also, als den Kunststudentinnen schon mehr Möglichkeiten offenstanden als der vorangegangenen Generation, eine alternative Praxis zu entwickeln. Chadwicks Installationen sind nicht so sehr von einer kritischen Einstellung als von einer wunderbaren visuellen Einbildungskraft und einem Sinn für die verschiedenen Medien geprägt. Während Kelly eine kritische Position am Rande patriarchalischer Einrichtungen und Institutionen einnimmt, spielt Chadwick mit einer bequemeren Position.

Ihre unterschiedlichen Vorgehensweisen werden bei dem Vergleich von Chadwicks Installation »Of Mutability« (1985) (Chadwick 1986) und Mary Kellys »Corpus« (1983–84), erster Teil des Projekts

»Interim«, also »Zwischenzeit«, »Übergangszeit« deutlich. Leitende Frage dabei ist, wie eine Künstlerin die Produktion ihrer Identität als Frau untersuchen und darstellen kann, ohne sich zwangsläufig

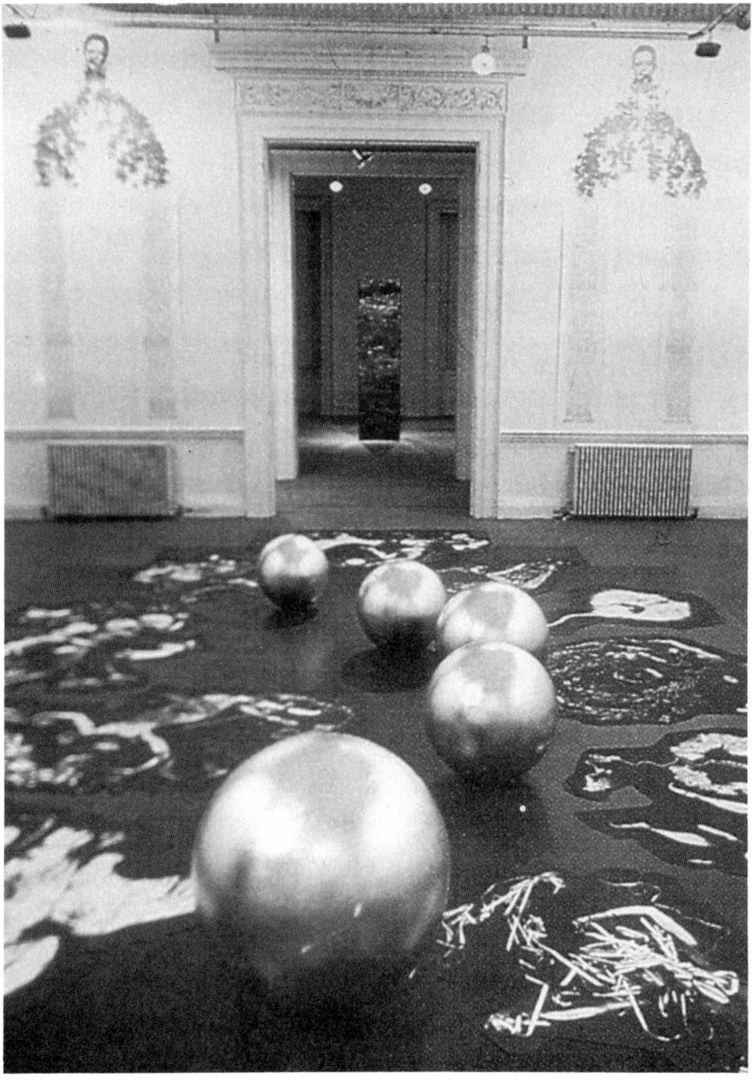

Abb. 1: Helen Chadwick, Of Mutability, 1985. Installation.

einer patriarchalen Bildersprache zu bedienen. Da ihre Konventionen bestimmte Verhältnisse zwischen der Frau als Objekt und dem Mann als Subjekt der Betrachtung voraussetzen, ist zu fragen ob sich dem eine weibliche oder nicht-patriarchale Sprache der Repräsentation entgegensetzen läßt. Gibt es überhaupt eine »weibliche« Bildersprache?

Diese Frage ist problematisch und eigentlich falsch gestellt. Indem wir eine »weibliche« Sprache oder Bildersprache suchen, laufen wir Gefahr, patriarchalische Formulierungen von Weiblichkeit als das »Andere« unkritisch zu wiederholen und zu verdoppeln. Die Verständlichkeit von Darstellungen ist kontextbedingt und hängt u. a. von der Erkennbarkeit bestimmter Darstellungskonventionen ab. Diesen Konventionen, die ihre patriarchalische Geschichte weitertransportieren, entkommen wir nicht so leicht.

Bei Kellys »Interim« und Chadwicks »Of Mutability« geht es um die Darstellung des Alterns: bei Kelly um das Verhältnis zwischen dem Mythos »Frau«, dem wir alle mehr oder weniger ausgesetzt sind, und den realen, konkreten Bedingungen unseres Lebens als Frauen. Bei Chadwick dagegen werden diese Bedingungen eher metaphysisch gefaßt: es geht um die Realität der Vergänglichkeit. Ihre Installation bestand ursprünglich aus zwei Teilen: erstens dem spielerischen ovalen Hof, »The Oval Court« mit seinen Anspielungen auf Rokokodekorationen und die sinnliche Lust, wie sie traditionell in der Gestalt der Frau versinnbildlicht wird; zweitens »Carcass«[1], die stinkende Müllsäule aus Plexiglas, die vom ovalen Hof aus durch eine Tür sichtbar war. Man sah und roch den Inhalt von vielen häus-

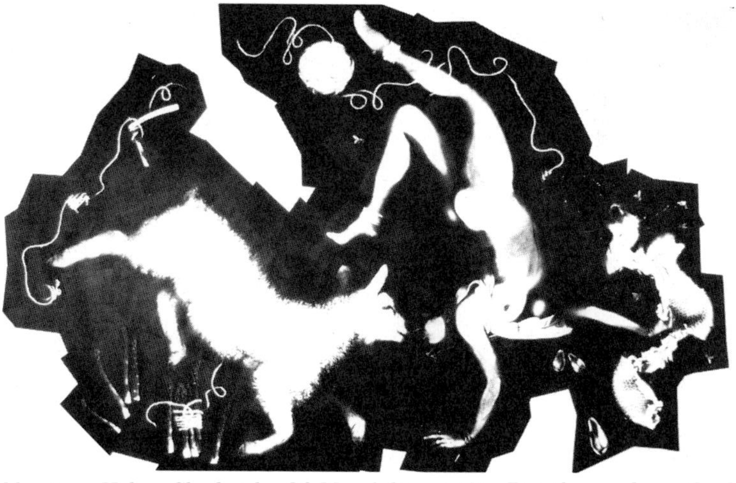

Abb. 2: Helen Chadwick, Of Mutability, 1985. Detail aus dem »Oval Court«. London, Victoria and Albert Museum.

lichen Mülleimern, der darin gärte und sich umschichtete, schön bunt und lebendig, Verwesung und Erneuerung in einem.

Die Rokokosäulen des ovalen Hofes sind Computerzeichnungen. Dazwischen ein kleiner Handspiegel, wie in Darstellungen der Eitelkeit. Hier ist er aus venezianischem Glas, in das tränende Augen graviert sind. Wenn man davor steht, sieht man das eigene Gesicht

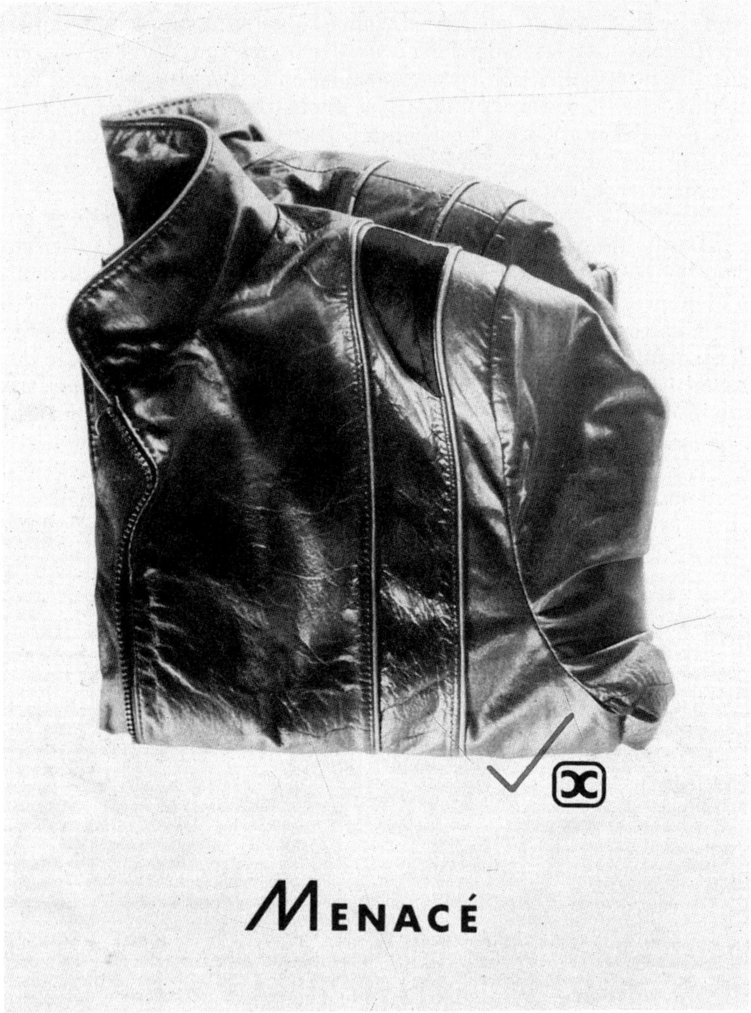

Abb. 3: Mary Kelly, Interim 1984. Part I: Corpus, Menacé.

hinter Tränen. In der Mitte der Installation befinden sich fünf goldene Kugeln, die Perfektion und Unwandelbarkeit symbolisieren. Auf dem Boden, um die Kugeln herum, gestaltete Chadwick eine dunkelblaue Fläche, wie stilles Wasser, mit zwölf Frauengestalten, Tieren, Fischen, einem Füllhorn voller Früchte, Getreide, Gemüse, dazu künstliche Verzierungen und Schmuck (Abb. 1). Diese Bilder sind weder fotografisch aufgenommen noch auf sonst übliche Weisen hergestellt, sondern direkt mit einem Bürokopiergerät nicht ganz

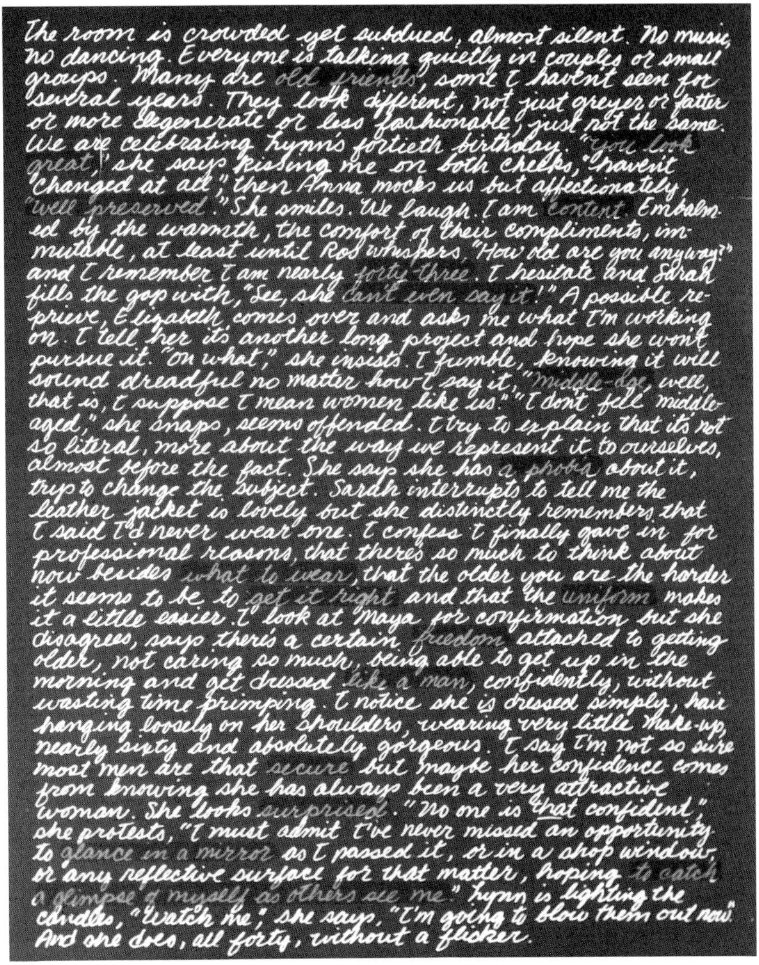

Abb. 4: Mary Kelly, Interim 1984. Part I: Corpus, Menacé.

lebensgroß fotokopiert. Chadwick ist selbst das Modell für die zwölf Frauengestalten: sie kopierte sich in hunderten von kleinen Teilen und rekonstruierte sich aus den Kopien als Sinnbild der Lust, des Begehrens, des Vergnügens. Die übrigen Bilder sind ebenfalls kopiert und zusammengefügt aus vielen Teilfotokopien von toten aber noch frischen Tieren, z. B. Fischen und dergleichen (Abb. 2).

Helen Chadwick möchte weibliche Sinnlichkeit wiedergeben: »Ich möchte die physischen Empfindungen festhalten, die den Körper durchziehen – Empfindungen des Luftschnappens, des Sich-Sehnens, des Atmens, der Fülle. Die Körper tragen ihre Sexualität wie eine äolische Harfe, durch die diese Empfindungen treiben und auf der sie spielen. Jede von ihnen ist völlig angeschwollen von der Lust des Augenblicks, da er sich zur Wendung anschickt, jede von ihnen hat den Höhepunkt der Fülle erreicht, ehe er zu verfaulen und sich zu leeren beginnt.« (Übersetzt aus Chadwick 1986)

Die Lust der Frau, von der die Rede ist, wird bei dieser Installation durch eine männliche Position vermittelt. Was angesprochen ist, ist vor allem die Schaulust eines männlichen Betrachters. Wir erleben unsere Weiblichkeit im Spiegel seines Begehrens. Chadwick akzeptiert die konventionelle Identifizierung der Frau mit Natur, und diese Identifizierung gibt sie mit ihren Anspielungen auf die Geschichte des weiblichen Akts in der westlichen Kunstgeschichte wieder. Diese patriarchale Tradition kann sie so kaum untergraben, auch wenn der Müll stinkt und an die Vergänglichkeit aller Vergnügen erinnert. Die Frauengestalten »zeigen« sich dem Betrachter.

Wie spricht dieses Werk Betrachterinnen an? Wir sind es gewohnt bei der Betrachtung von Bildern, auch von Frauendarstellungen, die männliche Position einzunehmen, das gilt für die traditionelle Kunst aber auch für den Film (vgl. Mulvey 1975). Mary Kellys »Corpus« ist deshalb verwirrend, weil wir hier als Betrachterinnen eine weibliche Position einnehmen (müssen), die wir nicht gewohnt sind. Die Frauen, deren Stimmen wir in diesem Werk zuhören, sind in mittleren Jahren. Die verfügbaren Identitätspositionen (Junge Frau, Liebende, Mutter) passen nicht mehr, sie sitzen schlecht. Sie lassen sich jedoch nicht so leicht aufgeben, und ihre Zähigkeit wird in fünfzehn witzigen Anekdoten deutlich. Jede handgeschriebene Anekdote ist mit einer Fotografie kombiniert, einer Fotografie einzelner Kleidungsstücke, oder Accessoires, beispielsweise einer Lederjacke, einer Tasche, von Schuhen, eines Negligées, eines Kleids. Bilder und Schrift wurden direkt auf transparentes Glas kopiert, sie werfen Schatten. Als Betrachterin bekommt man das eigene Gesicht zu sehen, wie in der ersten Anekdoten (vgl. Abb. 4). Die einzelnen Teile sind wie die Reklame eingerahmt, die man in London an den Autobushaltestellen findet. Jedes Kleidungsstück oder Accessoire wurde in drei verschiedenen Zuständen fotografiert und jeweils einer anderen Anekdote zugeordnet (Abb. 3, 4). Jedes Stück erscheint einmal sorgfältig gefaltet, dann einmal etwas unordentlich geöffnet und schließlich einmal zusammengeknotet, gebunden. Als Requisiten einer Frau deuten sie auf bestimmte Identitätspositionen. Auf diese Positionen kann sich eine Frau jedoch unterschiedlich beziehen: gefaßt oder mehr oder weniger ängstlich. Darauf verweisen sowohl die verschiedenen Kleidungsstücke als auch die Anekdoten. Statt die Frauen anzuschauen, hören wir ihnen zu. Vermittelt werden die Stimmen durch die Sprache von Frauenillustrierten und -romanen, auch durch Textpassagen aus Kindermärchen und laienmedizinischen Büchern, so daß der Eindruck vermieden wird, daß die Stimmen als authentische »weibliche Sprache« verstanden werden. Es geht um konstruierte Identitäten. Wichtig ist, daß gesprochen wird, wo sonst die Frau sich nur anblicken läßt.

Kellys Titel (»Menacé«, »Supplication«, »Extase«) gehen auf Bezeichnungen des französischen Nervenarztes Charcot zurück, mit denen er das klassifizierte, was auf den Fotos seiner hysterischen Patientinnen, die er fotografieren ließ, zu *sehen* war. Freud, der später bei ihm hospitierte, sollte einen anderen Weg einschlagen: die sogenannten hysterischen Frauen wurden zum Sprechen gebracht. Mary Kellys wollte dieses Werk übrigens der *Mutter* von Freuds hysterischer Patientin Dora widmen: der Frau im mittleren Alter, die mit ihrer sogenannten Hausfrauenpsychose Freuds Interesse nicht wert war.

Bei diesem Vergleich zwischen dem Werk von Chadwick und dem von Kelly kann gezeigt werden, daß die Künstlerinnen je unterschiedlich die Repräsentation von Frauen und Weiblichkeit thematisieren, und daß dabei die Bedingungen solcher Repräsentationen im Werk selbst verschieden reflektiert wird. Die eine (Kelly) trägt so eher zu einer Entmystifizierung weiblicher Identitäten bei während die andere (Chadwick) sie eher fortschreibt.

Anmerkung

1 Nach Abbau der Installation im Institute of Contemporary Arts in London 1986, wurde der »Carcass« vernichtet; die »Körperkopien« aus dem »Oval Court« kamen an das Victoria and Albert Museum, London.

Abbildungsnachweis

Installation 1986. London, Institute of Contemporary Arts.
Foto: Edward Woodman (1). Rechte bei den Künstlerinnen (2–4).

II
Mäzenatin – Muse – Museumspädagogin: Kunstvermittlung als Frauenarbeit

Einleitung

Daß Frauen an der Sicherung und Entwicklung der Produktionsbedingungen von Kunst einen nicht unwesentlichen – wenn auch mehr oder weniger unsichtbaren – Anteil hatten und haben, wissen nicht nur die Kunsthistorikerinnen, die die Namen bekannter weiblicher Mäzene aus der Geschichte nennen können – von Isabella d' Este bis zu Peggy Guggenheim. »Eigentlich« weiß es ja jede Frau, wie es alltäglich funktioniert: um die gewöhnlichen Lebensgrundlagen kümmern sich die Frauen – die Männer haben ja Wichtigeres zu tun, in der Kunst, in der Wissenschaft ...

Die von feministischer Forschung in vielen Bereichen gesellschaftlicher Produktion aufgedeckte hierarchische Arbeitsteilung zwischen den Geschlechtern durchzieht und bestimmt auch die Verhältnisse, in denen Kunst gemacht und verbreitet wird, ebenso die damit befaßten Institutionen. Und dennoch ist dieses Feld bislang kaum eingehender besichtigt geschweige denn zum selbstverständlichen Gegenstand feministischer Kunstwissenschaft geworden. Der Nachweis des Sexismus im Museum (Schmidt-Linsenhoff 1985) hat – soweit zu übersehen ist – bislang zu keinen weiteren Konsequenzen geführt. Kunstvermittelnde Tätigkeit von Frauen außerhalb der herkömmlichen Institution ist am Beispiel von Gerda Matejka-Felden, der Gründerin der »Künstlerischen Volkshochschule« in Wien zum Thema gemacht worden (Nierhaus 1988); der Ort und die Praxis von Frauen in den großen Kunstinstitutionen wurden höchstens dann Gegenstand kritischer Analyse, wenn es um die Möglichkeiten der Kunsthistorikerinnen geht, Künstlerinnen zu fördern (Below 1989). Dieses Defizit ist vielleicht symptomatisch.

»Mäzenatin – Muse – Museumspädagogin«: mit diesem auch polemisch gemeinten Titel hofften wir, dem Problem in seiner Vielschichtigkeit näher zu kommen. Zwischen der höfischen Mäzenatin und der Museumspädagogin, die der Zeit sozialdemokratischer Öffnung der Museen angehört, ist ein großer historischer Bogen zu spannen. Die »Muse« scheint mit der ihr eigenen Zeitlosigkeit zwischen den beiden historischen Polen zu vermitteln. Sie erinnert daran, daß den Frauen nicht nur Förderung und Vermittlung von Kunst zugewiesen wurde, sondern auch die Repräsentation des »Schönen«, häufig auch des »Guten und Wahren«.

Es kann also nicht ausreichen, den unsichtbaren Anteil von Frauenarbeit sichtbar zu machen; es ist auch nötig, die Funktion des

»schönen Geschlechts«, seiner Konstruktionen, für die Reproduktion patriarchal strukturierter Kunstverhältnisse ins Blickfeld aufzunehmen.

Frauen wurden als konkret-lebendige ausgeblendet und ausgegrenzt, »die Frau« als Bild für »das Andere« wurde jedoch zugleich auch überhöht, als hohe Frau, als Allegorie – und eben auch als Symbolfigur der Inspiration, dem unwägbaren, aber hochbewerteten Stadium zugeordnet, das dem unmittelbaren Gestaltungsprozeß, in dem Hand angelegt wird, vorausgeht. Das Bild der Muse kompliziert nicht nur die Analyse, es verunklart vielleicht auch manchmal unsere eigene Sicht. Die Zuschreibung der inspirierenden Funktion enthält ja auch ein Versprechen. Dies mag umso schwerer wiegen, je deutlicher die Verleugnung des produktiven Anteils von Frauen an der Entwicklung der Künste ist. Impliziert ist das Versprechen, an der Entwicklung *dennoch* teilzuhaben – als Bild, imaginär, und damit auch jenseits der gewöhnlichen Frauenarbeit, jenseits des »schmutzigen Geldes« ebenso wie der »schmutzigen Politik«.

Die väterlichen Institutionen gewähren den Töchtern verschiedene Plätze. Allerdings sollten sie um ihre Grenzen wissen. Auch wenn Frauen das Geld haben, Kunst-Politik zu machen, können sie offenbar nicht einfach auf »männliche« Positionen überwechseln. Daß das Feld der Kunstförderung von spezifischen Verhaltens- und Bewertungsmustern bestimmt ist, wird spätestens dann offensichtlich, wenn man verfolgt, wie Frauen in das Feld eingedrungen sind. Hier herrschen Spielregeln, die zwar nirgendwo schriftlich fixiert sind, aber dennoch unumstößlich scheinen, auch wenn sie immer wieder neu ausgehandelt werden (müssen) – Regeln für das Spiel, in dem nicht nur der beste und teuerste Künstler gesucht wird, sondern auch der, der jenen zuerst »erkannt« hat. Die »großen Meister« und »die Kenner« bestimmen Spielfeld und -regeln. Und daß darin bisweilen auch »das schöne Geschlecht« eingesetzt wird, mag den Reiz erhöhen, wichtig ist nur, daß die Regeln eingehalten werden.

Mit der Erforschung der Geschichte weiblicher Mäzene und ihrer Rezeption stoßen wir schnell zu grundsätzlichen Fragen vor, danach nämlich wie der Kunstbetrieb in der bürgerlich-patriarchalen Gesellschaft funktioniert und wie die Strukturen beschaffen sind, in denen die Vergesellschaftung von Kunst organisiert ist. Dabei geht es sowohl um die blindwirkenden Mechanismen des Kunstmarktes, die gerne beschworen werden, um das Männerbündische in Kunstbewertung und-förderung zu verdecken, und um die Abstützungen des Kunstmarktes durch staatliche Instanzen, als auch um die alltäglichen Aktivitäten innerhalb dieser Mechanismen, die ihren Erhalt sichern.

Wieder einmal geht es also in der Kunstwissenschaft – wie schon in ihrer Aufbruchszeit nach 1968, nun jedoch von einem neuen Aussichtspunkt – um die Analyse des Zusammenwirkens von Ökonomie und Ideologie, hier konkret Künstlerideologie. Wie die Auffassungen vom Künstler durch Männlichkeits-Konstruktionen zusammengehalten werden, zeigt Teil I dieses Buches. Die Ausblendung von den den Kunstbetrieb und die Auffassungen vom »modernen Künstler« strukturierenden Geschlechter-Ideologien verhindert, daß eine als Standardwerk konzipierte Untersuchung über die Verbindungen des modernen Künstlers zum vorbürgerlichen Hofkünstler Standard bleiben kann (Warnke 1985). Eine Revision solcher Grundlagenwerke steht an.

Die Perspektiven einer Politik zur Förderung von Frauen durch Frauen, in der aktuellen Frauenkunstszene von großem Interesse, bestimmen die Untersuchungen von Kunstförderung in Vergangenheit und Gegenwart mit, und sie werden zugleich von ihnen bestimmt. Die Frage, ob und wie ein feministisches Projekt entworfen werden kann, das nicht nur die überlieferten und »bewährten« Muster weiblich wendet, muß sicher weiter diskutiert werden. Dies gilt insbesondere dann, wenn anstelle einer Quotierung »weiblicher Genies« eine feministische Kultur um Kunst und KünstlerInnen projektiert wird. Unter dieser Perspektive ist es auch an der Zeit, über die Grenzen, die eine patriarchal strukturierte Disziplin setzte, hinweg zu sprechen.

Zu wünschen bleibt, daß der eben erst zaghaft und nicht ohne Sprachschwierigkeiten begonnene Versuch einer Verständigung zwischen Kunsthistorikerinnen, Galeristinnen und Künstlerinnen, zwischen Wissenschaftlerinnen und Kunst- und Museumspädagoginnen nicht wieder abgebrochen wird, bevor neue grenzüberschreitende Konstellationen sich abzeichnen, als machbare.

Silke Wenk

Katja von der Bey

Mißachtete Spielregeln

Zur Rezeption von Hilla Rebay als Mäzenatin

Hilla Rebay ist für die Entstehung und den Aufbau der Solomon R. Guggenheim Sammlung in New York, eine der größten Kunstsammlungen europäischer Moderne in den USA, verantwortlich. Doch Rebays Rezeptionsgeschichte ist von Unwillen und Ratlosigkeit geprägt und changiert zwischen einer Beschreibung als »kommandierende Generalin, der ganze Bezirke der regierenden Kunst anvertraut schienen« (Richter 1973, 163) und der als einer »visionären Künstlerin« (Guggenheim-Kat. 1989, 17) ... wenn sie einmal überhaupt erwähnenswert erscheint.

Hilla Rebay von Ehrenwiesen[1] (1890–1967) war Tochter eines preußischen Offiziers und absolvierte eine standesgemäße Höhere-Töchter-Erziehung. Anschließend setzte sie eine klassische Zeichen- und Malausbildung als Privatschülerin[2] in Köln, Paris und München durch. Schon 1911 konnte sie erstmals ein Portrait im Salon des Beaux Arts ausstellen. Angeregt von Arbeiten moderner Maler entwickelte sie bis 1917 eine eigene ungegenständliche Formensprache.[3]

Seit 1913 in Berlin lebend, verdiente sie ihren Lebensunterhalt[4] mit Portraitmalerei, stellte aber parallel seit 1916 ihre ungegenständlichen Arbeiten in der »Sturm«-Galerie und später auch zusammen mit der »Novembergruppe« aus. 1917 ging sie eine Beziehung mit dem Maler Rudolf Bauer ein. Als begeisterte Anhänger Kandinskys verfolgten beide in Anlehnung an dessen Theorie das Ideal der gegenstandslosen als der einzig wahren Kunst.

Rebay hielt Bauer – neben Kandinsky – für das größte Genie seiner Zeit, und sie sah sich durch diese Einschätzung veranlaßt, das gemeinsame Atelier zu finanzieren, ihrer beider Lebensunterhalt durch das Malen traditioneller Portraits zu bestreiten und sich um Käufer und Mäzene zu kümmern. Im Gegenzug mußte Rebay von Bauer eine für ein derartiges Verhältnis zu dieser Zeit sicher nicht ungewöhnliche Behandlung[5] hinnehmen, indem er ihr zu seinen Gunsten explizit jegliches künstlerische Talent absprach. Zwischen Geniekult und dem Kampf um die eigene künstlerische Selbstbehauptung aufgerieben, ging Rebay 1925 nach Italien und 1927 in die USA.

In New York lernte sie Irene und Solomon R. Guggenheim kennen, die sich auch für ihre gegenstandslosen Arbeiten interessieren ließen. Auf einer gemeinsamen Europareise gelang es Rebay, das Paar, das zur Spitze der Geldaristokratie Nordamerikas zählte, zum Aufbau einer Sammlung aktuellster, vorwiegend ungegenständli-

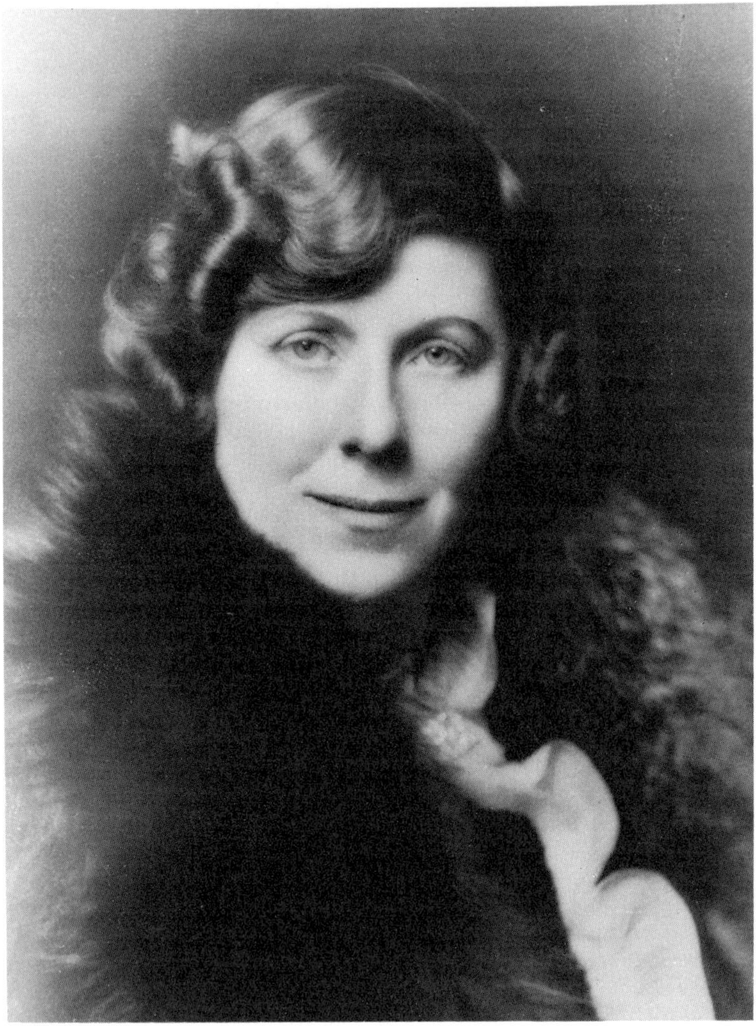

Abb. 1: Hilla Rebay um 1937.

cher Kunstwerke zu bewegen. Ab 1929 erwarb sie in ihrem Auftrag in Europa mit der Zeit eine Sammlung, die heute bedeutend ist. Bis 1939 kaufte sie rd. 800 Arbeiten, hierunter Bilder von Kandinsky, Robert Délaunay, Gleizes, Moholy-Nagy, Léger, Mondrian, Chagall und allein 215 Werke von Bauer (vgl. Neuburger 1985, 17), der von Solomon R. Guggenheim zudem unter Exklusiv-Vertrag gestellt wurde. Rebay wurde 1937 zur Kuratorin der Solomon R. Guggenheim-Stiftung und 1939 zur Direktorin des auf ihre Initiative hin gegründeten Museums »Art of Tomorrow, Museum of Non-Objective Painting« ernannt, in dem die ungegenständlichen Arbeiten der Sammlung ausgestellt wurden. Sie war inzwischen eine einflußreiche Frau, die »grande dame« (Neuburger 1985, 98) der gegenstandslosen Kunst, welche sie durch intensive Vermittlungsarbeit in Lesungen, Aufsätzen, Büchern und Ausstellungen verbreitete. Zusätzlich arbeitete sie bis zu ihrem Lebensende weiterhin künstlerisch und zeigte ihre Arbeiten in den Ausstellungen des Museums und von Zeit zu Zeit in anderen Galerien. Zusammen mit Frank Lloyd Wright plante sie in den 40er Jahren das Gebäude des heutigen Solomon R. Guggenheim Museums in New York.

Doch nach dem Tode Solomon Guggenheims Ende 1949, der ihr bei all ihren Vorhaben den Rücken gedeckt hatte, war Rebay aus Gründen, auf die nachfolgend noch einzugehen ist, den schon lange unterschwellig bestehenden Widerständen gegen ihre Position als Direktorin des Museums nun offen ausgesetzt und wurde schließlich 1952 von den Treuhändern der Stiftung aufgefordert, zurückzutreten. Der Museumsneubau wurde unter einer anderen Direktion eingeweiht, die Ausstellungs- und Sammlungsschwerpunkte nachfolgend geändert.

Seit den frühen 30er Jahren vertrat Rebay ein künstlerisches Credo, das der gegenstandslosen bzw. non-objektiven[6] Malerei eine über Kandinskys Theorien hinausgehende Funktion zuordnet. Von überirdischen Kräften inspiriert und von der eigenen Intuition geleitet, schaffe der Künstler auf einer zweidimensionalen Fläche ein Gefüge kosmischer Ordnung. Ihr Verständnis vom Künstler steht in Einklang mit diesem theoretischen Ansatz: »Der non-objektive Maler ist ein Werkzeug Gottes, er weiß, das einzige Ziel der Menschheit, ihre göttliche Aufgabe auf Erden kann nur durch das Absolute in der Kunst erreicht werden« (zit. nach Poetter 1986, 310). »Aber es ist eine schwierige Aufgabe, die nur von wenigen großen Meistern bewältigt werden kann und nicht von Künstlern, die keine künstlerische Seele haben. (...) Ihre exzentrischen Entwürfe gehören auf Tapeten, nicht in den Bereich der Kunst«[7] (a.a.O. 309). Als die wenigen großen Meister benennt Rebay konkret nur Bauer und Kandinsky.

Nie bezog sie ihre theoretischen Überlegungen öffentlich auch auf ihr eigenes künstlerisches Werk. Sie hatte sich einen anderen Status

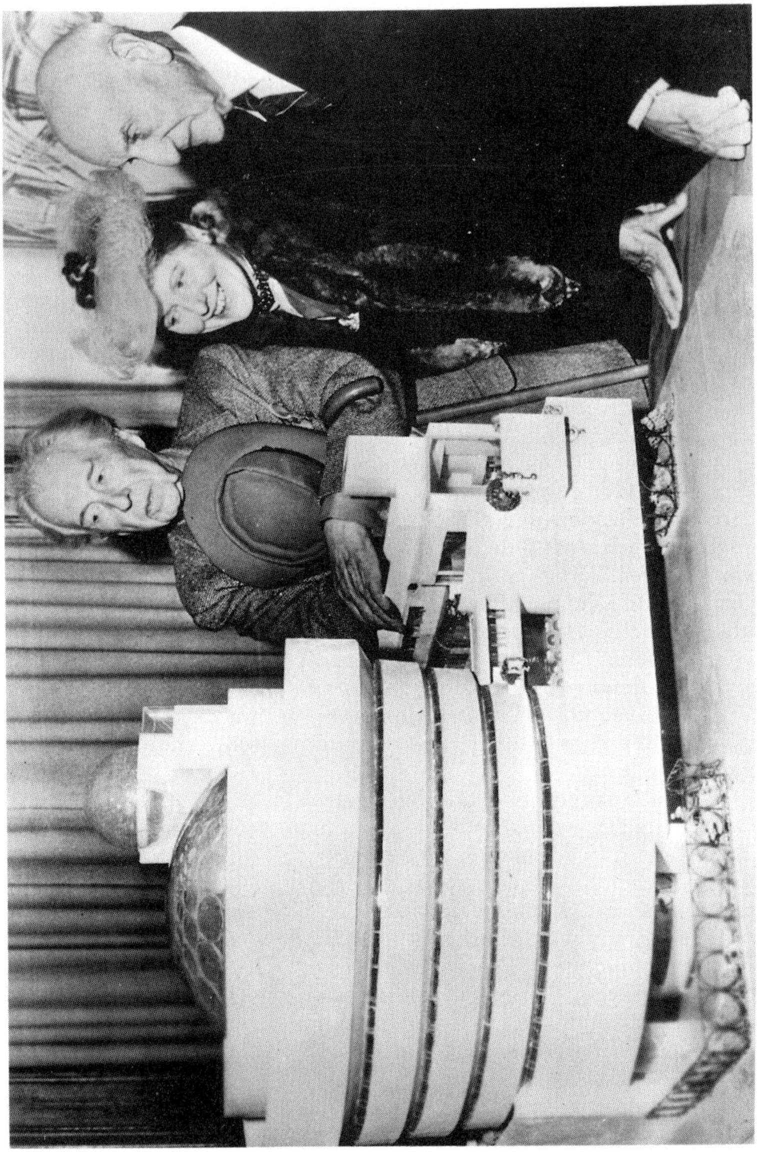

Abb. 2: Frank Lloyd Wright, Hilla Rebay und Solomon R. Guggenheim (von links) vor dem Modell des Museums, August 1945

zugedacht, der die Selbstbezeichnung als »Genie« anscheinend überflüssig machte und zudem die Konkurrenzsituation umging.

Die Aufgabe der ungegenständlichen Kunst kann ihrer Meinung nach erst durch die Rezeption der Betrachter wirklich *erfüllt* werden: »In Gesprächen ging Hilla von Rebay gelegentlich sogar so weit, zu meinen: wenn man ungegenständliche Bilder in die Gefängnisse hinge, so würden alle egoistischen Begierden der Verbrecher erlöschen. Sie würden sich in bessere Menschen verwandeln« (Roh 1960, 47). Die Kunst wurde von ihr zum Religionsersatz mit kathartischer Wirkung, zum einzigen Mittel der Läuterung und der Vergeistigung erklärt. »Non-Objektivität wird die Religion der Zukunft sein. Sehr bald werden die Nationen der Erde sich ihr in Gedanken und Gefühlen zuwenden und intuitive Kräfte entwickeln, die sie zur Harmonie führen« (Rebay 1937, zit. nach Lukach 1983, 96). Auf dieser theoretischen Basis entwickelte sie bereits in den 30er Jahren ein Konzept für das geplante Museum der Sammlung: »Man sollte etwas Phantastisches bauen, es muß das Maß der Größe für alle Nationen werden, gewiß aber der Tempel des Friedens im Universum« (Brief 1930, zit. nach Lukach 1983, 62). Entsprechend ihrem missionarischen Sendungsbewußtsein betonte sie bei der Planung besonders die vermittelnden Aufgaben. Neben den Ausstellungsräumen sollte es eine Bibliothek, Hörsäle, ein Kino, ein Filmarchiv und andere Vermittlungseinrichtungen geben. Die Zielgruppe waren dabei vor allem die Multiplikatoren: die Mütter, Lehrer und Kinder (vgl. Lukach 1983, ebd.). Es scheint, als habe sich Hilla Rebay als Vollenderin der Aufgabe der ungegenständlichen Kunst und als Transmitterin des genialen Künstlers verstanden, denn ohne die Vermittlungsarbeit bliebe diese Kunst ungesehen[8] und folglich wirkungslos.

Die praktische Umsetzung ist am Beispiel Bauers besonders augenfällig: Zunächst setzte sie ihn gegen alle Widerstände[9] als »Genie« und proklamierte seinen Vorrang vor allen anderen Künstlern. Aufgrund ihrer Position wurde diese Setzung auch zeitweise anerkannt, und sie konnte sich in ihrem ausschließenden Urteil bestätigt sehen.

Dieses Verhältnis zu Bauer ist zunächst ein symbiotisches, erlangt aber durch die finanziellen Mittel, über die Rebay verfügte, eine zusätzliche Qualität. Bauer war von ihrer Gunst abhängig; zwar mußte er sich Zeit seines Lebens keine Gedanken mehr über seinen Lebensunterhalt machen, fügte sich andererseits aber Rebays Entscheidungen restlos. Einbrüche in ihre Machtsphären wehrte sie vehement und erfolgreich ab. Nach seiner Emigration 1939 in die USA versuchte Bauer, sich in die Leitung des Museums einzumischen. Moholy-Nagy schrieb ihr: »Ich (...) wünschte, viele seiner (Bauers, d. V.) Kollegen hätten so viel Glück und könnten ihre Ziele auch unbeeinflußt von ökonomischen Schwierigkeiten verfolgen. Aber ich glaube, daß Du ihm einen schlechten Dienst erweist, wenn Du mit Gewalt versuchst, ihm eine privilegierte Stellung zu verschaffen« (Brief 1938, zit. nach Lukach 1983, 112). Hans Richter urteilt: »Am Ende war gerade ihre rücksichtslose *Mitarbeit* an der Kunst Bauers an seinem Versagen schuld. Ohne sie würde er zwar niemals zwei Duesenberg (...) besessen haben, noch Haupt-Ausgehängter und Besungener in einem eigenen Museum geworden sein, aber ohne sie wäre möglicherweise sein etwaiges Suchen nach einer eigenen Identität nicht durch überdimensionalen Erfolg unterbrochen worden« (1973, 184, Hervorhebung d. V.).

Rebay tauschte den Arbeitsschwerpunkt einer Künstlerin, deren Status sie aufgrund der Kritik Bauers an ihrem Talent als unsicher empfinden mußte, gegen den einer Kunstförderin und -vermittlerin, der ihr angesichts des eigenen kulturellen Kapitals (vgl. Bourdieu 1987) und der ihr zur Verfügung stehenden Finanzen zur Regie über Künstler und Kunstrichtung verhalf. In dieser Position fühlte sie sich anscheinend auch gegen Angriffe auf ihre eigene künstlerische Kompetenz gefeit. Sie verstand sich als Kopf einer amerikanischen Schule der Non-Objektivität, war kompromißlose Kritikerin und autoritäre Lehrerin. Bilder von Studenten, die ihr aus den ganzen USA übersandt wurden, schickte sie mit Verbesserungen, die sie in Ölfarbe vornahm, zurück. Ein Stipendiat der Stiftung verzichtete sogar auf weitere Zuwendungen, weil damit zu viele Vorgaben hinsichtlich seiner künstlerischen Entwicklung verknüpft waren.[10]

Hilla Rebays gesamte Arbeit wurde nicht und schon gar nicht positiv rezipiert. Die öffentliche Meinung widersetzte sich ihr und ihrem Werk in dem Maße, wie sie Einfluß nahm. Ihre Position war außerdem aufgrund ihrer Nationalität schon seit dem 2. Weltkrieg unsicher. Sie wurde trotz und vielleicht sogar wegen ihrer weitreichenden Beziehungen als feindliche Ausländerin betrachtet[11] und die von ihr vertretene Kunstrichtung als »deutsch« und unpatriotisch diffamiert. Ihr wurde weiterhin unterstellt, daß sie Guggenheim ausnutze, und es wurde spekuliert, daß sie seine Mätresse gewesen sei. Dieses Klischee diente letztlich nur der Verharmlosung ihrer Tätigkeit und konnte für Guggenheim selbstredend nur als ein Kavaliersdelikt verstanden werden. Ihre Sammlungspolitik wurde als völlig einseitig herabgewürdigt, weil sie z. B. Surrealisten nicht berücksichtigte. Mit ihrem erzwungenen Rücktritt aus dem Museum wich dieser Protest dem wirkungsvollen Verschweigen.

Bei der Förderung von Kunst und Künstlern handelt es sich immer auch um eine Investition, die einen ideellen Nutzen – Ruhm, Popularität, Verewigung, Teilhabe am »Genie«, Einfluß auf Kulturpolitik – verspricht. Doch bei weiblichen Mäzenaten gilt dieses Handeln als mütterliches und erotisches Umsorgen des »Genies« und ist traditionell nur dann positiv besetzt, wenn eine passive Haltung zugrunde liegt, sobald es im weitesten Sinn um politische Entscheidungsbefugnis geht. Dies ist um so relevanter, als die Förderung öffentlich oder halböffentlich geschieht und das »Wohl der Allgemeinheit« zum Ziel setzt.

Hilla Rebay aber hat öffentlich eine Kunstförderung praktiziert, die auch Ausschlußmechanismen und Verweigerung, wie z. B. das Aberkennen von »Genie« und das Nicht-Fördern von bestimmten Kunstrichtungen einschloß. Erst ein solches Handeln konnte ihr den für ihr Selbstverständnis und die Durchführung ihrer Ziele notwendigen Kompetenz- und Machtzuwachs garantieren.

Rebay hat dieses Prinzip des Mäzenatentums nicht zu verstecken versucht, sondern selbstbewußt gelebt. Dies war in den Augen der Öffentlichkeit vermutlich besonders brisant, weil es sich erstens um eine Frau handelte, von der man schließlich die Einhaltung bestimmter gesellschaftlicher Tabus kulturgemäß am ehesten erwartete und zweitens, weil sie nicht mit eigenem, sondern mit Guggenheims Geld agierte.

Die Verfehlung der Rolle des weiblichen Mäzenatentums scheint eine wesentliche Ursache dafür zu sein, daß lange Zeit sogar ihr Anteil an der Sammlungsentstehung und der Planung des Museumsneubaus verschwiegen wurde. Rebay wurde dadurch der Status der ernstzunehmenden Vertreterin der Stiftung abgesprochen. Für die Guggenheim Stiftung aber wurde nach ihrer Tilgung aus der Museumsgeschichte der Weg frei für ein reines Andenken an das unbefleckte Mäzenatentum ihres Gründers – uns es sieht fast so aus, als ob sie erst als Mäzenatin des eigentlichen Mäzenaten wieder rehabilitiert werden könne: anläßlich der »Guggenheim« Ausstellung 1989 in der Berliner Nationalgalerie steht in der »Zeit« (Kipphoff 1989) geschrieben, daß sie »in Wahrheit« die Mäzenatin ihres Gönners gewesen sei.

Anmerkungen

1 Sie nannte sich – vermutlich seit 1926 – aus strategischen Gründen Baronesse. Mit der Übernahme der amerikanischen Staatsbürgerschaft 1947 mußte Rebay ihre Titel abgeben. Die folgenden biografischen Angaben stützen sich, soweit nicht anders angegeben, auf Lukach 1983. Die Zitate wurden von der Verfasserin übersetzt.

2 Daß sie als Frau keinen Zugang zu den meisten staatlichen Kunstakademien hatte (vgl. Berger 1982, bes. 92ff), wurde weder von ihr noch von ihrer Biografin (Lukach 1983) je problematisiert.

3 Für diese Entwicklung ist nicht unerheblich, daß Rebay anscheinend seit 1904 Anhängerin Rudolf Steiners war. Inwieweit ihre Bilder Anlehnungen an andere Künstler dieser Zeit zeigen, ist bislang nicht nachvollziehbar, da Rebays künstlerischer Nachlaß undokumentiert ist.

4 Sie wurde bis auf kurze Unterbrechungen vermutlich von ihren Eltern unterstützt, nach deren Tod Anfang der 30er Jahre sie eine größere Erbschaft machte.

5 Parallelen finden sich beispielsweise im Verhältnis von Gabriele Münter und Wassily Kandinsky.

6 »Non-objective« war zunächst Rebays englische Übersetzung des Wortes ungegenständlich und soll ausdrücken, daß das Motiv eines solchen Bildes nicht von einem materiellen Gegenstand abgeleitet ist. »The abstract picture is always started with an object, while the absolute, Non-objective picture contains none« (Rebay in: Guggenheim-Kat. 1938, 5). Später verdeutschte sie diese Sprachschöpfung (vgl. Poetter 1986).

7 Beachtenswert ist hier auch die klare Ausgrenzung der sog. angewandten Kunst. Vgl. hierzu Kerstin Kolter in diesem Band.

8 In den USA war die europäische ungegenständliche Moderne vor Rebays Kampagnen tatsächlich noch relativ unbekannt, in Europa wurde diese Kunst sogar kurze Zeit später verfolgt. Erwähnenswert ist in diesem Zusammenhang, daß Rebay im August 1938 auf Umwegen ein Angebot über für die Guggenheim-Sammlung interessante Bilder aus deutschen Museen erhielt und eine Arbeit von Délaunay sowie sechs von Kandindsky erwarb. Die Bilder stammten aus einem Fundus von über 500 Arbeiten, die das Propagandaministerium zum Preis von 1 Million Reichsmark en bloc über den Kunsthändler August Klipstein zu verkaufen versuchte. Vgl. Lukach 1983, 120ff.

9 Ihre Bevorzugung Bauers stieß auch unter Künstlern auf große Kritik, die aber anscheinend mit Vorliebe hinter ihrem Rücken geäußert wurde, vgl. z. B. Richter 1973, 163 und Guggenheim 1986, 229f.

10 Der amerikanische Künstler Wilfrid Zogbaum weigerte sich 1938, weiterhin bei Bauer in Berlin zu studieren. Bauer war zu dieser Zeit offenbar der Einzige, der in Berlin überhaupt noch ungegenständliche Kunst ausstellen durfte.

11 1942 wurde sie sogar wegen einer Lappalie – angeblich soll sie auf ihrem abgelegenen Landsitz Lebensmittel gehortet haben – für zwei Monate in Haft genommen.

Abbildungsnachweis

Familie von Rebay, Wessling (1, 2), Foto: Ben Greenhaus (2).

Gotlind Birkle und Sabine Tischer

Künstler und Mäzenin: ein unmögliches Verhältnis?

Peggy Guggenheims Autobiographie

Der Name Peggy Guggenheim weckt zum einen Vorstellungen von einer Mäzenin des zwanzigsten Jahrhunderts, zum anderen von einer Frau mit zahlreichen (Liebes-)Beziehungen zu namhaften Künstlern, Schriftstellern, Kunstsammlern und -kritikern. Peggy Guggenheim brachte, so Ellen Brandt, »in einer wilden Mischung Liebesleben, Sammlertätigkeit und Vermarktung zur fruchtbaren Symbiose« (FAZ vom 2. 10. 1988). Oder, so Petra Kipphoff: »Peggy Guggenheim sammelte nicht nur Kunst, sondern auch Menschen: Mit Marcel Duchamp war sie befreundet, mit Max Ernst eine kurze Zeit lang verheiratet, mit Beckett erlebte sie ein Drama, Laurence Vail, dem ersten Liebhaber und Vater ihrer Kinder Pegeen und Sindbad, forderte sie, wie sie selber schrieb, alles ab, was sie auf pompejanischen Fresken gesehen hatte.« (Die Zeit vom 17. 2. 1989) Bei dieser Darstellung rückt das Bild einer Frau mit sinnlich-erotischen Zügen in den Vordergrund. Beispielhaft für diese Gewichtung ist der gegenüber der amerikanischen Originalfassung (»Confessions of an Art Addict«) geänderte, für die deutsche Taschenbuchausgabe 1984 gewählte Untertitel ihrer Autobiographie: »Die Memoiren der ›femme fatale‹ der Kunst.«[1]

Die Konzentration auf den privaten Lebensbereich der Mäzenin legt Peggy Guggenheim (1898–1979) selbst nahe: In ihrer Autobiographie schildert sie ihr Leben von Kindheit und Jugend über Ehe hin zur Sammlerin und Förderin von Kunst. Sammel- und Förderungstätigkeit sind hier eng verflochten mit dem Privatleben, bei dessen Darstellung selbst intime Details nicht ausgespart werden.

Warum setzt sich Guggenheim nicht nur als Mäzenin zu Künstlern, Schriftstellern, Kunstsammlern und -kritikern in Beziehung, sondern immer zugleich auch als »Frau«? Zu dieser Frage werden im folgenden erste Thesen formuliert, die sich auf den Zusammenhang zwischen Mäzenatentum und der Möglichkeit einer Frau, sich als Mäzenin zu positionieren, beziehen.

Ökonomisch abgesichert, stehen Guggenheim als Enkelin und Erbin des Großindustriellen Meyer Guggenheim die Erträge eines fest angelegten Kapitals, das die finanzielle Grundlage ihres Mäze-

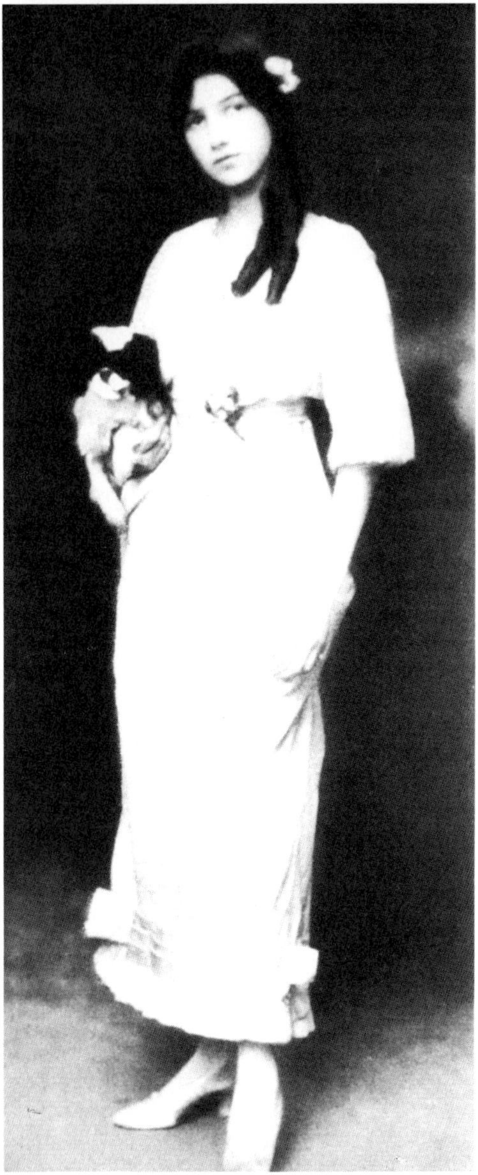

Abb. 1: Peggy Guggenheim im Alter von 14 Jahren.

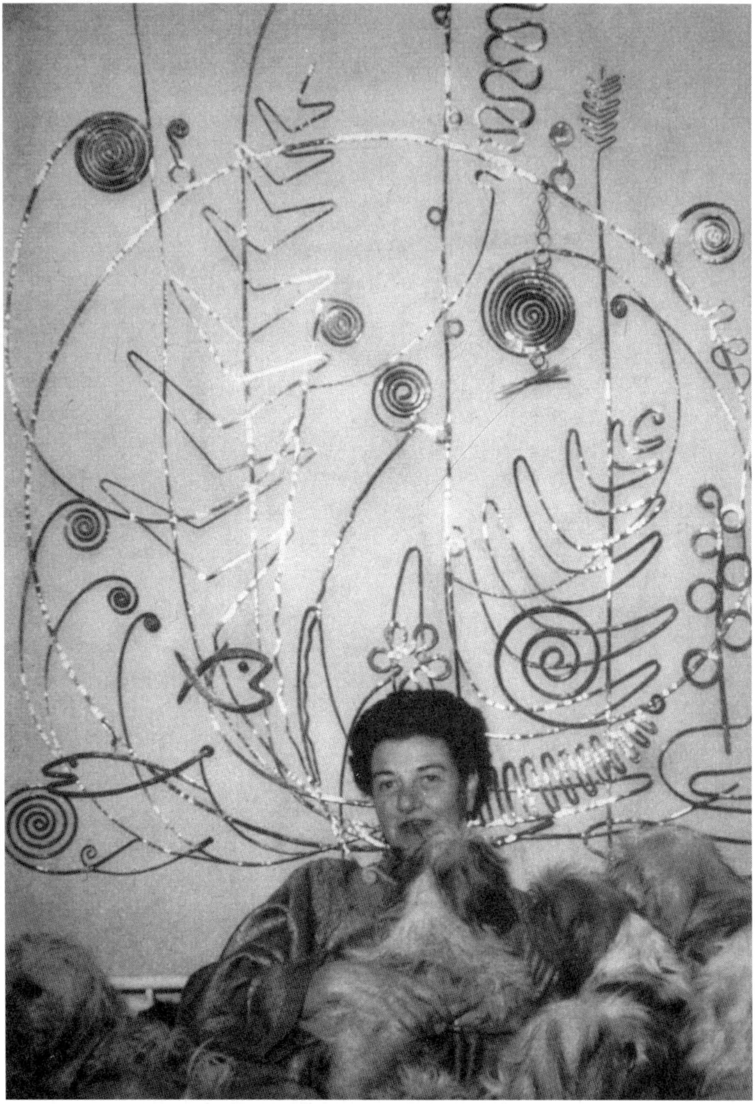

Abb. 2: Peggy Guggenheim auf ihrem Bett mit einem 1947 (?) von Alexander Calder entworfenen Kopfteil (Silber).

natentums bildet, zur freien Verfügung. 1938, im Alter von vierzig Jahren, eröffnet sie in London die Galerie »Guggenheim Jeune«. Hier zeigt sie surrealistische und abstrakte Werke von Malern und Bild-

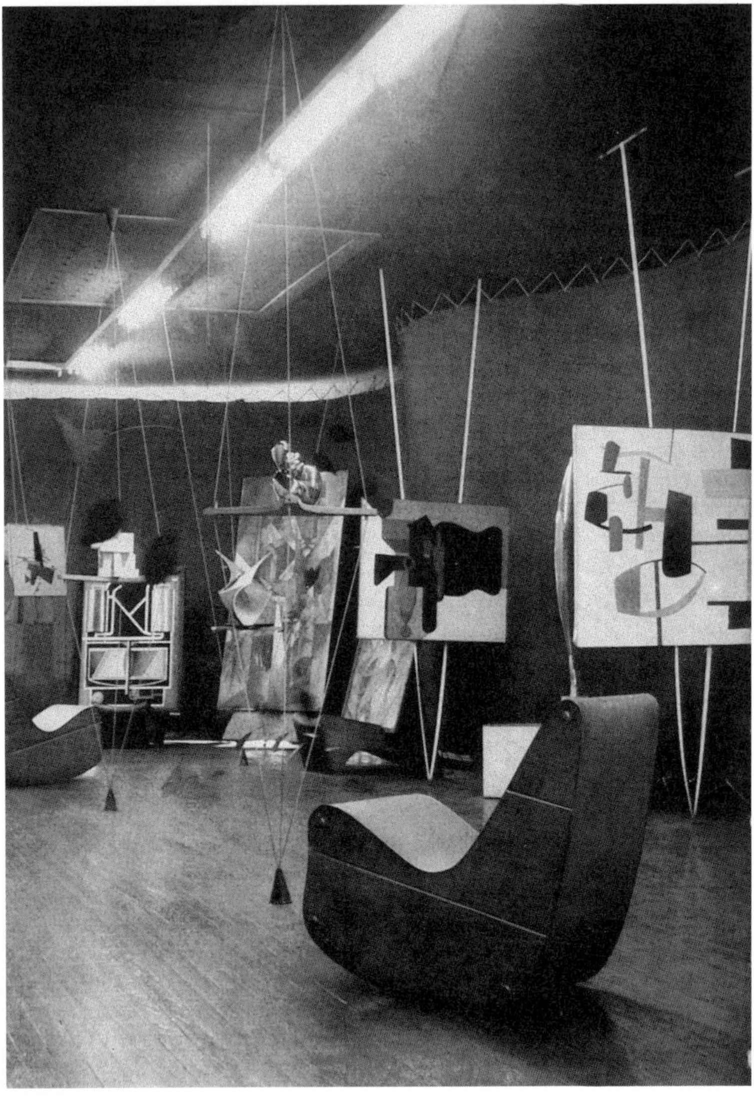

Abb. 3: Galerie »Art of This Century«, New York.

hauern, die zu diesem Zeitpunkt in England noch weitgehend unbekannt sind. Die schon zuvor gewährte finanzielle Unterstützung von Künstlern aus dem Freundeskreis und gelegentliche Ankäufe von Kunstwerken erhalten seit 1940 mäzenatische Qualität; von diesem Zeitpunkt an fördert und sammelt sie systematisch. 1939 gibt sie die wirtschaftlich unrentable Galerie auf, um in London ein Museum für zeitgenössische Kunst aufzubauen. Wegen des Ausbruchs des Zweiten Weltkriegs wird dieser Plan fallen gelassen. 1941 kehrt sie in die USA zurück. In New York eröffnet sie 1942 die Galerie »Art of this Century«. Dort zeigt sie ihre Sammlung als ständige Ausstellung und organisiert gleichzeitig Wechselausstellungen zeitgenössischer europäischer und amerikanischer Künstlerinnen und Künstler. Von 1943 bis 1947 widmet sie sich nahezu ausschließlich der Förderung Jackson Pollocks. In Venedig, wohin sie 1947 mit ihrer Sammlung übersiedelt, setzt sie die finanzielle Unterstützung junger Künstler fort.

Kennzeichnend für Guggenheims Mäzenatentum ist im Sinne des modernen Mäzenatentums[2] sowohl die systematische Sammeltätigkeit und die finanzielle Unterstützung von Künstlern, als auch die Absicht, ihre Sammlung und die Werke der von ihr geförderten Künstler einer breiten Öffentlichkeit zugänglich zu machen und ihnen Anerkennung zu verschaffen. Ein Höhepunkt in diesem Bestreben war die Teilnahme Guggenheims an der ersten Nachkriegs-Biennale 1948 in Venedig, wo sie im eigenen Pavillon persönlich Führungen durch ihre Sammlung anbot. Mit dem Anliegen, die Künstler nicht nur zu fördern, sondern ihnen und ihren Arbeiten auch zu gesellschaftlicher Anerkennung zu verhelfen, verbindet sich das Interesse, als Förderin anerkannt zu werden. Besonders im letzten Kapitel der Autobiographie betont sie ihre Verdienste um die Kunst des zwanzigsten Jahrhunderts, dank derer sie der Nachwelt in Erinnerung bleiben werde. So beurteilt sie zum Beispiel ihren Einsatz für Pollock als die »achtbarste Leistung« ihrer Fördertätigkeit (Guggenheim 1986, 297). Ihre Selbsteinschätzung ist vor dem Hintergrund zu sehen, daß das letzte Kapitel der Autobiographie die Jahre von 1960 bis 1978 und damit einen Zeitraum schildert, in dem die Bedeutung der von ihr gesammelten Werke und geförderten Künstler für die Kunstgeschichte des 20. Jahrhunderts fest stand. Von der Warte kunsthistorischer Wertungen konnte sie sich in den Rang einer Mäzenin mit Weitblick und Spürsinn erhoben sehen und diesen für sich beanspruchen.

Welche Bedeutung sie ihrem Nachruhm als Mäzenin beimaß, ist an dem Wunsch nach Aufbewahrung ihrer Urne im Skulpturengarten des Palazzo Venier in Venedig zu ersehen. Die Sammlung erhält dadurch den Charakter einer Grabstätte, die das Fortbestehen der Sammlung und damit des Namens »Peggy Guggenheim« garantiert. Hier zeigen sich Züge des tradierten Mäzenatentums, die in der

Moderne nur scheinbar durch das Motiv sachlicher Kulturideale – Förderung von Kunst, Anlegen repräsentativer Sammlungen, etc. – verdrängt werden: Das Streben nach Ruhm und Unsterblichkeit, das

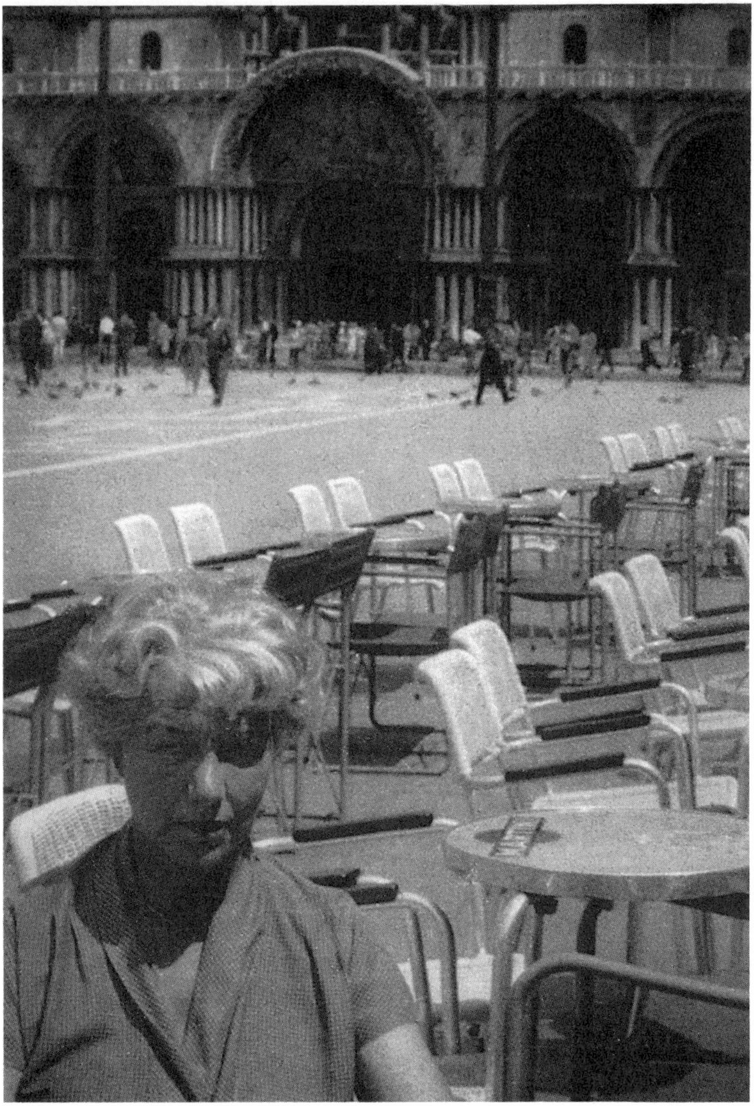

Abb. 4: Peggy Guggenheim auf dem Markusplatz in Venedig.

seit der Antike zu den wichtigsten ideellen Motiven einer materiell uneigennützigen Kunstförderung zählt (vgl. Zilsel 1926; Burke 1987, 92).

Zilsel hat in seiner ideengeschichtlichen Studie über die Entstehung des Geniebegriffs die Wirkung dieser ideellen Motive auf die sozialen Zusammenhänge, in denen sich Mäzen und Künstler befinden, untersucht. Er bezeichnet das Verhältnis zwischen Mäzen und Künstler als »symbiotisches Wechselverhältnis«. Das nach außen auf »Distanz« beruhende Respektverhältnis der gegenseitigen Anerkennung und insbesondere Hochachtung durch die Zuschreibung von historisch bedingten Persönlichkeitsidealen, die Ruhmes- und Unsterblichkeitsvorstellungen entsprechen, hat die Selbsterhöhung beider Partner in den gegebenen sozialen Zusammenhängen zur Folge. Verknüpft mit dieser Selbsterhöhung ist die Stabilisierung ökonomischer, politischer, wie auch ideologischer Machtpositionen. Zilsel deckt damit die Hierarchien und Klassen bildende Funktion des Mäzenatentums auf.

Eine Vielzahl kunstwissenschaftlicher Publikationen befaßt sich mit dem Thema »Mäzene«.[3] Im Vordergrund steht die Frage, welche Bedeutung dem Mäzen für den Künstler, die Produktion der Kunstwerke und den Kunstbetrieb zukommt. Kaum Beachtung findet jedoch die Konstellation Mäzen/Künstler als wechselseitige Beziehung in ihren sozialen Zusammenhängen und ihrer Wirkung als gesellschaftliches Gebilde. Statt einer historisch-kritischen Aufarbeitung der gesellschaftlichen Funktion des »symbiotischen Wechselverhältnisses« geht die Tendenz dahin, das Streben nach Selbsterhöhung zu untermauern und darüber hinaus Mäzen und Künstler allen sozialen Bindungen zu entheben. Von Wiese behauptet: »So hat in der Sozial- und Kulturgeschichte das alte Mäzenatentum das große Verdienst, sehr wesentlich zum Schaffen des *Vollkommeneren über Vollkommenes* hinaus beigetragen zu haben. Wo wertvolle Menschen verzweifelt oder allmählich verkümmert wären, haben Mäzene ihnen den Elan zu einem Wagnis gegeben, nämlich, das zu versuchen, was bei der Trägheit und Gedankenlosigkeit der breiten Masse der Menschen zunächst unrentabel und unbeliebt war« (1929, 22, Hervorh. d. Verf.). 1968 schreibt Hirschfeld: »Das Kunstwerk und sein Entstehen auf dem Wege des Auftrags soll vielmehr *immer* betrachtet werden, ... als ein einmaliges Zusammentreffen und Zusammenwirken *zweier Individuen,* die beide freilich in ihren sozialen, gesellschaftlichen, beruflichen und geistigen Bindungen bleiben müssen, sich aber im Planen und Durchführen einer künstlerischen Schöpfung doch gleichsam *losgelöst von allen anderen Beziehungen zusammenfinden.* Die natürliche Rolle der Ruhmsucht als Antrieb bei beiden Partnern bedarf keiner besonderen Erörterung« (Hirschfeld 1968, 4f, Hervorh. d. Verf.).

Diese Charakterisierungen des Mäzenatentums tragen zu jenem Bild bei, das die (männlich dominierte) Kunstgeschichtsschreibung von einer Kunst produziert, die sich unabhängig von sozialen Kräften entwickelt und das schöpferische Individuum aus seinen sozialen Bindungen heraushebt.[4]

Implizit ist diesen Formulierungen die gegenseitige Spiegelung von Mäzen und Künstler. Voraussetzung für die Spiegelung ist die Trennung von Ökonomie und Kultur/Kunst. Die Tätigkeit des jeweils anderen wird als andere geschätzt. Mäzen und Künstler treffen sich offenbar in der Bewertung von »Männlichkeit«, mit der bürgerliche Idealvorstellungen von »Unternehmertum« wie auch von »Genialität«, »Kreativität« und »Künstlertum« verknüpft sind. »Das Wagnis« verbindet sie (s. o.). Vom (männlichen) Mäzenatentum wird ein Bild konstruiert, das durch die Zuschreibung entsprechender, den »Mäzen« wie auch den »Künstler« charakterisierender Attribute, die gegenseitige Spiegelung garantiert. Den »Mäzen« kennzeichnen »ungewöhnliche Energie und überragender Kunstsinn« (Hirschfeld 1968, 272), »Flexibilität und Risikofreudigkeit bei der Patronage des Innovativen« (Daweke/Schneider 1986, 196). »Leidenschaft in seiner Aufgeschlossenheit für das Neue, bereit, die Bahnen des Bewährten und Verbürgten zu verlassen, setzt er sich allen Risiken aus, welche das Vertrauen auf den individuellen Geschmack mit sich bringt. Aber dieses Vertrauen braucht die moderne Kunst als Resonanz ihrer eigenen Wagnisse.« (Daweke/Schneider 1986, 77) Um zusätzlich die Spiegelung des Mäzens im Künstler zu sichern, darf er die materielle Abhängigkeit des Geförderten nicht ausnutzen oder ausspielen (vgl. Zilsel 1929, 20). Das Problem ist offensichtlich, daß der Künstler in seiner Abhängigkeit vom Geld des Mäzens in eine »weibliche« Position rücken könnte.

Wir fassen als erste These zusammen: Die patriarchale Kultur hat das Bild des Mäzenatentums als »männliches« konstruiert, das als normativer Standard akzeptiert wird. In diesem Rahmen ist die Mäzenin als aktiv handelnde, einflußnehmende, nicht vorgesehen.

Deutlich wird dies in der Abgrenzung der »Mäzenin« gegenüber dem »Mäzen«: Ihre Bedeutung wird unter dem Aspekt des »Weiblichen« subsumiert, dem »Mäzen« (= Mann) als Produzent von Kultur wird die »Mäzenin« (= Frau) in der ihrer »Natur« gemäßen Rolle als Muse gegenübergestellt.[5]

Frauen waren und sind als Mäzeninnen – ökonomische Mittel vorausgesetzt – von der Produktion von Kunst und damit von Kultur nie gänzlich ausgeschlossen. Jedoch – die Möglichkeit, sich als Mäzenin zu behaupten – d. h. sowohl die Tätigkeit wie deren Anerkennung durchzusetzen, – ist an den Einsatz von »Weiblichkeit« gebunden.

Die Selbstdarstellung Peggy Guggenheims belegt als Beispiel

diese These. Guggenheim nutzt die Chance, mittels gängiger Weiblichkeitsmuster, die ihre zwar unterschiedlich strukturierten, aber immer engen Beziehungen zu Künstlern und Kunstkennern definieren, sich als Mäzenin zu positionieren.

Eine »Vaterrolle« (Guggenheim 1986, 182f) spielt für sie der Kunsthistoriker Read, den sie 1939 als Direktor für ihr Museumsprojekt gewonnen und angestellt hatte und auf dessen Konzeption ihre Sammlung beruht. In ihrem intimen Verhältnis zu Marcel Duchamp, dem sie den Zugang zur und ihre Kenntnisse der Kunst des 20. Jahrhunderts verdankt (140), sieht sie sich weniger als Geliebte, denn vielmehr als »Schwester« (275). Die distanzierte Stellung zum Künstler ist in ihrer Autobiographie die Ausnahme. Zu Pollock beispielsweise sieht sie sich einzig in der Verbindung Mäzen-Künstler.

Häufig jedoch ist sie die »Geliebte« (217) von Künstlern und Kunstsammlern (vgl. 138, 160, 174, 179). Auch wo es nicht zum intimen Kontakt kommt, betont sie, daß sie von den Künstlern begehrt und geliebt werde (z. B. 194, 201, 254). Diesen Aspekt rückt sie auffallend in den Vordergrund bei der Schilderung des Zeitraums, in dem sie als Mäzenin stark aktiv wird.

In ihrer intimen Beziehung zu Beckett versucht sie, die Funktion der »Geliebten« mit der der »Muse« zu verbinden (157). Ihre Stellung in der Ehe mit Max Ernst präzisiert sie als die der Künstlergattin: »Ich fühlte mich glücklich in meiner neuen Rolle als Frau eines Malers ...« (248). Hier sieht sie die (weibliche) Möglichkeit, sich nahezu ausschließlich einem Mann/Künstler zu widmen und diesem ein ungestörtes Arbeiten zu ermöglichen, indem sie die Funktion der »Muse« und die der Kunsthändlerin übernimmt.

Weiter bezeichnet sie die von ihr Geförderten als ihre »Kriegskinder« (338) und »Schützling(e)« (285). Damit verwendet sie Begriffe, die das Weiblichkeitsmuster »Mutter« implizieren und entsprechend die persönliche, enge Bindung in ihrer Stellung als Kunstförderin dem Künstler gegenüber kennzeichnen.

Für Guggenheim hatte ihre mäzenatische Tätigkeit eine emanzipatorische Dimension: die Lösung aus Bindungen als »Nur«-Ehefrau, Mutter oder als in eheähnlichen Verbindungen lebende Geliebte. Sie verstand ihr Engagement für die Kunst als Beruf (144f). Obwohl sie sich damit eine vom Privaten gesonderte soziale Existenz aufbauen konnte, verstand sie ihre offiziell-beruflichen Beziehungen als privat-persönliche.

Diese Vorgehensweise ist für sie Mittel, sich als Mäzenin zu positionieren. Unsere zweite These lautet: Indem Guggenheim ihren Zugang zur Kunst über persönliche, von ihr als familiär charakterisierte Bindungen zu bekannten Autoritäten findet und beschreibt, sichert sie ihre Qualifikation als gezielt, mit Sachverstand fördernde

Mäzenin. Ihr Begehrt-Sein impliziert die ihr von männlichen Künstlern entgegengebrachte Anerkennung und scheint so gleichfalls den Stellenwert ihres Mäzenatentums abzusichern.

In der Schilderung ihres eigenen Begehrens manifestiert sich nicht nur die Suche nach der Nähe zur Person des Künstlers, sondern auch die Nähe zum gemeinsamen Anliegen – der Kunst. Mit einer persönlichen Nähe zum Künstler versucht sie offenbar, die strukturelle Unmöglichkeit als Frau Mäzen zu sein, zu wenden. In der Akzeptanz seitens der Künstler, sowie in der (körperlichen) Nähe zu ihnen, bietet sich für sie die (einzige?) Chance, über die passive – materielle – Förderung hinaus, für eine aktive Teilhabe an der Produktion von Kunst.

Anmerkungen

1 Die Autobiographie wurde erstmals 1946 veröffentlicht. Zwei weitere, ergänzte Fassungen erschienen 1960 und 1979 (»Out of this Century – Confessions of an Art Addict«), in deutscher Übersetzung 1962 und 1980 (»Ich habe alles gelebt – Bekenntnisse einer Sammlerin aus Leidenschaft«).

2 Zum modernen Mäzenatentum siehe Hirschfeld 1968; Daweke/Schneider 1986. – Ältere Titel bei Hirschfeld 1986.

3 Zu verschiedenen Fragestellungen und Methoden vgl. die Einleitung bei Hirschfeld 1968, 3–21.

4 Siehe Parker/Pollock 1981, rezensiert von Wenk 1985; Pollock 1988.

5 Vgl. Janitschek 1879, 50–100, bes. 64, 73; Hirschfeld 1969, 114.

Abbildungsnachweis:

Peggy Guggenheim: Von Kunst besessen. Autobiographie. München 1962.

Sabine Forsthuber

Zwischen Selbstverwaltung und Vermarktung

Die Kunst der Wiener Frauen im Ausstellungsbetrieb der 1. Republik

Ab der Mitte des 19. Jahrhunderts ergriffen die sogenannten höheren Töchter verstärkt die Chance, sich in den bildenden Künsten unterrichten zu lassen. Das Problem, vor das sich die Absolventinnen privater und staatlicher Institute gestellt sahen, war, daß ihnen die Anerkennung, Künstlerinnen zu sein, dem Zeugnis nach zwar bescheinigt wurde, in sozialer und ökonomischer Hinsicht aber verwehrt blieb.

Um als Künstlerin akzeptiert zu werden (und nicht in den Status einer Heimarbeiterin oder Dilettantin zurückzufallen), hätten sie am Ausstellungsbetrieb teilhaben müssen. Um aber ausstellen und d. h. verkaufen zu können, war es in Wien – und nicht nur dort – unabdingbar, einer der bestehenden Künstlervereinigungen anzugehören. Zum Establishment zählte, wer – über die Prozedur eines von der Mitgliederversammlung befürworteten Antrages – dem um die Jahrhundertwende schon etwas erstarrten, gleichwohl marktbestimmenden Wiener Künstlerhaus angehörte oder einer der von den progressiveren Wiener Künstlern gegründeten, selbstverwalteten Vereinigungen wie z. B. der Wiener Secession (1897), dem Hagenbund (1900) u. a. Mit dem Künstlerhaus hatten all diese Vereinigungen, trotz der oft vehement vorgetragenen Differenzen, eines gemeinsam: Ihre Vereinsstatuten sahen die Mitgliedschaft von Künstlerinnen nicht vor. Die ambitionierten Frauen waren vom etablierten Kunstbetrieb schlichtweg ausgegrenzt.

I.

In dieser durch und durch unbefriedigenden Situation schlossen sich, nicht aufgrund einer künstlerischen Affinität, sondern einzig mit der Absicht, eine Ausstellung zu realisieren, erstmals – und wiederholt – einige Künstlerinnen zusammen. In Wien am bekanntesten wurde die Gruppe der »Acht Künstlerinnen«, deren Aktivitäten von 1901 an durch einige Ausstellungen belegt sind. Vor allem deren erste dürfte als kuriose Attraktion gegolten haben, denn eine der

Künstlerinnen, die Malerin Marie Egner, vermerkte in Reaktion auf die Ausstellung etwas bitter, ja fast sarkastisch: »Oh hätte ich doch meinen Treffer, um endlich diesen öden Pflanz los zu sein.« (Suppan/ Tromayer 1981, 64) Warum sie keinen Treffer landen konnte, d. h. kein Bild zum Verkauf brachte, begründete sie mit einer recht bemerkenswerten Beobachtung, die zugleich erkennen läßt, weshalb ihr die Ausstellung zur Verhöhnung geriet. Zwar habe es den üblichen »Rummel« gegeben, doch »sehr wenige Männer und daher wenige Käufer«. (a.a.O., 74) Als wären der geschlechtsspezifischen Restriktionen von Ausbildung, Auswahljury und Ausstellungswesen nicht schon genug gewesen, umschloß die Ökonomie auch die Kunst der Frauen: Die Kaufkraft, so eine der ersten und wie ich meine nachhaltigsten Erfahrungen, war männlich.

In Anbetracht der relativen Mißerfolge war es nur eine konsequente Reaktion auf den herrschenden Ausstellungsbetrieb, daß sich die Wiener Künstlerinnen formierten, nun allerdings auf vereinsmäßiger Basis. 1910 entstand als erste Wiener Künstlerinnenvereinigung die »Vereinigung bildender Künstlerinnen Österreichs«. Ihr lag keine programmatische Absicht zugrunde, vielmehr war sie gleichsam eine Selbsthilfeeinrichtung, ein Interessenverband – »zum Zwecke der Hebung der wirtschaftlichen Verhältnisse« (AVA, 1910) –, so das Vereinsstatut. Wie häufig, so begann auch diese Vereinigung

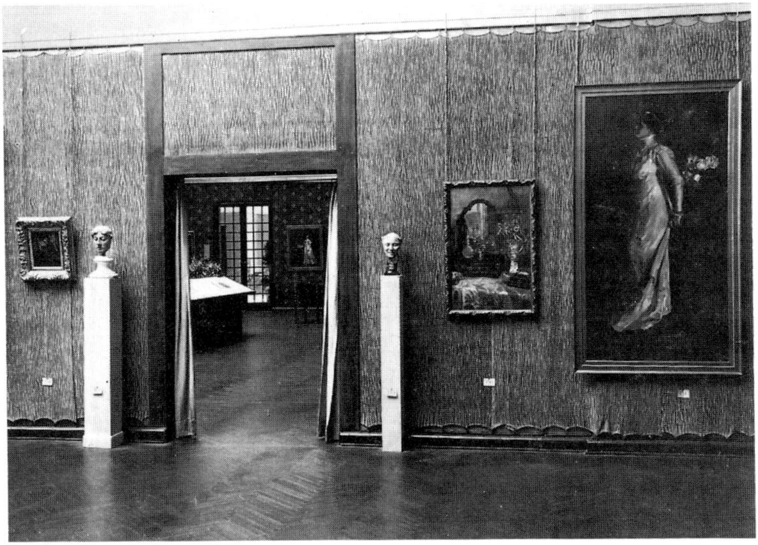

Abb. 1: »Die Kunst der Frau«, 1. Ausstellung der Vereinigung bildender Künstlerinnen in der Wiener Secession, 1910.

ihre Tätigkeit mit dem großangelegten Versuch, das eigene, noch allzu wenig akzeptierte Vorhandensein mittels einer Exposition zur Geschichte der Kunst von Frauen zu legitimieren (Abb. 1). Die bloße Tatsache, daß die Retrospektive der »Vereinigung bildender Künstlerinnen« in der Secession stattfand, dem damals ersten Wiener Ausstellungshaus, war ungewöhnlich und regte zu Bemerkungen an wie der , »daß die Überlassung des Hauses allein schon eine Anerkennung ihres Strebens« sei, »überall als Gleichberechtigte aufzurükken«. (Kuzmany 1910, 703) Die Kritik war wohlwollend, z. T. herablassend.

Wenn auch die Kunst der Frauen fortan nicht mehr Gefahr lief, als »Frauenzimmerkunst« disqualifiziert zu werden, so hatten die Künstlerinnen dennoch ihre wichtigsten Ziele, die Anerkennung der Kollegen und die gleichberechtigte Mitgliedschaft in den marktbestimmenden Vereinen, verfehlt. Die »Vereinigung bildender Künstlerinnen« veranstaltete in unregelmäßigen Abständen Ausstellungen von z. T. beachtlicher, z. T. mediokrer Qualität. Gegen die vorhandene resignative Tendenz, sich mit der Ausgrenzung, der Selbstverwaltung einer Nische außerhalb des Kunstmarktes abzufinden, wandte damals die Kunsthistorikerin Erika Tietze-Conrad ein, daß dies für die Künstlerinnen »selbst am verderblichsten« wäre (1911, 146).

II.

Bedingt durch den 1. Weltkrieg rückten viele Künstlerinnen in die bis dahin männerdominierten Disziplinen nach und nahmen Funktionen u. a. im »unteren Management« wahr. Selbstbewußter geworden und erfahren auch in den bislang vorenthaltenen Bereichen wie Innenarchitektur und Design, rechneten nicht wenige Künstlerinnen mit einer für sie günstigen Ausgangsposition nach Kriegsende. Tatsächlich schien im Sog des allgemeinen Optimismus der Nachkriegszeit, angesichts der Realisierung des längst fälligen Frauenwahlrechtes, der Zulassung der Frauen zum Architektur- und Akademiestudium und bei dem damaligen Aufschwung der modernen Kunstbewegung ein Verzicht auf die Mitwirkung der Künstlerinnen nicht möglich. Insbesondere die um 1919 neu gegründeten, experimentellen Gruppierungen, die meist nur zum Zweck einer Ausstellung zusammentraten, billigten den Künstlerinnen aktive Beteiligung in allen Belangen zu.

Aber diese jungen Vereinigungen, so demokratisch sie intern verfahren mochten, waren in letzter Konsequenz mit dem einen entscheidenden Problem konfrontiert, das auch der »Vereinigung bildender Künstlerinnen« seit ihrer Gründung zu schaffen gemacht hatte und den Künstlerinnen vielfach noch heute zu schaffen macht:

Sie hatten kein eigenes Ausstellungslokal. Wie indes die Beispiele der Secession, des Hagenbundes u. a. bewiesen, war das eigene Ausstellungslokal die materielle Basis jeglicher selbstbestimmter, selbstverwalteter Kunstausübung.

Die Secessionsmitglieder waren keinem Galeristen untertan, sondern unabhängig aufgrund der erwirtschafteten Rücklagen. Der Grad der Vergesellschaftung betraf naturgemäß die Public-Relations-Mittel sowie das Ausstellungslokal. Darüber hinaus erwies sich die Mitgliederversammlung als demokratisches Korrektiv, das neuen und neuesten Strömungen offen stand. Die Forderungen vieler Gruppen, die zum Vorbild hatten, daß der Secession und dem Hagenbund schon zur Gründung eine Lokalität zugesprochen worden war, blieben unerfüllt. Die Folge war, daß die Mehrzahl der jungen Künstler doch den etablierten Vereinigungen, die Künstlerinnen aber notgedrungen der »Vereinigung bildender Künstlerinnen« beitraten.

In Konsequenz der gescheiterten Integration geriet die erheblich angewachsene Künstlerinnenvereinigung in Konflikte und zerfiel in Fraktionen. Erstmals gaben künstlerische Erwägungen den Ausschlag zur Gruppenbildung, zu einer internen Trennung in eine »linke und rechte« bzw. in eine »neueste und ältere« Richtung (AVA 1918/19). Aus diesen Trennungen ging 1919 die »Freie Vereinigung« hervor. In diesem Jahr forderten die Künstlerinnen »analog zu den männlichen Künstlervereinen eine Vertretung in dem neu zu errichtenden Kunstamt«, »die Zuerkennung von Staatspreisen, Staatsankäufen und staatlichen Subventionen« sowie weiterhin die »Zuweisung eines geeigneten Lokals für größere Ausstellungen« (AVA 1919). Die Rechnung war klar, die Künstlerinnen wollten ihrem kooperativen Schaffen die materielle Autonomie sichern.

Der gesamte Forderungskatalog wurde jedoch vom zuständigen Ministerium ausgeschlagen. Die Künstlerinnen blieben weiterhin auf das Gastrecht der Künstlervereinigungen angewiesen, insbesondere auf das Lokal des Hagenbundes, die Zedlitzhalle. Der Hagenbund war es dann auch, der ab 1919 als erste etablierte Wiener Künstlervereinigung Künstlerinnen als außerordentliche Mitglieder aufnahm.

III.

Im Jahr 1925 erreichten die Künstlerinnen der »Freien Vereinigung«, daß die Ausstellung »Deutsche Frauenkunst« im Künstlerhaus abgehalten wurde. Der Vergleich zwischen österreichischer und deutscher Frauenkunst der Gegenwart beschränkte sich nicht darauf, Analogien und Differenzen zu rekonstruieren. Vielmehr hatte die Ausstellung, initiiert vom radikalen Flügel der »Vereinigung bildender Künstlerinnen«, den Frauen der Wiener Werkstätte und deutschen Künstlerinnen, wie z. B. Charlotte Berend-Corinth, Käthe Kollwitz, Renée Sintenis oder Maria Casper-Filser, das Wagnis zwar nicht einer Programmatik, aber doch einer emanzipativen Note auf sich genommen. Trotz eines breiten Presseechos – eine der Initiatorinnen, Fanny Harlfinger, hatte erstmals sogar mittels Rundfunk für die »Frauenkunst« geworben –, litt die Ausstellung unter sehr schlechtem Besuch. Nur zwei Drittel der 500 Kataloge wurden verkauft. Erika Tietze-Conrad kam zu einem realistischen, tristen Resümee: »Da und dort einmal hat eine Kunstgewerblerin eine Kleinigkeit verkauft, hier und da ist ein Bild erstanden worden.« Zuletzt fehlte den Organisatorinnen sogar das Geld für die Rücksendung der Exponate. Der Ausstellungserfolg war daher, so Tietze-Conrad, vorwiegend »ein moralischer«. (1925)

Den engagierten Wiener Künstlerinnen mußte damals klar geworden sein, daß erstens das bis dahin gepflogene Ausstellungskonzept dringend einer Reform bedurfte, daß zweitens die Bindung an die »Vereinigung bildender Künstlerinnen«, die sich im übrigen von der Ausstellung mit der Bemerkung distanziert hatte, sie »stehe der Sache vollkommen fern« (AVA 1925), nicht länger aufrecht zu erhalten war. 1926 wurde darum die zweite, bedeutendere Wiener Künstlerinnenvereinigung, die »Wiener Frauenkunst« gegründet. Ihr gehörten die Künstlerinnen der Wiener Werkstätte sowie die der vormals »Freien Vereinigung« an.

Obwohl in der 1. Ausstellung (1927/1928 Österreichischen Museum für Kunst und Industrie) die Werke noch bar jeglichen inhaltlichen Konzepts präsentiert wurden, dürfte allein die Konzentration der modernen Künstlerinnen bedrohlich gewirkt haben. Das erklärt etwa die neue Art der Kritik, die nun nicht mehr gönnerhaft, sondern negativ, im Stile einer Konfrontation geführt wurde. Der Kritiker Arthur Roessler, ansonsten ein Vorkämpfer der Moderne, schrieb etwa, »daß die Frau auch als Künstlerin nicht zeugen, sondern nur gebären« könne und »von dieser Meinung kann mich auch diese Frauenkunstausstellung nicht abbringen«. Zumal die Arbeiten expressiver Künstlerinnen wie Helene Funke, Broncia Koller oder Helene Taussig verhalfen ihm zur Einsicht, daß die »von Frauen mit der Spachtel maurermäßig derb hingestrichenen Bilder (...) mir – und den meisten Männern – ein Greuel« sind (1927). Historisch gesehen war solche Kritik der Versuch, die aufkommende »Frauenkunst« zu entwerten und ihr auf dem Kunstmarkt keine Chance zu lassen.

Offensichtlich ließ sich der Kritiker teils von den vorgefaßten rollenspezifischen Schemata der Arbeitsteilung, die ihm zu habituellen Eigenschaften von Mann und Frau werden, teils von dem Vergleich der künstlerischen Produktivität mit einem biologisierten Verständnis des Sexus – männlich ist zeugend, weiblich gebärend – leiten. (Vgl. dazu Sauer 1987, 26) Was Kunst von Frauen sein solle,

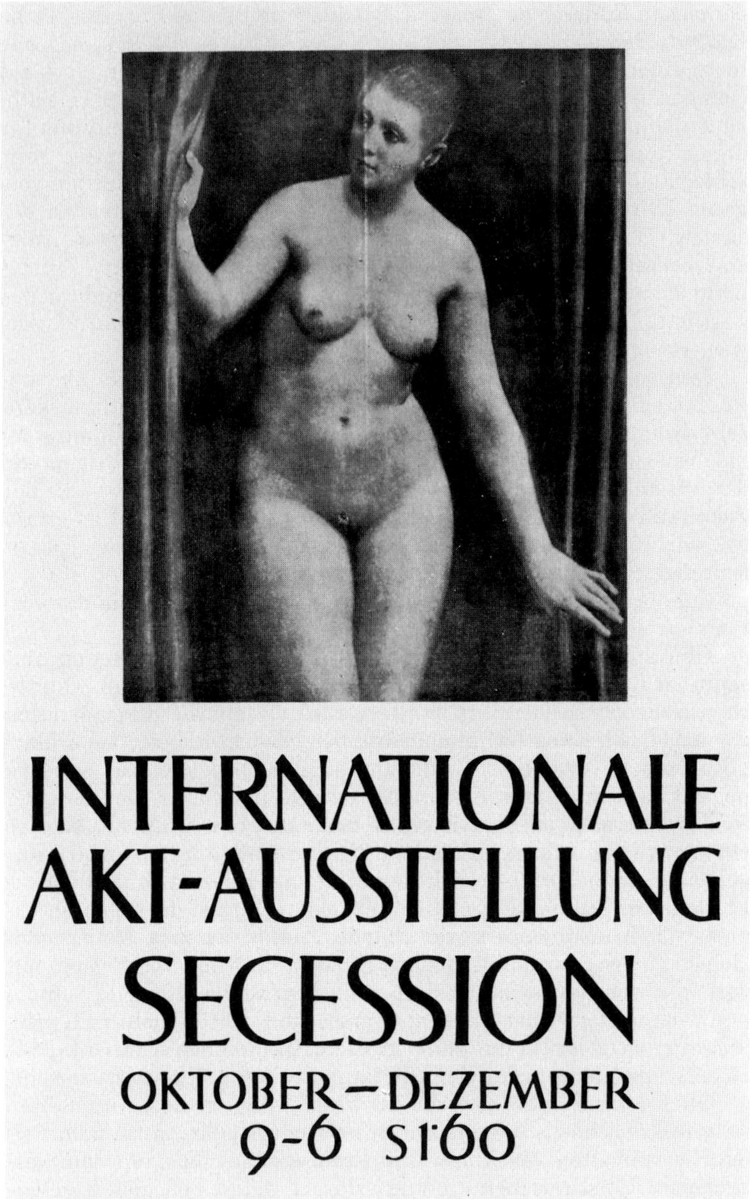

Abb. 2: Plakat der »Internationalen Aktausstellung«, Wiener Secession,

setzte er in Antithese: »Hingegen entzücken mich schwerelose, in anmutigem Rhythmus leicht schwingende, wie mit Lippenstift und Puderquaste duftig hingetupfte Gebilde aus Leben und Traum.« (Roessler 1927) Seine Ansicht repräsentiert die zeitgenössische Kunstkritik insofern, als sie nur eine Variante des herrschenden Bildes der Frau und der »weiblichen Produktivität« widerspiegelt.

Als Teilerfolg verbuchten die Künstlerinnen immerhin für sich, daß sie »neben den Leistungen (der) männlichen Kollegen mit Ehre« (AVA 1927) bestanden hätten und weiter, daß die angestrebte Konfrontation mit der Männerkunst endlich Platz gegriffen habe. Die etablierte Kunst war nicht theoretisch, sondern von der realisierten »Frauenkunst« her unter ein neues Prädikat subsumierbar geworden, es wurde ihr eine neue, längst fällige geschlechtsspezifische Bestimmung zugefügt: Sie war »Männerkunst«.

Der ökonomische Mißerfolg der Ausstellung ist in Kontext der wirtschaftlichen Gegebenheiten zu relativieren. Um das Jahr 1928 war, so Roessler, die Lage der Wiener Künstler derartig schlecht, daß »viele, und zwar nicht die schlechtesten, trotz ihrer auf äußerste herabgesetzten Preise seit Jahr und Tag kein Bild mehr zu verkaufen vermochten. Wovon sollen die Künstler unter solchen Umständen leben?« fragt sich der besorgte Kritiker und gibt zur Antwort: »Entweder vom Schuldenmachen und kärglichen Unterstützungen oder von den Einkünften, die ihre Frauen als Modistinnen, Schneiderinnen, Lehrerinnen, Stenotypistinnen, Ladnerinnen, Eintänzerinnen« usw. haben. Die unverheirateten Künstlerinnen und Künstler werden von ihm nicht bedacht. Weiter vermerkt Roessler für diese Jahre der horrenden Inflation, daß die Ausstellungen kaum mehr ankommen, es sei denn, sie sind »sensationell«. (Roessler 1928)

Was der Begriff »sensationell« real zum Inhalt hatte, nämlich hohe Publikumsziffern und damit einen vergleichsweise guten Umsatz, demonstrierte die Wiener Secession. Sie präsentierte im Anschluß an die Frauenkunst-Ausstellung eine »Internationale Aktausstellung«, die noch vor der Eröffnung den Coup für sich hatte, daß das Ausstellungsplakat – ein Akt von Ubaldo Oppi (Abb. 2) – von klerikalen Kreisen angegriffen und die Ausstellung als eine »unsittliche« bei der Staatsanwaltschaft denunziert wurde. Nicht einmal der konservative Präsident des Künstlerhauses kam umhin festzuhalten, daß die im übrigen erfolglose Anzeige »einer ausgezeichneten Reklame« gleichgekommen war. (Vgl. dazu Nierhaus 1986, 105)

Nachdem sich der weibliche Akt in der Secession zum Schlager der Herbstsaison entwickelt hatte, versuchte sich auch das Künstlerhaus in der Sparte der Frauenbilder und rief Maler und Publikum zur Konkurrenz um das »schönste österreichische Frauenporträt« auf. Der Präsident der Wiener Parfumeriegesellschaft »Elida« setzte als 1. Preis einen für damalige Verhältnisse äußerst hohen Geldbetrag, nämlich 7.500.– Schilling, aus. Unter den 124 eingesandten Arbeiten wählten die Vertreter namhafter Vereine den Secessionisten Sergius Pauser zum Preisträger. Sein Porträt (Abb. 3) stelle »in edler Sachlichkeit, unter Verzicht auf konventionelle Pose, die Frau von heute dar, welche geistig tief interessiert ist am Wesen und Werden unserer Zeit«. (Kat. »Elida-Preis« 1928). Im Rahmen einer Weihnachtsausstellung wurden die 34 besten Porträts – darunter keines,

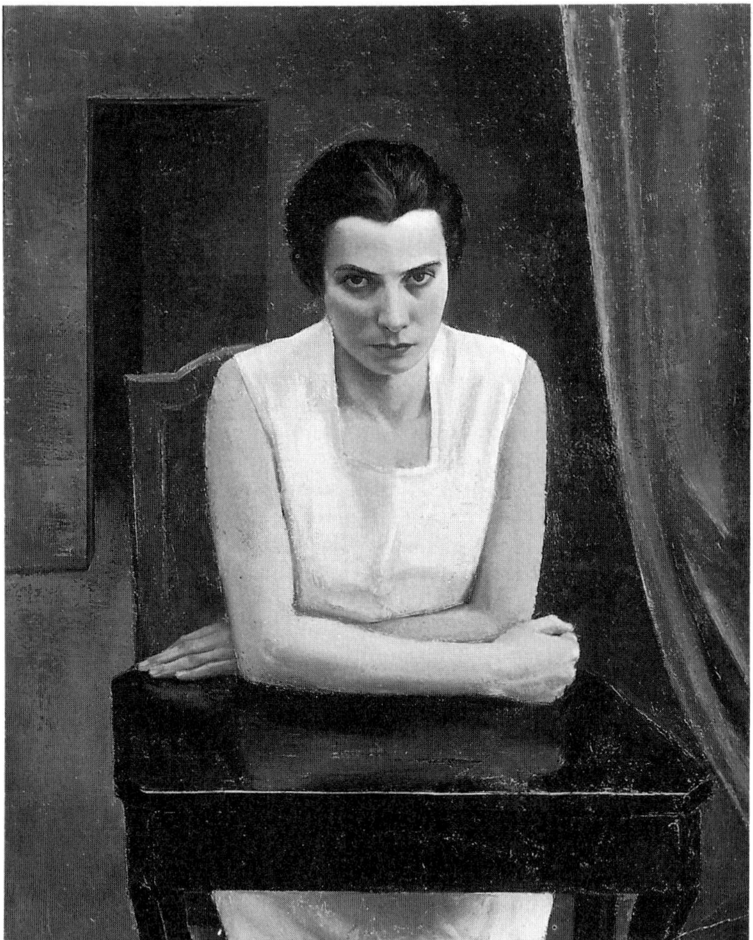

Abb. 3: Sergius Pauser, »Das schönste österreichische Frauenporträt« (Frau Dr. Beck), 1928.

das von einer Künstlerin gefertigt worden war – dem Wiener Publikum mit der Anregung präsentiert, sich selbst das schönste zu wählen.

Wenn sich auch kein kausaler Zusammenhang zwischen dem Auftreten der Kunst der Frauen, der Selbstthematisierung der Künstlerinnen und dem kurz darauf statthabenden Prozeß der Verwertung dieser Thematik durch den Kunstbetrieb beweisen läßt, so spricht doch allein der chronologische Zusammenhang für sich.

IV.

Die Künstlerinnen stellten sich der Situation, indem sie, nun aus der Defensive, ihr Konzept weiterführten. Nicht verbal (denn es gab ja kaum Kunstkritikerinnen, geschweige denn solidarische), sondern künstlerisch nahmen sie die Auseinandersetzung auf, und zwar mit einer Programmausstellung. Es war dies das erste Mal, daß Wiener Künstlerinnen nicht eine Bilderschau boten, sondern ein raumkünstlerisches Arrangement mit dem Titel »Das Bild im Raum« (1929, Österreichisches Museum für Kunst und Industrie). Die unter

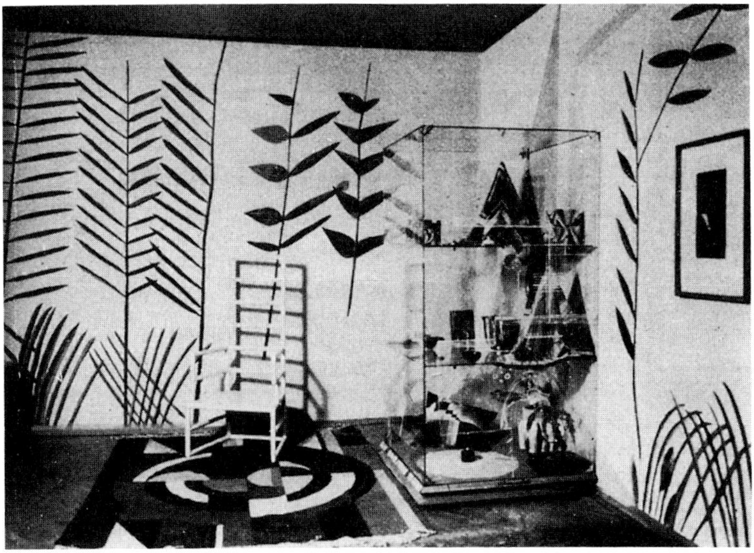

Abb. 4: Hilde Wagner-Ascher, Kunstgewerberaum, »Das Bild im Raum«, 2. Ausstellung der »Wiener Frauenkunst« im Österreichischen Museum für Kunst und Industrie, 1929.

der Gesamtleitung der Architektin Liane Zimbler arrangierten Interieurs (Abb. 4) demonstrierten, wie Kunstwerke, erwerbbare natürlich, im möblierten Zimmer oder in funktionellen Räumen zur Wirkung gelangen konnten. Fairerweise konzedierte Roessler angesichts dieser Ausstellung, »daß eine in ihrer Gesamtheit eindrucksvollere Frauenkunstschau hier noch nicht zu sehen« war. (1929)

Es war ein äußerst kluger taktischer Schritt, nicht ebenfalls mit einer Sensation spekuliert, sondern sehr konkret und praktisch das Problem des stagnierenden Ankaufs von Kunstobjekten thematisiert zu haben. So bot die »Frauenkunst« einerseits den herkömmlichen Klischees Kontra, andererseits wagte sie sich auf das Gebiet der in Wien forcierten Modernen Raumkunst vor, die eine Domäne der Männer geblieben war.

Im Jahr 1930 kam dem Wiener Frauenschaffen ein nicht ganz äußerer Umstand entgegen: Anläßlich des in Wien tagenden »Internationalen Frauenkongresses« war man von offizieller Seite gewillt, die Veranstaltungen der Künstlerinnen stärker zu fördern. Die Wiener Frauenakademie präsentierte eine Schulausstellung; man gedachte der jung verstorbenen Bildhauerin Anna M. Schindler mit einer Ausstellung ihrer Plastiken im Theseustempeln, zu Schönbrunn zollte man dem stets aktuellen Maria-Theresien-Kult Tribut, und die Galerie Neumann & Salzer bemühte das ebenso zugkräftige wie alte Klischee »Die schöne Wienerin«. Die »Vereinigung bildender Künstlerinnen« präsentierte aus Anlaß ihres 20-jährigen Bestandsjubiläums wieder eine der wenig risikoreichen Retrospektiven, nämlich »Zwei Jahrhunderte Kunst der Frau« in der Zedlitzhalle. Die ob des begehrten Frühjahrstermins hohe Lokalmiete gestattete eine lediglich zweiwöchige Ausstellungsdauer; dafür wurde ihr die damals höchst mögliche Anerkennung zuteil, die Eröffnung durch den Bundespräsidenten.

Die »Wiener Frauenkunst« zog eine konzeptionelle Ausstellung mit dem Thema »Wie sieht die Frau?« vor. Die Raumgestaltungen (Abb. 5) bezweckten nicht bloß die Exposition einer geschlechtsspezifischen Ästhetik, sondern indirekt auch eine Auseinandersetzung mit den Veranstaltungen der Secession und dem Künstlerhaus, in deren Exponaten die Frau nicht als tätiges Subjekt und Objekt, sondern ausschließlich als Objekt der Wahrnehmung der Künstlerkollegen vorkam. Die »Wiener Frauenkunst« hatte ihre relative Eigenständigkeit somit genutzt, um ihre Erfahrungen zu organisieren und zu pointieren. Die von den Künstlerinnen angeführten und im Katalog publizierten Positionen zur nach wie vor aktuellen Problematik »Wie sieht die Frau?« lassen sich zu drei Sichtweisen diversifizieren: Relativ einheitlich ist die der Künstlerinnen selbst, die im »Kunstwerk vor allem ein persönliches Bekenntnis erblicken«. Sie waren der Überzeugung, »daß Werke von Frauenhand auch den Stempel ihres weiblichen Ursprunges an sich haben«. Zur zweiten Gruppe zählen die Vertreterinnen der damalig aktiven österreichischen Frauenbewegung, die die Frau als Individuum gegen die Reduktion auf ein bloßes Geschlechtswesen exponierte. Rosa Mayreder führte etwa aus, daß »auf geistigem Gebiet die sexuelle Differenzierung sich in demselben Grad verringert, als die individuelle Persönlichkeit entwickelt ist«. (Ebd.) Verbleibt noch die Sicht jener konservativen Kritiker, die die Kunst von Frauen nach den Kategorien des »Ewigweiblichen« oder dem überkommenen »Wesen der Frau« zu richten pflegten.

Daß diese bunte und kraftvolle Manifestation des Jahres 1930, in dem die Künstlerinnen so massiv wie nie zuvor über die ihnen zugestandenen Nischen an die Öffentlichkeit getreten waren, von seiten der Regierung trotzdem nur als außertourliche Renommierpflege betrachtet worden war, mußten die Frauen zur Kenntnis nehmen, als ihnen im Jahr danach weiterhin viele Grundrechte nicht eröffnet, sondern vorenthalten blieben. So waren sie etwa automatisch von der Vergabe staatlicher Kunstpreise ausgeschlossen, da diese nur für die Frühjahrs- und Herbstausstellungen vergeben wurden, zu welchem Termin es fast unmöglich war, ein Lokal anzumieten. Als weitere Ursache, weshalb sie von der Preisvergabe ausgeschlossen waren, führten sie die männerdominierten Preisgerichte an. Sie forderten deshalb eine gesonderte Vergabe von Preisen und Vertreterinnen

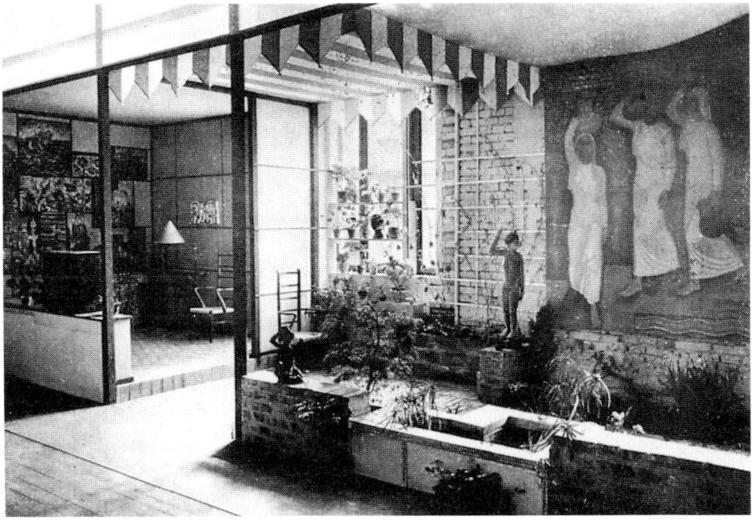

Abb. 5: Liane Zimbler, Gesellschaftsraum, »Wie sieht die Frau?«, 3. Ausstellung der »Wiener Frauenkunst« in der Hofburg, 1930.

im Preisgericht (AVA 1932). Die Forderungen der Frauen wurden, wie schon 1919, vom Ministerium einstimmig abgelehnt. Ebenso wie die meisten Kritiker die emanzipativen Bestrebungen der Künstlerinnen schlichtweg verkannten, wurden ihre Forderungen nach materieller Unabhängigkeit ignoriert.

V.

Da die Kunst von Frauen mangels spezifischer Nachfrage, geringer Kaufkraft und anderer angeführter Gründe weder einen eigenen Markt aufbauen noch zu einem fixen Segment innerhalb des bestehenden, konfusen Marktes werden konnte, war es an ihr, die, man möchte ironisch sagen, totale künstlerische Freiheit, die Selbstbestimmung auf dem Niveau ärgster Fremdbestimmtheit, zu diversen, meist hektischen Manövern zu nutzen. Der Kunst der Wiener Frauen haften daher viele Merkmale ihrer prekären individuellen Produktionsbedingungen an; nicht selten degenerierte sie zur schieren Überlebenskunst. Die mißliche Lage der Künstlerinnen bzw. den verzweifelten Versuch, sich am eigenen Schopf ziehend über Wasser zu halten, bezeugt z. B. die 17. Ausstellung der »Vereinigung bildender Künstlerinnen« 1932. Damals proklamierte die Vereinigung eine neue Absatzstrategie, derzufolge sich jeder Interessent in den Besitz eines ausgestellten Kunstobjektes setzen konnte, wenn er »dafür einen gleichwertigen Tauschartikel oder eine dementsprechende Arbeitsleistung« anbot (Ankwicz-Kleehoven 1932). Über den Erfolg ist nichts bekannt geworden.

Angemerkt sei nur, daß es im Jahr zuvor auf einer Ausstellung des Hagenbundes zu einem ähnlichen Experiment gekommen war, allerdings mit dem Unterschied, daß das im Hagenbund geübte Verkaufssystem »Angebot durch den Käufer« de facto einer Versteigerung glich und erlaubte, die Preise hinaufzulizitieren. Während im Hagenbund immerhin ein Tauschvorgang Ware gegen Geld in einem reduzierten Umfang stattfand, rekurrierte die Künstlerinnenvereinigung auf einen effektiven Warenaustausch, wie er üblicherweise nur zu Zeiten höchster existenzieller Not statt hatte und hat.

VI.

Dagegen nimmt es sich wie eine Ausnahme aus, daß es der Architektin Liane Zimbler gelang, mit einigen der in den Ausstellungen der »Wiener Frauenkunst« vertretenen Künstlerinnen der unterschiedlichsten Fächer ein äußerst erfolgreiches Team zur Innenraumgestaltung im Wien der 30er Jahre aufzubauen. Im Unterschied zu

Margarete Schütte-Lihotzky, die als politisch engagierte Frau dem kommunalen Wohnbau, der Arbeiterwohnung zugetan war, galt das Interesse der Gruppe um Liane Zimbler weiterhin dem privaten Sektor – auch wenn die private, bürgerliche Auftragslage immer knapper wurde. Liane Zimbler, die 1938 emigrierte, empfahl sich durch ihre Fähigkeit, Patrizierwohnungen funktional neu zu strukturieren sowie durch die Einrichtung von Kleinstwohnungen. Meines Wissens steht diese partnerschaftliche Zusammenarbeit, die sich auf Sachkenntnisse und sachliche Anforderungen statt Vereinsmeierei gründete, die dementsprechend flexibel und konkurrenzfähig war, ebenso einzigartig wie modern da.

In der ansonst tristen Situation veranstaltete die »Wiener Frauenkunst« 1933 noch einmal eine programmatische Ausstellung mit dem Titel »Die schöne Wand«. Die Ausstellung bezweckte gleichsam eine anschauliche Einführung in eine sowohl praktische wie ästhetische Haushalts- und Geschäftsführung. (Abb. 6) Die Künstlerinnen kooperierten dabei eng mit mittelständischen Meisterbetrieben und demonstrierten die Möglichkeiten einer rational durchdachten, einfachen und dennoch gediegenen Innenausstattung. Ihr Ansinnen, Lokale oder Wohnmodelle für selbständige Erwerbstätige oder Hausfrauen zu propagieren, wurde alsbald indirekt durch eine von der Wiener Secession organisierte, gewinnorientierte Ausstellung mit dem Thema »Das Leben der Frau. Mode-, Sitten- und Spottbilder in der Kunst aus sechs Jahrhunderten« konterkariert. Die einzelnen Abteilungen wie z. B. Die Schönheit der Frau in der Kunst, Die Mutter, Liebesleben und Moral u. a. wurden anhand von 455 Beispielen dargelegt und verwandelten die Secession, so ein Kritiker, in ein »Museum der Frau«. (Ankwicz-Kleehoven 1933, 7) Wie massiv die Frauen als Objekte der Kunst, und hier wiederum in antiquierten Rollen vorgeführt wurden, ist schon dem Umstand zu entnehmen, daß lediglich neun Arbeiten von Künstlerinnen Berücksichtigung fanden. Die Ausstellung, die »ein allgemeines, fast zärtliches Interesse erregte« (Dessauer 1933, 1), wurde – im Unterschied zu jener der »Wiener Frauenkunst« – der erwartete finanzielle Erfolg.

Wie sich die Künstlerinnen einer Thematik bemächtigten und durchwegs innovative Impulse setzten, die freilich selten gleich profitabel waren und es den Voraussetzungen nach auch nicht sein konnten, reagierten eine oder mehrere Institutionen des etablierten Kunstbetriebes mit einer ähnlichen Ausstellung traditionellen Gepräges. So wurde das innovative Moment der »Wiener Frauenkunst« gleichsam entwunden und – aus deren eigener Perspektive geradezu kontraproduktiv – kommerziell ausgeschlachtet. Zieht man ferner die männerdominierte Kunstkritik, Kapitalbildung etc. in Betracht, so könnte man den exemplarisch beschriebenen Vorgang ebenso einen Marktmechanismus nennen, durch den eine fortwährende geschlechtsspezifische Diskriminierung in Kraft gesetzt wurde. Angesichts dieser Bedingungen und der fortlaufend prekärer werdenden ökonomischen und politischen Situation kann es nicht verwundern, daß das Schaffen Wiener Frauen Mitte der 30er Jahre einen Niedergang erfuhr.

VII.

Der »Vereinigung bildender Künstlerinnen« blieb es vorbehalten, eine der konservativen Kunstkritik gefällige Ausstellung zu liefern. Im Rahmen der Ausstellung »Kinder – Blumen – Tiere« (1934) wurden nun diejenigen Themen virulent, deren sich die Künstlerinnen zu Beginn des Jahrhunderts erfolgreich erwehrt hatten. Zufrieden konstatierte die Presse, die Künstlerinnen hätten zu den »Leitmotiven« zurückgefunden, die »dem Schaffensbereich der Malerin nahestehen«. (Ankwicz-Kleehoven 1934, 7) In der Folge genügten die Künstlerinnen – wahrscheinlich auch, um ihre Marktnische abzusichern – den immer aggressiver geltend gemachten nationalkonservativen und nationalsozialistischen Anforderungen. Vor allem die konservative »Vereinigung bildender Künstlerinnen« erwies sich als an-

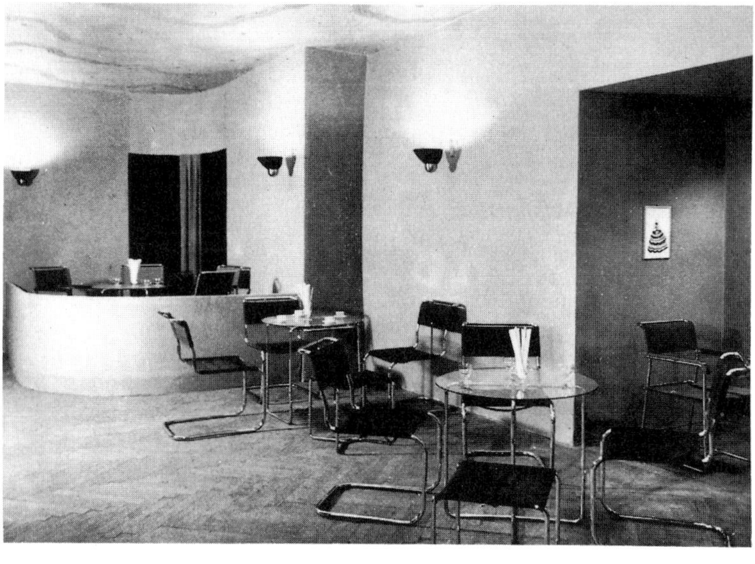

Abb. 6: Kitty Speyer, Foyer einer Kleinkunstbühne, »Die schöne Wand«, 6. Ausstellung der »Wiener Frauenkunst« im Österreichischen Museum für Kunst und Industrie, 1933.

passungsfähig und besann sich auf die längst überwunden geglaubten Klischees und Genres zurück. Dennoch ist die Meinung eines Wiener Kunstkritikers, daß sich 1938 »die bildenden Künstlerinnen freudig zum nationalsozialistischen Staate« bekannt hätten, (Ankwicz-Kleehoven 1938, 11) eine schlechte Generalisierung. Darin wird unterschlagen, daß sich die fortschrittliche Vereinigung »Wiener Frauenkunst« sowohl ihrer künstlerischen Einstellung wie auch wegen des hohen Anteils jüdischer Künstlerinnen gar nicht erst gleichschalten ließ. Sie wurde aufgelöst – mit all den Konsequenzen von innerer und äußerer Emigration, auch Deportation. Anders der 1939 neugegründete »Kunstverband Wiener Frauen«, in dem die »Vereinigung bildender Künstlerinnen« aufgegangen war: Er plante propagandistische Ausstellungen etwa des Titels »Kreuz und quer durch unsere Gaue«.

1940 traten die Künstlerinnen in einer von der »NS-Frauenschaft« mit starker publicity aufgezogenen Großausstellung an die Öffentlichkeit (Abb. 7). In den ersten 5 Wochen soll die Ausstellung 30.000 Besucher gehabt haben. Detail am Rande: Adolf Hitler ließ eine Fayence der Parteigenossin Ida Schwetz-Lehmann, »Mädchen mit Blumen«, ankaufen. Dergestalt wurde demonstriert, daß der Kunst der Frauen innerhalb der nationalsozialistischen Kulturpoli-

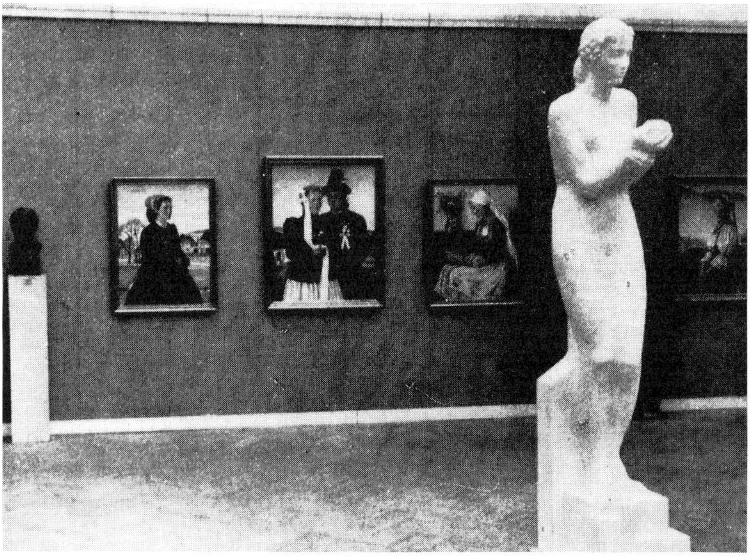

Abb. 7: Ausstellung »Künstlerisches Frauenschaffen« in der Wiener Secession, 1940.

tik ein zwar untergeordneter Rang, aber dennoch eine Position eingeräumt wurde, die sie sich perfiderweise weder in der Republik, geschweige denn im Ständestaat hatte erkämpfen können. Unter der Bedingung der Preisgabe aller eigenständigen, modernen humanistischen Momente, erhielt die später »Vereinigung bildender Künstlerinnen der Ostmark« (Abb. 8) genannte »NS-Frauenkunst« das, was die Künstlerinnen unter anderen Voraussetzungen vergebens erstrebt hatten: Das Nutzungsrecht der Zedlitzhalle. Der Verkauf innerhalb des propagandistisch regulierten Marktes lief, indem sie sich gleichsam selbst verkauft hatten.

Zu resümieren ist, daß die Kunst der Wiener Frauen kein bestimmender, sondern ein eher ephemerer Faktor der österreichischen Kunstgeschichte war, weil ihr, was Produktion und Vermarktung betrifft, erstens niemals die Autonomie in Form der Selbstverwaltung eines Ausstellungslokals zugestanden wurde, weil ihr zweitens der etablierte Markt, wann immer sie spezifische Innovationen realisierte, eben diese Momente entwand oder sie mit traditionellen Klischees zu konterkarieren verstand, und drittens, weil die Kaufkraft als männliche gleichsam die Letztinstanz war, sozusagen die normative Kraft des Faktischen, über die der Erfolg der modernen Kunst der Frauen zuschanden ging, zumindest relativiert, wenn nicht depraviert wurde.

So hatte das Schaffen österreichischer Frauen aus objektiven Gründen – wie etwa der geringen Kaufkraft, die ja wiederum nur ein Index der fehlenden weiblichen Erwerbsarbeit war – kaum die Chan-

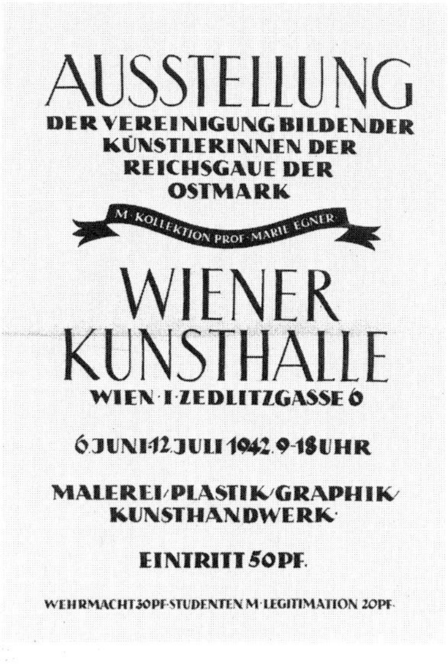

Abb. 8: Plakat der 2. Jahresausstellung der »Vereinigung bildender Künstlerinnen der Reichgaue der Ostmark« in der Wiener Kunsthalle (ehem. Zedlitzhalle), 1942.

ce, die Tradition auszubilden, die ihm in den besseren Richtungen, etwa der Vereinigung »Wiener Frauenkunst«, gegeben war.

Abbildungsnachweis

Österreichische Nationalbibliothek (Bildarchiv und Porträtsammlung), Nr. 499.901 B (1). Plakatsammlung, Wiener Stadtbibliothek, Nr. 10.933 (2). Originalphoto in Privatbesitz (Frau Angela Pauser, Wien) (3). Katalog der 2. Ausstellung der »Wiener Frauenkunst«, »Das Bild im Raum«, Wien 1929 (4); Österreichische Kunst, I. Jg., H. 8, Wien 1930, p. 11 (5). Innendekoration, 44. Jg., Darmstadt 1933, p. 215 (6). Kunst dem Volk, H. 9, Wien 1940, p. 41 (7). Plakatsammlung, Wiener Stadtbibliothek, Nr. 11.081 (8).

Irene Below

»Weder Karrieristin noch Schmerzensfrau«

Podiumsdiskussion am 23. 9. 1988 mit

Verena Auffermann, Journalistin
Kornelia v. Berswordt-Wallrabe, wiss. Mitarbeiterin am Museum
Verena Krieger, MdB (Fraktion DIE GRÜNEN)
Philomene Magers, Galeristin
Andrée Sfeir-Semler, Galeristin
Claudia Oetker, Sammlerin

Vorbemerkung

Bei der Podiumsdiskussion, zu der wir zum Thema »Mäzenatin – Muse – Museumspädagogin: Kunstförderung und -vermittlung als Frauenarbeit« sechs in Kunstvermittlung bzw. Kulturpolitik engagierte und einflußreiche Frauen eingeladen hatten, gingen die Wogen hoch und auch im Nachhinein waren die Meinungen über die Veranstaltung geteilt: zurückversetzt in die ersten noch stark subjektiv gefärbten Anfänge von Frauenforschung durch Kunstwissenschaftlerinnen fühlten sich die Kritikerinnen, besonders lebendig, aufschlußreich und spannend fanden andere den Versuch, »genaue Auskunft über Berufsweg und Fühlungnahme mit der Kunst« von den Podiumsteilnehmerinnen zu gewinnen sowie »eine Stellungnahme zur Förderung von Künstlerinnen« (taz 15. 11. 88).

Fragen und Diskussionsstil des Podiums wie der Tagung insgesamt waren durch feministische Kunstwissenschaftlerinnen bestimmt, die seit der ersten Kunsthistorikerinnentagung 1982 versucht haben, ihre Fragestellungen zu entwickeln und in der akademischen Disziplin zu verankern. Dabei war in den letzten Jahren sowohl die Kommunikation mit zeitgenössischen Künstlerinnen sowie mit Kunstvermittlerinnen der neuesten Kunst, die an der Entwicklung von Frauenforschung in Kunst und Kunstwissensschaft entscheidenden Anteil hatten (Below 1989), weitgehend unterblieben. Nun saßen zum erstenmal Praktikerinnen auf einem Podium und waren bereit, über ihren Werdegang, über Strategien in ihren von Männern dominierten Arbeitsfeldern und über ihre Auffassungen zur Förderung von Künstlerinnen Auskunft zu geben. Daß sie dies alle ohne Honorar taten, wäre bei Männern vergleichbarer Position vermutlich undenkbar, und wir möchten ihnen allen auch hier noch einmal danken.

Einem Großteil des Plenums erschienen die Kolleginnen auf dem Podium als andersartige, fast exotische Wesen, die schon allein dadurch Mißtrauen, aber auch Neugierde erweckten, daß sie eine einflußreiche Position gewonnen hatten. Hinzukam, daß es bei zumindest drei der Geladenen – den Galeristinnen und der Sammlerin – bei ihrer Tätigkeit nicht nur um die Kunst sondern auch um Geld ging. Die Auseinandersetzung über Chancen und Gefahren von Macht hat auch bei Kunsthistorikerinnen noch kaum begonnen; so war die Verständigung nicht einfach.

Im nachhinein ist es schwierig, die Stimmung und den Ablauf des Podiums zu dokumentieren. Eine getreue Wiedergabe aller Beiträge in gedruckter Form wäre ermüdend und vergleichbare bzw. kontroverse Positionen würden nicht hinreichend deutlich. Zusammen mit der Redaktionsgruppe und den am Podium Beteiligten haben wir uns deshalb dafür entschieden, solche Passagen aus der Diskussion auszuwählen, die über die wichtigsten angesprochenen Komplexe Auskunft geben und die unterschiedlichen Positionen erkennen lassen. Angekündigt war die Veranstaltung als Versuch,

> »Informationen zusammentragen, zur Selbstreflexion ermuntern und Diskussionen unter den Kongreßteilnehmerinnen anzetteln über
> - Motive, die uns bewogen haben, Kunstgeschichte zu studieren, uns mit Kunst zu beschäftigen und kunstvermittelnde Tätigkeiten auszuüben – sei es unentgeltlich als Mutter und Ehefrau oder gegen Entgelt in sehr unterschiedlichen Berufsfeldern;
> - die Bedeutung von Kunstsammeln/Kunstfördern/Kunstvermitteln als gesellschaftlich anerkannter weiblicher Tätigkeit – insbesondere und heute zunehmend wieder für die Töchter aus gutem Hause, für die Mütter von heranwachsenden Kindern und als Gattin von vielbeschäftigten Ehemännern der höheren Stände;
> - Berufsmöglichkeiten von Kunstvermittlerinnen in öffentlichen Kunstinstitutionen und privatwirtschaftlich organisierten Initiativen und Tätigkeitsfeldern und die Rolle, die »das schöne Geschlecht« bei der Arbeit und beim Fortkommen/Einkommen spielt;
> - frauen- und kulturpolitische Perspektiven, Forderungen und Aktivitäten, die wir in einer Phase latenter Privatisierung öffentlicher Kunstinstitutionen durch Sponsoren, Stifter und Mäzene und daraus folgender Ideologisierung des Kunstbe-

> triebs bei gleichzeitig allgemein wachsendem Interesse an unterschiedlichsten kulturellen Produktionen sowie an deren Vermittlung sehen.« (Reader zur Tagung 1988, 42)

Von diesen verschiedenen Aspekten konnten nur einige angesprochen werden, doch im nachhinein wird deutlich, daß sich der überwiegende Teil der Diskussion um die beiden wohl wichtigsten Bereiche drehte – um Informationen über den gegenwärtigen Kunstbetrieb und die darin für Kunstvermittlerinnen und Kulturpolitikerinnen möglichen Strategien sowie um die Reflexion der je individuellen geschlechtsspezifischen Erfahrungen und der eigenen patriarchalen Denkmuster, die bei der Entstehung des Kunstinteresses sowie bei der Wahl und der Ausübung beruflicher Tätigkeiten eine Rolle gespielt haben mögen.

Zur Einführung

Frauen, die sich für Kunst interessieren, wählen besonders häufig Studienfächer, mit denen sie hoffen, als Kunstvermittlerinnen tätig werden zu können – sei dies Kunstpädagogik, die sie zur Lehrerin qualifiziert, oder Kunstgeschichte für verschiedene Bereiche außerschulischer Vermittlungstätigkeit. Die Chancen, als Kunstvermittlerin eine berufliche Tätigkeit zu finden, sind größer als in anderen Berufen im künstlerischen/kunstwissenschaftlichen Bereich. Eindrucksvoll hat dies die Pilotstudie »Frauen im Kultur- und Medienbetrieb« belegt. Während sich bei den Künstlerinnen und bei den Wissenschaftlerinnen die beruflichen Möglichkeiten in den letzten 15 Jahren nicht wesentlich geändert haben, sind sie bei den Kunstvermittlerinnen erkennbar gestiegen. Die Zahl der hauptamtlich tätigen Vermittlerinnen hat sich danach seit 1975 verdoppelt. Mit 10 bis 20% in Leitungspositionen und 1/3 bis 2/5 in Mitarbeiterpositionen liegt der Anteil – gemessen am »Anteil qualifizierter Frauen in diesem Sektor« zwar noch immer zu niedrig, doch die AutorInnen der Studie ziehen wohl zurecht den Schluß, daß »die Frauen in institutionalisierten Kunstbetrieb inzwischen doch größere Chancen haben, qualifiziertere Positionen zu erreichen.« (Bundesministerium 1987, 43).

Ähnliches gilt offenbar auch für Kunstvermittlerinnen außerhalb der Institutionen. Die Zahl der Galeristinnen beispielsweise hat sich in den letzten Jahren deutlich erhöht (38). Neue Berufsfelder wie »Kunstberater« (»Art Advisor«) oder Anbieter von Stadt-, Kunst- und Museumsführungen außerhalb der traditionellen Institutionen werden anscheinend besonders häufig von Frauen besetzt bzw. entwickelt. Hier lassen sie Spürsinn für neue Formen der Kunstvermittlung erkennen und zeigen sich als besonders flexibel und innovationsfähig.

Demgegenüber ist der Frauenanteil in den künstlerischen, kunstwissenschaftlichen und kunstpädagogischen Fächern bei den unbefristeten hauptamtlichen MitarbeiterInnenstellen an Hochschulen in Lehre und Forschung nur unwesentlich gestiegen (8). Auch die Situation der Künstlerinnen hat sich seit Beginn der Neuen Frauenbewegung kaum verbessert. Vor allem in Kunstkritiken und im Ausstellungsbetrieb sind Künstlerinnen nur als die Nachwuchskünstlerinnen oder als die eher Unbedeutenden präsent (40, 42), im Bestand der Museen, bei repräsentativen Großausstellungen und in den Kunstkritiken der Tageszeitungen sind sie nach wie vor mit nicht mehr als 5 bis 10% vertreten. Aus all dem können wir schließen,

- daß Wissenschaft und Kunst besonderes Beharrungsvermögen aufweisen und an patriarchalen Traditionen extrem zäh festhalten,
- daß Kunstvermittlung im Unterschied dazu ein für Frauen mögliches und auch zunehmend stärker gesellschaftlich legitimiertes Arbeitsgebiet ist, und schließlich,
- daß die Kunstvermittlerinnen sich nicht anders verhalten als ihre männlichen Kollegen, daß auch sie die männlichen Künstler für die eigentlichen Künstler halten, daß sie ihre Fähigkeiten und ihre Arbeitskraft für sie einsetzen, kurzum, daß sie dem männlichen Genie dienen wollen und Künstlerinnen wenig beachten.

Diese letzten Hypothesen wollten wir durch die Diskussion genauer in den Blick nehmen. Die eingeladenen Frauen sollten vor dem Hintergrund ihrer recht unterschiedlichen Arbeitsbereiche zu der Frage nach der Dominanz der Männer, insbesondere der männlichen Künstler, im Kulturbetrieb Stellung nehmen und diskutieren, ob und wie dem abgeholfen werden kann. Ebenso wichtig war uns, Informationen über die verschiedenen Tätigkeitsfelder als Orientierungen über berufliche Möglichkeiten im Vermittlungsbereich überhaupt zu erhalten und einen Austausch über Strategien, mit denen frau sich in diesen Berufen durchsetzen kann, anzuregen.

Unter diesen allgemeinen Zielsetzungen haben wir die Auswahl im engeren nach folgenden Gesichtspunkten getroffen:

- die Vermittlung zeitgenössischer Kunst und KünstlerInnen, ein besonderes Defizit universitärer Kunstgeschichtsausbildung, sollte im Zentrum stehen;
- auf die beiden seit eh und je als »Traumberufe« vieler Kunstgeschichtsstudentinnen gesehenen Berufe »Galeristin« und »Journalistin« wurde besonderes Gewicht gelegt:
- angesichts zunehmender privater Kunstförderung sollte zumin-

dest eine Teilnehmerin dabei sein, die als Sammlerin, Mäzenin oder Sponsorin wirkt;
- von den Podiumsfrauen sollten sich einige als Feministinnen verstehen;
- nicht nur die berufspolitischen sondern auch die allgemeiner kultur- und frauenpolitischen Aspekte sollten berücksichtigt werden; und schließlich sollte
- ein Dialog zwischen Frauen innerhalb und außerhalb der Institutionen möglich sein.

Eine weitere Frau sollte ursprünglich mit auf dem Podium sitzen – Ingrid Strobl. Wir hatten sie als feministische Kunstkritikerin eingeladen, die durch ihre langjährige Tätigkeit bei EMMA sowie durch ihren Beitrag im Katalog der von Philomene Magers und Margarethe Jochimsen 1981 im Bonner Kunstverein und in der Galerie Magers durchgeführten Ausstellung »Typisch Frau« in besonderer Weise geeignet ist, eine feministische Position zu vertreten. Ihr Plädoyer gegen den Rückzug auf biologistische Denkmuster bei dem Versuch der genaueren Bestimmung einer »weiblichen Ästhetik«, ihr Bemühen um die Herausarbeitung utopisch-feministischer Züge in Werken auch solcher zeitgenössischer Künstlerinnen, die sich nicht als Feministinnen verstehen und ihre Ansätze zur Fundierung einer feministischen Kunsttheorie und Kritik »aus dem Geist des Widerstands« (Strobl 1981) wären gerade für diese Veranstaltung besonders wichtig gewesen. Daß die Teilnahme von Ingrid Strobl, die zum Zeitpunkt der Tagung seit 10 Monaten in Untersuchungshaft saß, durch das Oberlandesgericht Düsseldorf unmöglich gemacht wurde, empörte alle Anwesenden, und in einer Presseerklärung forderten sie einmütig die »sofortige Freilassung von Dr. Ingrid Strobl und die Einstellung der Verfahren gegen sie und gegen Ulla Penselin» (Kritische Berichte, 4, 1988, 119).

I. Das Interesse: Die Wege zur Kunst und erste Berufsvorstellungen

> »Mein erstes Wort war angeblich Bild – nicht Mama oder Papa, sondern Bild. Meine Eltern waren kunstinteressiert. Beide. Nach Beendigung der Schule studierte ich Kunstgeschichte ...« (Verena Auffermann)

Dieser durch Herkunft und Natur quasi vorgegebenen Hinwendung zur Kunst stehen bei zwei anderen Podiumsteilnehmerinnen frühe, prägende Erfahrungen mit moderner, avantgardistischer Kunst gegenüber, die das Interesse lenken:

»Ich bin in einem Elternhaus groß geworden, das durch ein starkes kulturelles Interesse geprägt war.
Meine Eltern waren eng mit Hubert Berke befreundet, der die Nachkriegszeit mit seiner Familie in unserem Haus verbrachte.
Ich konnte den Künstlern nicht nur immer wieder bei seiner Arbeit beobachten, sondern lernte hier als kleines Mädchen schon Originale von Sander, Ernst, Blossfeld, Chagall, Picasso und Klee kennen.
Im Wohnzimmer meiner Eltern fanden damals auch die ersten Versammlungen der »Donnerstags-Gesellschaft« statt, einem Zirkel, in dem sich Künstler, Schriftsteller, Schauspieler und Kritiker, die nach dem Krieg eine Rolle spielten, regelmäßig trafen und austauschten. Über dieses Umfeld wurde natürlich mein Interesse an der Kunst sehr früh geweckt. Bei Besuchen in Kölner und Düsseldorfer Galerien und Museen stellte ich fest, daß es in Bonn kaum etwas von dem, was überregional an zeitgenössischer Kunst gezeigt wurde, zu sehen gab ...
Und da wuchs eigentlich sehr früh, d. h. mit 14 Jahren, in mir der Entschluß, eine Galerie für aktuelle Kunst in Bonn zu eröffnen, was ich dann später auch verwirklicht habe ...« (Philomene Magers)

»Ich bin über eine Graphik von Günther Uecker zur Kunst gekommen, die ich irgendwo gesehen hatte und so verrückt fand im Vergleich zu dem, was ich – eher durch bürgerliche Umstände geprägt – von Kunst kannte. Ich sah diese Graphik, einen Prägedruck – weißes Papier geprägt auf Nägeln – und ich war begeistert. Ich versuchte, solch eine Arbeit zu ergattern. Bei diesem Versuch kam ich in Beziehung zu einer Galerie und ja – ich bin Galeristin geworden ...« (Kornelia von Berswordt-Wallrabe)

Bei Andrée Sfeir-Semler war der Wunsch, selbst Künstlerin zu werden, eine Wurzel ihrer Beschäftigung mit Kunst:

»Ich bin Libanesin, in Beirut geboren. Mein Vater war Architekt. Nach dem Abitur habe ich mich entschieden, Künstlerin zu werden und Kunst zu studieren ...« (Andree Sfeir-Semler)

Und schließlich führt ein Weg zur Kunst offenbar über politische Erfahrungen. Kunst bietet die Möglichkeit, sich in der Gegenwart zu orientieren, aktuelle Ereignisse zu interpretieren oder sich von ihnen zu distanzieren und gesellschaftliche Prozesse besser zu verstehen und zu durchschauen:

»Ich habe nicht Kunstgeschichte studiert, sondern hier in Berlin

Ende der 60er Jahre Politische Wissenschaften. Hier bin ich auch zum erstenmal mit der Kunst in Berührung gekommen, die wir dann angefangen haben zu sammeln – das waren Dix und Grosz und die Malerei der Neuen Sachlichkeit. Das waren die Anfänge, bestimmt durch mein politisches Interesse am Berlin der 20er Jahre.
Zuhause gabs zwar auch Bilder, aber ich bin nicht aus einem Bildungshaushalt, das kann man nicht sagen. Meine Eltern sind nicht mit mir ins Museum gegangen.« (Claudia Oetker)

»Ich habe vor einigen Jahren angefangen Kunstgeschichte zu studieren, ... Mit meiner Motivation dazu passe ich eigentlich genauso wenig wie die anderen in das Bild, das Irene gezeichnet hat, von den Frauen, die dem männlichen Genie dienen wollen. Allerdings trifft auch auf mich das Klischee zu, das sich ja nun doch bei allen offensichtlich durchzuziehen scheint von den »Töchtern aus gutem Hause«.
Mein Motiv war also weniger das der staunenden Ehrfurcht und Begeisterung über männliche Schöpfer, sondern ich war voll Wissensdurst und wollte unglaublich viel lernen über Gesellschaft und über Geschichte ... Ich habe dann – für mich eigentlich eher überraschend – festgestellt, daß Kunst und Kunstgeschichte einen spezifischen Zugang zu diesem Wissen bieten ... spezifisch eben insbesondere dadurch, daß es ein anderes Medium ist, dadurch, daß da sinnliche Wahrnehmung und sprachliche intellektuelle Beschreibung und Analyse miteinander verknüpft sind ...« (Verena Krieger)

II. Studium und Beruf: »weibliche Umwege« und der »Sprung ins kalte Wasser«

Von den sechs auf dem Podium versammelten Frauen waren fünf z. Zt. erwerbstätig, und fünf hatten auch Kunstgeschichte studiert. Zwei hatten das Studium abgebrochen, zwei hatten es abgeschlossen, eine hat es derzeit wegen politischer Aktivitäten unterbrochen. Mit Ausnahme von dieser – der jüngsten – hatten bei allen anderen die (wechselnden) Beziehungen zu einem Partner ganz wesentlich den Studienverlauf und die Berufslaufbahn bestimmt und zu Veränderungen ursprünglicher Absichten oder auch zu Brüchen in den Biographien geführt. Diese Brüche in den weiblichen Lebensläufen und die Fähigkeit, in einer gegebenen Situation mutig eigene Ziele zu verwirklichen, fanden in dem mehrfach wiederkehrenden Wort vom »Sprung ins kalte Wasser« ihren Ausdruck. Berufliche Werdegänge von Frauen sind offenbar keine zielgerichteten, durchgeplanten Karrieren, sondern sie entwickeln sich vor der Folie von Partnerschafts- und Kinderwünschen. Um das Selbstbewußtsein ist es dabei offenbar nicht immer gut bestellt. Doch – auch wenn das Plenum da mehrfach skeptisch nachfragte – reichen letztendlich offenbar weder Geld noch Beziehungen noch der Einsatz der eigenen Weiblichkeit zu beruflichen Erfolgen und Positionen aus, sondern eher Zähigkeit und Know-how.

Philomene Magers:
»Nach dem Abitur habe ich zunächst einmal ein Studium begonnen: Kunstgeschichte und Archäologie. Das habe ich dann, als ich ein Kind bekam, ganz wie es sich für eine Frau gehörte, abgebrochen, um meinem Mann, der auch noch Student war, die Möglichkeit zu geben, sein Studium in Ruhe zu beenden.
Als mein Mann sein 1. Staatsexamen hatte, und ich mein Studium wieder hätte aufnehmen können, besann ich mich auf meinen früheren Wunsch, eine Galerie zu eröffnen und beschloß, sehr naiv, einfach ins kalte Wasser zu springen und zu versuchen, meine Vorstellungen im Hinblick auf Kunst in diesem Bereich zu verwirklichen. Ich hatte mich im Lehrbetrieb an der Uni ziemlich eingeschränkt gefühlt, und für den Fall, daß ich mit der Galerie nicht reüssierte, stand mir der Weg dorthin ja immer noch offen.
Der Sprung ins kalte Wasser sah dann so aus, daß ich zwar sehr detaillierte Vorstellungen von Kunst hatte, aber da ich vorher nie in einer Galerie gearbeitet hatte, mußte ich mir das ganze Beziehungsnetz, das zur Vermittlung notwendig ist, erst einmal alleine aufbauen, d. h. ich kannte weder Sammler, noch Museumsleute, noch Kritiker, nur Künstler und zwar die, von denen ich glaubte, daß sie wichtig werden würden. Und: ich hatte auch kein Geld. Das kann man heute zwar kaum glauben, aber es ist so. Ich hatte 2 Jahre lang die Galerieräume umsonst. Das war mein Kapital. Mein Mann war Referendar und konnte gerade unseren Lebensunterhalt garantieren. Das gab also auch nicht viel Sicherheit«

Verena Auffermann:
»Nach Beendigung der Schule studierte ich noch Kunstgeschichte. Dann weibliches Schicksal, ich brach das Studium ab. Jahre des Schweigens. Dann kam der dringende Wunsch, nun doch einen Beruf zu ergreifen. Die Fähigkeit, Briefe zu schreiben – eine weibliche Tradition – sagte man mir als eine Tugend immer schon nach. So kam ich auf die verwegene Idee, Journalistin zu werden. Traute mir das selbstverständlich nicht zu. Hier fiel eben schon mal das Wort vom Sprung ins kalte Wasser; ich fing damit bei einer kleinen Zeitung in Heidelberg an, bei der Rhein-Neckar-

Zeitung. Ich machte dort ein Volontariat – mindestens jeden Tag einen Artikel. Fühlte mich sehr gut, hatte auf meinem Schreibtisch einen Label »Schreiben ist Trieb«. Nachdem ich diese 2 Jahre hinter mir hatte – auch wieder weibliche Umwege –, ließ ich mich scheiden und wechselte die Stadt. Ich kam nach Frankfurt und hatte weder Beziehungen noch einen besonders guten Hintergrund. Habe dann aber dennoch versucht anzukommen, bei den großen Zeitungen erst mal. Wurde dann immer bescheidener. Kam dann aber durch Glück – denn ohne Glück und Zufall ist das wirklich nicht zu erreichen – zur Frankfurter Rundschau, wo man mir sagte: sie können ja mal, wenn sie unbedingt wollen; wir haben zwar sehr viele, die das auch können, aber wenn sie unbedingt wollen, dann schreiben sie doch mal einen Artikel. Und das tat ich dann. Ich sitze hier also keineswegs weder als Karrieristin noch als Schmerzensfrau, sondern als jemand – einfach mit Zähigkeit und auch ohne Tricks und ohne wirkliche Beziehungen und ohne diese ganzen Geschichten, die Frauen sonst oft nachgesagt werden.«

Andrée Sfeir-Semler:
»Ich studierte Malerei und Film, habe aber nicht abgebrochen, das ist vielleicht das Männliche an mir. Ich habe ein DAAD-Stipendium bekommen, das mich nach München führte; dort wollte ich weiter Film machen. Aber dann merkte ich, daß ich nicht gut genug bin und dachte, da ich nicht gut genug bin, werde ich Kunstgeschichte studieren.
Kunstgeschichte studierte ich in Beirut an der Amerikanischen Universität, parallel zum Kunststudium, dann in München, dann in Bielefeld – mein Mann brachte mich dorthin, in die tiefe Provinz. Dort hielt ich es nicht aus, ging nach Paris, und arbeitete bei Menschen, wie z. B. Pierre Bourdieu, zeitweise Pierre Vaisse oder Adeline Daumard. Denn es wurde mir bald klar, daß eine Kunstgeschichte, wie sie an kunsthistorischen Instituten im Umkreis von Bielefeld geboten wurde, hab' einmal in Münster ein bißchen gehört – das war nix. In Bielefeld selbst konnte ich nicht in Kunstgeschichte, sondern nur in Geschichte promovieren. Ich bin sehr pragmatisch, dachte, Sozialgeschichte und Kunstgeschichte sind eine gute Kombination und schrieb dort meine Doktorarbeit über die Maler am Pariser Salon. Als ich mit meiner Doktorarbeit fertig war, waren wir inzwischen in Kiel – immer noch auf den Spuren des Ehemannes. Kiel, weitere tiefe Provinz im Norden. Da gab es aber eine Galerie, die wirklich sehr gute Arbeit geleistet hatte. Das war die Galerie von Michael Neumann. Und der rief mich eines Abends an und sagte, kommen Sie mal zu einem Glas, ich möchte mit Ihnen was besprechen und bot mir an, seine

Galerie zu übernehmen. Ich klebte die letzten Fotos in meine Arbeit, hatte noch kein Rigorosum und sagte dann drei Tage später: »Ich mach das«. Und ich hab die Galerie übernommen. Warum? Weil ich – bedingt durch meine Biographie – nicht an die Uni gehen wollte. Niemals. Und dann sprang ich ins Wasser und machte diese Galerie auf und wußte noch gar nicht, was auf mich zukam.«

Ein Kunstgeschichtsstudium wird also nicht als Ausbildung für oder Vorbereitung auf einen bestimmten Beruf gewählt und für eine Tätigkeit außerhalb der staatlichen Kunstvermittlungsinstitutionen – sei es als Galeristin oder Journalistin – sind offenbar andere Qualifikationen nötig als ein kunsthistorischer Studienabschluß. Für eine Tätigkeit in einer staatlichen Institution ist er allerdings Voraussetzung, und das Studium kann so die Chance eröffnen, beruflich unabhängig zu werden.

Claudia Oetker:
»Ich hab mich eigentlich mit Kunstgeschichte so gut wie überhaupt nicht beschäftigt, aber ich bin in sehr viele Museen und Ausstellungen gegangen und habe auch angefangen zu sammeln. Als ich fertig war mit politischer Wissenschaft war mir klar, das war auch ein Berufsweg, der versprach mir keine goldenen Zweige. Ich bin zu Gruner und Jahr gegangen und habe alle Suhrkamp-Bändchen in die Ecke geschmissen und gesagt: eines Tages werde ich eine Galerie machen; aber da ich sehr schlecht verkaufen kann, hab ich erst bei einer anderen Galerie, einer deutschen Dependance von Fisher Fine Art in Stuttgart, angefangen zu lernen. Dann hab ich Kinder bekommen und habe nach dem 2. Kind in der Overbeck-Gesellschaft, dem Kunstverein in Lübeck, mit anderen Frauen zusammen, ich glaube 4 Jahre Ausstellungen gemacht.«

Kornelia von Berswordt-Wallrabe:
»Ich habe als Ehefrau in der Galerie ›m‹ in Bochum 14 Jahre lang gearbeitet. Über Trennung und all das Übliche, was man dann so kennt als Frau, fiel ich auch aus dem Arbeitsbereich, der auch sonst keine materiellen Früchte getragen hatte, außer, daß ich leben und arbeiten konnte, d. h. also ich hatte keinen Verdienst aus der Galerie. Hatte in der Zwischenzeit ein Kunstgeschichtsstudium angefangen und arbeite heute als wissenschaftliche Mitarbeiterin in Recklinghausen.«

Die Ambivalenzen hinter der Entscheidung für das Fach – die meist uneingestandene Vorstellung, daß frau sich vermutlich nicht durch ihre eigene Arbeit werde ernähren müssen, sowie die positiven Aspekte einer Studienfachentscheidung allein aus Interesse, hat Verena Krieger klar benannt.

> »Ich habe angefangen Kunstgeschichte zu studieren vor einigen Jahren und habe das Studium unterbrochen, weil ich jetzt seit 1 1/2 Jahren im Bundestag bin und noch diese Legislaturperiode drinbleiben werde mit der Perspektive allerdings, dieses Studium dann auch hinterher fortzusetzen und abzuschließen ...
> Für mich war von Anfang an völlig klar, daß ich bei diesem Studium keineswegs davon ausgehen kann, hinterher mit dem erworbenen Wissen und in dem Beruf, den ich erlernt habe, auch arbeiten zu können. Ich denke, daß das für die meisten Studentinnen, und es sind ja 70%, so viel ich weiß, aller Kunstgeschichtsstudenten, genauso klar ist, und die Frauen, die das nicht von Anfang an mit einkalkuliert haben, die lügen sich ziemlich in die Tasche.
> Ich glaube, daß die Bereitschaft, sich trotzdem einem Studienfach zuzuwenden, mit dem dieses Risiko verbunden ist, vielleicht noch krasser als bei anderen auch frauentypischen Fächern, daß das auch ein typisch weibliches Moment impliziert, nämlich diesen Hintergedanken, es könnte ja dann doch immer noch einen geben, der mich ernährt. Ich glaube, das steckt ein Stück weit im Hinterkopf drin, das beinhaltet aber auf der anderen Seite natürlich auch die Chance, sich dem Gegenstand anders zu nähern als mit dem üblichen Karrierebild im Kopf – stärker auf das eigene Interesse orientiert. Und ich denke, das hat eigentlich auch wieder so einen bildungsbürgerlichen Hintergrund, diese Haltung: ich nähere mich diesem Gegenstand, dem, was mich interessiert, dem was wichtig ist, unabhängig davon, ob eigentlich eine berufliche Zukunft, eine finanzielle Absicherung damit verbunden ist.«

III. Macht und Ohnmacht: Erfahrungen geschlechtsspezifischer Diskriminierung und Gegenstrategien

Nach den Fragen zu den Entstehungsbedingungen des Kunstinteresses und den Karrieremustern bezog sich ein weiterer Fragenkomplex auf die Erfahrungen von Macht bzw. Ohnmacht. Als Kunstvermittlerinnen in verschiedenen Bereichen – als Journalistin, Galeristin, Museumsmitarbeiterin, Sammlerin und als Politikerin hatten die Podiumsfrauen eine Stellung, durch die sie – im Vergleich zu den meisten Zuhörerinnen – mächtig und einflußreich erschienen. Die

Frage war, wie stark sich die einzelne dieser ihrer Macht bewußt ist, ob und wie sie sie einsetzt, und in welchen Situationen sie sich dennoch ohnmächtig fühlt.

Mit dieser Frage konturierten sich die verschiedenen Positionen deutlicher, die Spannbreite der Antworten reichte von Unverständnis und Abwehr bis zu einer detaillierten Beschreibung von Strategien des Machtgewinns und politischen Forderungen beispielsweise nach Quotierung.

> Claudia Oetker:
> »Ja also, für mich ist das kein Thema, Macht oder Ohnmacht, als »Gattin eines Sammlers« ... Nein, das ist für mich keine Frage.«

Der an dieser Stelle vollzogene Rekurs der Sammlerin auf ihre Rolle als Managergattin führte zu der Nachfrage aus dem Plenum, ob sie hier sitze als »Frau eines Sammlers oder als Sammlerin« und zu einer Antwort, bei der ausschließlich der private Aspekt des Sammelns zum Vorschein kam.

> Claudia Oetker:
> »Erst haben wir gemeinsam gesammelt, weil ich auch kein Geld hatte. Inzwischen sammeln wir beide, d. h. manchmal sammeln wir auch heimlich voreinander, d. h. der eine sieht das nicht, was der andere macht, und nach 2 oder 3 Jahren zeigen wir's ihm: dann ist ja auch interessant, ob's Bestand hat oder nicht.«

Auch die Galeristin, die zuvor lebhaft das Konkurrenzverhalten der Kollegen und die Mechanismen auf dem Kunstmarkt geschildert hatte, konnte dazu nichts sagen.

> Andrée Sfeir-Semler:
> »Ja, ich hab' auch Schwierigkeiten mit der Frage nach Macht oder Ohnmacht. Ich weiß nicht so genau, was ich dazu sagen soll. Es ist im Grunde genommen in jeder Berufssparte so, ob man Sekretärin ist, also von unten nach oben, man hat im Alltag immer damit zu kämpfen, wie man die Macht, die man zur Verfügung hat, ausnutzt oder ausspielt. Jetzt ist die Frage, ob Frauen es anders machen als Männer, in dem Zusammenhang. Und das tun die ganz bestimmt. Aber, also – ich hab' da große Schwierigkeiten, ich weiß nicht, wie ich mit der Frage fertig werden soll – ohne mich zu verplappern.«

Unter dem Aspekt geschlechtsspezifischer Machtstrukturen wurden die konkreten Erfahrungen in der Alltagsarbeit und die spezifischen Arbeitsbedingungen in den verschiedenen Berufsfeldern unterschiedlich stark wahrgenommen und hatten bei den einzelnen zu recht kontroversen Einschätzungen darüber geführt, welche Strategien erfolgreich sein könnten, um frauenspezifische Belange durchzusetzen und Künstlerinnen zu fördern.

Philomene Magers:
»Man stößt im Beruf der Kunstvermittlung als Frau natürlich immer wieder auf Grenzen und Probleme. Das habe ich auch zu spüren bekommen. Solange man sich als Galeristin Künstlern widmet, die noch keine Marktposition haben, ist natürlich alles sehr leicht und einfach, und man wird auf die Schulter geklopft, kriegt gesagt: das machst du alles ganz prima. Aber sobald die Künstler sich beginnen durchzusetzen, fängt der Kampf an, dann stehen die Kollegen auf der Matte, die eben doch viel zielstrebiger ihre Karriere planen als eine bestimmte Art von Galeristinnen, die zu Beginn der 70er Jahre Galerien eröffnet haben, und sich bedingungslos für Künstler einsetzen, die erst heute von einem breiteren Publikum anerkannt, d. h. nun auch gehandelt werden. Aus dieser Erfahrung heraus habe ich alle Möglichkeiten, die sich durch meine Arbeit im Galeristenverband und später auch im Kunstfonds ergaben, sehr gezielt genutzt, um Frauen in ihrer Arbeit zu unterstützen.
Im Laufe der Zeit begreift man natürlich auch die Notwendigkeit, Strategien zu entwickeln.
So habe ich als Vertreterin der Galerien der Gründung des Kunstfonds nur zugestimmt unter der Bedingung, daß auch Vertreter der Gedok, der freien Künstler, der IKG und der Kunstvereine beteiligt wurden. Damit erweiterte sich der Kreis der Mitglieder um eine Reihe von Frauen, die sich gegenseitig unterstützten und bei der Vergabe von Geldern ganz bewußt darauf achteten, daß keine förderungswürdige Künstlerin zugunsten eines männlichen Kollegen leer ausging. Wir waren sehr gut aufeinander eingespielt und hatten dadurch eine Machtposition, die es uns ermöglichte, unsere gemeinsamen Ziele gegen so manchen Widerstand durchzusetzen.
Was meine Galeriearbeit angeht, so gehe ich da heute auch strategischer vor.
Ich habe gelernt, daß man als Einzelkämpferin, die ich lange war, kaum Chancen hat. Meine ersten Alleingänge im Einsatz für politische Kunst und Kunst von Frauen haben mir die Arbeit nicht gerade leicht gemacht, sondern die Galerie eher in Verruf gebracht. Museumsleute und vor allem die Sammler blieben der »Frauengalerie« fern.
Seit ich begriffen habe, welche Netzwerke für welche Vermittlungsprozesse zur Verfügung stehen und diese auch benutze,

haben sich die Möglichkeiten und damit der Einfluß der Galerie zusehends vergrößert«.

Kornelia von Berswordt-Wallrabe:
»Im Museum ist die Situation etwas anders, denn das Geld muß man nicht selbst verdienen, das man ausgibt. Das bedingt auch eine gewisse Freiheit. Andererseits sind die Kompetenzen in so einer Hierarchie sehr beschnitten, und man kann nicht immer machen, was man möchte. Ich habe das Glück, an einem Haus zu sein, das Moderne sammelt und ausstellt, und da stellt sich die Frage in Bezug auf Frauen. Hier hapert es oft an der sogenannten Durchgesetztheit von Frauen. In der modernen Kunst gibt es eine Handvoll Frauen, die jeder gerne ausstellen möchte. Bei denen, wenn sie zu Ausstellungen eingeladen werden, nicht immer klar ist, daß sie wegen Überlastung auch teilnehmen. Das sind die Frauen, die durchgesetzt sind. Die Schwierigkeit besteht bei Frauen, die nicht so durchgesetzt sind; da geht es sozusagen durch die Hintertür, über Artikel, die man wiederum selber schreibt oder über Beratungen, also eine indirekte Arbeit, die dann sozusagen wieder eine Hereinnahme in die Ausstellung ermöglicht. Ganz anders ist das beim Ankauf. Der scheitert immer wieder an dem Argument der »Nicht-Durchgesetztheit« oder überhaupt an der Schwierigkeit, Frauen in den Bereich zu bringen.«

Verena Auffermann:
»Durch meine Tätigkeit bei der Zeitung wurde mir bewußt, daß ich meine Rolle als Frau da doch sehr vehement zu vertreten habe, denn eine Zeitung wie die Frankfurter Rundschau, das wird sie bestimmt überraschen, hat in ihrem Feuilleton, außer der Schreibkraft natürlich, keine einzige weibliche Mitarbeiterin in dem engeren Kern. Und aus dieser Position heraus habe ich jeden Tag neu zu kämpfen, denn wenn ich ein Porträt von einer Frau vorstellen will, dann sagen sie, sie haben doch gerade zwei gemacht, dann sage ich: ja, aber nach 1000 Männern ist es doch vielleicht nicht so schlimm, zwei Frauen auch zu erwähnen. Also man muß jeden Tag erneut den Herren, die da sitzen, das bewußt machen. Sie haben davor Angst, aber man muß mit ihnen darüber reden und dann kann man etwas erreichen. ...
... Eben nicht aufgeben, dranbleiben. Das ist etwas, was Frauen immer vorgeworfen wird. Kürzlich war der erste Journalistentag in Frankfurt, und da fiel nun immer wieder dies Wort und die Verpflichtung an die Frauen, sich bewußt zu werden, daß es ohne ein Netzwerk, ohne eine Seilschaft, ohne ein Zusammenhalten nicht geht.
Ohnmächtig, kommt gar nicht mehr infrage. Mächtig, ist das

falsche Wort für uns. Ich versuche die kleinen Schritte. Die Bewußtwerdung oder die Aufdeckung, daß man einfach die Frauen übersieht – auch Frauen, die in Museen Arbeit geleistet haben. Den Ruhm schöpfen dann die Männer ab. Wenn man in einem Artikel einer Zeitung nur das erwähnt, mit einem ganz einfachen,nicht einmal polemischen Satz, dann erfolgt auf einen solchen Satz eine solche Beunruhigung – dieser Mann wird das nicht mehr machen.
Also es ist relativ einfach, Beunruhigung zu stiften, zu sagen: da paßt jemand auf und hat auch den Mut, das, was er beobachtet hat, öffentlich zu machen. Aber das ist meine Aufgabe, meine Verpflichtung in diesem Beruf, und das versuche ich oft wirklich, ich bin überrascht, wie leicht es eigentlich geht, ich sage das jetzt zur Ermunterung. Die Herren sitzen nicht so auf ihren Rössern, wie wir das uns voller Schrecken ausmalen, sondern sie sind doch mit ganz kleinen Bemerkungen zu beunruhigen und diese Beunruhigung, so will ich es einmal nennen, die versuche ich, so oft es geht, möglichst ein Mal in der Woche, zu betreiben.«

Verena Krieger:
»Diese Beunruhigung, die haben wir bei den Grünen zu institutionalisieren versucht mit dem Mittel der Quotierung, von der ich meine, daß sie auch im Kulturbereich angesagt ist. Wir haben inzwischen da schon einige Erfahrung. Ich denke auch, Ohnmacht und Macht sind gar nicht die richtigen Kategorien. Frauen können unheimlich viel erreichen und erreichen auch schon seit langer Zeit viel, einfach dadurch, daß sie sich gegenseitig unterstützen. Das Hauptproblem, das ab einem bestimmten Zeitpunkt entsteht – vielleicht ist das auch ein qualitativer Umschlag – besteht darin, daß es eben nicht nur darum geht, daß einer Alibifrau die zweite Alibifrau hinzugefügt wird, sondern darin, daß eine qualitativ andere Repräsentanz von Frauen erreicht wird. Dann taucht z. B. das Problem der Entsolidarisierung unter Frauen auf. Da tauchen die Probleme auf, daß Männer, die scheinbar ja schon vieles begriffen haben, im Grunde ihres Herzens das dümmste Zeug über Frauen denken, und das kommt dann immer nur bei ganz zufälligen Gelegenheiten heraus. Ich denke, daß zu der Solidarität unter Frauen, zu den Seilschaften, zu der Quotierung vor allen Dingen ein Moment ganz wesentlich gehört, und das ist eine gewisse Großzügigkeit anderen Frauen gegenüber, das heißt auch, vieles ertragen zu lernen, andere Frauen ertragen zu lernen, das ist gar nicht so einfach ... Und ich denke, diese Großzügigkeit, die ist notwendig, denn ohne das auszuhalten wird sicherlich jede Strategie, die auf Stärkung von Frauen zielt, früher oder später scheitern müssen, weil dann einfach eine un-

heimliche Desillusionierung eintritt. Ich glaube, daß das nicht nötig ist, ich glaube, wir müssen einfach lernen, auch mit unseren eigenen Schwächen zu leben und die auch ein Stück weit zu akzeptieren.

Das von verschiedenen Plenumsteilnehmerinnen artikulierte Interesse, detaillierter etwas über die Strategien zu erfahren, mit denen Künstlerinnen stärker berücksichtigt werden könnten und damit verknüpft die Frage nach Qualität und Qualitätskriterien, führte zum Schluß zu einer Konzentration auf diese Probleme und zeigte die Einstellungen zu »Macht« bzw. »Ohnmacht« noch einmal in einem anderen Licht. Die anwesenden Frauen wurden gefragt, ob sie Werke von Künstlerinnen sammeln, vertreiben, ausstellen, rezensieren und die, die sich zuvor dazu noch nicht geäußert hatten, nahmen dazu Stellung.

Andrée Sfeir-Semler:
»Sicher habe ich Künstlerinnen in der Galerie, aber ich wähle nicht nach dem Geschlecht aus. Ich denke, daß ich nach Qualität aussuche und dabei ist zu berücksichtigen, daß eine Galerie in der Kunstprovinz was anderes ist als eine Galerie in einer Großstadt. Bei dieser Arbeit der Kunstvermittlung in einer Kleinstadt sehe ich mich dazu verpflichtet, die Kunst der Provinz auch zu unterstützen. Und alleine dadurch und durch die Struktur der Künstlerinnen vertrete ich mehrere Frauen, denn an der Basis sind immer viele Frauen da, und das sind in der Regel die besseren von den Künstlern, die in einer Provinz leben; bei denjenigen, die noch nicht weggegangen sind, sind die Frauen, die gut sind, in der Überzahl, und die unterstütze ich natürlich sehr stark. Dadurch übt man in gewisser Hinsicht auch Machteinfluß aus. Ich bin in sämtlichen Kunst-am-Baukommissionen, und es ist kein leichter Brocken, überhaupt eine Frau dazu zu kriegen, so einen Kunst-am-Bau-Auftrag zu bekommen. Ich hab' das auch noch nicht geschafft, weil ich immer nur mit Männern zusammensitze in den Kommissionen; ich bin die einzige Frau, und das ist ganz schwierig – zumal es in der Regel um monumentale Arbeiten geht. Da muß man die Kommission von zwei Dingen überzeugen: einmal, daß die Qualität gut ist und zum anderen, daß die Frau auch in der Lage ist, eine überdimensionale Sache zustande zu bekommen, auch wenn in der Regel die bisherigen Arbeiten noch nicht so groß gewesen sind. Warum? Weil sie noch nie einen Kunst-am-Bau-Auftrag gehabt hat!
Ich möchte auch den Qualitätsbegriff mit dem Frauen-in-der-Provinz-Phänomen verbinden. Für mich ist Qualität im Vergleich zu beurteilen. Und wenn man nun sagt, daß dieser Vergleich ein

partriarchaler Vergleich sei, man könne deswegen nicht Frauen daran messen, sondern müsse das ganze System umwerfen und neue Qualitätsbegriffe entwicklen, so halte ich das für völlig falsch. Ich möchte mich in und mit der Männerwelt messen, die ist nun einmal vorhanden; darin will ich immer weiter vorankommen.
Zweitens, Qualität bei Frauen: an Kunstakademien sind Frauen in der Mehrzahl und je mehr sie die Karriereleiter besteigen, desto weniger Frauen sind da. Und das hat mich in meiner Doktorarbeit schwer beschäftigt. Ich habe mich gefragt, warum, und bin der Sache wirklich mit Computerstichproben nachgegangen und nicht anhand von Einzelbeispielen. Ich stellte erstens fest, daß Frauen nicht den Ehrgeiz haben, den Männer haben; sie brechen sehr schnell ab, bei der ersten Absage am Salon z. B. reichen sie beim nächsten Salon nicht mehr ein.
Zweitens verzetteln sie sich leicht. Sie versuchen mehrere Dinge und kommen nicht zu einer spitzenmäßigen Professionalität. Drittens, das mit der Provinz will ich nicht abtun. Ich bin selber in der Provinz. Es ist ein Marktstrukturkriterium und nicht ein Qualitätskriterium in dem Zusammenhang.«

Die Sammlerin konnte sich nicht genau erinnern, ob sie Arbeiten von Künstlerinnen in ihrer Sammlung hatte, war sich aber sicher, daß das Kriterium Geschlecht bei Ankäufen nie eine Rolle gespielt hatte:

»Nein, also ich hab nie ein Bild deswegen gekauft, weil es eine Frau war. Das ist überhaupt kein Thema.« (C. Oetker)

Die differenzierten Stellungnahmen zum Stichwort Qualität machten gerade in ihrer Unterschiedlichkeit deutlich, welch zentrales Thema damit angesprochen wurde.

Kornelia v. Berswordt-Wallrabe:
»Ich bin der Meinung, daß Qualität ein Thema wäre, das in dem Umfeld hier behandelt werden sollte, und zwar unter dem Gesichtspunkt, wie Qualität eigentlich gemacht wird, denn Qualität wird gemacht. Dabei wäre zu fragen, inwieweit das Nicht-Eindeutige, Nicht-Zielstrebige, das Nicht-Schienenhafte die Arbeit von Künstlerinnen ausmacht. Sofern aber Jurys immer wieder von Männern besetzt sind, kann diese Qualität als Qualität überhaupt nicht aufscheinen, und die Schwierigkeit ist gleichzeitig, daß sie sich auch nicht in Ausstellungen zeigen kann. D. h., wohin werden die Frauen entlassen, wenn sie dann mal reinkommen? Wie wird die Qualität, die sie ja haben, gemessen oder welches sind die Mechanismen, unter denen sie gemessen wird? Das führt

zu der Frage nach dem Markt: Inwieweit ist der Markt so strukturiert, daß er diese besondere Qualität von Frauen bislang überhaupt reflektiert?«

Verena Auffermann:
»Qualität bedeutet für mich Vergleich, und Vergleich bedeutet nicht Einschränkung. Wenn Herr Ammann in der Baseler Kunsthalle eine Ausstellung macht, in der z. B. Katharina Fritsch vertreten ist und noch 2 weitere Künstlerinnen, dann heißt das nicht: da ist eine Ausstellung von 3 Künstlerinnen mit den und den Namen, sondern da heißt es, da ist eine Frauenausstellung. Das sind Dinge, die mich empören und gegen die wir arbeiten müssen. Man muß die Frau als autonome Künstlerin nehmen und nicht als Gesellschaft, denn dann wird sie nie wahrgenommen.

Verena Krieger:
Ich finde es ganz gefährlich, wenn in die Debatte so ein Zungenschlag reinkommt als sei es sozusagen das mangelnde Durchhaltevermögen der Frauen, das sie permanent aus dem Kunstbetrieb raushält. Ich denke, das ist nicht so. Und es ist schon gar nicht die mangelnde Qualität ... Daraus, daß sich in den letzten 15–20 Jahren rein zahlenmäßig überhaupt nichts verändert hat, schließe ich, daß eine Quotierung angesagt ist ... D. h. also ganz konkret: die Quotierung von Jurys, die Quotierung von Stipendien und Fördermaßnahmen und auch die Quaotierung von Stellen und von Ankäufen. Ich bin es einfach leid, wenn ich sehe, daß es z. B. im Bochumer Kunsthistorischen Institut unter den Professoren nur Männer gibt. Ich bin es leid, das zu sehen, wenn ich gleichzeitig sehe, wieviele qualifizierte Kunsthistorikerinnen arbeitslos sind.
Zum Stichwort Qualität, nur ganz kurz und knackig. Ich denke manchmal, Qualität ist ein Kampfbegriff des Partriarchats gegen Frauen und gerade, wenn man sich den Kunstmarkt anguckt, wie er funktioniert, so denke ich, er funktioniert eigentlich herzlich wenig nach Qualitätskriterien. Deswegen ist das für mich ein Einwand, den ich inzwischen einfach nicht mehr akzeptieren kann. Ich möchte, daß Frauen untereinander konkurrieren und nicht gegen eine Mafia von Männern, die sich aufgrund ihres Geschlechts gegenseitig die Sachen zuschieben.«

Im Verlauf der Tagung entzündete sich an der Frage nach der Qualität und den Kriterien für deren Bestimmung im künstlerischen und wissenschaftlichen Bereich immer wieder heftige Debatten. Die politische Diskussion um Strategien im Kunstbetrieb und um die Forderungen nach Teilnahme an der Macht beispielsweise durch Quotierung wurde demgegenüber nicht explizit weitergeführt – vielleicht weil das Podium gezeigt hatte, daß sich die Teilnehmerinnen bei aller Unterschiedlichkeit der theoretischen Positionen immer dann einander annäherten, wenn sie ihre konkreten Erfahrungen im Kunstbetrieb beschrieben. Diese Irritation über die Standpunkte und deren Relevanz für das praktische Handeln hat eine Teilnehmerin aus dem Plenum treffend auf den Punkt gebracht:

> »Ich denke, unterschiedliche Positionen sind durchaus sichtbar geworden, sie scheinen sich aber jetzt, wo die Praxis auf den Tisch kommt, zu verwischen. Aber ich denke, genau das sollte man noch einmal hervorholen. Es gibt eben Frauen, die die Machtfrage sozusagen artikuliert haben, und es gibt Frauen, die gesagt haben: Macht – Ohnmacht? Kenn ich nicht! Und dann kommen die Beispiele. Und die kippen diese Positionsunterschied sofort um. Es geht uns ja nicht einfach nur um die Frage nach Macht und Ohnmacht, sondern um die Frage, wie wir Frauen darin positioniert sind.«

Das Interesse an einer genaueren Bestimmung der Stellung von Frauen im Kunstbetrieb könnte dazu führen, daß diese Diskussion zum Auftakt für einen breiten Diskurs wird, in den sich Frauen unterschiedlichster Standpunkte verwickeln lassen, in dem sie ihre konkreten Erfahrungen austauschen und gemeinsam prüfen, welche Folgerungen daraus zu ziehen sind. Seilschaften von unterschiedlich argumentierenden und arbeitenden Frauen könnten im Kunstbetrieb allerlei produktive Verwirrung stiften, die zu nutzen wäre ...

Anmerkungen

Nun saßen 6 Frauen auf dem Podium, und zwar:
Philomene Magers, Studium der Kunstgeschichte, seit 1972 Galeristin in der von ihr gegründeten Galerie in Bonn, 1975/76 Beginn der Zusammenarbeit mit Margarethe Jochimsen, Konzeption und Durchführung der Ausstellungen »Frauen machen Kunst« (1976) und »Typisch Frau« (1981) und »Das Verhältnis der Geschlechter« (1989). Gründungsmitglied im 1980 gegründeten Kunstfonds e.V., 6 Jahre lang Mitarbeit im Kuratorium des Kunstfonds e.V.
Andrée Sfeir-Semler, Studium der Kunst und Kunstgeschichte in Beirut, Bielefeld, Paris; Promotion in Bielefeld 1985 mit einer sozialgeschichtlichen Arbeit »Die Maler am Pariser Salon 1791–1980« (im Erscheinen bei Campus), seit 1985 Galeristin in Kiel
Verena Auffermann, Studium der Kunstgeschichte, Volontariat an der Rhein-Neckar-Zeitung in Heidelberg, seit 1980 freie Mitarbeiterin bei der Frankfurter Rundschau, Süddeutschen Zeitung u. a.
Claudia Oetker, Studium der Politischen Wissenschaften in Berlin und

Hamburg, Mitarbeit bei Fisher Fine Art, Stuttgart, Mitarbeit in der Overbeck-Gesellschaft Lübeck von 1983–1987
Verena Krieger, Studium der Kunstgeschichte in Bielefeld und Bochum, seit 1986 Unterbrechung des Studiums wegen der Tätigkeit als MdB für DIE GRÜNEN, Beschäftigung mit frauenpolitischen und kulturpolitischen Themen (verschiedene Publikationen u. a.: Entscheiden, was Frauen (und Männer) über den § 218 wissen sollten, Hamburg 1987). Seit März 1989 Bundesvorstandssprecherin für DIE GRÜNEN
Kornelia von Berswordt-Wallrabe, seit 1971 Mitarbeit in der 1969 gegründeten Galerie m in Bochum, von 1979 bis 1983 Studium der Kunstgeschichte, Magisterarbeit über Picassos »Les Demoiselles d'Avignon«, seit 1987 Mitarbeiterin der Kunsthalle der Stadt Recklinghausen.

Christel Burmeier/Isabel Schulz

Zwischen Atelier, Schreibtisch und Museum

Alles beginnt mit dem Bedürfnis, sich mitzuteilen.

Ich bin Künstlerin

Im Atelier, während der Produktion nehme ich mir die Freiheit, das Publikum zu vergessen. Erst einmal beschäftigt mich ein Teil der Welt, ein Aspekt des Lebens. Das produzierte Bild-Foto, Objekt, Plastik, Performance, die jeweils benutzten Medien zeigen eine andere, neue Qualität der Wirklichkeit. Bei dem Versuch, etwas auf den Punkt zu bringen, suche ich Formen, Zeichen, Materialkonstellationen. Der Zufall spielt eine große Rolle. Hindernisse stellen sich mir in den Weg. Zweifel kommen auf. Verwerfen und neu finden, immer wieder von Anfang beginnen, bzw. dahin zurück. Diese Arbeit birgt häufig das Gefühl in sich, allein zu sein. Alleinsein auch als Bedingung für Qualität?

Ich kann nicht davon ausgehen, daß mein Problem, mein Thema, auch wenn es über meine Person hinausgeht, von anderen verstanden wird. Der Zeitpunkt und der Ort der Produktion und Rezeption liegen auseinander.

Ich bin Kunstvermittlerin

Ich beziehe Stellung, ich verteidige, ich lehne ab, ich vermittle. Jetzt spielt nicht mehr das Kunstwerk die Hauptrolle. Es muß sich mit den Menschen, die es betrachten, die Bühne teilen. »Es sind die Anschauer, die die Bilder machen«, konstatiert Marcel Duchamp.

Ich mache mich zum Anwalt der KünstlerInnen und ihrer Werke, weil ich selbst als solche angesprochen bin. Jede »Führung« fordert mich ganz. Der persönliche Einsatz geht manchmal an die Substanz. Nicht mehr die Idee, das Material und die Form stehen im Mittelpunkt, nicht mehr der Findungsprozeß, sondern das Erkennen des Zusammenspiels dieser Elemente und vor allem die Transformation, die Verknüpfung mit dem Leben der RezipientInnen. An dieser Stelle ist Vorsicht geboten. Die Gratwanderung zur möglicherweise frauenspezifischen Identifikation läßt die museumspädagogische Arbeit leicht zu einem privatisierten Freundschaftsdienst werden. Zugleich

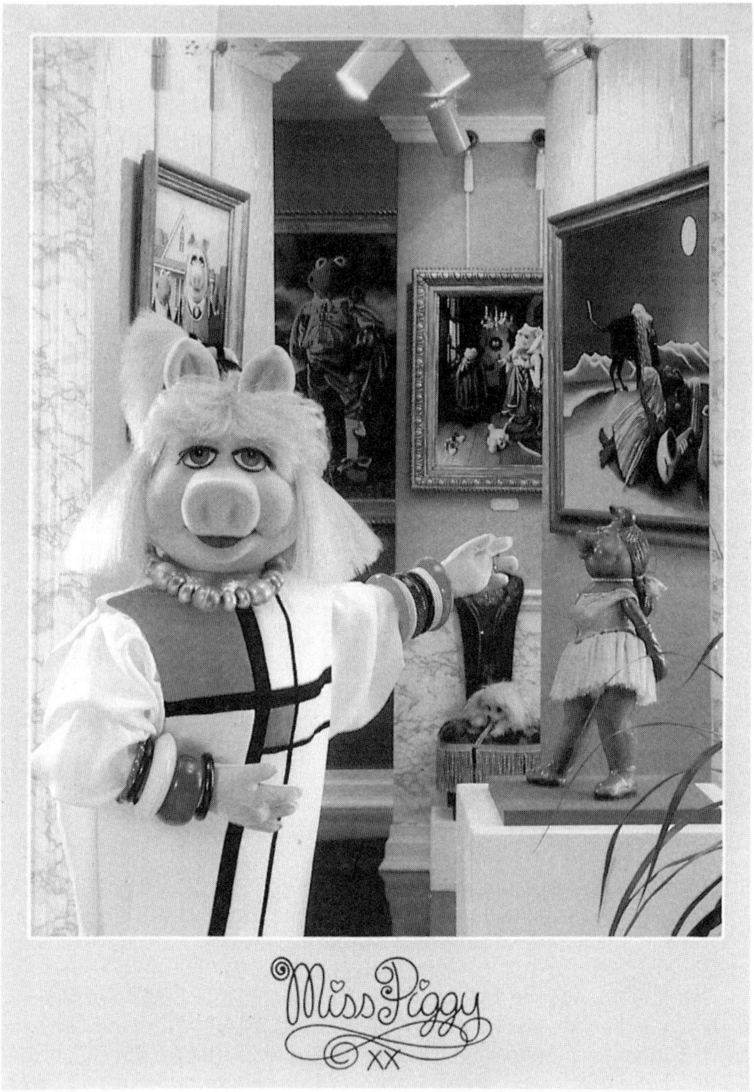

Abb. 1 Miss Piggy's Art Treasure, 1986 Postkarte

bieten sich neue Aspekte und Sehweisen beim Betrachten der mir vermeintlich bekannten Werke. Ich spüre die Verantwortung, die KünstlerInnen für ihre Bildäußerungen übernehmen und die Chance, doch etwas bewirken zu können.

Meine Fragen an Kunstwerke werden neben einem partiellen, autodidaktisch und durch das Kunsthochschulstudium angeeigneten Kunstgeschichtswissen von praktischen Erfahrungen geleitet, sowie von der Auseinandersetzung mit Künstlerkollegen. Ich weiß in diesem Zusammenhang zum Beispiel um die Kraft und Faszination des Zufalls bei der Bildherstellung: hier seien nur die Verdichtung einer Bildidee durch Überarbeitung schon vorhandenen Materials oder die Faszination am Malprozeß selbst erwähnt. Bei aller Achtung vor dem schöpferischen Prozeß muß ich feststellen: auch hier wird nur mit Wasser gekocht. Es geht mir in diesem Punkt um eine Entmythisierung des KünstlerInnendaseins und damit um so mehr darum, eine begründete Anerkennung, Neugierde ihm/ihr und seinem/ihrem Werk gegenüber zu wecken. Von meinen Künstlerfreunden ernte ich eher herablassende Kritik für die Vermittlungsarbeit. Die Kunst müsse schon für sich stehen. Ich sei eine Abtrünnige. Ich gäbe mich ab mit dem Publikum.

Kehre ich wieder in mein Atelier zurück, fällt es mir schwer, die Erfahrungen mit den MuseumsbesucherInnen fallen zu lassen. Plötzlich beobachte ich mein Tun, produziere zu sehr auf ein schon vorgedachtes Verständnis der Arbeiten hin, beziehe den Betrachter mit ein, verliere die nötige Distanz. Das Werk verliert unter Umständen seine subjektive Ausformulierung, seine Brisanz, und eine nicht planbare Inkommensurabilität. – Ich muß wieder länger allein sein. (C. B.)

Das Museum – ein Ort der permanenten Konferenz (J. Beuys)

Ausgangspunkt meiner wissenschaftlichen Arbeit als *Kunsthistorikerin* ist zunächst mein persönliches Interesse an bestimmten Kunstwerken, historischen Epochen oder Fragestellungen. Dann bestimmen vorgegebene, sogenannte »wissenschaftliche« Kriterien und Methoden meine Vorgehensweise. Ich soll eine Distanz zum bearbeiteten Thema schaffen, da eine emotionale Verstrickung mit den Inhalten der Arbeit die Gefahr einer subjektiv wertenden und unhistorischen Darstellung mit sich brächte. Der eigene Blick auf das Kunstwerk, erst recht auf das Original, wird meist schnell von der Auseinandersetzung mit der bisher darüber publizierten Literatur ersetzt. Das Ziel meiner Arbeit ist eine möglichst umfassende Darstellung historischer Bedingungsfaktoren und deren Zusammenwirken.

Die Auswahl der Werke wird nicht durch das Medium, sondern durch die Fragestellung bestimmt, auch eine unscheinbare kleine Skizze kann sehr wichtig sein. Die Folge einer langen, intensiven Beschäftigung mit dem gleichen Thema ist eine Spezialisierung, die dazu führt, daß ich mit nur wenigen Menschen darüber diskutieren kann. Die kontinuierliche Arbeit am Schreibtisch für eine Dissertation führt zu einer ähnlichen Isolierung wie bei der künstlerischen Arbeit.

Das kunsthistorische Studium ist für mich die unabdingbare Grundlage für die pädagogische Arbeit im Kunstmuseum. Doch erfordert die museumspädagogische Praxis einen anderen Umgang mit Kunst, der meiner wissenschaftlichen Tätigkeit zum Teil widerspricht und positive wie negative Wechselwirkungen zwischen beiden Arbeitsbereichen mit sich bringt. Die von mir als Wissenschaftlerin erwarteten universitären Kriterien des Wissenstransportes sind in Frage gestellt. Für viele der Museumsgespräche würde in Anbetracht dessen, was letztlich an Fakten vermittelt werden kann, das kunsthistorische Wissen eines Lexikonartikels ausreichen. Das Wichtigste sind nicht länger die Kunstwerke, sondern die mir gegenüberstehenden Menschen. Es geht nicht darum, »*die Kunst* dem Volk *näher*zubringen«. Ich muß mich auf die mir gegenüberstehenden Menschen einstellen und darauf, wie ihre Erwartungen und meine Intentionen zusammentreffen können. Für die BesucherInnen bin ich häufig erster Bezugspunkt. Nicht meine wissenschaftliche Qualifikation, sondern meine Person tritt in den Vordergrund. Soziale und kommunikative Fähigkeiten – meine Sprache, meine Gesten, mein Engagement –, werden wichtig. Ich benötige keine planbare, systematische Methode, sondern im Gegenteil spontane emotionale Fähigkeiten, wie Intuition, Anpassungsfähigkeit, Sensibilität, Toleranz und Einfühlungsvermögen. Sie sind rein funktional die Bedingung dafür, daß in der Gruppe »der Funke überspringt«. Da sie bis heute als spezifisch »weibliche« Fähigkeiten gelten, wird eine Arbeit, die sie erfordert, gering geschätzt.

Die Benutzerbedürfnisse und -interessen, sowie meine didaktischen Intentionen bestimmen das Vorgehen. Die Werke werden in noch stärkerem Maße als bei der wissenschaftlichen Bearbeitung »instrumentalisiert«, ich suche zum Beispiel Werke auch danach aus, ob sie groß genug sind, um von einer 20–30köpfigen Gruppe gut betrachtet werden zu können. Nicht die tradierte kunsthistorische Bedeutung eines Werkes ist primär ausschlaggebend für seine Auswahl, sondern zum Beispiel die Tatsache, ob in seinem Fall für den ersten Bildeinstieg ein in kurzer Zeit nicht vermittelbares Vorwissen nötig wäre oder nicht, oder ob das Werk im Vergleich zu anderen Bildern besonders provokativ wirken könnte, was fruchtbare Diskussionen über den Kunstbegriff und unsere Erwartungen an ein Kunstwerk zur Folge haben könnte.

Wie ich mit dem vorhandenen Material umgehe, orientiert sich primär an den BetrachterInnen. Dies fordert von mir eine offene, flexible Vorgehensweise, die »ungeplante« Reaktionen spontan aufnehmen kann und die von neuen, oft überraschenden Ideen und Diskussionen mit der Gruppe profitiert. Auch wenn der museumspädagogische Alltag nur relativ selten solche »Sternstunden« bietet, so ist mir schon allein die Erfahrung wichtig, daß hier im Gegensatz zur Wissenschaft diese Art zu Lernen überhaupt noch möglich ist. Sie relativiert die oft zu nicht mehr hinterfragten Ansichten und Normen erstarrte Kunstgeschichtsschreibung und zeigt die Grenzen mancher Methoden des Faches auf. Die Bedeutung einzelner Kunstwerke erscheint unter dem Gesichtspunkt, wie sie einen Dialog provozieren und ermöglichen, neu. Die Erwachsenengruppen, mit denen ich arbeite, bestehen fast ausschließlich aus Frauen. Es wäre interessant, zu fragen, inwiefern gerade ihre Reaktionen von den vorgegebenen patriarchalen Maßstäben der Kunstgeschichte abweichen.

Ich gerate bei der pädagogischen Arbeit häufig in die Rolle der »Stellvertreterin« des Künstlers oder der Künstlerin und versuche darüber hinaus, die Situation der vor mir Sitzenden zu verstehen und zwischen diesen Positionen zu vermitteln. Diese »einfühlsame« Arbeit bedeutet für mich einerseits eine Bereicherung zu dem größtenteils entfremdeten Universitätsbetrieb, andererseits kostet sie viel Energie, die in kein vorzeigbares Endprodukt, wie zum Beispiel eine Publikation, mündet. Ich bin mir bewußt, daß die pädagogische Arbeit für mein »Image« als Wissenschaftlerin in dieser Hinsicht negativ ist. Das bestehende, ich vermute von Männern geprägte Vorurteil lautet, daß Kunstvermittlung nur eine Nebenbeschäftigung für KunstwissenschaftlerInnen sei und eine weniger anspruchsvolle Leistung als zum Beispiel einen Aufsatz zu schreiben. Jede Kunsthistorikerin (und jeder Kunsthistoriker), die versucht, »Leuten Bilder zu erklären«, – ausgenommen davon sind natürlich Vorträge im Wissenschaftskolleg oder Veröffentlichungen in der Reihe »Kunststück« –, wird insgeheim mitleidig belächelt, daß sie damit ihre Zeit verschwendet. Vielleicht ein wichtiger Grund dafür, daß so wenige Männer in der Pädagogik arbeiten. Als Pädagoge kann man in der Regel am Museum keine Karriere machen, – oder gibt es einen Museumsdirektor, der als Museumspädagoge begonnen hat? Das Interesse, zu er-ziehen, was allzu häufig verwechselt wird mit Verwirklichung im Anderen, mit »hinablassen«, ist aufgrund der langen Erfahrung und der Sozialisation bei Frauen mehr vorhanden und eher akzeptiert als bei Männern.

Für mich ist die Begeisterung und der Dank der Menschen, mit denen ich im Museum spreche, eine Bestätigung, die ich im Moment nur schwer an anderer Stelle durch meine Arbeit als Kunsthistorikerin erfahren kann. Die Anregungen, die ich von ihnen bekomme, und die Frage, wozu kunsthistorische Arbeit überhaupt brauchbar ist, die sich bei einer Konfrontation mit Laien immer wieder stellt, sind Ansporn, wieder an den Schreibtisch zurückzukehren. Auch dort bleibt mir aufgrund der museumspädagogischen Erfahrungen die Bedeutung des gesellschaftlichen Auftrags der Kunstgeschichtsforschung präsent. Die Ausgrenzung der Vermittlungsarbeit aus dem sogenannten wissenschaftlichen Diskurs, die auch auf der Kunsthistorikerinnen-Tagung noch deutlich wurde, ist zu hinterfragen. Zahlreiche Kunsthistorikerinnen arbeiten, vor allem nebenberuflich, in diesem Bereich, und dennoch scheint eine Veröffentlichung ihrer Arbeit nicht »gesellschaftsfähig« zu sein. – Inwieweit passen wir uns in dieser Hinsicht den genannten Vorurteilen an? Bietet nicht gerade die Kunstvermittlung, d. h. der Dialog mit MuseumsbesucherInnen, Chancen für eine feministische Kunstwissenschaft, patriarchale Maßstäbe, nicht zuletzt in Sachen »Qualität«, in Frage zu stellen und neue Kriterien zu formulieren? (I. S.)

Abbildungsnachweis

Henson Associates, Inc. 1986 (1)

C. M. H. Kühn

Mal-Aktion.

Entstehung der Imagination: »Spirale«

In meinen Arbeiten geht es um die Sichtbarmachung einer ›Beseelten Welt‹. Meine ›Imaginationen‹ entstehen durch das Übergießen von waagerechten Flächen mit farbigen Flüssigkeiten. So entstehen Bewegungsspuren, die mich an Figuren, Landschaften, an schon Gesehenes oder noch zu Sehendes ›erinnern‹.

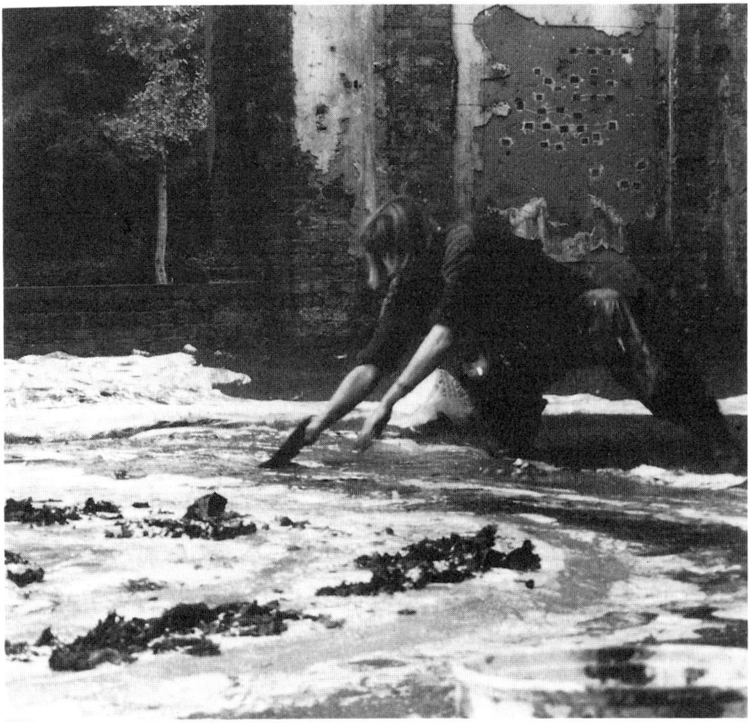

Abb. 1: Entstehung der Imagination: »Spirale«, mixed media

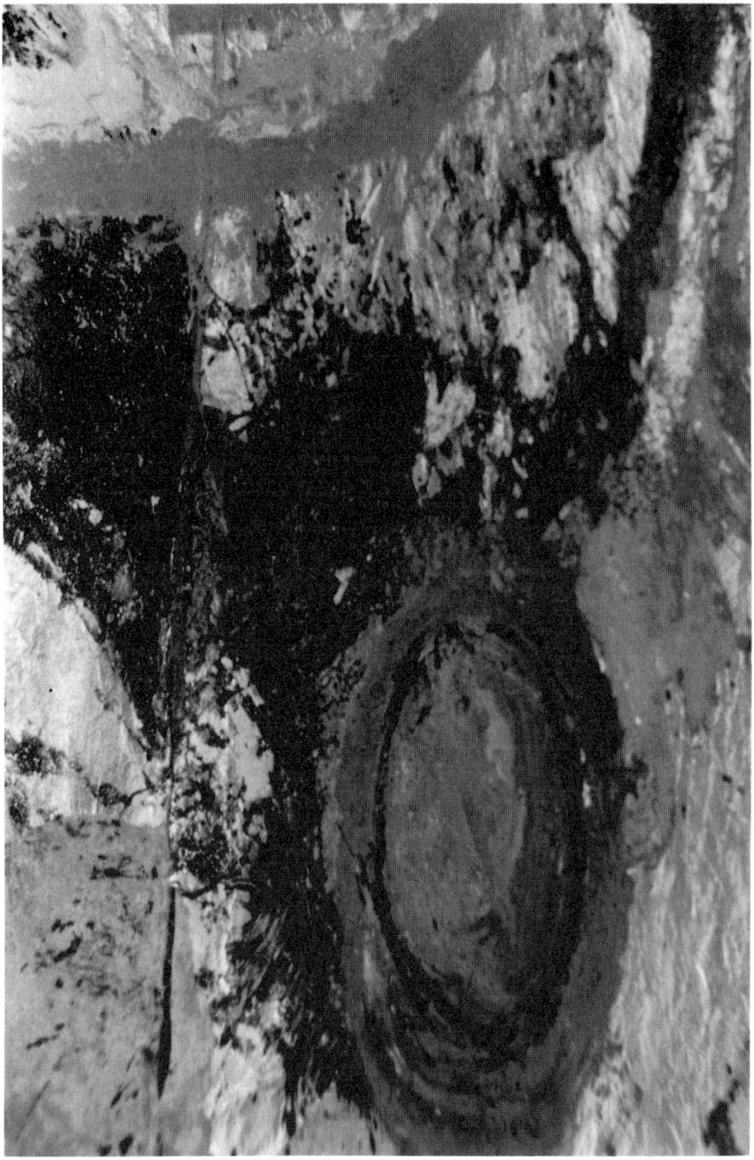

Abb. 2: Spirale, Detail

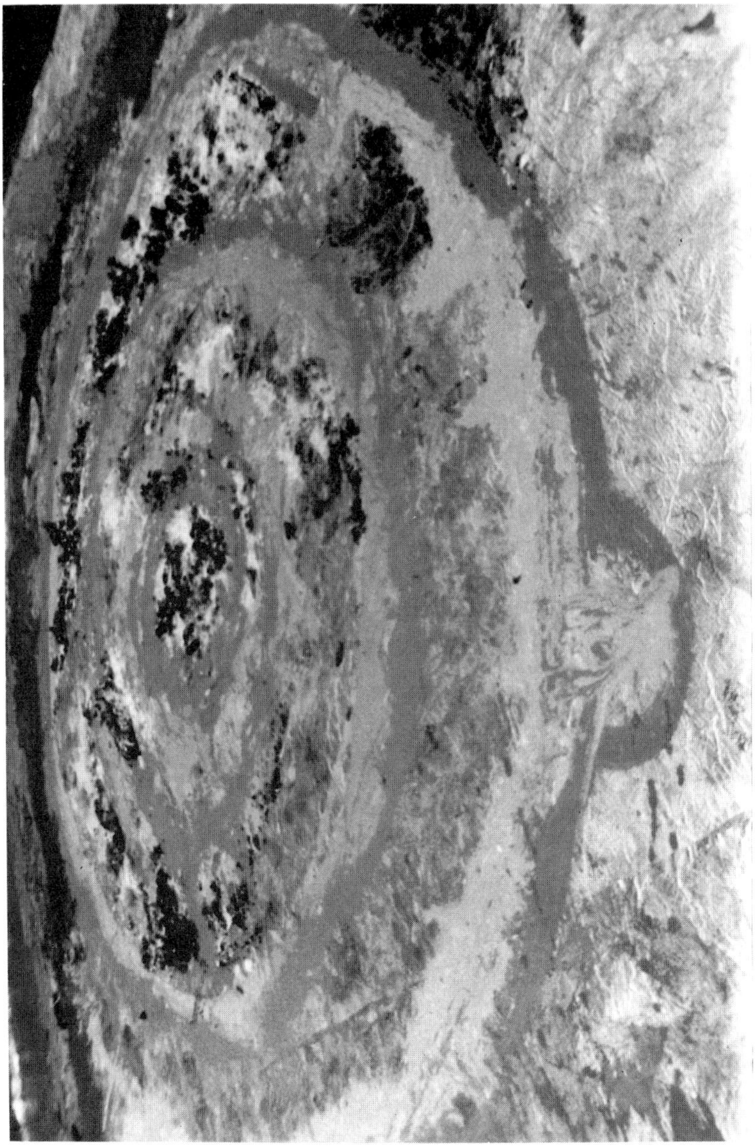

Abb. 3: Spirale, Detail

Ingrid Wagner-Kantuser

Widersprüche

Anmerkungen zu einem feministischen Forschungs- und Seminarprojekt an der Kunsthochschule

Die starke Präsenz von Frauen als Studierende an den Kunsthochschulen (ca. 50%) mag falsche Vorstellungen über eine gleichberechtigte Studien- und Berufssituation im Bereich der Künste wecken. Nur wenigen Künstlerinnen gelang es in den vergangenen Jahrzehnten, sich im Kunstbetrieb und auf dem Kunstmarkt einen Namen zu machen. An den Kunsthochschulen der Bundesrepublik und Berlin (West) sind insgesamt acht Professorinnen in der künstlerischen Lehre beschäftigt; es gibt also so gut wie keine Künstlerinnen, die ihre Erfahrungen und ihr Kunstverständnis in akademischen Zusammenhängen vermitteln »dürfen«; das gleiche gilt für die Kunstwissenschaften: an den Universitäten sind Professorinnen der Kunstgeschichte die Ausnahme. Direktorinnen öffentlicher Sammlungen, Leiterinnen kunstvermittelnder und kunstkonservierender Institutionen sind rar. Bisher gelangen Frauen höchstens in die mittleren, oft befristeten Positionen, der Schritt zu entscheidungsbefugten und mit finanziellen Mitteln ausgestatteten Ämtern und Funktionen wird unvergleichlich schwer gemacht.[1]

Auch die wenigen bekannten Künstlerinnen kommen (und im Vergleich zu ihren vielen z. T. mittelmäßigen Kollegen) in großen repräsentativen Ausstellungen oder Sammlungen nach wie vor meist nur als »Alibifrauen« vor.

Meine Motivation zur frauenspezifischen wissenschaftlichen Arbeit ergibt sich zum Teil aus meiner Situation als wissenschaftliche Mitarbeiterin an der Hochschule der Künste Berlin. Sie erfährt ständig neue Impulse durch das tägliche Erleben und Umgehen mit der patriarchalen Institution, der Studentinnen wie Dozentinnen nicht selten wie »ohnmächtig«, zumindest aber zutiefst ambivalent gegenüberstehen. Quantitativ gleichberechtigt, erleben die Studentinnen nur selten das Gefühl, wirklich ernst genommen zu werden. Zahlenmäßig in der absoluten Minderheit, werden wissenschaftliche und künstlerische Mitarbeiterinnen und Lehrbeauftragte mit ihrer Arbeit im Lehrkörper so gut wie nicht wahrgenommen. Obgleich die Akademie als Ausbildungsmonopol für die schönen Künste längst in ihrer Absolutheit hinterfragt wurde und wird, repräsentiert und reproduziert sie unausgesprochen und unaufhörlich den Mythos von der »Auserwähltheit« des Künstlers und vom »Hort des Wahren, Guten und Schönen«. Der Widerspruch für Frauen, einerseits in kritischer Distanz zur »Akademie« bleiben zu wollen, andererseits durch das Gefühl des heimlichen Ausschlusses an ihr zu leiden, also vielleicht (unbewußt) doch von ihr (den Vätern) anerkannt werden zu wollen, führt zu einem Riß im Selbstbewußtsein. Diese Zerrissenheit, soll sie nicht zur Zerstörung führen, kann aber nur ertragen werden, indem sie produktiv gemacht wird.

Die Indizien der Ausgrenzung von Frauen aus der Kunstgeschichte und dem aktuellen Kunstbetrieb sowie der Mangel an (nicht nur soziologischen) Untersuchungen über die Arbeitsbedingungen und die Kunst von zeitgenössischen Künstlerinnen führten zu der zunächst allgemeinen Frage nach der »Situation von Frauen im Kunstbetrieb«, so der Titel des feministischen und interdisziplinären Forschungsprojektes, an dem ich beteiligt bin.[2]

Bei diesem Forschungsgegenstand liegt es nahe, die Fragestellungen nach Sozialisations- und Ausbildungsweisen, Berufswirklichkeit und ästhetischer Theorie und Praxis von Künstlerinnen heute in eine Lehrveranstaltung an der Hochschule der Künste münden zu lassen.[3]

Angesichts der skizzierten problematischen Situation an der Kunsthochschule ist es geradezu zwingend, den Außenstehenden das Wort zu erteilen. Wenn Künstlerinnen, die in der Stadt leben und arbeiten, selbst von ihren Erfahrungen und Vorstellungen sprechen, ergibt sich einerseits eine andere Herangehensweise in der wissenschaftlichen Arbeit, sobald Material aus den offenen Interviews vorliegt. Andererseits dringt ein Teil weiblicher Vorstellungen über das »Kunstmachen« in die Köpfe der durch den väterlich-akademischen Schonraum geschädigten Kunststudentinnen und lehrenden Wissenschaftlerinnen und kann virulent werden. Das Hinausgehen und Hereintragen weiblicher Ideen zum Kunstmachen ist fast schon ein subversiver Akt.

Intentionen der Lehrveranstaltung sind u. a., die Kunststudentinnen Vorstellungen über künftige Betätigungsfelder durch den Kontakt mit Künstlerinnen unterschiedlicher Generationen, Lebenslagen und Arbeitsweisen entwickeln zu lassen. Die Studentinnen sollen die heutige Situation als historisch, soziokulturell und ökonomisch bedingte, in die individuellen Biographien eingeschriebene, begreifen lernen. Sie sollen einen sinnlichen und reflexionsbereiten Zugang zu den diversen Zugriffs- und Arbeitsweisen heutiger Künstlerinnen entwickeln. Vor dem lebendigen Hintergrund der erzählten und erfragten biographischen und ästhetischen Erläuterungen im Atelier selbst werden Erkenntnisse und Eindrücke gesammelt, die in Vor- und Nachbereitungssitzungen geordnet, relativiert und zum Teil auch entmythisiert, verarbeitet werden müssen. Der Zusammenhang Frau, Kunst und Gesellschaft wird durch die Begegnung zwischen Künstlerinnen, Kunststudentinnen und Dozentinnen anschaulicher und ansatzweise erhellt. Fragen werden gefunden und Antworten formuliert, die zwar zunächst individuellen Charakter haben mögen, im Gesamtkontext jedoch als Quellen gewertet werden. Die vorbereitete Konfrontation mit den künstlerischen Arbeiten initiiert zum Teil ein intensiveres Sehen und Sprechen, Reflektieren.[4] Im besten Fall erfahren wir etwas über den Prozeß der Werkkonstitution.

Die Vermischung und Einmischung unterschiedlicher Perspektiven auf das Thema, wie Frauen Kunst machen, bilden ein zunächst oft undurchdringliches Amalgam von Meinungen und Aspekten, dessen Strukturen erst viel später und in mühevoller Kleinarbeit freigelegt werden können. Die unterschiedlichen Perspektiven haben immerhin mindestens ein fruchtbares Potential im Gespräch, nämlich allzu zielgerichtete Fragen umzumünzen, festgefahrene Strukturen zu chaotisieren, Vor-Urteile infrage zu stellen.

Aufgrund der ähnlichen Ausgangslage (ein signifikantes Merkmal ist zum Beispiel die Vereinzelung) einer Frau als Wissenschaftlerin, Lehrerin, Studentin an einer Hochschule der Künste, die ausschließlich durch Männer geprägt ist, und als Künstlerin im männlich bestimmten Kunstbetrieb, ist die beste Voraussetzung für Motivation und Engagement vorhanden. Durch den Gegenstand an sich wird Betroffenheit erzeugt. Zudem bieten sich Identifikationsmuster und -wünsche in den verschiedensten Relationen an. Oft kommen jeder einzelnen Frau die Entwicklungsverläufe von Kindheit über Jugend zum »Berufsleben« bekannt vor. Soziale Probleme, bestimmte Verhaltensmuster oder »Überlebensreaktionen« verbieten (zunächst) das Feststellen von Dissenz, verstellen den kritischen Blick. Unstimmigkeiten, Widersprüche in den Äußerungen der Künstlerinnen, von einem angenommenen und erwarteten Frauenbild Abweichendes führen zu Ablehnung und – positiv oder negativ besetzt – emotionalen Reaktionen.

In der Zusammenarbeit mit Studentinnen und bildenden Künstlerinnen verschiedenster Herkunft, Generationen und Weltbilder wird der Ansatz der Erforschung von Kunst von Frauen und ihrer Bedingungen noch zusätzlich, neben der (solidarischen) Verbundenheit der Wissenschaftlerin mit der Künstlerin und der Studentin, mit verschiedensten Facetten der »Betroffenen« – die wir alle sind – angereichert. Diese kommen in der gemeinsamen Debatte zum Tragen, müssen ausgeräumt oder bestätigt werden; spätestens aber in der »Einsamkeit der Studierstube« tragen sie dazu bei, gelegentlich den Überblick zu verlieren und die »sicher« gewähnte eigene Position infrage stellen zu müssen.

Das Verhältnis zwischen Betroffenheit und Distanz, zwischen Analyse und Empathie, zwischen Solidarität und Identifikation und dem notwendigen Betonen der Differenz stellt sich als Gratwanderung dar, im Seminar überdies als Massenveranstaltung betrieben. Der für die Arbeit unverzichtbare subjektive Anteil bringt Reaktionen wie Ablehnung, Indifferenz, Enttäuschung, Mitleid, Bewunderung, Verehrung und/oder Ermutigung (als wichtiges Lernziel, trotz alledem) mit sich. Der Umgang mit vorgefaßten Einstellungen, Spontanreaktionen, Gefühlen gehört zur Forschung genauso wie zur Lehre, will sie, neben dem Erkenntnisinteresse, einen Begriff wie Betroffenheit sowie Überlegungen der Möglichkeiten von Einflußnahme und Veränderung als Bestandteile feministischer Forschung und Lehre ernst nehmen.

Dies gilt als Lernziel von Seminar- und Teamarbeit, auf der Differenz bestehen zu lernen, aber dadurch das andere, uns Fremde, nicht auszuschließen. So gilt es immer wieder, Ein- und Aufbrüche aufzufangen, gemeinsame Anstrengungen zu verkraften, Distanz und Nähe zu wahren. Es gilt, die »Souveränität« als Forscherin nicht erstarren und die Beweglichkeit der Vermittlerin nicht in Anpassung und Identifikationen umschlagen zu lassen.

Die Komplexität der sozialen und künstlerischen Fragestellungen wird im – von der Frauenforschung im feministischen Sinn geforderten – Kontext des Verhältnisses von Rationalität und Emotionalität, von Einbringen und Ausagieren des »Genus« *nicht* reduziert.

Aus der männerbündischen Struktur der Hochschule ergibt sich ein weiteres Problem. Wie alle zu den »Frauenstudien«, die im Vorlesungsverzeichnis zusammengefaßt eine Seite ausmachen, zählenden Veranstaltungen wird das Seminar durch Bedürfnisse und Erwartungen der Studentinnen gleichsam »naturwüchsig« zum »Ort«. Dieser symbolisiert zugleich Rückzug unter Gleichgesinnte, fast mit verschwörerischem Charakter – wer zu uns kommt, wird als Feministin stigmatisiert, so berichten die Studentinnen – und Austragungsort von Differenzen und Frustrationen. Fast automatisch (– weil wir Frauen sind? –) und initiiert durch unseren Arbeitsgegenstand wird uns ein Gefühl der Zuständigkeit nicht nur für »Frauenfragen« abverlangt und zugeschoben, was natürlich mit der Distanziertheit des übrigen Lehrpersonals zu tun hat. Die wenigen Frauen werden zu *den* zuständigen Personen für frauenpolitische und (alle) anderen Probleme im studentischen Alltag. Unversehens werden so auch von den Studentinnen – eher unbewußt – die überkommenen »weiblichen Fähigkeiten« festgeschrieben. Die althergebrachte dichotomische Ordnung wird auf diese Weise fortgesetzt: die »fachliche« Beratung bei den Vätern, die »menschliche« bei den Müttern. Gerade diese Ordnung, die in ihrer Scheinheiligkeit gesamtgesellschaftlich und auch von unseren Hochschulkollegen mitgedacht wird, wollen wir aufbrechen. Wir sind nicht mehr bereit, sie mitzutragen (auch auf Kosten etwa einer »Gemütlichkeit«): es geht uns sowohl bei der Erforschung als auch bei der Vermittlung weiblicher Kreativität und ihrer Voraussetzungen und Perspektiven um die fachliche und menschliche Kompetenz; unabdingbar beides; das eine nicht ohne das andere.

Das Problem der Überforderung, das engagierte Frauen permanent verspüren, ist ein strukturelles. (Pragmatisch läßt es sich zunächst nur durch die Anstellung vieler Frauen mit ähnlichem Engagement mildern, die sich die anfallenden Verpflichtungen aufteilen können.)

Als wissenschaftliche Mitarbeiterin an der Hochschule der Künste befindet frau sich auf einsamem Posten. Dies gilt nicht nur für die Geschlechtszugehörigkeit, auch die Wissenschaften spielen im Verhältnis zur Kunst eine eher marginale Rolle; für die Forschung gar wird noch nach hochschulspezifischeren Formen gesucht, die den Inhalten und Strukturen der Hochschule adäquater sein müßten; viele Fachbereiche haben bspw. kein Promotionsrecht, stellen jedoch wissenschaftliche Mitarbeiterinnen zur Weiterqualifikation an.

Frauenforschung hat an Kunsthochschulen keine Tradition. Wo sie – abgesehen von besonders eingerichteten Instituten – im akademischen Bereich betrieben wird, liegt sie in den seltensten Fällen in den Händen von Professorinnen, sondern in denen des weiblichen Mittelbaus. Dieser ist jedoch z. B. per Hochschulrahmengesetz weder mit ausreichenden Forschungs- noch Handlungskompetenzen geschweige denn mit finanziellen Mitteln ausgestattet. Konkret heißt das beispielweise, es müssen auswärtige BetreuerInnen für Dissertationen gefunden werden, es muß immer wieder gegen die Folgen von Vereinzelung und Konkurrenz im Betrieb angegangen werden. Mißtrauen und Ignoranz gegen feministische und wissenschaftliche Projekte bilden nicht nur psychologische Hürden. Unter diesen hier angedeuteten Bedingungen können engagierte Perspektiven oder Ansätze, einer den Anteil der Frauen an Kunst- und Kulturgeschichte neu bewertenden Forschung und Lehre nur schwer Eingang in die offiziellen und heimlichen Lehrpläne der die schönen Künste lehrenden Akademie gelangen.

Auf der anderen Seite hat der Status einer gewissen »Narrenfreiheit« in der Lehre und der Eingrenzung der Forschungsinteressen auch seine Vorteile. Die Freiheit von der Anerkennung durch die »Väter«, das Nichtgehörtwerden erlaubt in einem nicht durch Repräsentationen und ungeschriebene Normen verstellten diffusen Zwischenbereich unkonventionelle Denkweisen und Methoden. Die Lehrfreiheit kann wörtlich genommen werden, die Kontrolle durch die Doktorväter entfällt, vorläufig.

Die verschiedentliche Einmischung in den Hochschulbetrieb durch Seminare, Aktionen, Performances, Projekte, Diskussionen, Vorträge zeitigte bei »den« Vertretern von Kunst und Wissenschaft keine Resonanz, außer der üblichen (scheinbaren) Indifferenz. Indem durch Fernbleiben Veranstaltungen zu »Frauenveranstaltungen« diskriminiert werden, findet die Ausgrenzung, das Abwehren der Einmischungsversuche von Frauen auf »weiche« Art statt. Womit wir wieder beim Anfang – dem Feststellen des ziemlich unbeweglichen Status quo wären – und bei der Machtfrage.

Wäre es zu alledem eine Alternative, die eigene Arbeit in Wissenschaft und Vermittlung *nicht* in das Zentrum der Macht rücken zu wollen, sondern sie weiterhin als subversive zu begreifen und zu betreiben – in der Hoffnung, daß der hermetische Rahmen der alteingesessenen Institution durch feine, kontinuierlich wachsende Haarrisse zwischen drinnen und draußen, zwischen Anpassung und Widerstand allmählich gesprengt würde? Das hieße auch: nicht Aufgeben beim Hinterfragen von Identifikationsbereitschaft mit Herrschendem, auch nicht beim Hinterfragen der heimlichen Wünsche nach weiblichen Parade-Identifikationsmustern, die alle anderen »erlösen« sollen. Das heiße auch weiterhin und mit allen Kräften an der Vernetzung des subversiven Potentials draußen und drinnen, ebenso zwischen Wissenschaftlerinnen und Künstlerinnen zu arbeiten.

In diesem Sinne und unter den herrschenden Umständen wäre noch lange an vielen Dingen gleichzeitig zu arbeiten und zu lernen, der Verlockung der Macht durch Anpassung an die männlichen Imperative und »Verstellung» zu widerstehen; genauso wie den Machtstrukturen, die in den subversiven und anderen Frauenprojekten lauern ...

»Inspirierende Tagträumereien« nennt Marianne Schuller (1984) ihre hier abschließend zitierten Vorstellungen, deren Umsetzung auch meinen Erfahrungen gemäß mit den größten Anstrengungen verbunden sein werden:

»Das heißt auch, daß weibliche Intellektualität sich nicht diesseits oder jenseits des ›väterlichen Wissens‹ und der Macht, sondern nur in deren Subversion entfalten kann: indem sie sich nicht zufrieden gibt, mit den innerhalb der Szenen oder institutionell vorgesehenen Plätzen, auch nicht mit dem der Kritik, sondern die Zuweisung und Platzverteilung als Machtfunktion selbst infrage stellt; indem sie sich nicht mit der Gabe identifiziert und nicht mit dem Erreichten. Vielmehr entzündet sich ›weibliche Intellektualität‹ an dem, was dem väterlichen Wissen mangelt, indem es sich hervorbringt. Sie entzündet sich an den ›Resten‹, die die Gesten und Rituale der Macht erzeugen. In diesem Sinne ist sie deren Negativ und Störung. Der Prozeß der Störung aber muß sich auch auf sie selbst beziehen: ihr eigener Mangel taucht nicht als eine schleunigst zu substituierende Schwäche, sondern als produktives Moment auf. Er macht sie neugierig. Begierde mischt sich in die Intellektualität.«

Anmerkungen

1 »Das Ergebnis läuft darauf hinaus, daß sich zwar der Frauenanteil in den oberen Leitungspositionen (Direktoren etc.) im Schnitt verdoppelt hat, nach wie vor aber im Bereich von 10 bis 20% und damit deutlich unter dem Anteil qualifizierter Frauen in diesem Sektor angenommen werden kann (als Indiz dafür mag ein durchgängig hoher Anteil von Studentinnen und Absolventinnen im Fach Kunstgeschichte gelten, der seit Jahren um 70% liegt). Ebenfalls z. T. beträchtlich erhöht sich der Anteil der Frauen in den fachlichen Mitarbeiterpositionen: Er liegt heute zwischen 1/3 und 2/5 und kommt den Erwartungswerten etwas näher.« (Bundesminister 1986/87, 44) Auf die Lage der Künstlerinnen geht der Bericht nicht ein, kündigt aber eine gesonderte Untersuchung dazu an.

2 Ich arbeite zusammen mit meinen Kolleginnen Aulikki Ermomäki und Renate Herter in einer Art Arbeitsgemeinschaft, wobei wir von unterschiedlichen psychologischen, soziologischen und kunstwissenschaftlichen Ansätzen ausgehen. Die Forschung erfolgt im Rahmen der persönlichen Weiterqualifikation, wird also weder »offiziell« gefördert noch als »das« wissenschaftliche Vorhaben der HdK zum Thema Frauen und Kunst betrachtet.
Die Arbeitsgemeinschaft bildet vielmehr eine wichtige Basis, die Widersprüche der HdK-Strukturen erträglicher zu machen, sowie zur Auseinandersetzung und gegenseitigen Ermutigung. Da ich in diesem Zusammenhang nicht auf bisherige inhaltliche Überlegungen und Ergebnisse eingehen kann, verweise ich auf eine Reihe von Aufsätzen dazu in: Kat. Das verborgene Museum 1987 Bd. II, 53–71.

3 Wir führen das Seminar seit fünf Jahren als fachbereichsübergreifende Veranstaltung an der HdK Berlin durch. Vgl. dazu Eromäki, Herter u. Wagner-Kantuser 1989.

4 Das Betrachten der Arbeiten stellt (auch mit Kunststudentinnen) ein Problem dar. Immer wieder tappen wir in Fallen, die die patriarchal besetzte Sprache uns stellt; die Vorstellungen von Kunst und Kunstmachen sind durch Jahrhunderte der männlichen Geschichtsschreibung und Kritik verstellt. So stellt sich das Gespräch über Bilder und Ästhetik immer wieder als ein Ringen um Worte, Begriffe, Zugangsweisen dar, das eigentlich nicht bewältigbar ist und bekannterweise auch in den Schriften zur Kunst ein Problem der Frauen darstellt.

Beatrix Geisel

»Denken Sie sich Goethe als Heimarbeiter!«

Lu Märten: Von der »Obdachlosigkeit« der weiblichen Kreativität

Seit den siebziger Jahren hat man in der BRD und in der DDR damit begonnen, mit Lu Märten eine Schriftstellerin und Theoretikerin wiederzuentdecken, die »bis zum Beginn der Zwanziger Jahre manches vorwegnimmt und vieles vorbereitet, was später in berühmt gewordenen Schriften und Debatten eine Rolle spielen sollte«, wie es im Vorwort eines 1982 in der DDR veröffentlichten Bändchens mit einer Auswahl aus ihren Schriften, Aufsätzen und Vorträgen heißt (Märten 1982, 7). Nach vielen Jahren der Nichtbeachtung bzw. der Verbannung in Fußnoten und Anmerkungen wird inzwischen auch in der DDR zugegeben, daß sie Ansätze der sog. »linken Materialästhetik« vorweggenommen hat, wie sie hauptsächlich von Benjamin, Brecht, Eisler und Piscator entwickelt wurden – ohne daß sich einer von ihnen je auf sie bezogen hätte –, daß sie schon vor der Jahrhundertwende »Haus und Hausgerät als neue Gestaltungsaufgabe«, wie sie erst später vom Bauhaus propagiert wurde, angesehen hat und daß sie wohl »als erste Theoretikerin proletarischer Kultur und Kunst den Wert der künstlerischen Avantgarde für die Gestaltung der Umwelt erkannt hat« (Märten 1982, 7).

Lu Märten ist aber nicht nur als »unbekannte Vorläuferin Brechts und Benjamins« zu entdecken (Kambas 1988, 4), sondern auch als Feministin, die sich ebenso dem proletarischen wie dem radikalen Flügel der ersten deutschen Frauenbewegung verbunden fühlte. Mehr noch: Ihre Beschäftigung mit der geschlechtlichen Arbeitsteilung und den Barrieren im weiblichen Lebenszusammenhang, die einer künstlerischen Betätigung entgegenstehen, ist nicht additiv zu werten – im Sinne von: damit hat sie sich auch beschäftigt – sondern die weibliche Perspektive ist konstitutives Element ihrer Theoriebildung. Selbst ihr »fundamentaler Gedanke..., daß die Kunst nicht nur als eine historisch veränderliche, sondern überhaupt als eine transitorische Erscheinung« anzusehen ist, als ein »Ergebnis der Arbeitsteilung und damit der Klassengesellschaft, das mit der Aufhebung dieser Klassengesellschaft seine Voraussetzungen verliert und abstirbt« (Rosenberg 1979, 45) ist eindeutig von der besonderen Lage der Frauen in der Klassengesellschaft inspiriert.

»Ich sah, bestimmt durch meine erste Lektion, vor allem die Frauen als den in der Masse unbewußtesten und ausgenütztesten Teil der Arbeiterschaft«, heißt es bereits in ihrem frühen, 1909 veröffentlichten autobiographischen Roman »Torso. Das Buch eines Kindes« (Märten 1909,71), der die soziale, ästhetische, intellektuelle und erotische Gleichberechtigung der Frauen thematisiert (Kambas 1988, 4). »Die Not der Frauen«, heißt es darin, habe sie »unter allen eigenen Schmerzen keinen Augenblick« verlassen und habe ihre »Nächte lange Zeit zu einer Pein« gemacht. Sie beschreibt das Elend der Heimarbeiterinnen, das sie offenbar in ihrer engsten Umgebung kennengelernt hat, und beklagt dessen Perspektivlosigkeit. Eine von ihnen, die Freundin ihres Bruders, läßt sie in diesem Buch »früh erkennen, daß viele arbeiten und arbeiten mußten, ohne mehr und anderes zu erreichen als die Notdurft« und läßt sie von »den Dingen« träumen, »die sie draußen wußte, die aber nie zu ihr gekommen waren« (Märten 1909, 93).

Daß dieser Traum kein Traum bleibt – darauf zielt ihre Utopie einer klassenlosen Kunst, die nicht mehr »Luxusware für eine Klasse« sein, sondern auch denen zugute kommen werde, die wie die Freundin ihres Bruders »sechs Mark Wochenlohn in der flachen Hand« hielten und »dachten, nun müsse doch mehr kommen«. Der Roman endet mit der Vorstellung von einem großen Fest, die Lu Märtens Wunschbild einer anderen Gesellschaft, u. a. mit folgenden Zuschreibungen charakterisiert: »Liebe und Lohn ohne Demut, Leben und Schönheit aller – wie das leuchtet und wärmt!« (249) In ihrer fünf Jahre später, 1914 veröffentlichten Studie über »Die wirtschaftliche Lage der Künstler« sagt sie dasselbe etwas prosaischer: »Kunst und Daseinsgenuß wird nicht erschaffen... um der Künstler willen, sondern um des Genusses aller willen.«

Frauen sollen aber nicht nur den gleichen Konsumanteil erhalten, sie sollen auch gleichberechtigte Produzentinnen sein können, gleichgültig für welchen »vitalen Zweck«. Von dieser Prämisse her argumentiert Lu Märten schon früh gegen den Antifeminismus in der Kunstgeschichte, wonach die Frau als Modell und bestenfalls Anregerin männlicher Kunstproduktion begriffen wurde und wird. »Denken Sie sich Goethe als Heimarbeiter«, sagt die Ich-Erzählerin des Romans »Torso« zu einer Freundin, und als diese (in neoromantischer Tonlage) insistiert, »er hätte doch gesungen«, schränkt die Ich-Erzählerin ein: »Sicher, nur nicht als dieser Goethe. Nur ein Lied hätte er wissen können. Man kommt nicht fort von sich, hat man soviel mit sich zu tun – und man singt von der Erde, in der man wurzelt. Und einigen werden die Lieder erstickt« (112). In ihrer 1914 geschriebenen, aber erst 1919 publizierten soziologischen Untersuchung über die gesellschaftliche Situation von Künstlerinnen, veröffentlicht in einer Monographien-Reihe zur Frauenfrage, lehnt sie es deshalb auch kategorisch ab, sich mit dem Argument, die Frauen hätten noch keinen Goethe oder Beethoven hervorgebracht, überhaupt auseinanderzusetzen. »Ich betone«, beginnt sie ihre Einlei-

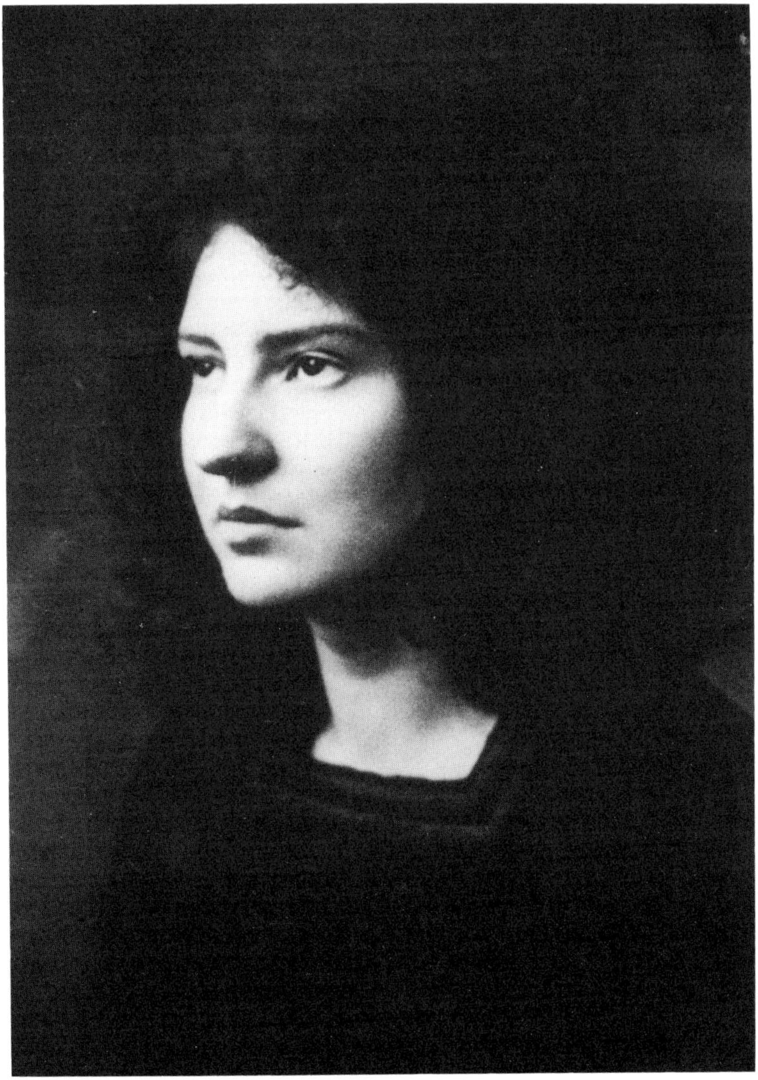

Abb. 1: Lu Märten 1905/06.

tung, »daß ich mich absichtlich hier nicht mehr auf die Frage oder Behauptung einlasse, ob die Frauen jemals zu Kunsttaten – Genialität usw. fähig seien oder nicht. Ich setze vielmehr voraus, daß sie es sind und untersuche die Hemmungen dieser geistigen und sozialen Expansion – des genialen Seins. Das andere ist heute nicht mehr anders zu werten, als die einmal ernsthafte Streitfrage, ob das Weib eine Seele habe...«

Die Ursachen dieser Hemmungen sieht sie sowohl in der kapitalistischen Produktionsweise als auch in der patriarchalen Ideologie. Ebenso wie sie im Sinne der von ihr intendierten radikalen Ideologiekritik Kunst als »fernes Abbild jenes ursprünglichen, aus der Arbeit entstehenden Formvermögens« (Märten 1924, 9) definiert, wendet sie sich auch gegen alle Ideologien, die die Kunstproduktion von Frauen mystifizieren. »Alle Probleme der heutigen Frau als Künstlerin und als Arbeiterin«, resümiert sie im Schlußkapitel der Künstlerinnen-Monographie, »sind gesellschaftliche Probleme, darum erfordern sie allein gesellschaftliche Lösungen – alles andere von ›Natur‹ und ›Bestimmung‹ ist Wortgeschwätz« (Märten 1919, 106). Wie ihr Kunst nur als Sonderfall der Produktion gilt, so unterliegt auch die Künstlerin in ihrer Sicht den gleichen gesellschaftlichen Bedingungen wie die Arbeiterin, der geschlechtlichen Arbeitsteilung nämlich; die den Mann zum »Unternehmer der Familie« (22) gemacht und jeder Art von Frauenarbeit den Stempel der »graduellen Qualitätslosigkeit« (16) aufgedrückt habe. Deshalb sei, »was die Frau bis dahin als schöpferische Persönlichkeit an gesellschaftlichen Werten erbracht« habe, »nicht der Zahl und Vielheit nach zu werten, sondern als ein: Trotzdem und überhaupt« (23).

Als »Tatsache, die uns geschichtlich und biographisch tausendfältig entgegentritt«, konstatiert Lu Märten, »daß der Mann den von ihm angenommenen Werten«, seinen Prioritäten, »Familie, Kind, Beziehung usw. opfert und dafür bewundert wird, daß auf der anderen Seite die Frau in ihren sozialen, künstlerischen oder geistigen Leistungen (= Werten) möglichst bezweifelt wird, weil man verlangt, daß sie ihre Begabung, Neigung, spezielle geistige Energien opfert für den privaten Anspruch an sich als Frau oder Mutter« (26). Während der Mann »aufgrund seiner geschichtlich gewordenen sozietären Gesamtleistung« sich als Angehöriger eines »künstlerisch und schöpferisch befähigten *Geschlechtes*« fühlen könne, warte man bei den Frauen auf »statistische Beweise« besonderer Fähigkeiten, für die »nur Vulkanisches« gut genug sei (27).

Die Monographie »Die Künstlerin« nimmt eine Reihe von Einsichten vorweg, die erst durch die Frauenforschung in verschiedenen Disziplinen in den wissenschaftlichen und gesellschaftlichen Diskurs eingeführt worden sind. Lange bevor »Arbeit aus Liebe« und »Beziehungsarbeit« zu sozialwissenschaftlichen Begriffen wurden, beschreibt Lu Märten die Frau, jede Frau als »nach Zwecken zerteilt – jeder nimmt und absorbiert, was er für nötig hält; der funktionale und personale Reichtum einer Frau, ihre Gesamtpersönlichkeit«, fol-

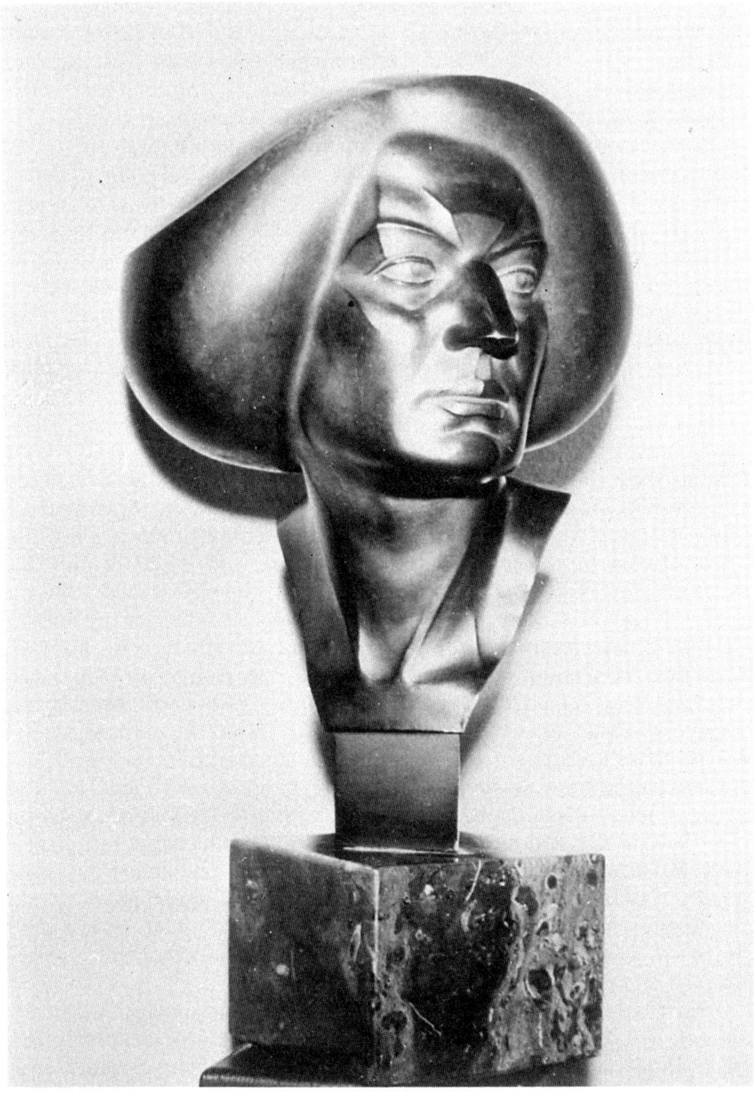

Abb. 2: Wilhelm Repsold, Büste von Lu Märten, 1911.

gert sie, »wird somit gar nicht als Einheit sichtbar« (33). Lange bevor die »verborgene Frau« (Stephan, 1983) zu einem Begriff der feministischen Literaturwissenschaft wurde, nennt Lu Märten »die Verborgenheit das Eigenschaftliche allen Frauenlebens«, charakterisiert es als eine »vielfach verborgene, sozial latente Künstlerschaft« und spricht von der »namenlosen Genialität der Frau« (Lu Märten 1909, 34f), die – wie Virginia Woolf (1939) formuliert – ohne »ein Zimmer für sich allein« nicht zum Ausdruck kommen kann. Zudem werde beim herrschenden »Götzendienst des Individuellen« verkannt, daß »große Geister Resultate universellen Geschehens« einer kulturellen Tradition seien. Aber »in dem Maße, als der Lebenswille und das große geschichtliche Gestalten der Massen und Frauen erkennbarer wird, werden die einzelnen Namen als höchste Wertmesser verblassen und namenlose, gemeinschaftliche, wirkliche, lebendige Werte, um derentwillen die Goethe und Beethoven Lieder und Töne gefunden, werden höher stehen als ihr Lied« (37). Mit anderen Worten: wenn sich die Arbeiter und die Frauen den Zugang zur Kultur erkämpft haben, werden sie die Kunst in den Alltag integrieren bzw. sie in eine schöne Lebenspraxis auflösen.

So klingt bei Lu Märten die Zukunftsmusik, die Gegenwart allerdings ist (ebenso wie für Virginia Woolf) Anlaß zu bitteren Klagen:»Wie rasch nennt man den Mann begabt, genial, lobt seine Leistungen, rühmt seine Überwindung von Widerständen, vergöttert sein Tun und Werk. Und wer«, fragt Lu Märten, »schaute auf die Frau? Wer sieht all die abreagierten Kräfte... und... und all die früh zerbrochenen Willen? Und wer sieht alle die, die sich wie Maulwürfe erst zum Licht drängen, die erst ›sich losmachen müssen, um sich in Bewegung zu setzen‹ und dann sehen und erkennen, was ihnen in Enge und Dunkelheit vorenthalten bliebt?« (35) Lange vor Scheu und Belotti kritisiert sie in diesem Zusammenhang die geschlechtsspezifische Sozialisation: »Die Kindheit des Mädchens endet früher als die des Knaben. Wenn sein planloses Kinderspiel aufhört, beginnt sein planvolles; das der Experimente und Kombinationen. Aus solchen konzentrierten Spielkräften ergibt sich nicht selten seine Neigung und Fähigkeit... Jedenfalls läßt man diese Quelle ruhig sprudeln.« Beim Mädchen dagegen werde sie »verschüttet« bzw. sofort in vorgegebene Kanäle geleitet. »Talente werden nach Notwendigkeit sobald als möglich familiär oder gewerblich nützlich gemacht, damit sind sie meist schon begrenzt und gefesselt, ehe sie entwickelt waren« (40).

Sie beschreibt, welche Barrieren eine künftige Künstlerin zu überwinden hat. »Der offene Zugang zu Akademien, Studien- und Lehranstalten ist für die Künstlerin nicht selbstverständlich. Sie muß ihn sich erkämpfen, Nebeneingänge suchen oder Sonderinstitute errichten. So ist«, urteilt sie, »alles geistige und künstlerische

Schaffen der Frau schon in seinem Beginnen obdachlos und schutzlos« (41). Man könne sie zwar »aufhalten, aber nicht endgültig verdrängen. Aufhalten und zu Umwegen zwingen.« Das, konstatiert sie, sei »tatsächlich das Charakteristische der heutigen Künstlerinnen-Laufbahn geworden« (42). Zur Sonderbehandlung in den Akademien kommt der auch noch heute weitgehend funktionierende Ausschluß vom Ausstellungswesen und die Vernachlässigung durch die Kunstkritik, die sich »am rückständigsten« verhalte. Aufgrund dieser Diskriminierung sei der Künstlerin zwar nicht zu raten, sich von »materiellen und ideellen Kunstkämpfen zu isolieren, »aber es ist ihr eine scharfe Bewußtheit ihrer Stellung als Frau und Künstlerin zu wünschen« (94).

Adele Schreiber, die Herausgeberin der Monographie, vermutet sicher richtig, daß in diesen Sätzen auch »eigene Erfahrungen und Kämpfe« Lu Märtens ihre Spuren hinterlassen haben, die im Verlaufe ihres Lebens übrigens eher zu- als abnahmen. Zum Zeitpunkt des Erscheinens der Monographie hatte sie bereits ihre ersten Kontroversen mit sozialistischen Autoritäten – seit 1903 gehört sie der SPD an – in Sachen Kunst- und Literaturpolitik hinter sich. Unbeeindruckt von den in der Naturalismusdebatte artikulierten Verdikten über die soziale Elendsmalerei hatte sie 1909 ihr erstes und einziges Theaterstück (»Die Bergarbeiter«) publiziert, das stark von den Krankheits- und Todeserfahrungen ihrer Kindheit geprägt ist. Insofern dominiert in diesem Stück »eine dunkle, oft dumpfe Atmosphäre – im Gegensatz zu den Festspielen und Allegorien, die man zu den Festen der Partei aufführte« (Trommler 1976, 237). Einem der Protagonisten – er erzählt seiner sterbenden Schwester, daß er ein Schauspiel geschrieben habe – legt Lu Märten ihre eigene Vorstellung von einer neuen Form des Arbeitertheaters in den Mund: »... eine Bühne wird's nicht haben wollen, denn es ist keine Rolle darin für den Schauspieler, kein besonderer Mensch, keine Liebesgeschichte, keiner der größer und kleiner ist, keiner, der Schuld hat... weil alle nur eines bringen und darstellen und handeln... den großen, grenzenlosen, unsagbaren Schmerz...« Auf die Frage seiner Schwester (»Warum wolltest du es so?«) antwortet der Autor: »Wenn einer von uns nun gar unter die Dichter geht, dann ist es sein Gesetz, daß er die Wahrheit seines Lebens darstellen muß. Und wenn einer von uns die Wahrheit seines Lebens darstellt, ist's am stärksten...« Implizit erhebt Lu Märten hier die Forderung nach einer sozialistischen Gegenkultur, die an proletarische Lebenspraxis anknüpft. Das aber kontrastiert scharf mit dem von Franz Mehring formulierten Dogma der materialistischen Literaturdoktrin, wonach wirkliche Kunst vom Bürgertum nicht mehr, vom Proletariat noch nicht geschaffen werden könne, weil unter den Waffen des Klassenkampfs, die Musen nun mal zu schweigen hatten. Deshalb empfahl Mehring aus dem

Fundus des gesamten bürgerlichen Erbes nur jene Kunst und Literatur, die das Bürgertum in seiner Phase als aufsteigende Klasse, also im Kampf mit dem Feudalismus, hervorgebracht habe. Deswegen verwarf er alle Werke der spätbürgerlichen Avantgarde – das war damals der Naturalismus – als dekadent. Lu Märten dagegen plädierte für eine originär proletarische Kunstauffassung, die sich nicht im Wunsch nach bloßer Teilhabe erschöpfte. »Ihr Kunstbegriff«, urteilt Fritz J. Raddatz, »entfernt sich erstmals von der Gleichung: befreites Proletariat = freier Genuß von Beethovens 9. Symphonie« (Raddatz 1982, 98), womit er den freien Eintritt meint.

In Ansätzen nahm das Stück bereits Theaterexperimente vorweg, wie sie erst viel später von Piscator und Brecht realisiert wurden. Dennoch oder gerade deswegen war ihm kein Erfolg beschieden. Zwar wurde es von Clara Zetkin, an deren Zeitschrift »Die Gleichheit« Lu Märten mitarbeitete, ausdrücklich sozialdemokratischen Laientheatergruppen zur Aufführung empfohlen, aber auch sie vermochte wenig gegen die meist anonymen Kritiker revisionistischer Blätter, die schon deshalb vor einer Aufführung warnten, weil der Streik, mit dem das Stück endet, als »Wasser auf die Mühlen der Scharfmacher« gewertet werden könnte. Aus diesem Grund wurde es in Deutschland nur einmal, während eines Streikes 1911, dafür aber vom revolutionären Shanghai Art Theatre in chinesischer Übersetzung 1930 mehrfach gespielt.

Im Rahmen der 1910–12 geführten sog. Sperberdebatte entfernte sich Lu Märten noch weiter von der herrschenden Kunst- und Literaturdoktrin ihrer sozialdemokratischen Genossen. Sie warf dem Initiator dieser Debatte, der sich dafür ausgesprochen hatte, mit dem Aufbau einer proletarischen Kultur nicht erst bis nach der Revolution zu warten, sondern schon jetzt eine parteiliche »Tendenz«-Kunst zu schaffen, vor, selbst nicht revolutionär genug zu denken. Eine revolutionäre Kunst müsse nämlich nicht nur inhaltlich Partei ergreifen, sie müsse vor allem auch formal auf der Höhe ihrer Zeit sein. Diese Bedingung sah sie vor allem in den damals noch sehr jungen neuen Medien Rundfunk und Film erfüllt. Deshalb wandte sie sich auch scharf gegen damals in der Arbeiterbewegung virulente Tendenzen, den Film als kapitalistisches Verführungsinstrument zu verteufeln und das Kino zu boykottieren.

Auseinandersetzungen und Konflikte begleiten Lu Märtens Arbeit auch später. Anfang der Zwanziger Jahre kommt es zu einer von beiden Seiten polemisch geführten Dauer-Kontroverse mit Gertrud Alexander, der einflußreichen, gemäß der alten Mehring-Linie argumentierenden Kulturredakteurin der »Roten Fahne«. (Lu Märtens politischer Weg führte aus der SPD zunächst in die USPD und dann 1920 mit deren linkem Flügel in die KPD.) In diesem Streit geht es um *den* Grundsatz ihres 1924 im Auftrag des russischen Staatsverlages geschriebenen, aber nicht von ihm veröffentlichten Hauptwerks »Wesen und Veränderung der Formen/Künste«. Während Gertrud Alexander daran festhält, Kunst sei der Ausdruck einer bestimmten Idee bzw. Ideologie, behauptet Lu Märten den konkret materialistischen Ausgangspunkt, beharrt sie darauf, nach Marx'schem Muster die Kritik der Kunst in die Kritik der Arbeit zu verwandeln. Denn alles, was heute Kunst genannt werde, sei vom Ursprung her – versucht sie in umfangreichen historisch-ethnologischen Untersuchungen der einzelnen Künste nachzuweisen – ein aus der Arbeit, also der Auseinandersetzung des Menschen mit einem bestimmten Material, resultierendes Form-Vermögen, das – wie z. B. der Bau eines Kahns – einem existentiellen Zweck gedient habe. »Die primitive Ästhetik kennt nur den berechtigten Zweck. Das vollkommenste Mittel dahin ist notwendig das Schönste«. Die »abstrakte« Ästhetik mit ihren abgehobenen Qualitätsurteilen entstehe erst auf einer späteren Bewußtseinsstufe »aus der Zweckentfremdung der Formen« (Märten 1924, 29). Der ursprüngliche Zweck einer Form sei sein Inhalt, ein frühes Bild beispielsweise sei kein »Genußobjekt im Sinne der Kunst, sondern »ein Zeichen« zum Zwecke der Mitteilung, eine Maske sei keine übersinnliche Idee, »sondern ein Mittel, das Tier oder den Feind oder die Frau zu überrumpeln, zu schrecken oder zu täuschen« (31). Auf dieser frühen menschlichen Entwicklungsstufe habe es keinen Luxus und somit keine Kunst gegeben. Erst das »entwickelte Denken, das sich ja nur aufgrund entwickelter Sachen bilden kann«, habe den Menschen vergessen lassen, »daß er hinsichtlich seiner Formen abhängig bleibt vom Werkzeug und vom gesellschaftlichen Zweck seiner Produkte, die ihre Herkunft schon auf frühen Stufen verschleiern«. Nur deshalb werden auch, kritisiert sie, in vielen sich materialistisch nennenden Kunstbetrachtungen »falsche Schlüsse« gezogen, werde die Kunst, nicht die Arbeit »heilig und göttlich« (31f). Der Historische Materialismus, hält sie ihrer Gegnerin vor, sei aber »kein Zahnstocher, mit dem man gerade auf die kritischen Schäden gelangt, sondern ein Wurzelinstrument«. Und wer das nicht verstehe, fährt sie fort, der könne sich tausendmal mit seiner Dialektik brüsten und alle Heiligen des Histo-Mat anrufen, er bleibe doch ein »drapierter Ideologe« (Märten 1921).

Das Paradebeispiel, mit dem sie ihre These vom Primat der Produktivkräfte auch in der Kunstproduktion erhärtet, ist die Gotik. Schon die Wahl dieses Paradigmas bedeutet übrigens einen Schritt weg von der auf Philosophie und Literatur zentrierten klassischen Ästhetik. Für die Entstehung einer gotischen Kathedrale sei nicht, wie Gertrud Alexander behauptete, »der höchste Aufschwung der siegenden Kirche« ausschlaggebend gewesen, sondern vielmehr die Erfindung des Sterbepfeilers, also ein bestimmter handwerklich-technischer Standard. Die Gotik mit ihrer (noch) vorhandenen traditionellen Einheit von Kunst und Handwerk erscheint ihr als »eine besondere Art von Proletkult, insofern nicht die Diktatur des Unternehmers ihren Ausdruck bestimmt, sondern im Chor der Dinge die Stimme des einzelnen Arbeiters frei sich einfügend mitklingt« (Märten 1924, 137), als künstlerisches Produkt eines Kollektivs also, das die Fähigkeiten aller Beteiligten zum Ausdruck kommen läßt.

Diese Identität von Kunst und Handwerk, sei erst durch die Maschine zerstört worden. Die moderne Technik, analysiert sie, bewirke die Trennung von industrieller und von residualer, handwerklicher Qualitätsarbeit, der nun der Status von Kunst zugesprochen werde, das Auseinandertreten von Nützlichkeit und Schönheit. Die Maschine befördere die Tradition und alle bis dahin geltenden Gesetze aus Material, Form und Zweck ins »Massengrab ästhetischer Werte«. Kunst und Schönheit werde so zum Privileg für nur wenige, Künstler übernähmen die Funktion von »Luxusarbeitern«. Trotz der Erkenntnis dieser Zerstörung ist Lu Märten alles andere als eine Maschinenstürmerin, vielmehr sieht sie in der »struktiven Schönheit« der neu sachlichen Eisenkonstruktion, die sie an den gotischen Strebepfeiler erinnert, ein Indiz für Form-Möglichkeiten, die gewandelten gesellschaftlichen Bedürfnissen entsprechen, welche unter kapitalistischen Profitbedingungen nur noch nicht im allgemeinen Interesse genutzt werden können. Zu ihrer Vorstellung von einer sozialistischen Zukunftsgesellschaft gehört die Überzeugung, daß sie die Fähigkeiten des Individuums und die Potenzen der technischen Produktionsmittel wieder zusammenführen, also »Kunst« auf einer neuen Stufe des menschlichen Formvermögens aufheben, die »Wände des neuen Lebens« nicht kahl lassen, sondern schmücken und allen die Tür zum Genuß aufstoßen, Kultur für alle garantieren werde.

Gedanken übrigens, die ein intensives Studium nicht nur von Marx sondern vor allem von John Ruskin, dem viktorianischen Kunstphilosophen, William Morris, dem Initiator der Kunsthandwerksbewegung und dem deutschen Architekten Gottfried Semper verraten, die über Friedrich Naumann und die Praxis der im Deutschen Werkbund organisierten Künstler an sie vermittelt worden sind.

Der Weg zu dem beschriebenen utopischen Ziel führe über den Lernprozeß des Proletariats, den sie sich allerdings nicht als »schulmäßige Geistesdressur« vorstellt, sondern vielmehr als Befähigung, an den Kulturerrungenschaften seiner Zeit auf allen Gebieten teilzunehmen. In diesen Formulierungen steckt eine harsche Kritik an der Arbeiterpresse, genauer gesagt an dem »Phrasengewäsch«, der Feuilletons. Die dort unter dem Strich – er trenne quasi die Kunst vom Leben ab – abgegebenen Werturteile könnten die Adressaten nur kritiklos hinnehmen, weil ihnen nicht das »Werkzeug der Kritik« mitgeliefert würde. Wesentlich sinnvoller nennt sie »Diskurse über die Logik der Maschinen, was sie können und gut können und was sie nicht können« sowie über Gesetze der Qualität und Materialeigenschaften.

Schon nach der Kontroverse mit Gertrud Alexander scheint Lu Märten Publikationsschwierigkeiten gehabt zu haben. Nach 1925 finden sich in den Parteiblättern jedenfalls keine mit ihrem Namen versehenen Beiträge mehr. Für ihre Genossen vollends zur Unperson gestempelt wurde sie von Karl August Wittfogel, der sie 1932 in der »Linkskurve« des Trotzkismus und der formalistischen Barbarei bezichtigte. Ein Jahr später verkohlten ihre Schriften auf den Bücherscheiterhaufen der Nazis. Zwar hat sie nach 1945 als über 65jährige noch versucht, im Kulturleben der DDR Fuß zu fassen – 1949 erschien dort auch eine überarbeitete Fassung ihres Hauptwerks – aber dennoch blieb sie weitgehend unbekannt. Wirkliches Interesse begann sich erst in den letzten zehn Jahren im Zeichen einer liberalisierten Kulturpolitik zu regen. Auch in der BRD wurde Lu Märten bis zu der im Frühjahr 1988 veröffentlichten Habilitationsschrift von Chryssoula Kambas (»Die Werkstatt als Utopie«) ausschließlich als alternative marxistische Kunsttheoretikerin und proletarische Schriftstellerin rezipiert, ihre »bürgerlichen« Wurzeln im Jugendstil, in der Lebensphilosophie, vor allem aber in der Ästhetik des viktorianischen Kunstphilosophen John Ruskin und seines Schülers William Morris aber blieben unberücksichtigt. Nicht bemerkt wurde auch Lu Märtens Orientierung an Alltag und Bedürfnisstruktur, die in gerader Linie zu Henri Lefebres »Kritik des Alltags« und zu Agnes Hellers Kritik an der orthodox-sozialistischen Diktatur über die Bedürfnisse führt. Und noch immer »unterbelichtet« ist – wie ich hier vor allem zeigen wollte – die weibliche Perspektive, die nicht den Blick auf eine besondere weibliche Ästhetik eröffnet, sondern die das Geschlecht als soziale Strukturkategorie ins Gesichtsfeld rückt.

Abbildungsnachweis:

Internationales Institut für Sozialgeschichte, Amsterdam; Rechte bei Chryssoula Kambas.

III
»Männliche« und »weibliche« Künste? Geschlechterverhältnisse in Kunstgattungen und Medien

Einleitung

Zu den Stereotypen der Kunstgeschichtsschreibung bei der Charakterisierung von Künstlerinnen und ihren Arbeiten gehören Kategorien wie epigonal, kunsthandwerklich, unoriginell, kitschig (vgl. Kämpf-Jansen 1987), dilletantisch (vgl. Berger 1982, 58–99) u. a. Wenn Künstlerinnen nicht als rare »Ausnahme«, deren »Genie wie das eines Mannes« zählt, gehandelt und so als Bestätigung der Regel betrachtet werden, so dürfen sie meist als Beispiele gutgemeinter aber reproduktiver Kreativität auftreten. Die Abwertung gegenüber den Künstlergenies trifft alle Künstlerinnen, besonders eklatant ist dies bei Ehefrauen oder Gefährtinnen von Künstlern. Sie gliedert sich ein in eine allgemeine Hierarchie von Gattungen und Medien, die geschlechtsspezifisch organisiert ist.

Neuere Forschungen haben gezeigt, daß solche Hierarchien sich seit der Renaissance im Zuge der geschlechtsspezifischen Zuweisungen innerhalb arbeitsteiliger Prozesse entfaltet haben. Die Beanspruchung des »öffentlichen Raums« durch Männer und die Verbannung der Frauen in die »private Sphäre« impliziert unterschiedliche Wertschätzungen von Arbeit. Während in dem einen Bereich gesellschaftlich relevant und professionell gearbeitet werde, sei die Arbeit in dem anderen Bereich dilletantisch und nicht öffentlich wirksam (Parker, Pollock 1981). Die Idee autonomen Schöpfertums ist an die »Autonomisierung« künstlerischer Praxis geknüpft, die sich zunächst gegen die Handarbeit abgrenzte, ebenso wie gegen die Produktion von Gebrauchsgütern. Gleichzeitig erfolgte eine Anlehnung der Künstler an den Status ihrer Auftraggeber, den Adel. Und schließlich konstituierte die Verbindung von Kreativität mit den Begriffen Idee und Erfindung die autonome Autorschaft des Künstlers. Insbesondere die Abgrenzung der »hohen Kunst« gegen das Kunsthandwerk ist ein Symptom der Neuzeit und in ihr ist die Unterscheidung zwischen männlichem Schöpfertum einerseits und weiblicher Kreativität andererseits, die sich in der Ausstattung des häuslichen Lebens entfalten sollte, verankert.

Die Identifikation von Handarbeit und/oder Kunsthandwerk mit Weiblichkeit und Unprofessionalität ist ein Muster, dessen sich die Kunstgeschichtsprofessoren heute noch bedienen, so z. B. wenn einer der Herausgeber der »Kunstgeschichte. Eine Einführung«, in der der »feministische Ansatz« aufgenommen worden ist (Belting u. a. 1985), in einer Vorlesung zum neuesten Forschungsstand über die Impressionisten diesen Stand selbst nicht kennt oder übergeht und die Künstlerinnen der Gruppe mit einer Bemerkung über den »Dilettantismus« Mary Cassatts als erledigt betrachtet.

Die kunsthandwerklich arbeitende Frau im Hause nobilitiert allenfalls den Hausherrn, von dessen Wohlstand sie zeugt. Diese Gegenüberstellung von »hohen« und »niederen« Künsten ist nur *ein* Beispiel für die Wirkungsmechanismen der Gattungshierarchien, die geschlechtsspezifische Zuweisung von Bildmotiven und Genres wäre ein weiteres (z. B. Blumenstilleben versus Historienmalerei).

Eine nachträgliche Umwertung innerhalb der Hierarchien bietet sich weder politisch noch wissenschaftlich als Lösung an, das Einklagen von »Genie« für die Werke von Künstlerinnen bliebe innerhalb der Strategien des kunsthistorischen Diskurses. Eine genaue Rekonstruktion der Lebens- und Produktionszusammenhänge von Frauen ermöglicht erst, die affirmativen und subversiven Anteile ihrer künstlerischen Produktion in der Wahl von Bildmotiven, Materialien und Techniken zu bestimmen.

Feministischen Kunsthistorikerinnen gelingt es so z. B. einen neuen Blick auf die Effekte zu werfen, die die Aufteilung in »privat« und »öffentlich« auf die Bilder von Künstlerinnen gehabt hat und in welcher Weise sie in der Wahl der Sujets und der Organisation von Räumlichkeit darauf reagieren.

Inzwischen läßt sich auch erkennen, daß die Abwertung des Anteils von Künstlerinnen an der Avantgarde mit den für die Moderne als bezeichnend angesehenen Grenzüberschreitungen verbunden ist. Solche Grenzüberschreitungen wie die Auflösung von Gattungshierarchien werden als revolutionärer Akt gewertet, was ausdrücklich männlich konnotiert ist, während die Auseinandersetzung mit »niederen Künsten« für Frauen gefährlich ist, weil immer schon als geschlechtscharakteristisch beschrieben (Broude 1982).

Das »Herausfallen« der Künstlerinnen aus der Avantgarde verdankt sich offensichtlich der Fortschreibung der Weiblichkeitsmuster und der mit ihnen verknüpften Kunstkonzepte des 19. Jahrhunderts in der Kunstgeschichtsschreibung des 20.

Auf die Verschränkung von solchen Mustern mit nachträglichen legitimatorischen Geschichtskonstruktionen, die das 19. Jahrhundert vom Mittelalter entwarf, geht Roszika Parkers Beitrag ein, den wir – obwohl er nicht auf der Tagung vorgetragen worden ist – an dieser Stelle gekürzt und übersetzt veröffentlichen, weil sie die zuletzt angedeuteten Fragestellungen bislang am weitesten vorangetrieben hat und ihre Forschungen im deutschen Sprachraum noch wenig rezipiert sind.

Ein weiterer Schwerpunkt zu diesen Fragen hat sich durch mehrere Beiträge zur Skulptur im öffentlichen Raum ergeben. Traditionell gehört die Bildhauerei zu den Künsten mit ausgesprochen männlichen Konnotationen und beansprucht somit die Spitze der Gattungshierarchie. Gleichzeitig ist sie als die am weitesten in die Öffentlichkeit wirkende Gattung besonders geeignet, über ein allgemeines Frauenbild allegorisch das jeweilige Verständnis von Staat und Gesellschaft zu formen; und das tut sie, wie sich zeigt, mit verblüffender Kontinuität.

Mit den hier vorgestellten Beiträgen wird ein neues Spektrum von Fragestellungen zu »weiblichen« und »männlichen« Künsten eröffnet, wobei Kunstgewerbe, bzw. angewandte Kunst und Skulptur wohl die am weitesten auseinanderliegenden Pole geschlechtsspezifischer Bewertung darstellen.

Sigrid Schade

Kerstin Kolter

Frauen zwischen »angewandter« und »freier« Kunst

Sonia Delaunay in der Kritik

Ausgangspunkt meiner Untersuchung[1] war die Beobachtung, daß Kunst von Frauen auch heute noch eine untergeordnete Stellung einnimmt und häufig unter dem Verdikt des Kunstgewerblichen zu leiden hat. Die Annahme, daß dem »weiblichen Wesen« eine »weibliche Kunst« entspreche (vgl. dazu Damnitz 1974, 27 und 31), zieht häufig folgerichtig eine Konstruktion von »typisch weiblichen« Eigenschaften für Kunst von Frauen nach sich: feinsinnig, gefällig, liebenswürdig, harmonisch, gefühlvoll, auch langweilig und kraftlos. Solche Attribute verdichten sich zu der Einstellung, daß Frauen eine besondere Affinität zum Kunstgewerblichen zu haben scheinen.

Das faktische Tun und die tatsächlichen Arbeiten der Künstlerinnen haben damit wenig gemeinsam. Vielmehr spielen allgemeine Bewertungsmuster und -strukturen, wie und was Frauen und Kunst von Frauen zu sein hat, eine wichtige Rolle. Entscheidend beteiligt an der Bildung und Verbreitung dieser Muster sind Kunstgeschichtsschreibung und -kritik, die aufgrund ihrer Definitionsmacht bis in die Gegenwart hinein, oft ohne böse Absicht oder sogar ahnungslos, durch die Art und Weise, wie sie über Künstlerinnen und ihre Arbeiten sprechen, diese abwerten und diskriminieren.

Die Unterscheidung zwischen »freien« und »angewandten« Künsten – erst in der Neuzeit eingeführt – scheint immer noch als selbstverständliches Phänomen hingenommen zu werden, obgleich viele Künstler in ihrer Praxis die Grenzen faktisch ignorierten. Doch scheint damit die Hierarchisierung keineswegs hinfällig geworden zu sein, im Gegenteil (vgl. Kröhnke 1986, 87).

Wie Parker und Pollock gezeigt haben, gibt es »... eine wichtige Verbindung zwischen der neuen Hierarchie der Künste und der geschlechtlichen Kategorisierung: männlich und weiblich« (1981, 51; eig. Übers.). Sie merken an, daß »jede Verbindung mit den Traditionen und Praktiken der Handarbeit und häuslichen Kunst für einen Künstler gefährlich sein kann, besonders dann, wenn dieser Künstler eine Frau ist« (ebd., 78; eig. Übers.).

Welche versteckten Mechanismen und Prozesse wirksam werden, die die Ausgrenzung von Künstlerinnen, ihre Einordnung als zweitrangig, ihr In-Vergessenheit-geraten zur Folge haben, läßt sich am Beispiel von Sonia Delaunay aus mehreren Gründen gut nachvollziehen: sie war sowohl als Malerin und Kunsthandwerkerin tätig; sie stand in enger Zusammenarbeit mit ihrem Mann Robert Delaunay, was sich für einen Vergleich der unterschiedlichen Rezeption ihrer Werke anbietet – sie überlebte ihn um 38 Jahre und hinterließ ein umfangreiches Werk; sie wirkte in einer Zeit der Grenzüberschreitungen, war innovativ beteiligt an der Entwicklung der Avantgardekunst zu Beginn unseres Jahrhunderts.

Bevor ich sowohl feministische wie traditionelle Kunstgeschichtsschreibung und Kunstkritik durchleuchte, ein kurzer Blick auf die Kunst von Robert und Sonia Delaunay.

Als Künstler ihrer Zeit bemühten sich beide um den Zusammenhang von »Kunst« und »Leben«. Ihr gemeinsames Ziel war die »reine« Malerei, d. h. eine Malerei, die vollkommen gegenstandslos und ausschließlich auf Farb-, Licht- und Bewegungswirkung bedacht war. Die Farbenlehre Chevreuls, besonders der von ihm dargestellte Simultankontrast der Farben, wurde ihr Ausgangspunkt auf der Suche nach einer Malerei »... als Sprache des Lichts« (Dorival 1985, 24). Robert Delaunay beschränkte sich dabei in seiner Umsetzung hauptsächlich auf Leinwände und Wände, experimentierte jedoch in den dreißiger Jahren auch mit anderen Materialien. Radikaler und avantgardistischer ging Sonia Delaunay vor. Seit 1911 stellte sie neue Maximen auf, die die Frage nach Frei- oder Angewandt-Sein der Kunst und die Ideale des Akademismus ignorierten. Ihre künstlerische Tätigkeit wurde für sie eine Art ganzheitliches Tun: ständiges Ringen um Farbe und Rhythmus (vgl. Cohen 1978, 216 und 225). »Farbe an sich« wurde ihr Inhalt und Maßstab, systemsprengend überwand sie dabei die bestehende gegenständliche und zweckgebundene Funktion von Kunst. Indem sie Stoffe, Kleider, Teppichmuster entwarf, Autos und Wände bemalte, an Mosaiken und Einrichtungsgegenständen arbeitete, Collagen, Pastelle und Bucheinbände anfertigte, u.v.m. – mit dem Anspruch, die Künste aus ihrem isolierten, spezialisierten Dasein zu befreien – stand sie damit im Kontext der Avantgarde ihrer Zeit, z. B. dem Bauhaus.

Die Frage ist: Ging sie, indem sie sich als Frau mit den sogenannten niederen Künsten auseinandersetzte, ein doppeltes Risiko ein, als unbedeutende und zweitrangige Künstlerin eingeordnet zu werden?

Eins ist deutlich ablesbar: Ihr wird bis heute nicht der Stellenwert eingeräumt, den z. B. ihr Mann in Kunstgeschichte und -betrieb einnimmt. Ihre Ausstellungen im deutschsprachigen Raum sind seltener und die Ausstellungskataloge wesentlich dünner und sparsamer mit Abbildungen und Text versehen.[2] Während es über Robert

Delaunay mindestens vier deutschsprachige Monographien gibt, darüber hinaus zahlreiche Beiträge über ihn in Sammelwerken enthalten sind, ist bisher von insgesamt drei existierenden Monographien über Sonia Delaunay erst eine 1985 in deutscher Sprache erschienen (Dorival 1985).

Die Kunst von Sonia Delaunay scheint zwar nicht vergessen, aber häufig ignoriert oder geleugnet zu werden. Dies geschieht auf unterschiedliche Weise:

1. In gemeinsamen Ausstellungen des Paares steht sie in seinem Schatten, wird oft »als Verwalterin des Gattenruhms« gesehen (ebd., 67; FR 8. 12. 1979; Die Glocke 6./7. 4. 1974 u. a.); in den Rezensionen zu den Ausstellungen ist sie dann oft gar nicht erwähnt, wie z. B. zu der Ausstellung »Delaunay und Deutschland« 1985 in München. Hier wird weder auf den Einfluß, den sie auf ihren Mann ausübte, noch auf eine gemeinsame Arbeit der beiden hingewiesen. Es wird über sie geschwiegen.

2. Wo es heute gilt, Einflüsse der »freien« Kunst auf Bereiche der »angewandten« Kunst aufzuzeigen, wird ihr Name nie genannt: Exponenten dafür scheinen andere zu sein, z. B. ihr Mann, Léger, Kandinsky, Picasso ...

3. Ihre Schaffensperiode zwischen 1916 und 1935 bzw. 1941, die Zeit, in der sie begann, sich fast ausschließlich mit »angewandter« Kunst zu beschäftigen, einer Kunst, die als »ephemer und zeitgebundener« (Dorival 1985, 56) angesehen wird, wird von der Kunstgeschichtsschreibung und -kritik kaum beachtet und stellt somit wohl keinen überlieferungswürdigen Wert dar: gegliedert wird ihr Oeuvre in Werke ihrer Frühzeit, ca. 1907 bis 1916, und in ihr sogenanntes Spätwerk 1941 bis 1979. Die Zeit dazwischen fällt aus der Diskussion, wenn es um Stil, Inhalt und Zuordnung zu künstlerischen Strömungsrichtungen geht. Teile ihres Oeuvres und ihrer Biographie sind so in Gefahr, vollends aus dem kollektiven Bewußtsein zu verschwinden.

Obwohl Sonia und Robert Delaunay mit ihrer Kunst dasselbe Ziel verfolgten und ähnliche Mittel dazu einsetzten, ist ihre Rezeptionsgeschichte in bezug auf Werk und Persönlichkeit recht unterschiedlich, ja gegensätzlich angelegt.

Sonia Delaunays Frühwerk wird zwar ausführlich, doch ohne große Euphorie kritisiert: »Sie lernte lediglich das traditionelle Handwerk« (Dorival 1985, 82), wurde dabei stark beeinflußt von seiten anderer Künstler, man kann sagen, ihrer »Väter« – »von van Gogh lernte sie, wie man die Charaktere der Modelle herausarbeitet, ... bei Gauguin sah sie, wie man Details ausspart, ...« (ebd., 10 f. Vgl. auch Molinari 1985, 192; Kipphoff 1985.)

Nach ihrer Heirat wird die »freie Stelle« der berühmten Väter durch den Ehemann besetzt: Sie »... schloß sich eng seinem Stil an ...« (FAZ 1979), sie »... folgte seinen inzwischen systematisierten Untersuchungen über die Farbe ...« (Wissmann 1979, 3).

Während die Künstlerin »... zahlreichen Anregungen gegenüber offen« war und »unterschiedlichste Anregungen und Eindrücke über sie hereinbrachen« (Dorival 1985, 10), schlägt die Kritik bei der Darstellung von Robert Delaunays Frühwerk einen ganz anderen Kurs ein: Schon in seinen ersten Bildern malte er »im Stil von« (vgl. Hoberg 1985, 24), »erschloß er sich ... Bildräume in einem kämpferischen Prozeß« (Süddeutsche Zeitung 14. 11. 1975), »sammelte er Kunsteindrücke auf außergewöhnlichem Niveau« (Wiegand 1985), »... hat er das für sein Temperament, seine Theorie, sein Kunst- und Lebensgefühl adäquate Thema gefunden ...« (Kipphoff 1985).

Die Tatsache, daß Kunst nie ohne »Beeinflussungen« entsteht, scheint den meisten Kritikern unbekannt. Glaubt man ihnen, so hat Robert Delaunay den Weg seiner Entwicklung sehr souverän, von Anfang an ganz gewollt und zielstrebig beschritten, während seine Frau sich einer Beeinflussung nach der anderen unterzog – passiv ausgesetzt.

Stellt man die Eigenschaften, die seiner Kunst durch die Kritik zugeordnet werden, dem vergleichbaren Spätwerk Sonia Delaunays gegenüber, so läßt sich unzweifelhaft herauslesen, daß ihrem Werk die »weiblichen Werte« zugeteilt werden: »Es ist ein Werk von seltener Harmonie und Vitalität, ja bisweilen von gelassener Heiterkeit« (Die Glocke 4./5. 10. 1958), geprägt vom »Ausdruck des Gefühls, das über rationale Wurzeln triumphiert« (Loskill 1979), »von feinem Rhythmus und sensiblen Farben« (Ebd.). Er dagegen hat sowohl mit seinen Motiven wie mit seiner Methode »begeistert« und »triumphiert«, er war »revolutionär«, er zeigte »... ungehemmte Freude am Durchspielen von Möglichkeiten (auch intellektuell)« (Schmidt-Mühlisch 1985). Er und sein Werk hatten »Größe«.[3]

Resümee: Er wird mit seiner Kunst als Überlegener, als Nach-vorn-Strebender, kämpferisch und uneingeschränkt Agierender charakterisiert – sie ist bestenfalls die Nachahmerin, was auch ausdrücklich verbalisiert wird.[4] In diesem Zusammenhang ist auch zu erwähnen, daß sein Werk auf inhaltliche Schwächen hin offen kritisiert wird – zu Sonia Delaunays Malerei findet sich nichts dergleichen. Sie scheint nicht einmal der Kritik würdig. Auffällig auch, daß Robert Delaunays Tätigkeiten auf dem Gebiet der »angewandten« Kunst von der Kunstkritik entweder nicht beachtet oder als Fehltritt, als Fauxpas deklariert weden.[5]

Wie schon gezeigt, gibt es in der Sprache der Kritik unterschiedliche Kennzeichnungen und Verfahren für die Künstlerin und den Künstler. Doch die Mechanismen der Behandlung, die zur Diskriminierung beitragen, sind noch diffiziler und versteckter. Um herauszufinden, *wie* über Sonia Delaunay gesprochen wird, müssen Aussagen und Wortwahl der Kritiker genauer in den Blick genommen, Auslassungen im Auge behalten und es muß zwischen den Zeilen gelesen werden. Dies soll exemplarisch an dieser Stelle erfolgen.

Von Sonia Delaunay wird selten als Frau gesprochen, vielmehr ist sie die »Grande Dame«: »Grande Dame der zeitgenössischen Kunst« (WAZ 30. 8. 1979), »Grande Dame der internationalen Kunst« (Loskill 1979), »Grande Dame der modernen Kunst« (Winter 1974), »Grande Dame der Kunstszene des 20. Jahrhunderts« (NWZ 18. 4. 1974), oder sie ist die »First Lady«: »First Lady der Op Art« (Plunien 1979).

Mit den Bezeichnungen scheinen die Kritiker zwei Ziele zu verfolgen: einerseits zu betonen, daß die Künstlerin in Frankreich lebte und arbeitete, andererseits ihre Person wirkungsvoll hervorzuheben. Negativ scheinen diese Bestrebungen auf den ersten Blick nicht zu sein, doch betrachtet man die genauere Inhaltsbedeutung des Wortes Dame, schleichen sich Zweifel ein: »Von Damen erwartet man gepflegtes Äußeres und feines Gebaren, aber keine richtige Arbeit, keinen guten Kopf und keine hervorragenden Leistungen irgendwelcher Art«, wie Trömel-Plötz analysierte (1982, 92).

Frauen als Damen werden also nicht ernstgenommen, sie erfüllen in erster Linie die Aufgaben der Repräsentation, die Bezeichnung »First Lady« hebt diesen Aspekt hervor.

Tatsächlich findet sich in der Kritik über Robert Delaunay keine entsprechende Bezeichnung. Er ist »der Maler«, »der Künstler«, »der Schöpfer des Orphismus«.[6] Er ist also Macher, Former, aktiv Mitwirkender. Sie hingegen, als Dame und Repräsentantin der modernen Kunst zu bezeichnen, heißt so viel wie: sie hat nicht ernsthaft daran mitgearbeitet.

Beharrlich zeigt sich die Kritik im weiteren bei der Benutzung lediglich des Vornamens der Künstlerin. Wie Berger hervorhebt: »Künstlerinnen, Frauen generell dürfen auf keine Achtungsdistanz rechnen« (1988, 21). Doch welche möglichen Intentionen verfolgen Kritiker mit dieser Intimisierung?

Bis in die jüngste Vergangenheit wurden Frauen mit ihren Nachnamen über ihre Väter und Männer definiert, was deren Verfügungsgewalt über sie beinhaltete. Das Weglassen des Nachnamens hieße im Rahmen dieser Überlegung, daß der Kritiker die Künstlerin als statuslos und ohne Zugehörigkeit zu einem Mann identifiziert und deshalb plötzlich selbst diese Rolle einnimmt, d. h. sie damit in seine Verfügungsgewalt bringt. In diesem Zusammenhang ist auch zu erinnern, daß nur bestimmte Frauen ausschließlich mit Vornamen angeredet werden, z. B. Prostituierte. Diese Ebene, auf der Sonia Delaunay somit angesiedelt wird, sollte mitbedacht sein. Zumindest drückt der Kritiker mit der unangemessenen Vertrautheit aus, daß er eine Überlegenheit und Souveränität von ihrer Seite nicht in Betracht zieht.

Auf eine weitere Intention stößt man, wenn man die Bedeutung des Namens für einen Künstler allgemein betrachtet. Der Name gilt als wichtiges Markenzeichen – das Fehlen des Markenzeichens kommt einem Auslöschen seiner oder ihrer Kunst gleich.

Künstlerinnen nur unter ihrem Vornamen darzustellen, ist eine Diskriminierung. Wie Berger zeigt, wird auch mit anderen Künstlerinnen in dieser Weise verfahren (1986, 20 f).[7] Männern gegenüber verhält man sich nicht so anmaßend: »Wer würde es wagen, mit »Ich, Egon« ein Buch zu überschreiben, das Schiele gewidmet ist?« (ebd., 21).

Ein weiterer Topos, der sich herausstellen läßt, handelt von »der ursprünglichen Kraft«. Wenn von Sonia Delaunays Persönlichkeit die Rede ist, weisen die Kritiker mit schöner Regelmäßigkeit auf ihr Herkunftsland Rußland hin: »Schon herkunftsmäßig (hat sie) ... ein dem Mystitizismus des Ostens zuneigendes Temperament« (Grube 1958) oder sie ist eine »... von geballter Energie ... erfüllte Ukrainerin ...« (Giachi 1975). Besonders ihre Tätigkeit in der »angewandten« Kunst wird aus der Verbindung zu ihrem Heimatland abgeleitet: Die »... spontane Neigung zur Geometrie wie auch der Sinn für das Dekorative sind ein Ausdruck des slawischen Ursprungs ...« (NZZ 8. 12. 1979).

Daß die Kritiker auch hier stereotyp rezipieren, wird deutlich, wenn man eine schon fast »klassisch« zu nennende Aussage ihres Mannes über sie aus dem Jahr 1938 heranzieht: »Von Osten zum Westen gekommen, bringt sie diese Wärme, diese charakteristische und klassische Mystik mit sich ... Wie alle Dichter und Künstler des Ostens, besitzt sie den atavistischen Farbsinn« (R. Delaunay 1957, eig. Übers.). Der Einfluß ihrer russischen Heimat, den Robert Delaunay in die Rezeptionsgeschichte einführte, taucht seitdem nicht hinterfragt immer wieder auf. Wenn über die Herstellung einer Wiegendecke von 1911 berichtet wird, ist immer auch ihr »slawischer Ursprung« assoziiert.

Ich denke, hier wird versucht, Sonia Delaunay eine gleichsam natürliche Affinität zum Kunstgewerbe zu unterstellen. Meine Vermutung verstärkt sich noch, da in der Kritik völlig unerwähnt bleibt, daß sie mit ihrer Kunst in einer Tradition von Künstlerinnen der russischen Avantgarde steht. Denn wie Vachtova beschreibt, gab es »in Rußland ... Scharen von Frauen, die gleich intensiv wie die Männer – und manchmal sogar radikaler – die Kunst ins Leben zu bringen versuchten und den konventionellen bürgerlichen Geschmack schockierten ...« (1977, 30). Im Zusammenhang mit Avantgardekunst wird Sonia Delaunays Heimatland nicht in Beziehung zu ihr gesetzt: die Assoziationen zu russischer Volkskunst und russischen Bräuchen spielen jedoch eine wichtige Rolle bei ihrer Charakterisierung. Ausgedrückt wird hier, daß ihre Neigung zur Volkskunst im Widerspruch zu »eigentlicher, hoher Kunst« steht – ihre Neigung zum Naiven im Gegensatz zu Intellektualität.

Eine neue Fragestellung ergibt sich, wenn man bestimmte, sonderbar anmutende Strategien betrachtet, die von der Kunstkritik angewandt werden, um Sonia Delaunays »wahre« Fähigkeiten und Interessen auf dem Gebiet der »freien« Kunst zu manifestieren. Erstens: Man hebt ständig hervor, daß die Malerei für sie an erster Stelle stand. Auch die Tatsache, daß nur Früh- und Spätwerk überhaupt einen Gegenstand der Kritik bilden, weist in diese Richtung. Doch ausdrücklich wird betont, daß auch nur die Malerei ihres Spätwerks ihr eigentliches Metier war.[8] Zweitens: Man versucht, in ihren Stoffen, ihrer Mode, ihren Objekten, Anhaltspunkte zu entdecken und diese so zu konstruieren, daß sie von der Ebene der »angewandten« Kunst loszulösen und auf die Ebene der »freien« Kunst zu transportieren sind. Parker und Pollock beobachteten eine ähnliche Vorgehensweise in einer Kritik zur Ausstellung der Kunst der Navaho Indianerinnen (London 1974): die gewebten Decken wurden plötzlich zu Gemälden und die Indianerinnen »unbekannte Künstler der abstrakten Kunst« (1981, 68 f). Erst durch die von ihm vollzogene Statusveränderung, die Abwehr der handwerklichen Beziehung und die Leugnung des Geschlechts konnte der Kritiker diese Kunst als Wert akzeptieren.

Auch bei Sonia Delaunay soll ihre »niedere« Kunst auf die Stufe der »höheren« heraufgeholt und das Stigma der Zweckgebundenheit neutralisiert werden. Äußerungen wie die folgenden mögen dies belegen: Sonia Delaunay »... offenbart einen ... bildhauerischen Gestaltungswillen, ... der es verbietet, (ihr Werk, d. Verf.) ... als »typisch weibliche« Textilkunst abzutun« (Wiegand 1985). Es zeigt sich »... Sonias Bemühen um eine Gestaltung, ... die über die reine Nützlichkeit des Objekts hinausgeht« (Molinari 1985, 193). Wissmann wagt die Begriffe Stoff oder Teppich auch gar nicht in den Mund zu nehmen; er spricht davon, »... daß die Elemente (ihrer Kunst, d. Verf.) nicht allein Farben und Formen sind, vielmehr Materialien der vorkünstlerischen Realität« (1979, 4).

Ein historischer Exkurs soll zeigen, daß diese Topoi, die eng mit »Weiblichkeit« verknüpft sind, im Gegensatz zur traditionellen Künstlerideologie stehen, wie sie seit der Neuzeit entwickelt wurde.

Unser heutiges Bild vom Künstler wurde in der Renaissance in vielfältigen Schattierungen im Rahmen des Wandels des sozialen Status des Künstlers herausgebildet. Die Entwicklung des neuen Künstlertypus, der sich in enger Verflechtung mit dem Adel und der höfischen Kultur herauskristallisierte, wie Warnke (1985) gezeigt hat. Die Verlagerung der Ausbildung in die neu entstandenen Kunstakademien, hatte auch Konsequenzen für die Kunstausübung der Frauen (vgl. Parker; Pollock 1981, 18 f, 28). Institutionalisiert wurde eine strikte Trennung zwischen Kunst und Handwerk, zwischen Kopf- und Handarbeit.

Künstler zu sein, bedeutete nun z. B. genial zu sein – Natur, und damit zusammenhängend, handwerklich geschickt einen Gegenstand abbilden zu können, erachtete man nicht mehr als vorrangige Leistung. Künstler zu sein bedeutete intellektuell zu sein, d. h. Kopf- statt Handarbeit zu betreiben. Künstler zu sein bedeutete schließlich im 19. Jahrhundert Bohemien zu sein, d. h. antihäuslich und asozial sein zu dürfen (Vgl. Wittkower 1965, 281, 57; Kris; Kurz 1980, 64, 74). Künstler zu sein bedeutete auch – in Anlehnung an den Adel – körperliche Arbeit bei der Kunstproduktion zu negieren und den Nutzwert der Produkte abzustreiten. All diese Eigenschaften im Selbst- und Fremdbild des »freien« Künstlers waren »männlich« bestimmt und standen im direkten Gegensatz zu den Idealen wie Häuslichkeit, Sauberkeit und Fürsorglichkeit, die für Frauen propagiert wurden und entsprachen in der Folgezeit immer weniger den Arbeits- und Lebensbedingungen der Frauen (Vgl. Parker/Pollock 1981, S. 17; Wenk 1985). Wenn auch Frauen nicht durchgängig von künstlerischer Tätigkeit ausgeschlossen wurden, so entwickelte sich doch eine Kunst von Frauen, die zunehmend mit ihrem weiblichen Geschlecht identifiziert wurde. »Frauengenres« wurden z. B. Blumenmalereien, Stickereien sowie allgemein Hand- und Hausarbeiten, die einen Nutzwert haben und körperliche Arbeit erfordern. Daß Kunsthandwerk und Kunstgewerbe seitdem mit »Weiblichkeit« und häuslicher Tätigkeit identifiziert werden, ist für mich der Grund für ihren niedrigen Status in der Hierarchie der Künste.

Auch heutige Kritiker halten an dieser in der Renaissance entstandenen Definition von Kunst und Künstler fest. Sie sehen das Kunsthandwerk noch immer als eine mehr dem »weiblichen Wesen« entsprechende, zeitraubende, ausschließlich von Material und handwerklicher Technik bestimmte Kunst und sprechen »angewandten« Künstlerinnen innovative und geistige Fähigkeiten bei ihrer Arbeit ab. Dies soll noch einmal durch einen Vergleich der beiden Persönlichkeitsdarstellungen von Sonia und Robert Delaunay gezeigt werden.

Robert Delaunay wird z. B. beschrieben als »zyklisch arbeitend« (vgl. Ch. Delaunay 1983, 25), »temperamentvoll, aggressiv, rücksichtslos« (vgl. Imdahl/Vriesen 1969, 14 und 49), »voll vulkanartiger Spontaneität« (Dorival 1985, 81), »voller Intuition, Phantasie und Verve« (ebd.). Zugrunde liegt hier augenscheinlich der Mythos vom Bohemien und Genie, »geniale Fähigkeiten« werden ihm auch ausdrücklich nachgesagt (z. B. Ebd., 52; NZZ 1985). Gleichzeitig werden sein »Intellekt« (vgl. z. B. Giachi 1975) und »sein theoretisches Wissen« (vgl. dazu Hoffmann 1975 und Henry 1975) hervorgehoben.

Auch für Sonia Delaunay gibt es unterschiedliche Charakterisierungen: Sie hat »Spontaneität« (vgl. z. B. NZZ 8. 12. 1979), »Intuitivität«[9], sie wird »... von ihren instinktiven Qualitäten unterstützt« (Damase 1971, 306, eig. Übers.). Man könnte meinen, auch bei dieser Beschreibung spukt das Künstlerbild des Bohemiens und Genies im Hinterkopf der Kritiker. Doch weit gefehlt: Diese Eigenschaften besitzt sie in dem Augenblick, wo ihr Robert Delaunay mit seiner Intelligenz gegenübergestellt ist. Doch Sonia Delaunay ist auch anders dargestellt, besonders bei Dorival: »Bei Sonia ... dominierten ein klarer Verstand und Reflexion, Energie und Willenskraft, Ausdauer und Disziplin charakterisieren ihre Arbeitsweise« (1985, 81). Es ließe sich erwägen, ob z. B. dieser Kritiker erkannt hat, daß er mit ihrer Einordnung in »Weiblichkeit« diskriminiert. Zwar wird die Künstlerin nun nicht mehr auf ihre Geschlechtszugehörigkeit festgelegt, dafür paßt sie jedoch nicht mehr in das Bild vom »Künstler«. Die ihr zugeordneten Eigenschaften bescheinigen ihr harte *Arbeit* und ausdrücklich »keine genialische Willkür« (vgl. Borchers 1974).

Wenn ihr also sozusagen männliche Produktivität zugestanden wird, wird sie dadurch nicht aufgewertet, da diese »männlichen« Eigenschaften, die mit körperlicher Anstrengung zu tun haben, »dem Künstler« fremd sind. Wenn Robert Delaunay dagegen eher die »weibliche Form von Produktivität« (Dorival 1985, 81)., »Feinsinnigkeit« und »Kompliziertheit« (vgl. Wiegand 1985) zugeschrieben werden, paßt er in das Künstlerbild des Genies.

Es könnte auch sein, daß sich das Künstlerbild der Kritiker zu der realistischen Auffassung gewandelt hat, daß auch Kunst eine Arbeit ist, die Disziplin, Ausdauer und Kraft erfordert. Da jedoch das Paar dualistisch einander zugeordnet ist, müßte dann die Schlußfolgerung gezogen werden, daß Robert Delaunay dem Bild des Künstlers nicht entspräche.

Bezeichnend auch, daß der Begriff »Intellektuelle« für Sonia Delaunay heute nicht mehr in Betracht gezogen wird. In ihrer Schaffenszeit tauchte er bei zeitgenössischen Kritikern auf und wurde gleich zum Angriffspunkt grober, sexistischer Diffamierung, mit der ausgesagt werden sollte, daß »Frau-Sein« und »Intellektuell-Sein« sich in keiner Weise vertragen (vgl. Dorival 1985, 34 f). Dieser Haltung neigen wohl, ohne es offen aussprechen zu müssen, auch heutige Kritiker eher zu.

Zusammenfassend behaupte ich, daß uns durch die eingeschränkte Rezeption der Kunstgeschichtsschreibung und -kritik Sonia Delaunays avantgardistische Leistung im falschen Licht erscheint. Um das Ziel zu erreichen, Kunst von Frauen als gleichrangig anzuerkennen, dürfen nicht länger »weibliche« oder »männliche« Eigenschaften für Kunst konstruiert werden (vgl. auch Nobs-Greter 1984, 88). Wichtig wäre auch, den Mythos »Künstler« durch das realistische Bild eines arbeitenden Menschen zu ersetzen. Zu überdenken, wem eine Aufspaltung der Künste in »freie« und »angewandte« überhaupt dienlich ist.

Anmerkungen

1 Der Beitrag basiert auf Überlegungen in meiner wissenschaftlichen Hausarbeit, die ich im Rahmen der 1. Staatsprüfung für das Lehramt in Berlin 1986 anfertigte.

2 Vgl. beispielsweise die Kataloge der Galerie Gmurzynska in Köln zu Retrospektivausstellungen 1975 und 1983. Während der Katalog zu Sonia Delaunays Ausstellung 1975 36 Seiten umfaßt, und wenige Schwarz/Weiß(!)-Abbildungen ihrer Werke enthält, befinden sich auf 144 Seiten des Katalogs zur Ausstellung ihres Mannes 1983 neben zahlreichen Fotos und Schwarz/Weiß-Abbildungen auch 31 Farbabbildungen seiner Gemälde.

3 Z. B. Henry 1985: »... Delaunay ist ein ganz Großer« und Schön 1962 arbeitet sogar mit Wiederholungen: »... wagen wir die Behauptung, daß auch Delaunay nie größer war, ... daß er nie größer war als in jenen Werken ...« Wenn über Robert Delaunays Tätigkeiten bei der Weltausstellung berichtet wird, treten recht anschauliche Übertreibungen seiner »Größe« auf. So schildert Charles Delaunay, daß sein Vater eine Mannschaft von ca. 12 arbeitslosen Künstlern zusammenstellte (vgl. 1983, 29) – nach Kindlers Malerei Lexikon »... leitete er ein Team von 50 Malern, die nach seinem Entwurf arbeiteten« (Linnekamp 1976, 200).

4 Zu finden z. B. bei Cohen (1975, 52): »She could paint, but her paintings would be too closely tied to her husband's, and, not being the theoretician he was, she would inevitably tend to imitate rather than invent.« Die FR 1979 konstatiert ähnlich: »... die von Delaunay ... verwirklichte Befreiung der Farbe und der Linie zu bewegtem Eigenleben hat auch Sonia nachvollzogen ohne freilich über einen imitativen Gestus wesentlich hinauszukommen.«

5 Vgl. z. B. Hoog (1976, 90), der von einem Spielzeugobjekt Robert Delaunays als »sonderbares polychromes Holzpferd« spricht oder Düchting (1982, 348): »Delaunays Versuche ... sind zahlreich, aber nicht alle gleich geglückt ausgefallen. – Das umfangreichste Unternehmen war sicher seine und Sonia Delaunays Beteiligung an Diaghilevs Ballettaufführungen ..., das aber bald aus besserer Einsicht aufgegeben wurde.«

6 Z. B. in Rezensionen zur Ausstellung »Delaunay und Deutschland« in München 1985/86: Süddeutsche Zeitung 14. 10./8. 12. 1985, NZZ 1985, u.v.a.m.

7 Berger bezieht sich hier auf die Monographie von Margaret Steenfatt: Ich, Paula. Die Lebensgeschichte der Paula Modersohn-Becker. Weinheim, Basel 1984.

8 Dorival hält es z. B. »angesichts dieser Produktionsvielfalt ... (für) ratsam, nur die Malerei ... näher zu betrachten« (1985, 71). An anderer Stelle kommt er zu der Schlußfolgerung: »Der wichtigste Gegenstand ihrer Auseinandersetzung blieb natürlich die Malerei ...« (Ebd., 69). Vgl. dazu auch Henry 1975.

9 Cohen 1978, 215 hebt eine Aussage Sonia Delaunays, die sie in einem Interview mit ihm geäußert haben soll, hervor und belegt so seine Einschätzung von der »intuitiv arbeitenden Künstlerin«: »... I've worked with color following my own sensitivity ...«

Roszika Parker

Verewigung des Weiblichen

Stickerei und der Viktorianische Mittelalterkult*

Die Stellung der Frau war einer der unversöhnlichsten unter all den Widersprüchen, die die viktorianische Mittelklasse bedrängten. Mit der zunehmenden Macht der Männer der Mittelklasse verbesserte sich auch die materielle Lage der Frauen, ihre rechtliche und finanzielle Abhängigkeit wurde jedoch nur größer. Einerseits waren die Frauen das zarte Geschlecht, geprägt durch körperliche Schwäche und flüchtige Gefühle, andererseits mußten sie als das geistige Antlitz ihrer Klasse herhalten, indem ihnen eine höhere und reinere Sphäre zugesprochen wurde als den Männern mit ihren animalischen Trieben und ihrer Verstrickung in die korrupte Welt des Kommerzes.

Das Mittelalter bot scheinbar eine historische Bestätigung dafür, daß die Trennung der Sphären von Männern und Frauen als natürlich und recht geboten war. Alice Chandler zeichnet treffend zwei Hauptaspekte des Mittelalterkults aus, die durch das Ideal der Ritterlichkeit verknüpft sind:

> »Der eine ist sein Naturalismus – die Identifikation mit Natur und Vergangenheit, darum mit einfacheren und wahreren For-

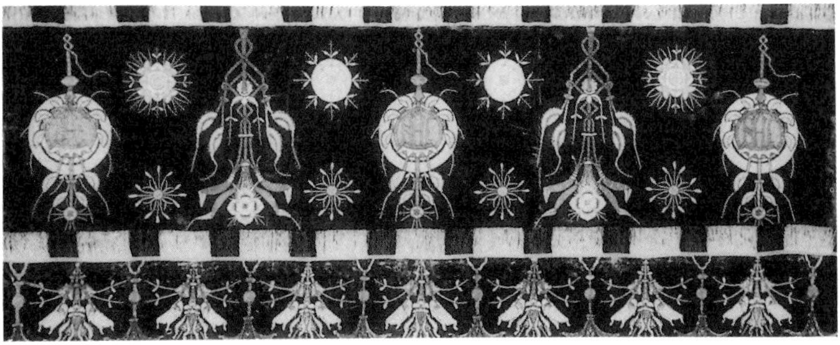

Abb. 1: Altarbehang, Ladies Ecclesiastical Society, entworfen von Georg Street, St. James-the-Less Church, Westminster, London, 1861.

> men von Gefühl und Ausdruck und einem nobleren und heldenhafteren Kodex des Handelns. Der andere ist sein Feudalismus – seine stabile und harmonische soziale Struktur, in der Freiheit und Ordnung sich versöhnen, indem jedermann seinen ihm zugewiesenen Platz und Führer hat, dem er Gefolgschaft leistet. Die Brücke zwischen diesen beiden Aspekten des Mittelalterkults ist die Ritterlichkeit, die die natürliche, spontane Großzügigkeit des Menschen für die menschliche Gesellschaft zu einem leitenden Prinzip machte, mit dem die Pflicht der Starken, die Schwachen zu beschützen, zum Ausgleich für menschliche Schwächen wurde.« (Chandler 1971, 195)

Ritterlichkeit sanktionierte und sicherte nicht nur die hierarchischen Klassenstrukturen der viktorianischen Gesellschaft; sie war auch eine Waffe im kulturellen Abwehrkampf gegen die zunehmende Unruhe und Rebellion der Frauen – ein Versuch, die Zweifel von Mächtigen und Machtlosen gleichermaßen zu zerstreuen.

Die Idealisierung des Mittelalters durchdrang jeden Aspekt viktorianischer Kultur, besonders aber religiöse Erweckungsbewegungen der Jahrhundertmitte. Seit den späten dreißiger Jahren des neunzehnten Jahrhunderts erschienen Schriften über mittelalterliche Stickerei, die ihre Wiederbelebung aufgrund mittelalterlicher Vorbilder zur Ausstattung der Kirchen der »gotischen« Erneuerung forderten. Das Mittelalter hatte für die Architekten und Kunsthandwerker, die sich ihm zuwandten, unterschiedliche Bedeutungen. Einigen bot es die Spiritualität und Frömmigkeit, die, wie sie glaubten, die Kohärenz und Klarheit bewirken würden, die ihnen in der Kunst des neunzehnten Jahrhunderts fehlten. Für andere bot es Sicherheit und Solidität in einer Zeit rapiden, beunruhigenden Wandels. Für William Morris war es der Traum von vorkapitalistischer Produktion mit Entwurf und Herstellung in einer Hand und ohne die Trennung von Produktion und Konsumtion. All diese Bedeutungen stehen offensichtlich in Beziehung zueinander.

In den vierziger Jahren allerdings sind die Schriften über mittelalterliche Stickerei von einer ganz bestimmten Haltung geprägt. In den Händen männlicher Theoretiker verschmolz der Gedanke an die ›Frauenfrage‹ mit religiösem Eifer. In den Texten erscheint die traditionelle Assoziation von Stickerei und Frauen sowie deren besonderer Platz im Christentum in einer merkwürdigen Mischung aus Ritterlichkeit, Frömmigkeit und Misogynie. Autoren, die die Wiederbelebung der Stickerei im Stil des Mittelalters forderten, machten die Verderbtheit der Frauen für den gegenwärtigen Zustand der Kunst verantwortlich. Für sie waren die Arbeiten des Mittelalters heilig wie vor dem Sündenfall.

Der katholische Architekt A. W. Pugin meinte, daß es den Stil der Gotik brauchte, um die britische Stickerei von profaner Weiblichkeit zu reinigen:

> »Wohlmeinende Damen schaffen all den Schnickschnack aus dem Handarbeitszimmer, vom Toilettentisch und vom Basar auf den Altar Gottes. Das Ergebnis ist erbärmlich ... hübsche Bänder, Porzellanvasen, allerliebste Kinkerlitzchen, künstliche Blumen, alle Art von Plunder läßt man sich geduldig leidend aufdrängen.« (Pugin 1843, 85)

Wie alle groben Stereotypen enthält Pugins Charakterisierung der Stickerei der Jahrhundertmitte ein Körnchen treffender Beobachtung. Die Nachfrage nach Stickereien für neugotische Kirchen bot den Frauen die Chance, die Stickerei – und sich selbst – zu ändern und zu rechtfertigen. An der Bewegung der »Evangelicals« und der »Oxforder Erweckung« (Anglokatholizismus) der anglikanischen Hochkirche, die in die Kirchen wieder verschwenderische Wandbehänge und Ornate einführten, waren Frauen in großer Zahl beteiligt. Die Religiosität der Frauen ist ein komplexes Phänomen. Sarah Stickney Ellis (1839) formulierte die zeitgenössische Auffassung, daß diese Religiosität zeitweilig eher motiviert gewesen sei »durch die Erregung, die sie erzeugte, und die Befreiung von häuslichen Pflichten als durch echte Frömmigkeit«. Hinter dieser Kritik steht die Tatsache, daß das Befolgen religiöser Regeln Teil des Familienkultus der Mittelklasse war, weniger Sache des Glaubens als ein moralischer Standard und eine Verhaltensnorm.

Die Beschäftigung mit Stickereien für die Kirche in heimischen Salon verband Häuslichkeit und Frömmigkeit und wurde so zu einer höchst akzeptablen Aktivität für die Damen. An der Kirchenausstattung mitzuwirken und Bücher zu schreiben über die Geschichte und Technik ihrer Kunst, gab Frauen auch eine Stimme in der Öffentlichkeit, die sie außerhalb ihres Heims anders nicht hatten. Die Bedeutung der Geschichts- und Handbücher zur Stickerei, die um die Jahrhundertmitte von Frauen verfaßt wurden, kann gar nicht überschätzt werden. Sie illustrieren die Einstellungen von Frauen, die, wenn auch in keiner Weise radikal, wohl wußten, daß mit ihrem Geschlecht nicht alles zum Besten bestellt war, und die dafür ihre besonderen Lösungen anboten. Ihre Bücher nahmen den Kampf mit der Verachtung der Stickerei auf; sie erhoben den Anspruch auf die neugotische Stickerei als besondere Sache der Frauen, auf ihren künstlerischen Wert und damit auch auf den Wert der häuslichen Arbeit der Frauen.

In ihrem »Art of Needlework«, 1840 unter dem Namen der Herausgeberin publiziert, versuchte Elisabeth Stone die Stickerei als Kunst aufzuwerten. Sie verheimlicht dabei nicht ihren Unmut über die Behandlung von Frauen:

> »Frauen wird der Hof gemacht, sie werden umschmeichelt und gepriesen; und dennoch ist der Unterschied da, und die ›Herren der Schöpfung‹ sorgen, daß er verstanden werde. Ihre eigenen Beschäftigungen sind, soweit öffentlich, Thema für den Historiker, soweit privat, für den Biographen; ja sogar ihre Alltäglichkeiten – ihre Reden – ihre Trinksprüche – und ihre Nach-Tisch-Beredsamkeit werden niedergeschrieben für die Unsterblichkeit. Eine Frau derweil, mit ebensoviel Verstand, größerer Beredsamkeit, hohen Prinzipien, enthusiastischen Gefühlen und reinem Benehmen – von gediegener, Achtung gebietender Tugend und der selbstaufopfernden Haltung eines Märtyrers – folgt verstohlen und geräuschlos dem vorgeschriebenen Pfad ihres Lebens (...) Und dies ist nur, wie es sein soll.« (Stone 1840, 3)

Die offene Kehrtwendung Stones, von einem empörten Crescendo zur sanftmütigen Unterstützung des Status quo, ist typisch für die spezifische Haltung der Autorinnen über Stickerei zur ›Frauenfrage‹. Sie wünschten, aus Höflichkeit echte Anerkennung und aus Ehrerbietung wirklichen Respekt zu machen. Doch wollten sie eine Lösung, in der die Sphären, mit größerer Würde versehen, dennoch getrennt blieben. In ihren Augen verlieh die Geschichte der Stickerei dieser Beschäftigung, mit der die Frauen der Mittelklasse so viel Zeit verbrachten, Bedeutung, Sinn und Zweck. Männliche Autoren dagegen schauten auf die Vergangenheit, um die Bestätigung dafür zu finden, daß die gegenwärtige Ordnung der Dinge unveränderlich und unausweichlich sei.

Das erste Buch, das sich auf mittelalterliche Stickerei beschränkte, wurde 1848 von C. H. Hartshorne publiziert. Das Buch wurde zur Quelle für die weitere Geschichtsschreibung und mit ihm beginnt eine Tradition falscher Vorstellungen, die bis heute reicht. Er konstruierte eine imaginäre Arbeitsteilung des Stickens in mittelalterlichen Werkstätten:

> »Ohne Zweifel machten die Frauen (...) die Arbeit, sowohl zum Vergnügen wie zum Verdienst. Das beweist ein Eintrag in den ›Liberate Rolls‹, in dem eine Zahlung von 6 Shilling und 8 Pence an Adam de Bakering bewilligt wird für ›ein Tuch von Seide und Einfassung, gekauft auf unsere Anweisung, um ein gewisses besticktes Meßgewand zu besticken, das Mabilia von St. Edmunds für uns gefertigt hat‹. Es scheint einleuchtend, daher zu folgern, daß die Männer in der Abteilung der Orfevrie (Goldstickerei und

> Goldschmiede) arbeiteten, während die Frauen die Nadelarbeit machten.« (Hartshorne 1848, 21)

Hartshorne erkennt zwar an, daß Frauen professionell arbeiteten, betont aber dennoch, daß sie es vornehmlich zu ihrem Vergnügen taten. Wichtiger noch ist der befremdliche Schluß, daß die Männer für den Zierrat aus Blattgold und Goldfäden verantwortlich waren, während »die Frauen die Nadelarbeit machten«. Er bietet keinerlei Beweis oder Erklärung dafür, daß diese These »einleuchtend« sei.

Hartshorne ist nicht nur für den Mythos einer geschlechtsspezifischen Arbeitsteilung im Mittelalter verantwortlich, er produzierte auch das Stereotyp der stickenden Adelsfrau des Mittelalters.

> »Eingeschlossen in ihre hohe Kammer. Hinter den massigen Mauern einer Burg oder eingesperrt in die engen Mauern eines Konvents, bot nur die Nadel eine unerschöpfliche Quelle des Vergnügens; damit konnte sie die langen Stunden beleben, indem sie die Heldentaten ihres fernen Herrn abbildete, wie um seine Rückkunft sichtbar zu befördern; oder in der Milde frommen Bedachts mochte sie dieses geschmeidige Werkzeug nutzen, um die Mysterien ihres festen Glaubens in ihrem Geiste lebendig werden zu lassen.« (Hartshorne 1848, 3)

In dieser Passage, einem Amalgam aus Forschungsergebnissen und Phantasie, verwandelt Hartshorne die Adelsfrau des Mittelalters in den Musterentwurf für die Ehefrau der viktorianischen Mittelklasse: fromm, abgeschieden, treu und pflichtbewußt. Selbst die harte und spitze Nadel wird zu einem »geschmeidigen« Instrument.

Die Quellen legen nahe, daß die Stickerei im mittelalterlichen Britannien Teil der Erziehung adliger Mädchen war, aber nichts weist darauf hin, daß erwachsene Frauen in frommer Abgeschiedenheit arbeiteten. Ganz im Gegenteil gab es in Adelshaushalten Stickereiwerkstätten, in denen Frauen und Männer angestellt waren und in denen die Dame des Hauses hätte mitarbeiten können. Im ›Domesday Book‹ wird berichtet, daß König Canutes Tochter Aelthelswitha eine Stickereiwerkstatt einrichtete, und es wird für erwähnenswert erachtet, daß sie selbst darin mitarbeitete: »Außerordentlich gewandt in dieser Kunst, fertigte sie mit eigener Hand ein weißes Meßgewand.« (Zit. n. Christie 1931, 31)

Das von Hartshorne gezeichnete Bild jedoch fand bei den Viktorianern enormen Anklang. Die gleichen Elemente – die Einkerkerung, die allzu langsam verstreichende Zeit, die Stickerei als Kompensation für das Fehlen des Mannes – erscheinen in Tennysons Gedicht »Mariana« und in John Everett Millais Bild »Mariana« (1853, Abb. 2). An eine Szene in Shakespeares »Maß für Maß« anknüpfend beschreibt das Gedicht »Mariana in the moated grange« (moated grange – abgelegenes, von einem Graben umgebenes Landgut, d. Ü.), wie sie auf ihren Liebsten wartet:

»She only said, ›My life is dreary,
He cometh not‹, she said;
She said, ›I am aweary, aweary,
I would that I were dead!«

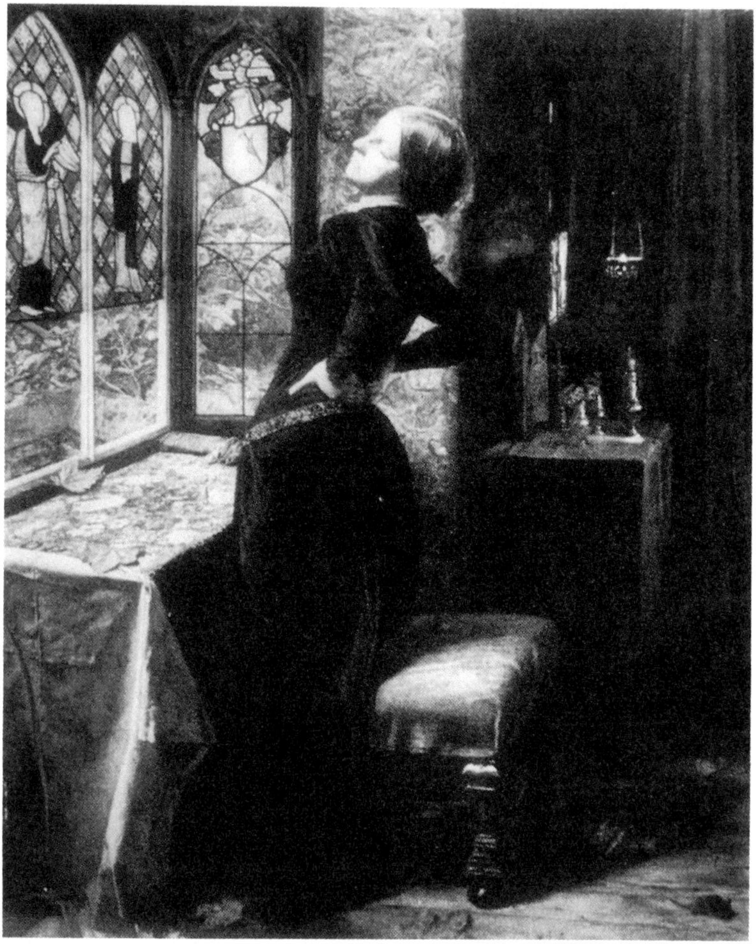

Abb. 2: Sir Frederick Millais, Marianna, Öl auf Leinwand, 1853.

Millais zeigt Mariana, wie sie vor ihrer unvollendeten Stickerei steht, und bezeichnet damit ihre Abgeschiedenheit, das lange Warten und ihren Adel. Doch hat sie die Arbeit verlassen; Frustration und Sehnsucht haben sie getrieben, die Nadel niederzulegen. Unordnung ist ins Haus gekommen. Tote Blätter sind hereingetrieben, ungestört läuft eine Maus über den Boden, und der Altar im Hintergrund ist vernachlässigt. Marianas Haltung wurde als »ungelenke Mattigkeit« beschrieben und als Ergebnis von »Millais Entscheidung, jemanden zu malen, der sich in Langeweile reckt«. Aber die Haltung legt gewiß anderes nahe als Langeweile. Die Biegung des Körpers, die Stellung der Arme und der Blick deuten auf eine sexuelle Herausforderung, ein rebellisches Element, das nur in Schach gehalten werden konnte durch Stickrahmen, Bleiglasfenster, die engen Schranken eines Klosters und die massiven Mauern einer Burg, so wie es Hartshorne beschwor. Das Bild der stickenden Dame war nicht einfach da, um die Furcht zu zügeln oder zu negieren, daß die Frauen die Nadel niederlegen und ›ausbrechen‹ könnten; es war gleichermaßen Anerkennung wie Verleugnung jenes »Fluchs des Mittelklassendaseins, des Todes im Leben, des Ennui«, wie sich das »English Woman's Journal« 1858 ausdrückte.

In ihrer eigenen Art kleideten die weiblichen Autoren Unzufriedenheit und Unglück ihres Geschlechts in das Bild der adligen Stikkerin. In der Beschreibung des Teppichs von Bayeux (1086, Abb. 4) schreibt etwa Elizabeth Stone:

> »Diese Herkulesarbeit trägt einen Glorienschein tiefer Anteilnahme durch den Umstand, daß das Werk der stolze Tribut einer liebevoll zugeneigten Ehefrau ist, die im Glanz des Ruhms ihres Mannes erstrahlt, stolz seine Taten ausmalt (...) Kaum dachte die liebevolle Frau, während sie über dieser Arbeit saß, daß ihr häuslicher Tribut ein historisches Memento ihres Landes würde, fortzeugend von seinen rühmlichen Taten und ihrer eigenen *nimmermüden* Zuneigung. (Stone 1840, 85)

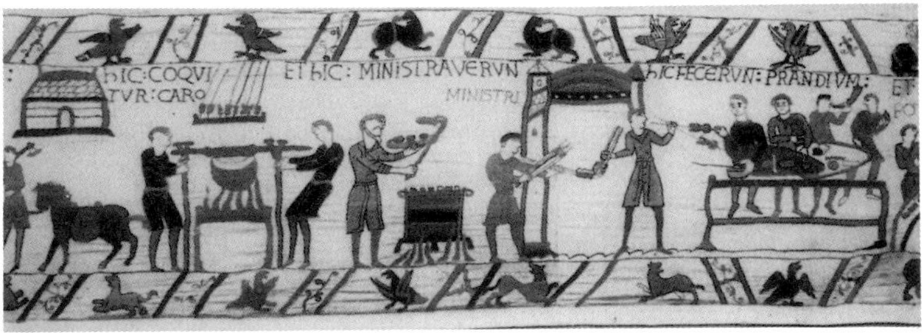

Abb. 3: Teppich von Bayeux, Ville de Bayeux, Normandie, ca. 1080.

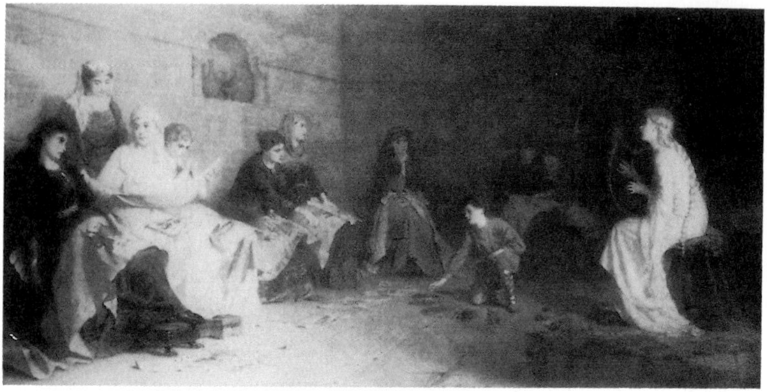

Abb. 4: George Elgar Hicks, Queen Mathilda with her Women and Sacon Maidens with the Bayeux Tapestry, Öl auf Leinwand, 1899.

Die zugeneigte Ehefrau war Wilhelm des Eroberers Königin Mathilda, die als Urheberin des Wandteppichs galt (Abb. 3). All den müden, gelangweilten Frauen, deren Stickerei nicht respektiert sondern herabgewürdigt wurde, bot Stone mit Mathilda eine Phantasie und eine Inspiration. Sie präsentierte Mathilda als perfektes Muster viktorianischer Weiblichkeit: Sie arbeitet aus Liebe, im Privaten; ihr Ruhm ist der ihres Mannes; ihre Belohnung findet sie nach dem Tode. »Die erstaunlichen Werke der Mathilda, Gemahlin Wilhelm des Eroberers« werden auch in Miss Lamberts Kapitel über »Nadelarbeit englischer Königin und Prinzessinnen« erwähnt. Indem sie dieser Kunst, die tausende Frauen der Mittelklasse ausübten, aristokratische Assoziationen beifügte, macht sie einen weiteren Grund sichtbar für die Popularität des Bildes von der adligen Stickerin. »In früheren Jahrhunderten waren die höheren und malerischen Stufen den zarten Fingern von Königinnen und Hofdamen vorbehalten.« (Warren/Pullan 1855, Einltg.)

Wenn Mathilda wirklich allein die ganzen 82 Meter des 50 Zentimeter breiten Leinentuchs bestickt (fälschlich »Teppich« von Bayeux genannt), dann wäre das in der Tat eine Herkulesarbeit gewesen. Das Stück zeigt Geschehnisse von der Thronbesteigung Eduard des Bekenners bis zu Wilhelms Sieg bei Hastings, der ihm den Thron einbrachte. Es ist das einzige noch vorhandene Exemplar politischer Stickerei der Romanik, aber es gibt Beschreibungen ähnlicher Werke.

Noch 1900 wurde Mathilda als Urheberin der Teppich genannt. Doch wurde die Stickerei, nicht zuletzt aus nationalistischen Gründen, zum Objekt intensiver Forschung. Die Frage war weniger, von wem, als wo sie angefertigt worden ist. Auch viktorianische Historiwem, als wo sie angefertigt worden ist. Auch viktorianische Historiker waren hin- und hergerissen zwischen ihrem Patriotismus und dem Wunsch Mathilda, immerhin Französin, und ihre Vortrefflichkeit als Ehefrau zu feiern. Miss Lambert fügte eine Fußnote an: »Wenn Königin Mathilda auch die Arbeit am Teppich von Bayeux anleitete, waren es doch höchstwahrscheinlich *englische* Damen, die ihn ausführten, denn diese waren, wie wir schon gesagt haben, berühmt für ihre Nadelarbeit.« (Lambert 1842, 8) Spätere Historiker stimmen damit zum Teil überein. Heute wird angenommen, daß die Arbeit von den Franzosen bei einer englischen Werkstatt in Auftrag gegeben wurde.

Nichtsdestoweniger nannten die Franzosen ihn weiterhin »Königin Mathildas Teppich« und das Bild der stickenden Königin hängt ihm noch immer an. So nachhaltig wirksam war das im neunzehnten Jahrhundert geprägte Bild seiner Geschichte. Es erzählte von einer individuellen Arbeit statt vom Produkt einer Werkstatt, von aristokratischen Tätigkeiten statt von professionellem Kunsthandwerk, von reiner Frauenarbeit statt vom Werk von Männern und Frauen. Man konnte und wollte seine Geschichte nicht freimachen von der Art, wie jene Kunst von den Frauen der Ober- und Mittelklasse des neunzehnten Jahrhunderts ausgeübt wurde.

Auch noch die Behandlung des Teppichs durch Autoren des zwanzigsten Jahrhunderts ist von der Assoziation mit aristokratischer Weiblichkeit beeinflußt, etwa wenn vom »immerwährenden Charme« der Stickerei die Rede ist, ohne daß sie in den Zusammenhang mittelalterlicher Kunst oder der Praxis des Kunsthandwerks gestellt würde. Gewiß gibt es Ausnahmen; Arnold Hauser (1978, 119f) zum Beispiel analysiert das Werk im Kontext der Kunstgeschichte als wichtigstes Denkmal profaner Kunstproduktion des Mittelalters, das die zyklische Komposition der gotischen Kunst in der narrativen Darstellung vorwegnehme. Wie er Mathildas Urheberschaft verwirft, ist allerdings etwas zweideutig: »Die Tradition (...) beruht zweifellos auf einer Legende, denn das Werk ist augenscheinlich von erfahrenen, berufsmäßig geübten Künstlern gearbeitet worden.«

Die Historiker der viktorianischen Periode waren von ihrem Bild von der einsamen adligen Stickerin deswegen überzeugt, weil sie die Literatur über die höfische Liebe als historische Quelle über weltliche Kunst benutzten. Die höfische Liebe, mit ihrer Idealisierung der Frau und dem Entwurf der Liebe als einer adelnden Passion, entstand zu Ende des elften und florierte bis ins dreizehnte Jahrhundert. Sie betraf zwar nur eine sehr schmale Schicht von Frauen, hinterließ aber eine höchst einflußreiche Literatur.

Elizabeth Stone verteidigte ihren Gebrauch dieser Literatur als Quelle mit der Behauptung, daß mittelalterliche Chroniken und Geschichtsbücher über die Nadelarbeit nichts aussagten:

»Hier wie anderswo wird die kostbare, feine Nadelarbeit mit höchstens einer Randbemerkung übergangen. Natürlich ist sie ein zu unbedeutendes Thema, um die Aufmerksamkeit derer zu finden, die sich der Beschreibung von Wohl und Wehe von Königreichen und Thronen widmen (...) Aber so wie heute der Roman jene Kleinigkeiten des täglichen Lebens beschreibt, die lächerlich wäre, in den Schriften von Politikern und Historikern zu suchen, so geben uns die Romanzen der Tage des Rittertums Beschreibungen, die vielleicht übermäßig ausgeschmückt, aber doch in den Grundlagen korrekt sind (...)« (Stone 1840, 119f)

Tatsächlich aber bot die höfische Literatur die Grundlagen für die Phantasien der viktorianischen Stickerinnen. Die Kleidung mittelalterlicher Ritter beschreibt Stone als:

»vielfältig in der Form, zumeist aber aus kostbarer Seide, mit erlesenen oder teuren Pelzen besetzt oder eingefaßt, und zumeist auch prächtig bestickt mit dem Familienwappen. *So waren die Frauen sogar die Herolde jener Zeit.*« (Stone 1840, 138; Hervorhebung R. P.)

Leonora Davidoff (1973) legt nahe, daß die viktorianischen Frauen der privilegierten Klassen das heraldische Abbild ihrer *eigenen* Zeit waren. Sie beschreibt ihre Schlüsselrolle in den Ritualen der Gesellschaft, in der die sozialen Definitionen immer schärfen wurden. Die viktorianische Dame fand in der mittelalterlichen Frau der höfischen Liebe eine beruhigende Repräsentation der seltsamen eigenen Mischung von Macht und Machtlosigkeit.

Das beliebteste Bild höfischer Romanzen war der Ritter, der die Stickerei seiner Dame trug und sie bis zum Letzten verteidigte. Stone schreibt:

»In ›Perceforest‹ ist dargestellt, wie am Ende eines Turniers die Damen fast barhäutig waren, fast allen Kopfschmucks beraubt (...) Ihre Kleider waren ohne Ärmel; alles war hergegeben, die Ritter zu schmücken, Hauben, Umhänge, Tücher, Manteaus (...)« (Stone 1840, 143)

Selbstvergessenheit, Hingabe und Aufregung, strikt verboten für viktorianische Damen, wurden im Kontext der Stickerei präsentiert, gesichert durch Jahrhunderte Abstand und erhaben gemacht durch Adel und Moral des Mittelalters, wie es sich im Geist der Viktorianer darstellte.

Es ist leicht einzusehen, warum die Viktorianer meinten, die Literatur der höfischen Liebe beweise den einst hohen Rang der Stickerei und der Stickerinnen (und daß dem im neunzehnten Jahrhundert auch so sein solle). Sie vermochten nicht zu verstehen, daß der Status der Stickerei im Mittelalter kein Zeichen dafür war, daß die Frauen als Stickerinnen hoch geschätzt wurden, sondern eine Markierung des sozialen Ranges und der Gefolgschaftsstellung. Testamente, Bildnisse auf Grabmalen, illustrierte Handschriften und Malereien zeugen sämtlich von der Bedeutung der Stickereien als Markierungen sozialen Rangs. Die zentrale Rolle der Stickerei in der höfischen Literatur verweist auf das Gerangel um die Stellung unter den *Männern,* und nicht auf die Macht von Frauen. Ohnehin gibt es erhebliche Meinungsverschiedenheiten über den Einfluß der höfischen Liebe auf das Leben von Frauen und über Motive und Inhalte von Dichtung und Legenden zur höfischen Liebe. War es platonische Liebe oder sexuelle? Reflektierten Ehre und Verehrung der Frauen ihre Macht als Grundbesitzer oder war es nur Kompensation ihrer totalen Unterordnung unter die Männer ihrer Klasse? Wieviel Realität auch immer hinter der Literatur der höfischen Liebe stand, die frühen Viktorianer sahen das Mittelalter als eine Zeit, in der Stickerei und Stickerinnen ein Wert zukam, den die viktorianischen Frauen für sich wünschten.

Die Autoren, die während der zweiten Hälfte des Jahrhunderts über Stickerei schrieben, verloren das Interesse an Rittertum und höfischer Liebe. Lady Marion Alfords Buch »Needlework as Art« (1886) hat wenig von Stones Begeisterung für Turniere. Lady Marion zieht ihre Stickerin vom Turnierplatz zurück an den Herd. Sie verwandelt das frühere Bild der romantischen mittelalterlichen Stickerin in das der häuslichen, mütterlichen Erzieherin:

> »Im mittelalterlichen Heim wurden Moral und Religion wie auch die Liebe zu rühmlichen Taten durch die Malerei der Nadel gelehrt, um sie so dem Geist junger Männer nahe zu bringen, die direktere Formen der Lehre verschmäht hätten.« (2)

Indem sie die Ideologie John Ruskins reproduzierte, schlichtete Lady Marion Alford die Widersprüche im Leben der Frauen der viktorianischen Mittelklasse des neunzehnten Jahrhunderts. Wie frühere Historiker wollte sie den Eindruck erwecken, daß die Frauen und ihre Stickerei einen Einfluß in ihrer Gesellschaft hatten. Aber für sie lag die Macht der Frauen nicht darin, daß sie die »Herolde« der Gesellschaft waren und soziale Hierarchien ordneten, sondern in ihrer beispielhaften Moralität und Reinheit. Von William Morris und dem »Art and Crafts Movement« beeinflußt, glaubte sie, daß die Kunst für alle, die mit ihr in Berührung kamen, einen moralisch förderlichen, erhebenden Effekt habe. »Die Geschichte häuslicher Stickerei«, schrieb sie, »sollte als ein wichtiges Element in der sittlichen Wirkung ästhetischer Kultur gesehen werden.« (10)

Die Geschichtsschreibung zur mittelalterlichen Stickerei war nur ein Aspekt in der Mittelalterverehrung der viktorianischen Zeit. Ebenso wichtig war die Wiederbelebung der Stickerei im mittelalterlichen Stil. Und ebenso wie die Geschichtsschreibung von der viktorianischen Einstellung zur Frau bestimmt war, beeinflußte die zeitgenössische Ideologie Theorie, Stil und Ikonographie dieser Renaissance mittelalterlicher Stickerei. Der Stil wurde von Männern angeregt und von Frauen ausgeführt. Wie gesagt, machten die Autoren, die eine Rückkehr zu den Vorbildern des Mittelalters forderten, für den Verfall kirchlicher Handarbeit die »Damen« verantwortlich und wollten ebensosehr die Damen wie deren Arbeit reformieren. Eine der Taktiken bestand darin, zwischen den Zeilen die Weiblichkeit der Stickerinnen lächerlich zu machen. In »Church Work for Ladies« charakterisierte Reverend T. James die viktorianischen Arbeiten folgendermaßen:

> »(...) gigantische Blumen, Stiefmütterchen so groß wie Pfingstrosen, Kohlrosen (›cabbage roses‹ – Zentifolien, d. Ü.), die den Namen wirklich verdienen und eher an Pickles als an Parfum denken lassen; anmutig sinkende Fuchsien, so groß wie Tischglokken.« (zit. n. Morris 1962, 26)

Gekränkt ersetzten die Frauen die »Kohlrose« durch die fünfblättrige Tudor-Rose.

Die männlichen Theoretiker mögen sich zwar über die Stickerei mokiert haben, jedoch eröffneten sie den Stickerinnen neue Möglichkeiten. 1848 veröffentlichte die »Ecclesiological Society« zwölf Stiche von Agnes Belcowe mit Stickmustern für Blumen, die mittelalterlichen Vorbildern folgten. Sieben Jahre später gehörte sie zu den Gründerinnen der »Ladies Ecclesiastical Society«. In Verehrung und Gehorsam für die Theoretiker der neugotischen Erweckung erklärte sie ihr Ziel:

> »Altartücher nach streng ekklesiastischem Entwurf zu fertigen, entweder nach alten Mustern oder unter der Anleitung eines fachkundigen Architekten.« (zit. n. Morris 1962, 87)

An fachkundigen Kirchenarchitekten, bereit Muster zu liefern, war kein Mangel. George Frederick Bodley, J. D. Sedding und Edmund Street entwarfen sämtlich Stickmuster. Street versicherte den Stikkerinnen, wieviel Gewinn sie aus der Arbeit nach seinen Entwürfen ziehen würden.

»(...) dem Glück, das sich einstellen muß, wenn sie ihre Finger und Augen etwas zuwenden, das schön und makellos anzuschauen ist, statt den abscheulich häßlichen Mustern in Kreuzstich für Fußschemel, Pantoffeln, Sesselbezüge und ähnliche allzu gewöhnliche Objekte.« (zit. n. Morris 1962, 87)

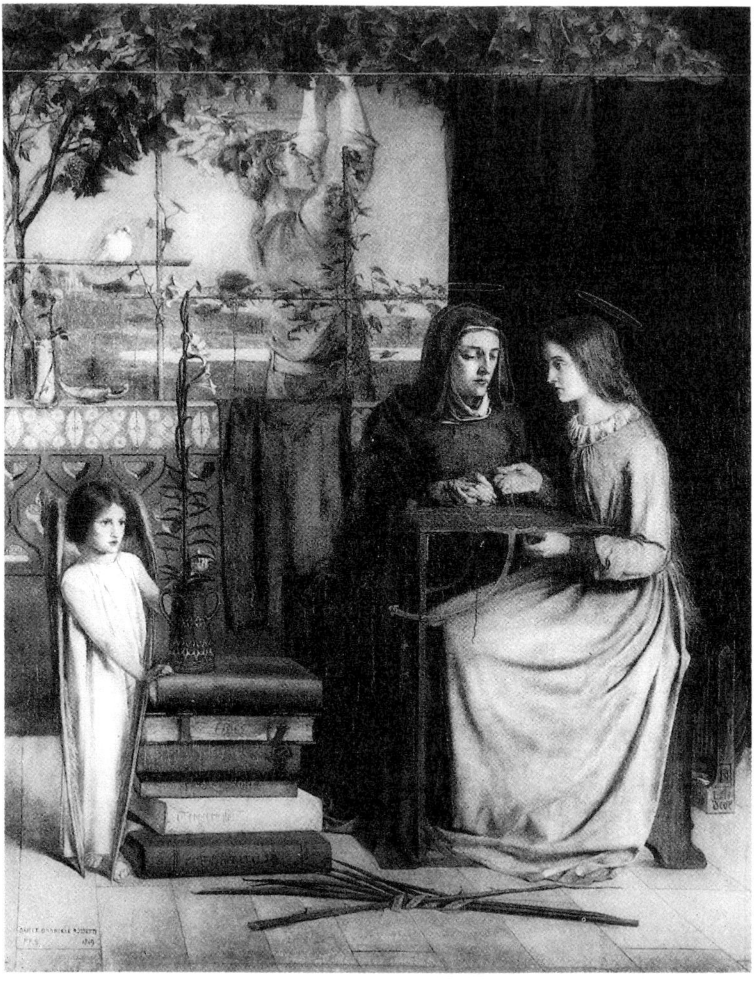

Abb. 5: Dante Gabriel Rossetti, Die Mädchenzeit der Jungfrau Maria, Öl auf Leinwand, 1848/49.

Das Ausmaß, in dem Stickerei mit Weiblichkeit als Reinheit und Unterwürfigkeit assoziiert war, läßt sich an einem Bild von Dante Gabriel Rossetti ablesen, das die Jungfrau Maria mit ihrer Mutter darstellt (1848/9, Abb. 5). Das Werk bezieht sich auf eine Szene des apokryphen Marienlebens, einer populären, narrativen Folge in der mittelalterlichen Kunst. Darin wird Marias Mutter Anna gezeigt, wie sie ihre Tochter aus einem Buch belehrt. In Rossettis Gemälde jedoch erscheinen Bücher nur als das Podest für eine Lilie, die die Jungfrau mit Nadel und Faden abbildet. Das Bild zeichnet in der Tat eine absolute Arbeitsteilung zwischen den Geschlechtern. Die Frauen haben sich mit ihrer Stickerei in der häuslichen Sphäre eingerichtet, während Joachim, Annas Mann, im Weinberg arbeitet.

In ihrer außergewöhnlichen Blässe, zart und ätherisch, repräsentiert Maria das Weiblichkeitsideal der Mittelklasse, eine körperliche Rechtfertigung für den Einschluß dieses Geschlechts in das Heim. Die Viktorianer sahen die Frauen der Mittelklasse als »rein aber krank; Frauen der Arbeiterklasse außerhalb des Hauses als kräftig aber verunreinigt und ekelerregend.« (Duffin 1978, 31)

1905 wurde in London eine große Ausstellung mittelalterlicher Stickerei eröffnet. Eine Besprechung der Ausstellung von May Morris bemerkt trotz der Präsenz vieler eindrucksvoller Beispiele der besten Periode mittelalterlicher Stickerei bei den Besuchern eine gewisse Ambivalenz:

> »Ich vermute, daß es für viele Leute eine Überraschung war, daß zu so früher Zeit so ausgezeichnete, hochentwickelte und vielfältige Werke entstanden sind.
> Die Überraschung überrascht mich, denn sie akzeptieren ohne einen Ausruf der Verwunderung den Taufstein der Kathedrale von Wells, die illustrierten Handschriften von Winchester und so weiter, und das ist doch nur Teil derselben Geschichte.« (Morris 1905, 302)

May Morris war sehr wohl qualifiziert, die Ausstellung zu besprechen. Ihr Vater, William Morris, hatte sie schon mit sieben Jahren zur Stickerei angeleitet. Seit 1885 leitete sie die Werkstatt für Stikkerei Morris, Marshall and Faulkner. Sie hatte über Geschichte und Praxis der Stickerei geschrieben und die Klasse für Stickerei in der Central School of Art and Design in London geleitet. Ihre Ausstellungsbesprechung ist jedoch vorwiegend sozialistisch und nicht feministisch. Sie unterstellt, daß die Leute über die Werke der Stickerei nur überrascht waren, weil sie fraglos von einer Teilung ausgingen, in der die Schöne oder Hohe Kunst von den privilegierten Klassen ausgeübt wurde, während alle anderen Handwerk oder Kunsthandwerk praktizierten. Die große Qualität mittelalterlicher Malerei und

Bildhauerei konnten sie akzeptieren, aber sie konnten nicht glauben, daß die Stickerei, ein sogenanntes (Kunst-)Handwerk, solche Höhen erreichen konnte.

Die Situation der Stickerei ist jedoch wesentlich von der anderen Kunsthandwerks unterschieden. Die Krux in der Rezeption der Ausstellung war nicht einfach die Assoziation der Stickerei mit Handwerk im Gegensatz zu Kunst. Vielmehr war es die totale Identifikation, die sich zwischen der Stickerei und dem viktorianischen Weiblichkeitsideal hergestellt hatte. Als 1905 die Ausstellung präsentiert wurde, waren seit über fünfzig Jahren Schriften publiziert worden, die eine ganz bestimmte Lesart der Geschichte propagierten und ein sehr spezifisches Bild der mittelalterlichen Stickerin produzierten. Die Geschichtsschreiber hatten dieser Frauenarbeit ein historisches Erbe zugeordnet, von dem sie glaubten, es würde ihr die Anerkennung und den Respekt einbringen, den sie verdiente und den die Frauen brauchten. Dabei verbargen sie die professionelle Produktion von Stickerei durch Männer und Frauen hinter dem Bild der einsam stickenden Königin. Sie reduzierten den heterogenen Charakter der Arbeiten für die Kirche auf das bescheidene Unternehmen selbstloser Nonnen. Der Charakter mittelalterlicher Stikkerei wurde in den viktorianischen Musterbeispielen gezähmt und zurechtgestutzt, um das zeitgenössische Verständnis von Weiblichkeit zu bestätigen. Weit entfernt davon, ihr Vorhaben einer Aufwertung der Stickerei zu verwirklichen, entwerteten die viktorianischen Historiker sie in den Augen einer Gesellschaft, die große Kunst gleichsetzte mit Männlichkeit, Öffentlichkeit und Professionalität.

Anmerkung

* Bei diesem Text handelt es sich um die gekürzte Fassung des 2. Kap. »Eternalising the Feminine« aus R. Parker: The Subversive Stich. Embroidery and the Making of the Feminine. London (The Women's Press) 1984. Übersetzt von Herbert Mehrtens.

Abbildungsnachweis

Parker 1984, The Women's Press London.

Barbara Kramer-Egghart

Frauen und Tapisserien

Ihr Anteil am Produktionsprozeß von Wandbehängen

I

Die Beschäftigung mit der Tapisserie setzt die Kenntnis einiger technischer Besonderheiten, die Wandbehänge von anderen textilverarbeitenden Techniken unterscheiden, voraus: Die Verwendung des Begriffes »weben« im Zusammenhang mit der Herstellung von Tapisserien beschreibt einen textilverarbeitenden Prozeß, in dessen Verlauf die Schußfäden nicht durch die ganze Breite der Kette geführt werden; es werden nur so viele Kettfäden bedeckt, wie zur Wiedergabe der auf dem Entwurf angegebenen Fläche der gleichen Farbe notwendig sind. Somit ist die Kunst der Wandteppichherstellung von allen anderen mechanischen Hilfsmitteln unabhängig (vgl. Verlet 1965, 239). Die Vorlage, die der Weberin/dem Weber vorgelegt wurde, hat ihrerseits wiederum verschiedene Entwicklungsstadien.[1] Für die Erzeugung von Wandbehängen waren entweder horizontale Hochwebstühle (haute-lisse) oder vertikale Flachwebstühle (basse-lisse) erforderlich.

Die Tapisserie ist also das Endprodukt eines Planungs- und Herstellungsprozesses, in dem verschiedene Kräfte – Maler und Weber – über längere Zeit in einem engen Arbeitsverhältnis kooperieren mußten, um das bestmögliche Ergebnis erzielen zu können. Aus diesem Grund ist die Annahme berechtigt, daß die serienweise Herstellung von Wandbehängen durch straff geführte Verbände in von Kirchen unterhaltenen Ateliers oder von Zunftmeistern geleiteten Werkstätten wesentlich erleichtert wurde. Für die Klöster wie für die Zünfte gilt, daß das Weberhandwerk auch von Männern ausgeübt wurde. Wenn wir also die Rolle der Frau im Herstellungsprozeß von Tapisserien erörtern, so ist dies notwendig mit der Frage nach ihrer Stellung in und zu den rentablen manufakturalen Produktionsstätten verbunden.

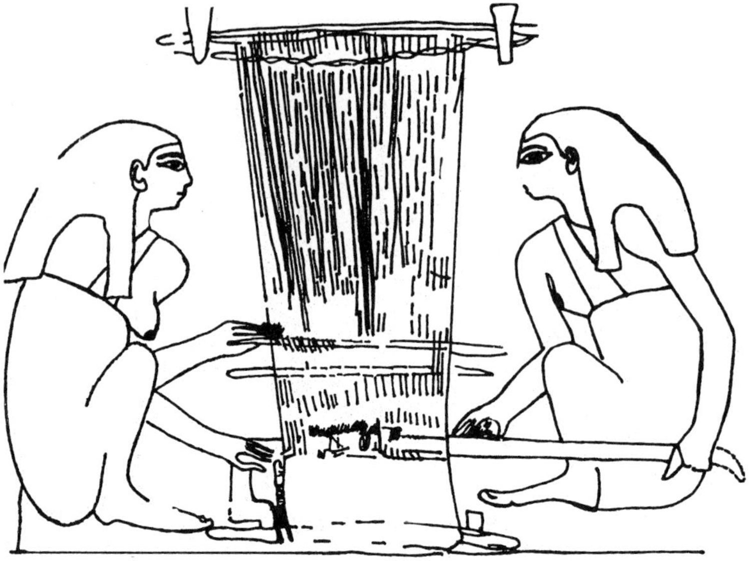

Abb. 1: Das Webstuhlbild aus dem Grabe des Chnem-hotep. Nachzeichnung.

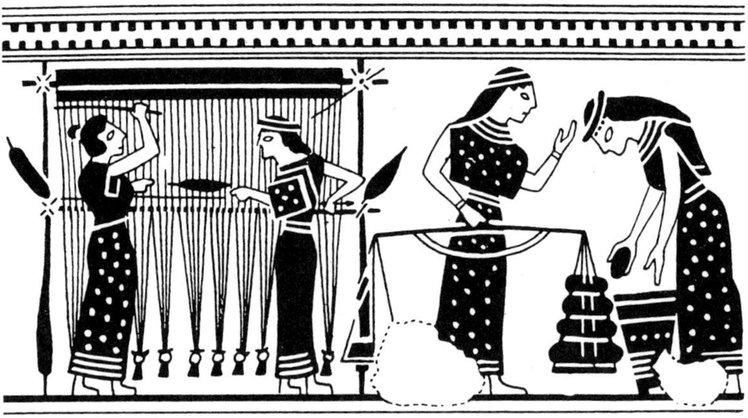

Abb. 2: Griechischer Gewichtswebstuhl.

II

Der Gebrauch von Wandbehängen reicht sicherlich Jahrtausende zurück, wiewohl er sich mangels eindeutig bestimmbarer Fundstükke nicht nachweisen läßt. Von besonderer Schwierigkeit bei dem Nachweis ist, daß die bildlichen Vorlagen nicht eindeutig erkennen lassen, ob es sich bei den Geweben um Tapisserien oder um andere Gewebe handelt (Verlet 1965, 239). – Daß jedoch die ersten Textilgroßunternehmen in den Tempeln von Sumer bereits um 3000 v. Chr. entstanden, wissen wir aus Urkunden. »Gobelinwirkerinnen und Teppichknüpferinnen« wurden für die Schmückung der Heiligtümer verwendet (Vardiman 1982, 223–24).

Die Ägypterinnen haben die Weberei bereits in großem Umfang betrieben. Das berühmte Bild aus dem Grabe des Chnem-hotep in Beni Hasan aus der Zeit der 12. Dynastie (1991-1785 v. Chr.) (Abb. 1) zeigt die Arbeit der Frauen an einem waagerechten, dicht über dem Boden befindlichen Webstuhl (Johl 1924, 10–24). Die Erfindung der Webkunst wurde der Göttin Tait zugeschrieben (Erman 1923, 535–36).

Zur Zeit der 18. Dynastie (1552–1306 v. Chr.) ist bereits Männerarbeit an Webstühlen nachgewiesen.[2] Auf Totenstelen der 20. Dynastie (1186–1070 v. Chr.) bezeichnen zweimal Männer die Weberei als ihren eigentlichen Beruf (Johl 1924, 57).

Die griechische Literatur berichtet mehrfach von der Existenz gewebter Teppiche (Heinz 1963, 20): Im Ion des Euripides (Vers 141ff) wird von einem riesigen Zelt in Delphi berichtet, das mit kostbaren Bildteppichen aus dem Tempelschatz ausgekleidet war.[3] Alois Riegl (1893, 20) und Betty Kurth (1926, I, 7) ziehen die berühmten Darstellungen des Webstuhls der Penelope auf einer Vase aus Chiusi aus der Mitte des 5. Jahrhunderts v. Chr. (vgl. Heinz 1963, 19, Abb. 10; Kurth 1926, 4, Abb. 2) als Beweis für die Existenz »gobelinartiger Bildwirkerei« bei den Griechen heran.

Eine Vase (ca. 560 v. Chr.) aus dem Metropolitan Museum, New York (Abb. 2) schildert die Arbeit der Frauen an einem dem »Penelope-Webstuhl« analogen Gerät, bei dem die Kettfäden durch Gewichte gestreckt werden. Für die im Oikos[4] eingebundenen attischen Frauen wird die Tapisserieweberei ökonomisch jedoch wenig nützlich gewesen sein (Wagner 1982, 84–86, 95); besonders arbeitsaufwendige Textilarbeiten wurden in spezialisierten Ateliers außerhalb des Hausverbandes hergestellt, wo auch unfreie Frauen arbeiteten (Wagner 1982, 96).

Bei den Römern kann die Herstellung von Wandbehängen aufgrund literarischer Zeugnisse, z. B. bei Plautus (vgl. Müntz 1882, 44; Stephani 1898, 16) ebenfalls angenommen werden; in den großen Webereien waren sowohl männliche als auch weibliche Arbeiter beschäftigt (Ebert 1984, 157; Pomeroy 1985, 310). Auf den stark zerstörten Reliefs des Nerva-Forums (97 n. Chr. fertiggestellt) sind vertikale Webstühle wiedergegeben, an denen eine große Zahl von Frauen arbeiten (Johl 1917, 44–46). Es ist nicht überliefert, ob römischen Frauen, die in den entsprechenden Gewerben arbeiteten, die Mitgliedschaft in den Innungen und Zünften gestattet war. Allenfalls konnten sie die Schirmherrschaft einer Handwerkervereinigung übernehmen, ihr Anteil betrug jedoch wahrscheinlich weniger als 5 % (Pomeroy 1985, 311).

III

Der Zusammenbruch der antiken Kultur bedeutet kein völliges Aussetzen der Tätigkeit der Frauen in der Tapisserieproduktion, wenngleich in dieser Hinsicht das urkundliche Material, besonders was das frühe Mittelalter betrifft, sich mehr als dürftig erweist. Die Erzeugung von Tapisserien in jener Epoche ist bezeugt (Müntz 1882, 82–96; Stephani 1898, 29; Heinz 1963, 29), wobei jedoch große Vorsicht beim frühmittelalterlichen Gebrauch der termini technici geboten ist (Kurth 1926, I, 16). Eine Nachricht aus der im dritten Viertel des 16. Jahrhunderts abgefaßten Chronik von Zimmern berichtet, daß Elisabeth Herzogin von Tegk in den Jahren um 1100 zusammen mit neun Gefährtinnen ein »tuch« webte, welches die Erlebnisse ihrer Schwager Conrad und Albrecht, ihrer weiteren Verwandten Friedrich von Zimmern und ihres Gemahls Gottfried von Zimmern auf dem ersten Kreuzzug schildert.[5] Der Inhalt dieser Chronik ist als glaubwürdig einzustufen (Kurth 1926, I, 20). – Eine an Tapisserien arbeitende Frau weltlichen Standes scheint im Mittelalter nichts Außergewöhnliches zu sein; in Nürnberg, wo im 15. Jahrhundert die Bildteppichweberei blühte, sind mehrere Frauen aus nichtgeistlichen Bevölkerungsschichten in Zusammenhang mit der Tapisserieproduktion sowohl für den Eigen-, als auch für den Fremdbedarf, erwähnt. Johann Neudörfer, der im Jahre 1547 »Nachrichten über Künstler und Werkleute« in Nürnberg verfaßte, berichtete, daß »vor Jahren die ehrbaren Frauen... im Teppichmachen sehr fleißig und geschickt gewesen sind.« Sebald Baumhauer habe ihm überliefert, daß »die erbern Wittfrauen mit ihrem Teppichmachen den ganzen Tag auf St. Michaels Chörleins in St. Sebalds Kirchen gewohnt... und den ganzen Tag ihre Arbeit verrichtet haben.« Auch Frau Kunigunde Löffelholz (geb. 1425) soll die Kunst des Bildteppichwebens beherrscht haben; sie stellte »Altartücher« für Kirchen in Bamberg, Nürnberg und Würzburg her (vgl.Kurth 1926, I, 164).

Drei Darstellungen von *Klosterfrauen* als Herstellerinnen von Wandbehängen sind überliefert, von denen wir die fränkische Tapisserie (von ca. 1490–1500) mit Szenen der Passion Christi aus dem Bamberger Dom vorstellen:[6] Der Wandbehang besteht aus Wolle und Seide; die neun szenischen Abfolgen des Bildfeldes sind durch schmale Bordüren aus Laubstäben- und Rosettenmuster voneinan-

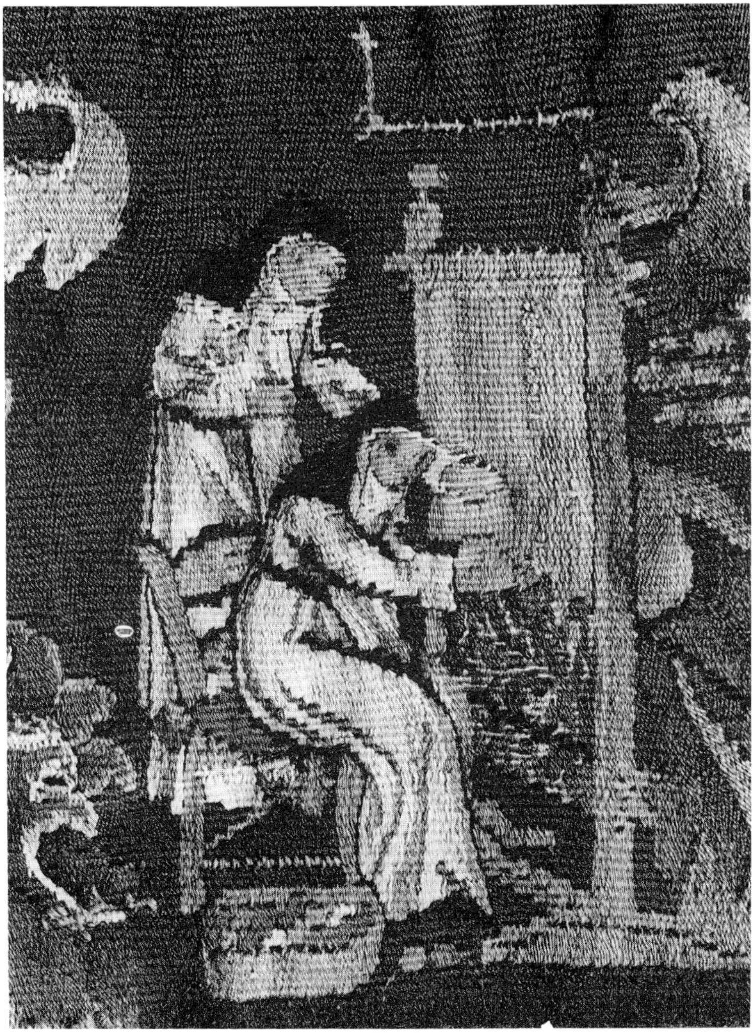

Abb. 3: Zwei webende Dominikanerinnen aus der Bordüre des Passionsteppiches aus dem Dom zu Bamberg.

der getrennt. Der gesamte Behang ist von einer stilisierten Ornamentblumenbordüre umgeben, in deren unterem Teil links sich die webenden Nonnen (Abb. 3) gleichsam in Miniaturwiedergabe verewigt haben (Kurth 1926, I, 272). Die eine der beiden Dominikanerinnen sitzt »vor den Kettfäden; die rechte Hand führt die Fliete zurück und beendet so den Einschlag, die linke teilt das Fach. Die stehende Nonne trägt den Spulenkasten; die Operation, die sie mit der linken Hand ausführt, ist nicht klar erkennbar, augenscheinlich hält sie den Kreuzstab« (Göbel 1923, I,1). Daß die Nonnen sich selbst porträtierten, ist möglicherweise ein Indiz für die Wertschätzung der Tapisserieherstellung durch Klöster. Ein weiteres Indiz wäre, daß der Tapisserieweberei des Nürnberger Katharinenklosters eine ganze Gruppe von Tapisserien zugeschrieben werden kann, die von der Stadt erworben wurde (vgl. Kurth 1926, I, 176–186).

Während die in der weiblichen *Hauswirtschaft* betriebene Textilherstellung wesentlich umfangreicher war, blieb die Tätigkeit der Frauen in den zünftisch organisierten und für den Markt produzierenden Webereien meist »auf Hilfs- und Vorarbeiten sowie auf bestimmte Produktionsbereiche« beschränkt (Ketsch 1983, 145). Die Beschränkung der Tätigkeiten kann vordergründig mit der Einführung gewisser Arbeitsschutzverordnungen erklärt werden (vgl. Lespinasse 1879, 102). Andererseits bedeutet die Entwicklung der Manufakturen und die Organisation des Handwerks in Zünften, daß ganze Bereiche der Textilproduktion, die von Frauen in Heimarbeit erstellt wurden, von den Zünften übernommen wurden – bei gleichzeitigem Verbot der Heimarbeit – und unter deren Kontrolle stand. Dieser Prozeß führte dazu, daß Frauen in den Zunftwerkstätten in die lediglich zuarbeitende Tätigkeit zurückgedrängt wurden (vgl. Ettmüller 1866, 223; Ketsch 1983, 146–47; Göbel 1923, I, 301).

Die Gesetze der Brüsseler Tapisserieweber(Legwerker)zunft schließen die Beschäftigung von Frauen völlig aus: Frauennamen tauchen in den Aufnahmeprotokollen nicht auf (Göbel 1923, I, 301); in einem Eintrag vom 10. Juni 1475 wird ausdrücklich von »leerknapen« gesprochen, die das achte Lebensjahr vollendet haben müssen, um in den Lehrbetrieb aufgenommen werden zu können (Göbel 1923, I, 296). – Eine Bedingung unter welcher den Frauen gewisse Rechte an der Tapisserieproduktion eingeräumt wurden, war der soziale Status der Witwe eines Tapissiers: Allem Anschein nach besaß in jenem Fall eine Frau das Recht, die Manufaktur des verstorbenen Gatten mit allen bestehenden Rechten fortzuführen (Göbel 1923, I, 301).[7]

Für Catherina van den Eynde, die Witwe des Frans Geubels (gest. zwischen 1601–1605), könnte das unbefristete Witwenrecht (Krebs 1974, 40) gegolten haben, d. h. sie durfte das Geschäft führen, solange sie wollte. Alphonse Wauters berichtet aufgrund vorhandener Dokumente von ihrer Tätigkeit (1878, 294): Im Jahre 1605 gehörten die Erzherzöge Albert und Isabella zu ihrem Kundenkreis (Poorter 1979/80, 209). 1613 war die Witwe Geubels eine anerkannte Persönlichkeit unter den Tapesseriefabrikanten und -kaufleuten Brüssels, mit denen sie als selbständige Manufakturleiterin zusammenarbeitete; François Tons und Jan Raes waren ihre Zeitgenossen (Göbel 1923, I, 323). Laut Korrespondenz des römischen Kardinals Barberini mit dem Erzbischof von Consa war die Witwe Geubels einer der »meilleurs maîtres en arrazeria«, (d. i. die italienische Bezeichnung des Wortes Tapisserie) (Wauters 1878, 216–19).[8]

Um jedoch nicht den Eindruck zu erwecken, daß die Tätigkeit der Witwe Geubels als singulär zu betrachten ist, sei hier der Prozeß von 1598 erwähnt, in dem es um die schlechte Qualität von Pergolatapisserien aus dem Atelier des Jacob Geubels ging. Dabei wird Elisabeth Herbosch, Witwe von Jan Nuffels genannt, die an der Produktion der strittigen Tapisserien beteiligt gewesen war (Göbel 1923, I, 319). – Daß es die hl. Barbara war, die von der brabantischen Zunft verehrt wurde und einige Brüsseler Kirchen dieser weiblichen Heiligen geweihte Altäre beherbergten, welche von der Zunft gepflegt werden mußte, bedeutete keineswegs, daß die Brüsseler Tapisserieweberinnen deshalb mehr Rechte gehabt hätten. Im Gegenteil, beides hat nichts miteinander zu tun.

Da die Frage, ob Frauen im Rahmen von Zunftorganisationen aktiv an der Wandteppichproduktion beteiligt waren, negativ (von einigen wenigen Ausnahmen abgesehen) beantwortet werden muß, ist anzunehmen, daß ihre Tätigkeit in dieser Berufssparte nur insofern gestattet war, als gewisse Grenzen nicht überschritten wurden: Privat webende Frauen (für den eigenen Hausgebrauch wie die Herzogin von Tegk oder für geistliche Auftraggeber wie die Nürnberger Weberinnen) konnten niemals das Produktionsvolumen gut organisierter Ateliers, wie es beispielsweise die flämischen und nordfranzösischen Werkstätten erzielen,[9] erreichen. Somit war der Weg zu einer gewerbemäßigen Produktion großen Maßstabs, die sich eines internationalen Kundenkreises erfreute, verschlossen.[10]

Nonnen lebten in Gemeinschaften, die wirtschaftlich autark waren: Die Klöster verfügten über Lebensmittel aus eigener Produktion; in reichen Ordensgemeinschaften erledigten Laienschwestern oder Mägde die Hausarbeit (Shahar 1981, 56–57). Die webenden Nonnen waren also nicht so sehr auf den finanziellen Erfolg ihrer Tätigkeit angewiesen, zumal sich ja in den Klöstern eine breite Palette anderer Einkommensmöglichkeiten, z. B. die Mitgift der neu eintretenden Ordensfrauen bot (Shahar 1981, 52).

Die mögliche Schlußfolgerung, daß die außerhalb der Zunft webenden Frauen ohnehin nicht so qualitätsvolle Werke wie jene der großen Ateliers zustande brächten, wird durch die Tapisserie der

Passion Christi aus dem Dom zu Bamberg, die ja nachweislich das Werk von Dominikanerinnen ist, widerlegt (Abb. 4): Die auf dem Behang wiedergebenden Szenen der Leidensgeschichte zeigen in den subtilen Raum- und Landschaftsdarstellungen höchste Qualität. Der Tapisserie lagen Kupferstiche von Israel von Meckenem und Martin Schongauer zugrunde (vgl. Kurth 1926, I, 188f.) und so gilt auch hier,

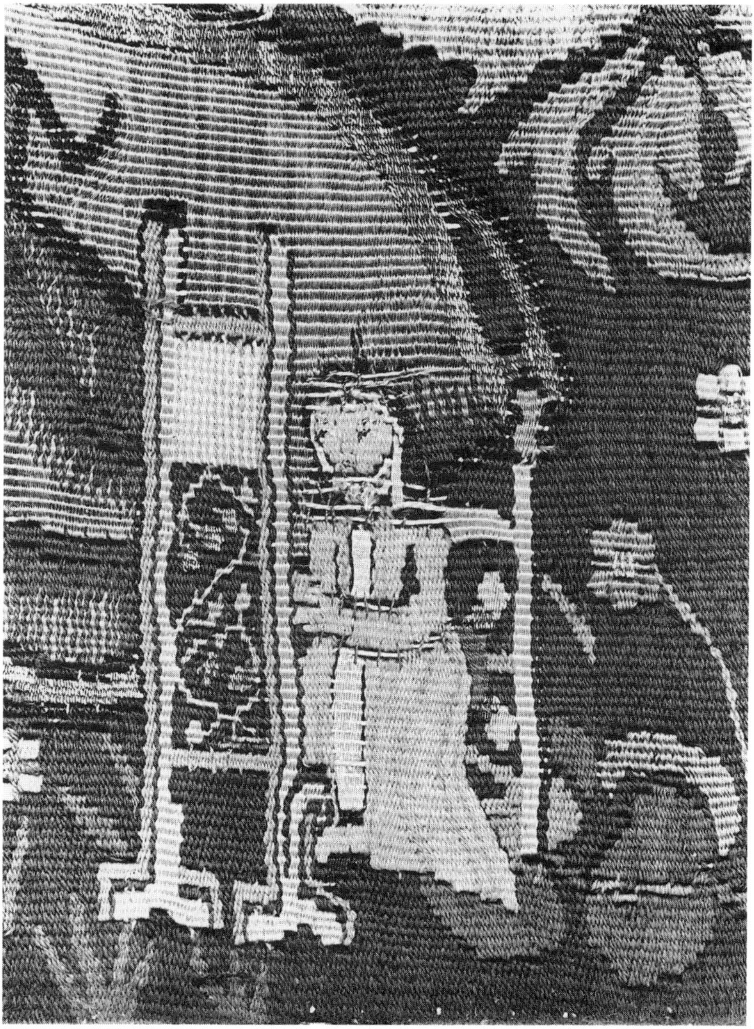

Abb. 4: Passionsteppich aus dem Dom zu Bamberg.

daß für den künstlerischen Wert eines Wandbehangs die Qualität der Vorlagen von Belang ist.

Von der Unterrepräsentation der Frauen bei der Tapisserieweberei, wie es die erhalten gebliebenen Quellen glaubhaft machen,[11] auf andere Gewerbe der mittelalterlichen Textilherstellung schließen zu wollen, wäre jedoch falsch: Die Frauen hatten Möglichkeiten zur selbständigen Berufsausübung beispielsweise in der Seidenindustrie; in Köln waren sie zwischen 1437 und 1504 als Seidenweberinnen den Männern gleichgestellt (Ennen 1985, 33). Außerdem spielten sie eine große Rolle in der Leinwandproduktion (Ettmüller 1866, 223–242) und in der Beutel- und Taschenherstellung (Ketsch 1983, 146–152). – Auch im Gewerbe der Stickerei ist die Situation der Frauen anders gelagert: Schon zur Zeit der normannischen Eroberung Englands (1066) preist William von Poitiers, der Kaplan König Wilhelms, die Geschicklichkeit englischer Frauen in der Stickerei (Parker 1986, 44). Parkers Forschungen haben dazu beigetragen, die irrtümliche Meinung (die von viktorianischen Historikern gefördert wurde) zu widerlegen, daß zur Zeit des Opus Anglicanum[12] die Frauen aus der gewerbsmäßigen Produktion verdrängt worden wären (42–59).

Die Ausführungen zur Tapisserieherstellung haben gezeigt, daß die Auffassung, daß im Mittelalter umfangreichste Bereiche der Textilherstellung und -verarbeitung vorwiegend in den Händen der Frauen lagen, dem Quellenmaterial nicht standhält. Es zeigt, daß zwischen den diversen sozialen Orten der Produktion: Haus, Kloster und Manufaktur, unterschieden werden muß, um den Arbeitsanteil der Frauen zu markieren und die Bedeutung der Ergebnisse innerhalb der gesamten Produktion zu beschreiben. Es ist belegt worden, daß die Ökonomisierung und Effizienzsteigerung der Produktion in den Zunftateliers die Bedeutung der weiblichen Hausarbeit in dem Maße zurückdrängte, wie die in den Zünften organisierten Männer die Produktionsbedingungen diktierten.

Anmerkungen

1 »Le petit patron« war eine Skizze, die eine erste Vorstellung über das Aussehen der Tapisserie vermitteln sollte; beim zweiten Schritt wurde diese Skizze in Originalgröße detailliert angefertigt, d. h. sie entsprach den Dimensionen der herzustellenden Tapisserie. Während des Mittelalters und der Renaissance bestand die kleine Skizze aus einer mit Wasser- oder Deckfarben kolorierten Zeichnung, der große Entwurf war eine auf Papier angefertigte Aquarellmalerei. In der Barockzeit wurden die Kartons in Ölmalerei hergestellt. Wurde am Hochwebstuhl gearbeitet, so steckte man den Entwurf in das Fach, um die Konturen der Vorlage neu nachziehen zu können; bei der Arbeit am tieflitzigen Webstuhl legte man den Entwurf unter die Kettfäden.

2 In Gräbern aus der Zeit des Neuen Reiches (1650–1070 v. Chr.) (Johl 1924, 47–57) tauchen Darstellungen senkrechter Webstühle auf, an denen Männer beschäftigt sind. C. H. Johl nennt diese Webgeräte (Gobelinwebstühle« (1924, 27), wahrscheinlich aus dem Grund, da eine ähnliche Konstruktion bei der haute-lisse-Weberei Verwendung findet: Beispielsweise ließen sich entsprechende Darstellungen im Grabe des Nefer-hotep (oder Thotnefer), dem königlichen Schreiber aus der Mitte der 18. Dynastie, der in Theben bestattet wurde (Johl 1924, Abb. 36 auf S. 51) und in jenem des Nefer-ronpet (ca. 1200 v. Chr.), des Vorstehers der Weber in Theben (Johl 1924, Abb. 39 auf S. 55), finden.

3 Die Sage von Arachne (Heinz 1963, 15), die uns durch Ovids Metamorphosen überliefert ist, könnte uns auf eine sehr frühe Existenz von Tapisserien in der griechischen Kultur hinweisen: In jenem Mythos geht es um den Wettstreit jenes lydischen Mädchens mit Athene, der Schutzgöttin der Webkunst. Arachne beschreibt in ihrem Teppich verschiedene Götterliebschaften, während die Göttin das Schicksal allzu stolzer Sterblicher darstellt. Athene bestraft Arachnes Vermessenheit mit ihrer Verwandlung in eine Spinne.

4 Der »Oikos« ist als »ökonomische Einheit im Sinne von Haushalt und als soziale im Sinne von Familie« zu verstehen (Wagner 1982, 78).

5 Jules Guiffrey (1896, 4) ist der Auffassung, daß das »tuch« der Herzogin von Tegk eher eine Stickerei in der Art des Teppiches von Bayeux ist; er weist auf die zeitgleiche Entstehung der beiden Werke hin. Betty Kurth (1926, I, 20) wiederum hält das Werk der Herzogin für eine Tapisserie, da in der entsprechenden Quelle des 16. Jahrhunderts, in der Teile der Tapisserie noch erhalten gewesen waren, ausdrücklich der Begriff »wurken« verwendet wird: In dieser Zeit habe man bereits deutlich zwischen den verschiedenen textilen Techniken unterschieden.

6 Bei den übrigen beiden Darstellungen handelt es sich um eine fränkische Tapisserie (1490–1500) mit der Anbetung der Könige aus dem Bayerischen Nationalmuseum/München (Kurth 1926, I, 272 und III, Tafel 307,308a, b) und um ein süddeutsches Tafelbild des fünfzehnten Jahrhunderts, das wahrscheinlich zu einer Folge der Tätigkeiten des Klosterlebens gehörte und auf dem zwei am senkrechten Webstuhl arbeitende Nonnen zu erkennen sind (Kurth 1926, I, 9).

7 Da allerdings über die konkrete rechtliche Stellung der Tapisseriewitwen in der Literatur, die sich mit den Bestimmungen der Statuten der Brüsseler Tapisserieweber befaßt, keine Nachricht zu finden ist, müssen die Ausführungen Göbels hypothetisch bleiben (siehe die kritischen Bemerkungen zu Göbel bei N. de Poorter 1979/80, 216, Fußnote 24).
Treffen die Ausführungen Göbels zu, so bestand für die Tapisseriewitwen wahrscheinlich in den meisten Fällen das befristete Fortführungsrecht mit der Pflicht zur Heirat, d. h. sie mußten in einem gewissen Zeitraum nach dem Tode ihrer Männer Gesellen heiraten, die den Betrieb weiterzuführen hatten (siehe Krebs 1974, § 3, 32–45, »Die Fortführungsrechte«).

8 Die Glaubwürdigkeit dieser Nachricht ist durch neuere Forschungen erschüttert worden, da sie sich auf ein aus dem Jahre 1633 stammendes, im Vatikan befindliches Dokument beruft. Zu diesem Zeitpunkt ist die Witwe Geubels vermutlich schon tot(Poorter 1979/80, 212).

9 Die niederländischen Manufakturen haben gegen Ende des 15. Jahrhunderts die Webebetriebe Nürnbergs verdrängt: Auch Nürnberger Bürger begannen ihren Bedarf an Bildteppichen aus den Niederlanden zu decken, so z. B. Friedrich Holzschuher, Anton Tucher oder Endres Imhoff (Kurth 1926, I, 165/66).

10 Einer der markantesten Unternehmer unter den Brüsseler Webern des beginnenden 16. Jahrhunderts war der aus der gleichnamigen brabantischen Kleinstadt gebürtige Pieter van Aelst. Er ist Fachmann, Kaufmann und Makler zugleich; außer dem eigenen Atelier beschäftigt der Meister mehrere kleinere und größere Werkstätten. 1502 wird er Hoflieferant Philipps des Schönen.
1515 beauftragt ihn Papst Leo X. mit der Ausführung der Taten der Apostel nach Raffael (Göbel 1923, I, 302–304), eine Aufgabe, die sich revolutinierend auf die Brüsseler Tapisseriekunst auswirken sollte. »Eine derartige Riesenarbeit (aus elf Behängen bestehend), die drei Jahre in Anspruch nimmt und künstlerisch geschulte Kräfte erfordert... setzt einen gut geschulten und glänzend organisierten Betrieb voraus« (Göbel 1923, I, 304). Die Tätigkeit van Aelsts ist bis zum Jahre 1531 belegbar.

11 Bedeutende Quellen, die über die Struktur der Tapisseriewebereien genaue Aufschlüsse hätten geben können, sind im Laufe der Zeit zerstört worden: Große Teile der Archive der Brüsseler Tapisseriezunft wurden im Zuge der Bombardierung Brüssels durch die Franzosen unter Ludwig XIV. im Jahre 1695 zerstört. Die vollkommene Vernichtung der Archive von Tournai, wo in der zweiten Hälfte des 15. und in den ersten Jahrzehnten des 16. Jahrhunderts die Tapisserieweberei blühte, erfolgte während des Zweiten Weltkrieges.

12 Opus Anglicanum ist ein Sammelname von Stickereiarbeiten für sakrale Aufgabengebiete, welche in England zwischen 900 und 1500 hergestellt wurden. Die Stickerei ist auf Leinen oder Samt ausgeführt; man verwendete Metallfäden, Perlen und Juwelen (Parker 1986, 40).

Abbildungsnachweis

Carl H. Johl: Altägyptische Webstühle und Brettchenweberei in Ägypten, Leipzig 1924, S. 24, Abb. (1); Foto: Deutsches Museum München (2); Foto Ingeborg Limmer, Bamberg (3); Foto: Nationalmuseum München (4).

Helga Sciurie

Ecclesia und Synagoge

Bilder von Sinnlichkeit und Gewalt am deutschen Kirchenportal des 13. Jahrhunderts

Zwei Frauengestalten beherrschen die frühesten Skulpturenportale deutscher Bischofsdome zwischen 1230 und 1250: Ecclesia und Synagoge. Sie vermitteln zwischen Betrachter und heilsgeschichtlichem Bildprogramm, so zum Beispiel am Südquerhaus des Straßburger Münsters, am Fürstenportal des Doms zu Bamberg, am Nordquerhaus des Magdeburger Doms, am Westportal der Liebfrauenkirche zu Trier. Sie gelten als Personifikationen des Alten und Neuen Bundes, der Concordia der Testamente, als erste und zweite Braut Gottes, die sich am Ende der Zeiten zu *einer* Kirche vereinigen werden, aber auch als Sinnbilder des zeitgenössischen Christen- und Judentums.

Das Ecclesia-Synagoge-Thema hatte bis zum 13. Jahrhundert eine lange Entwicklungsgeschichte in theologischer Literatur und liturgischer Kleinkunst durchlaufen und zu zahlreichen Varianten geführt (vgl. Greisenegger 1968, von Simson 1984, Sciurie 1985 und 1988, Wenzel 1987). Die bisherige Forschung sah den sozialen Bezug vornehmlich darin, wie judenfreundliche bzw. -feindliche Einstellungen der Auftraggeber zum Ausdruck kamen – durch Angleichung beider Allegorien bzw. der Abwertung von Synagoge. Erklärt wird aber nicht, warum zunächst in Frankreich und dann auch in Deutschland das antithetische Paar in Gestalt zweier überlebensgroßer Frauenkörper in der Öffentlichkeit zur Schau gestellt wurde. Allgemeine Hinweise auf den Zeitgeschmack ritterlicher Minnekultur reichen da nicht aus. Ich meine: Am Ecclesia-Synagoge-Modell mit seinem spezifischen Bedeutungspotential und alternativen weiblichen Körperbildern war die Problemsituation, der sich die Kirche als Machtinstitution damals gegenübersah, komplex und dynamisch zu visualisieren.

Ecclesia und Synagoge stellen eine besondere Version des Braut-Bräutigam-Modells dar, das im 12. Jahrhundert mit dem Aufblühen der Hohelied-Exegese und im 13. Jahrhundert in den Bildprogrammen der Kathedralen große Verbreitung fand (Ohly 1958, Herde 1968). Das Vorstellungsmuster Maria = sponsa = Ecclesia – im Bilde von Marias Empfang und Krönung im Himmel zur Mitherrscherin

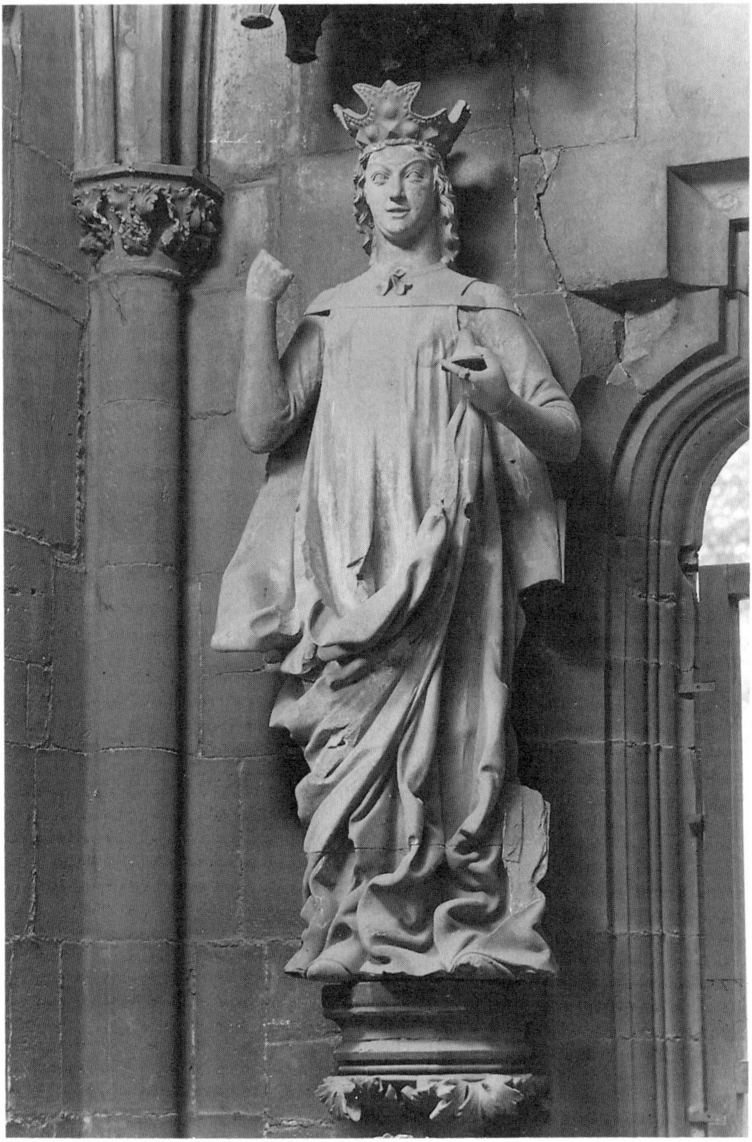

Abb. 1: Ecclesia in der Paradiesvorhalle des Magdeburger Doms, Mitte des 13. Jahrhunderts.

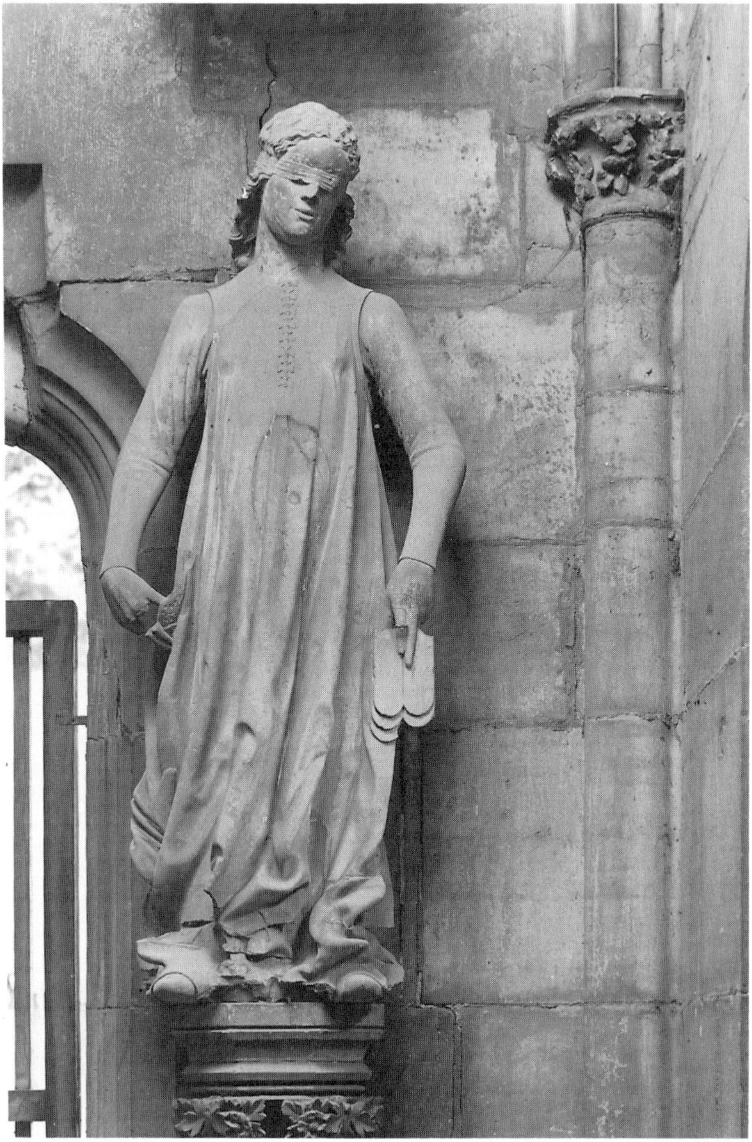

Abb. 2: Synagoge in der Paradiesvorhalle des Magdeburger Doms, Mitte des 13. Jahrhunderts.

Christi dargestellt – war geeignet, die Herrschaftsansprüche der Kirche zu legitimieren. Das theologische sponsus-sponsa-Modell entfaltete sich parallel zum weltlichen Repräsentationstyp des Herrscherpaares, das auf Münzen und Siegeln, Rechtsmalen und Grabstätten, in Illustrationen zu Psalmen und Minneliedern der Bekräftigung des Prinzips der auf Erbdynastie beruhenden Landesherrschaft diente.

Ecclesia und Synagoge sind bezogen auf die männliche Zentralfigur Christi als neuer Salomo, Bräutigam, Weltenrichter. Erst im Bezug auf ihn gewinnt ihre Haltung Sinn. Jüdische und christliche Auslegungen des Hohenliedes Salomonis, der Zehn Gebote und Prophetensprüche hatten die Glaubenstreue von Volk bzw. Seele gegen Gott mit der Liebe von Braut und Bräutigam verglichen und das Verhältnis zur herrschenden Ideologie als erotisches Verhältnis definiert. Da Volk bzw. Seele in diesem Bund das weibliche Element stellten, wurden Zweifler und Abtrünnige mit dem Topos der untreuen Braut, der Buhlerin gegen Gott oder der unsittlichen Hure bezeichnet.

Gerade dieses Deutungsmuster trugen die beiden Großskulpturen in den Stadtraum. Ecclesia, die herrschende Kirche, ist streng, kühl und voller Selbstbeherrschung, hat Triebe und Affekte gezügelt, entspricht dem Normenkanon von kiusche, zuht und mâze, von Keuschheit, Sittsamkeit und Maßhalten. Synagoge, ihre besiegte Gegnerin, erscheint im wankenden Stand locker und gelöst, haltlos und erotisch ansprechend. Die Verknüpfung von Sinnlichkeit und Feindbildkonstruktionen führte bekanntlich im weiteren Verlauf des Mittelalters zu Assoziationsketten mit katastrophalen Auswirkungen. Seit den Kirchenvätern faßte die Predigtliteratur die Gegner des Christentums mit der Sequenz: Juden – Heiden – Ketzer (Blumenkranz 1973, 194ff; Röcke 1982, 69, 157, 165). Analog dazu wurden mit der Synagoge als sexuell aufreizender Frau auch Ungläubige und Irrgläubige assoziiert. In Umkehrung der Folge: Synagoge = Ketzer = Hure konnte nach gängigen Vorstellungen, welche die Sinnlichkeit allein auf die Frau projizierten, potentiell jede Frau als Hure = Ketzer = Hexe denunziert und verbrannt werden. Eine dazu parallele Assoziationskette lautete: Juden = Gottesmörder = Lasterhafte = Verdammte, verbreitet durch die kirchliche Bauplastik mit den Bildmustern der von Juden vollzogenen Kreuzigung Christi, der von Dämonen gepeinigten Juden und der Judensau (Shachar 1974). Dazu kamen die vor allem von Bettelmönchen ausgestreuten Lügen über angebliche Ritualmorde und Hostienschändungen durch Juden. Sie beeindruckten vornehmlich die bei reichen Juden verschuldeten Christen und wirkten handlungsorientierend in den grausamen Pogromen des späten 13. und 14. Jahrhunderts. In Zeiten sich zuspitzender gesellschaftlicher Konflikte waren besonders die beiden großen Minderheiten – Frauen und Juden – sozialpsychisch motivierten Aggressionen ausgesetzt.

Bei einigen Bildtypen des Ecclesia-Synagoge-Themas werden Handgreiflichkeiten und Verunglimpfungen direkt an der Synagogefigur ausgeübt. Auf einem Chartreser Glasfenster raubt ihr der Teufel mit einem Pfeil das Augenlicht, im 15. Jahrhundert stößt ihr die linke Hand des »lebenden Kreuzes« ein Schwert in den Schädel. An

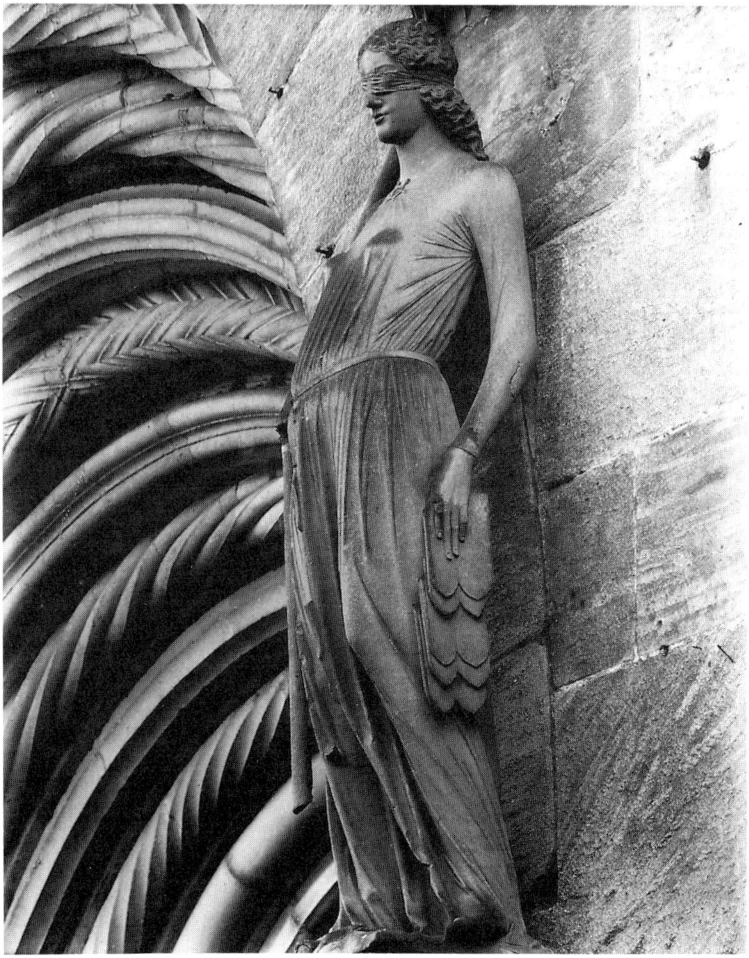

Abb. 3: Synagoge am Fürstenportal des Bamberger Doms, Mitte des 13. Jahrhunderts.

den Kirchenportalen des späten 13. und frühen 14. Jahrhunderts erscheint die Synagoge in der Nähe von Törichten Jungfrauen, Frau Welt und Luxuria. In der Kathedralplastik des mittleren 13. Jahrhunderts richten sich die Gewalttätigkeiten nicht gegen die Synagoge selbst. Die Antithese zur Kirche ist aufgespalten und auf zwei

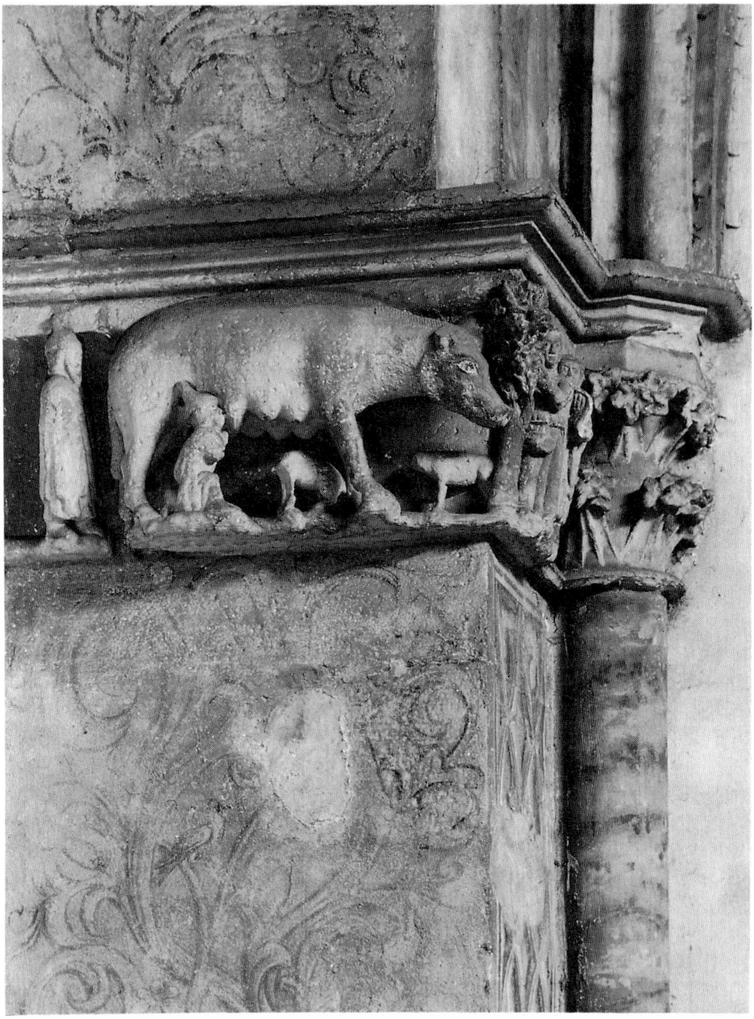

Abb. 4: Judensau auf dem Figurenfries der Westvorhalle des Magdeburger Doms, Anfang des 14. Jahrhunderts.

Etagen übereinander verteilt: Den Betrachter überragend demonstrieren auf der Herrschaftsebene der Großskulpturen Ecclesia und Synagoge im gehobenen Stil höfischer Repräsentation Concordia der Testamente und Disputatio der Meinungen. Drohgestus, Brutalität und Vulgarisierung sind abgedrängt in die Unterwelt der Konsolen, in die Augenhöhe des Betrachters: in Bamberg und einst auch in Straßburg stürzt sich der Teufel auf einen Juden und stößt ihm das Messer in die Augen. Der Topos von der Verblendung der Juden, dargestellt bei Synagoge mit der durchsichtigen Augenbinde, dem Schleier, den Christus einst von ihr nehmen wird, erscheint in der Niederung der Alltagsphantasien als Blendung durch den Teufel. Oben steht die einstige und zukünftige Königin und Braut Gottes, Synagoge als Allegorie, eine schöne große Frau, auch in der Niederlage geehrt und geachtet – unten der Jude, das soziale Individuum, eine Beute des Teufels, der häßliche kleine Mann, gelyncht. Der uneinsichtige Einzeltäter wird ausgesondert, aber für die Personifikation besteht, entsprechend dem ihr innewohnenden Sinnpotential und verkörpert durch ihre Erhabenheit und Würde, die Chance der Umkehr, die Möglichkeit eines Konsenses.

Hierin lediglich die Hoffnung auf die Taufwilligkeit der Juden am Ende der Zeiten zu sehen oder ein Kooperationsangebot für die Juden in der Stadt, greift zu eng. Nicht die Juden an sich stellten die Hauptgefahr für die Herrschaft der Kirche dar, sondern die Häretiker, unter ihnen zahlreiche Frauen, die ähnlich wie die Juden die Glaubwürdigkeit kirchlicher Dogmen bestritten. Bedroht wurde die bischöfliche Stadt- und Territorialherrschaft aber auch durch die kommunale Bewegung des Städtebürgertums und die Konkurrenz weltlicher Landesherren. Alle waren sich einig in der Kritik an Machtgier, Verschwendungssucht und Sittenlosigkeit des Klerus. Die Kirche sah sich in ein Geflecht von Interessenwidersprüchen verstrickt, dem mit simplen Feindbildern nicht mehr beizukommen war. Sie mußte versuchen, mit Bündnissen und Abgrenzungen, Versprechungen und Drohungen die Entwicklung der Prozesse so zu beeinflussen, daß ihre Führungsposition erhalten blieb. Die Bildwelt der Bischofsdome wurde auch als Mittel öffentlicher Meinungsbildung genutzt. An der Nahtstelle von Kirchenbau und weltlichem Außenraum präsentierte die Kirche ihre Position, indem sie das Selbstbild um ein gedoppeltes Bild ihrer Gegner ergänzte, der Ecclesia die Synagoge mit Judenkonsole gegenüberstellte.

Dabei waren nicht einfach nur Zucht, Herrschaft und Recht als Eigenschaften der Kirche erkennbar – und Unzucht, Machtverlust Unrecht der Gegnerin zugewiesen. Die formale Gleichgewichtigkeit beider Königinnen führte vor, daß auf der Herrschaftsebene Verständigung nach den Normen höflichen Miteinanderumgehens möglich – ja für die Mächtigen notwendig – war. Die zeitgenössischen Quellen belegen: Die Bischöfe waren immer wieder Erklärungen dafür schuldig, warum sie die jüdische Religion duldeten, die Ketzer aber verfolgten, warum Theologen hebräische und heidnische Schriften fleißig studierten, öffentliche und für jedermann zugängliche Disputationen von Klerikern und Rabbinern aber verboten waren, warum der hohe Klerus trotz des biblischen Wucher-Verbots in der Kredit- und Finanzwirtschaft so außerordentlich gut mit den Juden kooperierte. Bischöfe und Rabbiner einigten sich auch, wenn es um die Abwehr freigeistiger Bewegungen ging, sei es im christlichen oder im jüdischen Teil der Bevölkerung. Beide Obrigkeiten führten einen ständigen Kampf darum, nachbarliche Freundschaften und eheliche Verbindungen zwischen beiden Einwohnergruppen zu verhindern. Im Gedankenaustausch der Laien witterten sie die Gefahr eigenen Machtverlustes.

Das doppelbödige Feindbild am Portal des Bischofsdoms – oben in Gestalt der herrscherlichen Synagoge das Angebot zu Bekehrung und Konsens und unten die Verteufelung der Uneinsichtigen – entsprach in den 1230er Jahren den kirchlichen Handlungsstrategien in der Auseinandersetzung mit der religiösen Laienbewegung und den Häresien. Durch Gründung und Förderung der Bettelorden versuchte die Kirche, den konsensfähigen Teil des Unruhepotentials zu reintegrieren und den verstockten Rest mittels Inquisition zu vernichten. Mit idealisch schönen Weiblichkeitsbildern wird das verlockende Angebot zur freiwilligen Anerkennung der bestehenden Herrschaft unterbreitet, in den Formmitteln des Alltäglichen und Vulgären die Gewaltandrohung ausgesprochen, und zwar mit männlichen Beispielfiguren, da nur Männer als geschichtsmächtig Handelnde galten.

Die zeitpolitischen Bezüge betreffen nur einen Teil des reichen Assoziationspotentials, das die monumentalen Bauskulpturen der Bischofsdome des 13. Jahrhunderts enthalten. In ihrer vielschichtigen Strukturiertheit berühren die Ecclesia-Synagoge-Gruppen weitere Problemfelder zeitgenössischen Selbstverständnisses. Zu fragen wäre beispielsweise nach dem Bild von der adligen Frau, welches sie propagieren, nach dem Verhältnis von Leib zu Gewand, Körper zu Raum, Materie zu Geist, Gebundenheit zu Eigenwilligkeit, von Ruhe zu Bewegung, Gegenwart zu Geschichte – und nach vielem anderen mehr.

Abbildungsnachweis

Klaus G. Beyer, Weimar (1, 2, 4). Bildarchiv Foto Marburg (3).

Ulrike Krenzlin

Denkmalsgeschichte und Geschlechterrollen

Schadows Marmorgruppe der Prinzessinnen Luise und Friederike von Preußen

1. Das Werk – ein Angebot

Einem Zeitgenossen, der das gleich nach seiner Vollendung in der Herbstausstellung der Königlichen Akademie der Künste von 1797 gezeigte Werk gesehen hat, fiel auf, daß Schadow in der Prinzessinnengruppe die Kunstform und das Individuelle miteinander verschmolzen habe: »Je mehr das Individuum seine Schönheit zur Präsentation einer ganzen Klasse sich qualifiziert, desto leichter hat es der Künstler, es in ein ideales zu verwandeln« (Tb 1798, 133). – Im Zurschaustellen bürgerlicher Lebensansprüche sind in diesem Doppelstandbild Normen außer Kraft gesetzt worden, die in der absolutistischen Denkmalskulptur mit den Skulpturen der ganzen Herrscher-Körper maßgeblich waren (vgl. Wenk 1986). Schadow, »dessen fleißige Kunst mehrere Plätze Berlins sehenswürdig gemacht« hat (Tb 1798, 129), vollzog in seinen Männerdenkmälern bereits vor 1800 erfolgreich eine Wende hin zu bürgerlichen Auffassungen vom Mann.[1] Doch erklärt dies allein nicht die Kühnheit der Prinzessinnengruppe als eines für den Innenraum konzipierten Frauendenkmals. Die Quellen von Schadows neuartiger Repräsentation des Weiblichen führen in zwei Richtungen. Zum einen hatte der Berliner Bildhauer den komplizierten Fall eines anderen Frauendenkmals im Blickfeld, das Standbild der Wilhelmine von Bayreuth, das die preußischen Hofbildhauer, die Gebrüder Räntz, für den Freundschaftstempel des Parks von Sanssoucci geschaffen haben (Badstübner-Gröger 1988, 8). Zum anderen förderte eine – im Vorfelde der Französischen Revolution gewonnene – neue Zuwendungsfähigkeit der Menschen zueinander dieses neue Denken. Der seit der Zeit der Empfindsamkeit und in der frühesten Romantik auch zwischen Frauen aufgekommene Freundschaftsgedanke spielte für die Konstituierung des Weiblichen im Denkmal auch bei Schadow eine Rolle (vgl. Syamken, in: Hofmann 1986, 261). Schadow riskierte es, zwei sich umarmende junge Frauen darzustellen, die über weiter keine Verdienste als über die von Novalis an der Prinzessinnengruppe beobachtete »sittliche Grazie« (Novalis 1798, 280) verfügten, mit der er Jugend,

Schönheit und Anmut umschrieben hat.[2] Die Folgen dieser Grenzüberschreitungen waren für Schadow hart. Das Werk fiel beim Auftraggeber durch. Es blieb der Öffentlichkeit verborgen und dies genau hundert Jahre (1797–1893). Damit gehörte Schadows Prinzessinnengruppe in die Reihe jener Werke der Kunstgeschichte, die

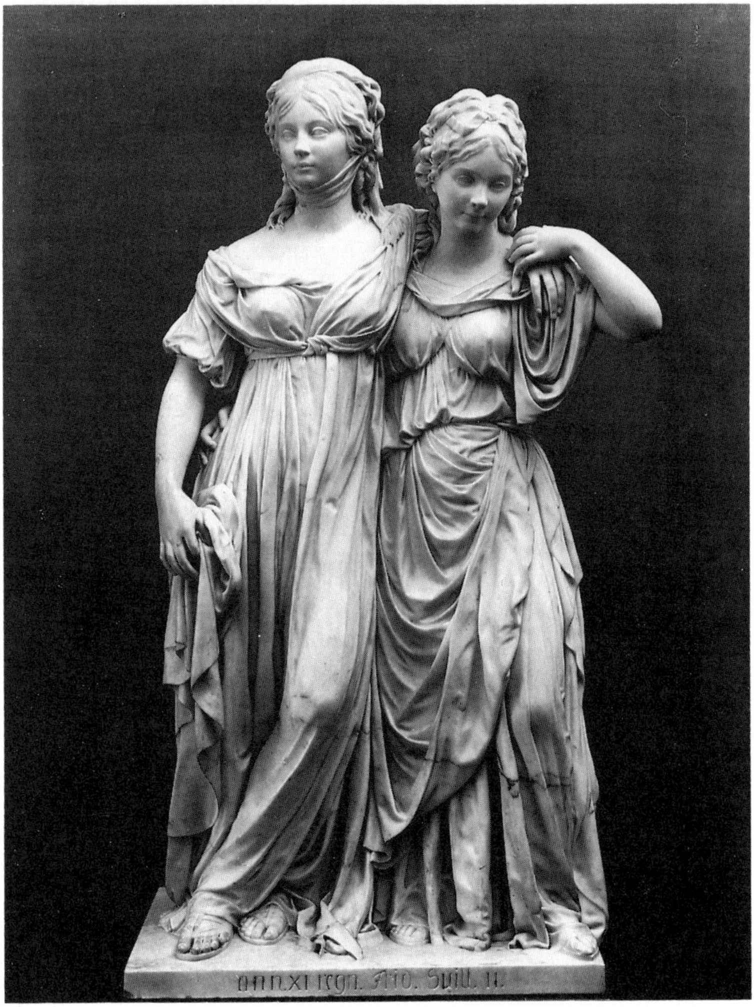

Abb. 1: Johann Gottfried Schadow, Prinzessinnen Luise und Friederike von Preußen, Doppelstandbild 1795–1797, Höhe der Figuren: 1,75 m, Sockel: 0,72 cm, Berlin (DDR), Nationalgalerie.

ohne Wirkung auf die Kunstentwicklung – in dem Fall der Denkmalsplastik – bleiben mußten. Erst mit seiner Ausstellung im Berliner Stadtschloß (ab 1893) begann die Geschichte der künstlerischen Wertschätzung dieses Werkes, das heute als eine erstrangige Plastik des deutschen Frühklassizismus gilt.[3]

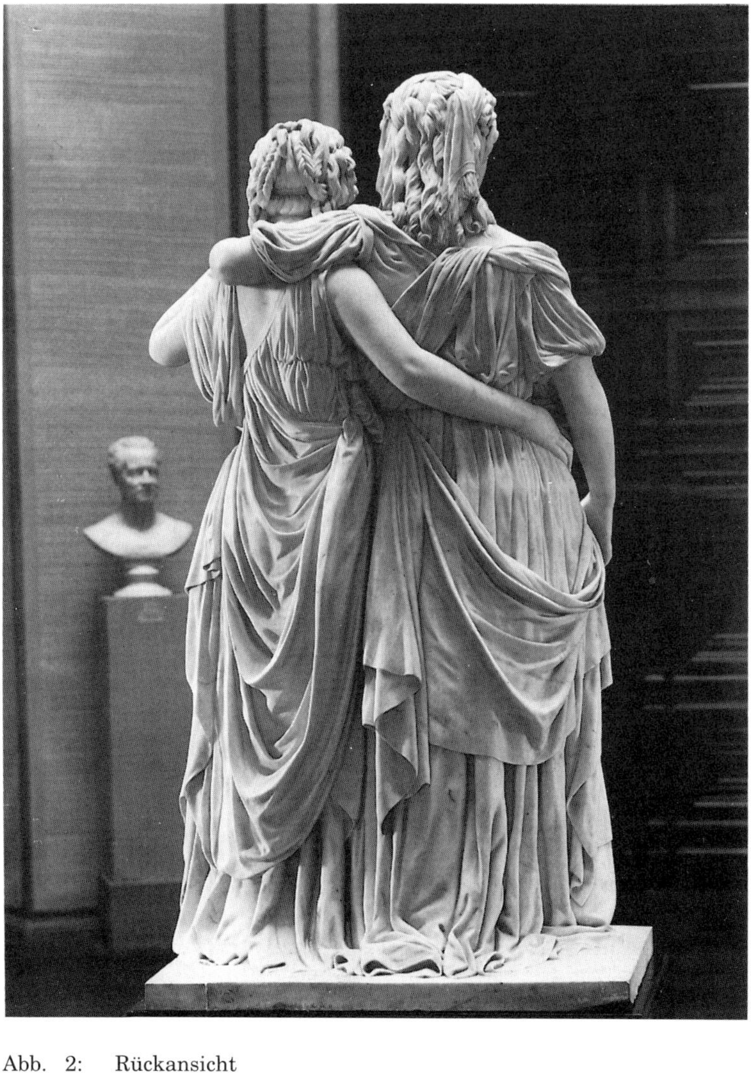

Abb. 2: Rückansicht

2. Das Austilgen des Werkes aus dem Bewußtsein der Öffentlichkeit

In der erwähnten Akademieausstellung von 1797 erregte die Prinzessinnengruppe höchstes Aufsehen. Einige Autoren gingen in Rezensionen speziell darauf ein. »Von allen Werken der Bildnerei... stellen wir billig die Gruppe der fürstlichen Schwestern oben an« (Tb 1798, 129). Der Autor fragte, ob die Begeisterung, die Schadows Gruppe in der Ausstellung zuteil geworden ist, mehr der Individualität der dargestellten jungen Frauen oder Schadows »Kunstwerk« gegolten habe? »Tb« glaubte, daß sich mehr vom »Bildnis entzückte Patrioten« zu Wort gemeldet haben, als Kenner, denen es um den »Genuß der Kunst« ginge, weil letzterer das »göttliche Eigenthum weniger ist« (Ebd.). Als einzig Wahrhaftes ließ »Tb« jedoch nur das Urteil »Zauberkunst« gelten, in der »Herz«, d. h. »Individualität« und »allgemeine Schönheit«, d. h. Ideale und Entwürfe von Schönheit so innig miteinander verschmolzen sind, daß man dieses »brandenburgische Kunstwerk« mit einem »griechischen« verwechseln könnte.

Karl August Böttiger, der das Werk bereits im Sommer 1797 in Schadows Atelier gesehen hatte, meinte noch vor dessen erster Präsentation in der Öffentlichkeit: gelänge es dem Künstler, »diese jugendlich schlanken Figuren in einer gefälligen Draperie und mit Porträtähnlichkeit nebeneinander zu stellen, so war das im voraus bestochene Publikum zufrieden und bewunderte das Werk mit der Liebe zum Originale« (1797, 130/131). Bis hierher nur Bewunderungen. Novalis sprach als erster die Gefahr an, die dem Werk (ein Jahr nach seiner Vollendung) drohte und wollte ihr entgegenwirken: »Die Gruppe von Schadow sollte die gute Gesellschaft in Berlin zu erhalten suchen, eine Loge der sittlichen Grazie stiften und sie in dem Versammlungssaal aufstellen. Diese Loge könnte eine Bildungsanstalt der jungen weiblichen Welt aus den kultivierten Ständen sein und der Königsdienst wäre dann, was der Gottesdienst auf eine ähnliche Weise sein sollte, echte Auszeichnung und Belohnung der trefflichsten ihres Geschlechts« (1798, 280). Im Juliheft der »Jahrbücher der preußischen Monarchie« 1798, in dem Novalis' zweite Fragmentsammlung »Glauben und Liebe oder Der König und die Königin« veröffentlicht wurde, war der Prinzessinnengruppe das 31. Fragment gewidmet. Novalis näherte sich dem Werk von drei Seiten. Es werden der Erhalt eines gefährdeten Werkes gefordert, ein Aufstellungsort vorgeschlagen und eine Sinndeutung vorgenommen. Novalis kam die literarische Gestalt der Nathalie aus Goethes »Wilhelm Meisters Lehrjahren« (1795/96) »wie das zufällige Porträt der Königin vor« (Novalis 1798 Nr. 43). Dieses Bildnis entlockte dem Dichter die in der Zeit ungewöhnlichen Vorstellungen: »Was ich mir vor allen wünschte? das will ich euch sagen: eine geistvolle Darstellung der

Kinder- und Jugendjahre der Königin gewiß im eigentlichen Sinn weibliche Lehrjahre«. (Ebd., 324) Diese Assoziationen kamen aus dem Kreis der Aufklärung und der Frühromantik. Doch vermochten diese positiven Einschätzungen nicht zur Rettung des Werkes beizutragen.

Im Jahre 1810 gab es den letzten Anlaß, öffentlich an die Prinzessinnengruppe zu erinnern. Anläßlich der Rückkehr des Königspaares von der Flucht vor Napoleon aus Königsberg am 24. Oktober 1809 erschien im Februarheft des »Journals für Kunst und Kunstsachen, Künsteleien und Mode« ein anonymer Aufsatz: »Luise, Preußens verehrte Königin und ihre Schwester Friederike.« Darin wird bedauert, »daß die vor 15 Jahren projectirte Ausführung dieses, auf dem Schlosse... befindlichen Modells in Marmor (durch den Tod des hochsel. Königs), verhindert worden ist« (M-g 1810, 69–70). Der Autor »M-g«, der selber von dem Irrtum ausgeht, daß das Gipsmodell nie in Marmor ausgeführt worden sei, legt hier offen, daß die Existenz dieses Kunstwerks im Bewußtsein der interessierten Öffentlichkeit spätestens dreizehn Jahre nach seinem Entstehen total ausgelöscht war.[4] – Als Einführung einer von Schadow am 5. Mai 1843 in Berlin inszenierten Vorstellung »Lebender Bilder« wurde die Prinzessinnengruppe nachgestellt. Im Begleitkatalog schrieb der Künstler: »Es sind die Porträts der schönsten Prinzessinnen ihrer Zeit... Diese Marmorarbeit wurde beendet vor länger denn ein halbes Jahrhundert. Hier, wenigen der Anwesenden noch in Erinnerung, machte sie dennoch auf Alle einen angenehmen und Achtung erweckenden Eindruck« (Berlin, DDR, Nationalgalerie, Schadow-Nachlaß). Schadows resignierende Worte beweisen, daß das Werk tatsächlich bereits zu seinen Lebzeiten ein verschollenes Werk der (Kunst-)Geschichte gewesen ist.

Was passierte mit dem Werk? Gleich nach Schluß der Akademieausstellung, auf der das Werk einige Wochen zu sehen war, am 16. November 1797, starb der Auftraggeber Friedrich Wilhelm II., und sein Sohn Friedrich Wilhelm III. übernahm die Macht. Das schon bezahlte Werk[5] gelangte in einer Holzkiste verpackt in Schadows Atelier zurück, wo es liegen blieb. Das war insofern noch nicht auffällig, als im Vertragswerk nicht, wie in Schadows anderen Werkverträgen, ein Passus über den Aufstellungsort vermerkt war. Das Zustandekommen des Denkmals weist viele Ungewöhnlichkeiten auf. Deswegen ist der Auftraggeber wohl auch vorsichtig mit der Festlegung eines Standortes gewesen. Als der neue König in dieser Frage zu lange nichts von sich hören ließ, richtete Schadow über das Kuratorium der Königlichen Akademie der Künste am 27. Januar 1798 an ihn eine Anfrage: »... wo die in meinem Atelier jetzt noch eingepackt liegende Gruppe, die Personen der regierenden Königin Majestät und der Prinzessin Ludwig Königl. Hoheit darstellend, aufgestellt werden soll« (Merseburger Staatsarchiv, Rep. 76). Schadow schlug als Aufstellungsort für die Plastik den Parolesaal und den Gelben Saal im Berliner Stadtschloß vor. Am 3. März 1798 unterbreitete Schadow einen neuen Vorschlag für die Werkaufstellung, den »Weißen Saal«, wo 1793 die Hochzeiten des Königspaares und Friederikes mit Prinz Ludwig von Preußen stattgefunden haben. Diese Doppelhochzeit des Kronprinzen mit Luise und dessen Bruders, Prinz Ludwig, mit ihrer Schwester Friederike von Mecklenburg-Strelitz, war der Ausgangspunkt der Auftragsgeschichte des Standbildes gewesen. Der König bemerkte zu Schadows Mahnung, daß bei der Aufstellung dieser Plastik für den »Weißen Saal, wo die Eggerschen Plastiken stehen, Einsturzgefahr« bestünde. – Das Werk muß jedoch um diese Zeit aus Schadows Atelier ins Schloß abgeholt worden sein, wo es weitere vier Jahre liegen blieb. Rigoros lehnte der König jede Aufstellung in seinen Fest- und Privaträumen ab.

Anläßlich des Besuchs der Tochter des 1801 ermordeten Zaren Pauls I., Großfürstin Helene, die in das Haus Mecklenburg-Strelitz eingeheiratet hatte, war Schadows Werk im Herbst 1801 in den sog. Petit-Kammern (Gästezimmern) im Erdgeschoß des Schlosses zur Lustgartenseite hin, aufgestellt worden: in einem »Zimmer, ganz aus Rüsternholz... auf marmornen Postamenten sieht man hier eine Gruppe in ganzen Figuren, die hochselige Königin und ihre Schwester, die jetzige Herzogin von Cumberland vorstellend...« (Rumpf 1833, 209). Mit Verbitterung erwähnte Schadow das Ereignis der Erstaufstellung in seiner Autobiographie von 1805/06: »Diese Gruppe hatte durch den Schmutz der Mäuse, die in der Kiste genistet hatten, viel gelitten und der Marmor hat häßliche Flecke behalten«. (Schadow 1808) Das Werk blieb bis zum Jahre 1893, in dem es im Berliner Stadtschloß erstmals eingeschränkt öffentlich gezeigt wurde, hinter Schloß und Riegel.[6]

3. Über das Totschweigen von Schadows Werk

Erstens: Der Regierungsantritt Friedrich Wilhelm III. Er hatte gravierende Folgen für Schadows Kunst. Auf allen Ebenen trug der neue König die Konflikte mit seinem Vater aus. Im Hinblick auf die in der Prinzessinnengruppe dargestellten Frauen ließ sich folgendes (nicht aus der kunstgeschichtlichen Schadow-Literatur) herausfinden: Das Bildwerk stellt Luise als Kronprinzessin dar. Sie wird nicht ständisch und auch nicht ausdrücklich als Herrscherin interpretiert. Nur wenige Monate nach Werkvollendung rückte sie in den Stand der Königin von Preußen auf. Unter diesem Gesichtspunkt konnte Schadows Denkmal-Interpretation für eine öffentliche Aufstellung nicht genügen.

Zweitens: Zum Zeitpunkt der Krönung brachte Luises Schwester, Friederike von Preußen, die Schwägerin von Friedrich Wilhelm III. »Schande« über das Königshaus. Mit neunzehn Jahren, als Mutter dreier Kinder, ist sie am 16. November 1796 Witwe geworden. Doch überwand sie die Trauer rasch. Am 12.September 1797 schrieb die Gräfin Voß in ihr Tagebuch: »... jeder will sie haben, wer sie sieht, ist in sie verliebt!« (in: Eckhardt 1987, 423). Sie bekannte sich zu einem Liebesverhältnis mit Friedrich Wilhelm Prinz von Solms-Braunfels (1770–1814). Diese Verbindung rief einen Skandal hervor. Die Heirat erfolgte heimlich am 10. Dezember 1798. Friederike befand sich im sechsten Schwangerschaftsmonat. Friedrich Wilhelm III. reagierte empört: »Durch die straffällige Handlung, deren Sie sich schuldig gemacht haben Sie... das Glück und die Zufriedenheit so Ich in dem Zirkel meiner Familie gefunden, ganz untergraben« (in: Priesdorf 1936, 335). Es folgten die Versetzung des Prinzen und die Enterbung Friederikes von Preußen. Ihr Name wurde aus dem »Handbuch des Königlichen preußischen Hofes« gestrichen. Selbst Schadow stellte noch in seinen »Kunstwerken und Kunstansichten« von 1849 den »Fehltritt« dieser Frau nicht in Frage: »In den hohen und niedern Ständen war eine Übereinstimmung in der Ansicht dieses Ereignisses, wo die mächtige Natur die Scala der Convenienz unbeachtet gelassen hatte...« (63). Dem König mußte der »Fall« seiner Schwägerin dermaßen »fatal« sein, daß er ein Werk mit ihrem Bilde eher vernichtet als ausgestellt sehen wollte. Bis zum heutigen Tag hat die Schadow-Literatur von diesem Vorfall, der die brüske Zurückweisung des Kunstwerks erhellen kann, keine Notiz genommen.[7]

Drittens: Dem Kronprinzen paßte es nicht, daß der Körper seiner Frau im Bilde derart freimütig präsentiert wurde. Der König gehörte offenbar nicht zu den, von »Tb« erwähnten »Patrioten (Bürgern und Hausvätern)«, die vom schönen Konterfei einer Frau »entzückt« waren. Er sorgte dafür, daß man dieses Bild der Königin Luise über ihren Tod (1810) hinaus vom Publikum fernhielt und statt dessen aus staatsoffizieller Sicht repräsentative Porträts von ihr verbreitete.

Seinem Urteil und Handeln nach gehörte der König auch nicht zu den Kennern jener »Zauberkunst«, deren Wert andere Zeitgenossen erkannt haben. Am allerwenigsten aber ist der König auf die Ebene eingelenkt, die Novalis ihm in der persönlich gewidmeten Fragmentsammlung »Glauben und Liebe oder Der König und die Königin« erschloß.

Seinem Frauendenkmal hat Schadow Aspekte eines neuen Weiblichkeitsbildes mitgeteilt. Neues in dieser Richtung ließ sich in Denkmälern der Frau offensichtlich besser als in solchen von Männern unterbringen. Indem der König und Ehemann der im Denkmal Dargestellten das Zurschaustellen eines freieren Bildes der Frau verhinderte, verwarf er zugleich ein Werk, das in der Verbindung von

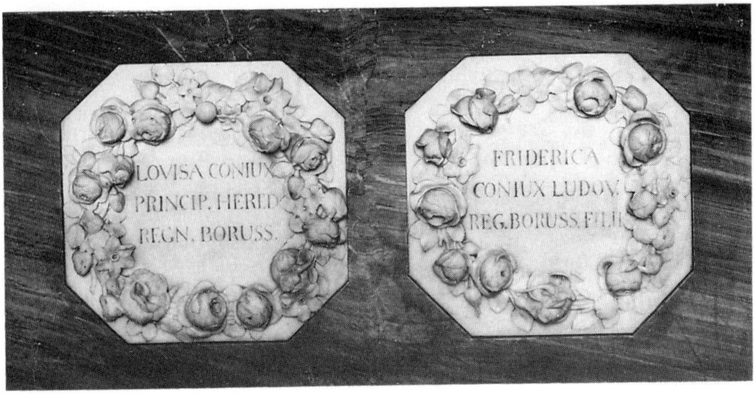

Abb. 3: Sockel der Prinzessinnengruppe.

sich nachdrücklich auf die Sinne berufender Welterkenntnis und Repräsentation eines neuen Weiblichkeitsideales tief durchdrungen erschien vom Ruf nach »Freiheit, Gleichheit und Brüderlichkeit« (was ja auch Schwesterlichkeit bedeuten sollte!), der von Frankreich nach Deutschland herüberschallte.

Aufgrund dieses einschneidenden Mißerfolgs begann Schadow seinen Stil zu ändern. Der poetische Glanz seiner Bildwerke aus den neunziger Jahren wich einem nüchternen Realismus, der mehr und mehr auf Nachprüfbarkeit des Gemachten angelegt war.

Anmerkungen

1 Gemeint sind die Standbilder von Friedrich II., 1792 für Danzig; in Berlin: Hans Joachim von Zieten, 1794 auf dem Wilhelmsplatz und Leopold von Dessau, 1800 im Lustgarten.

2 Die Querverbindung von Novalis und Schadow habe ich herausgefunden. Das Licht, in das Novalis dieses Bildwerk rückte, bestätigt, daß es – als eines der bedeutendsten Werke seiner Zeit – auf die Kunstentwicklung Wirkung ausgeübt hätte. – Anlaß zu Novalis' Fragmentsammlung war die Thronbesteigung Friedrich Wilhelm III. am 16. November 1797. Die Fragmente entstanden im Frühjahr 1798.

3 1910, zum hundertsten Todestag der Königin Luise von Preußen stiftete Kaiser Wilhelm II. für Hannover (in der Hohenzollernstraße), die Geburtsstadt der preußischen Prinzessinnen, eine Marmornachbildung (von Valentino Casal) des Doppelstandbildes. Sie ist gegenüber dem Original um ein Drittel vergrößert. Mit dieser Aufstellung des Denkmals im städtischen Raum wird deutlich, daß seine Funktion nicht in der ursprünglichen Kon-

zeption für einen Innenraum aufging, sondern daß es sich zunächst um einen vorsichtigen Versuch handelte, eine neue Denkmalidee in einer Umgebung mit eingeschränkter Öffentlichkeit zur Wirkung zu bringen.

4 Vor dem Tod von Luise von Preußen (1810) gab es keinen Luise-Kult. Er setzte nach ihrem Tod ein und bedeutet ein ganz anderes Kapitel der Rezeptionsgeschichte.

5 Friedrich Wilhelm II. hatte Schadow am 6. Juni 1796 für die Prinzessinnengruppe 5000 Taler bewilligt. Die letzte Rate ist ihm am 12. Juli 1797 ausbezahlt worden.

6 1889 wurde das Gipsmodell (seit 1987 in der Friedrich-Werderschen Kirche in Berlin aufgestellt) von Max Jordan für die Nationalgalerie (Nr. 73) angekauft.

7 In der Schadow-Literatur spielt dieser Faktor der Rezeptionsgeschichte der Prinzessinnengruppe keine Rolle. Statt dessen entstand der falsche Eindruck, daß das Werk auf die Kunstentwicklung der Zeit Einfluß gehabt hätte.

Stephanie Matuszak

Neue Madonna – ewige Eva

Bauplastiken am Wiener Gemeindewohnbau der I. Republik

Der Wiener Gemeindewohnbau der Zwischenkriegszeit erfuhr eine umfangreiche bildhauerische Ausgestaltung[1], deren ikonographisches Programm hinsichtlich der Themenvielfalt einer bunten Palette gleicht. Bemerkenswert ist die Gewichtung der Themen: das Sujet der Frauendarstellungen nimmt mit einem Anteil von mehr als einem Drittel einen frappierend großen Umfang ein, wobei auffällt, daß diese Interpretationen nicht mit den in den theoretischen Schriften des Roten Wien verkündeten Emanzipationsgedanken Schritt halten.

An diesem künstlerischen Programm waren insgesamt 66 Bildhauer beteiligt, davon nur drei Bildhauerinnen. Wie man die Frau sah – bzw. gesehen haben wollte – lag also grundsätzlich in den Händen männlicher Bildhauer. Das Bild der Frau erschöpft sich in folgenden Motiven:

1) Mutter-Kind Darstellungen (diese erfreuten sich der größten Beliebtheit),
2) allegorische Darstellungen,
3) Tanzdarstellungen,
4) »reine« Aktdarstellungen.

Zwischen den Mutter-Kind Darstellungen und allegorischen Darstellungen gibt es Überschneidungen, d. h. viele Plastiken zum Thema Mutter haben zugleich allegorischen Charakter. Es kristallisieren sich zwei komplementäre Frauenbilder heraus, auf die ich mich im folgenden beziehen will: die »neue Madonna« und die »ewige Eva«. Beides ist alt: die Frau im Gewande der vorbildhaften, unschuldigen Maria, sowie die Frau im »Nichtgewand« als verführerische, schuldige Eva.

Während in den Werken, die die Mutter Gottes konnotieren lassen, ein deutlicher Anspruch an die Frau mitschwingt, ist der Evathematik nicht nur eine Anklage, sondern auch ein legitimiertes Sich-ausspielen in tabuisierten Sexualsehnsüchten immanent. Aber so alt diese Bilder sind, so passend ewig neu erscheinen sie wohl dem in eine emanzipierte Gesellschaftsform aufbrechen wollenden Roten Wien.

Die Aktivität der Frau wurde in erster Linie in ihrer Rolle als Mutter gesehen: die liebende, schützende Mutter oder das Caritas-Motiv – das ist die Grundsäule der Frauendarstellungen. Weder in zeitlicher noch in räumlicher Hinsicht lassen sich für das Mutterthema Ballungen konstatieren, es zieht sich sowohl durch den gesamten Zeitraum der 1. Republik, als es auch über alle Wiener Gemeindebezirke verteilt anzutreffen ist. Auffallend sind die Rückgriffe auf Mariendarstellungen, die in verschiedener Weise – zuweilen in Form sehr direkter Übernahmen, zum Teil durch verborgene, bzw. Zwitterformen – eingesetzt und variiert werden.

Eines der kritischsten Beispiele, das in semantischer Hinsicht (Titel des Werkes), als auch in stilistischer Hinsicht den marianischen Aspekt besonders nahelegt, ist die Plastik »Zuflucht« von Joseph Josephu (Abb. 1). Die Gruppe entstand 1926 als ein Auftragswerk der sozialdemokratischen Partei und erfuhr von ihr höchstes Lob, man bezeichnete sie als ein »besonders gelungenes Werk« (Eröffnungsschrift o. J., 8). Untersucht man den Aufbau der Plastik, so erkennt man ein Dreieck, auf- und absteigende Prinzipien, die die

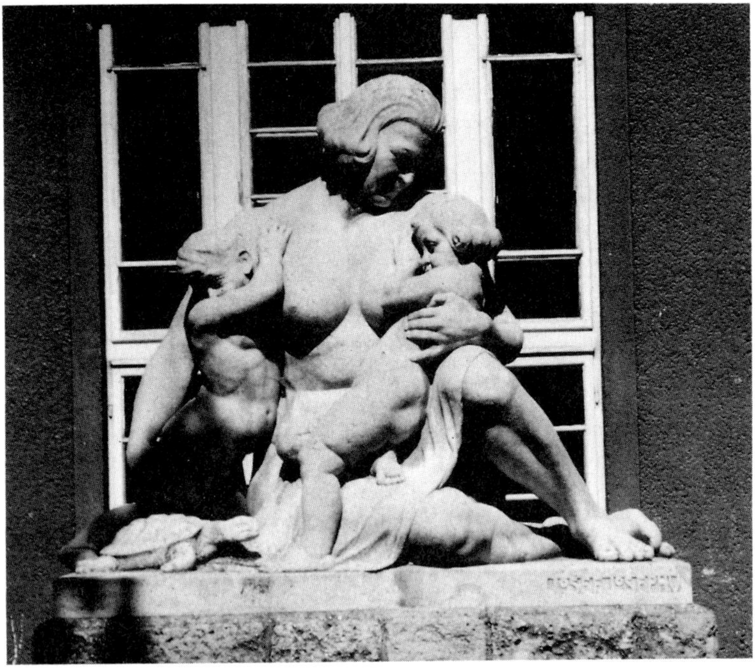

Abb. 1: Josef Josephu, »Zuflucht«, 1926, Wien X, Pernerstorfer Hof.

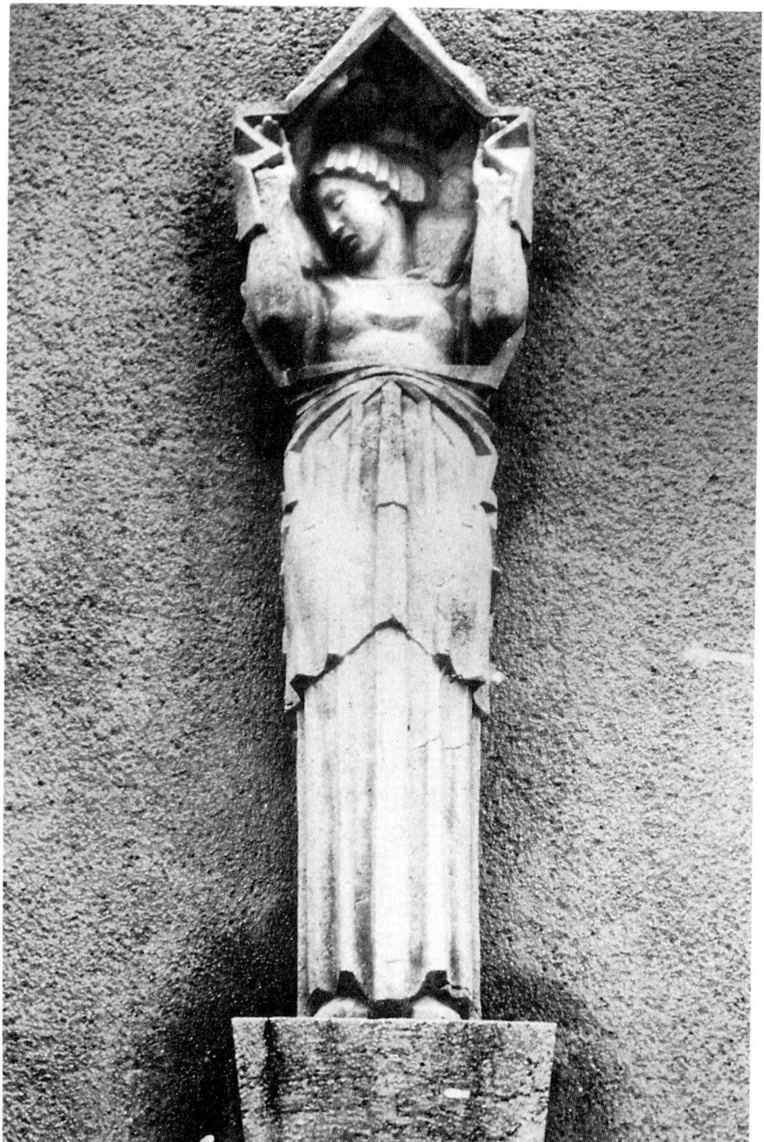

Abb. 2: Josef Riedl, »Mutter«, 1925, Wien XVIII, Linden – Hof.

Komposition bestimmen. Diese Dreieckskomposition ist typisch für Mariendarstellungen der Renaissance. Man vergleiche nur diese »Zuflucht« mit den Mariendarstellungen Raffaels oder Leonardos. Setzt man schließlich dem Titel der Josephuschen Plastik nur ein Wort hinzu, so wird daraus »Maria Zuflucht«! Profanierung der liebenden Gottesmutter und zudem Profanierung der Wallfahrtskirchen »Maria Zuflucht« – die Frau als Mutter gleichsam die »neue Madonna« des Roten Wien?

Stilistisch hat diese »Zuflucht« freilich mit der Kunst der Renaissance nichts gemein, aber das ist typisch für die Plastik des Gemeindewohnbaus der Zwischenkriegszeit: die Anleihen aus diversen Stilen bzw. ikonographischen Vorbildern. So dürfte neben den erwähnten kompositorischen Parallelen zu Mariendarstellungen der Renaissance auch ein sehr beliebtes Motiv der Renaissance – und Barockmalerei in die »Zuflucht« mit eingeflossen sein: das Sujet der Caritas aus dem Kanon der Tugenden und Laster. Klassisch hierfür in der bildenden Kunst ist eine ihre Brüste hingebungsvoll darbietende Frau. Während dieses Thema der Versinnbildlichung moralischen, tugendhaften Verhaltens dienen sollte, bedeutet das nur die eine Ebene; nicht selten wird in diesen Darstellungen ein Genuß der Möglichkeit, tabuisierte Sexualsehnsüchte ausspielen zu dürfen, offenkundig. Das heißt für die »Zuflucht«: die Skulptur wirkt auf zwei Ebenen, die Mutter wird als Allegorie einer Tugend, zugleich aber auch die Frau als Lustobjekt präsentiert. Denkt man sich einmal die Kinder weg, so haben wir eine Frauendarstellung, die nicht mehr die »neue Madonna«, sondern die »ewige Eva« verkörpert. Handelt es sich bei der »Zuflucht« einerseits um ein charakteristisches Beispiel des Phänomens der von Versatzstücken bestimmten bildhauerischen Werke[2], können derartige Merkmale andererseits freilich nicht als »rein zufällig entstanden« abgetan werden. Festzuhalten ist in jedem Fall, daß sich diese Frau und Mutter äußerst aggressiv dem Betrachter zeigt. Ließ die Komposition zwar Vorbilder von Mutter Gottes- bzw. Caritasdarstellungen assoziieren, so ist dieses Frauenbild letztlich auf eine rein kinderproduzierende Sexualität konzentriert. Aggressiv ist diese Frau/Mutter somit nicht im Kampf für emanzipatorische Interessen, sondern aggressiv ist diese Darstellung im Hinblick auf die Benutzbarkeit ihrer gebärfähigen »Kraft«.[3] So scheint die Ambivalenz von »Tugendhaftigkeit« und erotischen bzw. fortpflanzungsspezifischen Anspielungen das Koordinatenkreuz zu bilden, in dem die Parabel der Frauendarstellung erscheint. Eine andere Variante der »neuen Madonna« führt die »Mutter« von Josef Riedl (Abb. 2) aus dem Jahr 1925 vor. Neben der betonten Vertikale – die auffallende Überlängung der Frauengestalt ruft den Vergleich zu gotischen Kathedralstatuen wach – findet sich auch hier das Dreiecksmotiv und zwar in einem eigenwilligen Detail: dem Dachgiebel

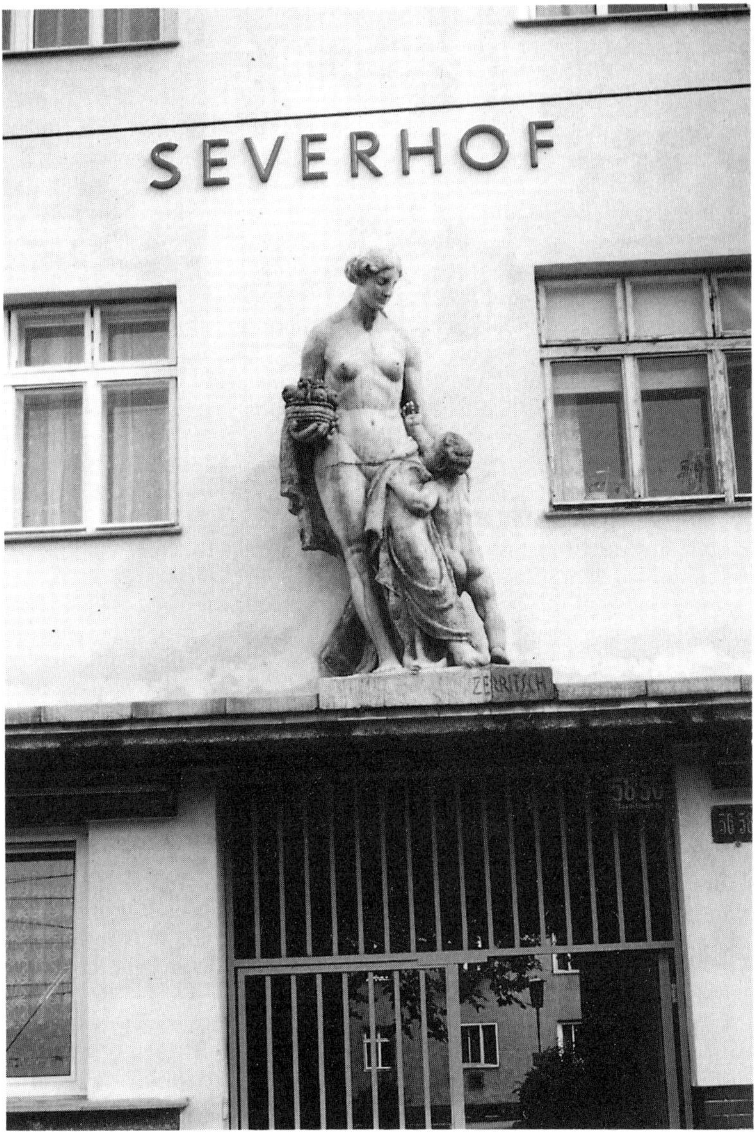

Abb. 3: Fritz Zerritsch d. Ä., »Mutter und Kind«, 1931, Wien XVI, Sever – Hof.

über dem Kopf der Mutter. In diesem zunächst als Dachgiebel erfaßbaren Element kauern sich drei Kleinkinder eng aneinander. Ebenso kann dieser Dachgiebel aber auch als künstlerische Verfremdung interpretiert werden: er wirkt wie eine Metamorphose eines ursprünglich schützenden Mantels – die Schutzmantelmadonna! Wir finden hier zweierlei: einerseits die liebende Mutter als behütende und andererseits – durch die Dachmetapher – eine Anspielung auf das Moment der »Behüttung«, d. h. Wohnung. Anders formuliert: diese »Mutter« wird zur Allegorie der Caritas und des Wohnbaus. Was ausgesprochen verwundert, ist der Gesichtsausdruck der Mutter. Ihre Züge wirken gequält, lösen den Eindruck großer Erschöpfung aus – eine Symbiose von Schutzmantelmadonna und Mater Dolorosa? Ein Zeitgenosse beschrieb dieses Werk folgendermaßen:

»Über der zweiten Einfahrt befindet sich eine Plastik, darstellend eine Mutter, die ihre Kinder trägt und schirmt und die so die Mühsale der Häuslichkeit versinnbildlicht.« (Österr. Bau- und Werkkunst 1926/27, 31) Das läßt freilich aufhorchen, wird diese Seite der Mutterrolle doch sonst nicht artikuliert. Eine definitive Antwort, warum hier plötzlich das Motiv einer geplagten Mutter Bildwürdigkeit erhielt, kann nicht gegeben werden. Interessant ist hier der Vergleich mit einer weiteren Bauplastik desselben Bildhauers an dieser Wohnanlage. Sie zeigt die »ausdrucksvolle Gestalt eines Arbeiters, der eine schwere Garbe als Last trägt« (ebd.) – und unter dieser fast zusammenzubrechen droht. Das Dilemma dieser Symbolik ist offensichtlich: dem Sozialismus bedeutete Arbeit keine Last! Es ergibt sich für beide Werke die These, daß es sich hier möglicherweise um eine Kollision von christlicher und sozialistischer Weltanschauung handelt, wobei das künstlerische Ergebnis für das Rote Wien eigentlich »als in einer Sackgasse gelandet« hätte empfunden werden müssen. Nachdem dies offensichtlich nicht so bewertet wurde, bleibt die Interpretation geschlechtsspezifischer Arbeit bemerkenswert: die Mühsal des Mannes ist berufliche Arbeit, die Mühsal der Frau wird mit mütterlichen und hausfraulichen Pflichten bestimmt. Aber selbst wenn hier einmal eine Einsicht durchklänge, daß sowohl die Tätigkeit der Mutter, als auch die der Hausfrau durchaus Arbeit bedeutet[4], so bleibt folgendes Faktum bestehen:

1) In obiger Darstellung der Frau als Mutter sieht man zwei allzuvertraute Themen des Marienkanons improvisiert, wodurch automatisch für den Betrachter die Erzeugung gedanklicher Parallelen zum Verhaltenskodex der Mutter Gottes evoziert werden.

2) In allen Frauendarstellungen dieses künstlerischen Programms bleibt die Sicht der Frau beruflich einzig und allein auf die *Haus*arbeit beschränkt.

In den Mutterdarstellungen stimmt die »neue Madonna« die Hauptmelodie an, kontrapunktisch wird dieses Thema durch Werke,

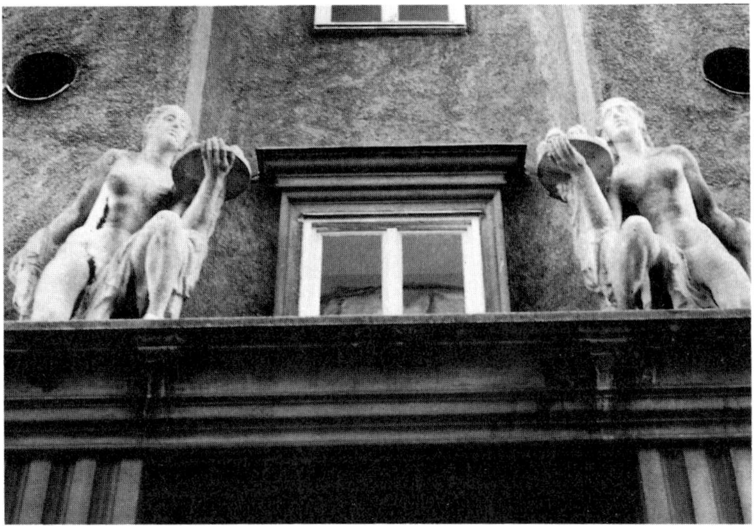

Abb. 4: Anton Hanak, »Früchteträgerinnen«, 1925, Wien XIX, Klose – Hof.

in denen die »ewige Eva« sozusagen in »Rein«-Kultur erscheint – ikonographisch dem Vorbild der barocken Venus entlehnt, geführt (vgl. Abb. 3). Die darin auftauchende Verherrlichung des Fruchtbarkeitsmythos findet ihre Fortsetzung in zahlreichen Allegorien. Als ein Beispiel seien hier »Die Früchteträgerinnen« von Anton Hanak (Abb. 4) genannt.

Von den drei beteiligten Bildhauerinnen schuf eine ein Denkmal »Die Unbesiegbaren«, eine Hommage an die Sozialdemokratie – widergespiegelt durch die Kampfkraft des Mannes, eine einen liebreizenden Bärenbrunnen mit Sternbildzeichen, und eine erhielt zwei Aufträge: Angela Stadtherr. Mit ihrem Monumentalrelief »Das Leben«, dessen Mittelpunkt die »Mutter Erde« bildet, stimmt sie in den Chor mit ein, der dem Muttermythos huldigt. Das andere Beispiel behandelt die Themata »Arbeit« und »Waage des Lebens« (Abb. 5). Wenn diese Arbeiten, die von Frauen stammen, eher konventionell einzustufen sind, bzw. dem Bild der Frau, wie es durch die Werke der männlichen Bildhauer geschaffen wurde, entsprechen, so scheint dies nicht unbedingt ein Indiz dafür zu sein, daß man bewußt nur solche Bildhauerinnen heranzog, bei denen keine radikale Note zu befürchten war. Vielmehr ergibt sich aus dem Gesamteinblick der Eindruck, daß radikalere Positionen offenbar nur in der Theorie formuliert wurden, respektive nur vereinzelt möglich waren. Trotz allen

Engagements, das den Frauen in ihren Organisationen des Roten Wien nicht abzusprechen ist, bleibt als Fazit, daß die Mehrzahl der Frauen selbst ein äußerst ambivalent zu bezeichnendes Selbstverständnis hatten, indem sie sich in erster Linie doch immer wieder als Mütter identifizierten. Pathetische Aufrufe wie »Wir Mütter«, »An alle Mütter«, »Liebe Mutter, höre doch!« füllen die Blätter, wobei manche Formulierungen geradezu als Folien für die marienhaften Darstellungen gedient haben könnten: »Die raffaelitische Mutter in der Straßenbahn«, »Eine sozialistische Nonne« usw. Vor diesem Hintergrund verwundert es schließlich kaum, daß die erwähnte »Zuflucht« in der streitbaren Frauenzeitschrift »Die Unzufriedene« Stolz und Bewunderung erwecken konnte.

Die Untersuchung der Frauendarstellung mußte zu dem Ergebnis kommen, daß Ideen und Forderungen, wie sie vom radikalen Flügel der Frauenbewegung vertreten wurden, keinen Widerhall in diesem Öffentlichkeitsbereich der plastischen Ausgestaltung des Gemeindewohnbaus fanden. Das Bild der Frau, welches hier dokumentiert wurde, scheint aber – ungeachtet der Dominanz männlicher Bildhauer – ein orginäres Abbild für die Sicht der Frau zu bieten, wie sie von der Mehrheit von Männern *und* Frauen akzeptiert wurde.

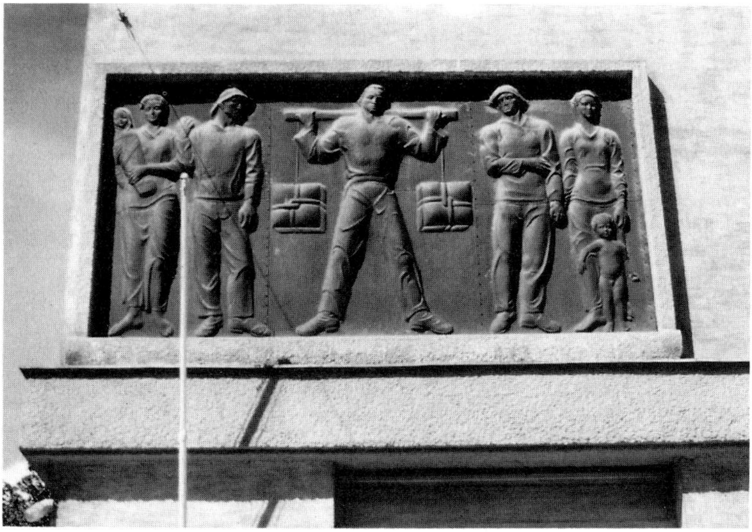

Abb. 5: Angela Stadtherr, »Waage des Lebens«, 1930/31, Wien XI, Strindberg – Hof.

Anmerkungen

1 Dieses Thema ist Gegenstand meiner Dissertation mit dem Titel »Die bildhauerische Ausgestaltung des Wiener Gemeindewohnbaus in der Zeit der I. Republik«, deren Abschluß für 1989 geplant ist.

2 Zu diesem Phänomen, das hier nicht weiter behandelt werden kann, sei hier nur knapp die These angemerkt, daß der Hintergrund für die großenteils eigenwilligen Konglomerate auch in der Unsicherheit der Bildhauer gegenüber einem plötzlich völlig neuen Auftraggeber gesucht werden muß: der neu an die Macht gelangten Sozialdemokratie waren nicht über Nacht Bildhauer ihrer Couleur erwachsen.

3 Scheint diese »Zuflucht« zunächst frappant an das nationalsozialistische Frauenideal zu erinnern, so darf die Analyse hier nicht stehenbleiben; die Aufmerksamkeit ist darauf zu richten, daß derartige Frauenbilder weit vor der Machtergreifung des N.S.-Regimes präsentiert wurden. Die Frage, die hier unweigerlich auftaucht, ist die, ob sich hier nicht ein ganz gezieltes Vorstellungsbild von Weiblichkeit dokumentiert, als dessen Fadenzieher das Rote Wien als Erzieher erkennbar wird.

4 An dieser Stelle muß auf eine Doppelmoral hingewiesen werden: während die Arbeit, die das Mutter- und Hausfrauendasein erfordert, hier offiziell anerkannt wurde, bedeutete es den Frauen, wenn sie einem Beruf nachgehen wollten und Entlastung für ihre Dreifachbelastung verlangten, wiederholt massivsten Kampf, die Männerwelt von dieser zu überzeugen.

Abbildungsnachweis

Stephanie Matuszak

Helga Möbius

Zeichen für Vitalität und Schönheit

Frauenfiguren im städtischen Raum der DDR

In der öffentlichen Skulptur in Deutschland ist seit um 1900 der weibliche Akt »offenbar das ›Natürlichste‹ von der Welt«. Silke Wenk (1987) hat das Geflecht von Funktionen und Interessen im Kommunikationssystem des bürgerlichen Staates offengelegt, das ein zentrales Thema der Bildhauerei in seiner scheinbar nicht hinterfragbaren Existenzweise erst konstituierte. Es mag überraschen, daß in der sozialistischen Gesellschaft der DDR, bei anderem Staatsverständnis und veränderter gesellschaftlicher Stellung der Frau, die weibliche Aktfigur im öffentlichen Raum unverändert einen bevorzugten Platz einnimmt. In den städtischen Straßen und Grünanlagen, in Hotels und Gaststätten, in den Erholungsräumen öffentlicher Einrichtungen, in Wohngebieten und Neustadtzentren stehen die Figuren unbekleideter Frauen, als wäre es das Selbstverständliche, das keiner Frage bedarf.

Es ist nicht selbstverständlich. Entschiedenen Vorrang hatten in den fünfziger und sechziger Jahren, bei der bildkünstlerischen Ausstattung der umgestalteten Großstadtzentren und der neuen Wohnstädte, die Leitbilder, die das Selbstverständnis der Gesellschaft von ihren grundlegenden Ideen her didaktisch-deklamatorisch unmittelbar repräsentierten: Denkmäler der Arbeiterbewegung, für die Opfer des Faschismus und gegen den Krieg, »Aufbauhelfer« und »Trümmerfrau«, »Lesender Arbeiter« und »Bauarbeiter«, »Völkerfreundschaft«. Mit der allgemeinen Wandlung des kunstpolitischen Modells der Aufklärung und Erziehung durch Kunst zur »Kunst als Mittel der kollektiven Selbstverständigung« wurde auch das traditionelle Konzept der Synthese von Architektur und bildender Kunst, also die Komplettierung eines Gebäudes durch eine bildhaft-ideelle Mitteilung, überwunden zugunsten einer komplexen Umweltgestaltung, die auf Bedürfnisse des seit 1971 systematisch in Angriff genommenen Wohnungsbauprogramms reagiert. Das konnten die »Epochenbilder« allein nicht mehr tragen. Wo Bildwerke die durch Architektur hergestellten sozial-räumlichen Beziehungen unterstützen sollten, mußten sie dies auch aus der Sicht des alltäglichen und individuellen Lebens tun. Liebespaare und Familiengruppen, spielende Kinder, Musizierende, Sportlerinnen, Tiere, auch dekorativ abstrakte Ge-

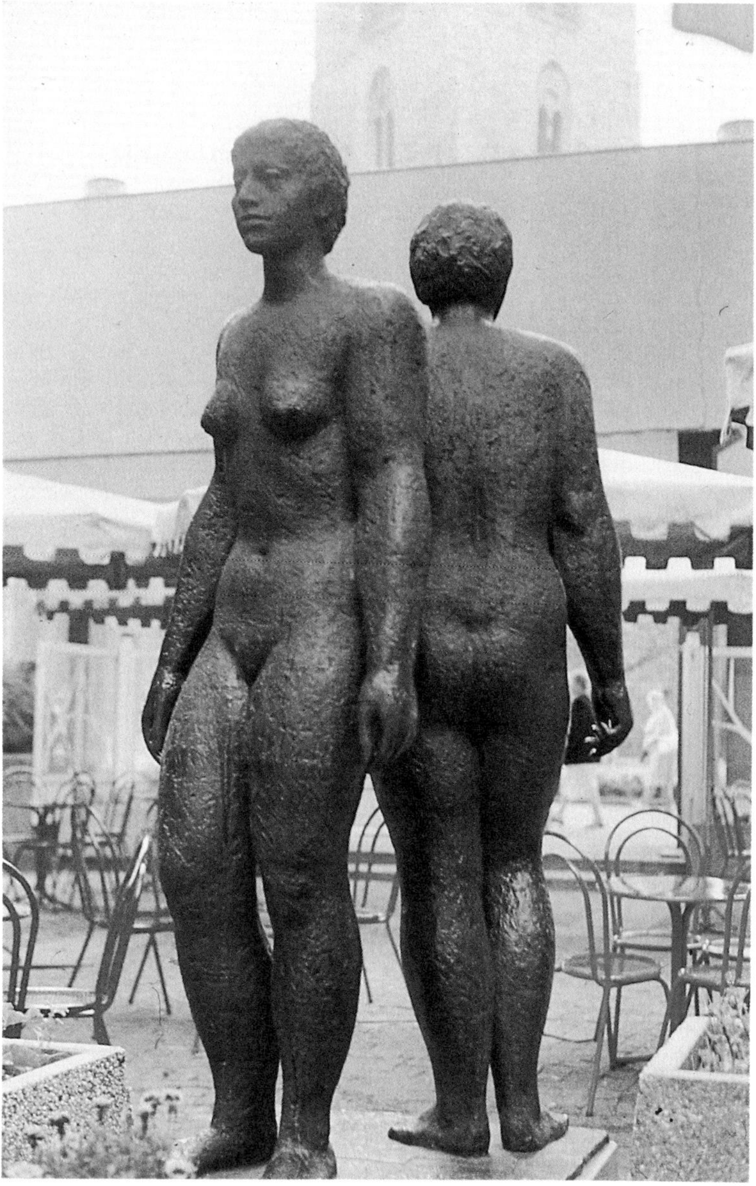

Abb. 1: Ludwig Engelhard: Sportlerinnen (1969), Berlin, DDR, Liebknechtstraße.

brauchsplastik erhielten daher zunehmende Bedeutung. Die weibliche Aktfigur nimmt unter diesen Sujets eine Sonderstellung ein, da die Entscheidung für sie häufig an Orten fiel, die unter einem bestimmten Aspekt bezeichnet werden sollten: als Orte der Lebensfreude, der Identifikation und Sinnstiftung. Aktfiguren von Frauen scheinen dafür geeignet zu sein. Sie gehören offenbar zu den privatintimen Themen, bei denen Auge und Gemüt ausruhen können von den anstrengenden Appellen an sozialistisches Verantwortungsbewußtsein, sie stehen andererseits auch unter dem Verdacht als zeitlos und unverbindlich der sozialhistorischen Konkretheit zu ermangeln. Tatsächlich erweist ihr Gebrauch, daß sie als ideales Symbol für die gesellschaftlichen Grundwerte Optimismus und Harmonie funktionieren, indem sie ohne vordergründige politische Belehrung und in lebensnaher Natürlichkeit Zeichen für Vitalität, Schönheit und Lebensgenuß setzen.

Prüfen wir an einigen ausgewählten Situationen die damit formulierte Vermutung. 1969 wurde Ludwig Engelhards Gruppe »Sportlerinnen« (Abb. 1), auch »Freundschaft« genannt, in der Liebknechtstraße, einer repräsentativen Wohn- und Einkaufsstraße des neuen Berliner Zentrums, aufgestellt. Das Natürlichkeitsprinzip des scheinbar zwanglosen Stehens mit dem vorgeschobenen und nach innen gedrückten Knie, mit dem fülligen weichen Körper, der sich in der Bauchpartie schamhaft-schutzsuchend zurückzuziehen sucht, meint wohl andere als sportliche Körperqualitäten. Ein Vergleich mit Frauenakten der dreißiger Jahre würde zeigen, daß Engelhard von deren Körperideal sich abgrenzt, und doch bleibt die Erinnerung daran in der Haltung des gleichzeitigen Preisgebens und Zurücknehmens unabweisbar. Verbindend, obgleich aus anderen Voraussetzungen, ist das ganzheitliche und abbildende Körperverständnis. Ihre naturnahe Auffassung setzt die Figuren nicht ohne weiteres als »Kunstwerke« vom Alltagsleben ab, sondern provoziert im Gegenteil den Vergleich mit denn alltäglichen, lebenden Körpern.

Wilfried Fitzenreiters üppige Akte eines »Parisurteils«, 1980 in einer Fußgängerzone in Karl-Marx-Stadt aufgestellt, räkeln sich dagegen ganz ungezwungen vor dem lässig sitzenden Jungen und vor den Passanten. Ihre Natürlichkeit ist mitten im Fußgängerstrom auf heitere Verblüffung angelegt. Eine vergnügliche Situation: »Der lauernde Prinz vor der Broilergaststätte«, der »seine spröden Grazien mustert und mit dem Urteilsspruch zögert«, die Gruppe sei »auf stillschweigendes Einverständnis fixiert« (Jansen 1985). Wessen Einverständnis mit wem? Worüber? Etwa mit der Aufforderung, weibliche »konkurrierende Schönheitsideale« zu beurteilen? Insofern kann der Bildhauer allerdings mit dem »stillschweigenden Einverständnis« zumindest der männlichen Passanten rechnen, aber wohl auch mit der Duldung der Frauen, da es sich hier um »schöne« Frauenkörper handelt. Bewußt wahrgenommen oder gar ausgesprochen werden solche Beziehungen zwischen Kunstwerk und Alltagsverhalten jedoch weder von der Kunstkritik noch von den täglichen Betrachtern.

Eine andere typische Situation, sicher nicht unbeeinflußt durch eine glanzvolle Tradition, ist die Verbindung von weiblichen Akten mit Wasser, motiviert durch Brunnen. Hierin ist Gerhard Lichtenfeld ein Meister gewesen. 1966 hatte er für das Versorgungszentrum der Trabantenstadt Halle-Neustadt ein »tanzendes Mädchen« geplant. Es wäre untergegangen, allein gegen eine übermächtige Betonumwelt. Unter diesen Umständen »verlangte der Bürgersinn nach einem Sockel für die sich aufdrängende nackte Weiblichkeit« (Schönemann 1979). Sie präsentiert sich nun im herrscherlichen Gestus auf der Höhe einer Brunnensäule, mitten auf der weiten städtischen Hauptachse, vermehrt um fünf weitere Nacktheiten auf dem Brunnenrand: »Liegende« oder »Frauen am Strand« (1970/74), geordnet zur gefälligen Darbietung möglichst vieler Körperan- und -einsichten (Abb. 2). Der Brunnen in der Nähe einer Fußgängerbrücke biete »interessante Betrachtungsmöglichkeiten« stellte Schönemann befriedigt fest, und fließendes Wasser lasse »die Bronzeleiber herrlich strahlen«. Ähnliches gilt wohl auch für die fettleibigen »Musen« vom Brunnen an der Ulrichskirche in der Hallenser Altstadt. Das wohlgefällige Ausstellen von quellender Fülle läßt sich, schon eher skurril,

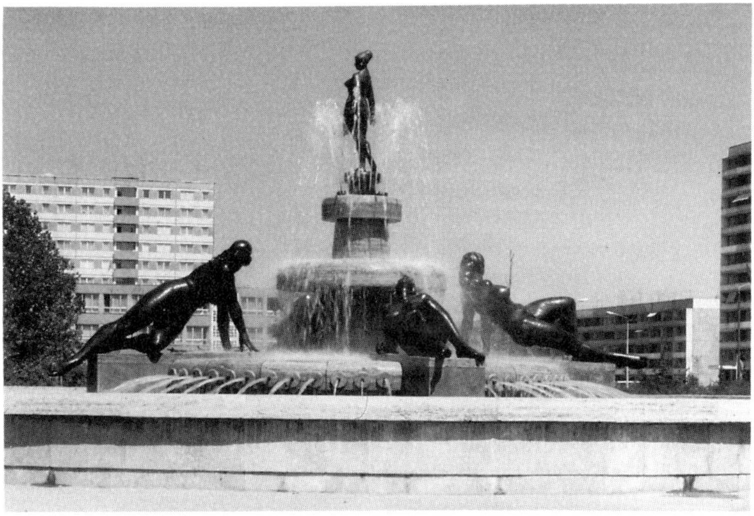

Abb. 2: Gerhard Lichtenfeld: Brunnen (1970–1974), Halle-Neustadt

umschreiben als »Zeichen für das dauerhaft poetische Wesen der altehrwürdigen arbeitsamen Stadt« (Ebd.). Im »Einklang mit der dynamischen Gewalt der Elemente« steht der Frauenakt einmal mehr für Leben und Lebensgenuß schlechthin.

Einer der Akte von Lichtenfeld residiert (1978) im Foyer des Kongreßtraktes des Berliner Palasthotels, eine würdige Empfangschefin (Abb. 3). Zweifellos ist es ein reifes Meisterwerk in der gelösten Ruhe der massigen Formen, in der Rundansicht geben sie ihre anmutreiche und spannungsvolle Beweglichkeit zu erkennen. Daraus folgerichtig wird einer weiblichen Aktfigur eine derart repräsentative Funktion zugewiesen, angesichts einer längst selbstverständlich gewordenen Praxis, Orte der Entspannung und Erholung so auszuweisen. Gerade an der Formgelegenheit »Frauenakt« hat sich etwas etabliert, was als »sozialistische Unterhaltungskunst« zu bezeichnen sicherlich keine Diskriminierung ist. Wohlbefinden und Lebensfreu-

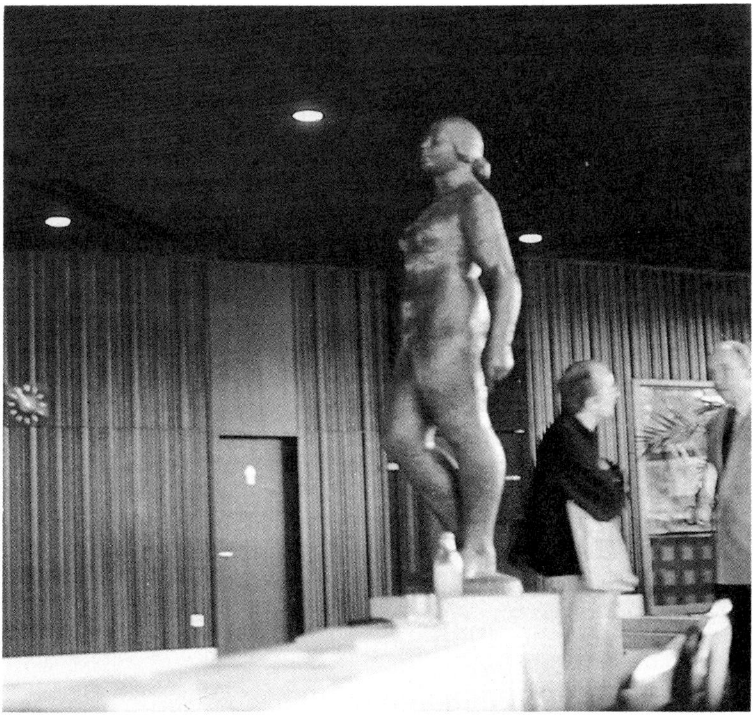

Abb. 3: Gerhard Lichtenfeld: Stehendes Mädchen (1978), Foyer des Kongreßzentrums im Palasthotel, Berlin, DDR.

de werden damit in symbolischer Überhöhung zu einem erstrangigen Wert erklärt.

Die Bildhauer haben dabei viel Einfallsreichtum entwickelt. Sie setzen die kitschnahe glatte Eleganz ebenso ein wie die Drastik, die keinen Anstoß erregt, wenn weibliche Formen so direkt und überzogen zum Hauptformthema werden, daß der komische Effekt überwiegt (z. B. bei Peter Makolies). Sie nutzen die prunkende Körperfülle in natürlichen Proportionen, die sich als Kontrast zur Geradlinigkeit der Typenbauten wirkungsvoll ausnimmt (u. v. a. Fritz Cremer, Waldemar Grzimek, Dieter Borchardt, Siegfried Krepp). Sie verschmähen auch nicht die neckische Variante, besonders hübsch, wenn in Wirklichkeit angezogen, wovon man sich aber erst aus der Nähe überzeugen kann (Gerhard Rommel, Grünfläche an der Berliner Straße in Berlin-Pankow). Und die raffiniert naive Verspieltheit ist eine Spezialität von Heinrich Apel, der für das Magdeburger »Haus der Lehrer« eine barocke Sandsteinwanne durch eine nackte »Badende« ergänzte (1975). Unendlich sind die Nuancen in der Mitte zwischen Extremen: der gemäßigt stämmige Körper, von naturalistischen Details gereinigt, mit straffen Volumen und glatten Oberflächen, die ideale Frau im besten Zustand. Welche Variante auch immer, Übereinkunft scheint zu herrschen, daß es dieser Idealzustand ist, der Wohlbefinden verbreiten kann, die Frau im Vollbesitz ihrer Körperkräfte, vom Denken unbeschwert, keiner Problematik ausge-

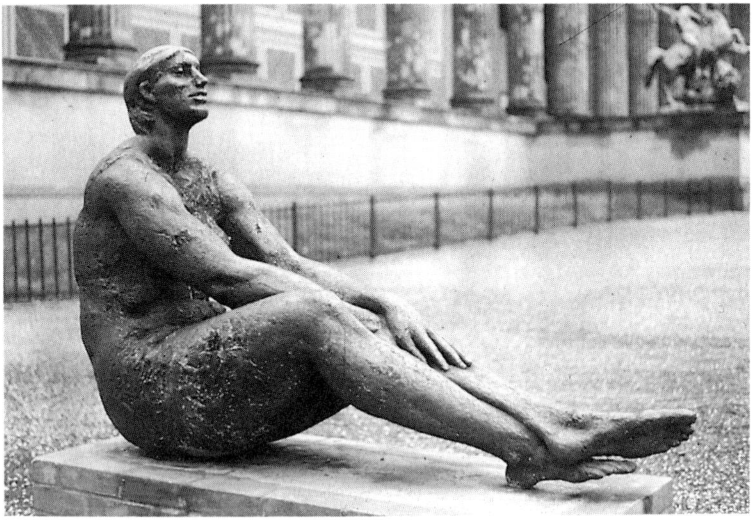

Abb. 4: Margret Midell: Sitzende (1969), Schwedt, Leninallee.

setzt, einzig mit ihrer anscheinend zeitlosen Schönheit beschäftigt. Männerakte sind dagegen oft in Haltungen von Denkenden, schöpferisch Melancholischen, in geistiger Aktivität dargestellt, was bei den öffentlich aufgestellten Frauenakten die Ausnahme ist. Genauere Untersuchungen müßten erweisen, ob es stimmt, daß vor allem Bildhauerinnen gegen den Topos Einspruch erhoben.

Margret Midells »Sitzende« (1969) (Abb. 4) meidet die übliche Anmut und Glätte, der außergewöhnliche Gestus geistiger Konzentration in Haltung und Physiognomie wird nicht zurückgenommen durch gefällige Modellierung. Ein »Gigantenleib« mit der »übermenschlichen Wölbung des Rückens, der athletischen Stärke der Gliedmaßen« (Feist 1973)! Die Wortwahl registriert genau die Abweichung vom Gewohnten. Aus ähnlichen Gründen zog Emerita Pansowovás »Schreitende« (1975/80) (Abb. 5) die Empörung der Bewohner von Berlin-Marzahn auf sich: wie kann eine junge Frau so dicke Beine und große Füße haben, sie ist schlecht proportioniert, sie ist nicht schön! Man empfand sie als Beleidigung. Seine Sehgewohnheiten und seine Sehnsucht sagen dem männlichen und weiblichen Bürger, daß ein solches Abbild »schön« zu sein hat, d. h. ganzheitlich, harmonisch, anmutig und »natürlich«. Dabei gibt besonders zu denken, daß die Vorstellung vom »Natürlichen« nach einem Ideal, nicht nach alltäglicher Natur gebildet ist.

Emerita Pansowová beschreibt etwas anderes als Thema ihrer Figur: »Die Arme ruhig fallen lassen, den Oberkörper befreit tragen und ohne Vorbehalte entgegenschreiten« (nach Semrau 1982). Innere Freiheit also, so lese ich die Form, die gegen Widerstände errungen wurde. Sichtbar gemacht in der angespannten Haltung, im nicht aufgelösten Widerspruch zwischen schwer und breit lastenden Bildungen und solchen, die im plastischen Volumen zurückgenommen sind. Sie hat alles vermieden, was sich am gewohnten weiblichen Akt als schwellende Üppigkeit, sensible Anmut, wohlige Fülle beschreiben ließ und unausgesprochen das Bild der Frau als Glücksgarant meinte.

Auch Sabine Grzimek wendet sich mit »Mutter und Kind« (1981) vom Stereotyp des idealschönen Frauenaktes ab und gibt bei strenger Tektonik der Gesamtform den Körper eingeschnürt und geballt, gewaltsam herausgetrieben und aufgerissen. Die Figur wurde gern und oft, auch von mir, vordergründig politisch interpretiert, als Bekenntnis zum Standhalten gegen elementare Gefährdung von Menschlichkeit und der Menschheit. Die gefühlsvolle Schutzgebärde für das Kind zeigt aber auch einen anderen Zwiespalt: als Mutter ausgeliefert an traditionelle Funktionszuweisung ebenso wie an reale Lebensbedrohung. Anders als Emerita Pansowová kann daher Sabine Grzimek für ihr unübliches Bild vom weiblichen Akt mit der Zustimmung von Betrachtern rechnen, weil sie sich innerhalb der

»natürlichen« Mutter-Kind-Bindung bewegt. Für mich war das immer eine störende Inkonsequenz der Figur. Sie ist aber konsequent als persönliche Situationsbeschreibung der Frau und Künstlerin, die mit der Skulptur die Öffentlichkeit auf das Problem stößt, ohne den Versuch, eine glatte Lösung anzubieten.

Wie »natürlich« ist also der weibliche Akt in der sozialistischen Stadt? Der künstlerische Topos von der harmonisch ausgeglichenen, in Idealform verfügbaren Frau scheint bedingt durch soziale Realität und auf sie widerspruchsvoll reagierend. Frauen, die ihr Recht auf Arbeit und Wirken im öffentlichen Leben wahrnehmen, geraten in die gleichen Bewährungssituationen wie Männer und haben zusätzlich die traditionell weiblichen Funktionen zu erfüllen. Die Kunstfiguren gewähren »Bilder des kreatürlichen Wohlbefindens«, »Gleichnisse eines genügsam glückhaften Lebens« (Jende 1979 zu Heinrich Apel) und funktionieren als Sehnsuchtsbild und Gegenbild im für Frauen und Männer schwierigen Umbau der Geschlechterbeziehungen: »Gleichberechtigung der Frau«, Bestandteil sozialistischer Gesellschaftstheorie, -praxis, ist kein abgeschlossener Fakt, sondern mühevoller und konfliktreicher Prozeß im täglichen Leben. Die hier vorgestellte Problemskizze hat eine Tatsache ausgeblendet, die Aufschluß geben kann über die komplizierte Überlagerung von verinnerlichten Verhaltensnormen und deren Aufbrechen. Denn auch Bildhauerinnen können sich mit dem Stereotyp der kreatürlichen Frau identifizieren, während andererseits jüngere Bildhauer von sozialen und persönlichen Erfahrungen aus das einseitige Bild problematisieren.[1]

In der öffentlichen Skulptur jedoch dominiert weithin unbestritten die weibliche Aktfigur als Symbol, auf das sich offensichtlich verschiedenartige Interessen einigen können. Künstler wie Bewohner wie gesellschaftliche Auftraggeber dürften kaum reflektieren, was durch Frauenforschung evident wurde: daß sich bis zum Hochmittelalter zurückverfolgen läßt, wie die Übereinkunft über Wesen und Zuständigkeiten von »Weiblichkeit« hergestellt wurde. Zudem bestärkt die allgegenwärtige Präsenz des weiblichen Aktes in der öffentlichen wie in der Ausstellungskunst seit um 1900 die Selbstverständlichkeit des Sujets. Welches Bild könnte also geeigneter sein, um auf »einfache«, »natürliche« Weise und rhetorisch überzeugend zugleich das Grundprinzip sozialistischen Staatsverständnisses zu vermitteln: »Alles für das Wohl des Volkes!«, in dem sich soziale und private Widersprüche harmonisieren lassen. Das tatsächliche Problemfeld verdeutlicht der polemische Begriff der »Bekunstung«. Mit ihm formulieren Theroetiker der Städteplanung ihre Kritik an einem »selbstherrlichen Akt künstlerischer Zeichensetzung in einer Lebensumwelt« (Flierl 1982), die architektonisch und stadträumlich häufig unzureichend gestaltet ist.[2] Die Übernahme sozialer Funktio-

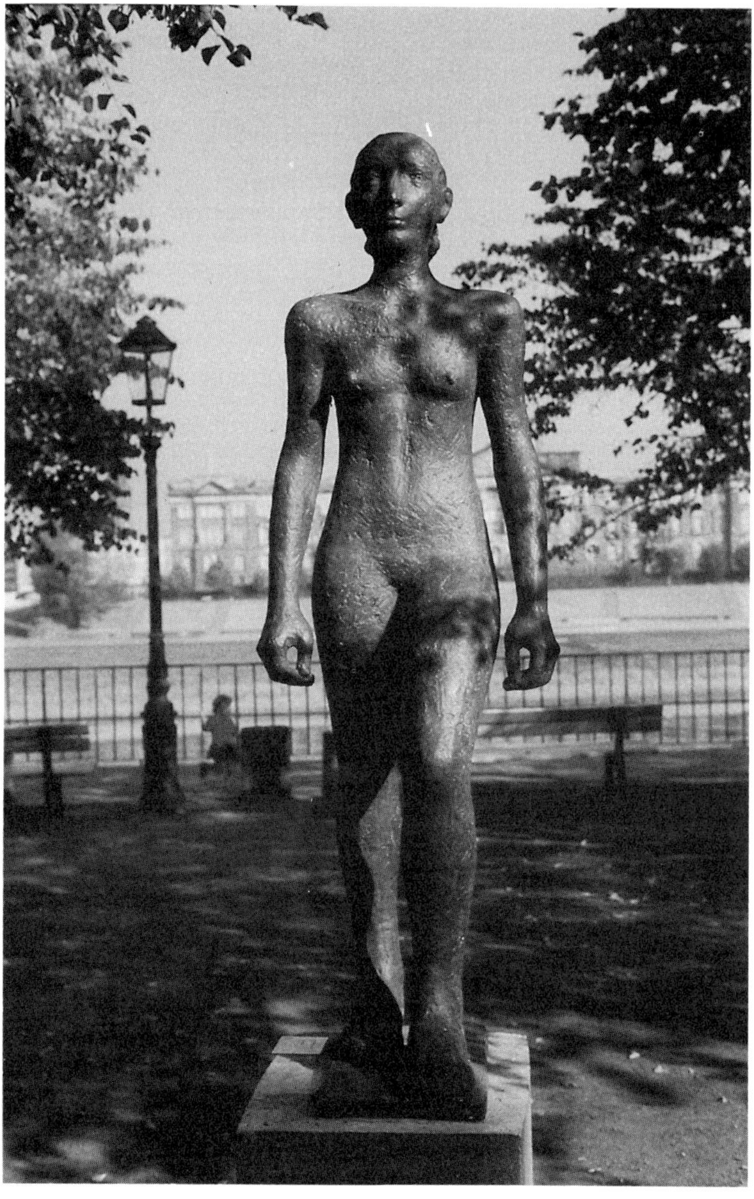

Abb. 5: Emerita Pansowová: Schreitende (1975–1980), Berlin-Marzahn, vor der Gaststätte »Sojus«.

nen durch den Staat in modernen Gesellschaften führt möglicherweise zwangsläufig zu analogen Strategien und Bildern. Weibliche Aktplastik im städtischen Raum der DDR als Identifikationsfigur für eine glückliche, harmonische, sinnerfüllt strukturierte Gemeinschaft verweist auf widersprüchliche, aber zweifellos wirkende Bindungen an historische Konstruktionen, die durch die neue Gesellschaft erledigt sein sollten. Sie zur Diskussion zu stellen könnte helfen, Nichtübereinstimmungen von Gesellschaftstheorie und kultureller Praxis zu überwinden.

Anmerkungen

1 Ich denke dabei an Ingeborg Hunzinger (geb. 1915, z. B. »Erde« 1976) und Rolf Biebl (geb. 1951, z. B. »Stehende« 1983), ohne die Frage auf ihre allgemeinere Wertigkeit hin durchgearbeitet zu haben. Wichtig finde ich zu erfahren, weshalb Ingeborg Hunzinger, die seit langer Zeit an der Planung von Kunst im öffentlichen Raum mitarbeitet, häufig Frauenakte wählte, um ihre Wertschätzung menschlicher Naturverbundenheit auszudrücken.

2 Der Begriff wurde eingeführt von Lothar Kühne (Gegenstand und Raum. Über die Historizität des Ästhetischen, Dresden 1981) im Zusammenhang einer »ästhetischen Gegenstandsbestimmung«, in der die Kritik kapitalistischer Warenästhetik Voraussetzung ist für ihre Aufhebung in der kommunistischen Lebensweise. Besonders Flierl (1984) hat »Bekunstung« mit etwas modifiziertem Sinn in die Diskussion um die komplexe Stadtgestaltung übernommen, in denen der Begriff unterdessen zur kritischen Bezeichnung einer äußerlichen Verschönerung von sozialräumlich nicht bewältigten Qualitäten geläufig ist.

Abbildungsnachweis

Helga Möbius

Thea A. Struchtemeier

»Schrei laut zum Herrn, stöhne Tochter Zion! Wie einen Bach laß fließen die Tränen...«

Die Pietà im Fossar de la Pedrera in Barcelona

1. Trauer und Anklage

Das Zitat im Titel stammt aus den Klageliedern des Alten Testaments (2, 18), die häufig in den Inschriften von Kriegerdenkmälern mit einer Pietà angeführt werden (vgl. Probst 1986, 46f, 126, 146, 148). Texte als »Subzeichen« des komplexen Zeichens Denkmal (Probst a.a.O., 44) sind in der Regel am Sockel angebracht, auf dem Mutter und Sohn exponiert sind. Es ergibt sich der Eindruck, daß dem Zeichensystem Schrift im Vergleich zur figürlichen Darstellung auf dem Sockel eine eher untergeordnete oder sekundäre Bedeutung zukommt. Mit dem Zitat scheint eine Aufforderung zu lauter Trauer verbunden. In dem in der Denkmalskunst benutzten Pietà-Motiv ist die neue Tochter Zions jedoch eine Mutterfigur, die still trauert und zugleich auch zu betrauern ist. Das Bildmotiv wird verdoppelt (vgl. auch Lurz 1985, Bd. 4, 174).

Im weltlichen Kontext wurden Pietà-Motive häufig nach katastrophischen Ereignissen wie Krieg oder Seuchen verwandt. In der institutionalisierten Totenehrung eigneten sie sich als Kriegerdenkmäler für verlorene Kriege; in Deutschland traten sie vermehrt nach dem 1. Weltkrieg auf (vgl. Probst 1986, 4; Lurz 1985, Bd. 2, 291). Dem Motiv scheint eine gewisse Zeitlosigkeit und europäische Allgemeingültigkeit eigen, es findet sich auch in anderen Staaten der christlich-europäischen Kultur- und Traditionsgemeinschaft. Denkmäler, die an einen gewaltsamen Tod erinnern, bieten »Identifikationen« an (Koselleck 1979, 256). Den Überlebenden wird ein »Identitätsangebot« gemacht.

Der Sinn des Sterbens wird mit den Denkmälern von den Überlebenden gestiftet – ex post. Koselleck nennt die »Differenz zwischen dem vergangenen Tod, der erinnert wird, und dem optischen Deutungsangebot, das ein Kriegerdenkmal leistet«, einen »doppelten Identifikationsvorgang«: die Toten sollen »für die selbe Sache eingestanden sein, wofür die überlebenden Denkmalsstifter einstehen wollen« (1979, 257). Mit der Pietà wird den Trauernden als Identifikationsfigur die Schmerzensmutter vorgestellt, deren Leidensgeschichte zur Spiegelung dienen kann. Die Gemeinde der trauernden Angehörigen kann sich »wiedererkennen« (Lurz 1985, Bd. 4, 174).

Der »Urtyp der trauernden Mutter« (ebd.) lenkt zugleich von der Besonderheit des gewaltsamen Todes im Krieg ab und setzt an die Stelle der nötigen Anklage die Vorbildlichkeit des Kriegs-Tods und eines ihm adäquaten Trauerverhaltens. Die Klage kann verstummen.[1] In dieser Form geriet die weltliche Pietà wieder zum Andachtsbild (vgl. Probst 1986, 7; Lurz 1985, Bd. 4, 174).

2. Eine »republikanische Pietà« in Barcelona

Die Hauptstadt der Provinz Katalaniens, Barcelona, besitzt einen großen Friedhof im Südosten der Stadt auf dem Montjuic, auf dem sich auch das große Militärkastell aus der Zeit der Kämpfe mit Felipe IV von 1640 befindet, das immer wieder als Ort von Massenerschiessungen an vermeintlichen spanischen Regimegegnern diente. Die Leichen der dort erschossenen Verteidiger und Verteidigerinnen der 2. proklamierten spanischen Republik von 1931 und der Volksfront von 1936 wurden zur Zeit des Spanischen Bürgerkriegs (1936–39) und noch danach in der Nähe des Castillo in ein Massengrab geworfen, das heute als »Fossar de la Pedrera« (Graben der Steine) in den neueren Teil des Cementiri del Sud-Oest in Barcelona integriert ist.[2] Bis zum Jahre 1983 existierte das Massengrab als ein ungestaltetes Gebiet ohne besondere Auszeichnung. Seit 1984 ist es auch gestalterisch in den Friedhof integriert. (Der Architekt war Beth Galí; die Kosten lagen bei ca. 1.276.000 DM; vgl. »El Correo Catalán« v. 22. 10. 1985 und »Miercoles« v. 10. 7. 1985).

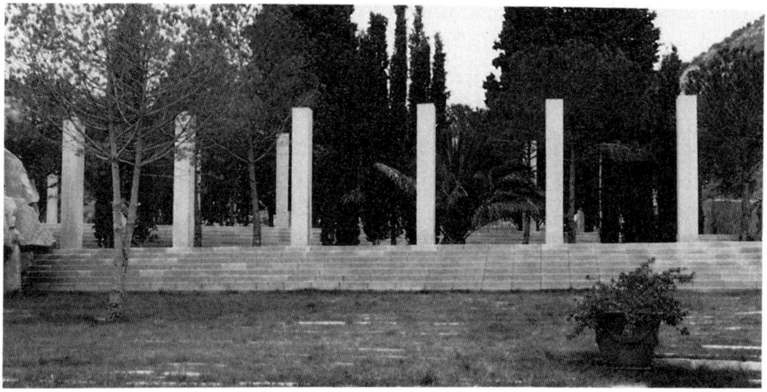

Abb. 1: Cementiri del Sud-Oest, Barcelona, Einfang des Fossar.

Der »Fossar« befindet sich ganz in der Nähe des Eingangs zum Friedhof. Eine Inschrift weist auf die Leichen der während des Spanischen Bürgerkrieges getöteten spanischen Verteidiger und Verteidigerinnen der Republik hin. Nicht erwähnt aber werden die Kämpfer und Kämpferinnen der internationalen Brigaden.[3] Die Gräber der anarchistischen ›Führer‹ Durruti und Ascaso liegen etwas weiter von dem Gräberfeld entfernt (vgl. Struchtemeier 1987).

Beim Betreten des republikanisch-interbrigadistischen Gräberfeldes werden die Besuchenden von mehreren Sandsteinsäulen erwartet, auf denen die Namen der Getöteten und Widmungsinschriften verzeichnet sind.[4] (Abb. 1).

Dahinter eröffnet sich das von hohen Felsmauern umgebene und abgegrenzte Rasenfeld des »Fossar de la Pedrera«. (Abb. 2).

Die am Felsenrand von Angehörigen, Freunden oder Gesellschaften aufgestellten Grabsteine – wie z. B. für Hans Beimler (vgl. Struchtemeier 1988b) – sind eher Kenotaphe als wirkliche Gräber, denn niemand kann mehr sagen, an welcher Stelle des »Fossar« genau die sterblichen Überreste der Getöteten hineingeworfen wurden. Ein gesondertes Grab, das gleichfalls als zentrale Gedenkstätte gedacht ist, an der Blumenschmuck abgelegt werden kann, wurde Lluis Companys als ehemaligem Führer der katalanischen Linkspar-

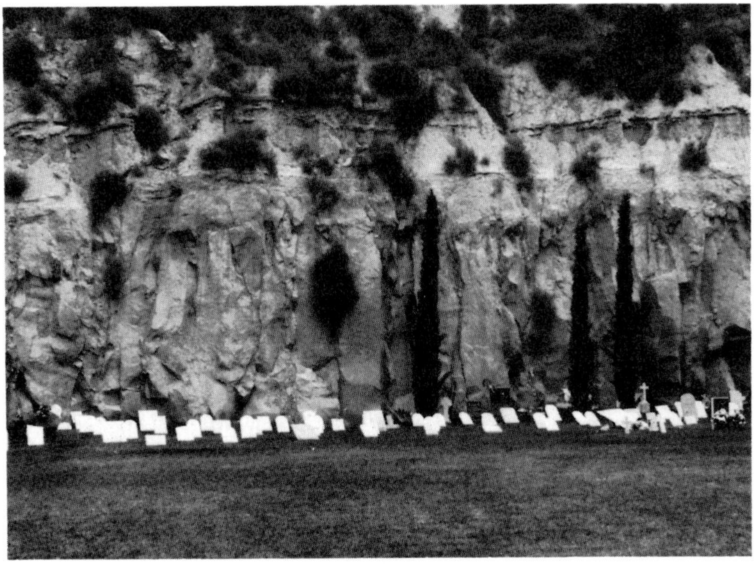

Abb. 2: Cementiri del Sud-Oest, Barcelona, Gräberfeld gefallener Brigadisten (ehem. Massengrab).

tei Estat Catalá und ehemaligem Präsidenten Kataloniens zugedacht, der sich später während des Verlaufes des Bürgerkrieges auf die Seite der Kommunisten und der Sowjetunion stellte.[5] Das Friedhofsareal des »Fossar de la Pedrera« ist vom übrigen Friedhof abgegrenzt, obwohl es darin integriert ist. Dies ist ein besonderes Kennzeichen von Ehrenfriedhöfen, das sie mit Soldatenfriedhöfen verbindet. Ein gesonderter öffentlicher Raum wird innerhalb eines öffentlichen Raumes hervorgehoben.

Wenige Schritte von der Gedenkstätte Companys' entfernt, erreicht man über einige Treppenstufen das Denkmal mit der Pietà (Abb. 3). Es wurde 1984 errichtet. Das Trauermotiv verweist auf die Niederlage der getöteten Republikaner- und InterbrigadistInnen, die für die Gegenseite der Franco-Falangisten Sieg bedeutete. Die Bedeutungszuweisungen von ›verlorener Krieg‹ oder ›Trauer um die Opfer eines verlorenen Krieges‹ sind aber zu pauschal, wenn bei der Motivauswahl seitens der Denkmalsstifter der konkrete historische Hintergrund, d. h. die Realität des Spanischen Bürgerkrieges mitreflektiert wird. Dabei wird die profanierte Variante der Muttergottes zunehmend widersprüchlicher und die Wahl des Motives immer fragwürdiger.

Die Figur der trauernden Mutter stammt von dem 1927 in Barcelona geborenen Künstler Ferran Ventura. Die Initiative war von der »Associació pro-memòria als immolats per la libertat a Catalunya« (Verein für das Gedächtnis der Geopferten für die Freiheit Kataloniens) ausgegangen. Zunächst war eine Pietà aus Stein von Ventura hergestellt worden, die das jetzt dort vorhandene Exemplar an Höhe um vieles übertrifft. Aus verschiedenen Gründen entschied sich der Verein für die Anfertigung einer weiteren, aber kleineren Ausgabe der steinernen Pietà.[6] Die steinerne Fassung wurde in einem Hof des Parlamentsgebäudes aufgestellt. Die kleinere Bronzeskulptur wurde sieben Monate später auf dem Friedhof errichtet. Sie wurde mit der Unterstützung des Parlamentes, durch Spenden, und noch zusätzlich mit Darlehen vom Kloster Montserrat finanziert.[7] Somit verwirklichte sich die Denkmalsidee für eine Pietà auf dem Cementiri del Sud-Oest mit Hilfe öffentlicher Unterstützung, die als der »öffentliche« Stifterkreis an einer Seite des Sockels der bronzenen Republik auf dem Friedhof genannt ist (»MONVMENT ERIGIT PER SUBSCRIPCIO / POPVLAR / INAVGVRAT L' OCTOVBRE DEL 1984«), wenngleich dadurch nicht die Modalitäten der Finanzierung kenntlich werden.[8] (Abb. 4).

Bedenken wir den historischen Hintergrund, so differenziert sich das ›Opfer- und Trauermotiv für einen verlorenen Krieg‹ in entscheidender Weise. Über den religiösen Kontext, die Mutter-Sohn-Beziehung und die Festlegung Opfernde-Geopferte wird eine Leseweise des Denkmals vorgegeben, die die politischen und historischen Tat-

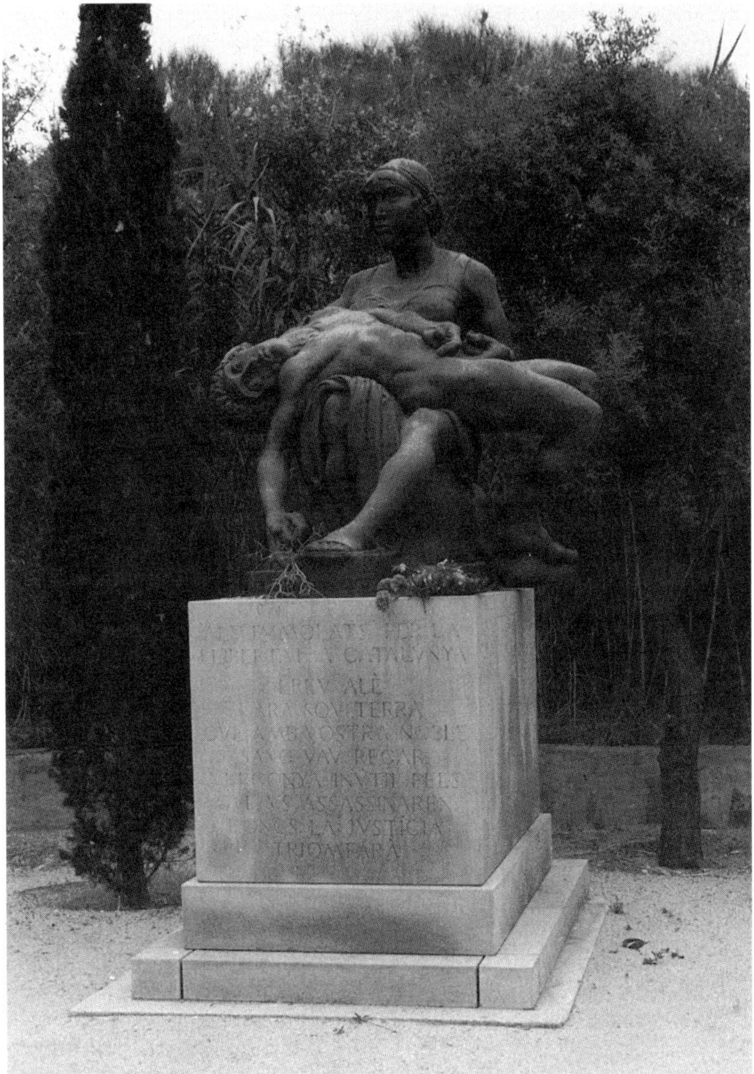

Abb. 3: Cementiri del Sud-Oest, Barcelona, Denkmal für die Internationalen Brigaden, 1984.

beständе ausblendet. Es ist weder erkennbar, daß es sich bei den Begrabenen um AntifaschistInnen, um RepublikanerInnen, um atheistische Linke aus vielen europäischen Ländern gehandelt hat, noch wird bei dieser Art von Kopplung mit einem christlich-katholischen Motiv ersichtlich, daß es unter den Toten Frauen gab, die aktiv – und zwar an der Front und nicht nur in der Nachhut – am Geschehen teilnahmen. Frontkämpferinnen, um nur wenige zu erinnern, waren u. a. Ana Sugranez, Mika Etchebéhère, Rosario Sanchez Mora, Clara Thalmann, Sara Guillén, Margarita Nelken, María Rius, Felicia Browne und Renée Lafont (vgl. Behn/Mommertz 1984, 1987; Buselmeier 1978; Willis 1984).[9] Kämpfende Frauen werden in diesem Denkmal verschwiegen. Sie haben keinen Ort im Bild der Pietà.[10]

Zusätzlich unterliegen die ehemaligen nationalen und internationalen GegnerInnen des Franco-Regimes nach dessen Tod am 20. November 1975 (dies ist auch der Tag der Erschießung des Falangistenführers José Antonio Primo de Rivera im Jahre 1936) einem Rollen- und Perspektivenwechsel vom ehemaligen ›Täter‹ zum heutigen ›Opfer‹, der in anscheinend ›gutgemeinter Absicht‹ auch die Aktivitäten der ausländischen KämpferInnen als spanisch-nationale Opfer anerkennt, jedoch bei dieser Vermischung von national-internationaler Intention und heutiger nationaler Repräsentation die Aktivität der AntifaschistInnen verdeckt.[11]

3. »Ihr Geopferten für die Freiheit, ihr wart Atem, nun seid ihr Erde«

Der Typus der Frauengestalt der Pietà von Barcelona ist einfach und bäuerlich: Das zeigen die Bekleidung des vorgestreckten Beines mit einer einfachen Sandale, das umgebundene Kopftuch, die ausgeprägte Muskelbildung, die durch ein Leben harter Arbeit entsteht und die ausgesprochen sparsame Bekleidung, die weniger Erotik, als Ärmlichkeit und Arbeit in wärmeren Regionen assoziieren läßt. Das Gesicht der mütterlichen Figur wirkt apathisch und leer, die Mundwinkel sind teils trotzig, teils resignativ heruntergezogen. In ihrem Schoße liegt der Sohn, dessen rechter Arm kraftlos, aber mit einem ausgestreckten Zeigefinger, auf den Boden geglitten ist. Der Kopf des Mannes ist nach rechts mit dem Gesicht hin zum Betrachtenden abgesunken, so daß kein Blickkontakt zwischen Mutter und Sohn vorkommt. Die Beziehungslosigkeit zwischen Mutter und Sohn wird zusätzlich dadurch bestärkt, daß die Mutter über den Betrachtenden hinweg ins Leere blickt. Die einzige ›Aktivität‹ der Frau ist, den Sohn als Opfer darzureichen. Die unteren Extremitäten des Opfers liegen über den leicht gespreizten und angewinkelten Beinen der Mutter, die das linke Bein hervorstreckt, um funktionsgerecht den toten Cor-

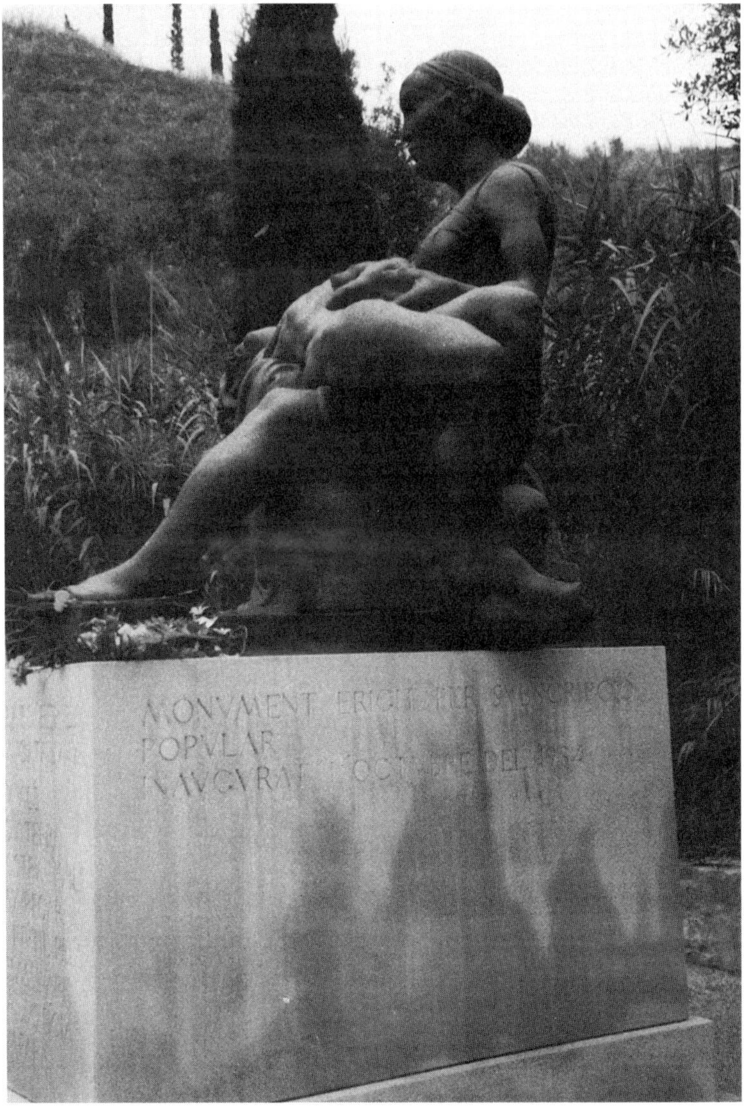

Abb. 4: Denkmal für die Internationalen Brigaden, 1984.

pus abzustützen. Wie zufällig scheint sich dadurch ihr leichtes Kleid zum Oberschenkel hin verschoben zu haben, wodurch das nahezu unbekleidete Bein sichtbar wird.

Die Pietà und hier in diesem Fall die katalanische Variante ist ein mehrfach dichotomes und gleichermaßen komplementäres Gebilde, bei dem sich im Ganzen einerseits die Elemente von Sockel und Figur wie ebenso von Text und figürlicher Darstellung als Subsysteme gegenüberstehen. Andererseits formieren sich innerhalb der Konfiguration der Skulpturengruppe auf dem Sockel, d. i. innerhalb der Subsysteme, die Elemente Mann und Frau, Getötet-sein und Leben (trotz Apathie) wie ebenso Nacktheit und Bekleidung als weitere Subzeichen. Komplementär und damit sich zu einem harmonischen Ganzen verdichtend sind die mehrfachen Dichotomien, weil der Sockel die Figur trägt und hervorhebt, der Text den Sinn der figürlichen Darstellung erweitern oder modifizieren kann (und die Darstellung dadurch einschränken), weil sich die Geschlechter ergänzen können, wie auch die Bekleidung das Nackte, weil das Sitzende das Liegende trägt und die Bäuerlichkeit der Mutter die Kraftlosigkeit des getöteten Mannes verstärkt. So unverletzt, wie dieser im Tode erscheint, und so gesund und kräftig, wie die Mutter ihn trägt, lenkt die kleine Gemeinschaft von der Heftigkeit eines gewaltsamen Todes ab. Somit stellen sich die Subzeichen und wiederum deren Subelemente des Zeichens ›Denkmal-Pietà‹ als eine Folge wechselseitiger Abhängigkeiten dar, die zusammengenommen sich aber zu einem harmonischen Konstrukt ergänzen.

Die Horizontaldarstellung des getöteten Mannes erinnert an das niedergelegte Schwert des beendeten Kampfes im Gegensatz zum aufgerichteten des Sieges. Das Ende des Kampfes bedeutet historisch gleichermaßen die Niederlage der kämpfenden RepublikanerInnen und das Ende der Republik. Wie in der christlichen Überlieferung die Muttergottes ihren toten Sohn als Opfer zur Erlösung der Menschheit präsentiert, so kann auch die Mutter der getöteten AntifaschistInnen mit der gleichen Aussage bedacht werden. Der Tod des männlichen Kämpfers wird dem Opfertod Jesus gleichgesetzt. Sein Kampf wird zu einem heiligen und gerechten Krieg, der seine Rechtmäßigkeit in einer moralischen ›Erlösung‹ der Menschheit legitimiert – die eine politische sein sollte. Die christliche Erlösungsvorstellung verspricht zudem eine Unsterblich- und Ewigkeit, die hier an der spanischen Pietà-Skulptur in der antikisierenden Zeitlosigkeit der Nacktheit des Sohnes und seinem Fingerzeig zum Ausdruck gebracht werden soll, ebenso in dem ewigen Ruherecht der Republikaner- und InterbrigadistInnen auf dem Gräberfeld des Friedhofes.[12]

Weitere Zuschreibungen des Geschlechterverhältnisses ergeben sich aus der auf dem Sockel befindlichen Inschrift: »ALS IMMOLATS PER LA / LLIBERTAT A CATALVNYA / ÉREV ALÈ / I ARA SV

TERRA / QVI AMB VOSTRA NOBLE / SANC VAV REGAR / VERGONYA INVTIL PELS / QVI VS ASSASSINAREN./ DONCS LA JVSTITIA / TRIOMFARÀ.« (Den Geopferten für die Freiheit Kataloniens / Ihr wart Atem / Nun seid ihr Erde,/ Die ihr mit eurem edlen Blut vergossen habt./ Es ist unnütz, sich für diejenigen zu schämen, die euch ermordeten./ Es wird (also) die Gerechtigkeit (über die Mörder (die Verf.)) siegen.[13] Die Inschrift ist in antikisierenden Lettern in den Sockel eingemeißelt, was zum einen den traditionellen Sprachbezug des Katalanischen zum Lateinischen hervorheben mag, zum anderen aber ebenso ein Signum von sich überzeitlich gebender Herrschaftskunst sein kann (vgl. Hoffmann-Curtius 1984). Nehme ich aber die inhaltlichen Bezüge der Inschrift zur Kenntnis, so kann hier von zwei möglichen Positionen aus der Text gesprochen sein. Ist es die Mutter, die spricht, so bezeichnet sie metaphorisch ihren verallgemeinerten und kollektivierten Sohn mit »Atem« (»Ihr wart Atem«), was im theologischen Diskurs auch ›Heiliger Geist‹ heißen könnte. Zusätzlich verweist sie nachfolgend auf die Umwandlung des »Atems« zu »Erde« (»ihr wart Atem, nun seid ihr Erde«) bzw. übertragenerweise auf die Umwandlung von ›Geist‹ zu ›Materie‹, was in der Inschrift konkret die Wandlung des Lebens zum Tode meint und damit ebenso die Rückkehr des Sohnes zur Frau beinhalten könnte (die Söhne sind Erde geworden, die »für die Freiheit Kataloniens« mit Blut begossen wurde). Diese Konnotation der Frau mit dem ›gebärenden‹, aber auch ›gefräßigen‹ Mutter-Erde-Symbol entnehme ich gleichfalls der figürlichen Darstellung, bei der der Sohn über dem halb geöffneten Schoß der Frau ausgebreitet liegt. Der getötete Kämpfer findet als Sohn durch seinen Tod wieder zur ›Frau‹ zurück, die als Idealkonstruktion anzusehen ist (Wenk 1986, 14).

Die andere Sprecher-Position kann die des katalanisch-parlamentarischen wie katholischen Stifterkreises sein, der aber in ähnlicher Weise die zugeschriebene Geschlechterzuordnung beibehält. Nur wird dann keineswegs die gesamte Skulptur in das Sprechen einbezogen, sondern nur der männliche und zudem tote Part. Damit gleicht die Rede einer Fürbitte. Die Trauer wird dem Toten oder den 300.000 im Spanischen Bürgerkrieg und den in der nachfolgenden Diktatur Getöteten bekundet (vgl. auch Probst 1986, 20; vgl. Kraft 1983, 76).

Indirekt aber kann die Frau angesprochen sein, indem sie als »Freiheit« und »Gerechtigkeit« Kataloniens allegorisiert wird. Durch die hohe Anzahl der »Geopferten« wird die Mutter zu einer ›gefräßigen‹ Freiheit und Gerechtigkeit. Historisch waren die »Geopferten« nationaler und internationaler Herkunft; die Opfernde kann aber nur national mit der Freiheit und Gerechtigkeit Kataloniens identifiziert werden.

Erotische Komponenten sind in dieser christologischen Variante von Mutter und Sohn verschoben und funktionalisiert: Die unbekleideten Beine und Arme der Mutter, die einfache Sandale verweisen auf die Zugehörigkeit der Frau zum ›einfachen‹ Volk. Auch dies kann wiederum mehreres einschließen. Es kann wieder einmal auf die opfernden Mütter des revolutionären ›Volks‹ verweisen, das gemäß der Inschrift national auf den katalonischen Raum begrenzt und nicht international gemeint ist. Dieses identitätsstiftende Angebot schränkt die Sinnstiftung ein, wodurch nur das katalanische Volk, das weiblich symbolisiert ist, Trost schöpfen kann. Zusätzlich verweist das Bäuerliche auf die Verbindung der opfernden Frau zur ›Scholle‹ (Erde), was einen bevölkerungspolitischen Aspekt enthält (vgl. dazu auch Probst 1986, 32): Die Frau kann (als Volks-Masse) ständig Lebendes zum Töten und Getötetwerden produzieren. Demgegenüber ist der getötete Mann in seiner Kraftlosigkeit seiner Sexualität enthoben, der nur im Tod wieder zur ›Frau‹ (und ›Erde‹) zurückfindet. In dieser Konfiguration ist das Begehren auf entferntere Ziele verwiesen. Es ist in ein »Jenseits« verlagert (vgl. Wenk 1986, 14) wie damit auch der mit dem Opfer verbundene Erlösungsgedanke. Dieses ›Nirgendwo‹ scheint aber nicht nur über den Tod des Männlichen ›erreichbar‹, sondern auch verbunden mit der Idealkonstruktion Frau-Mutter. Der appellatorische Fingerzeig des geopferten Sohnes kann auch als Mahnung und Warnung verstanden werden: Als Mahnung, das Erreichte zu bewahren, und als Warnung, da die mögliche Zerstörung der Erreichten immer virulent ist. Nicht umsonst vielleicht wendet der schöne tote Krieger den Kopf von seiner maskenhaft-erstarrten Mutter ab, weil sie noch zu ›natürlich‹ erscheinen könnte.

Ich komme zu den zusammenfassenden Schlußfolgerungen:

Erstens werden alle nationalen und internationalen »Opfer« des Spanischen Bürgerkrieges und des anschließend francistischen Regimes männlich und christlich motiviert symbolisiert, obwohl in der Realität auch Frauen aktiv in das Geschehen eingriffen. Zudem bleiben – laut Presseberichten – die nationalen und internationalen ›Opfer‹ während der Zeit von 1936–39 unerwähnt. Ebenso die Tatsache, daß sich die Aktionen des Widerstandes auch gegen die spanische katholische Kirche richteten, die die Falangisten aktiv unterstützte (vgl. Alino 1975, 60 und Real, in Buselmeier 1978, 86).

Zweitens werden die nationalen Opfernden des Spanischen Bürgerkrieges und der nachfolgenden Diktatur weiblich und christlich motiviert symbolisiert. Ihre symbolische Sinnstiftung erschöpft sich in schweigender Klage und nationalem Trost. Der Anklage dient sie nicht.[14]

Aus einer veränderten Perspektive dienen drittens die Geopferten der Frau-Freiheit Kataloniens und verweisen dadurch auf die

Möglichkeit von Erlösung und Unsterblichkeit, wodurch wiederum auf dem Umweg die Frau resakralisiert werden kann (vgl. dazu Hoffmann-Curtius 1987, 154 und 172, Anm. 28). Durch die regressive Rückkehr des Toten, der Rückkehr des Mannes zur idealen Frau, kommt dieser selbst so nur vermittelt Erlösung und Unsterblichkeit zu (vgl. Probst 1986, 30, 28), indem sie als Mutter (und Volk) Lebendes zum Getötetwerden garantiert.

4. Die Pietà als Allegorie

Weibliche Allegorien haben eine lange Tradition in der Denkmalskunst. Als Bilder für Nation, Staat, Vaterland, Sieg sind sie Bestandteil der politischen Herrschaftskunst (vgl. dazu Wenk 1986, 10ff; Lurz 1985, Bd. 4, 240).[15] In einer politischen Ordnung, die patriarchal bestimmt ist, repräsentieren ›weibliche Allegorien‹ – als Konstruktionen von ›Weiblichkeit‹ – letztlich »das Herrschende – soweit es selbst den ›großen Männern‹ mangelt und über sie hinausweist« (Wenk 1986, 11). Eine derartige ›Erhöhung‹ von ›Weiblichkeit‹ steht jedoch nicht im Widerspruch zur Unterdrückung der (lebenden) Frauen.

Wie verhält es sich nun mit der weiblichen Figur in der Pietà?

Befindet sie sich an ihrem christlichen »Ort« (vgl. Krüger 1986, 24f), so ist sie auch als ›Maria‹, ›Muttergottes‹, ›Schmerzensmutter‹ und ›Ansprechpartnerin für Fürbitten‹ identifizierbar. Wenn sich jedoch der Ort dieses christlichen Themas ändert, so verändert sich mit dem Kontext auch die Bedeutung. Dies kann eine Säkularisierung und Profanierung der Figur zur Folge haben. Das heißt für die Aufnahme der Pietà als Kriegerdenkmal, daß zwischen der Frauengestalt und ihrer identifizierbaren Rolle als ›Maria‹ einerseits und dem veränderten Ort andererseits eine Differenz auftritt, bei der der christologische Typ nur noch als Folie existiert, die jedoch benutzt wird, um mit einem neuen ›Auftrag‹ versehen zu werden. Die ›Maria‹ kann so zur ›Freiheit‹ oder ›Heimat‹ werden, bei der der christliche Bezug entfällt und sie so zum profanen Ort überwechselt.

Die Pietà in Barcelona ist noch ein besonderer Fall, denn sie befindet sich auf einem Friedhof. Dieser aber ist weder eindeutig staatlich noch kirchlich, wie das in Deutschland z. B. heutzutage üblich ist, sondern er ist eher kirchenstaatlich (oder staatskirchlich). In Spanien ist die endgültige Trennung der Kirche vom Staat verfassungsrechtlich erst während der sozialistischen Regierung unter Felipe Gonzales vollzogen worden (nach einem mißglückten Versuch während er gescheiterten 2. Republik 1931). Solche Loslösungen vollziehen sich aber nur allmählich im Bewußtsein des Volkes, wie Krüger am deutschen Beispiel von 1919 zu verdeutlichen sucht

(1986, 13f). Die Kirchen sind aber mit der Ablösung frei geworden, ein eigenes Kriegsgedächtnis zu entwickeln. Es wird deshalb an solchem Punkte wichtig, zwischen christlich inspirierten, aber meist von der Kommune bezahlten Kriegerdenkmälern, und eindeutig christlichen zu unterscheiden. Durch diesen veränderten Ort der katalanischen Pietà, der nicht ›Kirche‹ oder ›kirchlicher Friedhof‹, sondern ›Ehrenfriedhof‹ heißt, der jedoch im traditionsbewußten Spanien als öffentlicher Raum *auch* noch kirchlich-katholischen Einflüssen unterliegt, ist die Pietà nicht mehr nur Objekt von Fürbitten, Opfernde und Maria, sondern sie wird auch zur »Freiheit«, »Gerechtigkeit« und zur »Heimat Katalonien« (siehe 3.). Diese zwei verschiedenen Funktionen, die hier die Pietà zu übernehmen hat, manifestieren sich auch an der Art ihrer Finanzierung, die ja zu Teilen vom Parlament und Kloster Montserrat übernommen wurde. Der Bildhauer selbst blieb uneindeutig in zwei Interviews: »Todos los que han visto el grupo escultórico, la madre con el hijo en el halda, han dicho lo mismos: una ›Pietà‹. Y no es así.« (»Man sagt oft, wenn man die Skulpturengruppe, die Mutter mit ihrem Sohn im Schoße, erblickt: eine ›Pietà‹. Es ist nicht so.« – Die Verf.; zit. nach Bayo in »Ciero Universal Eventos v. 16. 7. 1982.) In »El Pais« v. 22. 1. 1983 hält er solche christologische Interpretation für möglich, und er, der gerne auf sein großes Vorbild Michelangelo verweist, sagt, daß das Bedürfnis, »originell zu sein« und immer etwas Neues schaffen zu müssen, eine Angelegenheit der »Mode« sei. In einem anderen Interview in »El Periódico de Catalunya«[16] spricht er von der symbolisierten weiblichen Gestalt der Mutter *oder* Schwester, die beide die »großen und unnützen Tragödien verkörpern, die sie im Bürgerkrieg erlebt« hätten. Barcon (»El Correo Catalán« v. 22. 10. 1984) interpretiert die Frauenfigur als »una mujer – la Patria – que tiene en suc brazos als hojo muerto« (»eine Frau – das Vaterland – die in ihren Armen den getöteten Sohn hält«, d. Verf.). Im »Miercoles« ist von einer »escultura allegórica« die Rede (10. 7. 1985).

Indem so die Pietà von Barcelona zum einen kirchliche, zum anderen staatliche Funktionen symbolisiert, fungiert sie als Allegorie eines Kirchenstaates. Es ist in diesem Zusammenhang zu sehen, daß sie sich nicht gegen ihre beiden Bürgen auflehnt, sondern sich stattdessen in katholischer Duldsamkeit und nationaler Demut übt.

Eine Alternative hieße für mich nicht, daß es anstatt ›kirchenstaatlicher‹ andere Allegorien geben müßte. Vielmehr suche ich Alternativen jenseits allegorischer Darstellungen. Es gibt Künstlerinnen, die in ihrem jeweiligen historischen Kontext versuchten, Frauengestalten solcher ›staatenloser‹ Gebilde zu kreieren; ich denke zum Beispiel an Käthe Kollwitz. Ihre individuierten Frauen waren statt apathisch eher aggressiv und pazifistisch zugleich, und sie standen keineswegs als isolierte Heldinnen, sondern bewegten sich mit dem

Mann und der ansonsten so (da weiblich konnotiert) verachteten Masse zusammen (vgl. Linse 1980; Schmidt-Linsenhoff 1986; Gärtner 1987). Solche Ideenkonzeption – wenn bei Kollwitz auch wieder harmonisierend im Bild des gemeinsamen Widerstandes – mag wahrscheinlich immer ›heimatlos‹ sein. Diese Randposition besitzt aber einen Vorteil, der nur den Allegorien zum Nachteil gereicht: Durch die Außenseiterinnenposition zum ›Ganzen‹ wird der Blick für die Konstruktion von Harmonie geschärft.

Anmerkungen

1 Probst weist darauf hin, daß Hoetgers »Pietà« für die Opfer der Novemberrevolution 1919/22 (früher Bremen) unter den harmonisierenden Pietà-Darstellungen eine Ausnahme darstellt (1986, 8f). – Die Verfasserin hat ähnliches an den (weiblich symbolisierten) Denkmälern für die Opfer von Grubenunglücken festgestellt (Struchtemeier 1988a).

2 Vgl. zur Friedhofsgeschichte auch Barcon in »El Correo Catalán« v. 22. 10. 1984; das Friedhofsareal war schon seit langer Zeit der letzte Ort von verstorbenen Armen, Gefangenen und Hingerichteten. Ich danke Frau Valentina Renart, Barcelona, für ihre Hilfe bei der Materialbeschaffung. Ich danke ebenso Lidia Santiso, Bochum, die mir bei der Übersetzung der Texte behilflich war.

3 Keinem der mir zugesandten Zeitungsausschnitte ist die Nennung der ausländischen Interbrigaden zu entnehmen. »El Correo Catalán« v. 22. 10. 1984 spricht von den »víctimas de juicios sumarísimos después de la guerra civil«... »desde al año 1940 hasta el 1952« (Opfern der Massenprozesse nach dem Bürgerkrieg... in der Zeit von 1940 bis 1952; die Verf.), »El Periódico« v. 17. 3. 1984 von den Hingerichteten aus der Zeit »entre 1939 y 1943« (zwischen 1939 und 1943; die Verf.). Es steht aber fest (vgl. Struchtemeier 1988b), daß sich in dem »Fossar« auch die Leergräber von InterbrigadistInnen befinden, so beispielsweise von Hans Beimler. Bei der Miteinbeziehung der InterbrigadistInnen unter die Opfer-Kategorie stütze ich mich ebenso auf einen Brief von Frau Mercè Doñate, Museu d'Art Modern, Ajuntament de Barcelona, v. 23. 2. 1989. Ich möchte ihr an dieser Stelle für ihre ausführlichen Informationen danken. Ich vermute, daß die Erwähnung der ausländischen Beteiligung wie ihrer ideologischen Ausrichtung aus Gründen der intendierten Versöhnungsgeste des Denkmals (vgl. dazu auch in »El Correo Catalán« v. 22. 10. 1984) vermieden wurde. Andere politische Parteien, die in der Zeitung namentlich nicht genannt sind, sprachen während der Konzeption des Denkmals ohnehin schon von einer »gesto provocativo« (provokanten Geste; die Verf.; vgl. »Ciero Universal Eventos« v. 16. 7. 1982). Ich werde so verfahren, nationale wie internationale VerteidigerInnen der Republik gleichsam zu nennen, von denen die größte Zahl dem sozialistisch-kommunistischen und z. T. anarchistischen Flügel angehörte oder nahestand.

4 »El Correo Catalán« v. 22. 10. 1984 nennt als letzten Getöteten Pere Adrover. Die Sandsteinsäulen verzeichnen nach Aussage des Berichterstatters Barcon (s. o.) nur die Hingerichteten in dem Zeitraum von 1940–1952.

5 Hier finden jetzt wiederkehrende Ehrungen für ihn und stellvertretend für die anderen während des und nach dem Spanischen Bürgerkrieges Umgekommenen statt (vgl. Espada in »Política« v. 28. 10. 1985; Tuñon de Lara 1987, 648). Companys wurde am 15. 10. 1940 in Barcelona erschossen (Bernecker 1980, 472; vgl. auch Souchy 1987, 55 und 193).

6 Die längere Haltbarkeit von Bronze nennen Bayo in »Ciero Universal Eventos« v. 16. 7. 1982 und ebenso »Avui« v. 3. 2. 1983. Angeführt wurden auch mögliche Attentatsversuche, so von Gómez in »Periódico« v. 17. 3. 1984 und ganz explizit von Josep Corredor Matheos, Enric Jardí und Daniel Giralt Miracle, den künstlerischen Sachverständigen und Beratern, die dem katalonischen Präsidenten Barrera in einem Schreiben vom 29. 7. 1982 von dem Präsidenten Xavier Navarro der ›Associació pro-memòria‹ zur Begutachtung der Werke Venturas anempfohlen wurden, in einer Expertise an Barrera vom 29. 7. 1982.

7 Ich stütze mich hier auf den schon erwähnten Brief von Mercè Doñate. Den Tageszeitungen entnehme ich folgende Modi der Finanzierung: »Avui« v. 3. 2. 1983 schreibt, daß jede Stadt des Landes Katalonien 2000 Ptas (ca. 32 DM) zur Verfügung stellt. In demselben Artikel behauptet der Künstler, daß er nicht mehr Lohn für seine Arbeit beziehen wolle, als wie durch die öffentliche Hand zusammenkäme. Eine weitere Liste (die leider undatiert ist) erbittet jedoch auch Spendeneinzahlungen an die »Banca Catalana«. In der Liste wurde die Anzahl der bis dato eingegangenen Spenden – von Städten wie Privatpersonen – veröffentlicht. Die Liste spricht auch von einer Unterstützung seitens der Abtei »Cassià Just«.

8 Das steinerne Original weist einen anderen Widmungstext auf, der den Modus der Finanzierung uneindeutig läßt. So lautete ein Vorschlag der »Associació«: »Donació de l'Associació Pro-Memòria als Immolats per la llibertat a Catalunya« (»Schenkung oder Stiftung der Gesellschaft für die Erinnerung der Geopferten für die Freiheit Kataloniens«, d. Verf.). Darüber sollte in größeren Lettern geschrieben werden:) »Original der Replik vom Fossar de la Pedrera auf dem Friedhof Motjuic in Barcelona, errichtet mit öffentlicher Unterstützung.« Die Vorschläge der Inschriften wurden in einem Schreiben des katalanischen Präsidenten an den Präsidenten der »Gesellschaft« v. 21. 7. 1983 bestätigt.

9 Die spanisch-anarchistische Frauengruppe »Mujeres Libres« unterstützte, obwohl waffenlos und in der traditionellen Helferinnenrolle, ebenso aktiv den Kampf, indem sie in der Nachhut und im sogenannten Hinterland operierte. Die Waffen wurden den weiblichen Milizen aber schon nach kaum dreimonatiger Führung entzogen, als die Umwandlung und damit Auflösung der sich anfangs spontan gebildeten Milizen begann und diese endgültig in das Militär, also in eine reguläre Armee eingegliedert wurden. Danach hielten sich nur noch wenige Frauenbataillone, und von denen zumeist nur die, deren Mitglieder der PCE angehörten. Die einzigen Aktivitäten des Frauenbataillons »Lina Odena« an der Front bestanden beispielsweise »in Wochenendbesuchen zur Hebung der Moral der Soldaten« (vgl. Geraldine M. Scanlon in Buselmeier 1978, 71). Auch andere, von Frauen initiierte Organisationen, unterstützen vom Ausland aus den Kampf der RepublikanerInnen (Willis 1984, 52f). Nicht aber nur die ›linken‹ Frauen waren militant, sondern auch

die ›rechten‹. Anfang der 30er Jahre erschoß Pilar Primo de Rivera, die Tochter des ehemaligen Diktators und Schwester des Falangistenführers, die junge Sozialistin Juanita Rico. Willis hält diesen »Zwischenfall« für beispielhaft für die zunehmende Politisierung der Frauen (1984, 103, Anm. 44). Später leitete Pilar Primo de Rivera einen Sozialhilfefond, der innerhalb des nationalistischen Lagers gegründet wurde. In dieser Fraktion stand sie in Opposition zu Franco (Willis 1984, 54). Auch Soledad Real erwähnt den Gebrauch der Waffe zwischen feindlichen Frauengruppen (in Buselmeier 1978, 90; vgl. des weiteren Ackelsberg 1986; Alino 1970; Behn/Mommertz 1987).

10 Mika Etchebéhère beschrieb in ihrem Buch »Mein Krieg in Spanien« zutreffend die ihr von den männlichen Milizionären angetragene Rolle als »weder Frau noch Mann« (in Buselmeier 1978, 82). Sie war Haupt›mann‹ einer Elite-Einheit der POUM (Partido Obrero de Unificación Marxista), in dem sie gleichzeitig die Rolle einer »Familienmutter« (83) zu übernehmen hatte. Die Kameraden sahen in ihr, die bis 1939 an der Front kämpfte, »eine Frau, anders als die andern« – eine Kategorie, damit die milicianos ihre Vorstellungen über ›die‹ Frau, die durcheinandergeraten waren, »nicht aufgeben müssen« (Etchebéhère nach Buselmeier 1978, 83). Zusätzlich sah sich die »capitaine-bonne femme« (ebd.) kollektiven Eifersüchteleien innerhalb des eigenen Bataillons ausgesetzt, wenn sie notwendige Kontakte zu anderen Einheiten aufnahm oder sich mit ausländischen Journalisten traf. Mika Etchebéhère erklärte ihrem Oberst diese Eifersucht folgendermaßen, und wegen ihrer prägnanten Beschreibung möchte ich diese Passage im Ganzen zitieren: »In erster Linie bin ich eine Mutter von allen, also haben sie einen Ausschließlichkeitsanspruch auf meine Liebe. Darüber hinaus, und das ist der subtilere Aspekt, bin ich eine Frau, die Frau von allen, unberührbar, hoch auf einem Sockel. Wenn ich aber aus diesem oder jenem Grund andere Männer besuche, dann verlasse ich diesen Sockel, dann steige ich auf den Boden herab, dann bin ich wie die anderen Frauen und könnte sündigen wie diese. In einem Wort: dann bin ich Gegenstand der gleichen schlechten Gedanken und Meinungen« (zit. nach Buselmeier 1978, 84). Als sie nach einer blutigen Schlächterei über den Verlust eines Kindes weint, sagt ein Anarchist zu ihr: »Tapfer wie du es bist, da weint man nicht! Aber du bist eben eine Frau, trotz allem.« Es gelingt ihr daraufhin noch treffend zu bemerken: »Ja, es ist wahr, eine Frau trotz allem. Und du mit deinem ganzen Anarchismus: ein Mann, trotz allem, stinkend von Vorurteilen, wie irgendein Mannsbild« (zit. nach Buselmeier 1978, 85).

11 Barcon erwähnt in der Tageszeitung »El Correo Catalán« v. 22. 10. 1984 Ausschnitte aus den offiziellen Festreden zur Einweihung der Pietà auf dem Montjuic, in denen verkündet wurde, daß zwischen Siegern und Besiegten kein Unterschied mehr gemacht werden solle. Hier werden zusätzlich die verschiedenen ideologischen Motive nivelliert wie noch postum die Mörder der RepublikanerInnen als ›Opfer‹ deklariert.

12 Eine revanchistische Note erhielten die Gesten, wenn mit ihr die Hoffnung auf eine nationale Wiedergeburt in Verbindung gebracht würde. Barcon berichtet in »El Correo Catalán« v. 22. 10. 1984 von nationalen Auferstehungsmotiven in den Gedenkreden aus Anlaß der Einweihung der Pietà auf dem Friedhof Sud-Oest. Einer der offiziellen Redner, die – das versteht sich

von selbst – ausnahmslos männlich waren, hob hervor, an Tacitus anknüpfend: »Sie starben für uns. Nun lassen wir sie öffentlich wieder leben (d. h. ›auferstehen‹: »revivir«; die Verf.) durch einen Akt der Gerechtigkeit und der Dankbarkeit der Katalanen.« Dazwischen aber dann gab es immer Rufe: »Lang lebe Katalonien!« oder: »Lebe, lebe und immer lebe Katalonien!«

13 Bei der Übersetzung der Inschrift war mir freundlicherweise Herr Dr. W. Stör vom Romanistischen Institut, Ruhr-Universität Bochum, behilflich. – Barcon moderiert in »El Correo Catalán« v. 22. 10. 1984 sämtliche Widmungstexte.

14 Anklagende Frauendarstellungen gibt es äußerst selten auf Denkmälern des politischen Totenkultes. Wenn sie, wie in wenigen Fällen, auftreten, dann zumeist nur in revanchistischer Umdeutung (vgl. dazu Lurz 1985, Bd. 4, 191; s. ebenso das von Koselleck veröffentlichte Photo des Gemeindedenkmals in Peronne/Frankreich für 1914/18, auf dem eine profanierte Variante der Muttergottes wütend ihre rechte Faust dem Betrachtenden entgegenstößt; 1979, Abb. 14).

15 In der politischen Karikatur oder Dichtkunst kann man Allegorien finden, mit denen quasi ›kritisch‹ umgegangen wurde. Bei genauerem Hinsehen zeigt sich jedoch, daß damit die dargestellte Funktion der Allegorie nicht in Frage gestellt wird. Vgl. dazu auch: »Die politische Lithographie im Kampf um die Pariser Kommune 1871« 1976; Pollig 1986; in der Dichtkunst z. B. Heine 1831/1968, 15; Brecht 1982, passim; Kundera 1977; ferner Siebe in diesem Band.

16 Leider undatiert, vermutlich 1984/85; Kopie bei Verf.

Abbildungsnachweis

Thea A. Struchtemeier

Salean A. Maiwald/Linda Scheckel

Entstarrung 1 bis 4 – eingefleischte Geschichte

Jeder geschichtlichen Epoche sind ihre eigenen Haltungen auf den Leib geschrieben und vice versa; Sitten, Bräuche, geschlechtsspezifische Rollenzuweisungen finden ihren Ausdruck auch in Körperhaltungen.

Erstarren und Entstarren werden als Konstanten aufgefaßt, die längs allgemeiner und individueller Geschichte Haltungen ergreifen: innovative Impulse einer neuen Kultur, erstarren häufig im Verlaufe der Zeit und provozieren zu entstarrenden Verhaltensweisen; zeitgleich erstarren in jedem Individuum aus unterschiedlichsten Gründen Ausdrucksweisen seines Persönlichkeitsspektrums, die nach Entstarrungsreaktionen verlangen.

In der Malaktion konkretisiert sich das zufällige Zusammentreffen von zwei Personen und die gegenseitige Erweiterung ihrer künstlerischen Arbeit: Arbeit mit dem historischen Zitat und unmittelbare Präsenz in einem Raumfragment. Assoziationen von »Dornröschen« (erweitert durch das Liedfragment »Sah' ein Knab ein Röslein

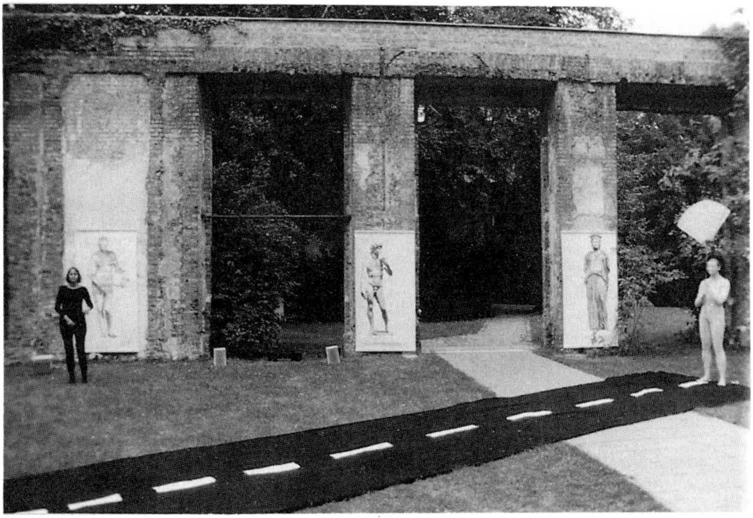

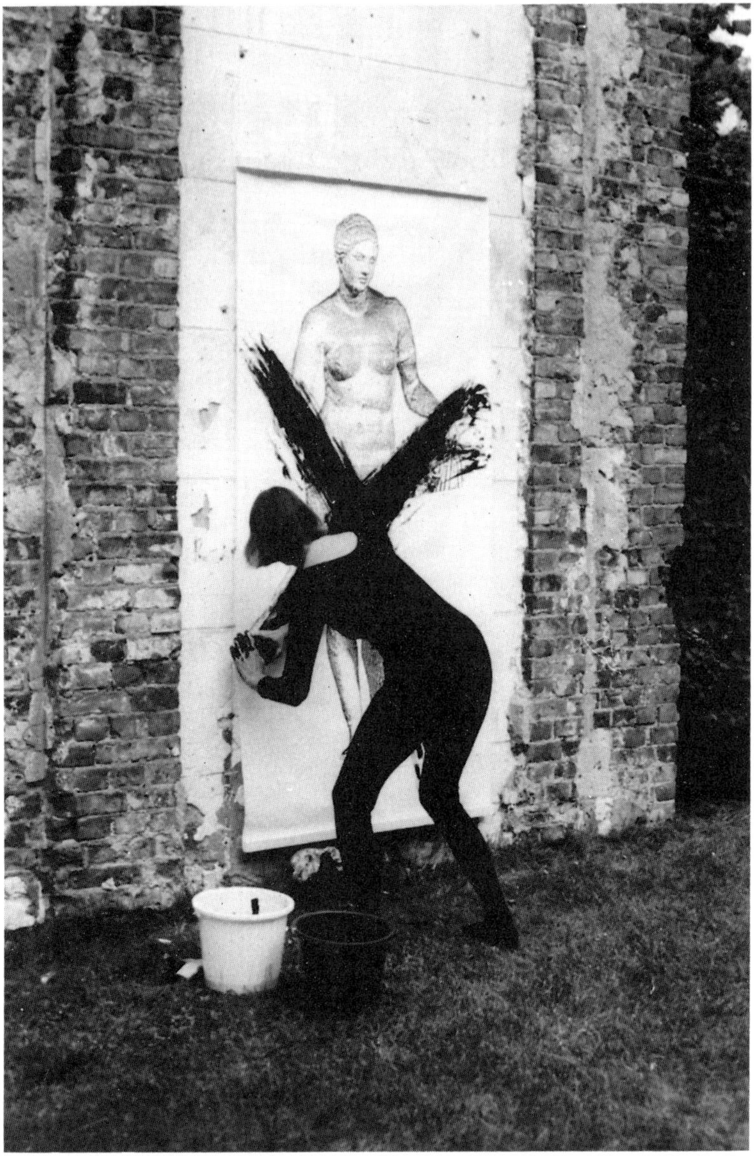

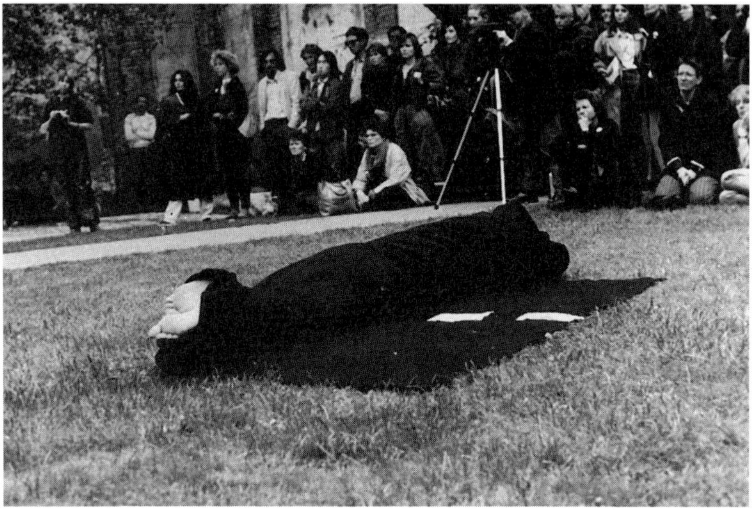

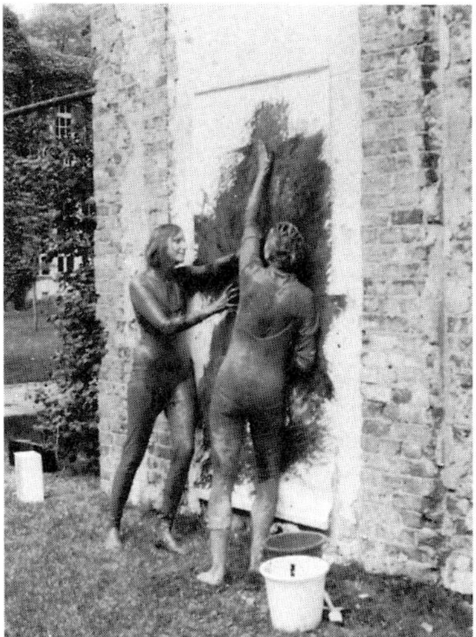

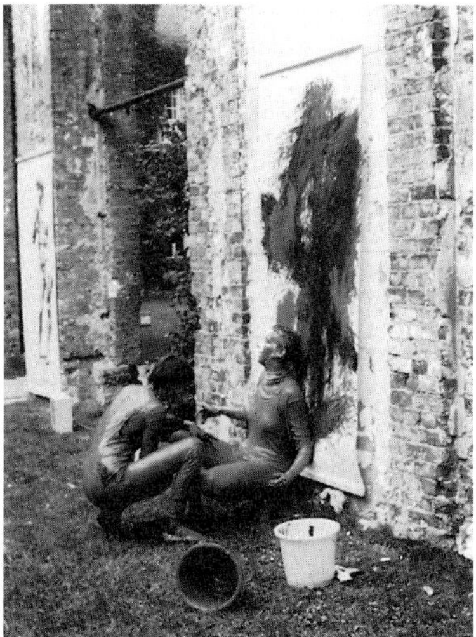

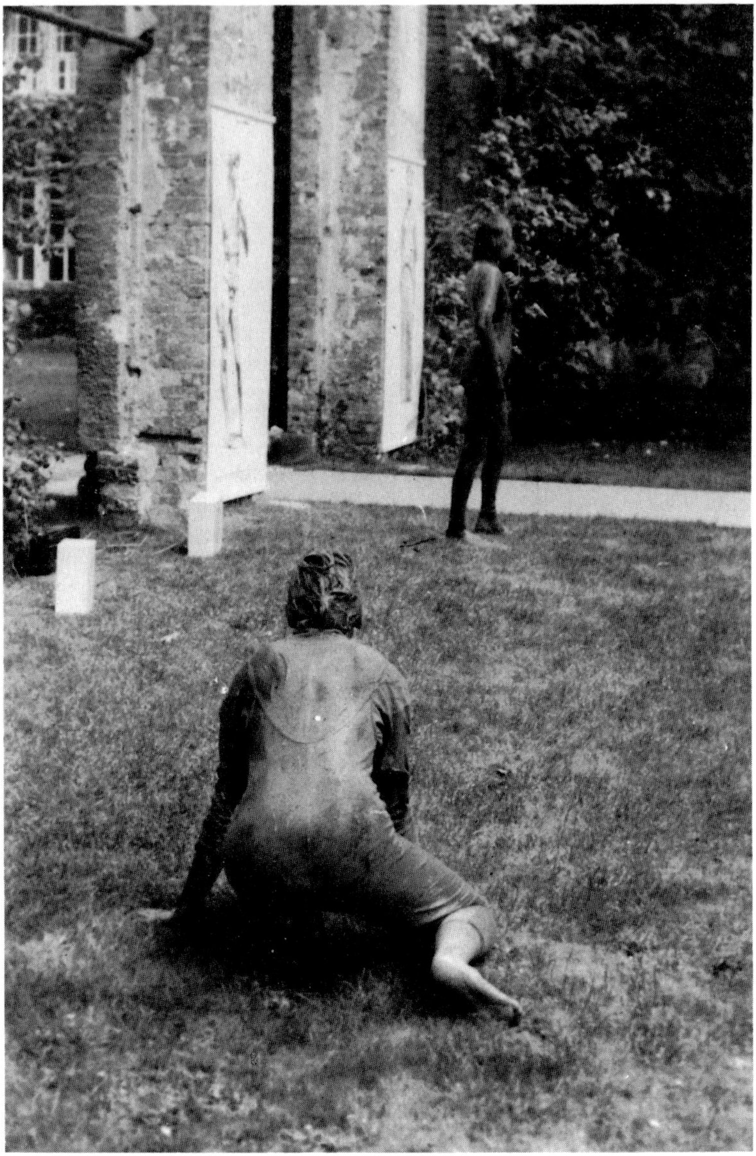

steh'n«) und »Dornröschenschlaf« als erstarrende Prozesse drängen sich auf: während das kunstgeschichtliche VorBild malerisch noch stärker erstarrt wird, zieht sich die graue Kunstfigur durch Einrollen in eine imaginäre historische Straße aus dem Verkehr zurück. Das »Entstarren« wird im »Wachküssen« an die Erinnerung geschichtlicher Zusammenhänge, im Bewußtwerden von VorBildern, durch Reaktivierung eigener Kräfte und Teilnahme am historischen Prozeß gesucht und drückt sich künstlerisch in der UmBildung, NeuBildung von Aktionsfeldern, sei es innerhalb von Tafelbildern und/oder Malaktion aus.

September 1988

Renate Flagmeier

Camille Claudel und Auguste Rodin: »Clotho« und »La vieille Heaulmière« im Vergleich

Mit dem Vergleich der Skulpturen »Clotho« von Camille Claudel und »La vieille Heaulmière« von Auguste Rodin möchte ich mich den Unterschieden im künstlerischen Selbstverständnis und der Kunstauffassung der beiden BildhauerInnen und ihrer geschlechtsspezifischen Rezeption nähern. Beide Arbeiten, noch in der Zeit der Zusammenarbeit des Künstlerpaares entstanden, bzw. begonnen, sind weitgehend naturalistische Aktdarstellungen alter Frauen. Im Unterschied zur sitzenden, in sich versunkenen Figur Rodins steht »Clotho« aufrecht, in Schrittstellung auf einem rauhen, felsartigen Sokkel.

Claudel hat die »Clotho« (Abb. 1) in ihrer jetzigen Form mit ihren bis auf den Boden reichenden Haaren erst 1892/93 ausgeführt (in Gips), also nachdem sie das Atelier Rodins endgültig verlassen hatte, um sich öffentlich als eigenständige Bildhauerin zu behaupten. Rodins Skulptur (Abb. 2) ist nicht genau zu datieren. Er hat sich ab Mitte der 80er Jahre im Kontext der »Porte de l'Enfer« mit dem Thema der Lebensalter beschäftigt. Seine auch »Vieille Femme« oder »Vieille Courtisane« genannte Skulptur war 1889 das erste Mal in Angers und 1890 im Salon der Sezession, der Société Nationale des Beaux Arts (S.N.B.A.), ausgestellt. Die Hinwendung zu dem als häßlich empfundenen Sujet wurde wie später bei Claudel als Provokation aufgefaßt. Gerade das Bild der jungen, schönen und von allen individuellen Merkmalen befreiten Frau diente der akademischen Kunst dazu, abstrakte Inhalte, menschliche Ideale und Gefühle in Allegorien zum Ausdruck zu bringen. Die Ablehnung individueller Formen und so auch »regelloser« und »häßlicher« Sujets wurde moralisch begründet. Wenn überhaupt war das Häßliche mit dem Bösen und dem Laster verbunden, so z. B. im Motiv der Hexe, der alten Kupplerin oder in der Allegorie des Geizes. Die zeitgenössischen Kritiker der »Vieille Heaulmière« suchten jedenfalls nach einer erzählenden moralisierenden Komponente, mancher fand sie durch den Kontext der Höllenpforte.[1] Der erst später benutzte Titel, eigentlich »Celle qui fut la belle Heaulmière«, der auf ein Gedicht des französischen Dichters Francois Villon verweist, erleichterte eine Rezeption in diesem konventionellen Sinn. In dem Gedicht, das Klagelied der

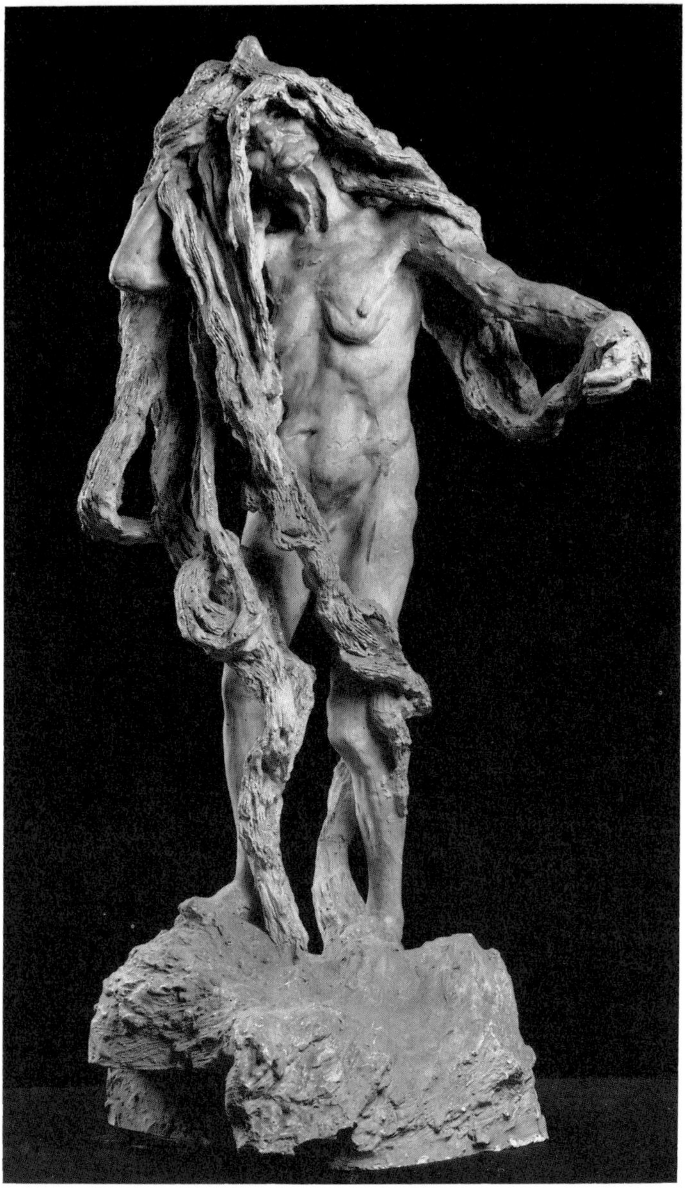

Abb. 1: Camille Claudel, Clotho (Gips), 1893. Paris, Musée Rodin.

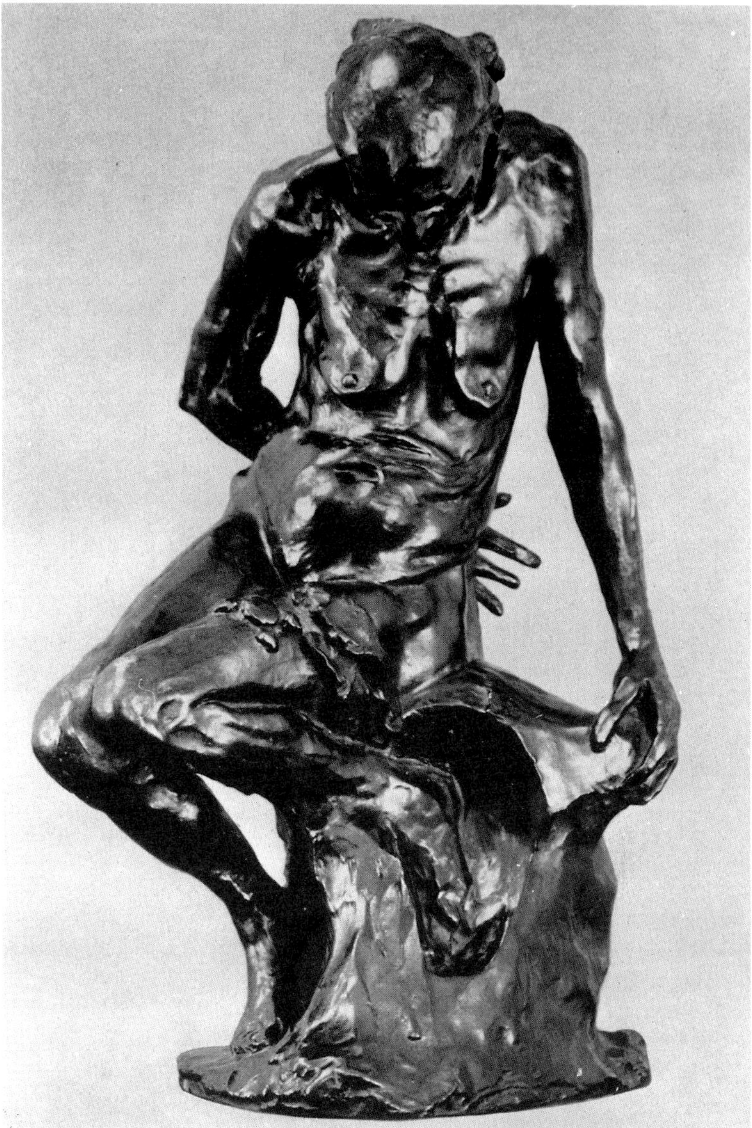

Abb. 2: Auguste Rodin, La vieille Heaulmière (Bronze), ca. 1885. Paris, Musée Rodin.

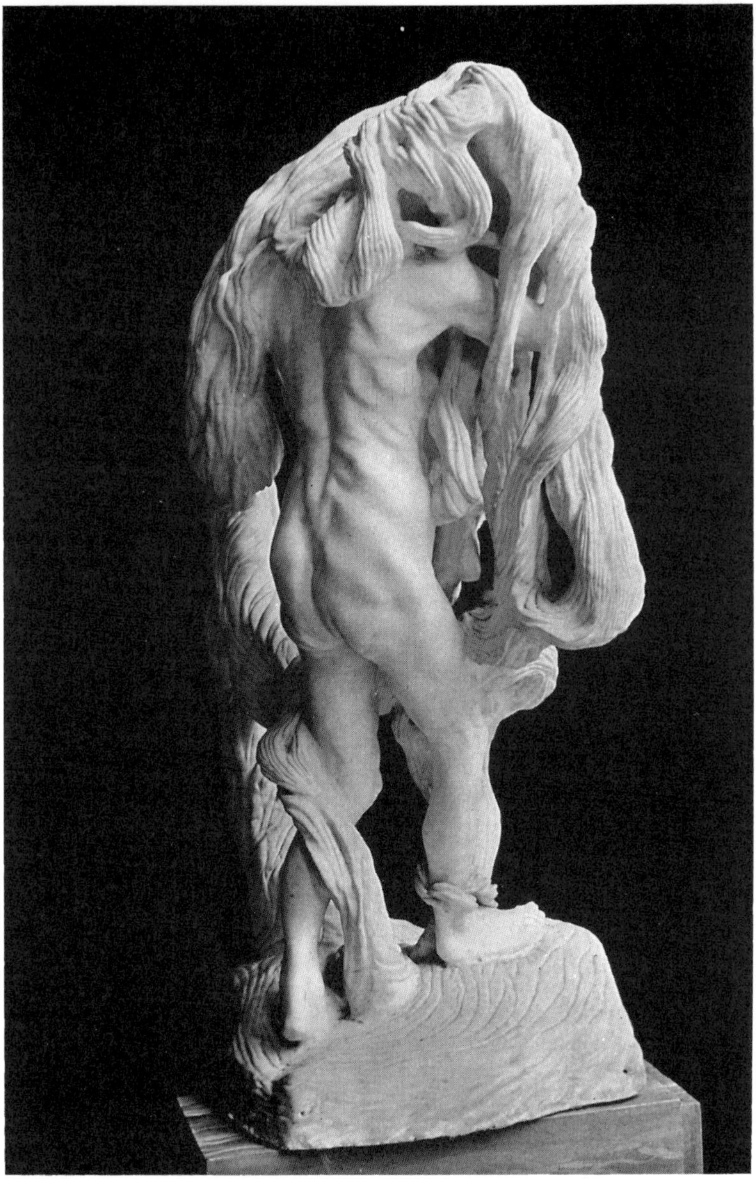

Abb. 3: Camille Claudel, Clotho (Marmor), 1895/97. Standort unbekannt (Abb. aus Claudel 1913).

ehemals schönen Helmschmiedin, beklagt eine gealterte Kurtisane den Verlust ihrer Jugend und Schönheit.

Claudel stellte ihre Skulptur im Salon der S.N.B.A. von 1893 aus, gleichzeitig mit »La Valse«, der Darstellung eines tanzenden Paares. In der Salonbesprechung für die Gazette des Beaux Arts wurden beide Skulpturen Claudels als »unbeschreibbare Fetzen« bezeichnet (Bouchot 1893). Die mythologische Thematik der »Clotho« wurde kaum zur Kenntnis genommen, bzw. wegen der eigenwilligen Interpretation des Mythos als zu intellektualistisch abgetan. Wesentlicher schien die kompromißlos harte Darstellung des Alters, der eine mitleiderregende Wirkung beigemessen (im Sinne eines sozialkritischen Realismus) oder die in Opposition zum Bild der Jugend in »La Valse« gesehen wurde. Auch in der Rezeption der 1899 ausgestellten Marmorfassung (Abb. 3) stand der Aspekt der Altersdarstellung im Vordergrund. Die beiden Fassungen unterscheiden sich vor allem durch die Gestaltung der Haare. Von einigen wohlwollenden Kritikern wurde bei der »Clotho« auf die Tradition der Vanitasdarstellung in Mittelalter und Renaissance verwiesen. Lobend hervorgehoben wurden vor allem die handwerklichen Qualitäten der Plastik (Steinbearbeitung). Anders als bei der Kritik des Gips wurde jetzt aber immer wieder der zum Teil auch negativ bewertete Einfluß Rodins auf die Künstlerin konstatiert.

Guillemot unterstellte Claudel direktes Plagiat, ein Vorwurf, den die Künstlerin 1899 in einem offenen Brief zurückwies (Guillemot 1899). 1898 hatte Claudel endgültig jeglichen Kontakt zu Rodin abgebrochen. So ist dieser Brief als ihr erster öffentlicher Angriff gegen ihn zu betrachten. Der Vorwurf des Plagiats wurde in der späteren Literatur zwar nie mehr so direkt erhoben, aber unterschwellig ist eine solche Bewertung stets präsent. Dies wird durch die Motivähnlichkeit der Skulpturen begünstigt, deren tatsächliche große Gestaltungsunterschiede vernachlässigt werden. Schließlich wird aus der Radikalität des Motivs und dem Bruch mit dem akademischen Schönheitsideal meist die kunsthistorische Bedeutung der Skulptur Rodins abgeleitet. Die Eigenständigkeit der »Clotho« wird dagegen vor allem darin gesehen, sie als biographische Illustration, als eine Verarbeitung der Ahnung zu deuten, die Claudel vom eigenen Schicksal gehabt hätte. Der spätere »Wahnsinn« der Künstlerin bzw. die Angst davor zeichne sich in der Gestaltung der Skulptur ab.[2] In einer solchen Interpretation zeigt sich zwar die noch heute befremdende und irritierende Wirkung der »Clotho«, aber diese unreflektierte biographische Sicht verstellt den Blick auf die eigentliche Bedeutung der Arbeit Claudels. Es nimmt der »Clotho« die Position, die ihr innerhalb einer ästhetischen Auseinandersetzung zusteht.[3]

Claudel steht als Schülerin Rodins in der gleichen Tradition wie er und hat zumindest bis Ende der 1890er Jahre ähnliche künstlerische Ziele verfolgt. Rodin sah sich selbst als Nachfolger der antiklassizistischen Bildhauer des 19. Jh. wie Rude, Carpeaux oder Barye, seine Haupt-»Gegner« waren die Akademie und ihre Vertreter. Claudel und Rodin suchten nach einem unidealisierten Bild des Menschen in der Aktdarstellung und einer offenen, unmittelbaren Auseinandersetzung mit Themen wie Sexualität, Vergänglichkeit. Sie arbeiteten gegen eine formelhaft gewordene Darstellungsweise allegorischer oder mythologischer Themen, deren inhaltliche Unterschiede nur noch durch verschiedene, den Figuren hinzugefügte Attribute ausgedrückt wurden.

In der »Vieille Heaulmière« ist das Thema des physischen Verfalls verkörpert und nicht illustriert. Rodin wandte sich dieser existentiellen Erfahrung ohne Ablehnung zu; nichts verdeckt den Körper als Ursache und Gegenstand des Alterns. Das Alter ist nicht als Zustand dargestellt, sondern die Prozeßhaftigkeit des Lebens wird in den inneren Bewegungsgesetzen der Komposition deutlich. Die Figur hat eine gewisse Ausgeglichenheit und Stabilität durch die vom Kopf und der linken Gesäßhälfte gebildete Mittelachse und den noch zusätzlich die Sitzhaltung abstützenden linken Arm. Gleichzeitig betonen aber eine leichte Drehung um die eigene Achse, die Beugung nach vorne und die am stärksten vom Körper wegziehende Haltung der Beine eine Instabilität der Gesamtposition. Angedeutet ist ein Abgleiten des Körpers vom Sockel, das von den nach hinten gezogenen Füßen nicht aufgehalten wird. In der Gleichzeitigkeit von Stabilität und Bewegung liegt das transitorische Moment der Plastik, die sich in einer Position befindet und die folgende schon in sich trägt.

Eine wesentliche Bedeutungsebene der »Vieille Heaulmiere« liegt darin, daß Rodin darin die konventionelle Form der Lebensalterdarstellung mit den drei Stufen von Jugend, Reife und Alter überwunden hat und den Prozeß von Werden und Vergehen in der Gestaltung einer individuellen partikularen Naturform deutlich machte. Rodin gelang es, das Neue seiner Arbeit durch den Bezug zu Villon zu legitimieren. Die »Vieille Heaulmière« wurde trotz aller Kritik 1891 vom Staat erworben und im Musée du Luxembourg aufgestellt.

Die »Clotho« fand hingegen weniger Verständnis und wurde nicht öffentlich angekauft; der Marmor ging verloren, trotz (oder wegen) einer privaten Initiative (u. a. von Rodin, Morhardt) zu seiner Aufnahme ins Musée du Luxembourg. Claudel hat mit dem Titel die Wahrnehmung ihrer Skulptur nicht erleichtert.

Der auffallendste Unterschied zur »Vieille Heaulmière« ist das über eine naturalistische Darstellung hinausgehende Element der Haare bei der »Clotho«. Sie wird von ihrem gewaltigen Haarschopf geradezu dominiert, unter dessen Last sich der Kopf der Figur nach rechts neigt. Die Haare fallen in dicken Strähnen am Körper hinab, verhüllen ihn zum Teil und gehen in den Sockel über (vor allem beim Marmor).

Clotho ist die erste der drei Parzen oder Moiren, Schicksalsgöttinnen der römischen bzw. griechischen Mythologie, die das Leben des Menschen sinnbildlich durch das Spinnen und Bemessen eines Fadens bestimmten. Im Motiv der drei Parzen besteht eine große Nähe zur Lebensalterallegorie, da diese häufig ebenfalls als junge, reife und alte Frauen gezeigt wurden. Bei der Darstellung der Schicksalsgöttinnen kommen allerdings die klassischen Attribute hinzu, d. h. der Spinnrocken der Clotho, die Spindel der Lachesis und die Schere der Atropos. Im 19. Jh. wurden die Parzen vorwiegend als Allegorie der Vergänglichkeit oder des Todes verstanden. In der französischen Skulptur des 19. Jh. gibt es zwar einige wenige Parzendarstellungen, aber keine weitere Skulptur mit der Bezeichnung Clotho (Janson 1983, 166). Daher ist vielleicht zu erklären, daß Claudel die Marmorfassung bei ihrer Ausstellung im Salon mit dem Zusatz erläuterte: »Clotho, die Parze, die den Lebensfaden ausbreitet.« (Katalog S.N.B.A., 1899, 269, Nr. 27) Die Darstellung einer alten Frau als Parze blieb noch im verständlichen Rahmen, aber die »Clotho« ohne erkennbares Attribut – dem Spinnrocken –mit dem befremdenden Haarschopf ließ sich kaum deuten.

Claudel gelang es mit dieser Skulptur, ein im Sinne der antiklassizistischen Ästhetik neues Bild für Leben zu finden. In der »Clotho« sind Lebensbeginn, Reife und Alter im Titel, in der Haarfülle und in dem alten Körper der Figur miteinander verbunden. Die fließend fallenden Haare als Teil des Körpers verdeutlichen Wachstum und Entwicklung; die Schrittstellung der Figur deutet Fortbewegung an. Die Haare schlingen sich um die Füße der Figur und sind in ihrer Schwere eine Last, die ein weiteres Voranschreiten erschwert und schließlich verhindert. Das Wachsen verursacht das Ende der Bewegung, der Lebensbewegung und damit sinnbildlich den Tod.

Auf dieser Bedeutungsebene ist die »Clotho« noch mit der »Vieille Heaulmière« von Rodin vergleichbar. Weitergehend ging es Claudel mit ihrer Skulptur um eine neue Interpretation einer ursprünglich mächtigen, weiblichen mythologischen Figur. Sie zeigt die Parze der Geburt als eine Figur, die den Lebensfaden in Form ihrer eigenen Haare ausbreitet und damit das Leben aus sich selbst hervorbringt. Das Gebären wird direkt bildlich angesprochen. Allerdings nicht im Sinne einer positiven Macht oder Fähigkeit, da sich das vegetabil wirkende Haar der Figur in ein Element der Verstrickung verwandelt.

Mit dem Attribut des Spinnrockens fehlt der Parze nicht nur ein Erkennungszeichen, sondern auch das Zeichen von Herrschaft, bzw. Beherrschung des Lebensfadens. Sie wird von ihm – ihren Haaren –

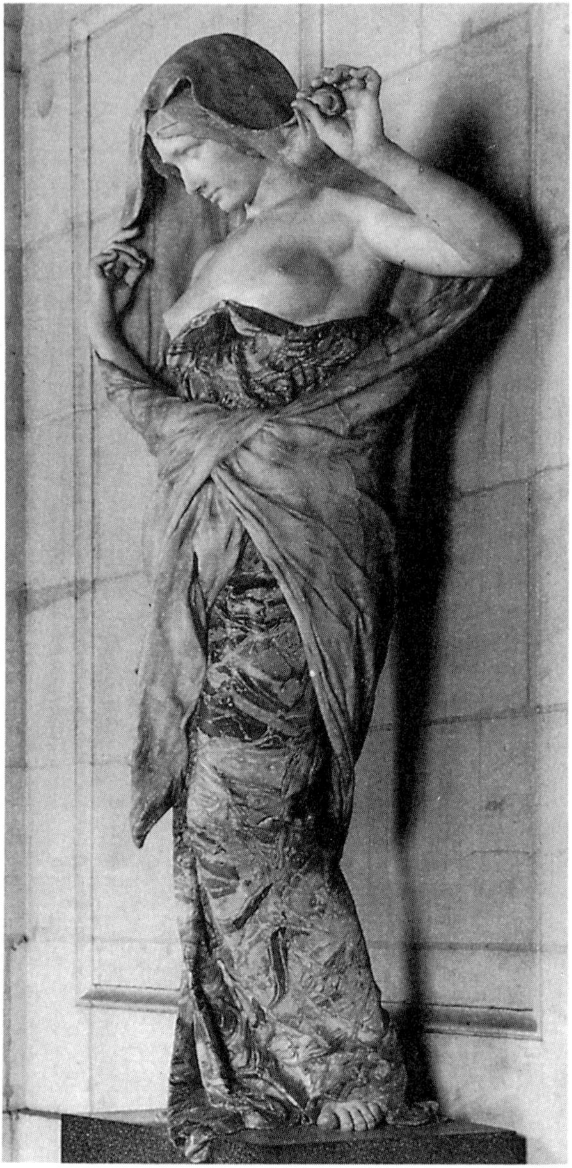

Abb. 4: Ernest Barrias, La Nature se dévoilant à la Science (Marmor), 1899. Paris, Musée d'Orsay.

beherrscht und hat kein Werkzeug, den Lebensfaden zu spinnen und sinnbildlich das Leben zu gestalten. Paul Claudel, der Bruder der Künstlerin, hat in einer bildhaften Beschreibung der »Clotho« einen wichtigen Schlüssel zu ihrem Verständnis gegeben: »... la Clotho comme une horrible quenouille, (...) cachée dans la laine de ses cheveux fatidiques.« (Claudel 1913, 35) Die Form der Skulptur läßt sich als die eines Spinnrockens sehen, wobei der Körper den Holzkern und die Haare die ungesponnene Wolle bilden. Die Figur der Parze würde so verstanden ihr eigenes Attribut verkörpern, d. h. das Objekt-sein reflektieren.

Claudel zeigt eine weibliche Figur als ein beherrschtes Ding, ihr Objekt-sein als eine einengende, erstickende Qual. Die Bildhauerin konnte und/oder wollte nicht davon abstrahieren, daß es sich bei ihrem allegorischen Gegenstand um eine weibliche Figur handelt. Insofern floß ihr eigenes Empfinden und die eigene Erfahrung dessen, was Weiblichkeit zu ihrer Zeit bedeutet hat mit in die Darstellung ein. Die Reduzierung der Frau auf den Objektstatus steht in engem Zusammenhang mit ihrer Reduzierung auf die biologische Fähigkeit zu gebären. Davon wird die Vorstellung abgeleitet, daß sie der Natur stärker verhaftet sei, Teil der Natur bleibe, während das männliche Subjekt der Natur als Beherrscher gegenüber stehe. In der »Clotho« wird die weibliche Figur eingebunden in einen »natürlichen« Wachstumsprozeß gezeigt und wird selbst zu Natur. Das zeigt sich besonders deutlich in der Marmorfassung, wo sich eine der herabfallenden Haarsträhnen in eine Blattranke verwandelt, die sich wie eine Fessel um den Fuß der Figur legt.[4]

In »Clotho« wird erkennbar, daß die in der künstlerischen Arbeit immer präsente Trennung von (Künstler-)Subjekt und (Darstellungs-) Objekt für Claudel eine zentrale Frage war. Besonders deutlich wird diese Trennung in einer typischen Darstellung des akademischen Naturalismus wie die Skulptur von Ernest Barrias »La Nature se dévoilant à la Science« (von 1899): eine weibliche Figur als Allegorie der Natur, die ihren jungen Körper vor der Wissenschaft (Titel), dem Betrachter, dem Künstler enthüllt. (Abb. 4) Auch Rodin gibt die Haltung des Gegenübers nicht auf, des Flaneurs, des kontemplativen bzw. voyeuristischen Betrachters und Gestalters der Natur, hier der Frau. Trotz seiner Suche nach größtmöglicher Annäherung an seinen Gegenstand, bleibt auch Rodins »Vieille Heaulmière« eine weibliche Personifikation des Lebens.

Claudel war als Künstler*in* ständig mit dem Widerspruch konfrontiert, gleichzeitig kunstproduzierendes Subjekt zu sein wie auch als Darstellungsobjekt zu dienen (konkret für Rodin aber auch durch die Funktion des weiblichen Körpers in der Kunst überhaupt). Die Künstlerin hat gegen dieses Zerrissenwerden gearbeitet, hat in der »Clotho« den Widerspruch von Subjekt- und Objekt-sein gestaltet.[5]

Deshalb ist das ursprünglich provozierende des Motivs dort auch spürbarer geblieben.

Anmerkungen

1 Zur zeitgenössischen Kritik der »Vieille Heaulmière« vgl. Presseausschnitte im Archiv des Musée Rodin Paris, Werkdossier; größtenteils zitiert in: Flagmeier 1984, 56ff; z. T. veröffentlicht in: Tancock 1976, 144. Zur zeitgenössischen Kritik der »Clotho« vgl. Katalog Claudel, 1984, S. 52ff und Flagmeier, 1984, S. 79ff.

2 Diese Interpretation der »Clotho« ist durchgängig in der neueren Literatur zu finden, vgl. u. a. Katalog Claudel 1984, 53. In der Diskussion tauchte hier die Frage auf, ob der traditionelle Topos des Zusammenhangs von Genie und Wahnsinn auch auf Claudel bezogen wird. Meines Erachtens wird die psychische Erkrankung Claudels nicht im Sinne dieses traditionellen Künstlerbildes gewertet, sondern als rein biographische, individuelle Problematik.

3 Zur dominanten und problematischen Rolle der Biographie in der Literatur zu Claudel vgl. Flagmeier 1988.

4 Auch die weibliche Figur ihrer Skulptur »La Valse« wird in ihrer Gebundenheit an die Materie gezeigt. Die nur den Körper der Frau umhüllende Draperie wird zu einem Teil dieses Körpers, wirkt z. T. wurzelartig und geht ebenfalls in den Sockel über, wodurch die (Tanz)bewegung der Frau behindert wird. Bei der »Clotho« erfolgt die Einengung noch expliziter aus der eigenen Körperlichkeit. »Auf das für Claudel zentrale Thema der Metamorphose kann in diesem Zusammenhang nicht eingegangen werden, bei der »Clotho« wird u. a. auf die Figur der Daphne, der Medusa, der Arachne angespielt. Im Bezug auf das Motiv der Verwandlung von weiblichem Haar zeigen sich Berührungspunkte zu anderen Frauendarstellungen des 19. Jh., z. B. der Präraffaeliten und Symbolisten, wo »das aufgelöste Haar das Symbol der in den Naturzustand zurückgekehrten Frau« war (Julian 1971, 113). In den Darstellungen eines Toorop, Minne oder anderen symbolistischen Künstlers geht das Haar der weiblichen Figuren häufig in pflanzliche Formen über, bzw. werden weibliche Figuren verstrickt in einen Naturzusammenhang gezeigt (Ophelia-Motiv).

5 Diese für Claudel zentrale Frage kann hier nur angerissen werden; andere Interpretationswege und Bedeutungsebenen der »Clotho« müssen hier ebenfalls ausgespart bleiben, die die Frage der Reflektion des Verhältnisses von Kunst und Leben/Natur weitergehend erkennbar machen. (vgl. dazu Flagmeier/1988). Meines Erachtens hat Claudel in dieser Auseinandersetzung für Rodin und seine Kunst eine wichtige Rolle gespielt und auch avantgardistischere Positionen eingenommen als er.

Griselda Pollock

Die Räume der Weiblichkeit in der Moderne*

Beginnen möchte ich mit dem Blick auf einige Gemälde von Malerinnen aus der Zeit, in der sich die europäische Moderne herausbildete. Seit langem suche ich einen Weg, die Unterschiede, die ich in ihren Arbeiten im Vergleich zu denen ihrer männlichen Kollegen finde, zu verstehen und zu beschreiben. Man kann den Raum benutzen, um die Gemälde dieser Frauen in drei Dimensionen zu befragen. Zum ersten zeigt ein Überblick, daß die Gemälde eine Auswahl sozialer Räume präsentieren: Speiseräume, Salons, Schlafzimmer, Veranden,

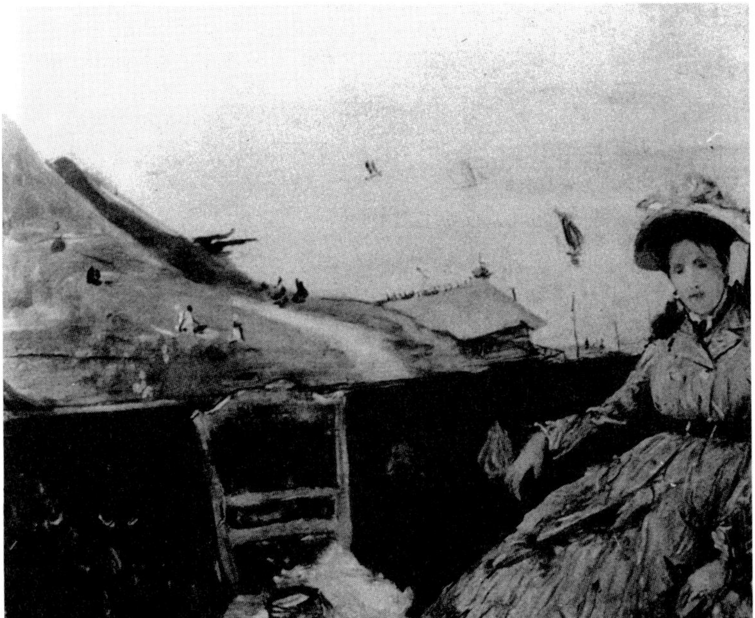

Abb. 1: Berthe Morisot, Auf der Terrasse, 1874. Öl auf Leinwand 48 x 54 cm, Paris, Privatbesitz.

Terrassen, Gärten, Balkons. Meistens handelt es sich um die häusliche oder private Sphäre. Seltener werden Frauen in der Öffentlichkeit abgebildet und wenn, dann in einer beschränkten Weise. Frauen gingen im Park spazieren, fuhren aus und besuchten Orte respektierlicher Unterhaltung wie das Theater oder die Oper, Räume bürgerlicher Muße und des rituellen sich Zeigens. Auf einigen Bildern wird in ganz bestimmter Weise auch Arbeit gezeigt, nämlich Hausarbeit, die Frauen der Arbeiterklasse als Kindermädchen, Amme oder Hausmädchen in bürgerlichen Haushalten verrichten.

Zweitens können wir den Bildraum der Gemälde betrachten. Das Spiel mit Raumstrukturen war selbstverständlich ein wichtiges Element in der Kunst der frühen Moderne wie etwa bei Manet und Degas. Ohne Zweifel hatte man das Gefühl, daß dieses Spiel mit räumlicher Uneindeutigkeit etwas Wichtiges in der Erfahrung der Moderne reflektierte. Doch die Abweichungen in der Raumstruktur, die typisch sind für die Gemälde von Frauen, haben ihren eigenen, besonderen Charakter und Sinn.

In den Arbeiten von Berthe Morisot begegnen wir häufig der Überlagerung zweier räumlicher Systeme auf einer Leinwand. In »Ein Kai bei Lorient« (1869) füllt eine Landschaft in traditioneller Perspektive mit dem Blick über die weite Flußmündung die linke Seite der Leinwand. Auf der Rechten aber, fast aus der Fläche heraus

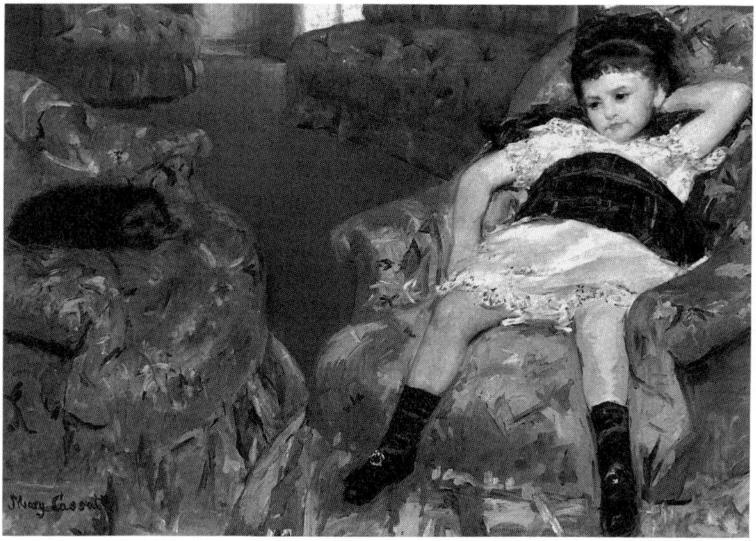

Abb. 2: Mary Cassatt, Kleines Mädchen im blauen Sessel, 1878. Öl auf Leinwand, 89 x 130 cm, Washington, National Gallery of Art.

in die Ecke gepreßt, und vom Fluß durch eine Kaimauer getrennt, sitzt die Frau, im schiefen Winkel zum Anblick und zum Betrachter. Die Figur im Vordergrund von »Auf der Terrasse« (1874; Abb. 1) ist aus dem Zentrum gedrängt und eingeschlossen in ein eigenes Raumabteil, das nachdrücklich durch die dunkle Fläche der Balkonwand markiert ist. In »Frau und Kind auf einem Balkon« (1872) wird die Sicht des Betrachters auf Paris durch die Figuren behindert, die von der Stadt abgesetzt einen fernen Blick auf sie haben. Man halte Monets »Garten der Prinzessin« (1867) dagegen, das dem Betrachter eine weitgreifende Aussicht bietet, eine Phantasie, die im Raum schwimmt wie ein vom Körper gelöstes Auge. Morisots Gemälde weisen sowohl auf die Begrenzungen des Raumes, die Leben und soziale Stellung der Frauen bestimmen, als auch auf einen Raum, aus dem heraus die Ansicht gesehen wird, nicht abgelöst von einem Körper, einer Person, einem Subjekt.

Der Ort, an dem die Malerin arbeitete, wird zum Teil der Szene gemacht. Im Gegensatz zum Ausdruck der Distanz, wie sie für den Flaneur/Voyeur typisch ist, bestimmen sich die Gemälde von Frauen durch Nähe. Nähe und die Zusammendrängung des Raums kehren in den Gemälden von Mary Cassatt regelmäßig wieder. Ihre Figuren stehen häufig in einem sehr flachen Bildraum, so daß sie ein wenig

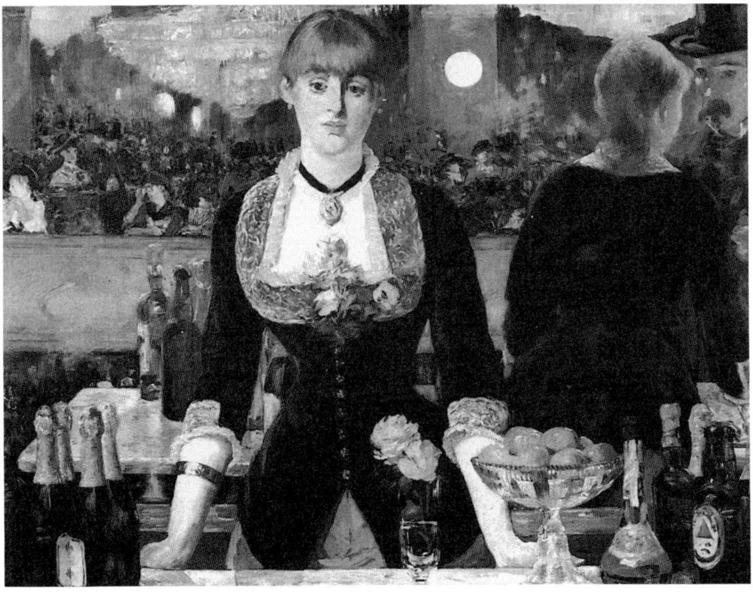

Abb. 3: Edouard Manet, Bar in den Folies-Bergère, 1881-2. Öl auf Leinwand, 595 x 127,5 cm, London, Courtauld Institute Galleries.

monumental wirken, z. B. in »Portrait der Mrs. Gardner Cassatt« (1883) oder »Dame am Teetisch« (1884). Obgleich in ihre Nähe gerückt, kann der Betrachter die Figuren nicht meistern oder sich ihnen vertraut fühlen.

Aus Gründen der Schicklichkeit, aber auch in entschiedener Wahl malten Frauen ihre Vertrauten – Mutter, Schwester, Kinder, Dienstmädchen, Amme, seltener auch männliche Familienangehörigen. Sie wählten mithin Personen der eigenen sozialen Klasse, oder, im Falle der Hausangestellten, solche einer anderen Klasse, zu denen sie eine familiäre, häusliche Beziehungen hatten. Interessanterweise haben feministische Arbeiten zur psychoanalytischen Theorie ebenfalls Nähe und Weiblichkeit miteinander verknüpft. Ich will auf diese Theorie hier nicht weiter eingehen; es geht mir nur um den Hinweis, daß wir dieses Element in den Werken der Frauen sowohl auf der Ebene des Sozialen wie auf der des Psychischen behandeln können. Ich möchte die Weisen erkunden, in der beide Bereiche den Gemälden eingeschrieben sind, um im Resultat eine radikal andere Art der Modernität zu definieren.

Statt die Werke nur als Reflex der sozialen Stellung von Frauen zu lesen, will ich auf andere Folgerungen aus diesem konsistenten Nichtentsprechen der Konventionen geometrischer Perspektive hinaus. Die geometrische Perspektive organisiert die dreidimensionale Welt so, daß sie sich auf einer zweidimensionalen Fläche darstellen läßt. Ein einziger Blickpunkt wird hergestellt, von dem aus die Objekte im Raum sich verständlich erfaßbar ordnen in eine Ansicht – ›veduta‹ im Italienischen. Der Betrachter wird so als von der Szene unabhängig und abwesend etabliert, als das Auge, das sie beherrscht.

Der Raum kann auch unter anderen Konventionen repräsentiert werden. Die phänomenologische Analyse etwa legt eine Darstellung nahe, nach der Art wie der Raum erfahren wird. Die Erfahrung setzt sich, entgegen der ausschließlichen Dominanz des körperlosen Auges, aus Gesehenem und Getastetem zusammen. Gegenstände und Personen im Raum werden nach Mustern geordnet, die von ihrem Wert für den Betrachter bestimmt sind. Der phänomenologische Raum lebt nicht vom Auge allein, sondern verweist über visuelle Indikatoren auf andere Sinneswahrnehmungen und Beziehungen in der erlebten Welt der Gegenstände und Körper. In Mary Cassatts »Kleines Mädchen im blauen Sessel« (1878, Abb. 2), dem Bild eines Kindes, das sich in einem Sessel räkelt, werden zum Beispiel Blickpunkt und Raum genutzt, um die niedrige Perspektive des Blicks eines Kindes in der erwachsenen Umwelt anzudeuten. Gepolsterte Hindernisse sind in einem Raum verstreut, der zu einer entfernten Wand hochkippt. Statt mit dem erwachsenen Blick, der den Raum meistert, rekonstruiert das Gemälde diesen Raum aus dem Blickwinkel des Kindes und seiner Erfahrung.

Wir könnten also in den Gemälden von Frauen die Einschreibung eines gelebten Ortes sehen, die lebendige Erfahrung sozialer und psychischer Welt. Die Räumlichkeit in Cassatts Arbeiten ist in drei Dimensionen strukturiert: durch die dargestellten Räume und das, was sie ihr als bürgerlicher Frau bedeuteten bzw. wie sie ihre Welt definierten, durch die Art, wie diese Räume durch die Organisation des Bildraumes repräsentiert werden, und drittens durch den Raum, aus dem heraus die Repräsentation erarbeitet wurde. Die Produzentin selbst ist durch eine räumlich organisierte soziale Wirklichkeit geformt, die sozial und psychisch gelebt wird. Weiblichkeit ist ein soziales Konstrukt, ideologisch in die einzelnen Frauen als ihre Identität eingeschrieben, als Seinsweise, Subjektivität. Ich meine, der soziale Ort von Weiblichkeit – konstruiert durch die Beschränkungen ihres Raumes – ist uns als Position eines Subjektes zugänglich in den Bildern bestimmter sozialer Räume, der Erfahrung dieser Räume, gemalt aber auch vom subjektiven Ort der Weiblichkeit. Der Betrachter wird diesen Bildern gegenüber in eine weibliche Position gestellt. Wer diese Position nicht einnehmen kann, findet die Bilder unverständlich oder langweilig. Oder die Bilder werden, wie es für die traditionelle Kunstgeschichte üblich ist, einem weiblichen Stereotyp zugeordnet, jener Kategorie der Kritik, mit der der Unterschied der Arbeit von Frauen anerkannt, ihre Eigenart aber nicht gewürdigt werden kann. Mithin begegnen wir hier der Produktion eines herrschenden Systems sexueller Differenz ebenso wie den Produktionen innerhalb dieses Systems.

Der Terminus ›sexuelle Differenz‹ signalisiert meinen Bezug auf französische Theorien der Psychoanalyse. Sexualität und Subjektivität werden als elaborierte Konstruktionen angesehen und keineswegs als angeborene oder gegebene Identitäten. Sie werden als Positionierungen in symbolischen, kulturellen Systemen, insbesondere der Sprache betrachtet. Von Freud bis Lacan haben männliche Autoren in dieser Tradition die Produktion menschlicher, geschlechtlicher, sprechender Subjekte als erklärungsbedürftig behandelt – aber außerhalb der phallozentrischen Logik konnten sie nicht denken. So wurde Sexualität ein Produkt der Differenz, einer Differenz, die sie zu der zwischen Mann und Nicht-Mann konkretisierten. Die Frau war Differenz, Mangel, Negation. Feministische Theorien, außerdem noch an poststrukturalistischem Denken anknüpfend, haben sich ausführlich mit der Konstruiertheit von Geschlecht und Subjektivität auseinandergesetzt und betont, wie unsicher, unvollständig und veränderlich die Konstruktionsprozesse sind. Auf diesem Hintergrund können wir uns ein Bild davon machen, wie Frauen in einem symbolischen oder kulturellen System agieren, das das Männliche privilegiert – daher die sozial erzwungene Beschränkung von Weiblichkeit als sozialer Paxis. Aber zugleich gibt das System einigen Spielraum. Lesen wir Arbeiten von Frauen gegen den patriarchalen Strich, so können wir die Differenz als Eigenart wahrnehmen.

Das folgende Zitat von Luce Irigaray finde ich besonders aufschlußreich:

> »Die Investition in den Blick ist bei Frauen nicht so privilegiert wie bei Männern. Mehr als jeder andere Sinn objektiviert und meistert der Blick. Er setzt Distanz und hält Distanz. In unserer Kultur hat die Vorherrschaft des Blicks über Riechen, Tasten, Hören die körperlichen Beziehungen verarmen lassen. Sobald der Blick dominiert, verliert der Körper seine Materialität.«
> (in: Hans/Lapouge 1978, 50)

Ich will die Aufmerksamkeit auf die Geschlechterpolitik im Herzen der Moderne lenken, die in der formalistischen oder modernistischen Kunstgeschichte übersehen und in neueren Sozialgeschichten der Kunst verführerisch leicht hinweggedeutet wird. Während sie die Verleugnung sozialer Bedeutung in der Malerei des Impressionismus angreifen, schaffen es die Sozialhistoriker der Kunst, Fragen der Sexualität zu vermeiden, indem sie die Klassen zur sozialen Grundtatsache erklären. So setzt T. J. Clark (1984) seine Argumente über kapitalistisches Großstadtleben und die Malerei der Moderne in Beziehung zu zwei Gemälden aus dem Kanon der Moderne, in denen der kommerzialisierte sexuelle Gebrauch von Frauen offensichtliches Thema ist: »Olympia« (1863) und »Bar in den Folies-Bergères« (1881, Abb. 3). Er kann den sexuellen Austausch, der hier implizit ist, diskutieren, ihn aber in beiden Fällen einzig auf Symptome sozialer Verhältnisse im Kapitalismus reduzieren. Solche Autoren lassen sich schlicht nicht (oder können es nicht) auf das feministische Argument ein, daß sexuelle Unterschiede und sexuelle Macht ebenso bedeutsame Determinanten gesellschaftlicher Verhältnisse sind.

Mit dem Blick und dem Raum als Grundmuster will ich hier die Möglichkeiten einer theoretischen Bearbeitung des Herrschaftssystems der sexuellen Differenz in den kulturellen Feldern und Praktiken, die mit der Malerei verbunden sind, verfolgen. Blick und Raum strukturieren die sichtbaren Unterschiede dieser Elemente in den Gemälden von weiblichen und männlichen Künstlern. Der genaue Zeitraum der Analyse ist die Periode der Herausbildung frühmoderner Malerei in Paris während der siebziger und achtziger Jahre des letzten Jahrhunderts.

Räume der Männlichkeit

Es scheint mittlerweile unmöglich, in der Malerei der Pariser Avantgarde nicht zu sehen, wie sehr sie von der kapitalistischen Transformation der Stadt Paris während des Zweiten Kaiserreichs und der Dritten Republik bestimmt ist. Paris war die erste Metropole, die vom akkumulierten Kapital umgeschrieben und umgebaut wurde als Stätte des Konsums, Schaufenster von Reichtum und Müßiggang, Ort des Schauspiels und der Selbstdarstellung. ›Moderne‹ ist der Begriff für die unterschiedlichen Interpretationen dieses Phänomens. Die wesentlichen Orte, an denen die impressionistischen Künstler lebten und die sie malten, bezeugen ihren Versuch, in der Malerei die lebendigen, definierenden Erfahrungen der Moderne zu fassen: der Gare St. Lazare, die Boulevards, die Grenoullière Argenteuil, auch der Moulin de La Gallette und die Cafés und Bars. Diese Gebiete und Ansichten sind Territorien der Männlichkeit. Damit sind nicht nur die Orte gemeint, die tatsächlich gemalt wurden, sondern auch die Art des Blicks, des Blicks des Flaneurs, der zum Voyeur wird, und der so oft die Definition gibt dafür, wie wir als Betrachter positioniert werden, um Blick und Anblick zu konsumieren.

Wir brauchen nur die Hypothese zu erproben, daß diese kanonischen Werke wie »Olympia« und die »Bar« von einer Frau produziert wären. Können wir uns eine Frau vorstellen, die diese Werke produzierte? Wie kann eine Frau sich zu der Betrachterposition in Beziehung setzen, die eines dieser beiden Bilder anbietet? Kann einer Frau offeriert werden, was zugleich versagt wird, die Imagination, den Körper der »Olympia« zu besitzen oder die Barfrau in den »Folies«? Könnte eine Frau aus Manets sozialer Schicht Zugang zu und Vertrautheit mit diesen Räumen haben und den Zweideutigkeiten der Beziehungen, des Tauschs, in ihnen? Wäre sie fähig, sie in einer Weise zu bannen, in der die Arbeit der modernen Malerei an Negation und Bruch effektiv sein könnte? Konnte eine Frau die Moderne so erfahren, wie Clark sie definiert hat?

Die Frage, die sich aus den offensichtlich negativen Antworten ergibt, lautet nun: Warum waren die Territorien der Moderne so häufig bestimmt durch den Umgang mit der männlichen Sexualität in ihrem Zeichen, dem Frauenkörper; warum der Akt, das Bordell, die Bar? Könnten wir erwarten, Gemälde zu finden, in denen weibliche Vertreter der Avantgarde mit ihrer Sexualität ringen und dies in die Form eines nackten Lumpensammlers, Kohlenträgers oder Straßenkehrers bringen? Ganz gewiß nicht; die Idee ist lächerlich. Aber sie erinnert uns an die sozialen und historischen Asymmetrien, die so leicht übersehen werden. Wenn wir diese nicht auseinanderlegen, kann es weder gelingen, die kulturelle Produktion von Frauen in ihren Geschichten zu verorten, noch, in dieser Weise unser Verständnis der Geschichten im allgemeinen zu verändern.

Die Räume der Moderne

Die Literatur der Moderne beschreibt männliche Erfahrungen, im wesentlichen die mit den Transformationen des öffentlichen Raumes und das damit verknüpfte Bewußtsein. Von Baudelaire über Simmel bis zu Berman (1984) wird die Moderne mit der Großstadt assoziiert, ihren Straßen, dem Gedränge fremder Menschen, der Erfahrung von Individuum und Masse, der Intensität und Nervosität, stimuliert an den Orten des Konsums, des Tauschs, der Zurschaustellung. In einem sehr frühen Stadium schon bildete sich die repräsentative Figur dieser Entwicklung heraus, der Flaneur, der die Erfahrungen der Momente fortschreitender Modernisierung evoziert. Der Flaneur ist ›der Mann in der Menge‹, der mit dem Ausdruck Benjamins »auf dem Asphalt botanisieren geht« (1974, a 34). Er symbolisiert die Freiheit der Bewegung in der Stadt, die Beobachtung ohne Interaktion, die Schaulust, den konsumierenden und phantasierenden, aber nicht zurückgegebenen Blick, der sich ebenso auf andere Menschen richtet wie auf die zur Schau gestellten Waren. Der Flaneur verkörpert den Blick der Moderne, der erotisch ist und besitzgierig zugleich.

All diese Phänomene betrafen Frauen und Männer gleichermaßen – allerdings in sehr unterschiedlicher Weise. In der Tat produzierte die Bourgeoisie des neunzehnten und zwanzigsten Jahrhunderts eine soziale Landkarte für diese Orte der Moderne, überzogen mit einem geschlechtsspezifischen Koordinatennetz. ›Frau‹ wurde verdrängt aus dem öffentlichen Bereich, der Straße und der Stadt, und definiert durch die Einschließung in ein ideologisches Territorium, das ›Privatsphäre‹ hieß: Haus, Garten, Landleben. Öffentlichkeit ist die Sphäre von produktiver Arbeit, Regierung und Verwaltung, Erziehung, Recht, Tausch und GELD. Das Private ist antithetisch dazu produziert, eine Welt aus Heim, Ehefrau, Kindern und Bediensteten – den Männern untergeordnet. Die Frau wurde durch diesen anderen, scheinbar nicht sozialen Raum bestimmt, aus dem Geld und Macht verbannt waren.

Männer konnten sich allerdings zwischen beiden Bereichen frei bewegen, denn beide waren darauf zugeschnitten, daß mit ihnen die Grenzen ausgehandelt wurden, in denen die bürgerliche Ideologie Männlichkeit konstruiert. Wie Sennett (1983) gezeigt hat, ergab sich das Erlebnis des öffentlichen Raums, in dem sich der Mann frei, verantwortungslos und ungebunden fühlen konnte, in der Reaktion auf die einschränkenden Rollen als Vater und Ehemann, die die private, häusliche Form der Männlichkeit diktierte. In diesem Zeichen war der Auftritt in der Öffentlichkeit für Frauen durchaus gefährlich oder bestenfalls kompromittierend für ihre Identität als Dame. So konnte einem Mann, der mit seiner Geliebten im Restaurant gesehen wurde, eine fiktive Unsichtbarkeit gewährt werden, während eine Frau dort, selbst wenn sie in Begleitung ihres Mannes war, der Makel von Leichtlebigkeit und mangelnder Ehrbarkeit angeheftet wurde.

Die Belastung der tatsächlichen Praxis und konkreter sozialer Geographien mit der symbolischen Bedeutung sozialer Räume war zwar graduell und immer umstritten. Wichtig jedoch sind die realen Effekte, die die Zuordnung getrennter Sphären und aufgeteilter Lebensbereiche über die mythische Definition von Männlichkeit und Weiblichkeit für die Beweglichkeit einiger Frauen und die Ausbeutung anderer hatte. Frauen gingen aus, bürgerliche, um Einkäufe zu machen, zu promenieren und sich unterhalten zu lassen, proletarische zu Arbeit und Geselligkeit. Das aber brachte sie in die Gefahr, nicht in die Kategorie Frau gerechnet zu werden. Wie Simon (1892) kategorisch feststellte, war eine Frau, die arbeitete, keine Frau mehr. In dieser Weise machten die bürgerlichen Definitionen die Beziehungen von Frauen gerade zu den Aktivitäten und Erfahrungen problematisch, die wir typischerweise als Charakteristika der Moderne annehmen. Proletarische Frauen allerdings werden geradezu zu deren Signum.

Damit wird klar, daß die Territorien der bürgerlichen Großstadt nicht nur geschlechtlich nach männlich-weiblich polarisiert waren, sondern daß sie der Ort waren, an dem die nach Klassen strukturierten Geschlechteridentitäten oder die nach Geschlecht strukturierten Klassenpositionen ausgehandelt wurden.* Meine These ist, daß die Räume der Moderne gerade die sind, an denen Klasse und Geschlecht eine kritische Schnittstelle haben. Es sind die Räume sexuellen Austauschs. Sie entsprechen nicht der offensichtlichen Trennlinie zwischen Privatem und Öffentlichem, den Räumen der Männlichkeit und denen der Weiblichkeit. Die kanonischen Werke der Moderne machen deutlich, daß diese Räume Zwischenräume sind, in denen sich die Felder des Männlichen und des Weiblichen, des Bürgerlichen und des Proletarischen überschneiden und Geschlecht in einer Klassenordnung strukturieren, während sie in die Ordnung der Klassen ein Herrschaftssystem sexueller Differenz einfügen.

* (Im Original: »classed gender identities or gendered class positions«. Der Begriff »gender« bedeutet ›Geschlecht‹ im Sinne des ›Genus‹ der Grammatik, also viel deutlicher das soziale als das biologische Geschlecht. (Anm. d. Übers.).

Der Maler des modernen Lebens

Vor allem ein Text kartiert diesen Schnittbereich von Klasse und Geschlecht, ein Essay von Baudelaire, 1863 im Figaro unter dem Titel »Der Maler des modernen Lebens« veröffentlicht. Hier wird die Figur des Flaneurs dem modernen Künstler überblendet und angeeignet.

> »Die Menge ist sein Gebiet, wie die Luft des Vogels, wie das Wasser des Fisches Gebiet ist. Seine Leidenschaft und sein Beruf ist, sich ›der Menge zu vermählen‹. (Man beachte die Heiratsmetapher.) Für den vollkommenen Flaneur, für den passionierten Beobachter ist es ein ungeheurer Genuß, in der Masse zu hausen, im Wogenden, in der Bewegung (...) Außerhalb seines Heims zu sein, und doch sich überall bei sich zu fühlen; die Welt zu sehn, im Mittelpunkt der Welt zu sein, und der Welt verborgen zu bleiben (...) Der Beobachter ist ein Prinz, der sich überall seines Incognito erfreut.« (Baudelaire 1981, 280 f)

Strukturiert ist dieser Text durch die Opposition zwischen dem Zuhause, dem Innenraum von Familie und Beschränkung, und der Menge, dem Außenraum, dem sich das Privileg zu schauen assoziiert. Es ist die imaginierte Freiheit des Voyeurs, ein abgerücktes, beobachtendes Schauen, dessen Basis, das hierarchische System der Geschlechterdifferenz, kaum anerkannt wird. Nur als Mann bestimmter Klasse hat man Zugang zum Beschauen dieser Räume. Janet Wolff (1985) hat gefolgert, daß es eine Flaneuse nie geben könnte.

Frauen hatten nicht diese Freiheit, denn sie sind überall an die Oberfläche der Bilder geheftet, die der Flaneur/Voyeur konstruiert und konsumiert.

> »Das Weib mit einem Worte, ist für den Künstler im allgemeinen (...) nicht bloß das Weibchen des Mannes. Es ist vielmehr eine Gottheit, ein Gestirn (...) es ist eine Spiegelung alles Anmutigen, das die Natur besitzt, und das hier in einem Wesen verdichtet; es ist der Gegenstand der lebhaftesten Bewunderung und Neugier, die das Bild des Lebens im Beschauer erregen kann. Es ist eine Art Götze, stupid vielleicht, aber blendend, bezaubernd (...) Das Weib ist fraglos eine Leuchte, ein Blick, eine Einladung zum Glück, ein Wort bisweilen (...).« (Baudelaire 1981, 307f)

So reichhaltig dieser Text ist, will ich auf seinen Fetischismus hier nicht eingehen. Die Frau ist nur Zeichen im symbolischen System phallozentrischer Kultur.

Betrachten aber möchte ich den Stadtplan, den Baudelaires Text zeichnet. Paris wird ausgelegt in einer Serie von Bildern von Frauen, von bürgerlichen Müttern mit mageren Kindern im Bois de Boulogne über Debütantinnen im Theater, halbwüchsige Tänzerinnen hinter der Bühne von Oper und Ballett, bis zu ordinär auftretenden Frauen, Kurtisanen, Strichmädchen, Frauen in Bordellen. Die Stadt des

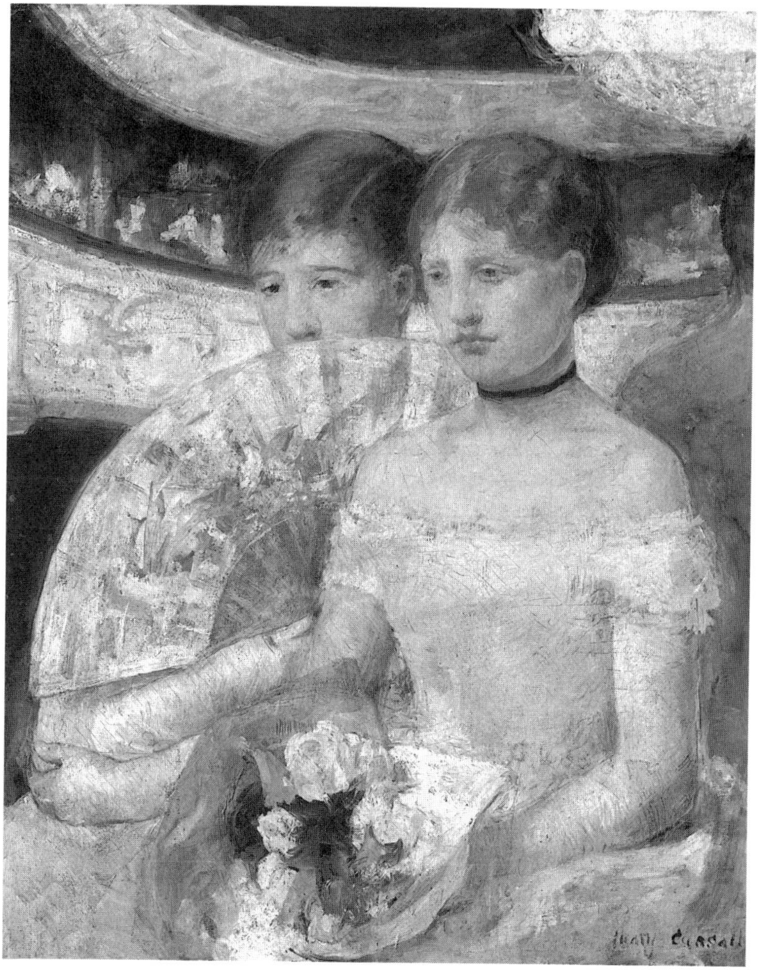

Abb. 4: Mary Cassatt, Zwei junge Mädchen in der Loge, 1882. Öl auf Leinwand, 80 x 64,8 cm, National Gallery of Art, Washington.

Künstler-Flaneurs ist eine Serie von Ansichten, deren jede die Elemente bestimmt, die gemeinsam das Zeichen FRAU ausmachen. Man kann aus diesem Text ein Diagramm machen (Pollock 1988, 73), das detailliert den Abstieg wiedergibt von den öffentlichen Plätzen, an denen man bürgerliche Damen beobachten kann (Parks und Theaterlogen), bis zu denen, in denen die benutzten und mißbrauchten Körper arbeitender Frauen beschaut und gekauft werden können (hinter der Theaterbühne, in Cafés, Revuetheatern und schließlich Bordellen und Puffs). Eine Vielzahl von Bildern zeigt, wie die moderne Kunst diesen Baudelaireschen Plan von Paris ausfüllt.

Auch die Arbeiten von Malerinnen lassen sich diesem Plan zuordnen, jedoch nur partiell, eingegrenzt auf Räume oberhalb einer entscheidenden Linie. Diese Trennung ist nicht einfach die zwischen privat und öffentlich, männlich und weiblich. Es ist die patriarchale Teilung zwischen den Arten des Gebrauchs von Frauen. Bei der gefallenen Frau ist der Fall eine Konjunktion von Sexualität und Klasse.

»Lydia im Theater« (1879) und »Zwei junge Frauen in einer Loge« (1882) von Mary Cassatt (Abb. 4) sind im Theater situiert, inmitten der eleganten Selbstdarstellung, die zur bürgerlichen Erbauung und Unterhaltung gehört. Kaum ein schärferer Kontrast ist möglich, als der zwischen diesen Bildern und den Darstellungen ähnlicher Schauplätze im Werk des männlichen Kollegen Renoir – »Erster Ausgang« (1876). Die steife, förmliche Pose der zwei jungen Frauen in Cassatts Gemälde ist, wie die Skizzen zeigen, genau kalkuliert. Sie sitzen aufrecht, die eine hält sorgsam ein geöffnetes Bouquet, die andere verbirgt sich hinter ihrem Fächer. Es entsteht ein beredter Ausdruck unterdrückter Erregung und extremer Beherrschung, der Unsicherheit, an diesem öffentlichen Ort herausgeputzt und ausgestellt zu sein. Die Frauen sind im schiefen Winkel zum Rahmen gesetzt, so daß er sie nicht ganz hält. Sie werden nicht zu einem ›hübschen Bild‹ gemacht wie die Frau in Renoirs »Die Loge« (1874, Abb. 5), wo das Schauspiel, in der die Szene steht, und das Schauspiel, zu dem die Frau gemacht wird, für den angenommenen männlichen Betrachter in eins verschmelzen.

In Mary Cassatts »In der Oper« (1880, Abb. 6) wird diese Dialektik von sehen und gesehen werden selbst zum Thema des Bildes. Die Frau ist im Tageskostüm, in Trauerkleidung, dargestellt. Sie schaut über die Bildebene; folgen wir dem Blick, so entdecken wir im Hintergrund eine Figur mit einem Opernglas, die die Frau anschaut. Im Bild sind so zwei Blicke nebeneinandergestellt, von denen der aktive der Frau die Priorität hat. Damit ist ihre Macht bezeichnet. Indem sie den Blick des Betrachters nicht erwidert, bricht sie die Konvention, die dem Betrachter das Recht gibt zu betrachten und abzuschätzen. Statt dessen findet der eindringende Blick des Betrachters seine Repräsentation in der Entsprechung zum Mann, der aus dem Bild schaut, betont noch durch dessen Gebrauch des Opernglases. Genau die sexuellen Beziehungen, die in Renoirs Bild gutgeheißen und natürlich gemacht werden, werden hier, in dieser Verschaltung von Blicken und verwehrtem Austausch, sichtbar gemacht. Das dominierende und selbstbeherrschte Beobachten der Frau stellt die Männlichkeit der konventionellen Beobachterposition beunruhigend bloß.

In den Werken der Malerinnen des Impressionismus finden wir öffentliche Räume, den Ausritt im Park, den Spaziergang auf dem Trocadero, den Theaterbesuch. Unzugänglich für sie aber war die andere Frauenwelt, die für die männlichen Kollegen nicht nur frei zugänglich, sondern das spezifische Territorium ihrer Verbindung mit der Moderne war. Bürgerliche Frauen gingen durchaus in Café-Konzerte, aber darüber wird klagend berichtet. Marie Bashkirtseff und einige Freundinnen pflegten sich verkleidet auf Maskenbälle zu begeben, um mit einer sexuellen Freiheit zu spielen, die ihnen ihr Klassen-Geschlecht verweigerte. Das Geheimnis um die Eskapaden bestätigt nur die Norm der Ausschließung.

Vom anderen Feld der Begegnung zwischen bürgerlichen Männern und den Frauen einer anderen Klasse waren bürgerliche Frauen strikt ausgeschlossen. An diesem Ort wird weibliche Sexualität, oder unverblümt der weibliche Körper gekauft und verkauft. Der Körper der Frau wird Ware und als sein Verkäufer betritt sie das Feld der Ökonomie. Die Trennung zwischen öffentlich und privat, weiblich und männlich wird gebrochen vom GELD, beherrschend im Bereich der Öffentlichkeit, zugleich genau das, was aus dem Heim verbannt ist. Weiblichkeit in ihrer klassenspezifischen Form des neunzehnten Jahrhunderts ist das Zeichen einer patriarchalen Verwandtschaftsstruktur. In den Ideologien des Bürgertums wird die Tatsache von Geld und Besitz, die die bürgerliche Ehe konstituiert, fortgezaubert. Der Kauf der Rechte auf einen Körper und seine Produkte wird dargestellt als natürlicher Ausdruck eines angeborenen Triebes zu Liebe, Selbstaufopferung und Mutterschaft.

Weiblichkeit ist somit die ideologische Form der Regulation weiblicher Sexualität in einer heterosexuellen und familiären Häuslichkeit. Die Räume der Weiblichkeit können daher kaum die Potentiale weiblicher Sexualität in der Weise zum Ausdruck bringen, in der die sich überschneidenden Räume von Männlichkeit und Modernität eine männliche Sexualität produzierten und artikulierten, die in der modernen Sexualökonomie die Freiheit genießt, in der Phantasie oder in der Tat zu schauen, zu schätzen und zu besitzen. Benjamin beschreibt ein Gedicht von Baudelaire, »A Une Passante«, das aus dem Blickwinkel eines Mannes geschrieben ist, der eine schöne Witwe in der Menge sieht und sich in sie verliebt, als er sie aus den Augen verliert. Benjamin kommentiert: »Man darf sagen, es handelt von der Funktion der Menge nicht im Dasein des Bürgers sondern in dem des Erotikers« (1974, a 43). Die Stadt der Moderne ist kein politisches, sondern ein sexuelles Revier.

Baudelaires Stadtplan markiert einen zugänglichen sexuellen Bereich, der in den impressionistischen Darstellungen lebhaft vorgeführt wird als einer, in dem die Klassenschranken für Männer vergleichsweise durchlässig werden und sexuellen Austausch zwischen den Klassen bieten. Für Frauen bleibt die Trennung der Klassen relativ fest. Die Trennungslinie, innerhalb derer die weiblichen

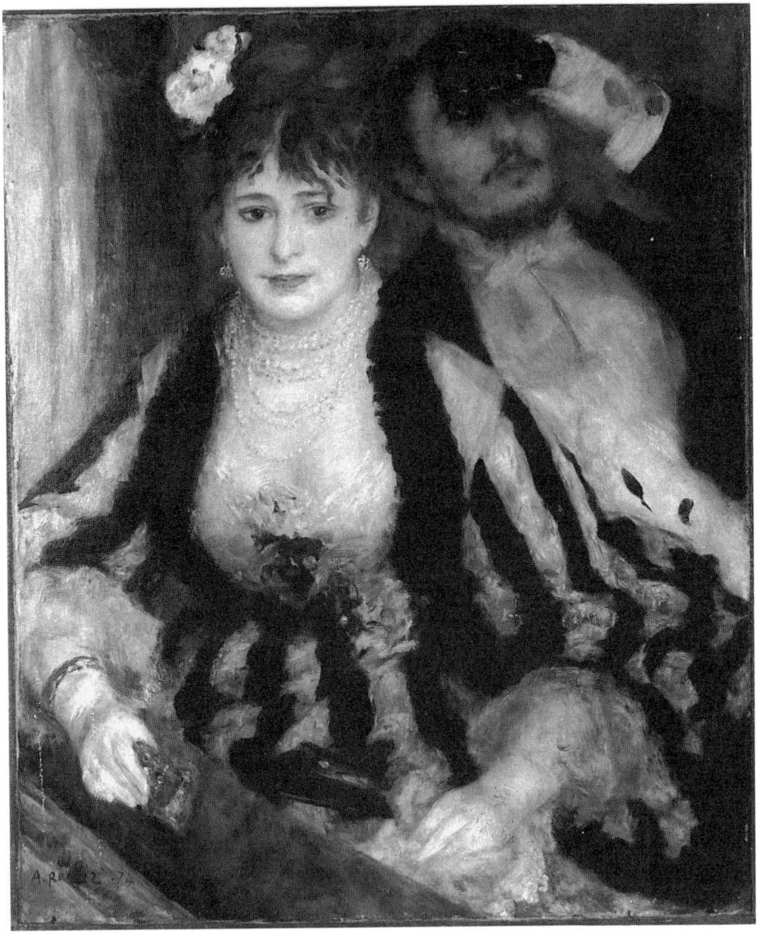

Abb. 5: Auguste Renoir, Die Loge, 1874. Öl auf Leinwand, 80 x 64 cm, London, Courtauld Institute Galleries.

Künstler agieren konnten ist das Grenzgebiet der Räume der Weiblichkeit. Jenseits dieser Grenze findet sich das Gebiet der sexualisierten, zur Ware gewordenen Frauenkörper, wo mit der Natur ein Ende gemacht wird und wo die Invasion Verschränkung von Klasse, Kapital und Männermacht stattfindet.

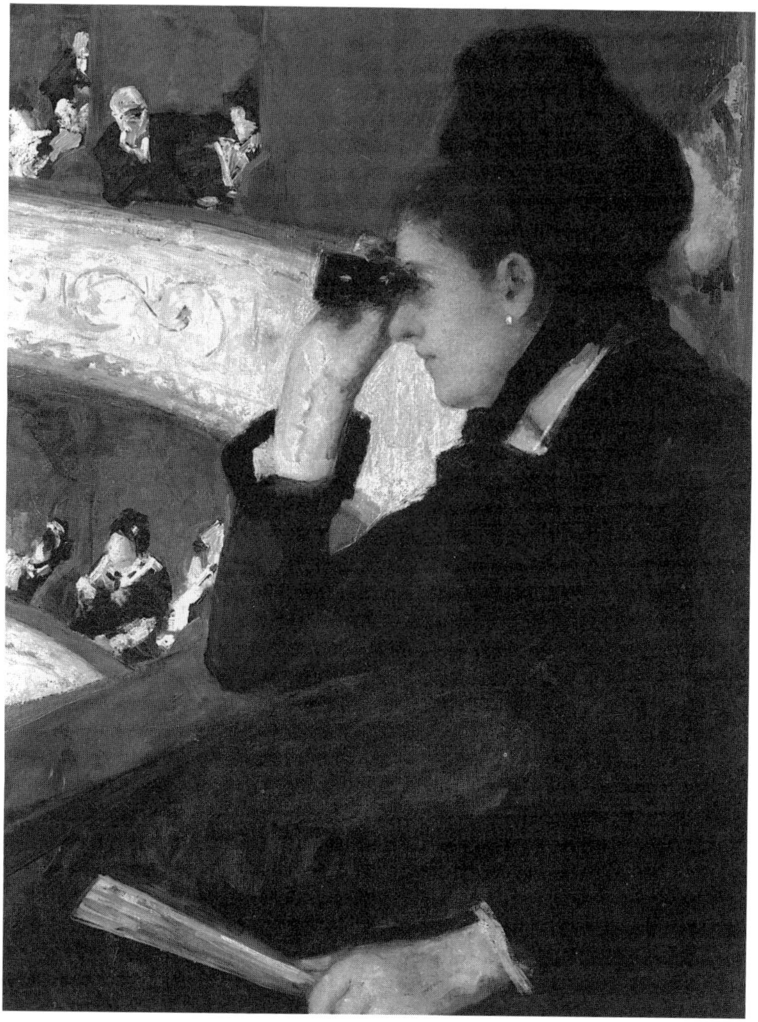

Abb. 6: Mary Cassatt, In der Oper, 1879. Öl auf Leinwand, 80 x 64,8 cm, Boston, Museum of Fine Arts.

Die Räume der Weiblichkeit

Ich kann Baudelaires Plan ergänzen durch die Räume, die er ausläßt, den Salon, die Veranda, den Balkon, den Garten der Sommerresidenz, das Schlafzimmer. Es sind dies die Räume, die immer wieder die Werke von Mary Cassatt, Berthe Morisot, Marie Bracquemont bestimmen. Vielleicht können wir diese Bilder nun in komplexerer Weise lesen. Als Produkte einer sozialen und psychischen Positionierung von Weiblichkeit setzen sie sich vielleicht auch mit den Räumen der Weiblichkeit auseinander, sprechen ihnen spezifische Bedeutung zu, und lernen aus dem Prozeß, in dem ein hergestelltes Bild dem Produzenten unerwartetes Wissen zurückgibt.

In meinem Buch über Mary Cassatt (Pollock 1980) habe ich die These aufgestellt, daß ihr Werk als ganzes der Spur der Konstruktion von Weiblichkeit durch die Stadien des Lebens von Frauen folgt. Weibliche Kinder, junge Frauen, Mütter, reife Frauen, Familien zeigen Weiblichkeit von der Kindheit bis zum Alter als induziert, erworben und ritualisiert. Doch gibt es an jedem Punkt eine Spannung zwischen den offenen konventionellen Formen sozial bezeichneter Weiblichkeit und der Subjektivität der Frauen, die die Situation überschreitet, zerreißt oder sie auch einfach nur reflektiert. Besonders bemerkenswert finde ich die Vielfalt, mit der Cassatt die Momente nutzt, in denen ein junges Mädchen einen Erwachsenen anschaut. Damit ist ein Gefühl des separierten Selbst, ein Moment sich formender Subjektivität angedeutet. Im späten monumentalen Gemälde »Mutter und Kind« (1905; Abb. 7) hält eine für den öffentlichen Auftritt angekleidete Mutter ihre nackte Tochter auf dem Knie, während das Kind ein Bild ihres Gesichts in einem Handspiegel fragend betrachtet. Die Differenz zwischen Kostüm und Nacktheit signalisiert, wie der Platz der Mutter als feminine Frau das noch unsozialisierte Kind erwartet. An diesem Platz geht es um die Annahme eines Bildes, der Maskerade der Weiblichkeit. Nicht um des Spiels mit Raumstrukturen willen sind die Spiegel da, sondern um die Rolle des Blicks und des Angeblickt-Werdens in der Formung von Weiblichkeit zu repräsentieren.

Morisot studierte die Entwicklung ihrer Tochter vom Kleinkind (»Die Amme stillt Julie im Garten«) über frühe Portraits bis in die Adoleszenz. In anderen Fällen, wie in »Psyche« (1876; Abb. 8), nahm sie ein Modell, um ein leicht bekleidetes junges Mädchen vor einem Spiegel – französisch ›psyché‹ – zu plazieren. Die klassische Figur der Psyche ist eine junge Sterbliche, die sich in Amor verliebt. Beide haben stets für ein romantisches sexuelles Erwachen gestanden. Der Spiegel war immer wieder Attribut der Frau und ihrer Eitelkeit; hier ist er nicht nur Zeichen der Identität der Frau in ihrem Angeblickt-Werden in der patriarchalen Kultur, sondern er bietet auch eine

Fläche der Reflexion. Die Szene im Schlafzimmer ist nicht ohne voyeuristisches Potential, doch wird die abgebildete Frau nicht dem Blick des Voyeurs ausgeliefert. Sie betrachtet nachdenklich ihren Körper in einer Weise, die sie als Gegenstand eines achtsamen Blicks sichert, ganz anders als das Objekt Frau (vgl. Manets »Vor dem Spiegel« (1876-7)).

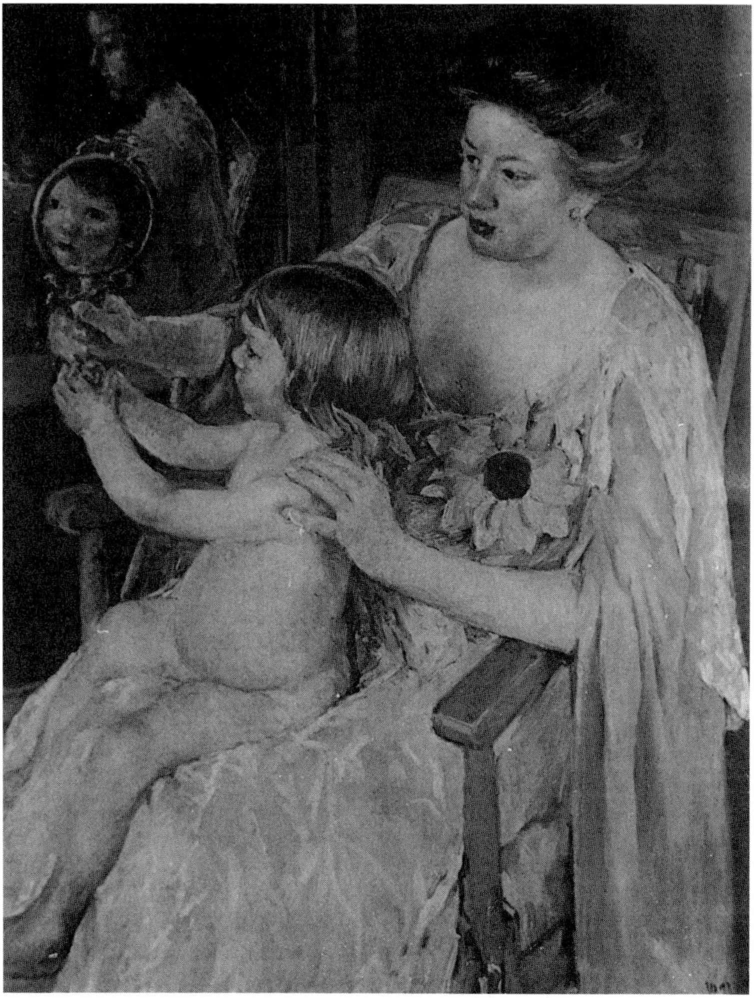

Abb. 7: Marry Cassat, Mutter und Kind, 1905. Öl auf Leinwand, National Gallery of Art, Washingtion.

Weiter oben habe ich die Schwierigkeiten erwähnt, weibliche Sexualität in den Gebieten der Weiblichkeit darzustellen. Das könnte eine Übertreibung sein. Morisots Darstellung ihrer Tochter, ihr Studium der formativen Momente weiblicher Subjektivität, könnte eine verschlüsselte Form sein, in der sie Sexualitäten indirekt repräsentiert. Neuere feministische Studien zur Sexualpsychologie der Mutterschaft legen nahe, den Prozeß der Mutterschaft und die Mutter-Kind-Beziehung als ein Beispiel weiblicher Sexualität zu lesen. Zudem sollten uns die Forschungen der amerikanischen Historikerin

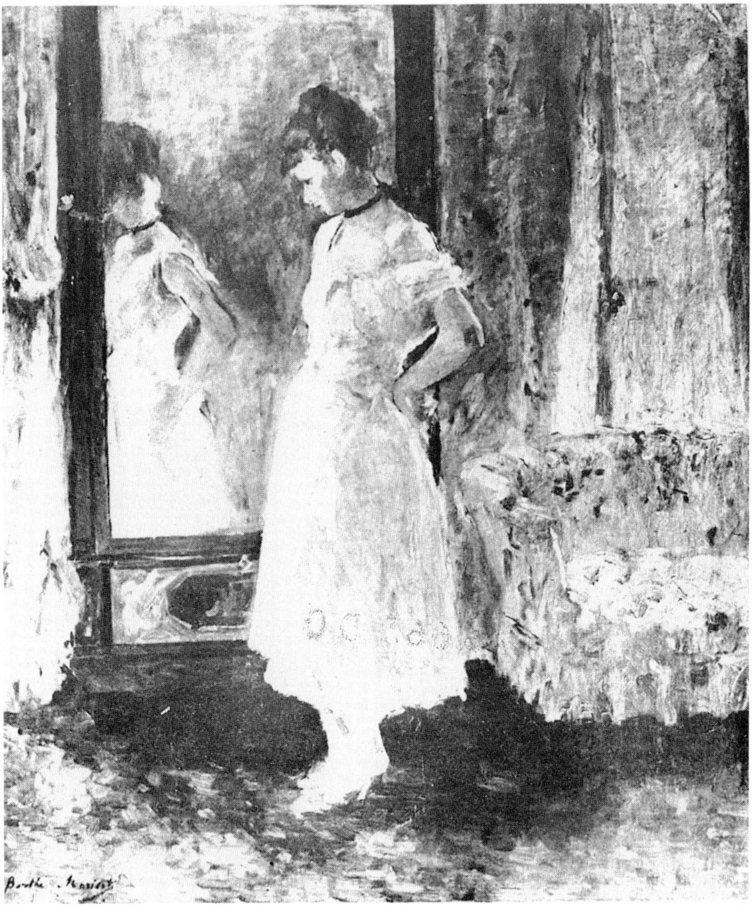

Abb. 8: Berthe Morisot, Psyché, 1876. Öl auf Leinwand, 64 x 54 cm, Lugano, Sammlung Thyssen-Bornemisza.

Carroll Smith Rosenberg (1985) vorsichtig machen. Können wir von unserem Ausgangspunkt nach Freud die Bedeutung der Intimitäten der Frauen des neunzehnten Jahrhunderts lesen und verstehen, was ihren sehr oft körperlichen und scheinbar sexuellen Ausdruck und Austausch von Zärtlichkeit ausmacht? Anstatt die von Frauen gemalten Räume der Weiblichkeit nur als Sexualität verhindernd zu sehen, schlicht weil sie nicht die ausbeuterische und dominierende Sicht zum Ausdruck bringen, die wir in den Darstellungen der Welt von Männern als normal anzunehmen gelernt haben, sollten wir vielleicht in den von Frauen gemalten Bildern der frühen Moderne mit Hilfe der Lektüre etwa der Schriften von Luce Irigaray etwas anderes aufsuchen, andere Modalitäten der Sexualität, angedeutet im bildlichen Ausdruck von Nähe und körperlicher Präsenz. Es geht nicht nur um das Sehen; Körper erfüllen den Raum. Wir werden den Körpern nahegebracht und erfahren sie so als Subjekte. Oft sind sie von ihrer Beschäftigung ganz in Anspruch genommen oder werden geschildert als nachdenklich beschäftigt mit der Situation, in die sie gestellt sind.

Wie geschlechtliche Differenz eingeschrieben wird, ist durch Praxis und Prozeß der Darstellung bestimmt. Ich habe hier zwei Achsen markiert, an denen entlang das Thema behandelt werden kann. Ich habe gezeigt, daß der soziale Prozeß, der traditionell, d. h. partiell, als Moderne definiert ist, gesehen werden muß in Hinsicht auf den Zugang zum Schauspiel der Großstadt, der einem klassen- und geschlechtsspezifischen Blick offensteht. Die Räume der Moderne fallen zusammen mit den Räumen der Männlichkeit in Bezug auf Mobilität, Geld und sexuelle Macht. Ihre Überschneidung findet sich spezifisch im sexuellen Austausch zwischen den Klassen, der so viele Leinwände der impressionistischen Avantgarde beherrscht. Mit Blick auf die Beziehung der Frauen verschiedener Klassen zu dieser Moderne habe ich die Selbstsicht der bürgerlichen Welt mit ihren Trennungen der öffentlichen von der privaten und der männlichen von der weiblichen Sphäre modifiziert. Die Räume der Weiblichkeit sichern die Konstruktion von Frau durch die Polarität zwischen Dame und arbeitender Frau, letztere typischerweise als reale oder potentielle Prostituierte angesehen. In der Sphäre der Öffentlichkeit sich zu bewegen, hieß für eine weibliche Person, sexualisiert zu werden. In den Raum der Moderne ist die Sexualität durch den Blick eingeschrieben, darum werden die Räume der Weiblichkeit in einer anderen Organisation des Blicks dargestellt. Auch geben sie eine andere Auswahl von Darstellungen der Sexualität von Frauen.

Zu betonen ist, daß Differenz nicht notwendig Beschränkung oder Mangel einschließt. Das würde bedeuten, wiederum die patriarchale Konstruktion der Frau als Mangel einzusetzen. Nähe, Intimität und aufgeteilte Räume in den Werken von Frauen setzen eine andere Art der Beziehung für den Blick in Produktion und Konsumtion. Die historische Bedeutung der Wiederherstellung einer Möglichkeit, diese Differenz zu bewerten und anzuerkennen, wird deutlich, wenn wir uns klar machen, daß der objektivierende Blick der männlichen Moderne zur Basis für die Angriffe auf den Status der menschlichen Gestalt wurde. Sexuelle Macht, koloniale Macht und die immer größere Lücke zwischen den Prioritäten bei dem, was gemalt wurde, und dabei, wie es gemalt wurde, haben uns zu den heute gefeierten Formen moderner Malerei geführt, von Gauguin bis Picasso und von Kirchner bis De Kooning.

Die Fragen, die hier aufgeworfen sind, greifen weit über impressionistische Malerei und feministische Geschichtsschreibung hinaus. Wir leben noch mit der Moderne, verschärft noch in ihrer postmodernen Phase, in der aus der Stadt zunehmend eine Welt der Fremden und des Spektakels wird, während Frauen, sind sie auf der Straße, immer mehr gewaltsamen Angriffen ungeschützt ausgesetzt sind, ohne das Recht darauf, sich sicher durch die Stadt zu bewegen. Die Räume des Weiblichen bestimmen nach wie vor das Leben der Frauen, von der Herausforderung aufdringlicher Blicke bis zum Risiko tödlicher sexueller Verletzung. Darum ist es so nötig, die Geschlechterpolitik zu benennen, die die Moderne strukturiert und innerhalb derer moderne Kunst produziert wird. Es ist lebenswichtig, vergangene Alternativen und Formen des Widerstands im Aushandeln der Moderne und der Räume der Weiblichkeit aufzuweisen.

Anmerkung

* Eine erweiterte Fassung mit allen im Text erwähnten Abbildungen liegt unter dem Titel »Modernity and spaces of feminity« als Kapitel 3 des Buches »Vision and Difference – Feminity, feminism and histories of art« – von Griselda Pollock (London 1988) vor.
Den vorliegenden Text hat H. Mehrtens übersetzt.

Abbildungsnachweis

Privatbesitz Paris (1); National Gallery of Art Washington (2, 4); Courtauld Institute Galleries London (3, 5); Museum of Fine Art Boston (6); National Gallery of Art, Washington (7); Sammlung Thyssen-Bornemisza (8).

IV
Gewaltbilder:
Zur ästhetischen Organisation von Macht – Sexualität – Gewalt

Einleitung

Der seit dem 15. Jahrhundert in der bildenden Kunst kultivierte voyeuristische Blick war seit Beginn der neuen Frauenbewegung eines ihrer zentralen Themen, allerdings keines, das zu einer einheitlichen Einschätzung führte.

Während einerseits die Enttabuisierung des Körpers und der Sexualität als wesentlicher Bestandteil gesellschaftlicher Liberalisierung in den 60er Jahren emanzipative Funktionen zu haben versprach, wurden zugleich Einwände gegen die Kommerzialisierung der Schaulust durch die Werbeästhetik erhoben. Der Einspruch von feministischer Seite richtete sich gegen die »Verdinglichung« des weiblichen Körpers zum Sexobjekt, die der physischen und psychischen Gewalt gegen Frauen Vorschub leistete.

Auch von Kunsthistorikerinnen wurden die unausgesprochenen Gewaltverhältnisse thematisiert, die die patriarchale Bildtradition durchziehen. Die Diskussion spitzte sich da zu, wo der weibliche Körper im Bild von Gewalt gezeichnet in Erscheinung tritt. Sowohl Bilder, in denen Gewalt gegen Frauen Thema der Narration ist, als auch Bilder, die das Erscheinungsbild des weiblichen Körpers fragmentarisieren und deformieren, wurden Gegenstand feministischer Kritik, die zumindest zeitweilig von einem unmittelbaren Zusammenhang dieser Bilder mit der gegen Frauen konkret ausgeübten Gewalt ausging.

Auch hier hat inzwischen eine Verschiebung der Fragestellung stattgefunden. Neuere, an psychoanalytischen und philosophischen Kulturtheorien orientierte feministische Forschungen zeigen, daß das traditionelle Repräsentationssystem innerhalb der patriarchal organisierten symbolischen Ordnung durch eine Unausweichlichkeit der Geschlechterpositionen bestimmt ist, die selbst gewaltsame und einschneidende Effekte hat. Das idealisierte »ganze« weibliche Körperbild ist also selbst schon Teil eines gewaltförmigen Beziehungssystems. Diese Erkenntnis stellt, wenn sie ernst genommen wird, bisherige Bestimmungen des weiblichen Körpers als Ort unhistorischer und unverstellter Wahrheiten infrage. Die sich überlagernden Körperbilder, die *vor* jedem individuellen Körper existieren, weisen diesem geschlechtsspezifische Positionen zu, bevor er von ihnen »weiß«.

Die Verschiebung des Blick-Winkels ermöglicht feministischen Kunsthistorikerinnen einen analytischen Blick auch auf die Arbeiten von Künstlerinnen, die sich schon seit geraumer Zeit mit der Struktur des Repräsentationssystems auseinandersetzen (vgl. Owens 1985). Sie thematisieren das Dilemma der »symbolischen Gefangenschaft« und die Schwierigkeiten eines Positionswechsels innerhalb der durch diese organisierten geschlechtsspezifischen Wahrnehmungszusammenhänge in Bildern, Photoarbeiten, Performance, Video u. a.

Es stellt sich immer mehr heraus, daß die Diskussion über die Organisation von Macht, Gewalt und Sexualität in bildlichen Medien sich auf die Funktionszusammenhänge der Medien selbst ausweitet. So scheinen die Effekte von Bildern, ob sie als affirmative Gewaltpropaganda oder als subversive Offenlegung gewaltförmiger Strukturen wahrgenommen werden, von mehreren bislang nicht berücksichtigten Faktoren abzuhängen: einerseits von Ort und Zeitpunkt ihrer Präsentation, andrerseits von den unterschiedlichen Stufen mimetischer Identifizierungsmöglichkeiten. Eine Analyse muß in Zukunft auch die verschiedenen Beziehungen der unterschiedlichen Medien wie Malerei, Photo, Film, Performance und Video zum Imaginären und zum Realen berücksichtigen.

Dies gilt vor allen Dingen auch für die Bewertung von Pornographie. Zum einen ist die Abgrenzung von Kunst gegen Pornographie zumindest partiell im Kontext neuer Präsentationsorte und neuer Massenmedien entstanden (Schade 1989), zum anderen ist sie wie andere bildliche Medien auch dem patriarchalen Repräsentationssystem unterworfen (Kappeler 1988, Bronfen 1988). Die in der Frauenbewegung schon traditionelle Frage danach, ob und unter welchen formalen Voraussetzungen Pornographie frauenfeindliche Auswirkungen hat, ist in letzter Zeit von der PorNo-Debatte eher zugedeckt worden. Die Identifizierung jeder Pornographie mit Frauenfeindlichkeit war vielleicht der letzte Versuch, eine einheitliche und eindeutige feministische Position um jeden Preis zu beziehen, auch um den Preis, daß ein ganzes Spektrum feministischer Analyse und künstlerischer Produktion ausgegrenzt wird.

Nicht zuletzt deshalb stehen die Begriffe Kunst und Pornographie erneut zur Disposition. Welche Funktionen Zensur und Selbstzensur in der Herstellung und Verbreitung von Kunst und Pornographie haben und in welcher Weise dies mit gesellschaftlichen Körperpolitiken verschränkt ist, das sind Fragen, denen wir uns stellen müssen.

Ines Lindner, Sigrid Schade

Silvia Eiblmayr

Gewalt am Bild – Gewalt im Bild

Zur Inszenierung des weiblichen Körpers in der Kunst des 20. Jahrhunderts

In einem ihrer letzten Gedichte mit dem Titel »Edge« (»Grenze«) (Plath 1965, 85)[1] spricht Sylvia Plath vom vollendeten Bild der Frau. Sie evoziert ein klassisches Ideal der abendländischen Kunst, aber dieses Ideal bedeutet den Tod. Die ersten Zeilen des Gedichts lauten:

»The woman is perfected
Her dead
Body wears the smile of accomplishment
The illusion of a Greek necessity
Flows in the scrolls of her toga, ...«

Sylvia Plath war eine Perfektionistin. Sie wollte sich nicht fotografieren lassen, denn sie hatte »Angst vor dem fremden Blick des Photographen oder vor dem des späteren Betrachters ihrer Bilder. Was sie an sich verbergen wollte, nannte sie später in ihrem Gedicht ›Lorelei‹ die ›Zerstörung durch Harmonie‹.« (Wysocki 1980, 59) In dem vollkommenen, harmonischen Bild der Frau verbirgt sich für sie eine zerstörerische Gewalt. Die Photos der heilen Illustriertenwelt, die Sylvia Plath als lächelnde Mutter, Schwester, Tochter, Schriftstellerin zeigen, konfrontierte sie mit anderen, die aus Magazinen ausgeschnitten, über ihren Schreibtisch gehängt wurden, Bilder von perversen Mordtaten, mißgebildeten Knochen, von verschüttetem Blut und verfaulten Organen. (Ebd., 65)

Seit etwa 25 Jahren haben sich Künstlerinnen kritisch mit der strukturellen Gewalt auseinandergesetzt, die durch die Macht der Repräsentationssysteme und in ganz spezifischer Weise der *bildlichen* Repräsentationssysteme auf Frauen ausgeübt wird. Unterstützt von einem feministischen Diskurs wurde und wird versucht, die Frauen aus jenen symbolischen Zuschreibungen und Determinationen zu befreien, denen sie in der patriarchalen Ordnung unterworfen sind. Aber – und das ist der Angelpunkt dieser Überlegungen zur Dialektik von Bild und Gewalt – für die Frau wird diese Befreiungsstrategie insofern ständig unterminiert, als sie, als eine imaginäre Figur, mit dem Repräsentationssystem durch eine symbolische

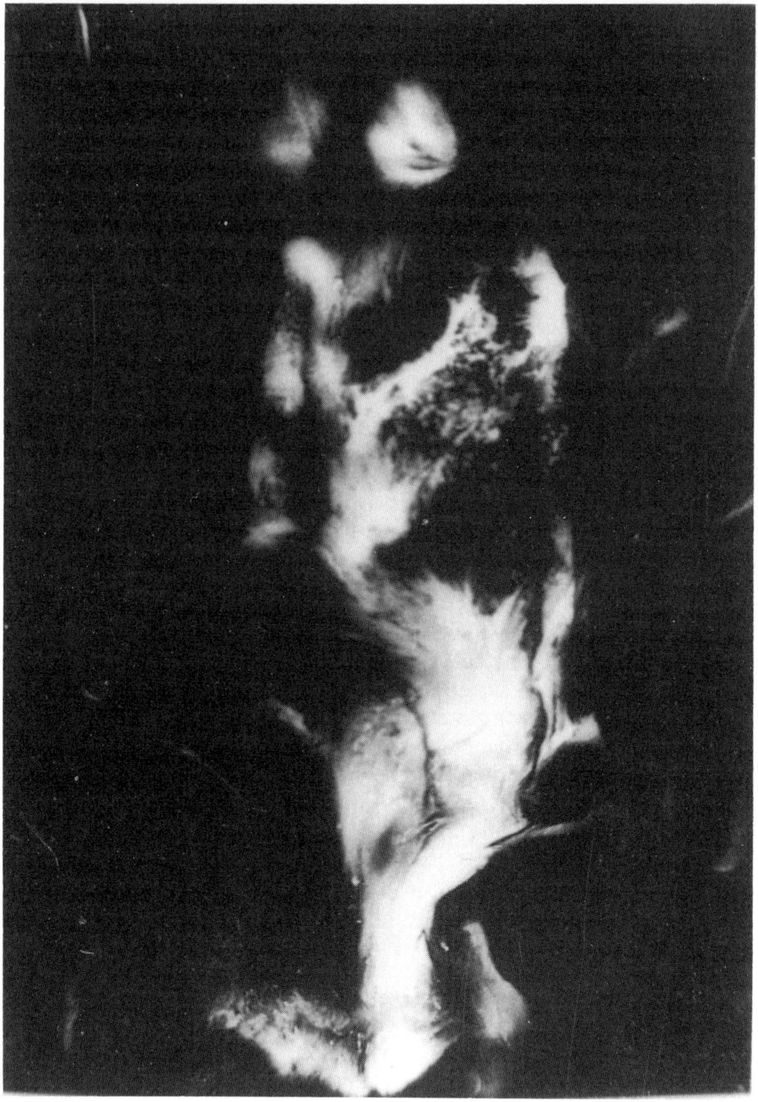

Abb. 1: Raoul Ubac, La nébuleuse, 1939, Photographie, Paris, Musée National d'Art Moderne.

Funktion verknüpft ist, die auch nicht aufgehoben wird durch den Entwurf eines eigenen Bildes von »sich selbst«. Diese Funktion, in der die Frau, wie ich es nennen möchte, einen »Status als Bild«[2] erhält, verweist auf den Zusammenhang von visueller Repräsentation und sexueller Differenz, eine Problematik, auf deren phantasmatischen Charakter sich Freud und Lacan immer wieder bezogen haben.

Die negative Definition der Frau in der phallischen Ordnung bestimmt sie als mangelhaft und errichtet eine Hierarchie nach männlicher Norm, da die Frau durch das bestimmt wird, was ihr sichtbar fehlt. Ihr Körperbild garantiert dem Mann seine Vollkommenheit gerade durch den darin implizierten Mangel und symbolisiert innerhalb dieser Logik zugleich die Bedrohung seiner narzißtischen Vollkommenheit, das heißt, die Frau wird zur imaginären Ursache seiner Kastrationsangst. Der symbolische Mangel, dem jedes Subjekt unterworfen ist, durch den es sich überhaupt erst konstituiert, wird allein der Frau zugeschrieben. Als die symbolische Leerstelle, auf die der Mangel projiziert wird und durch die er auch gleichzeitig wieder geleugnet wird, ist die Frau für den Mann, wie Jacques Lacan sagt, ein »Symptom« (Rose 1983, 48).

In genau dieser symptomatischen Funktion erscheint das Bild der Frau im Zusammenhang mit dem System der Repräsentation. Unter dem Titel »Woman as Symptom« verweist Jacqueline Rose, sich auf den Film beziehend, auf die Dialektik von Weiblichkeitsdarstellung und sexueller Differenz. Immer dann, wenn das System der Repräsentation mit seiner eigenen Unvollkommenheit konfrontiert wird, mit jenem »pas tout« (»nicht alles«), das im Konzept von Lacan besagt, daß es kein System geben kann, das vollkommen ist, immer dann, wenn das System dieses Moment der Differenz oder Unmöglichkeit zu überdecken sucht, schreibt Rose, taucht an dieser Stelle das Bild der Frau auf. Was dabei offenbar wird, ist das »Szenarium der sexuellen Phantasie«: »the system is constituted as system or whole only as a function of what it is attempting to evade and it is within this process that the woman finds herself symbolically placed. Set up as the guarantee of the system she comes to represent two things – what the man is not, that is, difference, and what he has to give up, that is excess.« (1979/1986, 219) Die Frau repräsentiert dann nicht nur ein bestimmtes Bild, das historisch oder soziologisch kritisiert werden kann, sondern eine »Garantie gegen die Problematik des filmischen Systems selbst.« (Ebd., 220)

Wie ich zeigen möchte, ist es dieser Funktionszusammenhang, der die gewaltsame Inszenierung des weiblichen Körpers in der modernen Kunst bestimmt. Der phantasmatische weibliche Körper, der den unterschiedlichsten Zerstörungsprozessen ausgesetzt ist, steht immer in Beziehung zum Begriff des Bildes selbst, beziehungsweise zu dem Phänomen des Wandels, der Zerstörung und der Auflösung, denen die Kategorie des Bildes als künstlerische und symbolische Form in diesem Jahrhundert unterworfen wurde. Der weibliche Körper muß daher immer im strukturellen Zusammenhang mit dem Bild als materiellem Objekt und den dieses konstituierenden Komponenten gesehen werden.

Um die Mitte des 20. Jahrhunderts vollzieht sich ein entscheidender Bruch in der Geschichte des neuzeitlichen Bildes. Einerseits wird das Staffeleibild, im besonderen in den künstlerischen Konzepten von Lucio Fontana und Yves Klein mit einem transzendenten Status von Absolutheit und Reinheit versehen, andererseits wird es durch dieselben Künstler realen Attacken ausgesetzt, die sich gegen das Bild als materielles Objekt richten. Lucio Fontana verfolgt mit seinen Schnitten in die Leinwand dasselbe ästhetische Ziel wie Yves Klein mit seinen Angriffen mit dem Flammenwerfer (Restany 1982, 210, 220–221), nämlich die konzeptionelle Überwindung der Materie. Die Materie, oder wie Klein es auch nennt, das Fleisch, wird für beide Künstler durch den weiblichen Körper symbolisiert. Der weibliche Körperabdruck auf dem Bildträger, das Fleisch, wird von Klein

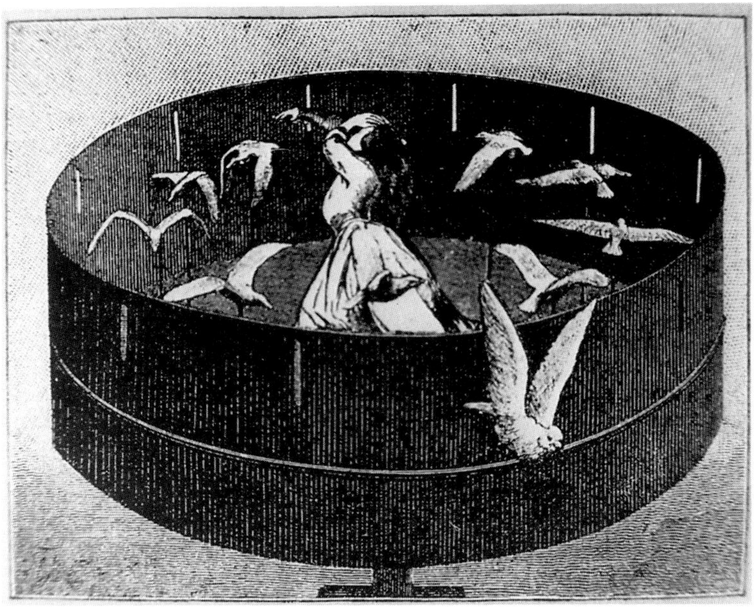

Abb. 2: Max Ernst: Illustrationsvorlage zu »Carmel«, Kap. 2 (34), 1929, Collage, 7,7 x 13,3 cm, Besitzer unbekannt.

in ein Geistig-Immaterielles transformiert. (Ebd., 210)[3] Auch bei Fontana läßt sich zeigen, daß die entmaterialisierte »Linie des Gedankens« eine Transformation eines weiblichen Aktes darstellt. (Fontana, Zürich)[4] Auf vielen der »concetti spaziale« erscheinen innerhalb der Kreisform der »Linie des Gedankens« die rudimentären Formen von menschlichen Körpern. (Ballo 1971, 222, 223, 236, 237) Genau in deren Zentrum befindet sich die Öffnung in der Leinwand, also jenes Zeichen, das bei Fontana für die Befreiung von den »Fesseln der Materie« steht, die er in den »Manifesten des Spazialismo« gefordert hat. (Ebd., 206, 232)

Der destruktive Akt gegen das Bild erweist sich auch als dekonstruktiver. Mit der Zerstörung der illusionistischen Einheit des Staffeleibildes erscheint der lebende Körper auf der Szene der Malerei. Dieser erhält nun eine ambivalente aktiv/passive Funktion, die auch dazu dient, die traditionelle Position des Subjekts gegenüber dem Bild in Frage zu stellen. In diese Infragestellung sind sowohl der Betrachter als auch der Künstler/die Künstlerin miteingeschlossen. Während Yves Klein diese Szenen nur als »Dirigent« betrat, der seinen Modellen, den »lebenden Pinseln«, bei dem malerischen Prozeß seiner »Actions spectacle« nur Anweisungen gab, machten zum Beispiel Carolee Schneemann in der Photoaktion »Eye Body« (1963) (Abb. 3), oder Günter Brus in der Aktion »Selbstbemalung« (1965) (Brus 1986, 14) ihre Körper zu einem Teil des Bildes.[5]

Die reale Zerstörung des Bildes wurde jedoch tendenziell in den Projekten der Moderne schon vorweggenommen, am deutlichsten im Surrealismus. In der surrealistischen »Dialektik des ›cadavre exquis‹«, die zwischen Destruktion und fetischistischer Bewahrung des Bildes schwankt, ist bekanntlich die Frau eine Schlüsselfigur. Ihr erotischer und phantasmatischer Körper dient den Surrealisten als unverzichtbares Avantgardeinstrument, um mit den konventionellen Wahrnehmungs- und Darstellungsformen zu brechen, und er erscheint in der surrealistischen Inszenierung in einer doppelten Funktion: er repräsentiert eine destruktive Kraft, ein scheinbares ästhetisches Risiko für das Kunstwerk und er ist aber auch zugleich der materielle Bildkörper, auf dem die zerstörerische Wirkung dieses ästhetischen Risikos abgehandelt wird. Dieser Zerstörungsprozeß, der die ästhetische Integrität des Bildes als symbolische Form tendenziell bedroht und gleichzeitig auch die Voraussetzung für einen neuen künstlerischen Ausdruck darstellt, wird sichtbar als der scheinbare Effekt des dämonisierten weiblichen Körpers.

André Masson, zum Beispiel, dessen Ziel es ist, den Kubismus zu überwinden, verwendet in dem Ölbild mit dem Titel »Frau« (1925) die biomorphe Form einer weiblichen Figur, um das geometrische Gefüge des Kubismus aufzubrechen. (Rubin 1972, 175) Aber dieser – man könnte sagen – »inszenierte Zusammenstoß« von zwei verschiedenen formalen Prinzipien, verläuft gewaltsam und blutig. Im unteren Teil des Bildes erscheint eine Hand mit einem Messer, so als ob die Leinwand von hinten durchstoßen und die Frau, deren innere Organe sichtbar sind, verletzt worden wäre. Das rinnende Blut setzt kontrastierende Farbakzente in die kubistisch gedämpfte Palette.[6]

In der berühmt gewordenen Szene aus Luis Buñuels und Salvador Dalís Film »Ein andalusischer Hund« (1928) wird die aggressive Gewalt der Kamera und des Schnittverfahrens buchstäblich in einen Schnitt übertragen.[7] Ein Rasiermesser schneidet direkt in das Auge der Frau, welches die Surrealisten als Symbol der Verführung und gleichzeitigen Kastrationsdrohung von Anbeginn fasziniert hat.

Es scheint ein entscheidendes Kriterium der surrealistischen Bilderfindung zu sein, daß der Zerstörungszusammenhang, in dem der weibliche Körper inszeniert wird, auch auf ein Gewaltmoment verweist, das mit den neuen technischen Formen der Bildproduktion und Reproduktion zusammenhängt. Die surrealistischen Techniken der Collage und der Montage, die ja auch in der surrealistischen Malerei, beispielsweise bei Dalí oder Magritte zur Anwendung kommen, bedienen sich formaler Errungenschaften, bedingt durch die neuen Medien Photographie und Film, welche auch kunstfremde, triviaästhetische Formen, wie die Reklame oder die illustrierte Zeitschrift transportierten.[8] Das aggressive, manipulatorische und voyeuristische Potential, das mit diesen neuen Medien strukturell verknüpft ist, wird wiederum in seiner Auswirkung am weiblichen Körper demonstriert.

»La nébuleuse« (1939) (Abb. 1) von Raoul Ubac zeigt einen weiblichen Akt, dessen Deformation auf das Verfahren der »brulâge« zurückgeht. Die »brulâge« bedeutet einen Zerstörungsprozeß auf dem Bildträger, und zwar auf dem Photo-Negativ, das unter der Hitze einer Flamme verformt wird. Ubac nimmt damit tendenziell die Flammenwerferattacken von Yves Klein vorweg. Auf der entwickelten Photographie hingegen erscheint der Deformationsprozeß als ein Effekt der ekstatischen Destruktivität des weiblichen Körpers.

Mit dem Titel »Das Primat der Materie über den Gedanken« (1929) von Man Ray ist genau diese Wirkung gemeint. (Jaguer 1984, 51) Der weibliche Akt befindet sich hier in einem bedrohlichen Zustand der Auflösung, der auch auf das Bild überzugehen scheint. Dieser Eindruck der Auflösung entsteht durch das Verfahren der Solarisation, ein photochemisches Verfahren, das eigentlich auf einen ›Fehler‹ während des Entwicklungsprozesses zurückgeht und von Man Ray für die surrealistische Formerfindung genützt wurde. Wieder erscheint der weibliche Körper als das ästhetische Risiko, als die gefährliche Materie, die den männlichen Gedanken bedroht, wobei die Bedrohung durch die fetischistische Inszenierung des weiblichen Aktes auch wieder zurückgenommen wird.

Eine Illustrationsvorlage von Max Ernst für seinen zweiten Collage-Roman »Réve d'une petite fille qui voulut entrer au Carmel« (1929) (Abb. 2) zeigt ein Stroboskop, ein Gerät zur Erzeugung von laufenden Bildern, also einen Vorläufer des Films. In die Trommel des Stroboskops ist die Figur eines stürzenden Mädchens eingefügt, das von den im Stroboskop befestigten Vögeln scheinbar bedroht wird. Der Text von Max Ernst, der diese Illustration begleitet, evoziert eine erotische Situation. Er lautet: »... unter meinen weißen Kleidern, in meinem ›colombodrome‹ werdet ihr nicht mehr arm sein, meine Vögel mit den Tonsuren. Ich werde euch zwölf Tonnen Zucker bringen, aber rührt meine Haare nicht an.« (Spies 1979, 30)[9] Das Stroboskop wird zur Metapher für das Kloster und die Tauben zu Stellvertretern der Mönche, denen das Mädchen sein ›colombodrome‹ verspricht. In einer weiteren Analogie ist jedoch das Stroboskop auch das ›colombodrome‹, in dem die innen befestigten Vögel, die Tauben, durch die Drehung des Zylinders in eine fliegende Bewegung versetzt werden, wodurch der Eindruck eines filmischen Bildes entsteht. Das Mädchen wird also sowohl mit der Bildmaschine, dem ›colombodrome‹ identifiziert, als auch sadistisch an sie ausgeliefert. Durch die Bewegung der Maschine wird das Mädchen in einen rhythmischen und erotischen Taumel versetzt und zugleich zur Gefangenen des Instruments gemacht. Die weibliche Figur ist aber auch der subversive Störfaktor im System, denn die Illusion der bewegten Bilder wird durch den Fremdkörper im Inneren des Stroboskops unterbrochen und damit zerstört. Wieder tritt die Frau als das destruktive Element im System der Repräsentation auf, und wieder ist es ihr erotischer Körper, als dessen Effekt dieser Destruktionsprozeß inszeniert wird.

Das Moment der Gewalt in den Weiblichkeitsinszenierungen der Moderne verweist also auch auf eine den technischen Medien inhärente strukturelle Gewalt und auf deren verborgenen Machtmechanismen. Die Zerstörung der illusionistischen Einheit des Körpers im Bild nimmt die später real vollzogene Zerstörung des illusionistischen Bildkörpers vorweg. Die Dekonstruktion des Bildes als symbolische Form und des illusionistischen Zusammenhangs zwischen Bild und Körper wird jedoch an dem phantasmatischen und symptomatischen Körper der Frau vollzogen.

Als Reaktion auf diesen negativen und instrumentellen Status der Frau – und diese Erkenntnis fällt historisch nicht zufällig mit der Zerstörung des Bildes zusammen – haben feministische Konzepte versucht, unter dem Schlagwort »Rekuperation« den Körper der Frau als einen Ort einer weiblichen Authentizität und Stärke zu behaupten und zurückzugewinnen. Die Body Art von Frauen wurde als eine »Wiedergeburt« – so Lucy Lippard – nach einer Geschichte patriarchalischer Unterdrückung gefeiert (1976, 121–138). Der weibliche Körper und das weibliche Selbst werden gleichsam miteinander kurzgeschlossen, wobei das Selbst der Frau durch die »Rekuperation« ihres Körpers wiedergewonnen werden soll. Ein Weg dazu sei die künstlerische Praxis: »Wenn Frauen ihre Körper verwenden, ver-

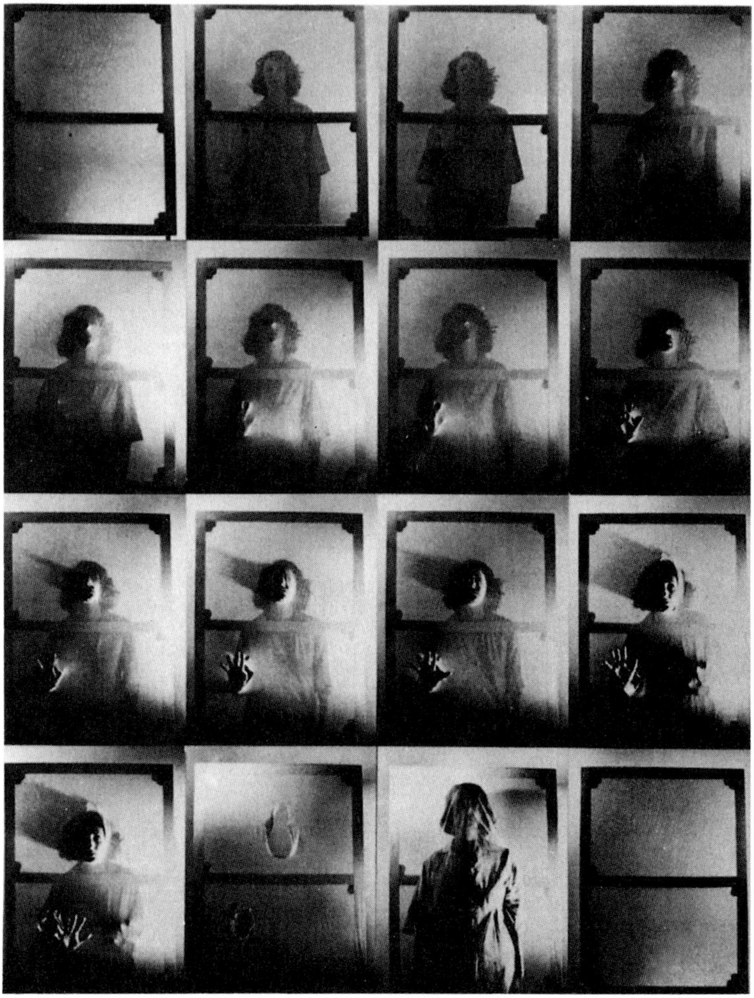

Abb. 3: Carolee Schneemann, Eye Body, 1963, Body Environment Collage für die Photokamera, Photo: Erró.

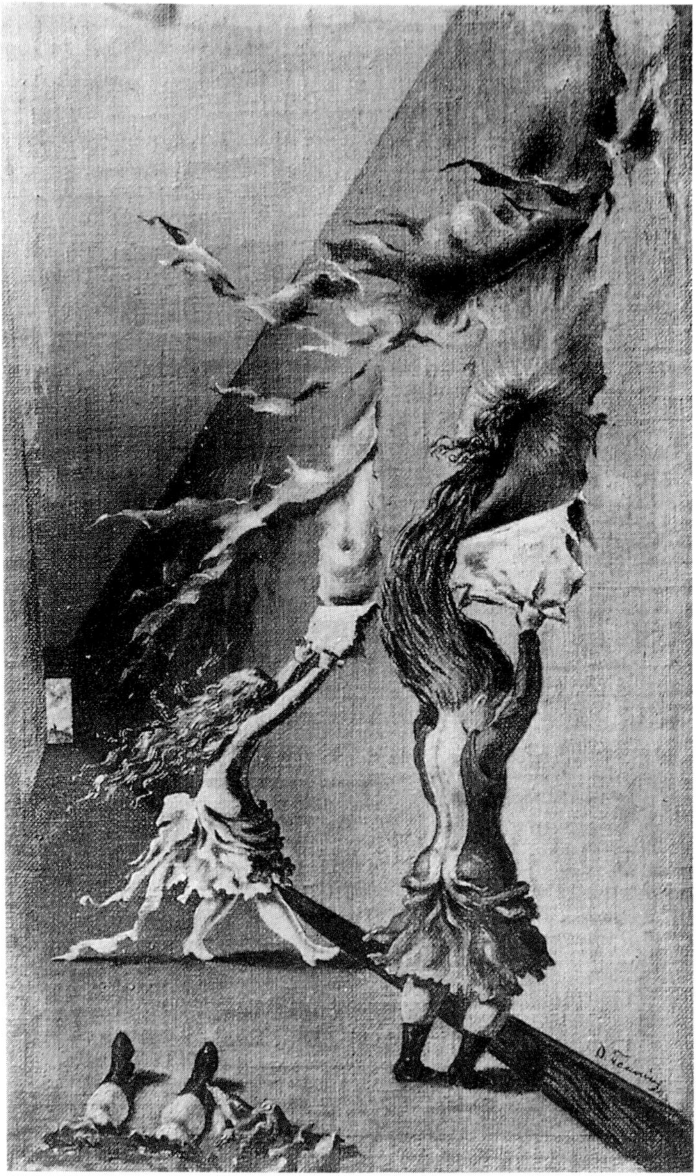

Abb. 4: Dorothea Tanning, Jeux d'enfants, 1942, Öl auf Leinwand, 32 x 14 cm, Privatsammlung.

wenden sie ihr *Selbst.* Ein bezeichnender psychologischer Faktor verwandelt diese Körper oder Gesichter von Objekten in Subjekte.« (Ebd., 124)[10]

Diese essentialistische Interpretation des weiblichen Körpers und der weiblichen Kunstpraxis ist von anderen feministischen Gesichtspunkten aus kritisiert worden.[11] Mary Kelly hat unter Bezugnahme auf Gina Pane und Ulrike Rosenbach auf die Widersprüche hingewiesen, die sich aus einer feministischen Selbstinterpretation, die von der eigenen künstlerischen Praxis »als Frau« spricht, ergeben. Dabei, meint Kelly, wird die Doppelposition der Frau gegenüber ihrem Kunstwerk, nämlich zum einen als Objekt des Blicks (die weibliche Position) und zum anderen als Subjekt des Blicks (die männliche Position), ausgeblendet: »Die erste beschreibt sie als die sozial zugewiesene Position, eine, die in Frage gestellt, exorziert oder umgestürzt werden muß, während die Implikationen der zweiten (es kann nur eine Position in Bezug auf den aktiven Blick geben, und die ist männlich) nicht anerkannt werden können. Sie wird dann als eine Art psychische Wahrheit konstruiert, eine natürliche, instinktive, immer schon vorhandene wesenhafte Weiblichkeit.« (1981, 55)

Ich glaube, daß es genau diese Doppelposition ist, die in den Selbstinszenierungen der Künstlerinnen, bewußt oder unbewußt, reflektiert wird. Es ist die Reflexion über den weiblichen Status als Bild, die den im folgenden behandelten Arbeiten den spezifischen künstlerischen Ausdruck, und wie zu zeigen sein wird, auch ein spezifisches Moment der Gewalt verleiht.

Sowohl Carolee Schneemanns »Eye Body« (1963) (Abb. 3) als auch Dorothea Tannings »Jeux d'enfants« (1942) (Abb. 4) kennzeichnet ein theatralisches Moment. Das Bild erscheint als eine schmale Bühne, wo der weibliche Körper erotisch zur Schau gestellt wird. Beide Inszenierungen stellen den weiblichen Körper als materiellen Teil des Bildes dar. Schneemann fügt sich in einer ›Ready made-Strategie‹ als lebender weiblicher Akt in eines ihrer ›combine-paintings‹ ein, in dem sie als ein bemaltes Objekt neben anderen, verschiedenartigen Gegenständen zum Bild wird.

In »Jeux d'enfants« werden die Mädchen von einer gewaltsameren Dramaturgie regiert. Sie wüten in einem ekstatischen Anfall gegen die Wände, die den schmalen Raum umschließen. Die zerfetzten Teile die sie von der Tapete reißen, haben dieselbe Form wie ihre flammenartigen Haare und der Stoff ihrer Kleider. Diese zerrissenen Materialien verweisen jedoch in einer metonymischen Verkettung auf die Leinwand selbst, die illusionistisch zerstört wird. Der inszenierte Versuch, das Bild zu verlassen und es in Stücke zu reißen, erscheint jedoch als sinnlos, da unter der Tapeten-Leinwand nur ein weiterer Körper zum Vorschein kommt, der wiederum erotisch enthüllt wird. Das Bild als Metapher für den Körper und der Körper als

Metapher für das Bild werden als ein Gefängnis dargestellt, aber auch als ein mysteriöses, sogar gefährliches Geheimnis, das die Mädchen zu lösen versuchen. Der bedrohliche Vogel, der aus dem Boden, beziehungsweise aus der Leinwand ganz unten herausragt, gehört offenbar zu dieser gefährlichen Inszenierung.

Sowohl »Eye Body« als auch »Jeux d'enfants« zeigen ein offensichtlich erotisches Vergnügen in der Affirmation des weiblichen Bildstatus, indem aber die Ambiguität der aktiv/passiven Position der Frau *innerhalb* des Bildes sichtbar gemacht wird, blenden die Künstlerinnen gleichsam eine kritische Reflexion über die traditionelle Position der Frau mit ein.

Die beiden folgenden Werke von Toyen und Gina Pane zeigen ein weiteres analoges Moment zu weiblichen Selbstdarstellungen. Wieder ist es ein surrealistisches Bild, das Aspekte vorweg nimmt, die in der Aktionskunst radikalisiert wurden. In beiden Arbeiten geht es um psychische und physische Gewalt, die strukturell mit dem System der Repräsentation, nämlich dem Bild, verknüpft werden.

Die Aktion »Escalade non anésthesiée («Kletterei ohne Anästhesie«) (1971) (Abb. 5) von Gina Pane wurde von der Künstlerin als eine Manifestation verstanden, in der sie auf die Leiden der Mitmenschen, im besonderen auf das verdrängte Schicksal der Vietnamesen aufmerksam machen wollte. (Pane 1985, 58) Pane kletterte bei dieser Aktion auf ein hohes, metallenes Gitter, das an der Wand ihres Ateliers befestigt war. Im Lauf der Aktion bewegte sie sich innerhalb des Gitters, dessen Quersprossen mit scharfen Zacken versehen sind, die ihre bloßen Hände und Füße bei jeder Bewegung verletzten. Dieses Gitter kann aber auch als die Struktur eines Bildes verstanden werden, ist doch das Gitter eine paradigmatische Figur in der modernen Malerei. Auf diese Weise wird der weibliche Körper wieder zu einem Teil des Bildes, was also für ihn bedeutet, daß er schmerzvoll darin gefangen ist und für jeden Versuch, sich aus dieser Lage zu befreien, mit noch größeren Schmerzen bestraft wird.

»Relâche« (1943) (Abb. 6) von Toyen entstand während des Krieges und erinnert im Titel an ein berühmtes Theaterereignis der Avantgarde der Zwanzigerjahre. Aber jetzt evoziert der Titel »Relâche« (»heute keine Vorstellung«) nur mehr eine Situation der Angst und der Bestrafung. Der mit fetischistischem Oberflächenreiz exponierte Körper des Mädchens befindet sich in einer paradoxen räumlichen Situation. Die Wand, die im unteren Teil des Bildes den Hintergrund bildet, erscheint im oberen Teil als dessen Oberfläche. Doch das beunruhigendste Phänomen ist das teilweise Verschwinden des Körpers. Die Füße des Mädchens tauchen unter die Oberfläche des Bildes, gehen in einen anderen malerischen Zustand über. Toyen konfrontiert hier zwei malerische Formen: die geschlossene Oberfläche des Körpers und der anderen Objekte sowie die fast drippingarti-

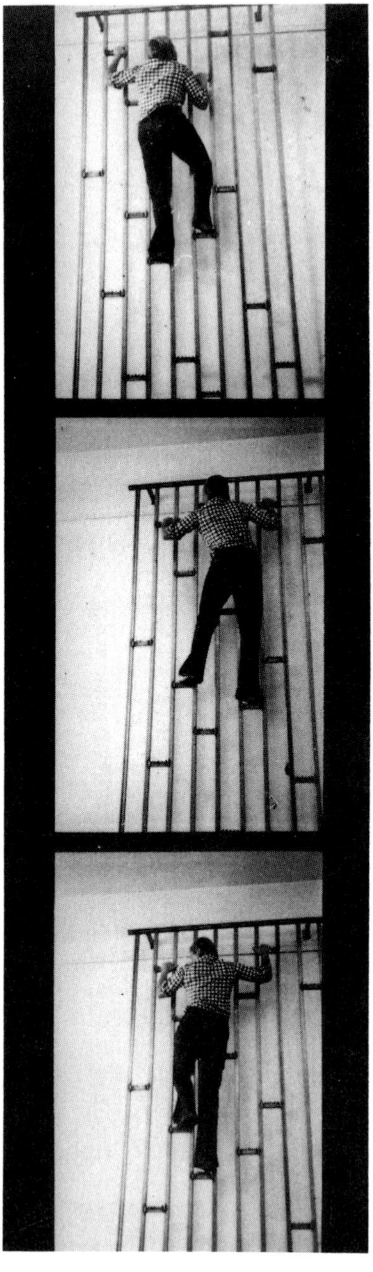

Abb. 5: Gina Pane, Escalade non anesthésiée, 1971, Aktion, Paris. Material: Metallgitter mit scharfen Zacken.

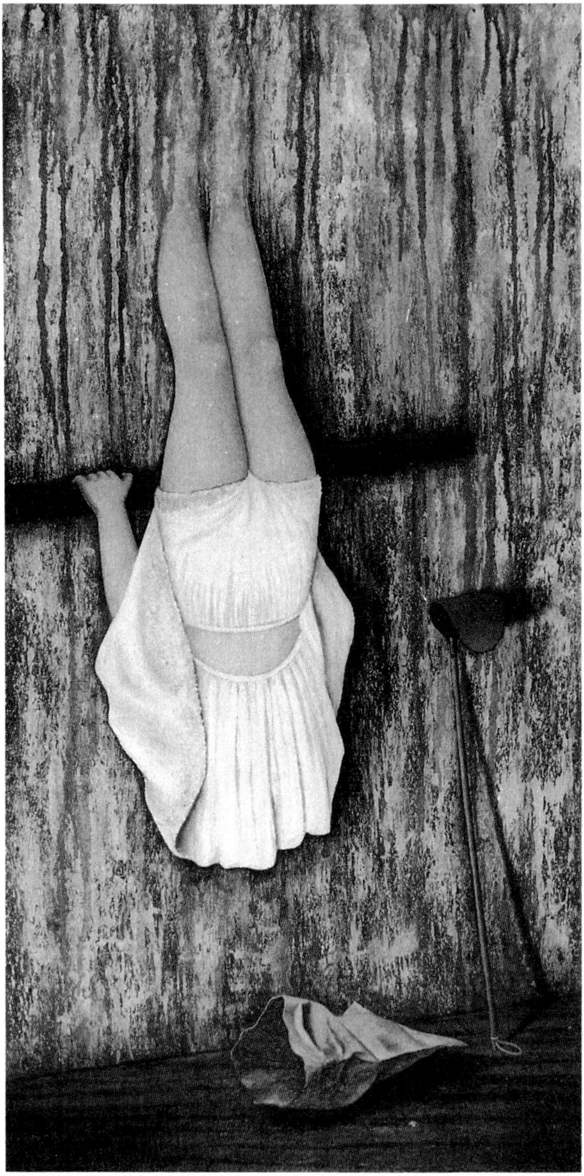

Abb. 6: Toyen, Relâche, 1943, Öl auf Leinwand, 109 x 50,5 cm, ČSSR, Galerie Alšová, Süd-Böhmen.

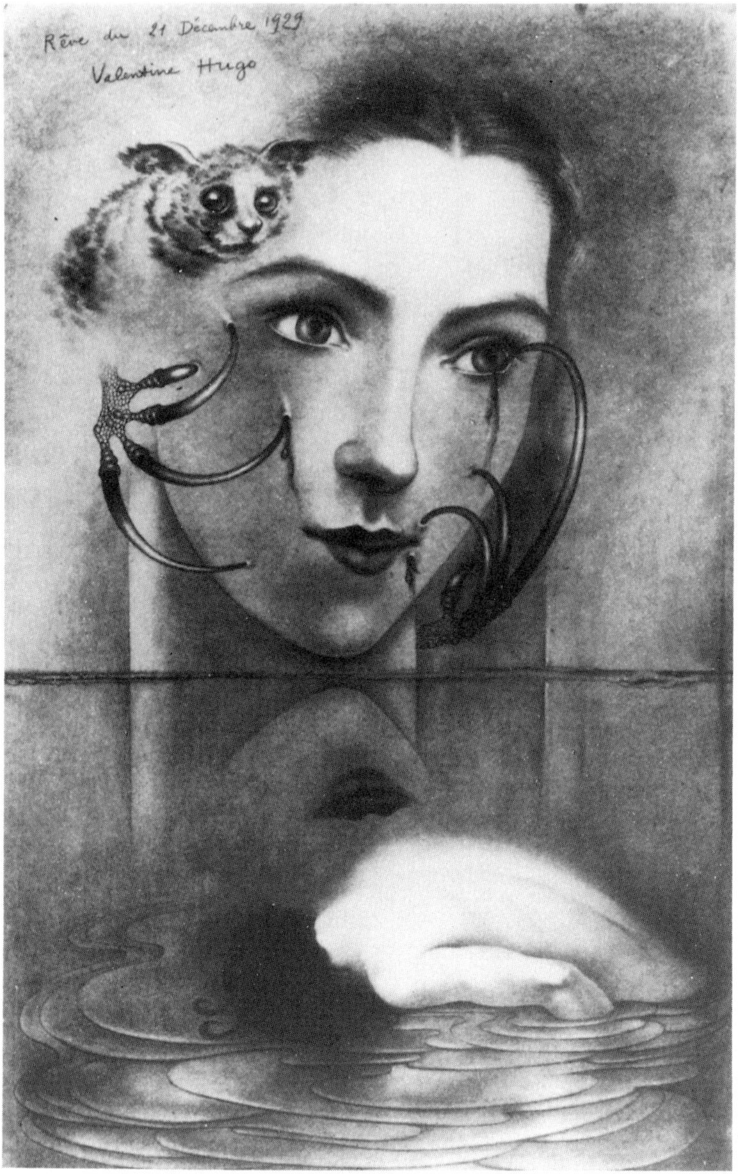

Abb. 7: Valentine Hugo, Rêve du 21 Decembre 1929, 1929?, Öl auf Leinwand.

ge Struktur der Wand, die keine Referenzen zu einer gegenständlichen Form mehr aufweist. Das Mädchen, das in das Bild gebannt ist, und den Blicken der anderen ausgesetzt, ohne selbst sehen zu können, tritt gleichsam einen Rückzug in das Bild an, dessen Konsequenz jedoch paralysierend und tödlich erscheint.

Ein vergleichbares gewaltsames Verhältnis zwischen der Frau und dem Bild kennzeichnet Valentine Hugos »Rêve du 21 Decembre 1929« (Abb. 7) (Chadwick 1985, 70, 248).[13] Der »Traum« der Künstlerin handelt von dem problematischen Verhältnis der Frau zu ihrem Spiegelbild, mit dem sie sich narzißtisch identifiziert, in dem sie aber ständig mit dem symbolischen Blick des Anderen, des Dritten, konfrontiert ist, der diese scheinbar vollkommene Beziehung bedroht. Dieser, von der Frau internalisierte Blick wird in Hugos »Traum« durch das bösartige Tier symbolisiert, das mit kalten, prüfenden Augen neben dem Gesicht des jungen Mädchens auftaucht, und das ihm seine langen spitzen Krallen unter die Haut und in das Auge bohrt. Trotz seiner blutenden Verletzungen verzieht das Mädchen keine Miene, der bedrohliche Blick wird anerkannt und verleugnet zugleich. Die Ambiguität der Beziehung der Frau zu ihrem Abbild wird durch das Verhältnis zwischen den Figuren und dem Bildgrund unterstrichen. Sowohl der Kopf des Mädchens als auch das Tier sind nicht voll sichtbar, sondern scheinen direkt an der Oberfläche des Bildträgers aufzutauchen, beziehungsweise darin zu verschwinden. Dieser ambivalente Status von Anwesenheit und Abwesenheit erzeugt eine bedrohliche und lähmende Situation, die sich in der unteren Hälfte des Bildes verdoppelt. Das narzißtische Spiegelbild verwandelt sich in eine sich verfestigende Wasserfläche, eine tödliche Falle, in der das Mädchen gefangen ist.

In ihrer Aktion »Discours mou et mat« (1975)[14] setzt sich Gina Pane mit demselben Thema auseinander. Sie verwendet in der Aktion zwei Spiegel, von denen sie einen mit einem weiblichen Portrait bemalt, den anderen mit blauen Sternen. Diese Sterne werden auch auf die Oberfläche ihrer eigenen Haut und auf den Rücken eines weiblichen Aktes übertragen, wobei letzterer im Hintergrund der Aktion die Funktion eines Dekorationsobjektes übernimmt.[15] Im Lauf der Aktion zertrümmert Pane die Glasplatten, die zuvor die zwei am Boden liegenden Spiegel bedeckt hatten, mit bloßen Händen. Sie verletzt sich dabei, aber die Spiegel bleiben dennoch ganz. In einer weiteren Szene schneidet sie sich mit einer Rasierklinge in die Lippen, ganz ähnlich jenem unbarmherzigen Tier, das in Valentine Hugos »Traum« das Gesicht des jungen Mädchens verletzt.

In den Arbeiten von Kay Sage, ebenfalls eine Künstlerin der surrealistischen Bewegung, taucht das reale Abbild der Frau nur ein einziges Mal auf. In »Le Passage« (1956) (Chadwick 1985, 19), sitzt ein weiblicher Halbakt mit dem Rücken zum Betrachter und läßt seinen Blick über eine kalte, erstarrte, scheinbar endlose Landschaft gleiten. Die gleiche Kälte kennzeichnet auch den Körper der Frau, deren helle Haut und glänzende Haare dem Betrachter seinen Blick gleichsam zurückspiegeln. Ohne Zweifel sind jedoch die architektonischen Körper, Gerüste und staffeleiartigen Strukturen in Sages Werken metaphorische Figuren für den weiblichen Körper (Miller 1983, 32–56). Alle diese Objekte kennzeichnet eine Kälte und Starre, die Sage auch in einem ihrer Gedichte zum Ausdruck bringt, in dem sie von einem kleinen Mädchen spricht, das zu einer »Frau aus Marmor« heranwuchs (Orenstein 1982, 218).[16] In manchen Arbeiten kombiniert Sage diese architektonischen Körper mit bildartigen Objekten, deren Oberfläche jedoch leer bleibt. »The Answer is No« (1958) zeigt unzählige Staffeleien, Rahmen und leere Bilder, die wie der Titel sagt, Verweigerung bedeuten (Miller 1983, 46). In dem letzten Bild, das Sage gemalt hat, in »Watching the Clock« (1958) hat sie diese Bilder und Rahmen fast raumlos ineinander verschachtelt (Ebd., 56). Die Geschlossenheit der für Sage typischen, mit fetischistischer Perfektion gemalten Oberfläche, wird in diesem Bild durch zwei Löcher unterbrochen, die allerdings zum ästhetischen Konzept des Bildes gehören. Es sind dies Schußlöcher von Pistolenkugeln, die Sage in das Bild schießen ließ. Das Bild erhält eine tragische Dimension, kündigte die Künstlerin damit doch bewußt oder unbewußt, ihren Selbstmord an. Sie tötete sich fünf Jahre später mit einem Schuß in das Herz.

In allen genannten Beispielen läßt sich eine Reflexion auf die spezifische Dialektik zwischen Frau und Bild erkennen, in welcher der Frau ein Status als Bild zukommt. Sie zeigen, daß es der Frau nicht möglich ist, das Bild in einem vermeintlich befreienden Akt zu zerstören. Die Aggression gegen das Bild kehrt zu ihr selbst zurück, wie dies auch Ulrike Rosenbach in ihrer Performance »Glauben Sie nicht, daß ich eine Amazone bin« (1975) gezeigt hat. (1982, 1–7) Rosenbach konfrontiert hier zwei mythische Frauenbilder in einem einzigen gewaltsamen Akt: im Kostüm einer Amazone schießt sie mit Pfeil und Bogen auf das in eine Zielscheibe transformierte Bild der Madonna. Auf dem Video-Bildschirm sieht man jedoch, wie sich die Pfeile in ihr eigenes Gesicht, welches mit dem der Madonna zu einem hybriden Doppelgesicht verschmilzt, bohren.

Eine andere zeitgenössische portugiesische Künstlerin, Helena Almeida spricht von einer »Bewohnten Leinwand« (1976) (Abb. 8), in der und auch hinter der sie ein Spiel von Anwesenheit und Abwesenheit inszeniert, das sie mit dem Spiel von versuchter Bildzerstörung und dessen gleichzeitiger Bewahrung verbindet.

Den strukturellen Gewaltzusammenhang zwischen der Frau und dem Bild, hat Valie Export durch die provokatorische Aktion »tapp und tastkino« (1968) (1980, 117, 122) öffentlich gemacht, indem sie ihren Körper buchstäblich zu einem Teil des Mediums Film umfunktionierte. Sie erklärte ihren nackten Oberkörper zur Filmleinwand. (Abb. 9) Diese Körperleinwand wurde jedoch von einer Schachtel, die die Künstlerin wie ein Kleidungsstück trug, und die die Funktion des Kino-Raumes hatte, verhüllt. Die offene Vorderseite der Schachtel war mit einem Vorhang versehen, der dem Besucher dieser Vorstellung die Sicht nahm. An Stelle des Sehens wurde er eingeladen, die ›Kino-Leinwand‹, den nackten Oberkörper, zu betasten. Die Aktion fand in der Öffentlichkeit, auf einem frequentierten Platz in München statt. Der üblicherweise im Dunkeln des Kino-Raumes versteckte Voyeur wurde so ebenfalls öffentlich ausgestellt und gleichzeitig um die sichere Blickdistanz zu seinem Objekt gebracht.

Die Ambiguität, die in den gezeigten Werken das Verhältnis der Künstlerin ihrem Körper, beziehungsweise ihrem Bild gegenüber kennzeichnet, macht eines deutlich, daß nämlich die negative Beziehung der Frau zur symbolischen Ordnung auch dann nicht aufgehoben wird, wenn sie als Künstlerin arbeitet und dabei eine aktive Position einnimmt. Weiters zeigt sie, daß das Konzept der Bisexualität der Triebe nicht in einem reziproken Sinn auf Männer und Frauen angewendet werden kann, wie dies zum Beispiel Meret Oppenheim vorgeschlagen hat. Die Künstlerin, oder irgendeine Frau, kann die Dialektik, die ihr einen negativen Status zuweist, nicht annullieren. Aber der Effekt, den ihr Status als Bild in den Arbeiten erzeugt, enthält ein subversives Moment der Reflexion, wodurch die traditionelle Position, die ihr in der männlichen Ordnung zugewiesen wird, unterlaufen wird. Dabei ist es wichtig zu betonen, daß der weibliche Körper hier ebenfalls in einer symptomatischen Funktion erscheint, in einer offenbaren Affirmation oder Identifikation mit dem Bild. Diese Akzeptanz ist eine notwendige Voraussetzung, um die weibliche Position innerhalb dieser traditionellen Zuweisung zu problematisieren. Das erklärt, warum die Frau nicht in derselben Weise, wie der männliche Avantgardekünstler, das Bild attackiert und zerstört hat, obwohl beide mit der symbolischen Ordnung brechen wollen. Mit einer analogen Strategie, nämlich nur destruktiven, hätte sie ihre verborgene Funktion innerhalb dieses symbolischen Prozesses nur weitergeführt. Aber das heißt nicht, daß es keine Gewalt in ihren Arbeiten gibt.

Ohne Zweifel haben die Konzepte des Surrealismus, und in einem radikaleren Sinn, des Happenings, des Aktionismus' und der Fluxus-Bewegung, das Feld vor- und aufbereitet, auf dem die Frauen ebenfalls zu neuen künstlerischen Ausdrucksformen und Strategien gelangten. Die Prozesse der Auflösung, Destruktion und Transformation der traditionellen Kategorien der bildenden Kunst implizierten neue Erfahrungen und Experimente mit Raum und Zeit, sowie ein neues Medium, in dem Künstlerinnen arbeiten konnten. In den späten siebziger Jahren schrieb Douglas Crimp von der »Rückkehr des Theatralischen« in das Bild (1979, 75–88). Das Moment des Theatralischen, das nicht nur für die Performance- oder Aktionskunst, sondern in den sechziger Jahren auch für die Minimal-Art als konstitutiv erkannt wurde (ebd., 76), bedingte auch einen Wandel für den Begriff des Bildes: »Die Performance ist nur eine von vielen Möglichkeiten, ein Bild zu inszenieren.« (Ebd., 77). Dieses »Inszenieren eines Bildes«, ob in der Performance oder anderswo, scheint mir ein der weiblichen Selbstdarstellung eigenes Prinzip zu sein. Dies muß jedoch nicht einer expliziten Absicht der Künstlerin entsprechen. Mit der Destruktion des Staffeleibildes, die sich tendenziell auch in den gezeigten Werken der surrealistischen Künstlerinnen ankündigt,

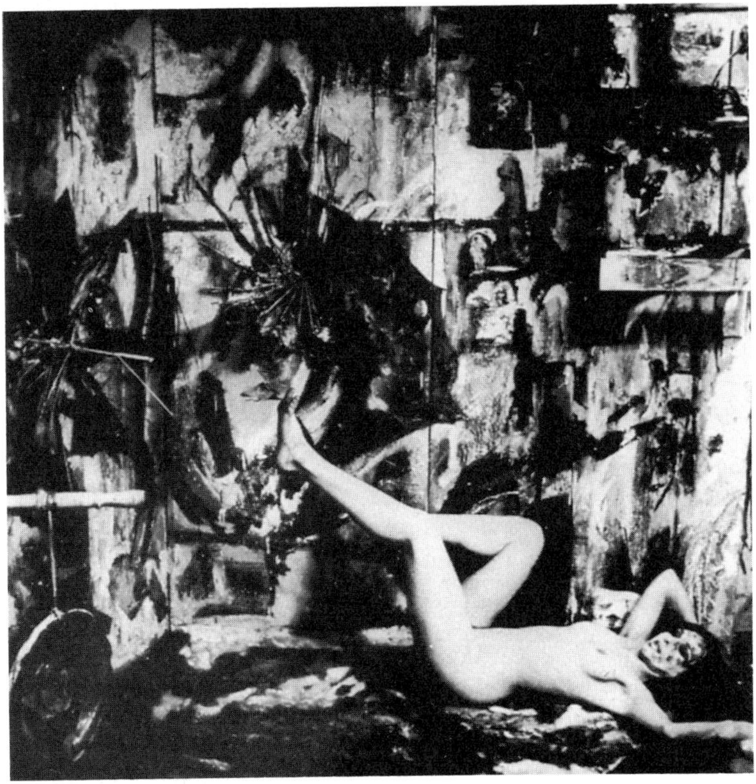

Abb. 8: Helena Almeida, Bewohnte Leinwand, 1976, Photoarbeit, 16 Teile, ges. 160 x 120 cm, Lissabon, Sammlung F. Galouste Gulbenkian, und Rom Galleria Internove.

waren die Voraussetzungen geschaffen worden, um den strukturellen Gewaltzusammenhang zwischen dem Bild als symbolischer Form und der Weiblichkeitsdarstellung sichtbar zu machen.

Was in der von den genannten Künstlerinnen inszenierten Dialektik von Affirmation, Unterwerfung, Protest und manchmal Ironie besonders hervortritt, ist die Frage nach der Konstruktion weiblicher Subjektivität, die Frage, wie sich in diesen Kunstwerken, in dem strukturellen Zusammenhang von Bild und weiblichem Körper, die Differenz einschreibt.

In den Arbeiten dieser Künstlerinnen manifestiert sich ein kreativer, künstlerischer Ausdruck für die Doppelposition der Frau, die im Fall von Dora, Freuds hysterischer Patientin, sich nur im Symptom äußern konnte, hinter dem jedoch eine Phantasie männlicher und weiblicher Identifikation zum Vorschein kam. Der Fall von Dora zeigt die restriktive Gewalt, die die Frau mit dem Bild verbindet. Nicht überraschend sind es die Bilder der Madonna und der Nymphe, die beiden Ikonen männlicher Klassifikation der Frau, die Doras Phantasien beherrschen. Aber in diesen Bildern begehrt Dora sich selbst als Mann, während sie gleichzeitig mit dem Geheimnis ihres Körpers konfrontiert ist.

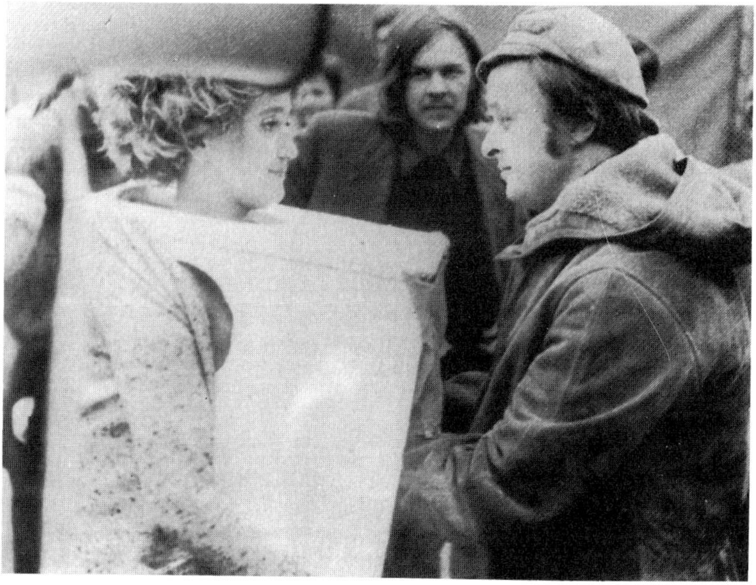

Abb. 9: Valie Export, tapp und tastkino, 1968, Aktion, München.

In den Arbeiten der genannten Künstlerinnen wird ein ähnlicher Konflikt artikuliert. Das Wechselspiel von Gewalt im Bild und Gewalt am Bild enthält ein notwendiges Moment der Reflexion über Subjektivität und Objektivität der Frau. Durch die sichtbar gemachte Verschränkung beider Komponenten im Kunstwerk, wird die traditionelle Grenze, hinter der die Frau in das Bild gebannt bleibt, aufgelöst.

Anmerkungen

1 In der deutschen Übersetzung von Erich Fried lautet der Titel »Rand«. (Plath 1974, 173) »Grenze« erscheint für die Problematik passender.

2 Vgl. dazu meine Ausführungen zum Thema des weiblichen »Status als Bild« am Beispiel von Kay Sage und Helena Almeida. (Vortrag, gehalten im Museum Villa Stuck, München, im Juli 1986, im Rahmen der Ausstellung »bestehend-lebend-gegenwärtig«, Continuum, Museum Villa Stuck, 19. Juni – 27. Juli 1986)

3 Bevor Klein den Flammenwerfer auf den Bildträger aus Karton richtete, hatte ein Aktmodell den Abdruck seines nassen Körpers darauf hinterlassen. Im Moment der Verbrennung wird der vorher kaum erkennbare Körperabdruck auf dem versengten Karton sichtbar.

4 Dieser Katalog (Fontana, Zürich) enthält eine Reihe von weiblichen Aktdarstellungen, an denen sich der formale Bezug zu der »Linie des Gedankens« ablesen läßt. (Vgl. S. 33, 35, 37, 47, 73, 75) Zweimal erscheint ein weiblicher Akt innerhalb der Mandorla-artigen Kreis- oder Ovalform, die bei Fontana die entmaterialisierte Linie, das »Spaziale« symbolisiert.
Sowohl bei Fontana als auch bei Klein steht das Konzept der Entmaterialisierung im Zusammenhang mit der Herausforderung, die die neuen elektronischen Bildtechnologien für das konventionelle Bild in der Malerei darstellen.

6 Viele, ganz ähnlich strukturierte Werke Massons aus dieser Zeit zeigen neben weiblichen auch männliche Körper oder Tiere. Die biomorphe Form symbolisiert in Massons Konzeption die revolutionären Kräfte, die Natur, die Erde und das Weibliche.

7 Walter Benjamin vergleicht den Kameramann mit dem Chirurgen: »Magier und Chirurg verhalten sich wie Maler und Kameramann. Der Maler beobachtet in seiner Arbeit eine natürliche Distanz zum Gegebenen, der Kameramann dagegen dringt tief ins Gewebe der Gegebenheiten ein.« (1976, 36) In der Fußnote zu dieser Textstelle verweist Benjamin u. a. auf die Staroperation. (Ebd., 59–60)

8 Aby Warburg kommentierte in einem Vortrag 1929 die Bildbeilage des ›Hamburger Fremdenblattes‹, die ein Photo einer Papstprozession zeigt, das

aus Platzgründen von dem Bild eines Schwimmers überschnitten wird: » (...) aber der tüchtige Schwimmer, der muß ganz gesehen werden und ragt deshalb schonungslos in die Bildecke der Prozession hinein: (...) Ich frage mich, weiß der Schwimmer, was eine Monstranz ist? (...) Rohe Zusammenstellung zeigt, daß ganz unvermittelt das vergnügliche ›hoc meum corpus est‹ neben dem tragischen ›hoc est corpus meum‹ vor die Augen geführt werden kann, ohne daß die Diskrepanz zu Protest gegen so barbarische Stillosigkeit führt.« (Gombrich 1984, 372–373)

9 Das Zitat lautet in der französischen Originalfassung: »... sous mon blanc vêtement, dans mon colombodrome, vous ne serez plus pauvres, pigeons tonsurés. Je vous apporterais douze tonnes de sucre. Mais ne touchez pas à mes cheveux!«

10 »When women use their bodies in their art work, they are using their *selves;* a significant psychological factor converts these bodies or faces from object to subject.« (Hervorhebung von L. Lippard)

11 cf. Kelly 1981, 41–62, Mitchell/Rose 1982/1983, 1–57

12 »The former she defines as the socially prescribed position of the woman, one to be questioned, exorcised or overthrown (note Rosenbach), while the implications of the latter (that there can be only one position with regard to active looking and that is masculine) cannot be acknowledged and is construed instead as a kind of psychic truth – a natural, instinctual, preexistent, and essential femininity.«

13 Ob das Bild in demselben Jahr entstand, das der Titel für den »Traum« angibt, ist nicht exakt eruiert, ebensowenig seine Maße. Wo es sich jetzt befindet, ist nicht bekannt. 1935 wurde es in dem Katalog der *International Kunstudstilling, Kubisme-Surréalisme* Kopenhagen, publiziert.

14 Die Aktion fand 1975 in der Galerie de Appel in Amsterdam statt. Abbildungen in Pane 1985, 64.

15 Diese Definition gibt Pane in einem nicht publizierten Text, der anläßlich der Aktion erschienen war.

16 »Une petite fille/ l'etait fixée qu'elle voulait voir/ une graine puisser/ La graine l'est devenu un arbre/ et la petite fille/ une femme en marbre« (Kay Sage, Demain Monsieur Silber, Paris, Seghers, 1957)

17 Das ›Theatralische‹ (›theatricality‹) war ein Epitheton, das Michael Fried kritisch in Bezug auf die Minimal Art verwendete.

Abbildungsnachweis

ADAGP (1), SPADEM, Paris (2, 7), Carolee Schneemann (3); Editions Filipacchi, Paris (4, 6), Gina Pane (5) Helena Almeida (8), Valie Export (9)
© VGBild–Kunst, Bonn 1980 (1, 2, 4, 6, 7)

Katharina Sykora

Verletzung – Schnitt – Verschönerung

Filmische Freilegungen

Die relativ breite Auseinandersetzung von Kunsthistorikerinnen mit Arbeiten männlicher Künstler, die weibliche Körper als fragmentiert, deformiert oder mutiliert darstellen, an der sich interessante Kontroversen entsponnen haben (vgl. Berger 1985; Schade 1986), ließ die Frage aufkommen, wie Künstlerinnen (in diesem Fall Filmemacherinnen) mit dem Thema umgehen. Spannend war daran, daß mit dieser Problemstellung die Opfer-Täter-Dichotomie im Verhältnis Künstler-Weiblichkeitsbild nicht mehr zu greifen schien, und die Überlegungen sich in andere Richtungen ausweiten konnten.

Auf der Kunsthistorikerinnentagung in Berlin 1988 habe ich drei Filme von Frauen zur Diskussion gestellt, die sich um die Konfiguration Verschönerung/Verletzung gruppieren lassen.* Auf eine kurze Beschreibung folgen Beobachtungen zur Strategie der Visualisierung von Gewalt am weiblichen Körper und die Bedeutung der Abwehr, die sie bei den Zuschauerinnen hervorgerufen hat.

For You von Linda Christanell[1]

Die Aufmerksamkeit der Filmemacherin liegt sowohl auf Gegenständen, die traditionell dem Schmücken des weiblichen Körpers dienen, als auch auf Inszenierungen des weiblichen Körpers selbst (bzw. Teilen von ihm). Beide Sphären treten in ihren Filmen in enge Interaktion miteinander. Sie stehen dabei unter dem ambivalenten Vorzeichen als Orte von Lust und Schmerz zugleich. Auf der Ebene der Gegenstände finden wir in Christanells Filmen immer wieder Schmuckstücke, die durch ihre ästhetischen Reize verführen, die aber auch das Potential von Verletzung transportieren: Ohrringe, Broschen, Anstecknadeln, Hut- und Haarnadeln. Sie sind zu sehen in enger Nachbarschaft mit unterschiedlichen Materialien, die Zeichen für Haut sind: seidige Stoffe, glänzende Papiere, immer wieder Spitze und Fell. – Der Körperteil, über den sich die Filmemacherin selbst ins Bild bringt, ist ihre Hand, die sie in »For You« mit der Hutnadel agieren läßt (Abb. 1). Hier wiederholt sie die Konstellation von Haut und Schmuckstück, wendet aber die statischen, fotografischen Anordnungen der libidinös besetzten Gegenstände in Bilder eindeutiger Eigen-Aktivität. Die Hand ist zugleich Akteur und Gegenstand ihres spielerischen Umgangs mit der kristallenen Hutnadel, sie verletzt und wird verletzt in ein- und demselben Akt. Die Bedeutungsebenen eines autoerotischen Vorgangs und der Selbststigmatisierung verknüpfen sich zu einem filmischen Bild.

Remote Remote von Valie Export[2]

»Remote Remote« ist ein sehr frühes Beispiel von Exports Filmarbeit, das zeitlich und künstlerisch dem Beginn des Feministischen Aktionismus nahesteht. – Das englische Wort »Remote« bedeutet »weit zurückliegend/weit entfernt sein«. Es verweist hier auf Kindheit als Moment der Einschreibung weiblicher Codes in den zukünftigen Frauenkörper und gleichzeitig auf Kindheit als Moment, wo Taktiken der Zurückweisung dieser Codierung sich noch vehement am eigenen Körper zum Ausdruck bringen (z. B. im Zitat des Nägelkauens). Visuell nimmt Export diesen Verweis auf ein vielleicht verschüttetes aggressives Widerstandspotential in überdimensionalen Kindheitsfotos (von sich) auf, die sie als Folie für ihre Aktion ins Bild setzt. – Die Eingriffe, die sie im Film am eigenen Körper vornimmt (sie »manikürt« sich die Fingernägel mit einem Teppichmesser, verletzt ihre Nagelhaut dabei) (Abb. 2), sind ähnlich wie bei Christanell

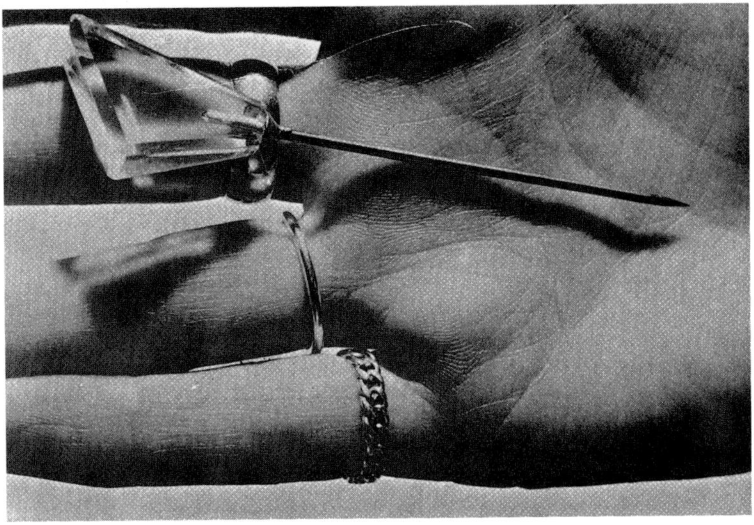

Abb. 1

mit den beiden Konnotationen von Verschönerung und Autodestruktion/Schmerz verbunden. Dies ergibt sich aus dem Überschreiten der Grenze von der affirmativen kosmetischen Zurichtung des weiblichen Körpers hin zum Ausagieren und Vorzeigen eigenmächtiger

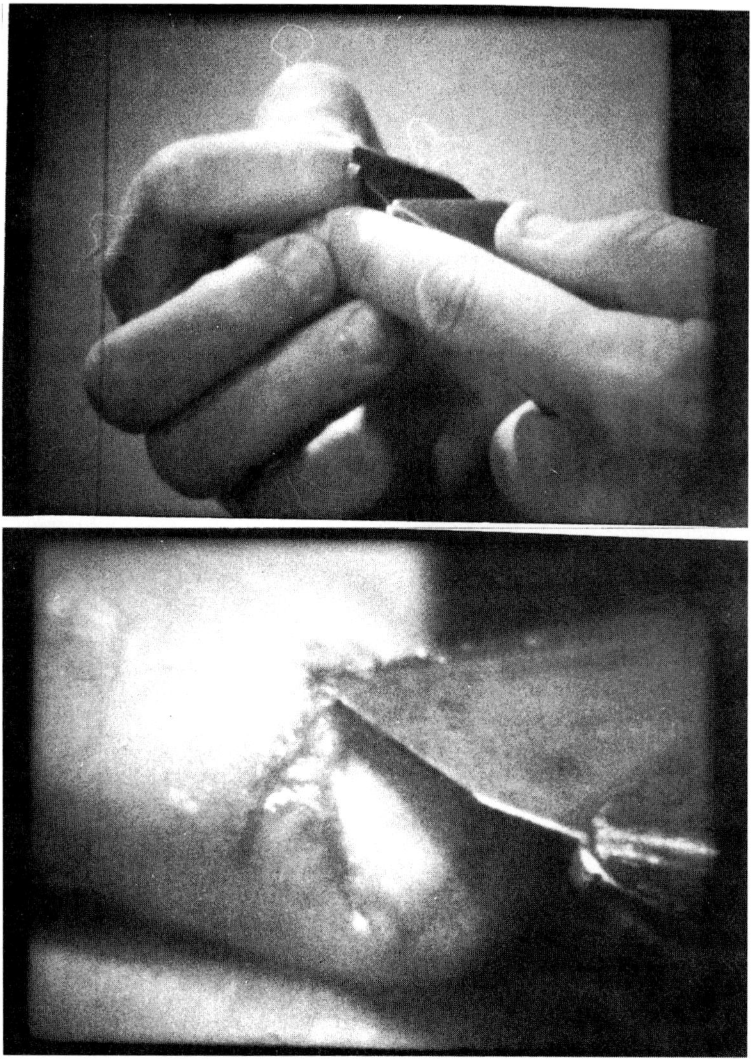

Abb. 2

Zerstörung an diesem Körper, das gleichzeitig auch immer auf eine Zerstörung des »heilen«, ganzheitlichen, glatten Körper-Bildes abzielt.

Auf einer zweiten Bedeutungsebene stellt Export eine gedankliche Verbindung her zwischen dem Schnitt am eigenen Körper und dem im Auge/für das Auge hergestellten Schnitt, dem Filmschnitt. Damit verschränkt sie ihre Aussage, die sie durch Verletzungen des Körpers zeigt, mit einer wichtigen Reflexion über ihre filmästhetischen Mittel: etwa was die Verweigerung des Blicks durch den Filmschnitt angeht, bzw. den Mechanismus des Wegsehens/Augenschließens, der Tabuisierung ebenso in sich birgt, wie der Filmschnitt immer auch die Spur visueller Auslassung hinterläßt (vgl. Lippert 1985).

Vel von Regine Steenbock[3]

»Vel« bezeichnet eine germanische Wortgruppe, aus der sich das Wort »Haut« etymologisch ebenso ableitet wie »Film«. Gezeigt werden in »Vel« Bildern von Schönheitsoperationen, also Bilder aus einer Sphäre, die nach außen, aber auch nach innen (die Behandelten sind narkotisiert) ausgeblendet wird. Der Film zeigt den Ort zwischen angeblich unvollkommener Weiblichkeit »vorher« und der Erfüllung der Norm »nachher«, und weist damit den weiblichen Körper als einen

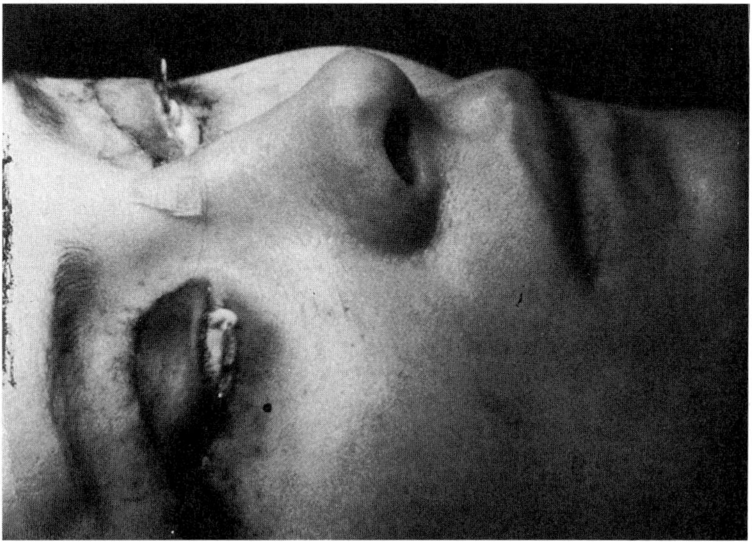

Abb. 3

konstruierten, in diesem Fall als einen chirurgisch produzierten aus (Abb. 3). Mit dem Blick auf diese »Schnittstelle« des Vorher-Nachher-Schemas verstößt der Film gegen den patriarchalen Bilderkanon, der eben diesen Vorgang der Mutilation leugnet, um der Glattheit und Unversehrtheit des weiblichen Körpers dessen »Natürlichkeit« als unabdingbares Attribut beiordnen zu können.

Der Blick der Filmemacherin stellt sich in »Vel« einerseits ungeschützt der Brutalität des Zugriffs auf den weiblichen Körper (Abb. 4) (der – und das darf hier nicht vergessen werden – von den Frauen selbst gewollt ist) und vollzieht ihn gleichsam empathisch mit. Durch die stets präsente, sehr deutliche und strenge Strukturierung der Filmkader – etwa durch die Art des Ausschnitts und durch die Bildmontage – hat sich die Filmemacherin jedoch ähnlich wie Linda Christanell und Valie Export in die Lage versetzt, diese Bilder sehen, filmisch umsetzen und zeigen zu können. Sie werden so einem Diskurs erst zugänglich, für den sie zuvor nur als Blindstellen existierten.

Beobachtungen/Hypothesen

Als den eigentlichen Ort, an dem Signifikantes ausgesagt wird, wählen die Filmemacherinnen den weiblichen Körper: »Diese Inszenierung des Ichs – über den Körper, über Bilder vom Körper, über einen

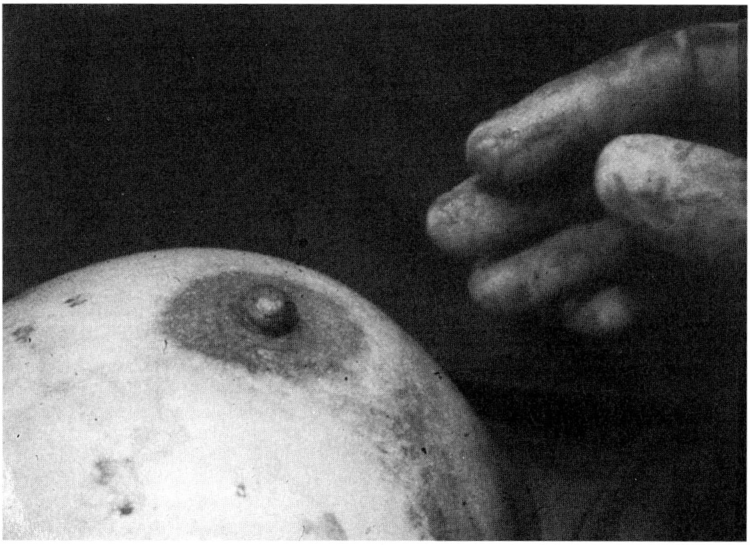

Abb. 4

zersplitterten Körper – zeigen die Tendenz, den Status des Opfers hinter sich zu lassen, indem die soziale Konstruktion der Frau, die Wunde des Defekts Frau (...), die kulturellen Bilder der Frau selbst thematisiert werden« (Export 1987, 24).

Der Ausdruck, den das Abbilden des weiblichen Körpers ermöglicht, ist in allen drei Filmen einer, der Schmerz mit Lust verbindet, wenn auch nicht Lust als immanenter Darstellung auf der Leinwand im Rahmen patriarchal determinierter Koordinaten, sondern Lust/Befriedigung im Sinne des Bild- und damit Erkenntniszuwachses, der den Filmemacherinnen (und uns) durch die ästhetische Auseinandersetzung mit dem Thema neues Terrain eröffnet.

Die Verbindung Schmerz/Lust wird möglich im Rekurs auf die historisch entstandene Untrennbarkeit des weiblichen Körpers und des Bildes vom weiblichen Körper als durch das Patriarchat kolonialisierte Territorien. Die Regisseurinnen zielen darauf ab, beide gleichzeitig abzubilden und zu überschreiten.

In diesem Sinne sind die Filme von Linda Christanell, Valie Export und Regine Steenbock zu verstehen als Versuche, durch Abbildungen von der Zerstörung am weiblichen Körper/Bild eine »Deterritorialisierung« derselben einzuleiten. Dadurch unterscheiden sie sich wesentlich von den meisten Bildern der Zerteilung weiblicher Körper, die männliche Künstler produziert haben. Denn es ist ein grundlegender Unterschied, ob diese Künstlerinnen durch die Darstellung von Zerstörungsarbeit am weiblichen Körper die reale Knechtung und Verbiegung von Frauen mitreflektieren, oder ob Künstler durch die Darstellung mutilierter Frauenkörper nur das Durchbrechen eines Tabus exemplifizieren, zu dessen Trägerinnen Frauen durch die Einschreibung des Schönheitsparadigmas in ihre Körper funktionalisiert worden sind.

Der Versuch der drei Filmemacherinnen, einen authentischen Zustand des weiblichen Körpers auf der Leinwand umzusetzen, bedeutet daher einen Schritt heraus aus dem Paradox einer Bildlosigkeit, die bedingt ist durch die patriarchale Codierung. Er bedeutet einen Zuwachs an Darstellungsmöglichkeiten, der Raum schafft für die Abbildung der Zerreißprobe, in der sich der weibliche Körper befindet, wenn er sich gegen die Erstarrung durch männlich bestimmte Determinierungen wehrt.

Diese Zerreißprobe beschreibt einen Zustand, der insofern tragische Aspekte enthält, als er – wie Renate Berger in der Berliner Plenumsdiskussion formulierte – den unwiderbringlichen Verlust des eigenen Körpers für Frauen in einer patriarchalen Gesellschaft benennt, und weil der Weg fort von dem so territorialisierten weiblichen Körper/Bild in unserer jetzigen historischen Situation notwendig auto/destruktive Komponenten enthalten muß. Denn so einfach und richtig Valie Exports Postulat »Die Frau muß sich vom Körper und den Bildern der Frau lösen« (Export 1987, 35) auch ist, so kompliziert sind die Strategien eines Lösungsversuchs, und so groß sind die Widerstände auch bei Frauen, wenn es darum geht, diese Bildvorgaben zu durchbrechen.

Sehbehinderungen

Die beiden wichtigen künstlerischen Strategien, weibliche Körper/Bilder in Frage zu stellen, sind zum einen das genaue Benennen/Vorzeigen ihrer patriarchalen Konstruktion und zum anderen der Bildersturm, die Zerstörung patriarchal codierter Weiblichkeitsbilder (Berger 1985). Je radikaler beide Vorgehensweisen vorangetrieben werden, desto größer werden jedoch die Widerstände bei der Rezeption ihrer Ergebnisse.

Valie Export beobachtete im Zusammenhang mit ihrer feministischen Aktionskunst: »Wenn schon pathologische Momente wie Selbsthaß, minderes Selbstbewußtsein, Identifikation mit Leid, Unterwerfung aus solchen Aktionen interpretatorisch rezipiert werden, dann sind dies Momente der Wahrheit der Geschichte der Frau, so wahr, daß nicht einmal viele Frauen den Lack so gründlich abkratzen lassen wollen. Der Schein des belanglosen Glamours ist vielen lieber als die Souveränität eines ausgetragenen Schmerzes, als die schmerzliche Energie des Widerstandes.« (1980, 143).

Die Reaktionen auf die drei im Workshop gezeigten Filme und besonders auf »Remote Remote« von Export bestätigen, daß sich die Abwehr der Zuschauerinnen, wie sie schon in den 70er Jahren vehement geäußert wurde, bis heute fortsetzt. Empörung wurde formuliert gegen eine angeblich erzwungene Mutprobe des Hinschauens, das Vorführen der Filme selbst wurde als Akt der Gewalttätigkeit interpretiert. Die Tatsache, daß die Filme auf die brutalen Realitäten »weiblicher Körperpraxis verweisen, über die (vorsätzlich) der Schleier der Verschwiegenheit gebreitet ist« (Lippert 1985, 80), wurde nur partiell und erst nach längerer Debatte diskutierbar. Ein Augenschließen vor dem Ausmaß der Brutalität mag die adäquate erste Reaktion sein. Gerade diesen Mechanismus aber gilt es anschließend als einen patriarchal intendierten zu reflektieren. Denn mit dem Wegsehen rechnet ja sein Argumentationszusammenhang, der die Verstümmelung am lebenden weiblichen Körper verdeckt zugunsten eines angeblich unversehrten, idealisierten Weiblichkeitsbildes.

Auch die zweite Strategie, der Bildersturm gegen das (auch mit den Mitteln der Kunst) hergestellte Weiblichkeitsbild, scheint nur dann von einem Großteil des weiblichen Publikums akzeptierbar, wenn er sich symbolisch gegen Ikonen männlicher Kunstgeschichte wie Velazquez' Venus in der National Gallery in London richtet, die eine englische Suffragette zu Beginn des Jahrhunderts mit dem Messer zerschnitt (Berger 1989). Aggressionen bei den Zuschauerinnen der gezeigten Filme äußerten sich jedoch sofort, als dieser bilderstürmerische Schnitt am eigenen Fleisch vorgeführt wurde.

Die Tatsache aber, daß heute durch die Bilderflut der zugerichteten weiblichen Körper deren Normalität omnipräsent vorgetäuscht wird, und gleichzeitig der dazugehörige Prozeß individueller Verstümmelung am realen weiblichen Körper kaum mehr ablesbar ist (Bodyshaping und Schönheitsoperation haben längst das Korsett ersetzt), weist auf eine Situation hin, in der die Differenz von Weiblichkeitsbild und realem Frauenkörper immer geringer wird und sich bereits in gefährlicher Weise einer Kongruenz genähert hat. Feministischer Ikonoklasmus ist daher, wenn er heute radikal argumentiert, auf den Schauplatz des weiblichen Körpers selbst verwiesen. Eine Entzerrung von weiblichem Körper und seinem Bild läßt sich nicht mehr voluntaristisch heraufbeschwören. Daher scheint mir das Nichthinsehenkönnen von (Weiblichkeits-)Bildüberschreitungen gerade im Medium Film, wo sie unmittelbar an realen Körpern vorgezeigt werden, zwar nachvollziehbar, weil damit an die psychisch-physische Schmerzgrenze auch der Zuschauerinnen gerührt wird; als langfristige Blickstrategie scheint es mir jedoch im wahrsten Sinn des Wortes kurzsichtig. Denn was wir im konkreten Fall nicht wahrnehmen wollen, verlieren wir schnell auch im großen Zusammenhang aus den Augen, oder, wie Gertrud Koch (frei nach Berthold Brecht) formulierte: »Unsichtbar macht sich die Unterdrückung der Frauen, indem sie ungeheure Ausmaße annimmt« (1977, 6). Das heißt, erst an (wieder) sichtbar gemachten patriarchalen Strukturen lassen sich Überschreitungen des dort konstruierten Weiblichkeitsbildes von Frauen formulieren. Und auch wenn der Prozeß des Zeigens und Ansehens zunächst schmerzhaft ist, so ist damit erst die notwendige Grundlage für das Sprengen des unsichtbaren weiblichen Körper-Bild-Korsetts geschaffen.

Anmerkungen

* Die ursprüngliche Idee und erste konzeptionelle Ausarbeitung zu diesem Workshop sind in Zusammenarbeit mit Hannelore Paflik, Mannheim, entstanden.

1 1984, schwarz-weiß u. Farbe, ohne Ton, Super 8.
Linda Christanell wurde 1939 in Wien geboren, sie studierte Malerei an der Akademie der Bildenden Künste in Wien. Seit Ende der 60er Jahre wandte sie sich der Objektkunst und Performance zu und begab sich mit ihren Arbeiten in feministische Kontexte (Christanell ist u. a. Gründungsmitglied

und bis heute aktiv in der Wiener feministischen Künstlerinnengruppe INTAKT). Seit 1975 hat sie sich immer mehr der Fotografie und besonders dem Film zugewandt (ihre Arbeiten bewegen sich dabei hauptsächlich im Bereich der Super8-Produktion, die noch ein Höchstmaß an umfassender autonomer Gestaltung gewährt). Am bekanntesten ist ihr 16 mm Film »Anna« (1980/81), der über und mit Anna Rheinsberg entstanden ist.

2 1973, Farbe, Ton, 16 mm.
Die Wurzeln von Valie Exports künstlerischer Arbeit liegen im Wiener Aktionismus. Über diesen hinausgehend wurde Export Anfang der 70er Jahre zu einer der wichtigsten Initiatorinnen und Protagonistinnen des Feministischen Aktionismus (vgl. Export 1980). Ihre Filmarbeit war stets Teil ihrer Aktionen und ist heute als selbstständiges Medium ins Zentrum ihrer Kunst gerückt. Bekannt sind vor allem ihre langen Filme »Unsichtbare Gegner« (1977), »Menschenfrauen« (1979) und »Praxis der Liebe« (1984), weniger jedoch ihre kurzen, experimentellen Filme.

3 1988, Farbe, Ton, 16 mm.
Regine Steenbock wurde 1959 geboren. Sie studierte ab 1980 in der Klasse für Bühnen- und Filmgestaltung der Hochschule für angewandte Künste in Wien und von 1982 bis 1986 in der Filmklasse der Städelschule in Frankfurt/M.

Abbildungsnachweis

Foto aus For You von Linda Christanell, Copyright bei der Filmemacherin; Fotos aus Vel von Regine Steenbock, Einzelbildreproduktionen von Thomas Mann, Copyright bei der Filmemacherin; Fotos aus Remote Remote von Valie Export, Einzelbildreproduktionen von Hiltrud Köhne, Copyright bei der Filmemacherin.

Kathrin Hoffmann-Curtius

»Wenn Blicke töten könnten« oder: Der Künstler als Lustmörder

Ich morde mich zu Tode, um
literarisch im Fenster zu
bleiben.
Friedrich Dürrenmatt, »Der Autor«
in: »Dichterdämmerung« 1980

In jedem seiner Bildnisse
schlachtet er ein Leben, und
hält es in seinen blutigen
Händen und spürt es zucken. Es
zuckt und blutet aus und kühlt
ab. Blutrausch! Wir sind bei ihm.
Johannes Grützke
über Ludwig Meidner,
in: Der Pinsel als Messer,
ZEITmagazin 6. 1. 1989

In der gegenwärtigen PorNo-Debatte fungieren Grosz' und Dix' »Frauen-« und »Lustmörder« als »klassische« Beispiele einer zu Gewalt gegen Frauen anstiftenden Bilderwelt (Venus Ade 1987, 50f; Berger 1988).

Mit ähnlicher moralischer Verurteilung hatte die NS-Kunstpolitik die Diffamierung und Verfolgung der sog. Entarteten Kunst verbunden. Willrich illustrierte in »Säuberung des Kunsttempels« (1937) u. a. mit einer Abbildung von »John, der Frauenmörder« seine Attacke gegen Kunstbolschewismus und -anarchie der Weimarer Moderne (16). Bei der anschließenden Schau der »Entarteten Kunst« wurde der Themenkreis solcher »Bordell«-Bilder insgesamt zur Pornographie erklärt und ihr Ausstellungsverbot als Schutz der Frau deklariert (Kat. Entartete Kunst 1937, 14). Wenig Gebrauch wird in diesen unterschiedlichen Etappen der Rezeption von der spezifischen Lesbarkeit der Bilder gemacht. Diese gewinnt jedoch gerade dann an Bedeutung, wenn die Frauen-Lustmordbilder im Zusammenhang mit den »kollektiven Angstphantasien« kurz vor und nach dem Ersten Weltkrieg gesehen werden (Korff 1989).

Grosz hat sich dem Thema in mehreren Zeichnungen und Aquarellen gewidmet[1]. In Öl auf Leinwand – in der Tradition der Hochkunst – malte er das Thema nur zweimal zur Zeit der Novemberrevolution 1918 in Berlin[2]: »John, der Frauenmörder« (Abb. 1)[3] und der »Kleine Frauenmord (oder) -mörder« (Abb. 2)[4]. Während also Berliner Arbeiter und Arbeiterinnen auf den Straßen gegen die Monarchie kämpften, fertigte der linke Künstler Grosz Bilder des Frauenmordes an. Dieses historische Zusammentreffen fand in der Literatur über Grosz' politische Bilderproduktion bisher keine Beachtung. Die genannten Bilder wurden darin überhaupt ausgeblendet (Lewis 1971, Weinstein 1986). Diejenigen, die sich wiederum mit solchen Darstellungen auseinandersetzten, beschäftigte die Tatsache des Mordes an Frauen nicht sonderlich. (Schneede 1975a, 15ff, Theissing 1981, Eberle 1985, mit Ausnahme von Wenk 1987a, 111ff.)[5]

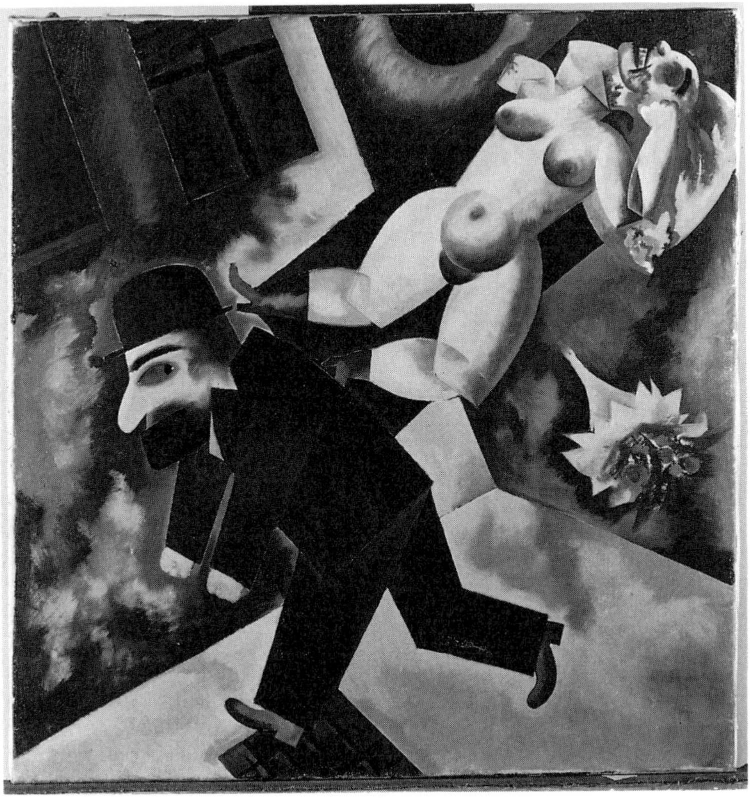

Abb. 1: George Grosz, »John der Frauenmörder«, Öl auf Leinwand, 1918, Hamburger Kunsthalle.

1. Bildaufbau und Ikonographie

Auf beiden Gemälden erkennen wir in der oberen Hälfte bildbeherrschend einen gestückelten liegenden Frauenakt in Rotweiß und darunter den nahezu geometrischen Umriß eines laufenden Mannes in braunem Anzug. Der zeitliche Ablauf des Tatherganges bleibt in beiden Bildern ungewiß, verschiedene Momentaufnahmen werden kombiniert. John, der Frauenmörder, rennt ohne irgendeine Tatwaffe mit vorgestreckten Fausthändchen davon. Über seinem schwarzen Bowler Hut ist ein erhabener brauner Fleck. Er erinnert an die runden Punkte, die Grosz und Heartfield mit »dada« betitelten[6], und wäre dementsprechend hier über dem Mörder wie »da-da-ist-er« zu lesen. Lediglich die rote Fliege um den Hals des Mannes, die an die ge-

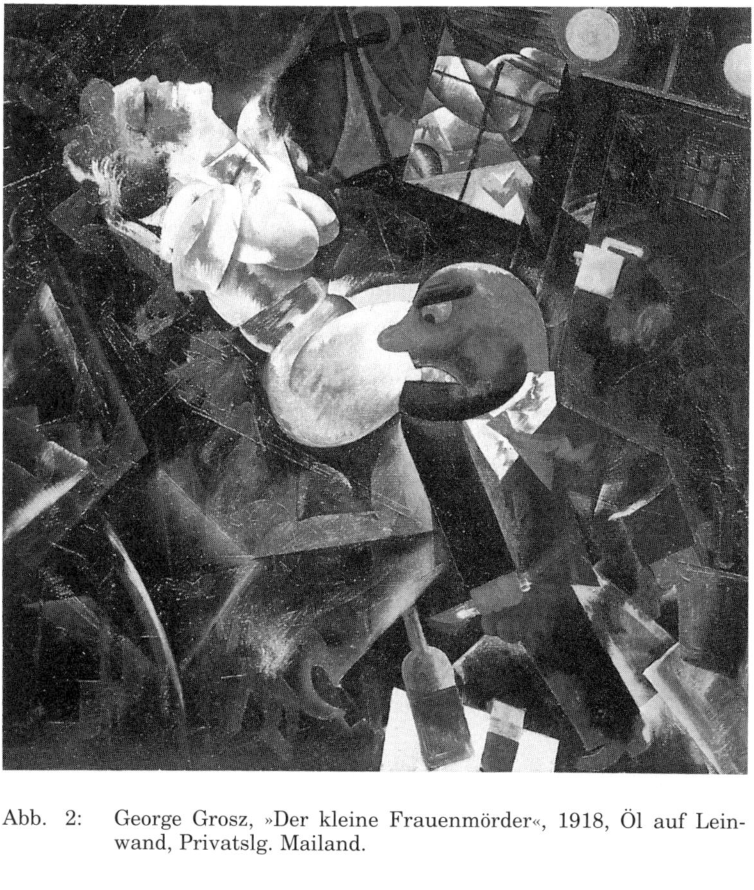

Abb. 2: George Grosz, »Der kleine Frauenmörder«, 1918, Öl auf Leinwand, Privatslg. Mailand.

schwollenen Hoden des sogenannten »kleinen Frauenmörders« erinnert, verrät etwas von der äußersten Erregung eines Triebtäters in hampelmannartiger Bewegung. Den Hauptakzent legt Grosz bei dem Mann auf das geduckte Davonlaufen über einen rotbraunen Gitterrost. Sein Blick ist wie gebannt zurück auf den ihn anstrahlenden Frauenkörper gerichtet. Daß der getötete weibliche Körper über dem mutmaßlichen Täter erscheint, ist motivisch neu[7].

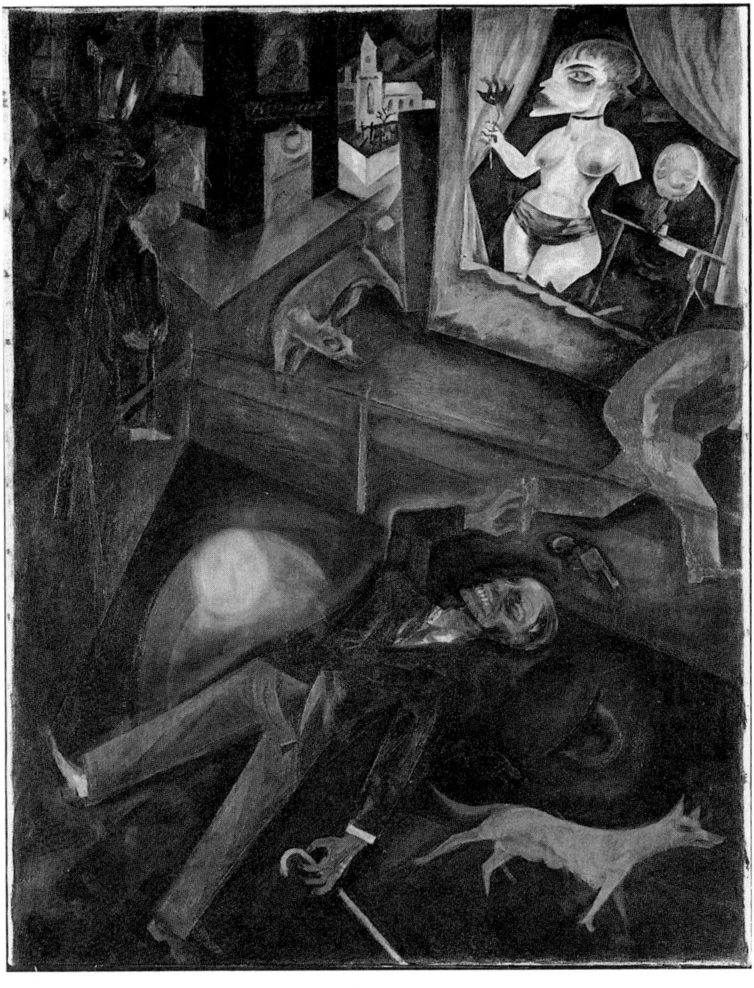

Abb. 3: George Grosz, »Selbstmord«, 1916, Tate Gallery London.

Ein Vorbild findet sich in Grosz' eigenem Oeuvre, nämlich in dem Ölgemälde des »Selbstmordes« von 1916 (Abb. 3). Hier steht eine Dirne in einer Art Schaukasten zwischen Vorhängen nackt hinter dem Geländer, vor dem der Selbstmörder liegt; sie triumphiert geradezu über alle männlichen Kunden. Grosz greift für diese Komposition ein Bildschema auf, das Cézanne in dem Bild des »L'Eternel Féminin« von 1875 verwandte[8], und travestiert das in Deutschland unweigerlich zu assoziierende Schlußzitat aus Goethes Faust: »Das Ewig-weibliche zieht uns hinan«. Man könnte schließen, die dem »Ewig-weiblichen« verfallenden Männer versuchen, sich ihm durch Selbstmord zu entziehen[9].

Im Vergleich zur tradierten Frauenmordikonographie und zu seinem eigenen Bild »Metropolis« von 1917 (s. Anm. 2) ist die beherrschende Position des getöteten Frauenleibes auf dem Hamburger Bild ebenso neuartig wie seine Darstellung. Grosz kombinierte hier offensichtlich die Wiedergabe der laufenden und liegenden Dirne von »Metropolis«. Der äußerst plastisch und bunt gemalte Körper erinnert kaum an einen Leichnam. Prall strahlt er wie lebendig und weist im Unterschied zu den blutbespritzten Körperteilen der Frau in »Mord in der Ackerstraße« von 1916 (Dückers 1979, E43) keine Verletzungen auf. Jedoch hat in beiden Bildern der Mörder jeweils Kopf, Unterarme und -beine von dem weiblichen Körper abgetrennt. Im Hamburger Bild sind sie als abgeschnitten gekennzeichnet – wie die Extremitäten einer ausgeschnittenen Papierfigur. Der Eindruck einer Hampelfrau wird noch verstärkt durch das Schieben der Gliederteile unter oder über ihre Oberarme und -beine. Dieses Strampeln der Frau, das nach Lage der abgetrennten Gliedmaßen anzudauern scheint, ermöglicht, die fortwährenden Bedrohungen der Getöteten für den Täter zu illustrieren. Ihre Bewegungen erinnern an den vorausgegangenen Kampf mit dem Mörder und bedrohen ihn auch noch in der Stückelung.

Obwohl bei John kein Messer zu entdecken ist, macht die seit Hogarth übliche Darstellungsweise der Ermordung der Frau durch Zerschneiden – statt eines Pistolenschusses – auf einen lustvoll zergliedernden Tötungsakt aufmerksam. Eine Blutlache ist in ihrer unregelmäßigen Form deutlich von den klar umgrenzten Konturen des Körpers abgesetzt, der durch künstliche Beleuchtung ausschnitthaft hervorgehoben scheint. Das Blut rinnt vom Kopf der Getöteten hin zu dem niederfallenden Strauß roter Blumen in einer Manschette. Der rechte Armstumpf der Ermordeten scheint in Berührung mit den Strahlen der rot umrandeten Mondfinsternis zu kommen, und deutet darauf hin, daß das nächtliche Gestirn romantischer Liebessehnsucht sich unheimlich verdunkelte über der Großstadtnacht, mit der nach damaliger Vorstellung Leidenschaft und Verbrechen unzertrennlich verbunden waren (Korff 1989; Grosz 1986, 11f,

30ff,45ff). Das Auge der abschreckend verzerrten Totenmaske ist blind, korrespondiert aber mit dem hellwachen von John. Der Ort des Geschehens wird mehrdeutig lesbar. Das Gitter des Gullis, in einer Achse mit den Fensterkreuzen hinter dem halb geschlossenen Laden, versetzt uns in das Blickfeld eines Fußgängers in den Straßen der Stadt. Doch, um mit Boccioni von 1911 zu reden, »Die Straße dringt ins Haus« (Kat. Ich 1987, 53): Der gelbe Boden und die liegende Tote auf der dunkelblauen rechteckigen Bettstatt mit hellblauem Kopfkissen erinnern an einen Innenraum. Die kubistisch-futuristische Schnittechnik macht das Zimmer mit der Getöteten gleichsam zur Vision des auf der Straße davon eilenden Mörders[10].

Hierin zeigt sich Grosz' frühe Auseinandersetzung mit dem Medium Film. (1917 drehte er zusammen mit Heartfield einen Trickfilm für die militärische Bildstelle in Berlin (Fischer 1976, 49)). Auf seinem Hamburger Bild kann man eine dem Film entsprechende Darstellung der gewaltsamen Handlung sehen (vgl. dazu Münzberg 1916). In diesem ist ebenso wie in dem ein Jahr zuvor gemalten »Metropolis« der Tathergang in verschiedene Orte, Ausschnitte und zeitliche Momente zerlegt, auf dem Hamburger Bild sind sie jedoch konzentriert zusammengefügt. Analog zur Erzählstruktur des Films konnte Grosz offenbar den Handlungsablauf auch in der Malerei nur prozeßhaft aus Einzelszenen und Ausschnitten (vgl. Metropolis) zu einer neuen Einheit, der des Tafelbildes, komponieren (vgl. Abb. 1). Der Vorgang des Zerlegens, Zerstückelns und Zusammenfügens scheint hier in der Auseinandersetzung zwischen dem neuen Medium Film und dem traditionellen Tafelbild zu stehen. Roters spricht von dem »Zerstückelungssyndrom« jener Kriegszeit (1987, 129). An diesem Diskurs des Zerstörens und des Neuaufbaus hatte vermutlich auch die Kriegsapologetik mit ihrer Devise »Durch Krieg zum Frieden« teil[11].

Auf dem »kleinen Frauenmörder« in Mailand, sind die Assoziationsketten der Bildmuster noch vielfältiger und gegenständlich erzählerischer illustriert. Der Mann mit rotem, hutlosen Kopf, gefletschten Zähnen und zerfetzter, roter Krawatte stürmt in höchster Erregung nach links auf sein Spiegelbild. Mit vermutlich einem Eimer in seiner linken und einem Messer in seiner rechten Hand vor seinem Geschlecht rast er, nicht ohne beinahe die kippende Weinflasche auf dem Tisch im Vordergrund umzustoßen.

Neben der rot gemalten Künstlersignatur in der linken Bildecke erkennt man als markantestes Zeichen einen hellen langen Strich, der einen gemalten Schnitt oder einen Sprung in einem nahezu quadratisch gerahmten, dunklen Feld – einem Bild – zeigt. Über den gezackten Schraffuren – vermutlich eines zerbrochenen Spiegels – wird eine typisch Groszsche Profilfratze eines Bösewichtes sichtbar, die dem Mörder wohl sein Spiegelbild vorhalten soll. Aus der weißroten Farbmasse im Bildmittelpunkt ist ein wiederum intakter Rumpf eines Frauenkörpers im Profil herausgeschnitten. Der Schnitt am Hals verweist auf den gewaltsamen Tod, während die pastose Wiedergabe des Gesichtsausdruckes auch an eine lustvoll hingegebene Frau denken läßt. Über dem Frauenakt werden bis zum Rücken des Mörders die verschiedensten Blick- oder Bildausschnitte unter einer Mondsichel und nächtlichen Laternen aufgefächert. Hinter Fensterkreuz und Gardine erscheint das gierige Profil des Mannes in Rot und Schwarz, die Rückansicht des ab- oder ausgeschnittenen Frauenkörpers leuchtet in allen drei Grundfarben auf. Über den Torso ist das Segment eines Vorhanges, Rolladens oder Schnittes auf der Höhe des Geschlechtes geblendet. Es überschneidet außerdem die drei hintereinander gereihten Bilder vor einer Staffelei oben rechts. Hier erkenne ich nur auf der vorderen Leinwand ein gelbes Türschloß und einen roten Fensterrost, Assoziationen von Gitter, Gefängnistüre oder -fenster stellen sich ein.

2. Die Schaulust des Voyeurs

Der Lustmord beginnt für George Grosz schon mit Goethes Heideröslein[12]. »Sah ein Knab ein Röslein stehn« ist der Titel einer der vielen Postkarten aus seiner Sammlung (Abb. 4) und auch der einer eigenen Federzeichnung aus der Berliner Großstadtszene um 1918/19[13] (Abb. 5). Grosz verlagert den begehrenden Blick aus der Gartenlaubenidylle in ein »Weinrestaurant« (Mynona 1922, 43). Er nimmt hier das Liebeswerben über Blickkontakte in dem großstädtischen Ambiente aufs Korn und umreißt mit seiner Feder die dabei sichtbar werdenden Herrschafts- und Gewaltverhältnisse. Vielfältige Arten des Sehens, Übersehens, Beschattens und Blind-Seins in der Metropole werden in scharf überblendendem Zeichenstil auf Papier festgehalten. 1921 schreibt Wolfradt hierzu: »Er setzt sich mit uns an die Tische der guten Gesellschaft, wo kalte Blicke Dolche sind, ...wo Blicke die Kleider abziehen... Die Atmosphäre ist geladen mit Mord, die Liebe schlachtet sich Opfer«. (1921a, 110)

Im Zentrum der Zeichnung ist dann auch das Problem des Zeichners und Voyeurs der Metropole illustriert. »Sehen und nicht greifen ist zum verzweifeln«, heißt es auf einer Postkarte der Grosz-Sammlung (G A B). Der Mann auf der Heideröslein-Zeichnung hockt geduckt und in seinen Zweireiher eingeschlossen. Er fixiert die vor ihm am Tisch geradezu riesinnenhaft erscheinende Frau. Grosz karikierte damit das Goethesche Röslein und markierte darüber hinaus die Brustwarzen der Frau als Blickpunkt des Schautriebes für den »Knaben«[14]. Grosz betonte hiermit pointiert die Schaulust des Großstadtflaneurs an Ausschnitten. Sein mit der Postkartensammlung

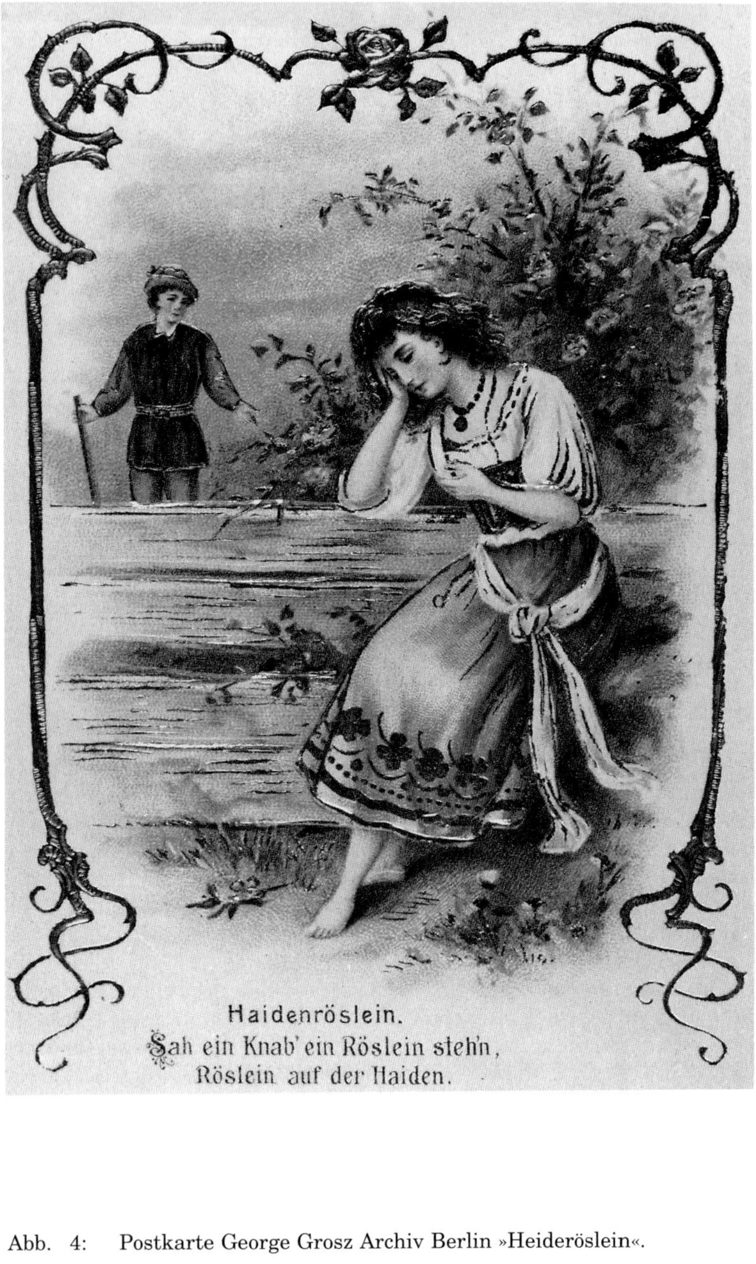

Abb. 4: Postkarte George Grosz Archiv Berlin »Heideröslein«.

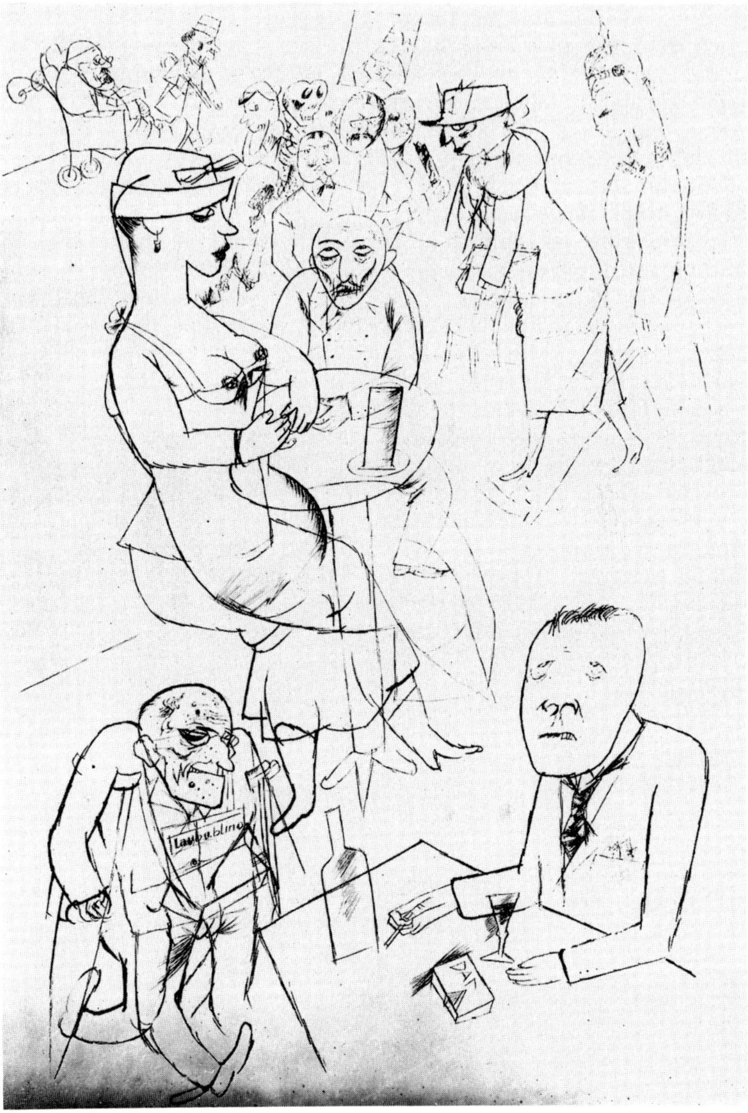

Abb. 5: George Grosz, Federzeichnung »Sah ein Knab ein Röslein stehn«, 1918.

deutlich dokumentiertes Interesse an Pornobildern wußte Grosz auch in entlarvende Zeichnungen wie den »Spaziergang des Erotomanen« von 1914 umzusetzen (Abb. 6). Seine Schaulust enthüllt nicht nur den weiblichen Körper, sondern sie trennt sogar Kopf und Arme vom Rumpf, so bei den Frauentorsen links oben und rechts unten[15]. Angelehnt an den phallischen Marterpfahl offenbart der »Erotomane« sein Begehren, das sich an Teile des weiblichen Körpers heftet, durch sie geweckt wird.

Ein phallischer Pfahl ist auch auf der Röslein-Zeichnung erkennbar: mitten durch die ganze Zeichnung führt eine Art Säule; sie geht aus von der Weinflasche auf dem Tisch und verläuft über das Tischbein, das Bierglas und den steifen Voyeur bis zu dem abgebrochenen Säbel des einen »Schiebers« (Mynona 1922, 43) mit der Augenklappe ganz oben in der Gesellschaft des Zigarette rauchenden Todes. Die sexuellen Konnotationen, die die einzelnen rohrartigen Gegenstände für Grosz auch in verschiedenen weiteren Zeichnungen haben[16], lassen keinen Zweifel an der Starre einer phallischen Erektion, die hier den Betrachter meint, dem die Vereinigung versagt bleibt. Liest man den Bildaufbau zusammen mit dem -titel, dann wird die bildnerische Absicht der phallischen Anspielung bei der Verwendung des Goethezitates sichtbar[17]. Außerdem sprach Grosz von der Eichel seines Gliedes auch als einer Rosette (Grosz 1979, 143) und verwendete diese Metapher im Bild der »Maienzeit« von 1924 (Grosz 1930, S. 113). Wir

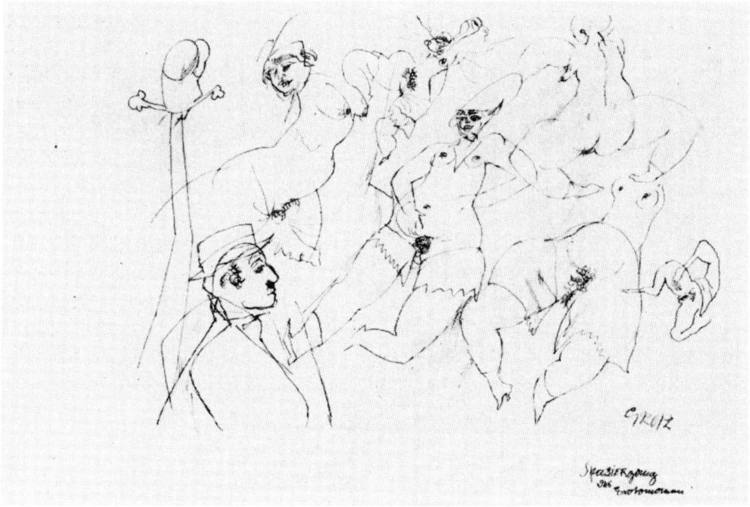

Abb. 6: George Grosz, »Spaziergang des Erotomanen«, Tusche, Farbstift, 1914.

können annehmen, daß Grosz das, was Freud über die erotische Schaulust vermutet hatte, daß sich das Auge nämlich »bei Erhöhung seiner erogenen Rolle geradezu wie ein Genital gebärdet« (Freud 1948, Bd. 8, 101), eben nicht nur gelesen hatte.

Bei den hier behandelten Text- und Bildquellen empfiehlt sich ein cross-reading, denn der pornographische Blick wird auf verschiedene Weisen thematisiert. In der ungefähr gleichzeitig erschienenen Ausgabe des von Grosz illustrierten Blattes »Der blutige Ernst« (Jg. 1 Nr. 1, 1919) sind folgende Aphorismen des Herausgebers John Hoexter zu lesen:

»Liebe-S. FREUD und Leid:
...
Neubestellter Parnaß.
Hier wuchs die blaue Blume der Dichtung:
Neu-Rosen blühen jetzt in jeder Richtung.«

In dem »Heideröslein«-Blatt gibt es eine auffällige Verbindung von Sehen, Sexualität und Tod wie in dem Ölbild »Vorstadtstraße« von 1915 (Wolfradt 1921b, Abb. 1). Es geht offensichtlich um das Bedrohliche der Schaulust, die Lacan analysiert: »Da jedes menschliche Begehren auf der Kastration beruht, übernimmt das Auge eine bösartige, aggressive Funktion.«[18] Die Heideröslein-Zeichnung handelt offenbar auch von der Kastrationsangst, genauer von der Kastrationsabwehr des Mannes mit Erstarrung im Anblick der sexuell potent wirkenden Frau. Als Alternative zu dieser Angstabwehr hat Theweleit den Lustmord des soldatischen Mannes beschrieben (1977, Bd. 1, 244ff). Der Voyeur auf der Grosz-Zeichnung scheint im Ausschneiden des weiblichen Körperbildes auch seine Kastration zu entdecken, nämlich den ihn bedrohenden Tod. Darauf wird hier durch den Knochenmann, der mit seinem Fuß in den Blickwechsel von Mann und Frau am Tisch dazwischentritt, hingewiesen. Während aber auf der Röslein-Zeichnung nur der Tod und die Erstarrung zu sehen und von der stehenden Rose zu lesen ist, zeigt das Ölgemälde »John, der Frauenmörder« neben der Ermordeten einen zu Boden fallenden Blumenstrauß. Aufgrund der hier vorgenommenen Erläuterung des Blattes »Sah ein Knab ein Röslein stehn« lassen sich die abgeschnittenen roten Blumen auf dem Hamburger Bild als ein Emblem für den Frauen-Lust-Mord auch des Voyeurs bezeichnen.

3. Der Künstler und die Hure

Mit der Grimasse des anonymen Großstadtläufers sind die Gesichtszüge, die Grosz für sein Selbstportrait malte, verwandt. In seine fast gleichzeitig ausgeführte Zeichnung »Spielhölle«[19] fügt er in nahezu identischer Weise sein Profil rechts oben als Voyeur in den Kreis des Geschlechtsverkehrs verschiedenster Paare um den mittleren weiblichen Torso ein. Sogar Hut und Fliege sind Maler wie Mörder gemeinsam. Einen derartig grimmigen Gesichtsschnitt gestand Grosz auch seinem Freund John Heartfield zu[20]. Der Bildtitel »John, der Frauenmörder« läßt nun gleich mehrere Assoziationen für die damaligen Rezipienten zu. Jeder Großstadtläufer kann ein Mörder sein – die Mörder sind unter uns – ebenso wie der Voyeur Grosz[21]. Außerdem setzte Grosz die Tendenz der französischen Avant-garde des 19. Jahrhunderts (Adriani 1980, 10) fort, wenn er immer erneut provozierende, skandalumwitterte Themen der Geschlechterbeziehung wählte und auf deren Faszination und Verkäuflichkeit spekulierte. Doch mit dem Vornamen John bezeichnete Grosz offenbar auch seinen damaligen Dada- und Filmkollegen Helmut Herzfelde, der sich während des Krieges in John Heartfield umbenannt hatte[22].

Während also in der Profilwiedergabe und im Titel des Hamburger Frauenmordes auch auf ein Künstlerselbstbild angespielt wird, macht das Mailänder Bild auf den Maler als potentiellen Mörder über das Atelierambiente der Mordszene aufmerksam. Atelierausblicke und Bildausschnitte sind schwerlich voneinander zu unterscheiden[23]. Einen weiteren Hinweis enthält der Spiegel, auf den der Mörder offenbar zurast. In seiner Autobiographie beschreibt Grosz sein damaliges Atelier: »Hier und dort hatte ich Stücke eines zerbrochenen Spiegels angebracht« (Grosz 1974, 103).

Auf wen aber hatte es denn der Täter abgesehen: auf sein gestükkeltes Spiegelbild oder den dahinter liegenden Frauenakt?

Grosz kennzeichnet die weiblichen Körper durch ihre Accessoires – die Stiefel auf dem Hamburger Bild und die Bauchbinde mit Schleife auf dem Mailänder Bild – als die der Dirnen. So malte er die Großstadthuren auf mehreren Bildern dieser Jahre, zum Beispiel in dem verschollenen »Deutschland, ein Wintermärchen« von 1917/19 (Schneede 1975a, 114), wo nach Grosz eigener Schilderung die Welt um den ewigen deutschen Bürger schwankte: »Ein Matrose als Symbol der Revolution und eine Prostituierte vervollständigten mein damaliges Bild der Zeit«. (Grosz 1974, 116) Die Dirnen stellten analog zur Revolution eine Bedrohung für den Bürger dar. Hatte anfänglich für Grosz das Bild der Hure, der großstädtischen Heroine (Bergius 1986; Weigel 1987, 208f), noch die Aura der Ganzheit nicht völlig eingebüßt z. B. in »Deutschland, ein Wintermärchen«, so tauchen doch parallel dazu auch schon seit 1913 Zeichnungen des Partialobjektes, in Gestalt des begehrten Rumpfes, kontinuierlich auf (s. Anm. 15). Diesen weiblichen Körperteil zeichnete er dann seit 1916 immer wieder in das großstädtische Getriebe ein[24]. Das Bild des Weiblichen hatte auch für Grosz die Aura von unsterblicher Schönheit und Liebe zugunsten des prostituierten Körpers als Ware und aesthetische

Fragment verloren (vgl. dazu Buci-Glucksmann 1984, 22ff). Wenk benennt hier m. E. zutreffend John, den Frauenmörder, als den »Zerstörer allegorisierter Weiblichkeit« (1987a, 114).

Während des Ersten Weltkrieges veränderten aber auch die berufstätigen und die revoltierenden Arbeiterfrauen das Berliner Straßenbild zunehmend (Scholz 1984; 80–99). Das Bild der Frau in der Stadt nahm offenbar immer bedrohlichere Züge an, in der Verbindung von Revolution – Masse – Trieb stand es dem (soldatischen) Mann gegenüber (vgl. dazu Theweleit 1977, Bd. 1). Davon zeugen auch Sprüche dieser Zeit wie etwa »Licht aus – Messer raus, Spartakist kommt angesaust« (Korff 1989). Zu jener Vorstellung vom Chaos gehörte das Bild der geschändeten Frau[25] als Gegenbild für die Ordnung (vgl. Theweleit 1977, 121–132). In den Grosz'schen Chaoskarikaturen »Pandämonium« 1914 und »Krawall der Irren« 1915 (Hess 1985, Abb. 42, 43) sind auch vergewaltigte Frauen zu sehen, und vermutlich werden hier wie auf dem Hamburger Bild zeitgenössische Vorstellungen von der Rache der Männer an den bedrohlich »schamlosen« Frauen aufgenommen. Theweleit fand bei den Lustmordschilderungen der Männer aus dem Freikorpslager immer wieder die »genußvolle Wahrnehmung« des Zustandes »blutige Masse« für die getöteten, bedrohlich attraktiv wirkenden Frauen beschrieben (1977, 242). Dergestalt könnten auch die blutigen Stellen auf dem Hamburger Mordbild wahrgenommen werden. Aber die Bildmuster des mit Spartakus sympathisierenden Bohémien Grosz lassen einen Unterschied erkennen: Neben der Blutlache verrät der wohlgerundete Körperkontur den Akt des Monteurs mit dem Pinsel.

4. Kunstmord

Einerseits spiegelte sich in dem Bild der Prostituierten der Künstler als Außenseiter der Gesellschaft: ihrer beider Gewerbe war »der Strich«. Andererseits ließ ihn der bedrohlich wirkende Automatismus seiner »Erotomanie« vor der Bildmacht des weiblichen Rumpfes weglaufen, sich oder das überhöhte Frauenbild angreifen[26]. In der Zeit, in der, wie Kittler analysierte, in Deutschland Kino und Krieg als mechanisierter Tod zusammenfielen (1986, 190ff), stellte der Maler Grosz den Todesautomatismus der Schaulust im Ölgemälde und Photo dar.

Zwei tradierte Themen der Kunstgeschichte verwendete Grosz in seinen Frauenmordbildern dabei: zum einen den weiblichen Akt, den man »als Signifikanten für die Formungskraft des Künstlers« fassen kann (Wenk 1987, 233), zum zweiten das Sujet der »Schönen Leiche« (vgl. dazu Bronfen 1987). Grosz wandelt dieses dahingehend ab, daß er nicht nur die Kunstfrau zum Beschauen freigibt, sondern auch den Rausch und das Gefangensein des Schneidenmüssens als männliche Atelieraktion veranschaulicht, so auf dem »Kleinen Frauenmord«. Grosz nahm Thomas de Quinceys Thema »Mord als eine schöne Kunst betrachtet« auf [27] und zeigte so seine Kunst als Mord am Bild der Frau als ganzem Körper (vgl. dazu Schade 1987). Der Frauentorso wirkt hier wie aus der Malmasse herausgeschnitten, getötet oder – am Hals – zusammengestückelt. Jedenfalls steht dieser Gestaltungsvorgang inmitten des oben skizzierten Diskurses zur Stükkelung um den Ersten Weltkrieg, der sich mit dem anarchistischen

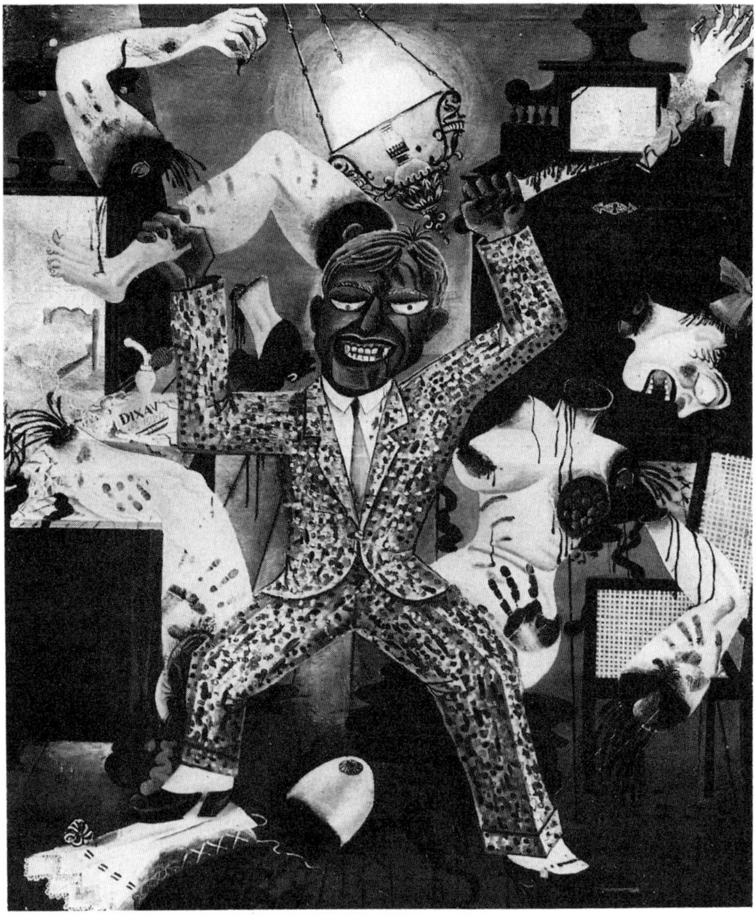

Abb. 7: Otto Dix, »Der Lustmörder« (Selbstbildnis), Öl auf Leinwand, 1920.

verbinden ließ. »Die Lust der Zerstörung ist zugleich eine schaffende Lust.« So eine Formel Bakunins, die Mehring publizierte[28].

Auch den Dresdner Maler Otto Dix scheint dieses anarchistisch-dadaistische Arbeitsmotto bei seinem »Berufsportrait« als Lustmör-

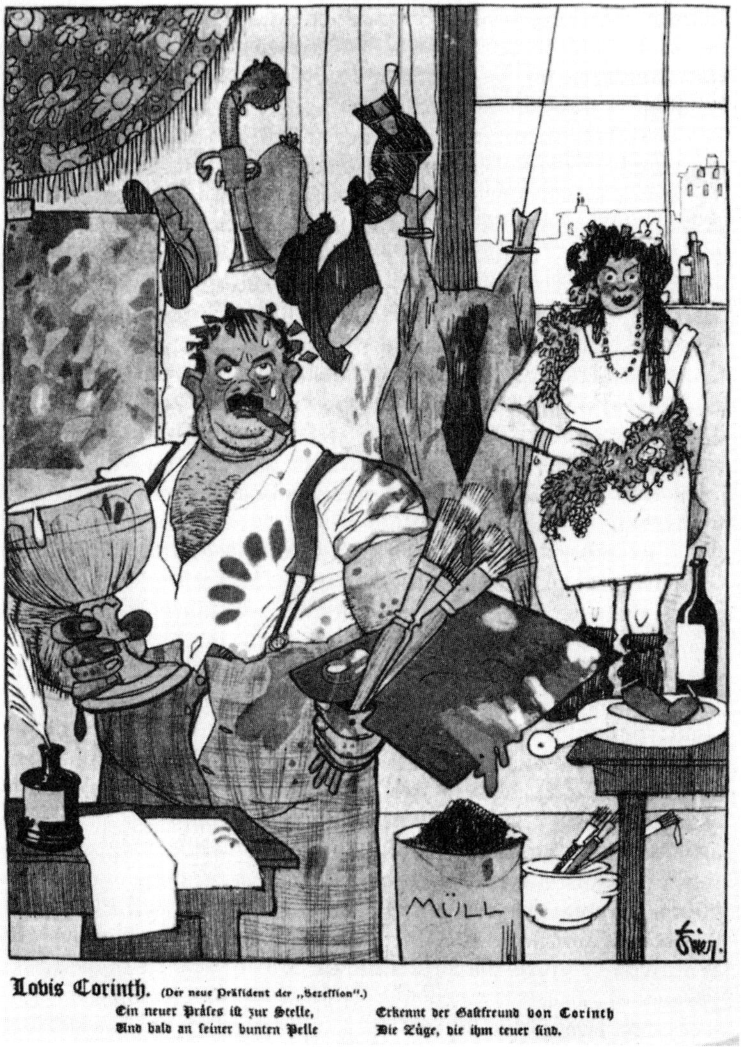

Abb. 8: Trier, »Lovis Corinth. (Der neue Präsident der »Secession«).« Karikatur.

der (Abb. 7) beeinflußt zu haben. Dix verband den Bildtopos vom Maler als Fleischermeister (Abb. 8) mit dem obersten staatlichen Schlächter im Kriege, nämlich Wilhelm II.[29]. Wie in der Karikatur des »Secessions«-Präsidenten Corinth (Abb. 8) schilderte Dix seine zupackende Fleischeslust im Zerstückeln des Frauenkörpers und antwortete hiermit der bürgerlichen Kunstkritik, die z. B. Beckmann ein »Aktragout« (Schmidt 1908, 413) bescheinigt hatte, in sarkastischer Zustimmung. Er travestierte die traditionsreiche Atelierdarstellung, zu der auch Gipsabgüsse einzelner Körperteile als tote Studienobjekte gehörten (vgl. Menzel: Hofmann 1979), im Bilde einer blutrünstigen Lustbarkeit. Dix zeigt sich selbst als sadistischen Malermetzger im eleganten Straßenanzug und in Siegerpose über das Frauenkorsett unter seinem Fuß.

Grosz konzentrierte seine Mordgelüste im Ausmalen der des Voyeurs. Der Blick »Johns, des Frauenmörders« versucht, den immer noch strampelnden Körper der entkleideten Kokotte im Zerschneiden zu einem Torso als ihn verfolgenden Sexfetisch festzuhalten. Um dessen Anziehungskraft ins Bild zu bannen, nahm Grosz das Formvokabular der Expressionisten in Anspruch[30]. Seine für ihn untypische künstlerische Anleihe erklärt sich aber aus der Suche nach neuen Körperbildern obsessiver weiblicher Sexualität, die sich mit dem Rückgriff auf die Kunst der »Primitiven« neue Modelle ersann[31]. Grosz verfolgte hierbei sein immer wiederkehrendes Thema, den pornographischen Blick des Mannes und Künstlers auf die Frau als ausschließlich sexuelles Wesen »mit Pinsel und Schere« (Grosz 1921) darzustellen. Der Frauenkörper wird von ihm unverhüllt in Form des Rumpfes ohne bewegliche Gliedmaßen gezeichnet, gemalt oder geschnitten.

Grosz' Atelierphoto von 1917/18 (Abb. 9) macht noch einmal auf sein Verfahren des Schneidens und Montierens aufmerksam. Er setzte – im Unterschied zu expressionistischer Verherrlichung der Malerei[32] – das Messer am Rahmen an und beginnt nahezu an der Stelle oberhalb des Knies von Maud zu schneiden, die auch im Hamburger Bild die untere Schnittstelle der Oberschenkel bildet. Der Rumpf, der auf dem Photo durch einen dunklen Badeanzug verhüllt ist, wird auf dem Ölbild ausgezogen zum nackten, weißrot angestrahlten Torso.

Grosz problematisierte in seinen Bildern aber auch die herkömmliche Maltechnik, in der Seherfahrungen mittels des sogenannten Albertischen Fensters übertragen wurden. In einer Kompositionsskizze von E. R. Weiss aus dem Berliner Secessionskatalog von 1909 zerteilt der mittlere Schnittpunkt des Bildrasters die Vagina eines weiblichen Aktes im Bildmittelpunkt (Paret 1980, 276). Dieses Schnittmuster wird zum Fadenkreuz des Künstlerblickes, wie er durch das Fenster oder auf den Bildern im Atelier des Mailänder

Frauenmordes aufgefangen ist. Grosz beschreibt seine Arbeit in einer logistischen Kriegssprache: »Das Zeichenbrett ist wie ein Schlachtfeld oder wie ein Hinrichteplatz« (Grosz 1974, 289); und in einem seiner Briefe von 1917: »... Farbkomplexe zu schichten, Linien zu staffeln wie ein Feldherr, ganze Schlachtfelder voller blutendes Rot und die schwarzen Senkrechten« (Grosz 1979, 52). Grosz charakterisiert aber auch das Gitter auf der Leinwand als das einer verschlossenen Türe oder eines Gefängnisfensters (vgl. Abb. 2). Zusätzlich zu der oben aufgezeigten (tödlichen) Fixierung des Sehens wird somit auch die Kritik des Gefangen- oder Eingeschlossen-sein in der Rastertechnik signalisiert[33]. Grosz ordnet diese Vergitterung entsprechend dem Gulli, auf den John der Frauenmörder tritt, dem Mann in kritischer Absicht zu. Der taumelnde Hampelmann ist zugleich auch der Künstler-»Construktör«[34], der mit seiner rationalisierten Einteilung der Umwelt mittels Rastertechnik das (weibliche) Leben zu fassen sucht.

Grosz' Bilder sind Dokumente des Zerlegens und Neuzusammensetzens von Großstadtclichés des Voyeurs. Hierbei ist das Bild des alles überragenden Frauenkörpers in Grosz' Arbeiten vom Frühwerk an gegenwärtig. Das männliche Gegenüber hat die Alternative, sich angesichts des »Ewig-Weiblichen« davonzumachen oder das Weibliche in einem Still-leben zu fixieren. Faszination und Schrecken bei diesem Stückelungsvorgang (vgl. dazu Wenk 1987a, 112f) sind im Bild als künstlerische Umsetzung und kriminalistische Tat ineinandergefügt. Der Malermörder stückelt den ganzen Körper der allegorischen Weiblichkeit zum Rumpf der Lust. Grosz umreißt ihn mit Pinsel, Messer und Stift in seinem kompositorischen Akt zu einem auf Dauer bewegungslos gemalten Torso.

5. Lustmord oder »Dogmatische Komposition«

Die Bilder und Zeichen weiblicher bzw. männlicher Sexualität sind gerade in den Groszschen Arbeiten um 1918/19 von einer überraschenden Uneindeutigkeit. Sie schieben sich ineinander und sind sich manchmal verblüffend ähnlich. Vergleichen wir etwa den Kopf des Mörders auf dem Mailänder Bild mit dem der Getöteten auf dem Hamburger oder die Hoden des »kleinen« Frauenmörders mit der Vagina in »Schulze psychoanalysiert« (s. Anm. 33). Es zeigen sich darin meiner Meinung nach Irritationen, die mit dem Aufbrechen tradierter Grenzziehungen zwischen den Geschlechtern zu tun haben. Irritationen, die man auch in den Arbeiten anderer Künstler beobachten kann, und die häufig mit Versuchen verbunden waren, die alte Stabilität der Geschlechterdifferenz auf neue Weise wiederherzustellen (vgl. Hoffmann-Curtius 1987, 165ff).

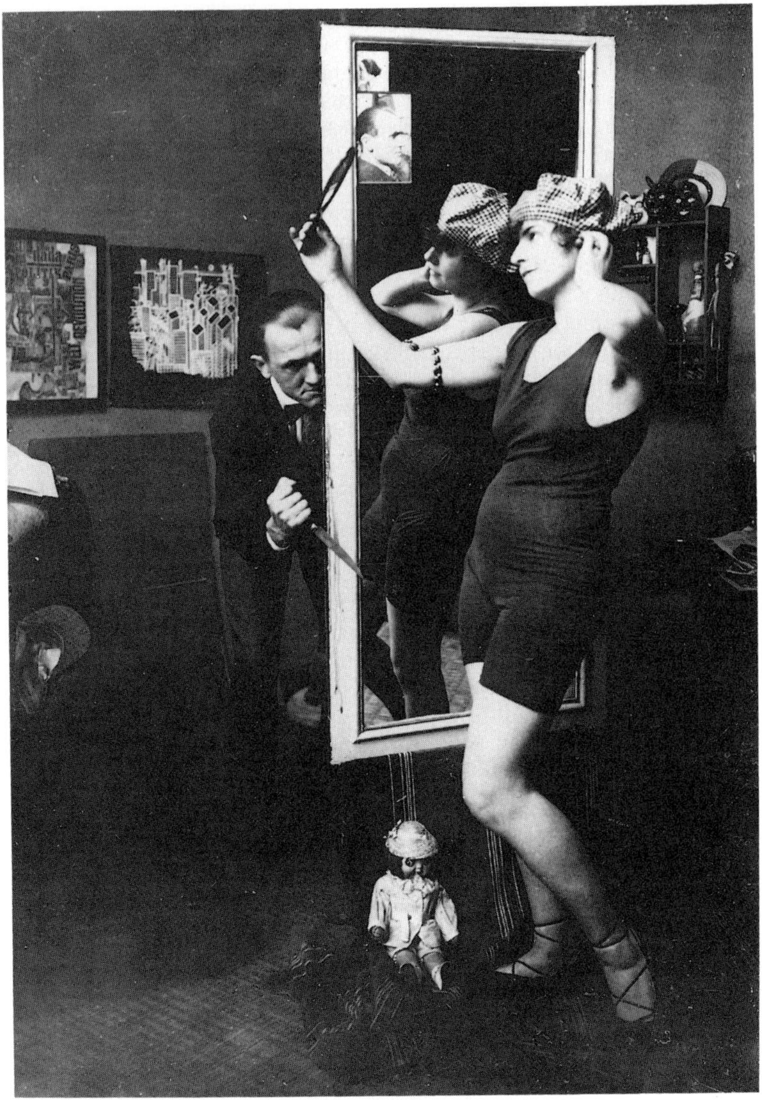

Abb. 9: George Grosz, Atelierphoto mit Eva Peter, Berlin 1917/18.

Diese Absicht gibt m. E. auch eine Arbeit von Paul Klee von 1918 (Abb. 10) zu erkennen. Ihr Titel »Dogmatische Komposition« bezeichnet das Ergebnis eines von Klee selbst vorgenommenen senkrechten Schnittes mit der Schere durch die gebärende Figur der Maria rechts über das ganze Blatt. Das dabei entstehende Teilstück setzte Klee am linken Bildrand wieder an, zog es auf Karton auf und nannte die

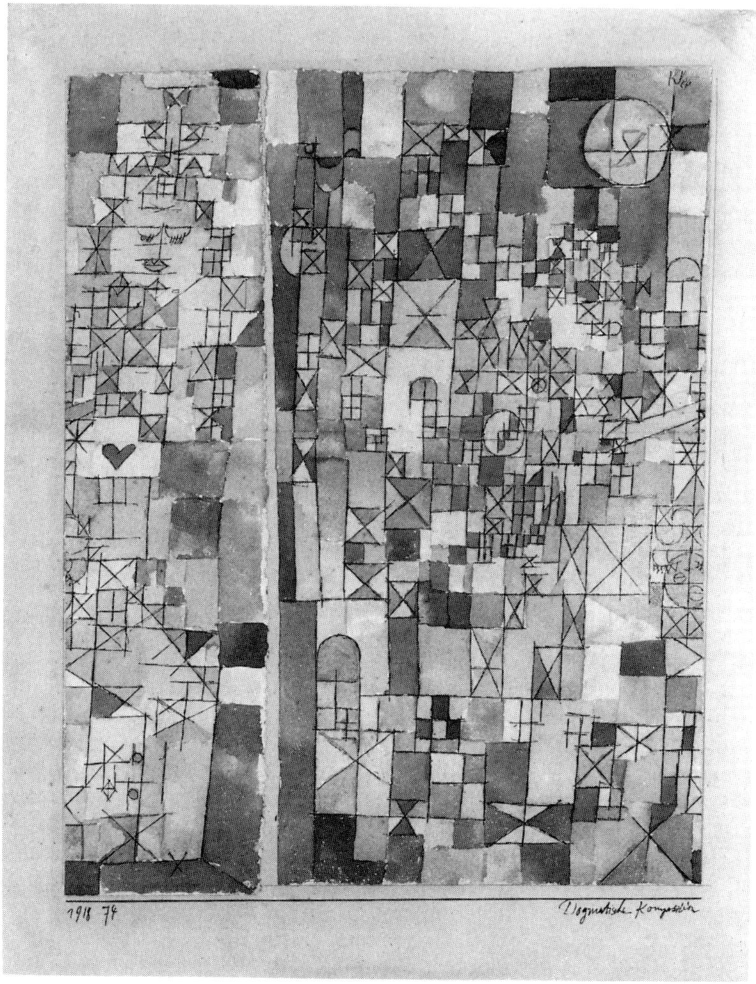

Abb. 10: Paul Klee, Dogmatische Komposition, Feder, Aquarell, 1918, Graphische Slg. Staatsgalerie Stuttgart.

neue Zusammenstellung »Dogmatische Komposition«. Die erste, nicht zerschnittene Fassung zeigte nach Kersten – in Anlehnung an Groszens Aquarell der »Niederkunft« von 1917 (Schneede 1975a, 83) – die gebärende Maria als Ecclesia (1987, 39). Auf dem heute existierenden, zusammengeklebten Blatt stehen sich gestückelter Frauenkörper und Kirchturmarchitektur durch einen Schnitt einerseits kontrapunktisch gegenüber, andererseits wird das Raster zum künstlerischen Filigran der gesamten »Komposition«. Nach Kersten ist Klee »Mit der rücksichtslosen Abstraktion vom religiösen Motiv... noch über Grosz' Sexualmorddarstellungen hinausgegangen«. Die »Autonomie seiner subjektiv-abstrakten Bildersprache« sei dabei »unverletzt« geblieben (1987, 45). Ich möchte Klees Aktion als künstlerisch inszenierten Frauenmord im Bild interpretieren. Während Grosz ihn ja gerade als Künstlerhandlung bloßstellte, vollzog Klee ihn mit der Schere als religiöses Sakrileg und stellte das Bild neu zusammen: »Zerstörung, der Konstruktion zuliebe.« Klee zerschnitt das Bild der hohen Frau, und setzte anstelle der gebärenden Maria die Schöpfungstat des Künstlers: die »Dogmatische Komposition«. Das Raster als künstlerische Konstruktion wird, wie Klee das nennen würde, zur bildnerischen »Synthese« von Frauenkörper und Kirchenarchitektur und deutet schon Klees Weg zur Dreiordnung der Formenlehre seiner Bauhauszeit an, in der er als »Gesetzgeber« auftritt (110/11). Klee arbeitet hier an dem »Aufbau«, den er 1919 (110/11) auch als einen Aufstieg zum Geistigen sieht. »Kunst«, so schreibt er zwischen 1916 und 1921 »ist wie Schöpfung« und erkennt sich als »zu Gott verwandt« (Klee 1988, 402, 518).

Grosz distanzierte sich hier deutlich von der humanistischen Genievorstellung, der Klee weiter anhängen sollte. – In der politisch anarchischen Dada-Radikalität, in der Grosz 1918 seine Arbeit anging, verlieh er auch seiner männlichen Sexualität Ausdruck, die er in aller Grausamkeit und Gewalt ins Bild setzte und eben nicht transzendierte, vergeistigte und auf die Frau allein projizierte. Grosz konnte so die äußerste Aggressivität des verunsicherten soldatischen Mannes, der er auch selber gewesen war, wiedergeben. Zugleich analysierte er diese Angriffslust als Verdrängung und Verschiebung männlichen Begehrens. Jedermann deutlich kam sie in ihrer sadistischsten Variante bei der Ermordung von Rosa Luxemburg zwei Monate später zum Ausbruch.

Grosz konfrontierte in dem Aquarell »Nieder mit Liebknecht«[35] (Abb. 11) Politik mit pornographischem Blick des deutschen Mannes. Er setzte damit eine politisch, psychologische Analyse der deutschen Gesellschaft in der Weimarer Republik fort, die Oskar Panizza mit der Diagnose der »Röslein-Röslein-Rot-Krankheit« in seiner »psichopatia criminalis« für die wilhelminische Ära begonnen hatte (vgl. Anm. 12). Die Collage der enthüllenden Ausschnitte von Mordabsichten und Begehren des »ewig-weiblichen« Torsos fertigte der radikale Macho Grosz an (vgl. Grosz 1979, 58). Von seinen Gemälden des Frauenmordes her standen ihm die Bildmuster für die Analyse der Gewalttat zur Verfügung (vgl. Abb. 1, 11). Ich möchte behaupten, daß

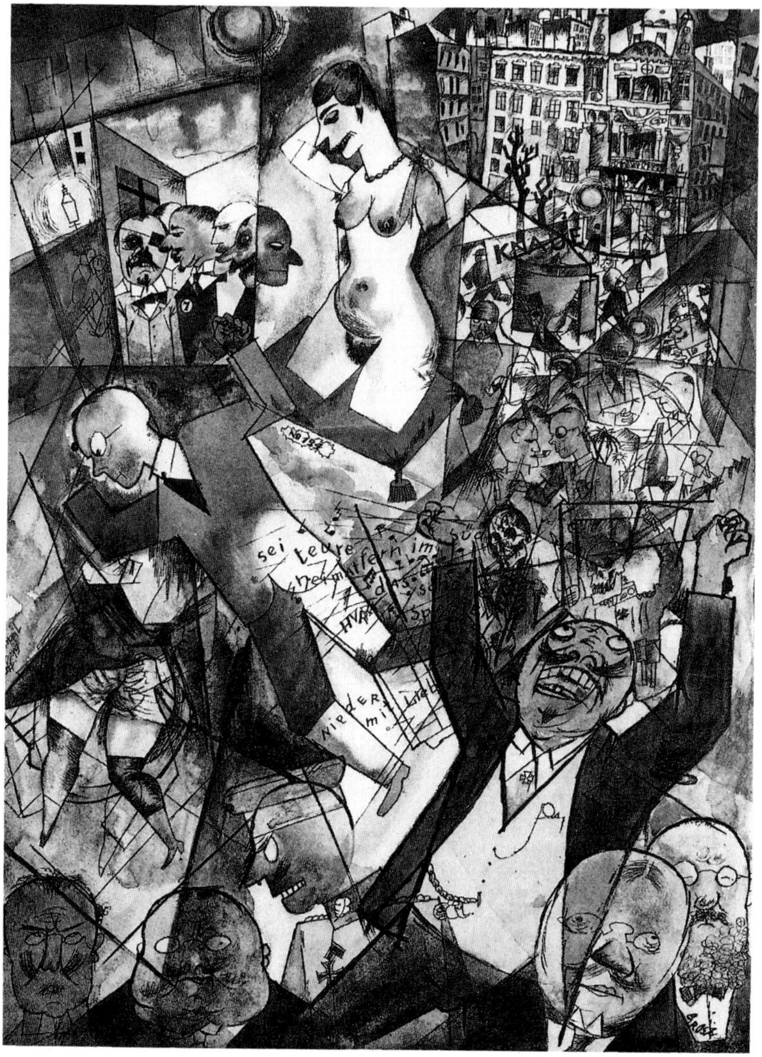

Abb. 11: George Grosz, »Nieder mit Liebknecht« oder »Panorama« Feder, Aquarell 1919, Sabarsky New York.

Grosz' Zerlegen und Zusammenfügen von »Macht – Sexualität und Gewalt« im Bild weniger zur Ermordung von Rosa Luxemburg beigetragen hat als die Postkarten von Heideröslein-Harmonie ohne Pornographie.

Anmerkungen

1 Vgl. Schneede 1975, 24, 52f; Dückers 1979 E 43. Eine Sammlung aller seiner Arbeiten zu diesem Themenbereich und Oeuvre-Kataloge seiner Zeichnungen und Ölgemälde fehlen.

2 In den engsten thematischen Umkreis gehört auch »Metropolis« von 1917 (26:19 inch., Öl auf Karton), jetzt im Museum of Modern Art on New York (Barr 1977, 200).

3 Erste gedruckte Überlieferung des Bildtitels bei Wolfradt 1921, Unterschrift zu Abb. 7 (Hinweis Ralph Jentsch). 1918 wurde es angeblich schon in der Galerie Goltz in München ausgestellt (Kersten 1987, 45), im Ararat V 1920 abgebildet (zit. nach Willrich 1937, 16), 1925 in der Mannheimer Ausstellung »Neue Sachlichkeit« (s. Ausst.-Kat. ebenda, reprint 1988, Nr. 41) als Besitz der Galerie von Garvens ausgewiesen. 1948 verkaufte es die Galerie Nierendorf Berlin in die USA, dort erwarb es der Kunsthändler R. Feigen, der es an einen Kollegen weiterverkaufte, von dem es wiederum 1967 die Hamburger Kunsthalle erwarb (Alfred Hentzen, Jb. Hamburg. Kunstslg. 13, 1968, S. 154ff; Hofmann 1986, Nr. 58). Maße:86,5 : 81 cm.

4 Dada London 1978, 92, Maße 66 : 66 cm; über den damaligen Verbleib des Bildes schreibt Flavell 1988, 22: »The rich and eccentric art collector« Herbert von Garvens in Hannover (der 1925 auch John, den Frauenmörder besaß s. Anm. 3) erwarb das Bild (kein Datum erwähnt) und hing es neben Werke von Ensor »in a black, cactus-filled bedroom«. 1967 befand es sich in der Privatslg. R. L. Feigen, Chicago, der auch an dem Handel mit dem »großen« Frauenmörder s. Anm. 3 beteiligt war. Meine Beobachtungen stützen sich auf die einzige Farbabbildung, die es gibt, in: Hess 1985, 78.

5 Roters 1987, dessen Aufsatzthema Bilder des Frauenmordes sind, geht dieser Frage ausführlicher erst bei Max Ernst »Die Anatomie als Braut« 1921 und Duchamp »Das große Glas« 1915/23 nach.

6 Zu der Beschriftung (von Grosz) und Benennung (von Wolfradt) runder Punkte mit »dada« s. die Collage »Dada-merika« von Grosz und Heartfield 1919 Wolfradt 1921a Abb. 11 und S. 118.

7 Dies kommt in früheren Morddarstellungen nicht vor, ich verweise auf den von Grosz geschätzten Hogarth »Cruelty in Perfection«, als 3. Blatt der Folge »the Four Stages of Cruelty« 1750/51 (Heusinger 1975, 24), Goyas »Bandit, der eine Frau ermordet« aus der »Folge der zwölf Ölgemälde von den Schrecken des Krieges« (im Kapitel »Psychologen der Liebe« bei Piper 1916, 157), Cézannes »Le meurtre« und »La femme étranglée« (Adriani 1980, Nr. 12, 13), Pascins Kinderzeichnung »L'Ogre et le Petit Poucet« (Bay 1984, Abb. 3), Kokoschkas »Mörder, Hoffnung der Frauen« 1910 (Piper 1916, 158)

und Kirchners Farblithographie von 1914 (zu Emile Zolas Roman, la bête humaine, Dube 1967, Nr. 253). Eine Ausnahme bildet Davringhausens Ölbild des Lustmörders von 1917 (Dube 1973). Den Vorlagen aus der Trivialliteratur Schneede 1975a, 15ff wären auch solche Illustrationen spezifischer »Dienstmädchenlektüre« hinzuzufügen (Tichy 1984, 90).

8 Adriani 1980, Nr. 4; Heusinger 1974, 178. Eine ebenso wichtige Vorlage wird für ihn die Postkarte »Diana auf der Jagd bei Tage und bei Nacht« aus seiner Sammlung gewesen sein, jetzt im George Grosz Archiv, Akademie der bildenden Künste, West Berlin (abgekürzt: GAB). Mittels Ziehen einer Lasche am Postkartenrand läßt sich Dianas Bild in den verschiedensten Körperhöhen entweder nur mit einem Laken verhüllt oder im Jagdkostüm betrachten. Die durch das Übereinanderschieben zweier Körperansichten sich ergebenden Bild- und Körperschnitte auf der Postkarte erinnern an das Schnittverfahren bei der Wiedergabe des Dirnentorsos im »Schaufenster« auf dem Londoner Ölbild.

9 So auch in der Groszschen Zeichnung der »Tragödie des Masturbanten Mehring« von 1917 und dem Aquarell »Selbstmörder« von 1918 (Schneede 1975a, 61, 83).

10 Die Darstellung eines trunksüchtigen Mannes mit einem Messer als Penis in gelb erleuchtetem Raum und kubistisch-futuristischer Schnittechnik hatte Grosz auf Chagalls Bild »Der Trinker« von 1911/12 studieren können (Haftmann 1972, Taf. 4), das in Herwarth Waldens Sturmgalerie im Juni 1914 in Berlin ausgestellt worden war (Kat. Chagall 1985, 91).

11 Diese Überlegungen stelle ich vor dem Computerbildschirm an, woher mir die vielen, zu Schriftzeichen zusammengesetzten Lichtpunkte entgegenflimmern. Sie verweisen mich ständig auf das – nun – elektronische Zerlegen aller hier eingegebenen Informationen in binäre Codes, um sie zu neuen bedeutungstragenden Einheiten zusammensetzen zu können.

12 Der von Grosz geschätzte Oskar Panizza hatte schon Ende des 19. Jhs. die entsagende Sehnsuchtshaltung der Deutschen in der Politik mit einem Zitat aus demselben Goethegedicht karikiert: er bezeichnete die dritte Form der psichopatia criminalis – eine Travestie auf die »Psychopatia sexualis« von Krafft-Ebing 1886 – u. a. als eine »Röslein-Röslein-rot-Krankheit« in: ders. Psichopatia criminalis, Zürich 1898, Nachdruck München 1985, S. 60.

13 Augenblicklicher Aufbewahrungsort unbekannt, ein altes Photo mit Stempel, Datierung: 1918 und eigenhändiger Aufzeichnung des Titels GAB, A31 1963/188; reproduziert ist die Zeichnung unter dem Titel »Nachmittag«, 1919, Federzeichnung Mynona 1922, 76. Grosz zitierte den Anfang dieser Goetheverse als Schlußzeile seines Gedichtes »Mondnacht« von 1916 (1986, 11ff).

14 Diese Rosenanspielung hatte Grosz in der lithographierten Zeichnung »Die Promenade« (Dückers 1979, MII, 11) 1915 schon einmal bildlich umgesetzt.

15 Nach demselben Prinzip ist der liegende Akt auf dem Bild »Metropolis« und der Rohrfederzeichnung von 1913/14 (Sabarsky 1985, Nr. 34) wiederge-

geben, wobei sie in dem Katalog auch den Titel »Lustmord« erhält. Ob diese Kennzeichnung eine Interpretation der Galerie ist, konnte ich nicht klären, jedenfalls steht auf der Vorderseite des Blattes Grosz' Signatur ohne Titel.

16 Vgl. Wolfradt, 1921, Abb. 21 »Dresdner Puff«.

17 Heinz-Mohr u. a. 1988, 83 weisen die phallische Symbolik der Rosenknospe auch in Rilkes Gedichten von 1915 nach.

18 Lacan 1978, 125. Manthey fragt sich: »Könnte es sein, daß wo immer dem Sehen Vorrang eingeräumt wird, die Einladung an den Tod stets schon erfolgt ist?« (1983, 21).

19 Bisher nur nach einem alten Photo in GAB bekannt.

20 Vgl. die Postkartencollage »Der Monteur Heartfield« 1920 (Kat. Stationen 1988, Abb. 4/40).

21 Er legte sich 1917, unter anderen Massenmörderadressen und Grafentiteln (Grosz 1979, 31) auch den Vornahmen John zu (»Die neue Jugend« Juni 1917, 4). John bedeutet im Amerikanischen soviel wie jedermann, s. Wentworth-Flexner, Dictionary of American Slang, New York 1960; eine Engländerin wies daraufhin, daß John im englischen Slang für Penis gebräuchlich sei.

22 Diese Identifikation als Diffamierung nahm zuerst Willrich (1937, 16) vor. Vermutlich kannte er die Unterschrift eines Grosz'schen Aquarells aus der Propyläenkunstgeschichte: »John Heartfield, der kleine Frauenmörder«, 1916 (Einstein, 1926, 464, Hinweis Peter Thurmann).

23 Vgl. dazu seine Skizze in einem Brief (1979, 59).

24 So z. B. in: »Selbstportrait (für Charly Chaplin)« 1919 und »Querschnitt 1919/20; Dückers 1979, E 53; E 61).

25 S. Erich Waskes »Das Chaos« (Berliner Illustrierte Zeitung 3. 11. 1918 Nr. 44, 27. Jg., S. 347) aus der Herbstausstellung der Berliner Secession.

26 Vgl. seinen blutbefleckten Anzug unter den übermächtigen Frauentorsen auf dem Aquarell o. T. in: Kat. Ich 1987, Nr. 54.

27 1913 erschien dieser Essay zum ersten Mal auf Deutsch (Quincey 1977, 203).

28 Aktion 7. Jg. 30. Juni 1917,341; Schneede, 1975a, 66. Willrich hatte das bekannte Bakunin Zitat – leicht verändert – in denunziatorischer Absicht in Verbindung zu Grosz und Dix gebracht. Es steht als eines von zwei Motti über dem Kapitel zu »Kunstbolschewismus und Kunstanarchie, ihr Wesen und ihre Ausdrucksformen«, das auch die Abbildung »John, des Frauenmörders« enthält (1937, 11). Nun hieß es unter unzutreffender Quellenangabe: »Der *Geist* der Zerstörung ist ein schaffender *Geist*« (Hervorhebung K.H-C.).

29 Vgl. die Karikaturen hierzu in: Avenarius 1918, 177, 195.

30 Vgl. die Frauenakte in Kirchners Holzskulptur (Barron 1984, 107ff). Mit der Rohrfeder auf Papier hatte Grosz sie schon 1917 übertragen auf das Blatt »Versunken« (Grosz 1962, 9).

31 Mit »Du Indianerskulptur« bezeichnete Grosz den Körper der begehrten Frau in seinem Gedicht »Mondnacht« 1916 (s. Anm. 13).

32 Vgl. Kirchners »Rückenakt mit Spiegel« von 1912 (Gordon 1968, Nr.225).

33 Auf der Illustration in »Blutiger Ernst« 1919 »Schulze psychoanalysiert« (Kraus reprint Wiesbaden 1977), steht das Raster neben dem Gefängnisgitter, mit den Fenstern von Industriebauten und Mietskasernen vergleichbar.

34 Vgl. die Schreibweise auf Grosz' Stempel von 1920 (Kat. Stationen 1988, Abb. 4/29).

35 Sabarsky 1985, Nr. 67; dort vermutlich so betitelt nach dem auf dem Blatt vermerkten Ausruf des tobenden Mannes rechts. Auf der Rückseite des Photos von diesem Blatt in GAB: A 3/1963/177 der Richard Feigen Gallery, Chicago von vor 1963 mit dem Vermerk »From George Grosz Huntington« ist der Titel »Panorama« und das Datum 1919 angegeben.

Abbildungsnachweis

Foto: Elke Walford (1); Foto: George Grosz Nachlaß, Princeton N.J. (2); Tate Gallery London (3); GAB, Akademie der Künste, Berlin (West), Foto: Kranich (4); Foto: GAB (5); Foto aus: Deitsch 1970, Nr. 7 (6); Löffler 1981, 92, Foto: Eva Parth (7); Lustige Blätter 1911, Bd. 26, H. 20, Foto: Eva Parth (8); Foto GAB (9); Graphische Slg. Staatsgalerie Stuttgart (10); Sabarsky 1985, 67, Foto: Eva Parth (11).

Projektgruppe ANISS (Angerer/Nierhaus/Schöbel/Smudits)

Von der gewaltigen Reinheit der Bilder

Wandel medialer Körperbilder in Titelblättern von Illustrierten zwischen 1955 und 1985

1. Theoretisch-historischer Rahmen[1]

Der Ausgangspunkt der Untersuchung ist die Frage nach den »konkreten Bildern von Körpern«, wie sie uns tagtäglich vorgeführt werden. Zu diesem Zweck wurden Titelblätter von Illustrierten, von kommerziellen Publikumszeitschriften, aus folgenden Gründen ausgesucht:

1. war für die Analyse eine gewisse Kontinuität in der Herausgeberschaft notwendig, um eine Veränderung über einen längeren Zeitraum hinweg überhaupt sichtbar werden zu lassen;
2. wurden die Zeitschriften aufgrund ihres »öffentlichen Charakters« ausgesucht.

Zwei von den analysierten Zeitschriften sollen im folgenden kurz vorgestellt werden: der »Stern« und der »Spiegel«.[2] Die Körperdarstellungen auf diesen Titelblättern – und es handelt sich in großer Mehrheit um Menschendarstellungen (Portraits oder Halb- bzw. Ganzkörperdarstellungen) bewegen sich dabei in einer gesellschaftspolitisch sich stets verändernden Öffentlichkeit. In einer Öffentlichkeit, die – geprägt durch ihre jeweiligen Wertkodices – zuläßt und zensuriert, die sichtbar macht und gleichzeitig verdeckt, ausklammert und geschlechtsspezifisch differenziert. Diese Körperbilder fungieren jedoch weder als Abbilder einer gesellschaftlichen Realität noch als identifikationsstiftende Spiegelbilder für den/die Betrachter/innen. Vielmehr ist ihr Status ein »medialer«, der die ihm eigenen Strukturen für diese Bilder und ihre Beschreibung hervorbringt. D. h. die medial festgeschriebene Repräsentation der Geschlechterdarstellungen weist über das konkrete Bildmaterial hinaus und legt damit Schichten gesellschaftlich wirksamer Unbewußtheiten offen. (Vgl. Betterton 1987; Erdheim 1984) Die Titelblätter als »öffentliche Medienbilder« unternehmen auf diese Weise eine Art Gratwanderung – zwischen »Erlaubtem«, »Noch-Erlaubtem« und »Doch-auf-mehr-Verweisendem«.

Die These, mit der wir nach einem Wandel dieser medialen Körperbilder fragten, lautet: Der Umgang mit Körperlichkeit erfährt nach Ende des II. Weltkrieges eine allmähliche Veränderung, die sich auch in den öffentlichen Bildern sichtbar niederschlägt (niederschlagen muß). Diese Veränderungen im »Umgang mit Körperlichkeit« können als »therapeutisch« bezeichnet werden im Unterschied zu einem »moralischen« Umgang, der im Verlauf der letzten Jahrzehnte zunehmend brüchiger geworden ist. »Moralischer Umgang« meint, sehr vereinfachend skizziert: Physische und psychische Gewalt sind für ihn charakteristisch, wobei der Körper als Ort der Negativität, als Tatsache, die der Tabuisierung, als Angstquelle, die der Verdrängung anheimfällt, fungiert.[3]

Der kapitalistischen Produktionsweise entspricht dabei ein durch die Zeitökonomie und durch den abstrakten Tauschwert reguliertes-fragmentiertes Subjekt, dessen Körperbild und Körpererfahrung gekennzeichnet sind durch die körperfeindliche Haltung kirchlicher Institutionen sowie durch Schulungs- und Bildungsprozeduren, die auf Gehorsam, Unterwerfung und Hierarchie ausgerichtet sind.

Dieser »moralische« Umgang mit Körperlichkeit beherrscht im wesentlichen die westlich-kapitalistische Welt bis ins 20. Jahrhundert hinein – und wird nur zeitweise durch Gegenbewegungen – wie beispielsweise in den ersten Jahrzehnten unseres Jahrhunderts durch bestimmte Körperkulturbewegungen in der Arbeiterbewegung, durch bestimmte Kunstrichtungen wie etwa einer beginnenden Performance-Art oder durch die Ende des vorigen Jahrhunderts sich entwickelnde Psychoanalyse – aufgebrochen. All dies sind Brüchigkeiten, die durch die faschistische Machtübernahme aufgesaugt, modifiziert und letztendlich zum Stillstand gebracht werden.

Nach 1945 werden diese Emanzipationsbewegungen jedoch wieder aufgenommen und weiterentwickelt. Eine immer mehr an politischer und sozialer Macht gewinnende Mittelschicht wird zum Träger von Bewegungen wie die sexuelle Liberalisierungswelle in den 60iger Jahren und in den 70iger Jahren die Studentenbewegung und im Zuge dieser die Neue Frauenbewegung. Zeitlich parallel dazu verweisen in der Kunst »Happening, Aktionismus, Performance-Art und Body-Art u. a. m.« auf neue Implikationen im Umgang mit Körperlichkeit, bestimmen den Körper neu in seinem Status als künstlerische Materialität.

Wieder, wie zuvor auch bei anderen Emanzipationsbewegungen, werden gesellschaftliche Normen und Verhaltensmuster als Ausdruck bürgerlicher Korsettierung analysiert und anstelle dessen »neue Freiheiten« eingeklagt. (Vgl. u. a. Preuss-Lausitz 1983). Gleichzeitig damit setzt eine sich rasch ausbreitende Welle von Psychotherapie-Formen ein, die ihr Augenmerk auffällig auf »den Körper« zentriert und die »wortgewaltige Psychoanalyse« teilweise heftiger, aggressiver Kritik unterzieht: In diese Reihe gehören Bioenergetik, Gestalt- und Gesprächstherapie, Ur-Schrei usw.

Die hier nur skizzenartig angedeuteten Veränderungen im »Umgang mit Körperlichkeit«, wie sie sich im Verlauf des 20. Jahrhunderts zeigen, sind Ausdruck eines »massiven Bruchs«. Dieser läßt sich durch folgende – hier nur schlagwortartig aufgelistete – Kriterien charakterisieren:

Immer mehr Menschen scheiden aus dem Prozeß »körperlicher Arbeit« aus; der Körper als »Arbeitskörper«, als »ausgebeuteter Körper« zieht nicht länger mehr unbedingt Verachtung auf sich. Gleichzeitig erfährt dieser Körper jedoch andere Disziplinierungsmaßnahmen: beispielsweise stundenlanges Ruhighalten am Schreibtisch vor Schreibmaschine und Computer oder geänderte Gesundheitsvorstellungen. Der Körper wird dadurch – weil nicht länger mehr ein Medium der Ausbeutung zu einem Medium der Zuwendung, er wird »positiv« besetzt.[4]

Im selben Zeitraum erfährt das »Ethos der Arbeit« durch die sich allmählich verfestigende »Konsumgesellschaft« zwangsläufig einschneidende Veränderungen. Bislang disziplinierte, tabuisierte Segmente von Körperlichkeit werden durch den Massenkonsum »frei«-gesetzt – Mode, Hygiene, Sexualität und eine Riesenpalette von Freizeitaktivitäten sprechen mehr oder weniger direkt neue Qualitäten von Sinnlichkeit an und fördern ein »ästhetisiertes Körpertraining«. Dadurch unterliegen diese Körpersegmente zwar einer kapitalistischen Tauschlogik, können jedoch erst durch diese Entwicklung eine Lockerung der traditionellen Körperfeindlichkeit bewirken. D. h. für das »Ethos der Arbeit«, auf dem sich eine bürgerlich-kapitalistische Gesellschaft aufgebaut hat, daß der »Sinn des Lebens« nicht länger mehr ausschließlich in Arbeit zu suchen und zu finden ist, sondern außerhalb dieser angesiedelt wird – im immer größer werdenden Freizeit-Aktions-Raum.

Joggen, Aerobic, Surfen, Atem- und Körpertherapie, Vollwertnahrung verfolgen ein Ziel: Einen Körper zu erreichen und zu erhalten, der jung, fit und funktionstüchtig ist. Diese seit den 70er Jahren immer stärker sich zeigende Körperzentrierung, bei der der Körper zunehmend als »soziales Werkzeug« im Dienste einer »Repräsentationsaufgabe« fungiert, hat natürlich auf eine (sozial-)wissenschaftliche Etikettierung nicht lange warten lassen. Die Rede ist seitdem von einem »narzißtischen Schub«, durch den sich ein »neuer Sozialisationstypus« entwickelt hätte bzw. im Entstehen begriffen wäre. Dessen Wertigkeiten würden sich allein auf sein Ego, letztlich aber auf sein oberflächliches Körperbild beziehen. Der Grund hierfür: »Alte Normen« hätten ihre Kraft eingebüßt, was zu einem großen Teil den Massenmedien zuzuschreiben sei. Denn diese hätten in ihrer jeden Intimbereich negierenden Penetranz diese »Freisetzung« (negativ – diesen »Verfall«) vorangetrieben. (Vgl. Ziehe 1975; Psychoanalytisches Seminar Zürich 1981)

Diese Veränderungen im »Umgang mit Körperlichkeit« haben wir vorläufig unter der Bezeichnung »therapeutisch« zusammengefaßt, nicht etwa, um das Therapeutische als positive Alternative dem Moralischen gegenüberzustellen, sondern um jenes hier kurz umschriebene Aufbrechen im »Körper-Umgang« – im Verhältnis zur eigenen und fremden Körperlichkeit – zu benennen.[5]

2. Von der Zucht zum Stil: der »Stern«

In der Verknüpfung von Frau, Körper und Nacktheit wird der moralisierende oder therapeutisierende Umgang, samt seiner geschlechtsspezifischen Implikationen, auf den Titelbildern des »Sterns« besonders augenfällig.[6] Die vier folgend dargestellten Bilder aus vier Jahrgängen des »Sterns« sind als prototypisch für stereotype weibliche Körper-Bildformulierungen auf den Titelblättern zu verstehen. Im Folgenden ist vom Körper-Bild die Rede, das nicht den »aktuellen« Körper (jenen, der von subjektiven wie historischen und allgemeinen Merkmalen geprägt ist) meint, sondern den »mediatisierten« Körper (jener ins Mediale übersetzten Körper-Erscheinung). Dieser Imago-Körper ist nicht als künstliches Gegenstück zu einem »natürlichen«, aktuellen Körper zu sehen, sondern ist vielmehr als dessen – zum Paradigmatischen verdichtete – Paraphrasierung zu lesen, die für die Übersetzung des (privat-)aktuellen in den repräsentativ-öffentlichen Körper der Titelblätter als notwendig erscheint. In diesen mediatisiert-öffentlichen Frauenkörpern des »Sterns« treten zeitgleiche Moral- und Wertvorstellungen gebündelt auf – sie werden im Körper buchstäblich ver-körpert.[7]

In den 50er Jahren wird der Körper in extremer Posierung inszeniert und immer in ein erlebnishaftes Ereignis eingebunden (hochfliegender Rock, Schrecksekunde), wodurch der Körper *explizit* nicht als aktiver auf ein potientielles Selbst bezogener Wert, sondern als Motiv einer von »außen« bestimmten Absicht/Vorstellung bedeutet wird.[8] (Abb. 1 a) Glatte Plastizität und hermetisch geschlossene Oberflächentextur erzeugen gemeinsam mit umrißbetonenden Miederschnürungen den Eindruck eines Körperpanzers. Ein sexualisierender Effekt entsteht aus dem Überraschungsmoment, an dem der Betrachter »unerwartet« teilnehmen darf. Dieser minutiös geplante sexualisierende Effekt wird durch kleine Details verstärkt, so leitet die Hundeleine den Blick zwischen die Beine und weist ein Lichtmast im Hintergrund genau auf die Scham der Frau. Der kleine Hund – entweder echt oder aus Stoff – ist in den 50er Jahren häufiges Beiwerk zu körperbezogenen Frauen-Bildern, er kennzeichnet die Frau als verspieltes und unernstes Wesen und enthält den Verweis auf das Begriffsbündel Frau/Natur/Trieb. Auf dem beschriebenen Titelbild bietet der Plüschhund dem Betrachter eine potentielle Identifikationsmöglichkeit: Der Hund ist es, der der Frau unter den Rock schaut und er befindet sich auf gleichem Blickniveau mit dem Betrachter, der seinen voyeuristischen Zugzwang mit der plüschernputzigen Harmlosigkeit vertauschen und dadurch moralisch besänftigen/beruhigen kann.[9]

In den weiblichen Körperbildern der 50er Jahre spiegelt sich der moralische Umgang mit Körperlichkeit und Sexualität im tabusierten, heimlich haschenden Blick, der den Körper schafft und formt, und ihn nur im zivilisierten und zugerichteten Zustand der Pose sexuell deuten läßt. Der konstruierte Charakter der Szene referiert ihre Nicht-Wirklichkeit und das Ereignishafte vermittelt das Flüchtige und Verbotene solcher Augenblicke und verschleiert die physische Präsenz. Der begehrende Blick und der begehrte Körper sind explizit dem Gebot der Einordnung in eine moralische Zügelung unterworfen.[10]

Im Unterschied zu den reif und üppig erscheinenden weiblichen Körper-Bildern der 50er Jahre, die noch an den geschlechtsspezifischen Arbeitskörper der Frau als fruchtbaren Mutterkörper erinnern, ist der weibliche Trendtyp der 60er Jahre in seiner physischen Präsenz zurückgenommen.[11] (Abb. 1 b) Die weiblichen Körper sind durch jugendliche Schlankheit androgynisiert, haben einen geschlossenen, stelenartig aufgerichteten Körperumriß, offenes und langes Haar, erstaunt große Augen und einen meist sprachlos geöffneten Mund.

Die Erscheinung des Weiblichen wird nun generell weniger über Attribute (Stöckelschuhe, Wespentaille, starke Schminke ...) oder betonte Körpertektonik (Miederkurvungen) visualisiert. Das Ereignishafte und die Posen der 50er Jahre sind ganz zurückgenommen in eine kleine Gestik (kess und sexy), die auf den Körper verweist. Der sexualisierende Effekt wird in diesen Gesten konzentriert, scheint ganz von der Bild-Person selbst auszugehen, die sich nun immer in direkten Blickkontakt an den Betrachter richtet.[12] Der Körper, von dem jetzt durch den Bikini mehr Haut sichtbar ist, steht unbewegt im Bildzentrum und präsentiert sich an der vordersten Bildebene. Diese Nahwirkung und die konkret-präzise Beschreibung der Bildhintergründe ermöglicht dem Betrachter das Gefühl eines nicht mehr heimlichen, sondern akzeptierten Teilhabens im Bild – es kann fiktiv zu seinem »natürlichen« Bewegungs- und Handlungsraum werden. Dieser Illusion eines natürlichen Kontakts zwischen der nun eher autoerotischen Bild-Frau und dem realen Betrachter steht allerdings ein Abstrakter-Werden des Körpers gegenüber (Zurücknahme der Plastizität, betonte Flächigkeit nicht nur im Körper

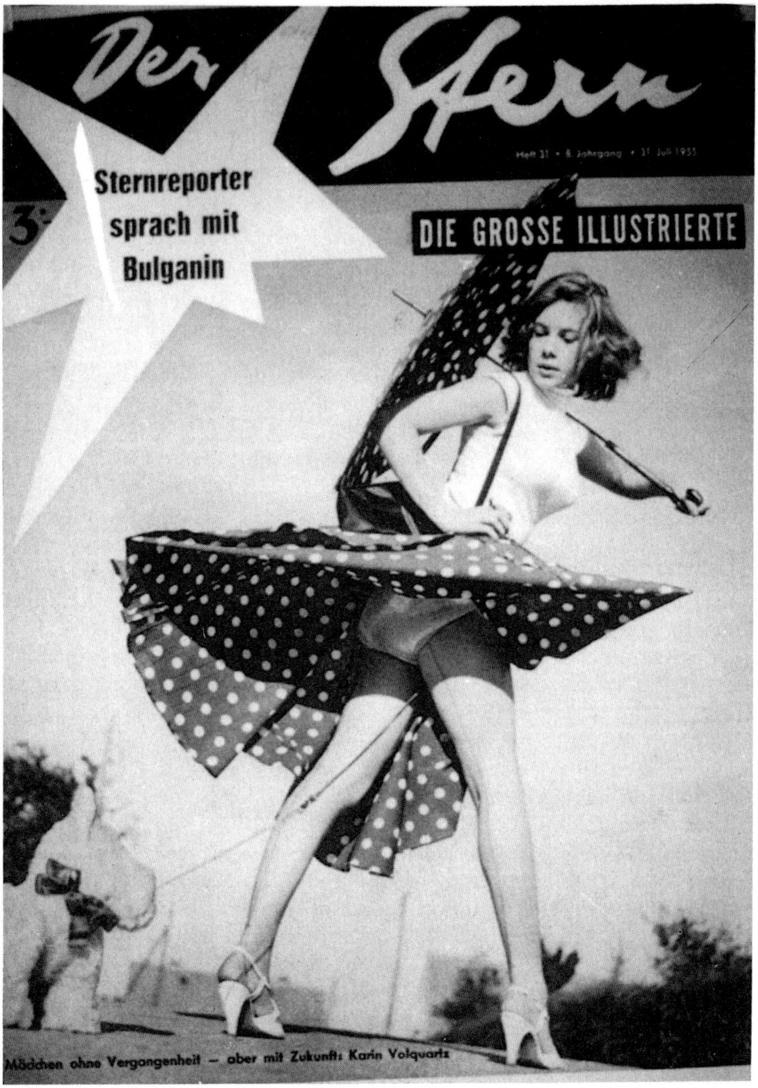

Abb. 1 a: Stern, H 31/1955

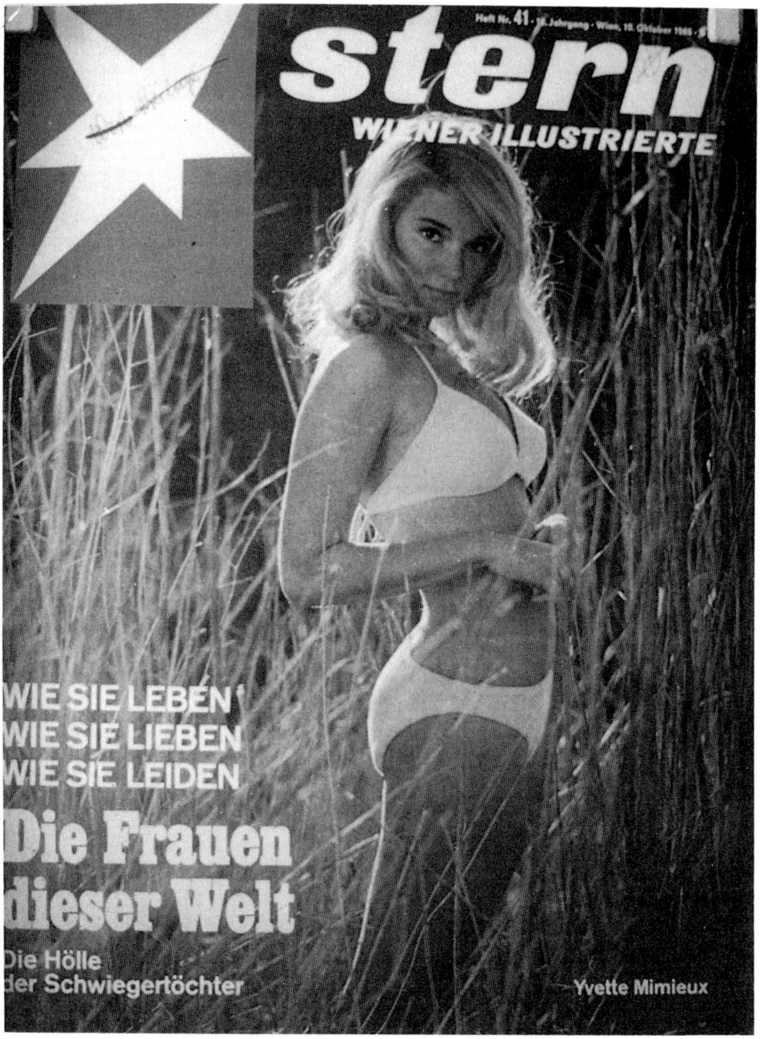

Abb. 1 b: Stern, H 41/1965

selbst, sondern auch in dessen Behandlung durch Licht und Farbe).

Der nun brüchiger gewordene moralisierende Umgang mit dem Körper konfiguiert sich in der gestatteten und stärker auf die Gesamtperson übertragene Erotisierung. Jedoch erscheint der »neue« Blick noch nicht selbstverständlich, der Körper »schwindet« unter ihm bzw. wird die sexuelle Präsenz des Körpers mit kindlichen Gesten verharmlost und/oder schüchtern präsentiert – hier wird nach dem Zusammenhang zwischen Psychisierung (Gestik, Autoerotik) und Körperpräsenz/verlust weiterzufragen sein. Sexuelles, körperbezogenes Verhalten der Frau erscheint jedoch auf den Titelblättern der 60er Jahre zumindest möglich – sie »darf« Sexualität selbst vermitteln – was in den 50er Jahren monofunktional nur den »Busen«- und »Sex«-Stars zugestanden wurde.

In den 70er Jahren ist ein markanter Einbruch des therapeutischen Umgangs mit dem Körper nachzuvollziehen, er erscheint in weitgehend positiver Besetzung (lockere Beweglichkeit, durchlässige Oberflächentextur, Bräune, natürliche Hautflecken sind erlaubt), die den weiblichen Nacktkörper als Synonym für »Natürlichkeit« und »natürliche Sexualität« suggeriert.[13] (Abb. 2, links)

In allen Jahrgängen ist Wasser/Meer/Strand der häufigste Hintergrund für »Nackt«-Bilder und erinnert an die Mythen des Ursprungs/Geburt des Menschen (z. B. Venus). In den Titelbildern der 70er Jahre fällt jedoch auf, daß der Natur-Hintergrund – immer

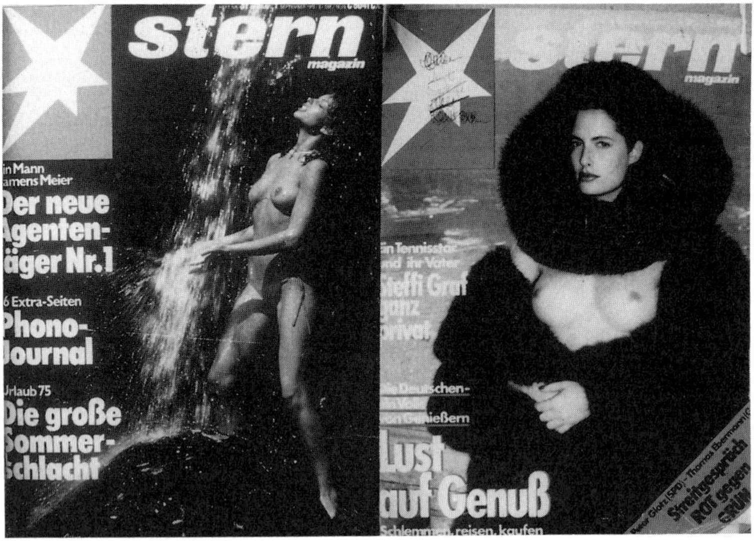

Abb. 2: Stern Heft 37/1975 (li.); Heft 49/1986 (r.).

Wasser und Wind – aktiv in die Person eingreift: Wellen rollen gischtend auf die Frau zu, Haare werden ihr ins Gesicht geblasen usw. Am hier behandelten Titelblatt strömt das Wasser auf sie, die sich ihm öffnet, nieder, was das Bild assoziativ mit dem Zeus-Danae-Motiv verknüpfbar macht. Diese allseitige Gegenwart lebendiger Natur läßt eine inhaltliche Komponente vermuten. Das Wasser, als eines der vier Elemente ist fließend, unendlich und kann als Zeichen für wild-animalische Sexualität stehen. Es kann als weibliche Naturhaftigkeit und ebensogut, wegen seiner aktiven Teilhabe im Bild, stellvertretend für den absenten Mann gelesen werden, für männlich-vitale Sexualität, die nur abstrakt, in elementarer Symbolik bildlich vergegenständlicht wird. In den 70er Jahren wird zwischen psychischer und physischer Befindlichkeit eine Harmonie suggeriert, die in der Hingabe an die wilde, aber nie bedrohliche Natur, als eine Art Goldenes Zeitalter ersehnt wird und den Wunsch nach vorzivilisatorischen und »ungehemmten« Zuständen offen legt.

Eine neue Variante des therapeutischen Umgangs mit dem Körper rückt in den 80er Jahren in den Vordergrund. Es wird nicht mehr der naturhafte zum »Animalischen« neigende, sondern der kultivierte, sorgsam gehegte, gepflegte und gestylte Körper favorisiert (vollplastisch, glatt gespannte, makellose Haut, präzise und hervorgehobene Schminke). (Abb. 2, rechts) Im Geschlechterverhältnis wird eine Polarisierung offenbar, die allerdings zumeist an der Frau abgehandelt wird.

Gegenüber der ab den 60er Jahren hervorgekehrten Autoerotisierung des weiblichen Körper-Bildes scheint in den 80er Jahren Erotik und sexuelle Kraft (als Macht?) der Frau zum »Wesenhaften« gebündelt und weitergetrieben zu werden. Die Frau ist nicht mehr Repräsentantin einer allgemeinen Sexualität, sondern einer »geschlechtscharakterbezogen« zugespitzten, einer spezifisch »weiblich« gedeuteten sexuellen Kultur. Die »wesenhafte« Erotik bedarf nicht unbedingt einer »ganzen« Nacktheit, um sexuelle Bezüge zu vermitteln. Mit der Interpretation der Frau als Inkarnation des Sexuellen kehrt die Stilisierung zum Dämonischen wieder, die sich in einer ausschließlich aggressiven Visualisierung festmacht (kühler Blick, Distanz, harte Licht-Schattenführung) und Sexualität als Herrschaft und Be-Herrscht-Sein, als zwischen Lust und Angst flottierend thematisiert. In themenbezogenen Titelblättern wie »Die neue Eva« (Heft 14), »Mit den Waffen einer Frau« (Heft 17) wird die Ver-Un-Heimlichung der Frau zusätzlich verbalisiert und läßt dem ähnliche Inszenierungen der Frau als Sexualdämon in der Kunst um 1900 assoziieren (z. B. bei den so unterschiedlichen Künstlern wie Alfred Kubin, Franz von Stuck, Felicien Rops).

Der therapeutisierende Umgang mit dem Körper korreliert in den 80er Jahren mit seiner ästhetischen Kultivierung. Dieser Prozeß enthält jedoch Ausgrenzungsverfahren: scheint in den 70er Jahren eine Konvergenz zwischen aktuellem und medialem Körper möglicher, wird nun zugunsten der erlesenen, perfektionierten, raffinierten und im luxurierenden Ambiente situierten Kunst-Körperlichkeit die Distanz und Kluft zu aktuellen Körpern vergrößert und mit dem *Besitz* von Körper-Kultur auch eine sozialästhetische Differenzierung und Dissoziierung angedeutet – um den aktuellen Körper mit Merkmalen des mediatisierten zu durchsetzen, bedarf es des intensiven Aufwandes von Zeit und Geld (Fitneß, kosmetisches Styling, »Frisur« ...).

Das in den Titelblättern des »Sterns« in seiner Mediatisierung, gebündelt soziale Verbindlichkeit referierende weibliche Körper-Bild zeigt den Wandel des Umgangs von einem moralisierenden zu einem therapeutisierenden Körperbewußtsein an: Vom moralisch zugerichteten und zivilisierten Körper der 50er Jahre über den innere und äußere Harmonie suggerierenden der 70er Jahre bis zu dem subjektiv bestimmten, aber sozial repräsentativ kultivierten Körper der 80er Jahre.

3. Männlicher Kopf, weiblicher Körper: der »Spiegel«

Das Nachrichtenmagazin »Spiegel« zeigt im Gegensatz zu den Traditionen des »Stern« seit dem Beginn der sechziger Jahre ein reiches, nach Sachthemen aufgesplittertes Spektrum von Titelblattgestaltungen. Aus diesem Repertoire sollen im Folgenden einige dominante Bildtypen die insbesonders die Inszenierung, den Gebrauch von männlich/weiblich im Cover betreffen, kurz beschrieben sein.

Der »Spiegel« ist, nach eigener Definition, ein Nachrichtenmagazin »von Männern – für Männer« geschrieben.[14] Er ist keine Unterhaltungsillustrierte für Frau und Familie sondern eine auf sogenannte Sachthemen bezogene Zeitschrift. Da im »Spiegel« seit seinen ersten Nummern im Jahr 1947 immer ein direkter Bezug zwischen Schlagzeile und Titelbild gegeben war/ist, kann die Bildsprache des »Spiegels« mit einer intendierten verbalen Übersetzung in Zusammenhang gebracht werden. Die Arrangementes der Titelblätter erweisen sich also als gebunden an die Sprache, präsentieren eine Einheit von Text und Bild im »Spiegel«-Rahmen. Die Zuordnung von weiblichen und männlichen Körpern bzw. Köpfen, zu bestimmten Themenbereichen bedeutet grundsätzlich eine, auf die Konventionalität der geschlechtsspezifischen Bildmotive vertrauende optische Übersetzung von Schlagzeilen.[15] Überraschungseffekte, Gags, das Zusammenbringen von Inkompatiblem, der provozierende Umgang mit Konventionen sind nicht nur Strukturmerkmale der »Spiegel«-

Sprache, sondern werden auch in die Bildarrangementes übersetzt, »Bilder für sich«, autonom von Textzusammenhängen, gibt es weder im Heft noch im Titelblatt.

Für den Jahrgang 1955 finden sich analog der thematisch stark personalisierenden Titelgeschichten fast ausschließlich Porträts von vielen Männern und wenigen Frauen auf dem »Spiegel«-Cover. Die nahsichtigen, durch die Lichtführung betont plastisch wirkenden schwarzweiß Aufnahmen, wurden sehr treffend als »naturalistische Ikonen« bürgerlicher Subjekte bezeichnet.[16] Den Traditionen klassischer Porträtkunst verhaftet, entwickelt jede Person eine spezifische, individuelle Aura, ist ein in sich geschlossenes, monumentalisiertes bürgerliches Individuum, dessen soziale Identität durch berufs- und geschlechtspezifische Attribute genau umrissen wird. Abgesehen davon, daß nur etwa 8 % der im Titelblatt abgebildeten Frauen sind, werden 1955 beide Geschlechter annähernd gleichen Bildinszenierungen unterworfen.

Zwei für den »Spiegel«-Jahrgang 1955 typische Porträts: Einmal der lässig zigarrettenrauchende Schlagerproduzent Kurt Felz, zur Schlagzeile »Ton-Waren vom Fließband«; Zum Zweiten, eines der raren Frauenporträts, die fröhlich selbstbewußte politische Hausfrau Finni Pfannes (sie war Hausfrauenpräsidentin) mit der Schlagzeile »Wer wird die Kinder trockenlegen?« (Abb. 3)

Die bildmotivisch ähnliche Präsentation der Geschlechter wandelt sich ab dem Beginn der 60er Jahre sehr rasch. Abgesehen davon,

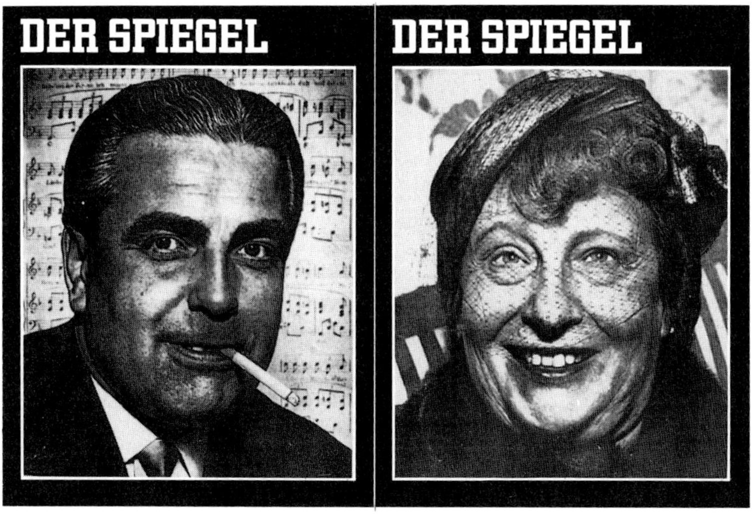

Abb. 3: Spiegel 1955, Heft 48 (li.) und 51 (r.).

daß nun für verschiedene Sachthemenbereiche spezifische Sujets entwickelt werden und nun auch anonyme Personen als Bildmaterial fungieren, kann eine deutliche Polarisierung des Kopf- und Körpergeschlechts festgestellt werden.

Einzelne Themenbereiche werden dagegen in der Bildsprache vollständig entpersonalisiert. Waren die deutschen Manager der 50er Jahre den Schilderungen von Philosophen, Wissenschaftlern und Politikern gleichwertig, sind die Titelgeschichten über Konzerne, Steuern, Industrie im Bild später zunehmend frei von Menschendarstellungen, gesichts- und körperlos.[17] Anstelle der früheren Männerporträts treten nun realistisch wiedergegebene Objektkörper, Fotocollagen, die mit fetten Schlagzeilen kombiniert werden.[18]

In der Sparte Politik, besonders deutscher Politik, erfolgt dagegen eine immer schärfere Konzentration auf das populäre Männergesicht. Die Inszenierung der männlichen Physiognomie hat allerdings einige Veränderungen erfahren. Nicht mehr »Charakterbilder«, nicht mehr »geschlossene« Persönlichkeiten werden ins Bild gebracht, sondern Momentaufnahmen ihrer Affektzustände, die oft eine ironisierende Illustration der Textzeilen bilden. Je populärer ein Männergesicht ist, desto extremere Perspektiven sind erlaubt. Franz Josef Strauß, der seit der Fibag-Affäre 1962 die persona non grata für den »Spiegel« geblieben war, ist schon bis 1975 12mal auf dem Cover der Zeitschrift erschienen.[19] (Abb. 4, links)

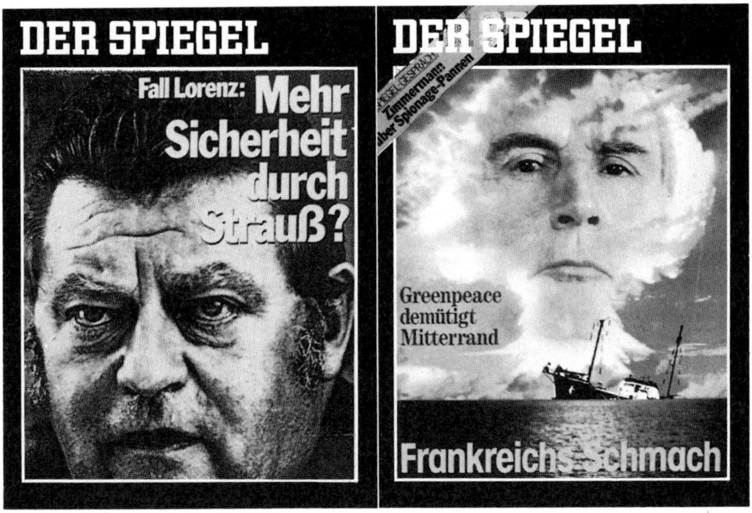

Abb. 4: Spiegel 1975, Heft 11 (li.) und 1985, Heft 40 (r.).

Seine Gesichtslandschaft wird hier dem/der Betrachter/in aufgedrängt, in unangenehme Nähe gerückt, Hautporen und Barthaare werden aufs genaueste beschrieben. Dies sind Bildmotive die in den Fünfzigern noch realistisches Beiwerk durchaus positiver Persönlichkeitsschilderungen waren und sich nunmehr, hier am Beispiel Strauß, zu denunziatorischen und kriminalisierenden Zeichen animalischer Aggressivität gewandelt haben.[20]

In der Entwicklung des Männerportraits kann also eine Reduzierung des physiognomischen Ausdrucks auf bestimmte Teilaspekte des Personenbildes festgestellt werden. Daß der männliche Politiker sich als Individuum nur als Gesicht zeigt, dessen wohlverhüllter Körper bestenfalls dann auftritt, wenn er als optische Stütze des Porträts dient, können andere, noch radikalere Bildvarianten bestätigen. Beschränkungen auf das innerste Gesichtsfeld gibt es bereits in den Sechzigern (z. B. W. Brandt/L. Erhart: »Sieger und Verlierer«, 1965 H. 39). Der fragmentierte Kopf Mitterands (»Frankreichs Schmach«, Abb. 4, rechts) ist nur ein Beispiel des häufigen Bildmotivs »Wolkengesicht«. Gottväterlich machtvoll schwebt der französische Präsident in einem atomaren Wolkengebilde, bis auf das innerste Gesichtsfeld – Augen, Nase, Mund – konnten alle anderen physiognomischen Merkmale weggelassen werden. Diese Reduzierung von Gesichtszügen auf eine fast nur noch skizzenhafte Beschreibung des Dargestellten, rechnet mit der großen medialen Vertrautheit des Publikums mit Porträts bekannter Politiker. »Die Macht Frankreichs« kann so ihr Bildsymbol in den fragmentierten Zügen Mitterands finden, dem bezeichnendsten optischen Synonym für die Form öffentlicher Macht – dem Männergesicht.

Ganze, bewegte Männerkörper bleiben auf dem »Spiegel«-Cover ein seltenes Bildmotiv und sind vorwiegend den Themen Militär und Sport vorbehalten. Als Illustrationen zu Serien über deutsche Geschichte während des 2. Weltkrieges wurden Anfang der sechziger Jahre erstmals bewegte, anonyme Männerkörper als Bildmaterial verbindlich – soldatische Körpermaschinen, oft in extensiven Körperhaltungen geschildert. Zuerst sind es alte Dokumentaraufnahmen, später aktuelle Kriegsfotos aus Vietnam und schließlich Reportagen über die deutsche Terrorszene, die den dynamisch bewegten, immer aber verhüllten Männerkörper als dominantes Bildmotiv verwenden.

Körpersprachliche Interaktionen werden auf dem »Spiegel« nur selten, und wenn überhaupt, dann zwischen Männern beschrieben (Ausnahmen bilden die vereinzelten Paardarstellungen). Männer können auf dem Cover nur dann in ein kommunikatives Nebeneinander treten, wenn Text und Situation diese Freundschaftlichkeit gleichzeitig Lügen strafen. Die konnotierte »Männerfreundschaft« erfährt aus dem Text der Schlagzeile nur dann eine Bestätigung, wenn es sich um »Waffenbrüderschaften« handelt, die freilich immer ironisierend verwendet werden, sonst sind solche Szenen verbal hauptsächlich als Kampf interpretiert.[21]

An dieser Stelle sei vermerkt, daß diese hier beschriebenen Covertypen des »Spiegels« jeweils für eine ganze Gruppe ikonographisch verwandter Titelblattgestaltungen gelten können, die aus einer statistischen Analyse des Materials gewonnen sind. Die meisten dieser Covertypen entstanden bereits in den 60er Jahren und sind bis heute vom »Spiegel« unter oft nur geringen Modifikationen beibehalten worden.[22]

»Männer« erscheinen auf dem »Spiegel«-Cover also meist als Porträts, sind überwiegend »bekannt«, d. h. keine anonymen Modelle, ihre Körper bleiben entweder unsichtbar oder verhüllt. »Frauen« sind – abgesehen von einigen Politikerinnen oder Politikergattinnen – anonyme Modelle, häufig nackt, und werden ab der Mitte der sechziger Jahre gerne als Rumpfkörper-Bild verwendet (die subtilere Bezeichnung dieses Körpersegments ist Torso), also ohne Kopf, Gliedmaße, in bewegungsunfähiger Position. Die Anzahl der im Titelblatt abgebildeten Frauen schwankt in den Jahrgängen 1955/65 von 8–15 % der Gesamtzahl der dargestellten Personen, erreicht 1975 mit 35 % die höchste Quote und geht in den Achtzigern wieder deutlich zurück.

Der Artikel »Sex in Deutschland« (1966, H. 19; Abb. 5, links) befaßt sich mit den »Covergirls« der Unterhaltungsillustrierten,

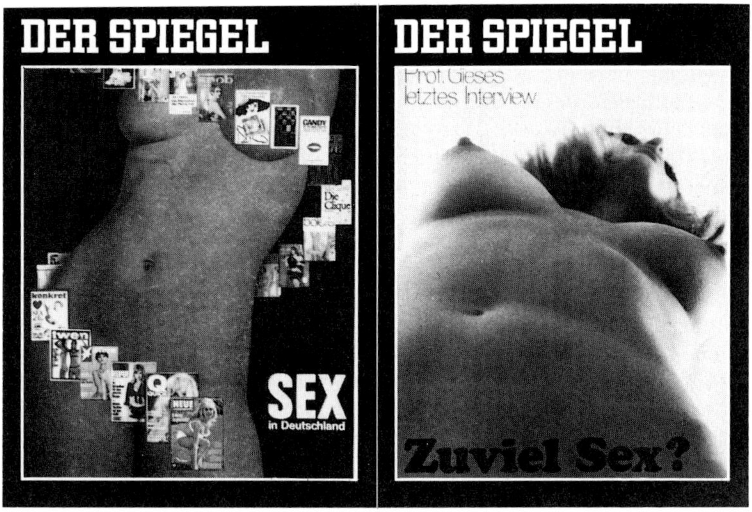

Abb. 5: Spiegel 1966, Heft 19 (li.) und 1970, Heft 32 (r.).

wobei der Gestalter die narrative Dekorationslust seiner Fachkollegen beschreibt, der eigentlich anreißerische Gag aber darin besteht, den nunmehr gänzlich nackten Frauenkörper auf das allerwichtigste zu reduzieren. Gerade in dieser radikalen Formulierung erweist er sich (1966!) seinen Kollegen voraus. Der Frauenkörper ist durch das Abtrennen von Gliedmaßen vollkommen bewegungsunfähig geworden – schlangenartig winden sich die Titelblätter um den Rest-»Körper«. Dieses »Spiegel«-Heft erreichte denn auch eine ungewöhnlich hohe Auflagenzahl.[23]

Eine ähnliche Textvorgabe »Zuviel Sex?« (Abb. 5, rechts) hat 1970 schon eine viel plastischere pikturale Formulierung erfahren, wobei sich hier Dynamik der Sprache als offene Frage und Unentschiedenheit der Körperdisposition im Raum zu ergänzen scheinen.

Der besonders in den siebziger Jahren stark vertretene Themenbereich Gesundheit/Medizin wird hauptsächlich durch anonyme Frauen und Frauenkörper illustriert. Auffallend dabei ist, daß die spezielle Thematik Übergewicht/Freßsucht der Frau eindeutig mehr Leidensbereitschaft abverlangt als dem Mann.[24]

Wird ein »Körperbild« in den Fünfzigern aus den Titelblattgestaltungen des »Spiegels« nahezu vollkommen ausgegrenzt, weil Porträts ausreichen um Individuen zu beschreiben und Titelgeschichten zu personifizieren, ist die Anwesenheit bzw. Abwesenheit des Motivs »Körper« später abhängig von dessen zu erwartender massenmedialen Redundanz. Das Männergesicht, der verhüllte Männerkörper bebildert so die »offizielle« Seite der männlichen Welt, das Ikonogramm Frau/Körper besetzt dagegen die privaten Bereiche der Öffentlichkeit – Körpernatur, Sex, Sexualität, Leidenskörper (z. B. auch Unfalls- und Verbrechensopfer).

Auf beiden Seiten dieser »ikonischen Geschlechterrollen« können aber Fragmentierungen in der optischen Wiedergabe festgestellt werden. Die Reduzierung der männlichen Psyche (als Gesicht) auf Affektzustände, der männlichen Physis (als weitgehend verhüllter Körper) auf Maschinenkörper oder Kraftfäuste – die Spaltung des »weiblichen« Bildcodes in eine meist kopflose Sexualität und einen passiv leidenden Sozialkörper.

Bezogen auf unsere These eines Wandels von einem moralisierenden zu einem therapeutisierenden Umgang mit Körperlichkeit bedeutet dies, daß eine im Grunde geschlechtsneutrale Signifikanz des verbalen Begriffs »Körper« als Träger sachbezogener Kategorien (Gesundheit, Medizin, Sozialkörper) im Bild sexualisiert wird. Nur der Frauenkörper kann nackt sein, kann verletzt sein (Verbrechensopfer), kann einer Leidenserwartung ausgesetzt sein (Medizin), darin scheint eine wichtige Dimension der medialen Konventionalität dieser, nach 1960 entstandenen Titelblätter zu liegen. Die ikonographische Übersetzung eines therapeutischen Umgangs mit Körperlichkeit ist so in erster Linie der weibliche Körper, dessen Sexualisierung durch weitgehende Nacktheit betont wird. So beinhaltet das Bild der nackten Frau vielleicht auch eine Kompensation der Verdrängung und Abwesenheit eines Bildes des verletzten, leidenden, zerstörten Männerkörpers aus der Ebene dieser kommerzialisierten Bildvorstellungen.

Ob sich diese so deutlich vermiedene Identifikation eines »männlichen« Betrachters mit einem »männlichen« Sozialkörper nur auf die Sprache visueller Codes beschränkt oder nicht auch als Spiegelung geschlechtspezifischer Subjektkonstitutionierungen gelten kann, muß hier offen bleiben.[25]

Anmerkungen

1 ANISS ist eine interdisziplinäre Forscher/innen/gruppe, die versucht, der Komplexität der Fragestellung entsprechend, von soziologischer, kommunikations-theoretischer und kunsthistorischer Warte aus das Thema zu analysieren. Im vorliegenden Beitrag wird ein Teilaspekt eines längerfristig angelegten Forschungsprojektes dargestellt, demzufolge werden keine Ergebnisse, sondern Zwischenresultate geboten. Der Beitrag ist eine Gemeinschaftsproduktion. Der theoretisch/methodische Teil stammt von M.-L. Angerer und A. Smudits, die »Stern«-Analyse von I.-R. Nierhaus und die »Spiegel«-Analyse von J. Schöbel.

2 Des weiteren wurden die Jahrgänge 1955/65/75/85 der Zeitschriften »Wiener« sowie der »Bunten« mit Hilfe einer quantitativ-qualitativen Inhaltsanalyse untersucht. Für diesen Zweck entwickelten wir ein Kategorienschema (mit 43 Dimensionen).

3 Verwiesen sei in diesem Zusammenhang auf die Arbeiten u. a. von Foucault (1977; 1978) und Elias (1978), die der Entstehungs- bzw. Formierungsgeschichte des »bürgerlichen Subjekts« im Sinne seiner »kapitalistischen Verwertbarkeit« nachgehen.

4 Die Einteilung des Körpers in einen »Arbeits-, Lust- und Leidenskörper ist in bestimmten soziologischen Forschungsarbeiten gebräuchlich geworden, um die »Dimensionen« der »Entkörperlichung« der Arbeit zu bezeichnen. Vor dreißig Jahren haben noch rund drei Viertel der Bevölkerung ihre Existenz aus körperlicher Arbeit bestritten (Arbeiter, Bauern, ein Teil der gewerblichen Selbständigen und ihre Angehörigen), nun ist es kaum mehr die Hälfte, und auch innerhalb dieser Hälfte hat sich ein Gutteil der Arbeitstätigkeiten weg von unmittelbar körperlicher Geschicklichkeit und Kraft in Richtung auf geistige und maschinelle Vorgänge verschoben. Nicht wie in der gesamten menschlichen Geschichte bisher der menschliche Körper mit seiner muskulären Ausstattung, sondern eher seine Intelligenz und seine Sinne werden zur Basis von Arbeit (und Ausbeutung). Damit verliert aber das alte, weit vorkapitalistische Verhältnis, das herrschende Klassen durch »Geist« und Befreiung von körperlicher Arbeit, die Unteren aber gebeugt und unterworfen unter diese bestimmt, seine Geltung«. (Fischer-Kowalski 1987, 471; außerdem Fischer-Kowalski 1985; Smudits 1984).

5 Um bei der hier notwendigen Kürze des Textes keine Mißverständnisse aufkommen zu lassen:
a.) Wir haben die Frage vorderhand nach den psychoanalytischen Implikationen des Terminus »Körperbild«, wie er beispielsweise in der Psychoanalyse des Kindes von F. Dolto verwendet wird bzw. in neueren Texten zur Medienrezeption – Hartwig (1986) sei hier stellvertretend genannt – immer wieder in Erscheinung tritt, nicht gestellt. Dies bedeutet auch, daß wir beim derzeitigen Stand der Untersuchung psychoanalytische Interpretationen, wie »Kastrationsangst, Fetischismus, Dämonisierung« usw., die sich natürlich bei sehr vielen »Darstellungen des Weiblichen« aufdrängen, bewußt derzeit noch ausgeklammert haben.
b.) Überspringen wir zum jetzigen Zeitpunkt die psychoanalytisch-strukturalistische Diskussion über den Status der Bilder für die Subjektkonstitution – der Name J. Lacan wird hierher gehören.
c.) Meinen wir mit der »gewaltigen Reinheit der Bilder« – wie der Titel unseres Textes lautet – keine »Darstellung von Gewalt« bzw. »gewaltsamen Verhältnissen«, sondern diese »Gewalttätigkeit« bezieht sich immer auf »latente-strukturelle« Momente, wie sie – je nach gesellschaftspolitischem »Stand der Dinge« sich unterschiedlich bildlich äußern und damit in Beziehung zu Tabuisiertem, Nicht-Bildlichem, Verborgenem zu suchen sind.

6 Als Titelblattmotiv des »Sterns« überwiegt die Einzelperson (1955–1975 ca. 70 % der Titelblätter), davon ist die Mehrheit weiblichen Geschlechts. 1955 beträgt der Frauenanteil aller Dargestellten 91 %, um dann bis 1986 ständig zu sinken (ca. 50 %), während der Mann vermehrt ins Bild kommt. Dabei fällt auf, daß die Darstellung der Frau als Einzelperson besonders markant zurückgeht. Im Jahrgang 1986 schlägt sich ein klarer Trend zu mehr Paardarstellungen nieder (31 %), was als Ausdruck der vermehrten Diskursivierung der Beziehungs- und Geschlechterproblematiken, auch in den nicht-privaten Sphären der Gesellschaft ab den 70er Jahren lesbar ist. Verschiebungen in den Titelblattmotiven des »Sterns« sind u. a. mit Veränderungen der Blattlinie zu erklären, die ab den 70er Jahren eine pluralere Informationsabsicht zeigt, wodurch die Titelbilder literarisierter und themenbezogener werden (inflationärer Einsatz von Schlagzeilen, Verwendung der Montage, narrative und symbolhafte Versatzstücke werden mit Figur/en zu einer »Aussage« verdichtet).

7 Die im Zusammenhang mit dem Körper-Bild verwendeten Begriffe wie »natürlich« usw. beziehen sich auf die mediale Suggestion. Als Ort des mediatisierten Körpers ist freilich nicht die Welt der Titelblätter allein zu verstehen, er findet sich ebenso in der Mode, in den jeweils favorisierten Sportarten usw. und auch im alltäglichen Körper-Umgang der Individuen. Für die Analyse der männlichen wie weiblichen Körper-Bilder wurde zunächst ein Fragebogen mit 54 Dimensionen (z. B. Geschlecht, Verhältnis Körper-Umgebung, Bedeckung des Körpers durch Kleidung, natürliche Sekrete, Haarordnung, Körperbehaarung, äußere Sekrete (Wasser, Öl ...) erstellt. Mittels standardisierter Antwortmöglichkeiten wurden gängige Körpercharakterisierungen erfaßt. Bei der Beantwortung des Fragebogens wurde bei nicht objektiv bestimmbaren Dimensionen von der Bildwirkung bzw. dem Bildergebnis ausgegangen. Bei mehreren Titelbildern wurden dann die bildinternen Wirkungszusammenhänge qualitativ beschrieben bzw. die Ergebnisse des Fragebogens exemplifiziert. Ansätze zur Produktionsgeschichte von Titelblättern sollen in einem späteren Stadium des Projekts benannt werden.

8 Diese theatralische In-Szene-Setzung des Körpers, die nur bei ganzfigurigen und »gestellten« Darstellungen gezeigt ist, kann mit den Körperinszenierungen des Ausdruckstanzes, des Massensportspiels oder den Tanzrevuen der 30er und 40er Jahre in Beziehung gesetzt werden. In den 50er Jahren sind ganzfigurige »nackte« (= Badeanzug, kurze Hose) Frauen noch deutlich seltener als in den späteren Jahrgängen.

9 Möglicherweise kann der Hund auch symbolisch für den Mann stehen, als »Spielzeug« für weibliche Geschlechtlichkeit, s. zu einer vergleichbaren Interpretation die Untersuchung von Schmidt-Linsenhoff (1987) über den »Hampelmann«.
Vgl. zum Typus der Szene die ähnlich »lustig« dargestellten Unter-den-Rock-Schau-Szenen im Film der 50er Jahre, in denen Männer beim »frechen« Blick meist »ertappt« werden.

10 Eine vermeintlich selbstaktive bzw. lustbezogene Präsentation des Körpers tritt im »Stern« 1955 nur im Zusammenhang mit den selteneren Darstellungen von »Busenstars« auf (z. B. 1955/H. 15 Marilyn Monroe). Jedoch wird in diesen Bildern, die den Körper als potentielle Lustquelle andeuten, gleichzeitig der Charakter des Medialen überdeutlich integriert, so daß die Suggestion als solche deutlich erkennbar bleibt – wodurch der »Lust-Körper« wieder entfernt wird. So sind bei dem genannten Bild von Marilyn Monroe Attribute der »Show« integriert (Glitterkostüm, multiziplierende Spiegel) und selbst der Fotograf der Szene ist mittels Fotostativ im Bild enthalten – M. Monroe wird damit nicht als *Bild* einer realen Frau mitgeteilt, sondern als ferner Traum.

11 Die Umwertung der Körpertypus ist nicht nur ein Spezifikum der »kurzlebigen« Medien, wie Titelblätter, Mode usw. sondern zeigt sich auch deutlich in der Bildenden Kunst nach 1945. In der im öffentlichen Raum aufgestellten Kunst, beispielsweise in Wien, vollzieht sich bei beiden Geschlechter-Bildern ein solcher Wandel von »erdhaft-demetrischen« hin zu schlanken, fragilen und jugendlichen Körperstrukturen ca. um die Mitte der 50er Jahre.

12 Der Aspekt der Autoerotisierung der Frau in den Bildern der 60er Jahre wurde auch von einer Diskussionsteilnehmerin bei der Berliner Tagung wahrgenommen, die anregte, diese Bilder auch als Identifikationsangebot an potentielle Betrachterinnen zu sehen.

13 Dem nun »freieren« Körper bleiben aber geschlechtbezogene Grenzen eingeschrieben, denn dort wo die Frauen dem Betrachter ganz nah mit Blickkontakt präsentiert werden, bleiben sie in einem ambivalenten Rollenspiel gefangen (z. B. Verschränken der Arme unter den Brüsten wird als Anzieh-Abwehr-Spiel verbildlicht, im gleichzeitigen Schützen und Darbieten). Ganzkörperdarstellungen mit räumlicher Distanz zum Betrachter sind in der Bewegung offener – ohne Blickkontakt »wissen« die Dargestellten nichts von dem Blick, der auf sie fällt – ein Merkmal das sich übrigens stereotyp durch alle Jahrgänge zieht. Im Jahrgang 1975 ist der Anteil der »Nackt«bilder mit Abstand am höchsten, während er im Jahrgang 1986 wieder zurückgeht.

14 Ein von den »Spiegel«-Redakteuren übernommener Slogan der amerikanischen »Time« (Just 1967, 37).

15 Zur Geschlossenheit zwischen Text und Bild: Arntzen/Nolting 1977.

16 Enzensberger 1964, 74.

17 Ein Sammelbild solcher Porträts »Die deutschen Manager«, Der Spiegel 1965/H. 25.

18 Im Themenbereich Steuern sind als symbolisierende Verkörperungen oft überdimensionale Geldmünzen und -scheine in Verwendung.

19 R. Augstein, Herausgeber des »Spiegels«, sowie einige seiner engsten Mitarbeiter waren vom damaligen Verteidigungsminister F. J. Strauß des Landesverrates bezichtigt worden. Augstein saß 103 Tage in Untersuchungshaft bis sich die Fibag-Affäre schließlich zu Ungunsten von Strauß entwickelte (Jaene 1968, 81).

20 Zum männlichen Vergnügen am Feindbild Strauß: »Ohne Strauß, das läßt sich mit Lust feststellen, wäre der Spiegel ärmer. Zwölfmal hat der Bayer auf dem Titelbild (als ›Coverboy‹) herhalten müssen.« aber »... Noch können Spiegel-Leser hoffen, daß er ihnen erhalten bleibt.« In: Der Spiegel 1975/ H. 12. S. 3.

21 Etwa »Strauß gegen Mende; Der Kampf um die Regierungsbildung«, Der Spiegel 1965/H. 40, oder »Adenauers letzter Kampf; Parteichef contra Kanzler« 1965/H. 43.

22 Viele »Spiegel«-Cover sind von Werbegraphikern gestaltet worden (Jaene 1968, 48).

23 Der Gestalter war E. Wachsmuth (Jaene 1968, 50)

24 So erleidet die Frau (im Bild) eine Schlankheitskur, während der Mann (im Bild) der Freßlust frönt: Der Spiegel: »Kampf um die Pfunde« 1975/H. 39, »Freßsucht und Schlankheitswahn« 1985/H. 15.

25 Im Kino dagegen stehen für den sich schindenden Männerkörper ganze Genres zur Verfügung, so im Western, Kriegsfilm etc.

Pia Schmid

Verfolgte Unschuld und ohnmächtiges Weib

Zu zwei Motiven in Frauenzeitschriften um 1800

Die verfolgte Unschuld[1] wie auch das ohnmächtige Weib sind keine Hauptmotive in den Zeitschriften für das weibliche Lesepublikum um 1800, wohl aber aufschlußreich für die Analyse der Bedeutung von Tugend im Leben bürgerlicher Frauen. Mich interessiert, was bürgerliche Leserinnen diesen Motiven abgewonnen haben mögen und auf welche Erfahrungen, welche Wünsche in ihnen angespielt worden sein mag.

Zu den Zeitschriften: mit der Ausweitung des Zeitungswesens kommen zunehmend Kalender, Almanache, Taschenbücher für Damen auf den Markt.[2] Illustriert werden Szenen aus Artikeln, allegorische oder mythologische Motive (die Grazien, Mutterliebe), Stickmuster und natürlich die neueste Mode. Die Zeitschriften sind zierlich – etwas größer als eine Zigarettenschachtel – und haben Namen wie ›Leipziger Frauenzimmeralmanach zum Nutzen und Vergnügen‹ oder ›Taschenbuch für edle teutsche Weiber‹.[3] Wenn wir einer zeitgenössischen Anzeige für einen Damenkalender glauben dürfen, so sind »gegen ein Frauenzimmer, welches vor fünfzig Jahren ein zu ihrer Zeit geschätztes Buch las, ... jetzt (um nicht zu viel zu sagen) hundert, zumal in kleineren Städten und auf dem Lande ... die alles lesen, was ihnen vor die Hände kömmt und einige Unterhaltung ohne große Mühe verspricht« (Anzeige ... 1791, 202). Vor die Hände kommen ihnen die Zeitschriften, wenn sie nicht aus einer Leihbibliothek oder von einer Freundin stammen, anscheinend häufig als Geschenke, denn wie es heißt, »(bekommt) jedes Frauenzimmer von einigem Stande ... einen Calender zum Present« (Göschen 1789, zit. n. Hahn 1986, 212).

Wir müssen uns diese kleinen Zeitschriften also auf Nähtischen, Nachtschränken, Wohnzimmertischen denken, in Pompadours oder Handarbeitsbeuteln, wohin die Leserin sie vielleicht verschwinden ließ, weil sie eingedenk der zeitgenössischen Lesesuchtdebatte[4] weiß, daß sie eigentlich nur Nützliches, sprich weder Romane noch Erzählungen lesen sollte.

Nun zu den Bildern: Adelheid von Thurn (Abb. 1) ist eine verfolgte Unschuld. Ihr Mann ist auf einem Kriegszug und überließ seine Frau der Obhut eines Verwandten. Dieser entbrennt für Adelheid,

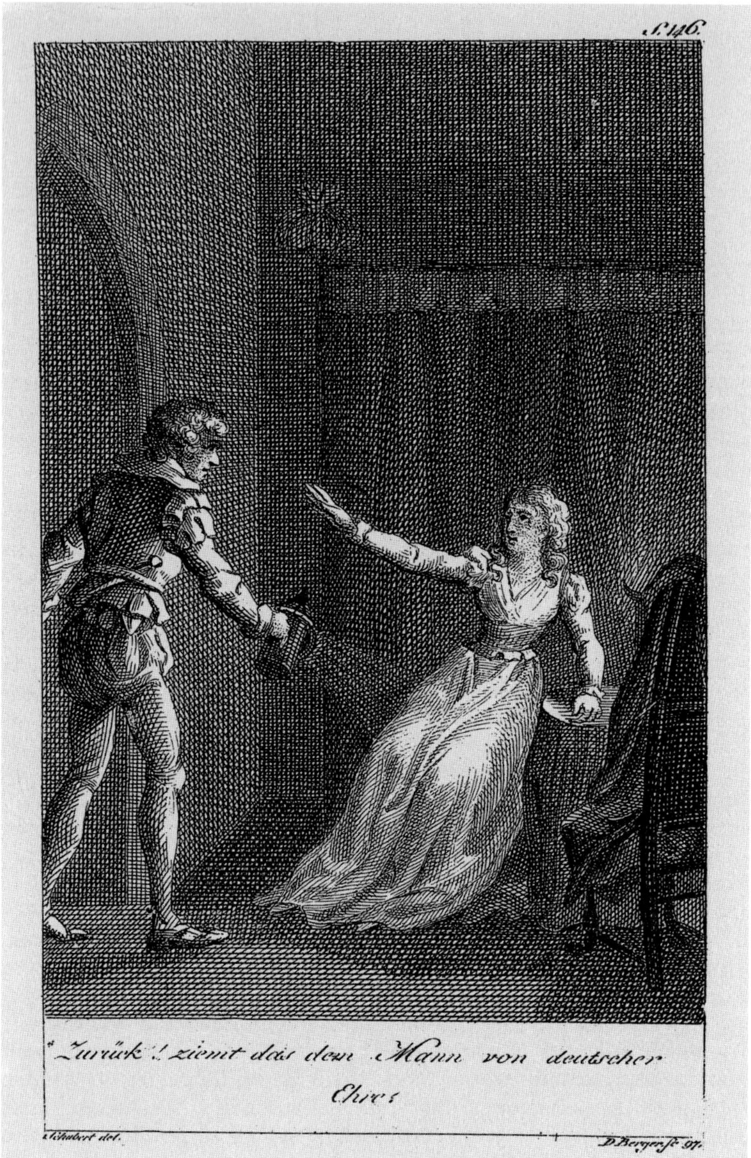

Abb. 1: Adelheid von Thurn, Kupferstichillustration, 1798.

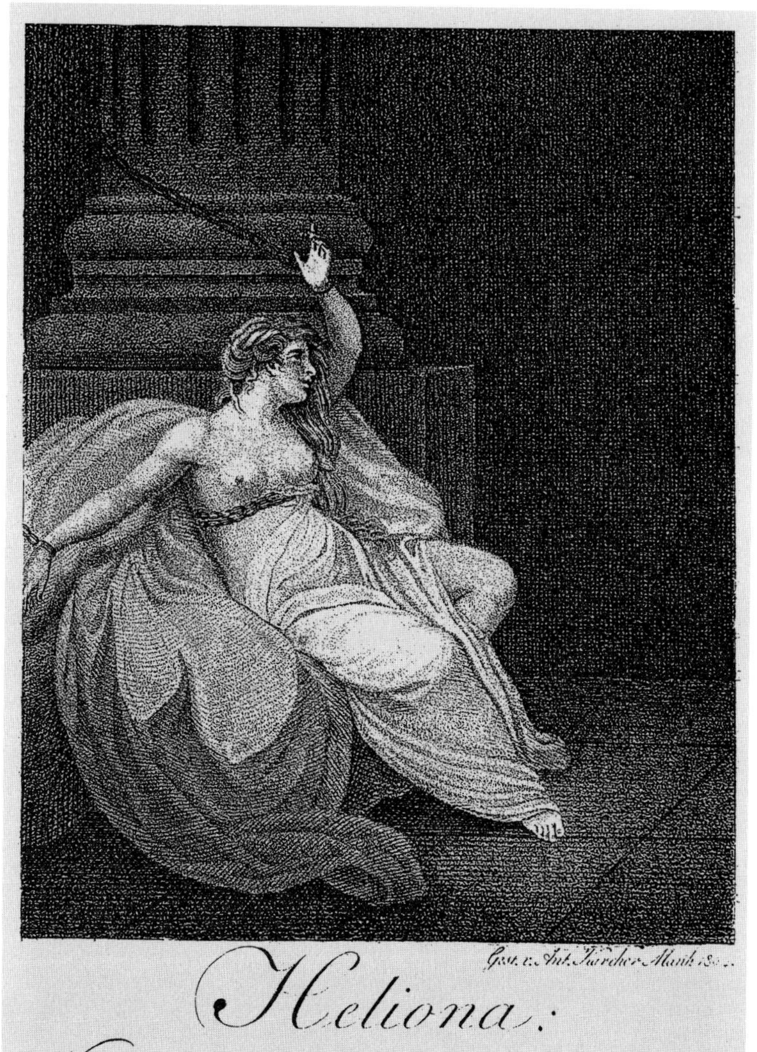

Abb. 2: Heliona, Kupferstichillustration, 1805.

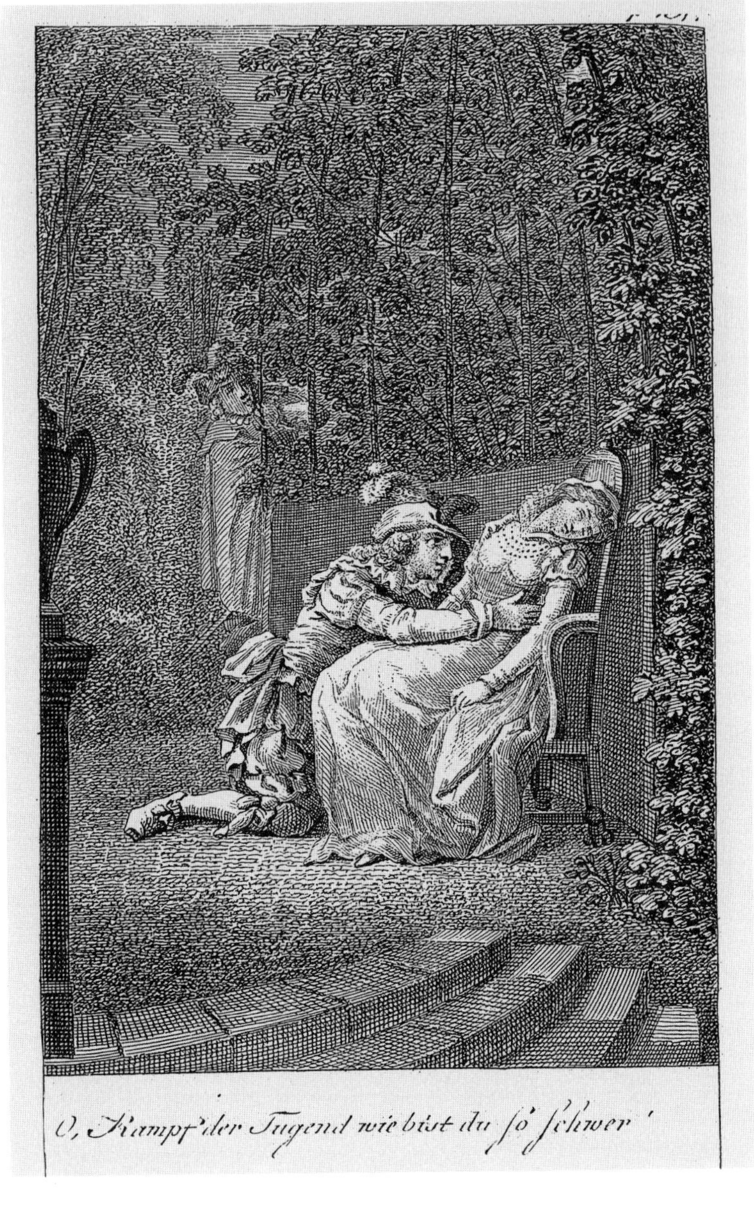

Abb. 3: Adelaide Alleran, Kupferstichillustration, 1797.

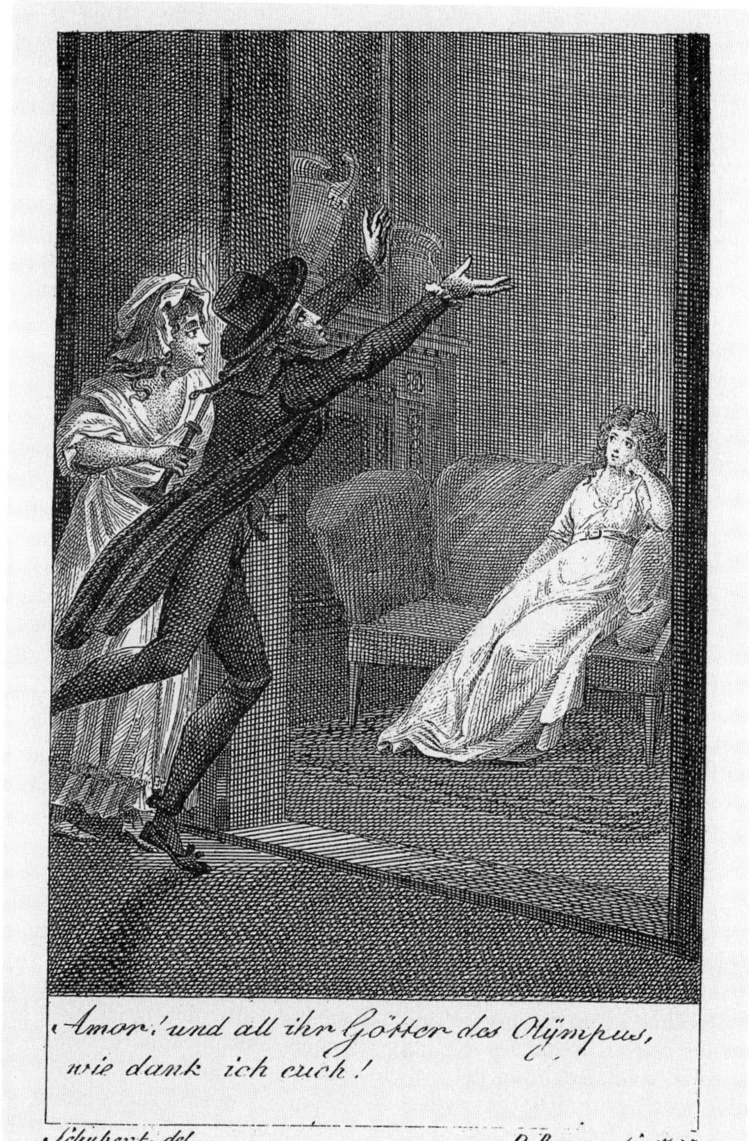

Abb. 4: Charlotte Wellneck, Kupferstich, 1796.

besticht eine Dienerin, nachts die Tür zu ihrem Gemach offen zu lassen. Der Lichtkegel der Laterne zeigt, worum es dem Eindringling geht. Um an sein Ziel zu kommen, sagt er der jungen Frau, ihr Mann sei im Gefecht gefallen und spricht ihr von seiner Liebe.

»Sie: In diesem Augenblick mir solchen Antrag?

Er: Was kümmert sich die siedende Leidenschaft um den Augenblick...

Sie: Zurück! Ziemt das dem Mann von deutscher Ehre? Soll ich meine Stimme erheben...

Er: Ha! was wollet ihr wagen, ohnmächtiges Geschöpf? Glaubt, es ist meinen Händen ein kleines, euch in einem Nu zu zertrümmern.

Sie: O du Retter der Unschuld... wer wird sich meiner erbarmen?« (Adelheid von Thurn 1796, 146)

Zum Glück wacht Adelheids kleiner Sohn auf, und sein Weinen schlägt den Bösewicht in die Flucht. Im weiteren Verlauf verleumdet sie der Abgewiesene – sie habe ihm nachgestellt –, kein anderer Ritter verteidigt ihre Ehre, und so tut Adelheid es selbst: als Ritter verkleidet schlägt sie ihren Verleumder auf einem Turnier, und just da kommt auch der Gemahl angeeilt, um ihre Unschuld zu verteidigen, denn er hatte dem Gerede keinen Glauben geschenkt.

Eine weitere verfolgte Unschuld ist Heliona (Abb. 2), deren literarische Vorlage ich bislang nicht ausfindig machen konnte. In Ketten geschlagen – wie Andromeda – schmachtet sie im Kerker. Busen, Arme, Bein sind entblößt, was offensichtlich nicht auf Mangel an Stoff zurückgeführt werden kann. Zum Vergleich: Männer in Ketten, wie sie sich in den beliebten historischen Erzählungen mitunter finden, werden selbstredend nie derart anzüglich dargestellt. Insofern wird dieser Stich eindeutig als erotische, vielleicht sogar pornographische Szene verstanden worden sein, zumal ein schöner runder Arm (und hier sind gleich zwei zu sehen) für die Zeitgenossen und Zeitgenossinnen eindeutig als erotisches Motiv wirkte.[5]

Adelaide Alleran, die Ohnmächtige auf Abb. 3, verfügt über die erzählungsüblichen positiven Eigenschaften: sie ist jung, schön, adlig und weiß, daß »Tugend und Unschuld köstlichstes Kleinod eines Mädchens sind« (Liebschaft Gustav Adolphs 1797, 128). Gerade hat sie dem vor ihr knieenden Mann »äußerst naiv« (ebd. 129), wie es heißt, ihre Liebe gestanden und daß sie hier ohnmächtig ist, liegt an seiner harten Reaktion. Er ging nämlich, obwohl auch er, wie die Leserin weiß, Adelaide liebt, nicht auf ihre Avance ein. Er kann es nicht, weil er im Konflikt zwischen Freundschaft und Liebe steht: er hat seinem König, dessen engster Vertrauter er ist, als dieser sich leidenschaftlich in Adelaide verliebte, zugesagt, seine Sache bei der jungen Frau zu fördern. Nun, wo er seine Angebetete ohnmächtig in Armen hält, sagt er: »O Kampf der Tugend, wie bist du so schwer!« Ob der Kampf schwer ist wegen der Loyalität zum Freund und König oder wegen der Bezähmung eigener Wünsche, bleibt der Leserin zu entscheiden überlassen. Der Lauschende im Hintergrund ist Adelaides Bruder; darüber, daß seine Schwester Maitresse des Königs wird, will er sein Glück machen – doch im weiteren Verlauf verzichtet der König auf Adelaide und nach etlichen Wirrungen kriegen sich die beiden.

Bevor ich der Frage nachgehe, was Leserinnen um 1800 am Motiv der verfolgten Unschuld wie der ohnmächtigen Frau angesprochen haben mag, möchte ich die zeitgenössische Bedeutung von Ohnmacht und Unschuld rekonstruieren.

Unschuld ist ein moralischer Begriff und beschreibt nach Adelungs Wörterbuch von 1801 (Bd. 4, Sp. 888) denjenigen »Zustand, da man keine Schuld hat, d. i. nicht die wirkende oder veranlassende Ursache eines Verbrechens oder Vergehens ist. ... Im engsten Verstande ist die Unschuld derjenige Zustand des Gemüthes, da es nicht allein von aller Unkeuschheit frey ist, sondern auch von den Vergehungen dieser Art keine Kenntniß hat.« Als Beispiel folgen bei Campe (5. Theil, 1811, 184) »Die Unschuld eines Kindes, eines Mädchens«. Unschuld sexuell zu konnotieren, wie es hier in der engsten Bedeutung geschieht, ist um 1800 vergleichsweise neu. Im zwei Generationen zuvor erschienenen, der Frühaufklärung verpflichteten Universal-Lexikon von Zedler fehlt diese Konnotierung völlig. In Krünitz' oeconomisch-technologischer Enzyclopaedie dagegen, wo Unschuld in einem der letzten Bände von der Mitte des 19. Jahrhunderts abgehandelt wird, hat sich die sexuelle Bedeutung merklich verstärkt.[6] Auch wenn die allgemeinere Bedeutung, keine Schuld zu haben, erhalten bleibt, spricht diese Entwicklung für eine allmähliche sexuelle Aufladung von »Unschuld«.

Unter ›Ohnmacht‹ wird zwar auch »Mangel der Macht, d. i. der Kraft« verstanden, in »gewöhnlicherer Bedeutung« aber »derjenige Zustand des menschlichen Körpers, da derselbe auf einige Zeit alle Kraft verliert, und wie todt dahin sinket« (Adelung, Bd. 3, 1798, Sp. 596), »eine krankhafte Erscheinung... die wohl eigentlich in einer plötzlichen Unterdrückung der Nerventhätigkeit besteht« (Allgemeine deutsche Real-Enzyclopaedie..., Bd. 7, 1819, 42). Womit klar steht, daß eher Frauen affiziert werden, ist ihr Körper der zeitgenössischen Medizin zufolge doch eher von Nerven bestimmt (im Gegensatz zu dem des Mannes, der von Muskeln bestimmt ist). In Ohnmacht fällt man bekanntlich – und liegt dann da; eine Unschuld ist man, man hat Unschuld – kann sie aber auch verlieren. Im zeitgenössischen Verständnis ist Unschuld also ein moralischer Begriff, der einen Gemütszustand beschreibt, Ohnmacht ein medizinischer, der einen körperlichen Zustand bezeichnet.

Was mag den Leserinnen an diesen Szenen gefallen, was mag sie angesprochen haben? In beiden Motiven kommt das Geschlechterverhältnis als eine eher gewaltsame Angelegenheit zur Darstellung. Anschauen tun sich das Frauen, jene, mit denen auf den Bildern so schlecht umgegangen wird. Daß bürgerliche Frauen um 1800 sich mit derartigen Szenen identifizieren, läßt sich meines Erachtens sozialisationsgeschichtlich bzw. psychoanalytisch deuten, wie auch sozialhistorisch; also einmal mehr von der individuellen Befindlichkeit bzw. Gewordenheit der einzelnen Frau, zum anderen von der gesellschaftlichen Position des Geschlechts.[7]

Ich denke, die Attraktivität der ›verfolgten Unschuld‹ wie des ›ohnmächtigen Weibes‹ bestanden genau darin, daß Frauen in ihnen schlecht behandelt werden. Der Akzent liegt dabei weniger auf ›schlecht‹ als auf ›behandelt‹. Ein summarischer Blick auf die Szenen mag das verdeutlichen: Die Frauen tun auf den Bildern nichts – eine ist ohnmächtig, eine andere in Ketten, die dritte bedroht. Gehandelt haben Männer – sie verfolgen oder sind hart, böse. Die Frauen wollen nichts von den Männern, die Männer wollen etwas von den Frauen: sie sind die Repräsentanten von Begehren, werden »so erfunden, daß (sie) ein höchst intensives Begehren auf die Frau (haben)« (Prengel 1988, 21). Anders gesagt: diese Bilder lassen sich als masochistische erotische Phantasien lesen.[8] Was nicht besagt, daß die Leserinnen darauf aus waren, zu leiden, sind masochistische erotischen Phantasien doch vor allem Phantasien. Wenn eine Frau sich als Objekt phantasiert, so heißt das keineswegs, daß sie es in der Realität sein möchte; Phantasien sind Produkte der Phantasierenden, sie führen stets Regie – und lassen hier Männer ihnen nachstellen. Sie genießen nicht das Leiden, sondern das Leiden ist der Umweg zur Lust – insofern läßt sich von einer Gewinnseite masochistischer erotischer Phantasien reden. Diese besteht darin, »von Schuldgefühlen (zu entlasten)« (ebd.); mit den Lexika zu sprechen, ist die Frau weder »wirkende noch veranlassende Ursache« (S. 421 dieses Textes) von Begehrlichem – das erledigt alles der Mann. In derartigen »Macht-Ohnmacht-Konstellationen produziert die Frau die totale Wunscherfüllung, ohne daß sie dabei die Verantwortung übernehmen muß für ihr Wollen, die Verantwortung und Kontrolle liegt total beim Mann« (Prengel 1988, S. 21).

Etwas zu wollen, Aktivität zu entfalten, wird delegiert – ganz deutlich ist das auf Abb. 4. Der Mann, ein adliger Verführer, ist endlich von Charlotte Wellneck erhört worden und trifft nun nachts, geleitet von ihrer Dienerin, ein. Obwohl sie dies Schäferstündchen wollte und dafür sorgte, daß es zustande kam, sitzt Charlotte wie unbeteiligt auf dem Sofa, während »der Baron... ganz außer sich (ist), als er Charlotte (sieht). Enthusiastisch... rief er aus: »Amor, und all ihr Götter des Olympus, wie dank ich euch!« (Charlotte Wellneck 179, 226f) – was wir auf der Bildunterschrift lesen. Er ist exaltiert, sie scheint mit dem ganzen nichts zu tun zu haben. In einer anderen

Erzählung schreibt die Verführte dem – adligen – Verführer, sie sei schwanger, und klagt: »Wer täuschte die arme Unerfahrene und wer allein ist der Urheber ihres Elends?« (Liddy Waller 1792, 79). Die Frau trägt keine Verantwortung: das entlastet von Schuld, womit die Handlung den gleichen Strukturen folgt wie masochistische erotische Phantasien.

Daß erotische Phantasien eine eher masochistische Richtung nehmen, wird von einer Erziehung unterstützt, die Frauen das verbietet, was diese in ihren Phantasien Männer tun lassen: Begehren offen zeigen. So lautet eine von drei Erziehungsmaximen einer Mutter für ihre Tochter lapidar: »Verbirg deine Gefühle« – nachzulesen in einer didaktischen Erzählung namens: ›Die glückliche Ehe‹ (1795, 55). Und in »Regeln für junge in den Ehestand tretende Frauen« (1800, 65–67) heißt es ungleich deutlicher: »Entbehre und genieße!« und abschließend »... einmal alle Reize seines Weibes im vollen Maaße zu genießen, ... dieser Genuß muß ihm nie gewährt, er muß ihm nicht einmal freywillig geboten werden.«[9] Diese Passage ist wie Erziehungsmaximen und Benimmregeln generell natürlich nicht als Abbildung der Lebensrealität von Frauen zu lesen. Wohl aber als etwas, was diese prägt, zumal in Zeitschriften wie auch Büchern für das weibliche Publikum immer wieder Keuschheitsforderungen mit Glücksversprechen verknüpft werden.

Wie wird nun das geschildert, worum es implizit so oft geht: der Verlust der Unschuld? Dazu die Fortsetzung der auf Abb. 4 dargestellten Handlung: »Peppi (die Dienerin, P. S.) ließ die Liebenden allein. Der Genius der Unschuld entfloh mit raschen Schritten aus ihrer Mitte; muthwillig beleidigte der Baron das Gesetz der Sittlichkeit; gleichgültig ließ es Charlotte zu, daß die Rose der Schaamhaftigkeit und der weiblichen Würde, ach! so schnell, so schnell und so verächtlich entblättert wurde. Sie berauschten sich an diesem unglücklichen Genusse; der Morgen kam beynah herauf, und die verdunkelte Sonne betrauerte die neuen Schlachtopfer der Wollust« (Charlotte Wellneck 1796, 227). Oder in einer anderen Erzählung: »Beyde Liebende waren also allein; ihre Leidenschaft entbrannte. Die Stimme der Vernunft schwieg, selbst der Tugend Schutzgeist konnte sie nicht mehr retten – und Liddys, der armen Liddy Unschuld war dahin. Als sie aus ihrem Taumel erwachten, Liddy ihr Gesicht glühend fand, ihre Glieder bebten, – da gieng sie ans Fenster, der Mond, der vor wenig Minuten so hell am Himmel stand, schien jetzt bleich und blaß; kein Vogel ließ einen Laut von sich hören; rings um sie her trauerte die ganze Natur, und die Luft wehte todtenschwül« (Liddy Waller 1792, 67). Was da beschrieben wird, sind Weltuntergänge (folgerichtig überleben beide Protagonistinnen nicht das Ende der jeweiligen Erzählung). Bei aller Schwülstigkeit hatte die Weltuntergangsmetaphorik einen realen Kern.

Damit wäre ich bei dem Versuch, die Attraktivität der Motive ›verfolgte Unschuld‹ und ›ohnmächtiges Weib‹ sozialhistorisch zu deuten, sie mit der gesellschaftlichen Lage von Frauen im Bürgertum in Verbindung zu bringen.

Daß der Verlust der Unschuld für ein bürgerliches Mädchen einem Weltuntergang gleichkommt, stimmt insofern, als damit in der Regel der Zugang zu bürgerlicher Wohlanständigkeit versperrt wird – allerdings nur, wenn ihr Schritt vom Wege publik wird, das heißt, wenn sie nicht genug Heimlichkeit bewahrt oder wenn sie schwanger wird, ohne eines der diskreten Entbindungshäuser für bessergestellte Frauen zu kennen oder sich leisten zu können.[10] Ansonsten sinken ihre Chancen, geheiratet zu werden, drastisch, denn Tugend und Unschuld sind das Kapital bürgerlicher (und kleinbürgerlicher) Frauen auf dem Heiratsmarkt.[11] Kapital scheint durchaus wörtlich gemeint, wenn Zedler (Bd. 15, 1737, 549) – allerdings etwa sechzig Jahre früher – schreibt, daß bei verlorener Keuschheit »ihr Werth um ein grosses verringert und die verlorne Hochachtung sie ausser Stand setzet, eine ihrem Stande anständige Heurath zu thun«. Die jugendlichen Leserinnen wissen, daß sie »auf das sittsamste die jungfräuliche Unschuld sehen lassen ›müssen‹, denn ein Frauenzimmer mit frechen Augen, und Ausdrücken bekommt nicht leicht einen Mann« (Griesheim 1760, 65).

Keinen Mann zu kriegen, das wissen sie, heißt in aller Regel sozial im Abseits zu leben: sich bei Verwandten, mehr oder weniger gelitten, mehr oder weniger nützlich zu machen oder sich mit Unterricht, Handarbeit, Schreiben, als Gesellschafterin durchzubringen, alles schlecht bezahlte Tätigkeiten. Möglichkeiten selbständiger gewerblicher Arbeit gab es so gut wie gar nicht: so führt ein Berliner Allgemeines und Indüstrie-Addreßbuch von 1808 unter 371 Berufen und Metiers lediglich vier für Frauen.

Eine sozial geachtete und materiell abgesicherte Existenz für bürgerliche Frauen bot eigentlich nur die Ehe. Insofern läßt sich von einem Heiratszwang für bürgerliche Frauen sprechen, wobei Unschuldszwang und Heiratszwang zwei Seiten der gleichen Medaille sind. Deshalb enden wohl auch Erzählungen mit gutem Ausgang so häufig mit einer Heirat und solche mit schlechtem Ausgang mit einer mehr oder weniger schönen Leich; übrigens wie die Dramen.

Nicht von ungefähr wird in den Erzählungen der Frauenzeitschriften der Verlust der Unschuld selten im gleichen Milieu angesiedelt. Der Verführer ist gewöhnlich adlig (er verspricht die Ehe, hält das Versprechen aber nicht), die Verführte bürgerlich. Da das Deutschland des ausgehenden 18. Jahrhunderts eine, wenn auch in Bewegung geratene Ständegesellschaft ist, enthalten derartige Konstellationen eine adelskritische Botschaft: die oberen Stände, die von Geburt privilegiert sind – sie zahlen keine Steuern, haben aber die führenden Positionen in Politik, Verwaltung, Militär inne – sind Tunichtgute, die hinter der Unschuld bürgerlicher Mädchen her sind. Sie vergeuden nicht nur ererbte Vermögen, d. h. solche, für die sie nichts getan haben, sondern sie trachten auch nach dem symbolischen Kapital bürgerlicher Ehemänner und Väter: nach der Unschuld ihrer Töchter und Frauen.

Während ein Vater Galotti seine Tochter lieber umbringt als sie Maitresse des Fürsten werden zu sehen, werden die Mädchen unserer Erzählungen verführt – und zahlen dafür mit ihrem Leben. Die gleiche Logik, die der gleichen Sache dient: in kritischer Absetzung vom Adel eine eigene bürgerliche Standesehre hervorzubringen und zu setzen. Deren vornehmste Repräsentanten sind die Frauen dieses Standes: sie verkörpern bürgerliche Ehrenhaftigkeit. Insofern dient die Thematisierung imaginärer adliger Verführer auch der Herstellung des bürgerlichen Klassenkörpers, dient dazu, das Bürgertum als gesellschaftlich wichtige Gruppe mit eigenen Werten und eigenem Gehabe zu setzen. Die bürgerlichen Frauen haben in diesem Sinne auf moralische, und das heißt immer auch körperliche Intaktheit zu achten, damit die bürgerlichen Männer sich selbst achten können. So hat, um nur eines der vielen papiernen Exempel zu nennen, eine junge Frau, deren Mann abwesend ist, abzulehnen, wenn ein junger Freund des Hauses sie ins Theater einladen will, weil sie sich »vor der bloßen Meinung einer großen Vertraulichkeit mit fremden Männern« (Basedow 1774, 197) zu scheuen hat. Bürgerliche Ehre materialisiert sich im guten Ruf der Frauen und Töchter. Bemerkenswert ist nun, daß in der zeitgenössischen Debatte Ehre zunehmend von »der Beurteilung durch andere (unabhängig) und allein dem persönlichen sittlichen Urteil über die eigene Handlung unterworfen wurde« (Zunkel 1975, 26). Auch wenn Debatten nicht sagen, wie Bürger X oder Y »Ehre« für sich sahen, so ist doch offensichtlich, daß die Individualisierung des Ehrbegriffs für die Frauen nicht gilt, denn wichtiger als ihr eigenes Urteil ist das der Umwelt. Was Frauen angeht, ist man im Bürgertum nicht nur in Sachen »Ehre«, sondern bekanntlich auch in Sachen »Gleichheit« nicht auf der Höhe des eigenen universalistischen Diskurses; kein Faux pas der Geschichte, wie mir scheint.

Eine letzte Facette dessen, was Leserinnen am Motiv der ›verfolgten Unschuld‹ wie dem des ›ohnmächtigen Weibes‹ angesprochen haben mag, verhält sich spiegelverkehrt zu der Lesart dieser Bilder als masochistische erotische Phantasien – sie konnten so gelesen werden, aber sie mußten es nicht. Die Leserin konnte sich genauso gut sagen: die Männer mögen Leidenschaften haben – ich habe keine; die vorherrschende Ansicht über die Dame wird im 19. Jahrhundert ja sein, daß sie leidenschaftslos sei. Die Damen werden diese Ansicht weitgehend teilen, weil sie ihnen insofern von Vorteil war, als sie sie aufwertete. Die alte Ineinssetzung von Frauen mit Fleisch, Fleischeslust, letztendlich Leiblichkeit, die ja negativ besetzt war, und die auch zur Begründung weiblicher Inferiorität herangezogen wurde, diese alte Ineinssetzung von Frau=Leib=schlecht läßt sich im Modell der Leidenschaftslosigkeit abschütteln. Frauen – als tendenziell bessere Menschen – werden nun Moral repräsentieren. In deren Windschatten und ohne das alte Gepäck der Geschlechtlichkeit werden sie ihren Weg in die Gefilde der Egalität antreten (können) (vgl. Cott 1978).

Die Zeitschriftenleserinnen um 1800 geläufigen Motive der verfolgten Unschuld und des ohnmächtigen Weibes, auf denen es Frauen offensichtlich nicht gut ergeht, können bürgerliche Leserinnen also in mehrerer Hinsicht angesprochen und auf ihre Erfahrungen bzw. Wünsche angespielt haben: Indem sie Frauen vor Augen führen, daß sie peinlichst auf ihren guten Ruf und das heißt ihre Unschuld, die vor allem von adligen Verführern bedroht ist, zu achten haben, stehen sie im Kontext der (Durch)setzung bürgerlicher Werte, genauer: bürgerlicher Ehre, die sich im guten Ruf der Frauen und Töchter materialisiert. Weiter klingt im Thema ›Unschuld‹ eine conditio sine qua non an, um geheiratet zu werden. Ihre gesellschaftliche Situation, das wissen bürgerliche Frauen, ist mehr oder weniger von einem Heiratszwang geprägt, dem Korrelat des Unschuldszwangs, bot die Ehe doch die einzige Möglichkeit sozial geachteten und materiell abgesicherten Lebens. Setzte sich die Leserin, dies ein dritter Aspekt, von den implizit thematisierten Leidenschaften ab, so ließ sich auf dem Hintergrund des folgenreichen Modells weiblicher Leidenschaftslosigkeit das überkommene sündige Eva-Bild abschütteln und ein Moment von Aufwertung der eigenen weiblichen Person entnehmen. Identifizierte sich die Leserin dagegen mit den leidenden Protagonistinnen, so konnte sie diese Bilder wie masochistische erotische Phantasien genießen: von Schuldgefühlen für eigene Begierden dadurch entlastet, daß aktives Begehren ausschließlich von Männern repräsentiert wird. – Könnten wir die Leserinnen fragen, so würden sie ihr Gefallen an den ohnmächtigen oder unschuldig verfolgten Heldinnen indes wohl vor allem damit in Zusammenhang gebracht haben, daß dann auf den Nähtischen eben nicht nur die Stickerei auf sie wartete, sondern Protagonistinnen, in deren Leben etwas los war: Eine verfolgte Unschuld mußte, um adäquat verfolgt werden zu können, überhaupt mit potentiellen Verführern zusammengekommen sein. Eine Vorstellung, die dem Sticken von Manschetten für Papa oder dem Kirchgang schon Konkurrenz machen konnte.

Anmerkungen

1 In der deutschsprachigen Literatur ist die verfolgte Unschuld spätestens seit Sophie von Laroches »Fräulein von Sternheim« (1771/72) Thema; bekannt und beliebt waren auch Samuel Richardsons »Pamela« (englisch: 1740) und »Clarissa Horlowe« (englisch: 1749). Sie waren derart populär, daß Chodowiecki noch Ende des Jahrhunderts (1796) moderne Illustrationen für die Ausgabe der Kosegartenschen Übersetzung anfertigte.

2 Manche Zeitschriften wollen nur unterhalten und bringen ausschließlich Erzählungen und Gedichte, andere auch Ratschläge für das Hauswesen, für Kindererziehung, Gesundheit. Manche enthalten einen Kalenderteil, andere eine Auflistung sämtlicher europäischer Herrscherhäuser oder von Märkten und Postkutschenverbindungen.

3 Als Leserinnen kamen nur bürgerliche und adlige Frauen in Frage; im Kleinbürgertüm und bei Bauern las man weiterhin vor allem die Bibel, religiöse Erbauungsliteratur, Volksbücher, vielleicht auch Kalender – sofern man überhaupt lesen konnte. Um 1800 kann nur ein Viertel der Bevölkerung Deutschlands lesen – trotz wiederholt dekretierter Schulpflicht. Als lesendes Publikum sind zehn Prozent der Bevölkerung anzusehen. (Vgl. Schenda 1970, 443f).

4 In der Lesesuchtdebatte kommt die Beunruhigung bürgerlicher Männer darüber zum Ausdruck, daß immer mehr Menschen immer mehr lesen. Frauen, wie auch Kinder und Jugendliche und niedere Stände, werden in ihrem Leseverhalten kritisiert. Wenn die Frau zuviel liest, so die Botschaft, verlottert der Haushalt, die Kinder verwahrlosen. Vor allem die Romanlektüre wird angeprangert. Dagegen werden Lektürereglements entworfen, damit nicht länger »das Lesen der Frauenzimmer... auf flüchtiges Vergnügen und Sättigung seiner eitlen Triebe gehe«, wie es in »Einleitung und Entwurf zu einer Damenbibliothek« heißt (In: J. G. Heinzmann, 1780, 401–412). Zur Lesesuchtdebatte vgl. auch: Schmid, 1985, 118–124.

5 Vgl. Lafontaine (1801, 11–85, 45f), in der der Ich-Erzähler als körperlichen Vorzug einer jungen Dame den schönen runden Arm betont und als intime Szene schildert, wie er ihr den Handschuh binden hilft.

6 So heißt es in Krünitz' Enzyclopaedie (199. Bd., 1849, S. 244f): »Im engsten Verstande ist die Unschuld derjenige Zustand des Gemüthes, da es sich von aller Unkeuschheit frei weiß, keine Kenntniß von Vergehungen dieser Art hat; also in Hinsicht des Geschlechtes und der Geschlechtsliebe ein noch unbefleckter Jüngling und eine ebensolche Jungfrau, die noch nicht den Geschlechtstrieben Gehör gegeben haben, noch unbekannt mit ihren Reizen sind. Noch weiter würde diese Unschuld gehen, wenn ihnen auch der Geschlechtsunterschied und seine Bedeutung fremd geblieben wären, welches man jedoch in der Erziehung großer Städte und bei gemeinschaftlichen Besuchen der Schule, wenngleich bei getrennten Geschlechtern, nicht erwarten darf«.

7 Beide Dimensionen sind miteinander verschränkt und nur analytisch in Reinkultur zu haben.

8 Ich folge im weiteren Annedore Prengels Ausführungen zu masochistischen erotischen Phantasien. Die stillschweigende Voraussetzung dabei ist, daß die Psyche einer Bürgerin um 1800 ähnlich beschaffen war wie die einer europäischen bzw. nordamerikanischen Frau Ende des 20. Jahrhunderts – eine Hypothese, wie ich weiß, für die allerdings unter anderem die Kontinuität jenes Problems spricht, das sich als Enteignung des eigenen Willens von Frauen beschreiben läßt.

9 Von den insgesamt 26 Seiten befassen sich, nimmt man die fünf Seiten hinzu, die der Notwendigkeit gelten, allen Schein von Unschicklichkeit im Umgang mit den (unverheirateten) Freunden des Mannes zu vermeiden, ein Viertel mit Zurückhaltung gegenüber dem anderen Geschlecht – sei es der Ehemann, seien es die Hausfreunde.

10 So brachte beispielsweise Caroline Schlegel-Schelling, damals verwitwete Böhmer, in einem solchen Entbindungshaus einen Sohn zur Welt. Erstaunlicherweise wird ein Entbindungshaus in einer der Erzählungen erwähnt. (Vgl. Charlotte Wellneck 1796, 230f).

11 Daß die Geschlechter dabei mit zweierlei Maß gemessen werden, war den Zeitgenossen klar: »Von einem Frauenzimmer, welches die Gesetze der Keuschheit übertreten hat, sagt man: sie habe ihre Ehre verloren. Von einer Mannsperson, welche sich eines ähnlichen Verbrechens schuldig gemacht hat, sagt man dieses nicht. Der Unterschied kommt, wie mich dünkt, daher: weil dem Staate so sehr viel an der Keuschheit des andern Geschlechtes gelegen ist, so sind fast alle Nationen darin überein gekommen, die Ehre desselben von der strengsten Beobachtung dieser Tugend abhängen zu lassen« (Krünitz, Bd. 37, 171).
Unschuld ist allerdings nicht ständeübergreifend die conditio sine qua non für eine geachtete Frauenexistenz bzw. eine Heirat. So war in bäuerlichen und unterbäuerlichen Schichten die Arbeitskraft einer Frau ausschlaggebend bei der Eheschließung. Das bewirkte, daß auch Frauen mit unehelichen Kindern, wenn sie gut arbeiten konnten und einen guten Leumund hatten, unter die Haube kommen konnten. Vgl. Schulte 1984.

Abbildungsnachweis

Adelheid von Thurn 1798, 146 (1). Taschenbuch der Grazien, 1805, o. S. (2). Liebschaft Gustav Adolphs 1797, 134 (3). Charlotte Wellneck 1796, 126 (4). Alle Staatsbibliothek Preußischer Kulturbesitz Berlin. Fotos mit freundlicher Genehmigung des Bildarchivs Preußischer Kulturbesitz Berlin.

Anke Meyer-Knees*

Gewalt als Definitionsproblem

Zur Debatte über die Möglichkeit der »Nothzucht« im gerichtsmedizinischen Diskurs des 18. Jahrhunderts

Wie der Name schon sagt, hat sich die Gerichtsmedizin mit den Erkenntnissen und Definitionen zweier anderer Diskurse auseinanderzusetzen: der Medizin und der Justiz. Zumeist Vertreter der medizinischen Fakultät hatten die Gerichtsmediziner fachspezifisch Auskunft zu geben in Prozessen, in denen die ›Wahrheit‹ nicht allein über das Wort zu ermitteln war, sondern in denen die ›Körper‹ überprüft werden mußten. Ein solcher Fall war die Untersuchung der weiblichen Geschlechtsorgane im Zusammenhang von »Nothzuchtsprozessen«.

Ich werde also im Folgenden kurz die (dazu entwickelten) Positionen des juristischen und medizinischen Diskurses skizzieren, um dann auf eine historische Debatte im gerichtsmedizinischen Diskurs zu sprechen zu kommen, die Gewalt einzig als Definitionsproblem sehen kann und die um die zentrale Frage kreist: Ist eine Vergewaltigung überhaupt möglich?

Was nun begreift der juristische Diskurs als »Nothzucht«? Seit der Carolina 1532, dem ersten für das gesamte Reich gültigen Gesetzeswerk, gilt bis zum Ende des 18. Jahrhunderts der folgende Begriff der Vergewaltigung :

> »eine solche begehen, welche I.) durch gebrauchte äusserliche Gewalt dieses Verbrechen ausüben, 2.) welche durch harte Bedrohungen eines Weibes Einwilligung extorquiren, sich zu dem Beyschlaff zu bequemen. 3.) Welche eine Sinn lose Persohn beschlaffen, oder eine Weibs=Persohn durch den Trunck starck und übermäßig zu dem Ende, damit sie die Unzucht desto bequemer mit ihr vollbringen können, berauschen, und schlaffend stupiren. 4.) Welche ein Mägdelein, die noch ein Kind ist, fleischlich erkennen, es mag gleich eine Gewalt dazu genommen seyn oder nicht...« (Beck 1743, 2f)

Entscheidend dabei ist, daß es sich bei der Frau um eine ehrenvolle Person handelt, d. h. entweder um eine Ehefrau oder um eine unberührte Jungfrau.

»Dahero auch, weilen eine Hur ihre Jungfräuliche Ehre allschon verlohren, und also keine Ehre mehr hat, die ihr könnte benommen werden; so mag der, welcher selbige mit Gewalt schändet, für keinen Ehren-Räuber oder Nothzüchtiger gehalten werden.« (Beck 1743, 8)

Das zentrale Moment bei der Vergewaltigung ist also ein gesellschaftliches, der Raub der Ehre der Frau. Ihre Person wird durch die »Nothzucht« zu dieser Zeit noch nicht angegriffen. Da der Raub der Ehre, die Schändung also erst durch die Penetration erfolgte, galt diese als Entscheidungskriterium, wobei ein Teil der Juristen auch den Nachweis des Samenergusses für eine tatsächliche Vergewaltigung verlangten (vgl. Quistorp 1770, 1038).

Entscheidendes Kriterium ist der offensichtliche Widerstand der Frau, der durch eine gewalttätige Handlung gebrochen werden muß. Damit ist auf juristischer Ebene eine »Nothzucht« als Straftatsbestand exakt definiert. Diese Definition gibt den Rahmen vor, innerhalb dessen sich die Beteiligten an einem solchen Verfahren bewegen können: Juristen, Gerichtsmediziner, aber auch die betroffenen Frauen.

Da es in den meisten Fällen um die Vergewaltigung lediger Personen ging, waren im Kontext dieser juristischen Definition die Aussagen des medizinischen Diskurses von entscheidender Bedeutung. Es ging darum, zweifelsfreie Zeichen am Körper der Frau zu definieren, die sie als Jungfrau oder als sexualisierte Frau erkennen ließen. Dazu gehörten im 18. Jahrhundert das Hymen, der Zustand der Schamlippen, die Enge oder Weite ebenso wie die Beschaffenheit der Haut innerhalb der Vagina, Festigkeit der Brüste, Umfang des Halses, Höhe oder Tiefe der Stimme und das Geräusch beim Lassen des Urins. Der Körper der Frau wurde als eine Fläche begriffen, auf der sich Sexualität einschrieb, auf der sie Spuren hinterließ, die die Häufigkeit und Intensität der erfolgten Geschlechtsakte abzulesen erlaubten. Innerhalb des medizinischen Diskurses waren diese Zeichen und ihr kausaler Zusammenhang ausschließlich mit Sexualität jedoch nicht unumstritten, so daß es gegen Ende des 18. Jahrhunderts zur Differenzierung zwischen einer körperlichen und einer ideellen Jungfernschaft kam.

»Wenn man diese Frage gehörig beantworten will, so scheint es hier nicht überflüssig zu seyn, eine moralische Jungfer, von einer physischen Jungfer zu unterscheiden. In einer physischen Jungfer muß das Jungfer-Häutchen unverletzt, und der äussere Mutter-Mund muß mit einem konisch-zusammenlaufenden und elastischen Umkrais umgeben seyn, die Quer-Spalte muß vollkommen glatt, und zu beiden Seiten nicht eingedruckt seyn, noch

> kleine Risse haben. Eine Jungfer im moralischen Verstande ist diejenige, welche in einem beständigen Stande der physischen Jungferschaft zu beharren wünschet, und die folglich nicht gestattet, daß durch einen Beyschlaf, oder durch selbst vorgenommene äussere oder innere Reitzung eine Verletzung des Jungfer-Häutchens und des Mutter-Mundes geschehe.« (Walter 1776, 6f)

Damit sind auch im Rahmen des medizinischen Diskurses exakte definitorische Vorgaben gemacht, die bei einem Vergewaltigungsprozeß berücksichtigt werden mußten.

Die gerichtsmedizinischen Handbücher bis zum Ende des 18. Jahrhunderts bleiben vollständig im Rahmen des o. g. juristischen Dispositives. Als ein Beispiel dafür kann das »Kurzgefaßte System der gerichtlichen Arzneywissenschaft« von Johann Daniel Metzger aus dem Jahre 1793 gelten. Unter dem Aspekt der verlorenen Jungfernschaft kommt Metzger auf das Problem der Vergewaltigung zu sprechen.

> »Der Verlust der weiblichen Unschuld geschieht entweder mit Einwilligung des weiblichen Theils zum Beischlaf (stuprum), und hat in diesem Falle an und für sich keine weitere rechtliche Folgen; oder durch eine von Seiten des männlichen Theils gewaltsam erzwungene Beiwohnung (stuprum violentum). Diese That, wenn sie auch nicht an einer Jungfrau ausgeübt wird, gehört unter die schweren Verbrechen, deren Ahndung indessen von Seiten des Richters erfordert, daß vorerst ausgemittelt werde, ob ein Verbrechen wirklich begangen sey? indem die Klage über Nothzucht sehr oft ohne Grund angestellt wird.
> Es wird nehmlich vorläufig gefragt, ob die Nothzucht und in wie fern sie möglich sey? Diese Frage können wir erst alsdann beantworten, wenn wir zuvörderst bemerkt haben, daß die Nothzüchtigung als eine gewaltsame Handlung von Seiten des Mannes eine Uebermacht voraussetzt, wodurch alles Widerstreben des weiblichen Theiles gegen den Beischlaf gänzlich vereitelt, und diese gezwungen wird, den Schooß zu öffnen und das männliche Glied einzulassen.« (Metzger 1793, 401)

Als Vergewaltigung wird also auch von Metzger ausschließlich der vollzogene Geschlechtsakt von Penetration verstanden. Schon in diesen allgemeinen Äußerungen deutet sich Metzgers Position dazu an, indem er seine Zweifel an der Berechtigung vieler Anklagen von Vergewaltigung deutlich artikuliert. Er definiert Vergewaltigung zunächst und fragt sich dann, wie diese möglich sein kann. Auf die (persönliche) Situation einer Frau, die sich dem Begehren eines Mannes mit gewaltsamem Handeln verfolgt ausgesetzt sieht, geht er nicht ein. Ausgehend von dieser Konstruktion kommt er dann zu drei Gegebenheiten, unter denen er sich eine Vergewaltigung vorstellen kann.

> »Es gibt aber nur drei Fälle, wo eine solche Uebermacht gedacht werden kann. Entweder ist die Genothzüchtigte durch betäubende Arzneimittel ihres Bewußtseyns und ihrer Empfindung beraubt – wobei zugleich die Frage entsteht, ob eine Schlafende dergestalt stuprirt werden könne, daß die ganze Handlung ohne ihr Vorwissen vollendet werden mag? a) – Oder, sie ist durch die vereinte Hülfe mehrerer überwältigt: oder aber die Nothzüchtigung wird an kleinen, schwächlichen, unreifen Mädchen verübt.« (Metzger 1793, 401f).[1]

Grundsätzlich aber hält er jede normal gebaute, gesunde und wache Frau für fähig, sich einer Vergewaltigung zu erwehren.[2] Umgekehrt bedeutet dies für die Frau, welche angibt vergewaltigt zu sein, daß sie in den Verdacht gerät, einen Mann für den selbstherbeigeführten Verlust der Jungfernschaft und damit ihrer weiblichen Ehre verantwortlich zu machen. »So frequent auch die Anklagen über Nothzucht bei Gerichten zu seyn pflegen« (Metzger 1793, 403), so dient dieser Umstand Metzger ausschließlich als Beweis für die betrügerischen Absichten von Frauen. Die von Metzger dabei konstituierten Subjektpositionen für Frauen, die die Zeichen der Jungferschaft verloren haben, sind die der ›Verführerin‹ und der ›Betrügerin‹. Der Mann wird bei dieser Argumentation auf subtile Art zum eigentlichen Opfer, sowohl als sexuelles Objekt der unendlich begehrenden Frau als auch als fälschlich Angeschuldigter im juristischen Verfahren.

Bestimmend für eine veränderte Einschätzung der Vergewaltigung im gerichtsmedizinischen Diskurs ist das »Allgemeine Preußische Landrecht« 1794 und das Strafgesetzbuch für das Königreich Bayern 1812. Ausgangspunkt für die Veränderungen, die dann auch in den Gesetzesneufassungen der Jahrhundertwende Eingang finden, ist die Diskussion des Gewaltbegriffes und die damit verbundene Sicht sexueller Gewalt. Ein Beispiel, an dem diese Diskussion mit seltener Deutlichkeit ablesbar ist, liegt in der Antwort eines Gerichtsmediziners auf eine Rezension über eine Veröffentlichung von ihm vor. Elvert (1809) hatte dort folgende These geäußert:

> »dass es nach dem Ausspruche Mehrerer z. B. auch Metzger's nicht als möglich anzunehmen sei, dass eine erwachsene, gesunde, nur mässig starke Person von einem auch starken Manne zum Beischlafe wider ihren Willen gezwungen werden könne. Ungeachtet der stärkern Muskelkraft des Mannes könne er doch das minder starke Weib zu dieser Handlung nicht zwingen: aber ich

> glaube, dass es als möglich anzunehmen wäre, dass sie doch wider ihren Willen so weit überwältigt werden könnte, dass der stuprirende Mann sein Glied an ihre Geburtstheile bringen, und wollüstige Friktionen damit verrichten könnte, und ob es nicht denkbar, dass gerade bei einer zuvor unberührten Jungfrau diese neue Empfindung einen solchen Grad von Wollust unwillkührlich erregte, dass sie aus dem Grunde dann dem weiteren Vollzuge des Beischlafs Widerstand zu leisten, nicht mehr vermögend wäre.« (111f).[3]

Diese Ansicht deutet in zweierlei Hinsicht eine Veränderung an: Zum einen sieht Elvert Sexualität als einen körperlichen Vorgang, der die Frau unabhängig von ihrem Willen überwältigen kann; dieses impliziert zum andern, daß er der Frau einen selbstbestimmten Willen in Bezug auf ihre Sexualität zugesteht, der ein wesentliches Moment seiner Argumentation wird. Auf die heftigen Angriffe des Rezensenten hin präzisiert Elvert seinen Begriff von »Nothzucht«:

> »Ich halte das schon für Nothzucht, wenn eine Person, die nichts weniger im Sinne hatte, als sich mit einem, ihr vielleicht ganz unbekannten, Manne fleischlich zu vermischen, von ihm angefallen, niedergeworfen, entblösst und an ihren Geburtstheilen berührt wird, wobei sie überall der physischen Uebermacht unterliegen müsste. So weit ist es Gewaltthat von dem Manne, wenn dann das Ueberraschende sie psychisch entwaffnet, so kann man sie doch nicht als in den Beischlaf einwilligend annehmen.« (Elvert 1809, 113f)

Elvert bezieht die gesamte Situation, in der sich eine Frau dem sexuellen Begehren eines Mannes ausgesetzt sieht, in dem Moment in den Gewaltbegriff mit ein, in dem die Frau nicht selber ein Begehren artikuliert hat. Für ihn ist schon die Mißachtung des Willens der Frau der Beginn einer sexuell gewalttätigen Handlung, von ihr nicht gewollte Berührungen werden von Elvert als ›Nothzucht‹ gewertet.

Diese Gedanken, die einem neuen juristischen Paradigma verpflichtet sind, finden erst zehn Jahre später Eingang in gerichtsmedizinische Handbücher. Im »Ausführlichen Handbuch der gerichtlichen Medizin« von Ludwig Julius Kaspar Mende aus dem Jahr 1819 wird der Zusammenhang mit der veränderten Rechtslage besonders deutlich:

> »Unbegreiflich ist es, weshalb (...) eine gewaltsame Nothzucht härter bestraft werden soll, als diejenige, wobey eine arglistige Betäubung der Sinne, z. B. durch Getränke oder a. m. vorangieng, und den Widerstand unmöglich machte. Im letzten Fall muß

> man, nach ärztlichem Gutachten, das hier maaßgebend seyn dürfte, doch offenbar ein doppeltes Verbrechen annehmen, da im ersteren nur ein einfaches zu bestrafen ist.« (Mende 1819, 140)

Hier zeigt sich, daß Mende sehr viel deutlicher als seine Vorgänger in der Lage ist, das Spezifische im Delikt der Vergewaltigung in Bezug auf die Person der Frau zu erfassen. Er begreift, daß der eigentliche Akt der Gewalt in der Mißachtung der Willensäußerung der Frau zu ihrer sexuellen Verfügbarkeit bzw. Verweigerung derselben liegt. Dementsprechend wertet er die Vergewaltigung einer sich nicht bei Bewußtsein befindlichen Frau als moralisch verwerflicher.

Bei den analysierten Positionen gerichtsmedizinischer Handbücher ist ein deutlicher Wechsel zu verzeichnen. Das alte Paradigma nahm lediglich die juristischen Vorgaben der Deliktbeschreibung wie vollzogener Geschlechtsakt mit erfolgtem Samenerguß im Innern der Frau bei vollständigem Widerstreben und Widerstandshandlungen der Frau und konfrontierte diese mit physiologischen Erkenntnissen und – sehr stark – allgemein verbreiteten Vorstellungen. Aus dieser Konfrontation erfolgt dann zwangsläufig, daß das Delikt der Vergewaltigung an einer normal kräftigen, wachen und gesunden Frau gar nicht denkbar ist. Eine Frau, die angibt vergewaltigt worden zu sein, wird also allein durch diese diskursiven Kopplungen in der Gerichtsmedizin und die daraus folgende strenge definitorische Prägung zur Lügnerin, da für die ›Wahrheit‹ weder ihr Wort noch ihr Körper herangezogen werden kann. Sie ist machtlos sowohl der Gefahr, der sexuellen Gewalt als auch der Verurteilung durch die Gerichtsmedizin ausgeliefert. Im neuen Dispositiv ist die Gewalt verlagert auf die Situation insgesamt, indem auch Bedrohungen und psychischer Druck auf die Frau ernst genommen und als Gewalt begriffen werden. Ebenso kann die möglicherweise entstehende ›Wollust‹ jetzt als sexuelle Gewalt begriffen werden. Sie gilt nicht mehr als sicheres Zeichen dafür, daß die Frau den Geschlechtsakt letztlich doch gewollt hat.

Die diskursive Machtposition über die Situation ›Vergewaltigung‹, die im alten Dispositiv gegeben war, wird also durch Umwertung einer Komponente – des Gewaltbegriffes – aufgelöst. Dadurch wird die Wahrheit nicht mehr aus der Verbindung zweier theoretischer Konstrukte ermittelt, sondern aus der Verbindung von ›Körper‹ und ›Wort‹.

Anmerkungen

* Anke Meyer-Knees ist am 10. 3. 1989 gestorben. Die 4. Kunsthistorikerinnen-Tagung in Berlin war die letzte öffentliche Veranstaltung, auf der sie einen Vortrag gehalten hat. Der Text stand im Zusammenhang ihrer Dissertation »Geschlechterzeichen in der Medizin des 18. Jahrhunderts« (Arbeitstitel). Jutta Kolkenbrock-Netz hat den Vortragstext für die Druckfassung bearbeitet.

1 Unter a) zitiert Metzger Valentini (1701), C. XXI. und Valentini (1711), C. LXXVII, letzteren hält er jedoch nicht für glaublich.

2 Metzger beruft sich hier auf Ammann (1670), Casus C.

3 Elvert zitiert sich hier selbst aus der o. g. Schrift.

Theresa Georgen

Lucretias Vergewaltigung

Privatisierung einer Staatsaffäre

Im späten 15. Jahrhundert beginnt, soweit sich dies nach dem derzeitigen Stand feministischer kunsthistorischer Forschung sagen läßt, in der Kunst die ideologische und sexistische Bild-Produktion am weiblichen Körper. In der Ikonographie dieser Zeit mehren sich Darstellungen von Gewaltakten an Frauengestalten aus der Mythologie; dabei ergibt sich als zentrale Frage, inwieweit in der Darstellung der Repräsentation von Gewalt die gewalttätige Repräsentation mitenthalten ist (siehe Elisabeth Bronfen in diesem Band) und dadurch der Blick auf die Gewaltverhältnisse geöffnet wird.

Wie an kaum einer anderen Gestalt läßt sich an der vergewaltigten Selbstmörderin Lucretia nicht nur die weibliche Opferrolle gegenüber patriarchaler Gewalt, sondern auch weibliche Anpassung und Mittäterschaft diskutieren.

Livius (1983, I, 57–60) berichtet in seiner Geschichte Roms vom Ende der Herrschaft des Tarquinius Superbus im Jahre 510 v. Chr. durch einen Aufstand, ausgelöst durch den Selbstmord der Lucretia, der Gattin eines römischen Patriziers.

Während ihr Mann auf einem Feldzug ist, wird Lucretias vielgerühmte Tugend heimlich überwacht, unter anderem von ihrem Vetter Tarquinius. Dieser, ein Verwandter des Königs, zwingt sie zum Beischlaf mit der Drohung, er werde sie im Falle ihrer Weigerung ermorden, einen getöteten Sklaven zu ihr ins Bett legen und dann die Nachricht verbreiten, sie habe Ehebruch begangen und er nur die gerechte Strafe an ihr vollzogen. Die Beschreibung Boccaccios in »De mulieribus claris« (1895, XLVIII), die die Geschichte in der Hochrenaissance breiteren Kreisen bekannt gemacht hat, stellt die gesellschaftliche Ausweglosigkeit von Lucretias Situation ganz deutlich heraus. Ihr droht nach der römischen Vorstellung von der Ehre des Ehemannes in jedem Fall der Tod, ganz gleich, wie sie sich verhält. So muß sie sich Gewalt antun lassen, um anschließend noch als Lebende öffentlich anklagen zu können. Die Vergewaltigung zuzulassen, ist für sie der einzige Weg, *ihre* Ehre als treue Ehefrau zu retten. Ihre einzige Freiheit in diesem patriarchalischen Zwangszusammenhang liegt darin, den Tod, den ihr die männlichen Verwandten geben würden, *mit eigener Hand auszuführen* und ihn *öffentlich*

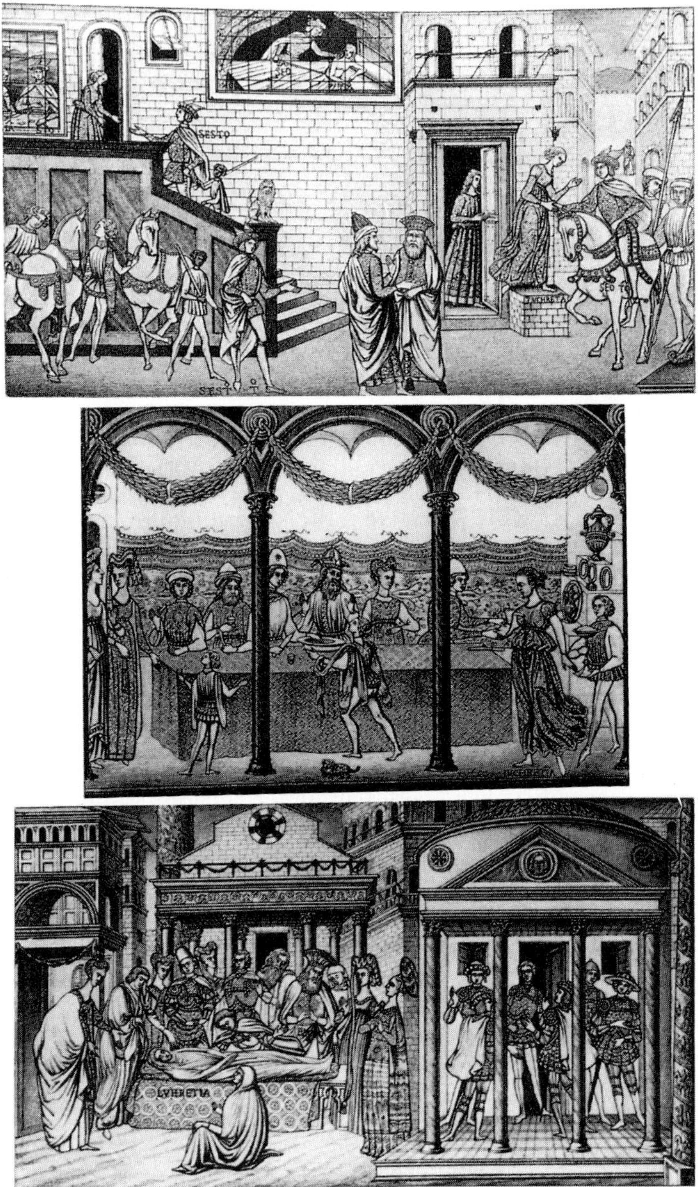

Abb. 1: Florentinische Brauttruhe, um 1460. Paris. Ehem. Sammlung Artaud de Montor.

zu inszenieren. Die Selbstauslöschung der Lucretia führt zum Aufruhr gegen den König und zur ersten römischen Republik. Sowohl Livius als auch Boccaccio setzen den Selbstmord in direktem Zusammenhang mit der neuen Ordnung: Lucretias Tod wird als notwendiges Gründungsopfer für eine andere, gegenüber dem alten Verhältnis freiere Gesellschaft interpretiert.

In Italien wird die Geschichte der Lucretia tradiert durch die »Gesta Romanorum« des 13. Jahrhunderts, Dantes »Göttliche Komödie« (Inf. 4, 128) und den erwähnten Text Boccaccios. Als bildliche Darstellung taucht die Lucretia-Geschichte etwa um 1450 auf: auf Brauttruhen, die als Mobiliar mit zum wichtigsten Hausratsgegenstand zählten (Schubring 1915, 11ff), bemalt mit Fabeln von Ovid, Dante und Boccaccio, versehen mit den Wappen der Gatten und im Innendeckel oft mit einer Darstellung des unbekleideten Paares. Es ist ein Möbel, in dem die sexuelle Beziehung der Eheleute (das nackte Paar) gekoppelt ist an die Repräsentation der Familie der beiden Gatten (Wappen) und in dieser Verbindung im halböffentlichen Bereich des Hauses zur Schau gestellt wird. Es ist zugleich Gebrauchsmöbel, bestückt mit Wäsche und Kleidung der Hausfrau und von einem intimen Kreis weiblicher Personen gehandhabt. Aus den Fabeln sind oft solche Szenen dargestellt, die sich auf die Konstituierung des Eheverhältnisses durch einen Gewaltakt beziehen, etwa Frauenraub, oder auf die gewaltsame Durchsetzung des ehelichen Treuegebots auf Kosten der Frauen. Zu diesem Themenkreis gehört die Geschichte der Lucretia.

In dem frühesten mir bekannten Truhenbild aus Florenz (Abb. 1) wird die Geschichte als eine *öffentlich* sich abspielende Handlung noch mittelalterlich kontinuierend erzählt. Offenbar in Ermangelung einer ikonographischen Tradition werden Motive aus der bibli-

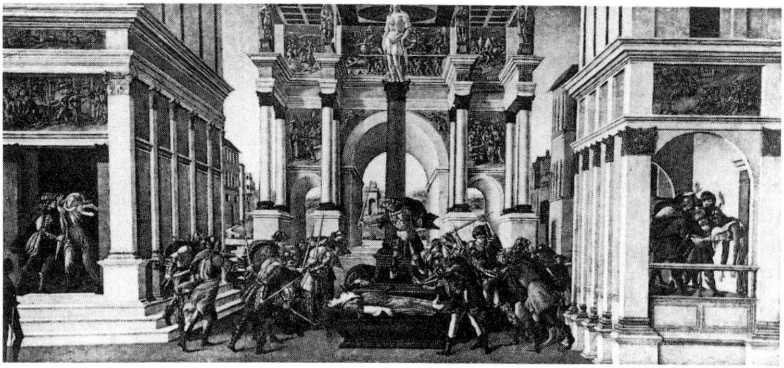

Abb. 2: Sandro Botticelli, Geschichte der Lucretia, um 1490. Brauttruhe. Boston, Museum Isabelle Stewart Gardner.

schen Ikonographie verwendet, die eine Sakralisierung der öffentlichen Aufbahrung in Analogie zur Darstellung des Marientodes zur Folge haben. In dieser Szene sind noch archaische Formen der Konfliktbewältigung aufbewahrt. Die Verwandlung der gesellschaftlichen Aggression gegenüber Frauen in Trauer vollzieht sich analog einer heiligen Opferhandlung: die sozialen Konflikte werden erträglich, indem sie als Schuld auf ein Opfer projeziert werden, das verfolgt und getötet wird, um dann als Retter fungieren zu können (Girard 1983, 35ff). Lucretia wird zur Heldin eines über die weibliche

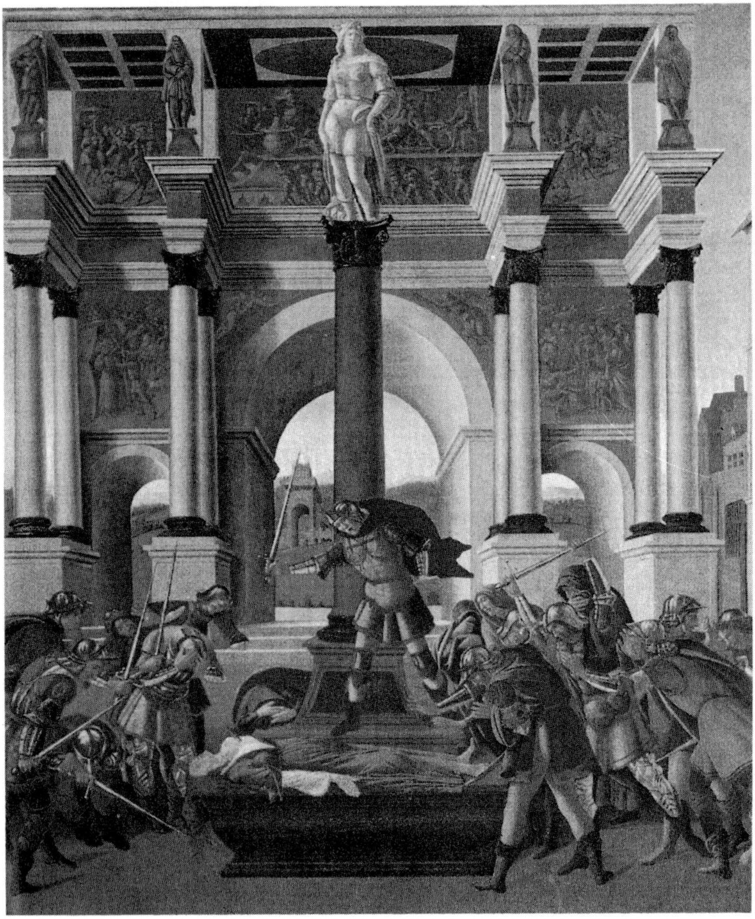

Abb. 3: Sandro Botticelli, Geschichte der Lucretia (Detail).

Selbstauslöschung verifizierten Sittencodex, der Monogamie als einen zentralen Wert mit öffentlichem Anspruch bestätigt. Nicht als Privatperson, sondern als Repräsentantin ihres Geschlechts hat Lucretia das Monogamiegesetz zu vertreten, dessen Nichteinhaltung bei Frauen mit dem Tode bestraft wird.

Bei Botticellis Brauttruhenbild, wahrscheinlich um 1490 für das Haus des Giovanni Vespucci in Florenz gemalt (Abb. 2), steht an Stelle der Sakralisierung des Opfers die Verbindung von Opfer und Aufruhr im Zentrum und nimmt auch bildlich den größten Raum ein. Vergewaltigung und Selbstmord bilden lediglich Rahmenszenen in Loggien. Von den Seiten stürzen wie angetrieben Männer mit wehenden Röcken und gezogenen Schwertern zur Mitte. Dort bildet die Leiche der Lucretia im bildwörtlichen Sinne die Quelle des Aufruhrs. Die Funktion des Gründungsopfers wird in der Darstellung Botticellis unverschleiert in der unauflöslichen Verbindung von Aufruhr, Opfer und Versöhnung bzw. neuer befriedeter gesellschaftlicher Ordnung aufgezeigt. Aufruhr und neue Ordnung ziehen sich als gebeugte, aufgelöste Bewegungen soldatischer Männerkörper durch den toten weiblichen Körper hindurch, an dem die Leidenschaften auflaufen und sich brechen, um in einer männlichen Einzelfigur erneut sich zu sammeln und aufzurichten (Abb. 3). Dieser Anführer erhebt sich bildräumlich doppeldeutig hinter und auf Lucretias Leichnam, und die Säule mit der Davidstatue hinter ihm bildet zugleich die Verlängerung seines Körpers als symbolhafte Überhöhung des Siegers. Über dem toten weiblichen Körper wird die phallische Ordnung errichtet, die im strahlenden Leib Davids kulminiert und sich mit den neuen Wissenschaften der Zeit, der Mathematik und der Perspektive verbindet. Sie werden repräsentiert durch Kreis und Quadrat, die in der Architekturtheorie der Renaissance Vollkommenheit symbolisieren (Wittkower 1969). Als Abschlußdekor des Triumphbogens wird an ihnen die Darstellung der perspektivischen Konstruktion demonstriert, im Flächenzusammenhang des Bildes hingegen erscheint sie als profane Aureole Davids.

Die mänadisch aufgelöste Lucretia – mit schwellendem Leib, langen Haaren, zurückgebogenem Kopf – »unterliegt« dem disziplinierten, im klassischen Chiasmus stehenden, muskulös abgepanzerten Körper des David.

Die seitlichen Architekturen, aber vor allem die zentrale Triumphbogenarchitektur verstellen massig und ausladend den Horizont. Durchblicke auf eine ferne Landschaft verweisen auf diese als utopischen Ort – auf etwas Anderes, das durch die neue gesellschaftliche Ordnung nicht eingelöst wird – dadurch, daß sie ohne bildräumliche Vermittlung zum Geschehen im Vordergrund bleibt (Raulet 1987, 15ff).

Die Stabilisierung patriarchaler Herrschaft wird in der Darstellung Botticellis vorgeführt als Opfer des lebendigen weiblichen Körpers, aber auch als Ersetzungsvorgang: aus Judith wird Lucretia. Jene, in der florentinischen Republik des Quattrocento als Volksheldin und Siegerin über den feindlichen Belagerer öffentlich auf der Piazza della Signoria aufgestellt, wird in die Privatsphäre und in eine winzige Darstellung auf den linken, seitlichen Gebändefries verbannt, unter dem, wie in einer Umkehrung, nun die Vergewaltigungsszene stattfindet. Der neue Volksheld heißt David, der – im Unterschied zu Judith, deren Sieg über die Hingabe ihres Körpers errungen wird – mit Verstand und List über brachiale Körperkraft siegt und eine homoerotische Männergesellschaft repräsentiert (Goodich 1979). Die ungeschminkte Vorführung der Machtstrukturen läßt bei Botticelli an Deutlichkeit nichts zu wünschen übrig. Sie ermöglicht im Vergleich mit späteren Darstellungen eine vielschichtigere Erkenntnismöglichkeit. Bei einer zunehmenden Verengung und Ausgrenzung der Gewaltzusammenhänge ändert sich das.

Wenn man diesen Ausgrenzungsprozeß als Gang durch die Medien und Räume nachvollzieht, so folgt auf die Vertreibung der Volksheldin Judith vom öffentlichen Platz in Florenz[1] die halböffentliche Sphäre im Haus mit der Darstellung der öffentlich geopferten Lucretia auf der Brauttruhe und schließlich die vollkommene Privatisierung im Kabinett-Bild mit der Reduzierung des Themas auf die heimliche Vergewaltigung im Bett.

In der Fassung dieser Szene durch Tizian (Abb. 4), gemalt 1568/71 wahrscheinlich für den spanischen König Philipp II., wird ausschließlich der Augenblick höchster Gefahr dargestellt: die sexuelle Gewalt als Todesdrohung. Es gibt keinen äußeren Handlungsablauf mehr, sondern die Dramatisierung des Geschehens allein über die Körpersprache. Der eindeutigen Aggression Tarquinius' in der pakkenden und dolch-drohenden Hand und dem zwischen Lucretias Beine gestemmten Knie setzt Tizian den nackten Körper der Lucretia entgegen, dessen Verhalten noch die feinsten Eindrücke ihres Empfindens wiedergibt: von den wie nachgiebig geöffneten Beinen über den schwer und ohnmächtig zurücksinkenden Leib zu den abwehrenden Armen und der ins Leere greifenden Hand, in jeder Nuance ein körperliches Sichabfinden. In den Blicken erhält das Gewaltverhältnis eine andere Akzentuierung: Ließ sich an *seinem* Körper eine unsublimierte, eindeutige Triebhaftigkeit ablesen, so an *ihrem* ein ambivalentes Sich-Wehren und Nachgeben. Sein Blick jedoch heftet sich nicht, quasi ergänzend zu seinem Körperverhalten, gierig an den ihren, sondern geht knapp über sie hinweg, negiert sie; ihr Blick hingegen, wissend um das ihr Angetane, ist auf sein Gesicht gerichtet und zeigt nichts als blanke Angst. In diesem Bruch von Körpersprache und Blick, wobei diesem ein Einspruchsrecht zuerkannt wird, macht Tizian ein Gewaltverhältnis deutlich, das am Körper der

Frau ausgetragen wird und sie als Person vollständig enteignet. Ihre Lage ist hier noch anklagend mitreflektiert. Gleichwohl stehen wir hier am Beginn einer Zeit, in der die Sexualisierung des weiblichen Körpers begonnen hat und die Aufzeichnung seiner feinsten Regungen, die mit Foucault als subtiles Machtinstrument einer zunehmend sich ausdehnenden Kontrolle zu verstehen ist (1977, 129).[2]

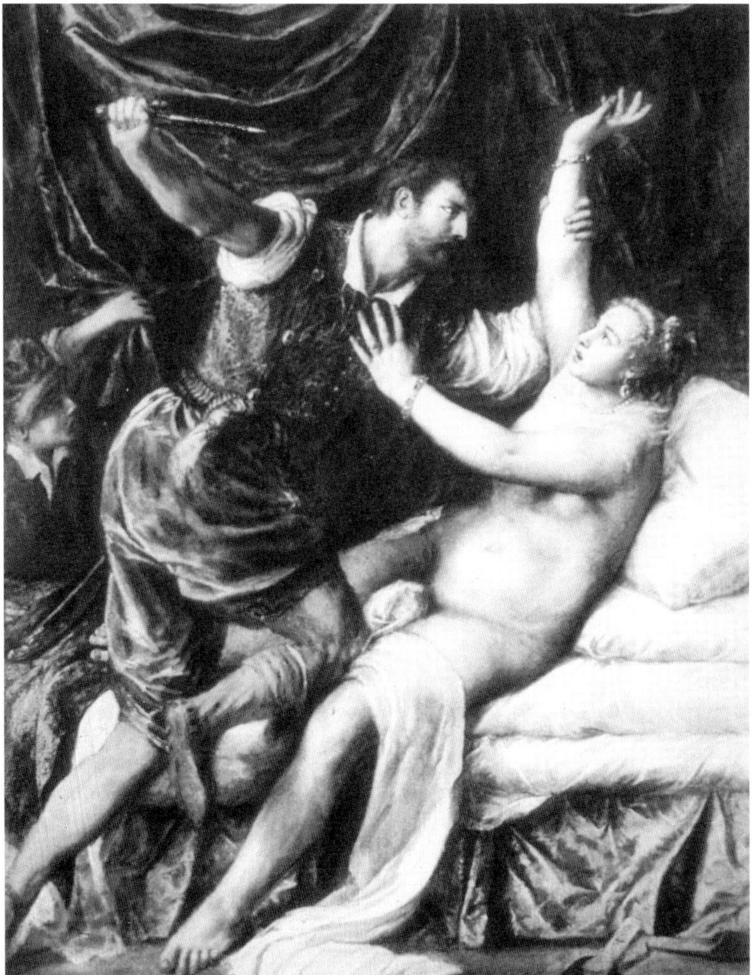

Abb. 4: Tizian, Lucretia und Tarquinius, um 1568–71. Cambridge, Fitzwilliam Museum.

Anmerkungen

1 Die Judith-Bronzestatue des Donatello wird auf Geheiß der Signoria 1504 von der Piazza della Signoria entfernt. Siehe Volker Herzner: Die »Judith« der Medici. In: Zeitschrift für Kunstgeschichte, 43. Bd., 1980, S. 139

2 Bei der »Lucretia« von Tinoretto oder etwa den »Susanna«-Bildern von Rubens, die hier stellvertretend für sich zunehmender Beliebtheit erfreuender Gewalt-Bilder genannt werden sollen, sind solche Einspruchsformen nicht zu finden, die ja auch von Seiten des Künstlers eine Distanzierung gegenüber dem Gewaltverhältnis bedeuten.

Abbildungsnachweis

Schubring 1915, Taf. LVIII, Nr. 262; Taf. LXXII, Nr. 304 (1–3); Harold E. Wethey 1975, Abb. 164 (4).

Ulrike Weiss

Lucretias Vergewaltigung. Übermalungen*

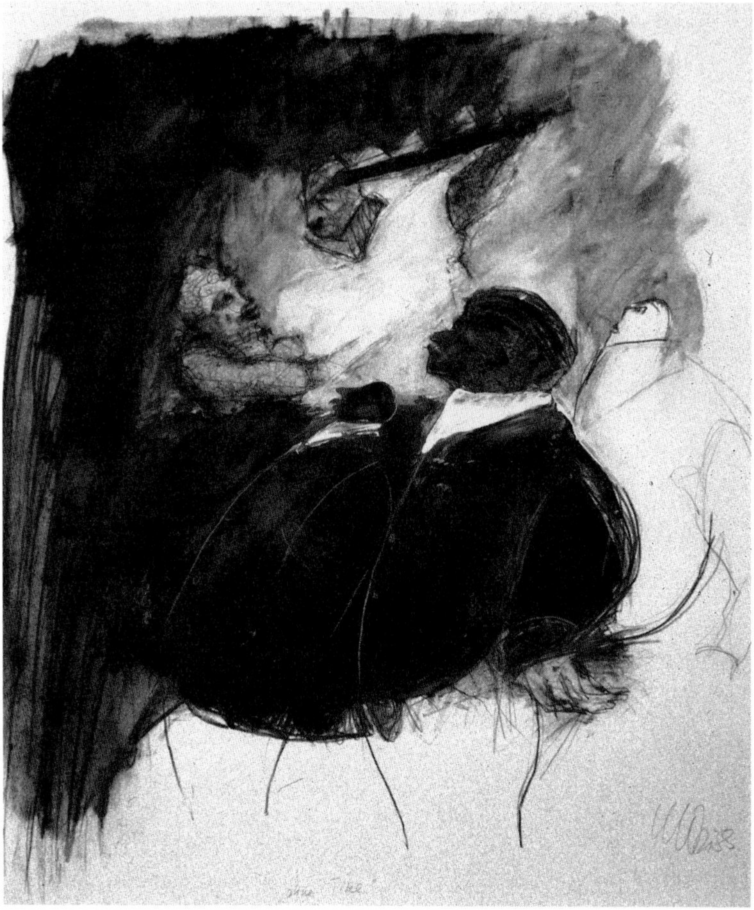

Abb. 1: Lithographie nach Tizian. Seitenverkehrte Übernahme und Überarbeitung. Vergewaltigung als intimes Theater mit hervorgehobenem männlichen Betrachter.

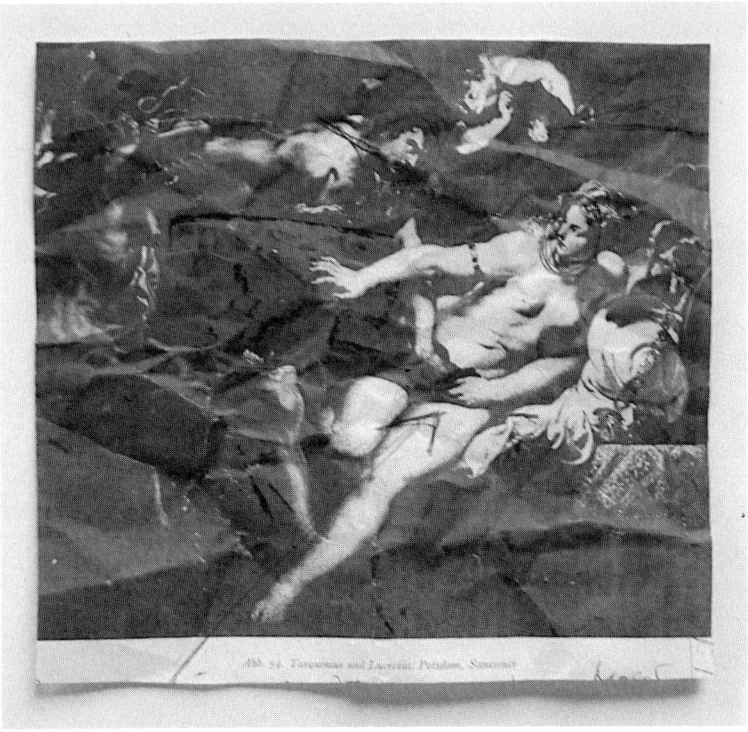

Abb. 2: Rubens Vergewaltigung der Lucretia. Arbeitskopie.

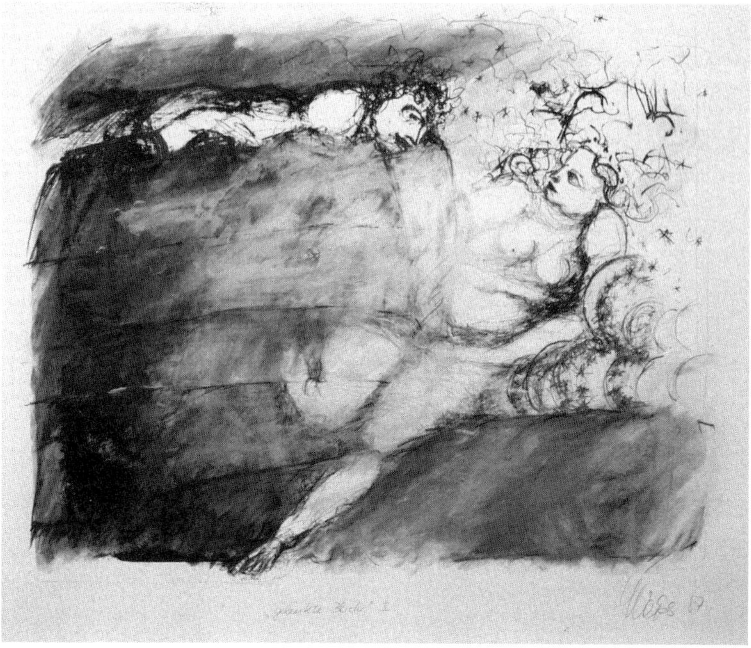

Abb. 3: Lithographie nach Rubens. Die aufsteigende Diagonale als Blick-Ein-Führung bleibt erhalten.

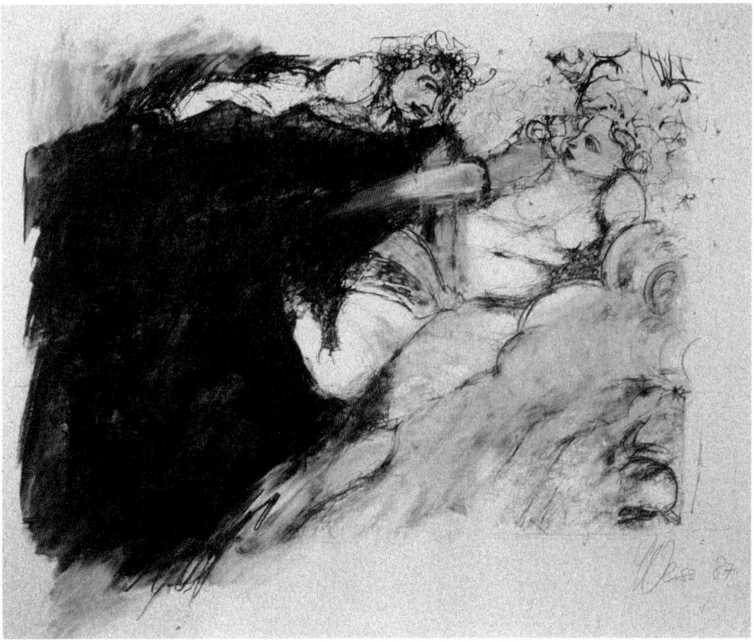

Abb. 4: Intimisierung.

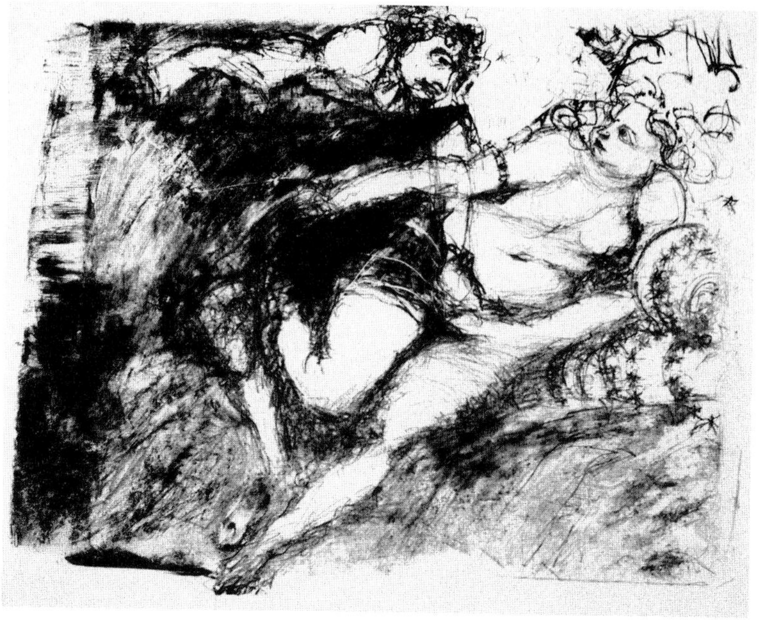

Abb. 5: Rücknahme der Gewalt, Verstärkung des sinnlichen Moments.

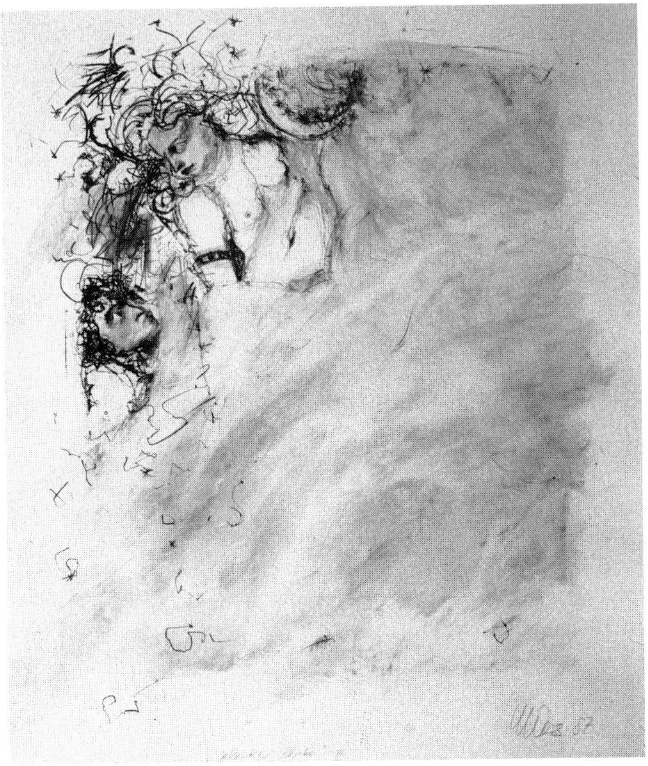

Abb. 6: Blickduell.

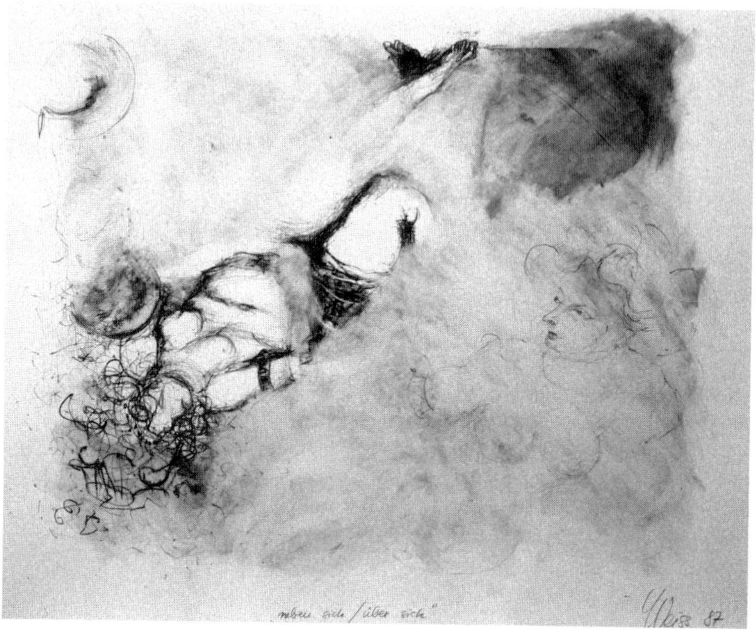

Abb. 7: Drehung um 180 °. Reflexion über den Tod.

*Übermalungen zum Lucretiamotiv: Versuche die Gewalt wieder sichtbar zu machen.
Ausschnitte aus der Tizian- und der Rubensfolge, 1987.
Bildrechte: Ulrike Weiss.

Michaele Siebe

Vergewaltigung der Republik

Karikaturen aus der Zeit der Kommune

In mehreren Karikaturen aus der Zeit der Pariser Kommune wurde die versuchte Vergewaltigung allegorischer Frauengestalten thematisiert. Die Vergewaltigung einer Frau als ›symbolische‹ Darstellung der Eroberung einer Stadt oder einer ganzen Nation[1] ist ein altes Motiv, das bereits in der Bibel zu finden ist.[2] Bemerkenswert ist, daß die Vergewaltigung weiblicher Allegorien, die für die eigene Gruppenidentität stehen, hier erstmals ins Bild gesetzt wird und daß diese Bilder eine politisch kritische Absicht haben.

In der ›hohen‹ Kunst wäre die Darstellung der Vergewaltigung einer weiblichen Allegorie undenkbar gewesen. Eroberungen wurden in der Regel als ›positive‹ Ereignisse – nach dem Krieg – in verherrli-

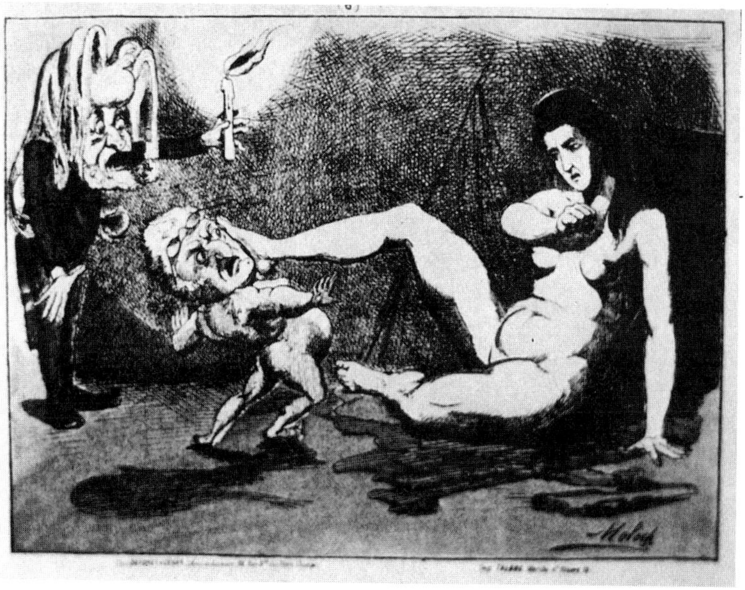

Abb. 1: Moloch: Tentative de Viol. Paris, 1871.

chenden Darstellungen von Helden und Siegesallegorien geschildert. Mit der Verwendung weiblicher Allegorien in der Staatskunst des 19. Jahrhunderts werden die Bildtraditionen von Mittelalter, Renaissance und Barock fortgesetzt, in denen die Beschränkung auf die allegorische Personifikation zur Darstellung von Begriffen bereits vorgeprägt waren (vgl. Hess 1975). Dieser Rückgriff auf Traditionen hatte insofern eine ideologische Funktion, als damit ganz bewußt Zeitlosigkeit und höhere Bedeutung für die Ideen des 19. Jahrhunderts in Anspruch genommen wurden; vor allem die als Allegorien personifizierten Nationen spielen in diesem Zusammenhang eine große Rolle.[3]

In der populären Bildproduktion wurden diese Allegorien aus der ›hohen‹ Kunst übernommen. Den Karikaturisten ging es dabei auch

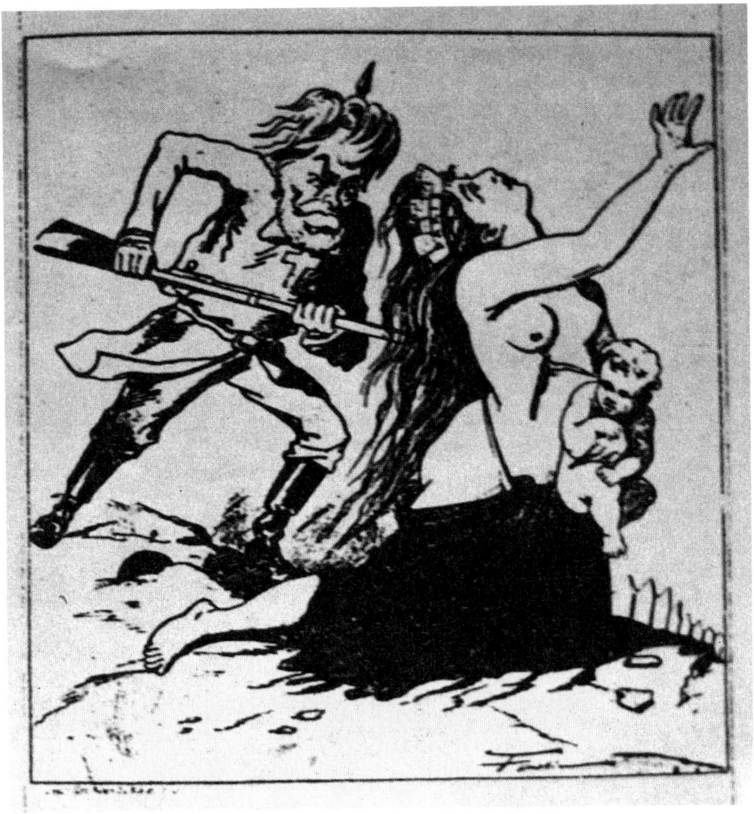

Abb. 2: Faustin: Elle me résistait, je l'ai assassinée! Paris, 1871.

darum, schnell verstanden zu werden: Allegorische Personifikationen, deren Bedeutung einem breiten Publikum bekannt war[4], eigneten sich besonders gut für ihr Repertoire der Bildsprache. Allerdings wurden diese in der politischen Karikatur – wo im Unterschied zur Staatskunst in der Regel Tagesereignisse kommentiert wurden – meist ihrer ›überirdischen Weihen‹ beraubt: In diesem Medium wurden sie für die Massen ›verlebendigt‹ und aktualisiert, indem kulturelle Handlungsmuster aus dem Alltag lebender Frauen im Bild auf die weiblichen Allegorien übertragen wurden (vgl. Pollig 1986).

Zur Zeit der Kommune erlebte Paris eine Karikaturenschwemme. Viele Zeitgenossen – unter ihnen auch Gegner der Kommune – haben auf die Popularität der Karikaturen, die meist als Einzelblätter, in Foliogröße und farbig im Umlauf waren, hingewiesen.[5] Sie müssen vor dem Hintergrund des Anspruchs der Kommunarden gesehen werden, die Massen mit Hilfe der populären Bildproduktion aufzuklären.[6]

Ich kann hier nur andeuten, daß im 19. Jahrhundert in Frankreich von bürgerlich-konservativer Seite versucht wurde, das Bild einer ›ordentlichen‹, angezogenen Allegorie der Republik, die nicht mehr an die Revolution erinnern sollte, durchzusetzen. Die Karikaturisten der Kommune griffen auf die populäre Bildtradition einer sexualisierten Allegorie der Republik zurück (vgl. Aguhlon 1979). Es ist eine Paradoxon, daß die tradierte patriarchalische Form allegorisierter Weiblichkeit dabei zu emanzipatorischen Zwecken gebraucht wurde: Die Stellung der Frau im Mann-Frau-Verhältnis wird ›allego-

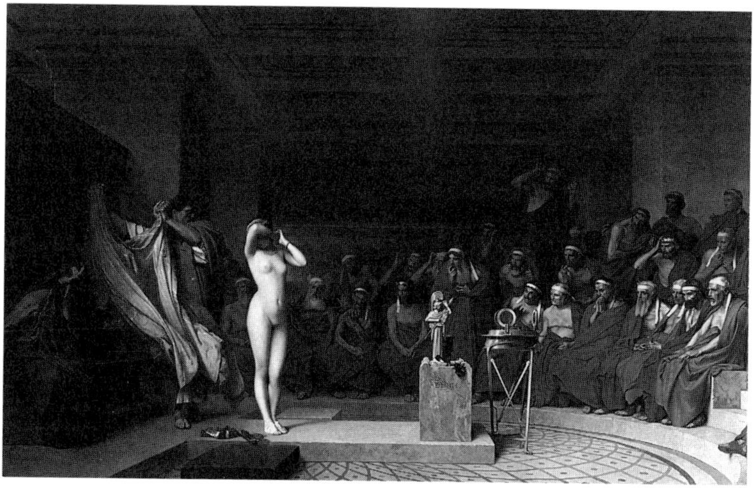

Abb. 3: Jean Léon Gérôme: Phryne vor den Richtern. Paris, 1861.

risiert‹ zum Angelpunkt der Kritik an gegebenen (Herrschafts-)Verhältnissen und zur Bewußtseinsbildung in Anspruch genommen, ohne die Herrschaft, die in diesem Verhältnis existiert, in Frage zu stellen.

Dies läßt sich an den Vergewaltigungsbildern, die ein Teil dieser Populärkultur sind und im Zentrum dieser Reflexion stehen, zeigen. Zu hinterfragen ist, welche Funktion das Motiv des weiblichen Körpers insbesondere in diesen Bildern hat.

Der Karikaturist Moloch zeigt den französischen Politiker Thiers nackt, auf frischer Tat bei einem »Vergewaltigungsversuch« (»Tentative de viol«, 1871) (Abb. 1). Eine tätowierte Lilie auf seiner rechten Schulter kennzeichnet ihn als Freund der Monarchie und damit als

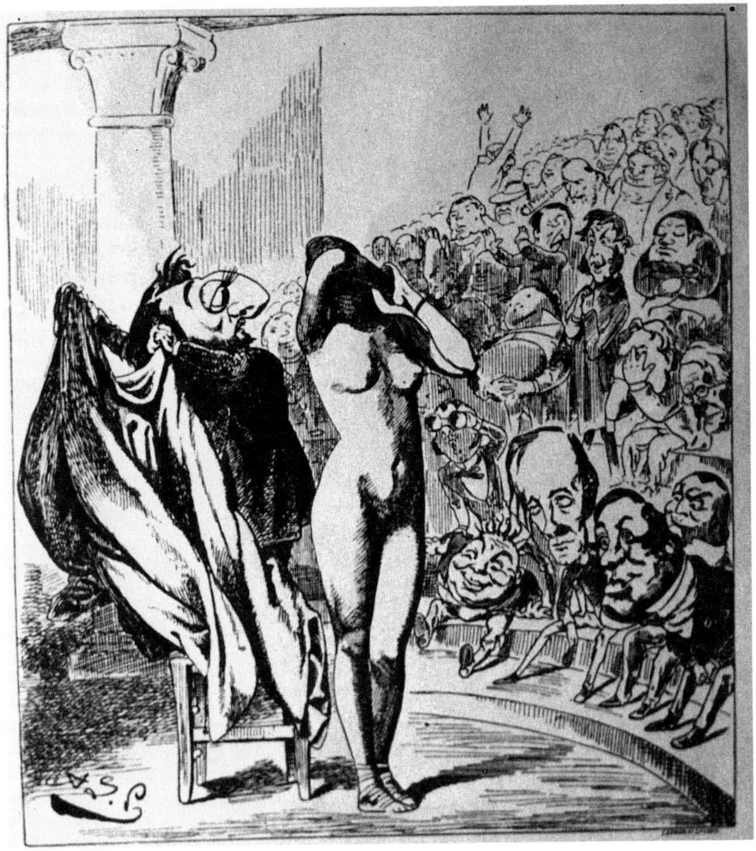

Abb. 4: Alfred le Petit: La nouvelle Phryne. Paris, Eclipse 1871.

Feind der Republik. Die nackte Allegorie reagiert auf die Intentionen Thiers mit einer karate-ähnlichen Armbewegung und versetzt dem kleinen Mann – Thiers war tatsächlich klein – einen Fußtritt. Im Hintergrund ist als Komplize Thiers' der Politiker Jules Favre zu sehen. Er hält eine Kerze und wohnt der Szene als Voyeur bei.

In einer Karikatur Faustins (»Elle me résistait, je l'ai assassinée«, 1871) sticht Jules Favre eine Frau – durch eine Mauerkrone als Personifikation der Stadt Paris gekennzeichnet – mit einem Bajonett von hinten, also heimtückisch, nieder (Abb. 2). Das Kind auf ihrem Arm ist ein Hinweis auf die ›neugeborene‹ Republik. Es hat eine Taube in der Hand, die in diesem Zusammenhang als Hilferuf zu verstehen ist.[7] Jules Favre ist durch einen Pickel auf seinem Kopf ausdrücklich als Kollaborateur der Preußen gekennzeichnet. Die Kommunarden warfen der konservativen Regierung vor, daß sie sich mit den Kriegsgegnern, den Preußen verbündet hätte, um die Republik in Frankreich zu verhindern.

Dargestellt werden hier nicht wirkliche Vergewaltigungen oder Morde an lebenden französischen Frauen, sondern der politische Kampf zwischen der Kommune und der reaktionären französischen Regierung wird als Kampf zwischen den Geschlechtern artikuliert: die Gegner der Kommune, im Bild vertreten durch führende Politiker (Thiers, Favre) attackieren weibliche Allegorien, die die Kommune und Paris repräsentieren.

In beiden Abbildungen erscheinen die Politiker häßlich verzerrt, wie es für das Medium der Karikatur typisch ist. Im Gegensatz dazu wurden die beiden weiblichen Allegorien wohlproportioniert und sexuell attraktiv dargestellt. Mittel der Karikatur wurden für ihre Gestaltung kaum – von Faustin überhaupt nicht – verwendet.

Was wird dem Betrachter vermittelt? Die beiden Politiker wollen eine Frau vergewaltigen und wenn sie ihr Ziel erreichen, schrecken sie vor Mord nicht zurück (vgl. Abb. 2). Das Objekt ihrer Attacke wird positiv bewertet: Sie gewinnt an Attraktivität, indem gezeigt wird, daß sie vom politischen Gegner begehrt wird. Sie ist ›tugendhaft‹, denn sie verweigert sich diesen Männern. Faustin betont das ausdrücklich, wenn er auf die Jungfrau Maria mit dem Kind anspielt; damit macht er Jules Favre gleichzeitig zum Muttermörder. Bezeichnend ist in diesem Zusammenhang auch das Kreuz auf seiner Brust. Moloch spielt in seiner Darstellung mit Jules Favre als Lichtträger auf Luzifer an, einen der sündig gewordenen Engel, die sich irdische Frauen nahmen (vgl. Sachs o. J., 240).

Wichtig ist, daß die Allegorie in ihrer Eigenschaft als Frau kein ebenbürtiger Kampfesgegner des Mannes ist: Der Kampf gegen eine Frau ist keine heldenhafte Angelegenheit, weil von vornherein der Mann als der Stärkere angenommen wird. Daher ist es von einer gewissen Ironie, wenn Thiers von der weiblichen Allegorie einen

Fußtritt versetzt bekommt: Er ist nicht ›Mann‹ genug, um sie nehmen zu können.[8] Und auch in der Karikatur Faustins ist das Mordmotiv Jules Favres die Unfähigkeit, seine ursprünglich sexuellen Absichten verwirklichen zu können; und zwar an der ›Frau‹ (Paris), die von ihm (Franzose) doch eigentlich hätte ›beschützt‹ werden müssen.

Der politische Gegner ist also erstens unfähig die ›Frau‹ zu ›verführen‹, deshalb greift er zweitens zum Mittel der ›Vergewaltigung‹, die ihm nicht gelingt; drittens ist es daher unwahrscheinlich, daß er in der Lage wäre ›sie‹ zu ›schützen‹ und viertens ist es zweifelhaft, ob ein Mann, der Frauen vergewaltigen will, diese Verantwortung überhaupt aufbringt. Mit dieser Polemik wird versucht, ihm in doppelter Hinsicht die ›Männlichkeit‹ streitig zu machen, indem ihm ›sexuelle Potenz‹ und ›männliche‹ Verantwortung in seiner Rolle als ›Beschützer‹ der Frau abgesprochen wird. An die Kommunarden wird nun über den weiblichen Körper der Appell gerichtet, ›ihre Frau‹ zu schützen. Dieser Appell impliziert die Handlungsaufforderung zum Kampf. Es geht hier also um eine ›Männersache‹ – im übertragenen Sinn um die Politik und den Krieg – und der weibliche Körper ist nur das Medium, auf dem eine Auseinandersetzung ausgefochten wird, in der es innerhalb dieser Argumentation darum geht, wer der ›bessere‹ Mann ist, bzw. wo die ›besseren‹ Männer sind. Warum wird diese Auseinandersetzung über den weiblichen Körper als Medium ausgetragen?

An dieser Stelle möchte ich auf das Gemälde Jean Léon Gérômes »Phryne vor den Richtern« (1861) eingehen, das die männliche Sicht auf eine Frau zum Thema hat (Abb. 3): Phryne, der Gotteslästerung angeklagt, weil sie bei den Mysterienspielen nackt aufgetreten war, steht vor Gericht. Ihr Verteidiger sieht nur eine Möglichkeit ihre Unschuld zu beweisen: Er reißt ihr das Gewand vom Leib. Dargestellt ist der Augenblick, in dem die Richter die nackte Phryne sehen. Ihre Schönheit wird jene von ihrer Unschuld überzeugen und zu einem Freispruch bewegen.

Als weiterer Beweis ihrer ›Unschuld‹ kann wohl ihre Scham gelten, die sie im Bild ihr Gesicht mit dem Arm verdecken läßt. Nicht verdeckt wird dabei die Sicht auf ihren Körper: Durch eine Körperdrehung Phrynes, weg von den Richtern im Bild, können sich Betrachter außerhalb des Bildes als Fortsetzung des Kreises der Richter im Bild fühlen. Phrynes Scham, die in diesem Zusammenhang einen qualitativen Wert, den der ›Reinheit‹ und ›Unschuld‹ gewinnt, ist gleichzeitig ein Mittel, sie zum vollkommenen Objekt zu machen.[9] Es geht hier in Wirklichkeit um die Darstellung einer nackten Frau, in der die Tugend der Frau zum Vorwand genommen wird, um auf ›anständige‹ Art und Weise als ›unanständig‹ geltende Phantasien zu produzieren.

Dieses Gemälde, 1861 im Salon ausgestellt, gehörte zu den größten Publikumserfolgen seiner Zeit, war aber durchaus umstritten. Die klassizistisch orientierte Salonkritik sprach von einem »Sakrileg gegen die Antike« (vgl. Heusinger von Waldegg 1972). Gerade aufgrund der kontroversen Auseinandersetzungen wurde diese Darstellung jedoch »zur bekanntesten Phryneinterpretation überhaupt« (vgl. Kat. »Eva...« 1986, 109). Interessant ist die Konfrontation dieses Werks mit der Version Alfred Le Petits »La nouvelle Phryne« (1871): Phryne, hier als Republik, wird den Politikern des Parlaments der zukünftigen Republik vorgeführt (Abb. 4).[10] Sie erscheint als nackte Frau unter den gierigen Blicken der Zeitgenossen. Alfred Le Petit zeigt hier die offene Schaulust seiner Richter, und es fällt einem schwer zu glauben, daß diese Männer Phrynes Unschuld ›schützen‹ werden.

Die Auseinandersetzung um die Weiblichkeit entpuppt sich auch hier wieder als Auseinandersetzung um die Männlichkeit und die Phrynegeschichte als Trick: Die Unschuld der Frau ist in Wirklichkeit ihre Ohnmacht, die durch die angebliche Macht ihrer Schönheit getarnt wird. Ihre Unschuld und Reinhaltung ist nicht nur auf den ›Schutz‹ der Männer angewiesen, sondern deren Verdienst. Die Autonomie des Mannes wird hervorgehoben, während jegliche Selbständigkeit der Frau geleugnet wird: Das, was sie ist, ist die Tat oder die Untat der Männer. Insofern steht die weibliche Allegorie bei Le Petit nicht für die Republik, sondern für die Abwesenheit der ›besseren‹ Männer, deren Anwesenheit ›positiv‹ ›gefühlt‹ werden soll; und zwar von Männern.

In einer Umkehrung ruft auch er zum ›Schutz‹ der ›Frau‹ auf und kritisiert den politischen Gegner, indem er zeigt, daß dieser sich in seiner Rolle als Mann nicht so verhält, wie es die traditionellen Normen verlangen. Ein Plädoyer für bestehende Strukturen wird zum Argument für den Kampf.

Eine solche Strategie kann aber auch der politische Gegner anwenden: Ein Beispiel ist die Karikatur »le Hulan et la Paysanne«, eine der bekanntesten Lithographien aus der Zeit kurz nach der Kommune, die in zahlreichen Exemplaren in ganz Frankreich verbreitet war (Abb. 5).[11]

Ein Preuße nähert sich mit gezücktem Messer einer Französin, die am Brunnen Wäsche gewaschen hatte. Erschrocken reißt die Frau ihre Arme in die Höhe und versucht zu fliehen. Dem Betrachter erscheint dieser Fluchtversuch sofort aussichtslos, denn dort, wo sie hin will, steht der Brunnen im Weg. Im Hintergrund links ist ein Begleiter des Preußen zu sehen, der die Pferde hält und der Szene als Voyeur beiwohnt; rechts ein friedliches französisches Dorf.

Das Mittel der Feinddiffamierung wird hier auf einen Preußen angewandt, der als Vertreter für Deutschland und damit aller deutschen Männer angesehen werden kann. Er wird hier zum gemeinsamen Gegner aller Franzosen gemacht, der es auf Frankreich, auf Frankreichs Frauen abgesehen hat.

Die gebündelte Aggression gegen *den* gemeinsamen Feind soll von den innerfranzösischen Konflikten ablenken. Die einigende Wir-

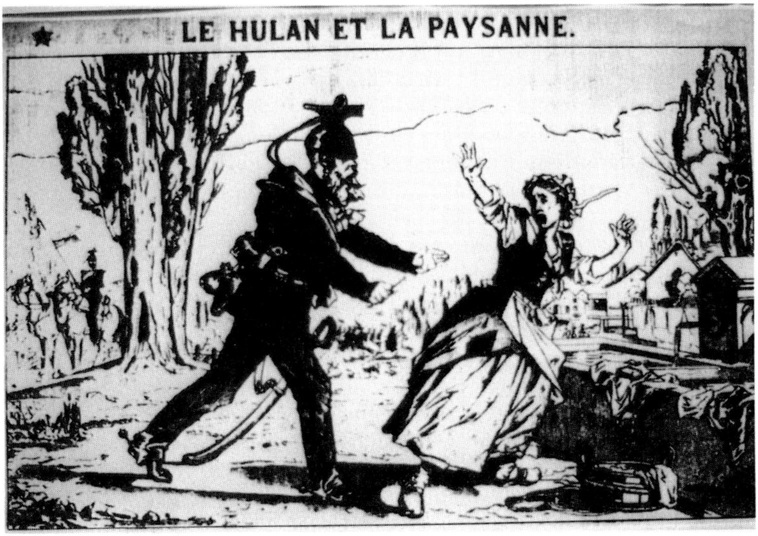

Abb. 5: Le Hulan et la paysanne. 1872 u. 1875.

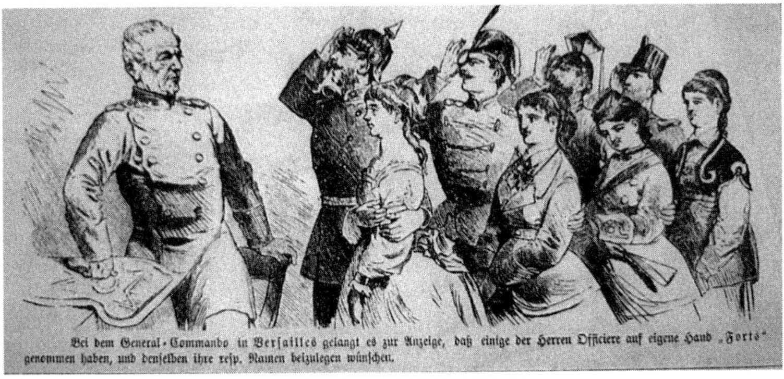

Abb. 6: W. Scholz: Bei dem General-Commando in Versailles gelangt es zur Anzeige, daß einige der Herren Offiziere »Forts« genommen haben, und denselben ihre resp. Namen beizulegen wünschen. Kladderadatsch, 1871.

kung auf Männer verfeindeter Klassen, wird durch die Einheit des patriarchal-paternalistischen Diskurses zwischen den Männern verfeindeter Klassen und Nationen erreicht.[12]

Während hier dem Feind als Vergewaltiger die Rolle des Verführers streitig gemacht wird, dokumentieren die Bilder aus der Sicht des Siegers das passende Gegenstück, den ›Kavalier‹. In einer Karikatur aus dem »Kladderadatsch« wird der Krieg mit Frankreich als Verhältnis zwischen Mann und Frau aus bürgerlicher Idealsicht kommentiert (Abb. 6): Die als Offiziere personifizierten Länder – Preußen an der Spitze – bitten salutierend um Erlaubnis, den weiblich personifizierten »Forts«, die sie »auf eigene Hand genommen« hätten, »ihre Namen beizulegen«. Während die ›eigenen‹ Frauen vor dem Gegner ›geschützt‹ werden, stehen ›dessen‹ Frauen als ›Beute‹ in Aussicht.

Im Gegensatz zu den Karikaturen aus der Kommune wurde von konservativer Seite (vgl. Abb. 5 und 6) die Darstellung angezogener Frauen in solchen Bildern bevorzugt.

Der Zeitgenosse Catulle Mendès, ein Gegner der Kommune, geht in seiner Beschreibung einer Karikatur von Faustin auf diesen

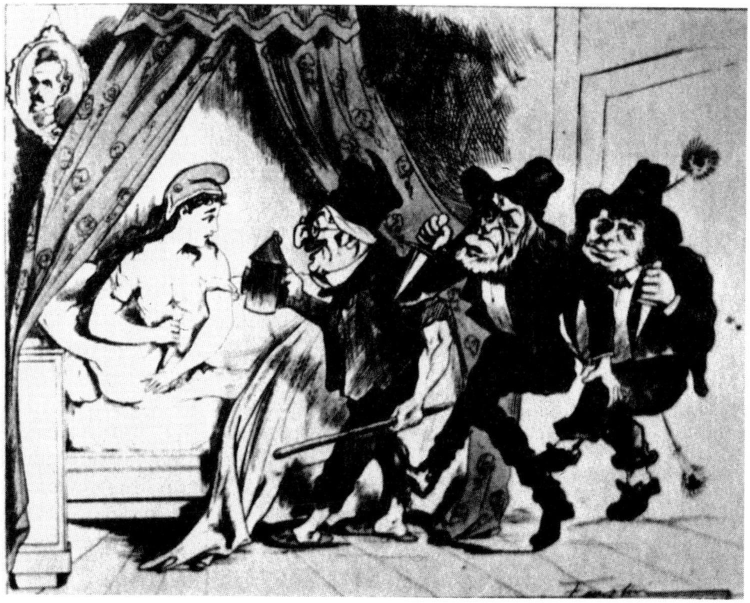

Abb. 7: Faustin: Une scène de brigands
A..van..cons..a..vec..pru..den..ce...
Paris, 1871.

Punkt ein: »... Sie (die Republik) liegt in einem Himmelbett, dessen Vorhänge die Farbe der roten Fahne haben. Ganz schön dekoltiert für eine Republik; aber muß die Republik nicht attraktiv gemacht werden für ihre guten Freunde, die Verbündeten? Hinter dem Bett ein Porträt von Rochefort; Rochefort ist wohl der Liebhaber dieser Dame. Ich an seiner Stelle würde ihr raten sich etwas dezenter zu kleiden. Und da kommen auch schon drei Männer...«.[13] (Abb. 7)

Für Mendès impliziert die Sexualisierung des weiblichen Körpers den Anreiz und damit das Verständnis für ihre mögliche Vergewaltigung. Frauen, die sich nicht ›anständig‹ anziehen (und es ist die Aufgabe ihrer ›Besitzer‹, darauf aufzupassen; s. o.), provozieren ihre Vergewaltigung. Mendès bemerkt nicht, daß er sich mit dieser Interpretation in die Gesellschaft der »wenig gebildeten Geister« begibt, bei denen diese Karikaturen »verwerfliche Gedanken« produzieren;[14] vielmehr wird hier bestätigt, daß diese Bilder beim männlichen Betrachter allerdings Vergewaltigungsphantasien entfesseln.

Auf einen Kommunarden mit anderen politischen Ansichten kann die Sexualisierung der ›Frau‹ in diesen Darstellungen eine durchaus andere Wirkung haben: Die Vergewaltigung einer Frau, die hier auf den Gegner projiziert wird, ist zwar für jeden Mann denkbar und verständlich, aber gleichzeitig das, was ›man nicht tun darf‹, selbst wenn die Verlockung gegeben sein sollte. Der männliche Betrachter kann dazu angeregt werden, sich in die Situation des Gegners hineinzuversetzen, der einfach tut, ›was man nicht tun darf‹. Die moralische Abgrenzung und der verstärkte Zorn auf den Gegner werden also gerade dadurch erreicht, daß die Phantasie des Betrachters, die Imagination der Möglichkeit der Vergewaltigung entfesselt und wieder verdrängt wird.

Die Sexualisierung des Frauenkörpers hat in diesen Darstellungen also zwei wesentliche Funktionen: Einerseits dient sie als wirksames Mittel zur Erzeugung von Emotionen der Männer aus dem Volk, deren Schaulust mobilisiert wird; andererseits entsteht der Zorn auf den Gegner dabei durch eine Moral, deren Fragwürdigkeit hier offensichtlich wird.

In der Übertragung politischer Auseinandersetzungen auf die sexuelle Ebene werden auch in den Karikaturen der Kommune Argumentationsmuster sichtbar, die der bürgerlichen Gesellschaft nicht nur als Rechtfertigung der Hierarchie im Geschlechterverhältnis dienten, sondern die zur Aufrechterhaltung und Stabilisierung einer Ordnung politisch genutzt wurden, die eben nicht die Gleichheit und Freiheit aller Menschen garantieren kann und will.

Anmerkungen

1 Otto Rank (1918) hat in Beziehung auf den deutsch-franz. Krieg von 1870/71 die Ansicht vertreten, daß die Symbolik der Stadt als Frau auf die Nation übertragen wurde. Er weist in seinem Aufsatz darauf hin, daß Eroberungen im Krieg »nicht nur in der Phantasie sexualisiert« werden, sondern »daß die Zielvorstellung der Belagerer, die weiblichen Einwohner der eroberten Stadt zu vergewaltigen... anspornend wirkt«, was in jedem Krieg »in offenkundigster Weise« bestätigt werden würde (S. 170). Vgl. hierzu auch den Aufsatz von Sigrid Weigel (1987).

2 Eine überaus beliebte Metapher, die nicht nur für den Untergang Babylons verwendet wurde; vgl. z. B. A. T. Nahum 3: »Weh der mörderischen Stadt (Ninive) ... ich will dir den Saum deines Gewandes aufdecken über dein Angesicht und will den Völkern deine Blöße und den Königreichen deine Schande zeigen. Ich will Unrat auf dich werfen und dich schänden und ein Schauspiel aus dir machen...«.

3 Vgl. auch George L. Mosse (1987, 111ff); zur französischen Nationalfigur Maurice Aguhlon (1979). Für die Allegorie-Diskussion im erweiterten Zusammenhang waren für mich die Reflexionen Silke Wenks (1986) von Nutzen.

4 Die Karikaturisten trugen dabei natürlich zur Popularisierung einer bestimmten Bildsprache bei. Hierzu auch Uwe Westfehling (1987). — Allegorische Personifikationen kommen auch einem wesentlichen Mittel der Karikatur entgegen, der Typisierung.

5 Z. B. Mendès (1871, 159); Money (1872); Wey (1871, 455); Vgl. auch Leith (1978, 104).

6 Im Manifest der Künstlerförderation heißt es: »Enfin, par la parole, la plume, le crayon, par la reproduction populaire des chefs d'oeuvre, par l'image intelligente et moralisatrice qu'on peut répandre à profusion et afficher aux mairies des plus humbles communes de France, le comité concurra à notre régénération, à l'inauguration du luxe communal, aux splendeurs de l'avenir et à la République universelle«, zit. nach Leith (1978, 102).

7 Während der Belagerung von Paris (19. 9. 1870—28. 1. 1871) wurde durch Brieftauben und Ballons der Kontakt zur Außenwelt aufrecht erhalten. Die Taube wurde zum Widerstandssymbol im Kampf gegen die Preußen.

8 Die muskulöse Gestaltung der Allegorie gilt auch in der neueren Forschung als revolutionär. So erklärt beispielsweise Leith (1978, 115) bezüglich der Gestaltung weiblicher Allegorien von Karikaturisten aus der Commune: »... but these were not gentle females, rather they were muscular warrior maids capable of coping with their opponents...«; die Karikatur Molochs ist ihm nur eine kurze Bemerkung wert: »... Favre holds a candle while a diminutive Thiers attempts to violate a Republic, a muscular female who appears well equipped to defend herself...« Diese Beschreibungsweise trägt zu Mißverständnissen bei: Es geht in diesen Bildern überhaupt nicht um Frauen, sondern um die ›Männlichkeit‹. Belegt ist dies bereits bei Hans Wolf Jäger (1971, 70ff).

9 Auch insofern, als Scham nicht nur das Gefühl vermittelt ein Gegenstand zu sein, sondern weil der Mensch sich in ihr selbst als den Gegenstand, der er für andere geworden ist, wiedererkennt; vgl. Sartre (1980, 265ff). Übrigens bezeichnete Degas dieses Gemälde daher 1891 als »pornographisch«; Ackermann (1986, 55f).

10 Im Februar 1871 waren zwei Drittel der Abgeordneten, die ins Parlament der neuen Republik gewählt worden waren, Monarchisten.

11 Zu dieser Karikatur, von der es eine Fassung mit Text gab (auf den ich hier nicht eingehe) und die im Register des dépot légal 1872 und 1875 eingetragen war, vgl. die ausführliche Beschreibung von Ouriel Reshef (1983, 37ff).

12 Den patriarchalischen Diskurs, der nicht nur die Nationen, sondern offenbar auch die Klassen zusammenhält, untersuchte, bezogen auf das Bürgertum, bereits Klaus Theweleit (1977).

13 »... elle est couchée dans un lit aux rideaux couleur du drapeau rouge. Bien décolletée pour une République; mais faut-il pas rendre la République attrayante à ses bons amis les fédérés? Derrière le lit, le portrait de Rochefort; il paraît que Rochefort est le mignon de cette dame. A sa place je lui conseillerais de se vêtir un peu plus décemment. Et voici que trois hommes... s'approchent...« Mendès 1871, 161).

14 Mendès (1871, 160): »Ces caricatures, quelquefois sanglantes, doivent entretenir, ou même faire naître chez quelques esprits peu cultivés, de condamnables pensées de mépris et de haine.«

Abbildungsnachweis

Leith 1978 (1, 2); Kunsthalle Hamburg (3); Eduard Fuchs: Die Karikatur der europäischen Völker, Bd. 2, Berlin 1956 (4); Reshef 1983 (5); Kladderadatsch, 22. 1. 1871 (6); Rifkin 1983 (7).

Ines Lindner

»Und die Bildersprache verbeugt sich bis zum Boden«

Gewaltphantasmen in Max Ernsts »Une Semaine de Bonté«

Weil bei den Surrealisten Bilder der Bedrohung und Verletzung einen zentralen Platz einnehmen, sind sie von einer sich als feministisch verstehenden Kritik heftig attackiert worden, die in der Art der Verwendung des weiblichen Körpers einen Angriff auf weibliche Integrität sieht (Berger 1985, 150ff). Für solche Angriffe bietet der Collageroman »Une Semaine de Bonté« von 1934, dem Max Ernst in der deutschen Version den Untertitel »Ein Bilderbuch von Güte, Liebe und Menschlichkeit« beigegeben hat, mit seinen Szenerien des Schreckens reiches Material (1963). Meist erscheinen Frauenfiguren als Objekt der Bedrohung und Gewalt.

Eine identifizierende Interpretation aber, die sich an die »Faktizität« des Dargestellten hält, die Darstellung und Bedeutung ohne Umschweife kurzschließt, begegnet hier einer Reihe von Widerständen. Die Verständigung darüber, welche Bedeutung Figuren und Situation in den Schreckensszenen haben, wird durch die Integration erkennbar heterogener Elemente irritiert und durch die serielle Anordnung in Frage gestellt. Diese setzt eine das einzelne Blatt übergreifende Lektürebewegung in Gang. Von »Lektüre« zu sprechen, scheint mir angemessen, weil Ernst die in Heften zusammengestellten Collagen in mehreren Lieferungen als Fortsetzungsroman erscheinen ließ. Insgesamt sind es 172, die in sieben nach den Wochentagen benannten Kapiteln eingeteilt sind. Jedes Kapitel ist noch einmal nach »Element« und »Beispiel« unterteilt[1].

Für den Abschnitt, auf den ich hier näher eingehe, lautet die Einteilung: Kapitel: »Donnerstag«, Element: »Das Dunkel«. Zweites Beispiel: »Osterinsel«. Er umfaßt insgesamt neun Collagen.

Bilder, in denen ein unbestimmtes Moment der Bedrohung vorherrscht, wechseln mit Gewaltszenen ab. Durchgängig ist der männlichen Hauptfigur ein Steinkopf auf die Schultern montiert. Ernst verwendet als Ausgangsmaterial Holzstichillustrationen, deren grafische Struktur eine nahtlose Verfugung der Montageelemente erlaubt (Spieß 1974, 93f). In der »Semaine« arbeitet er fast ausschließlich mit der szenischen Vorgabe jeweils einer Vorlage. Andere Bildfragmente werden in ihren Darstellungsraum unter Kaschierung der Schnittlinien integriert[2].

Bei diesen Vorlagen handelt es sich meist um melodramatische Illustrationen zu Kolportageromanen. Die auffällige Theatralität in den Collagen rekurriert also auf eine Rhetorik banalen Horrors: sie ist eine Weiter- und Überinszenierung des Darstellungsgestus im Ausgangsmaterial. Über die Verwendung von Kolportageillustrationen hinaus ist in dem »Beispiel Osterinsel« das Montageelement maskenhafter Köpfe ein die eher sprunghafte Abfolge der Szenen vereinheitlichendes Element. Sie stammen aus einer Illustration, die die rätselhaften Steinmonumente zeigt, die auf der Osterinsel entdeckt worden sind (Abb. 1).[3]

Während dieser Stich Pinards ihre monumentale Größe durch die Gegenüberstellung von Menschen hervorhebt, werden sie in den Collagen auf menschliches Maß reduziert als steinerne Masken im Figurentheater der Szenenfolge eingesetzt. Der Bruch der Montage wird nicht über die sichtbare Markierung der Schnittstelle wahrgenommen, sondern durch die Integration eines heterogenen Motivs realisiert. Die scheinbare Simultaneität im Bildraum wird gestört, ohne daß seine Struktur angegriffen wird.

Die seltsam appliziert wirkende Haartracht an den Steinköpfen, so zeigt ein Blick auf Pinards Stich, ist Teil des Gesteins, aus dem die Monumente zum Teil noch nicht ganz herausgehauen sind. Die ver-

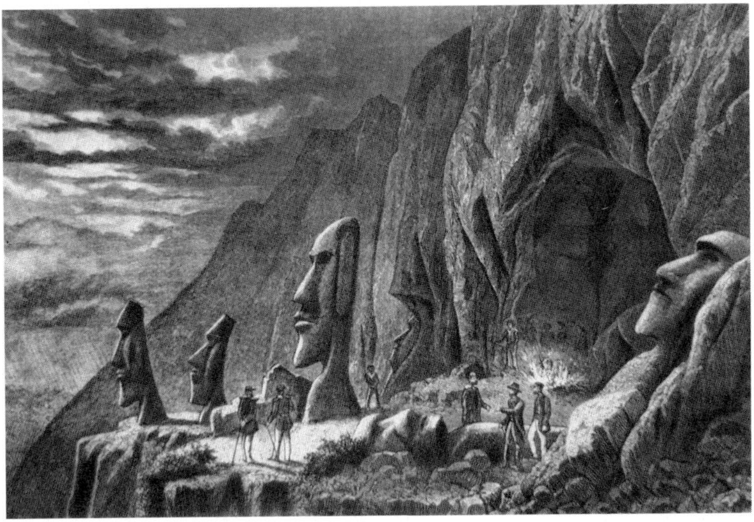

Abb. 1: Adolphe Pinard, Steinmonumente auf der Osterinsel, Holzstich 1877.

schiedenen Stadien dieses Prozesses sind gleichzeitig nebeneinander abgebildet, um den Vorgang zu verdeutlichen (Chauvet 1935, Pl. II, Fig. 43, Erläuterung). Die Vorlage ist also genaugenommen schon selbst nach dem Strukturprinzip der Collage gestaltet. Ernst löst diese Simultaneität in eine Reihe auf. Indem er ihre Elemente in die

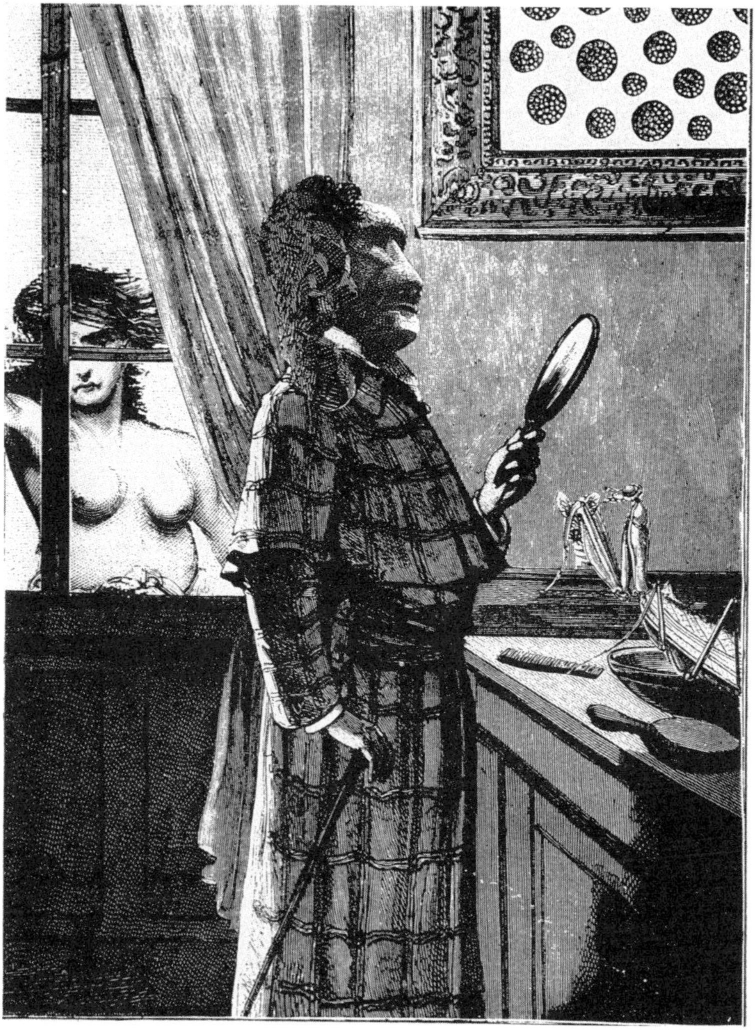

Abb. 2: Max Ernst, Une Semaine de Bonté, Bild 152, Collage 1934.

Collagen dieses Abschnitts integriert, verklammert er die Bildfolge. Als serielles Element schaffen die Steinköpfe einerseits eine Beziehung zwischen den Szenen, andererseits einen Kontext zum Titel »Osterinsel«.

Die Artefakte beider Ausgangsbereiche, die der Trivialkultur und der pazifischen Inseln, waren nicht nur für Max Ernst sondern auch für die Konzepte und Strategien der anderen Surrealisten von zentraler Bedeutung (Maurer 1984, Peletier 1984, Cowling 1987). Sie nutzten nicht nur ihre imaginativen Qualitäten für die eigene Produktion; sie stellten sie zusammen mit eigenen Objekten, denen von Geisteskranken und mit mathematischen Modellen aus, um gegen die Definition von Kunst und die Grenzziehungen der Disziplinen in der herrschenden Kultur Sturm zu laufen. Ernst nutzt die fremdartigen Steinköpfe und Kolportageillustrationen als visuelles Zeichenrepertoire, um herrschende Repräsentationsmuster zu durchkreuzen. Meine Interpretation der Collagen ist darauf ausgelegt zu zeigen, wie das Spiel mit einer Typologie der Gewaltbeziehungen zwischen den Geschlechtern Max Ernsts Strategie entscheidend mitbestimmt.

In der ersten Collage der hier besprochenen Sequenz scheint eine männliche Figur mit Steinmaske sich im Handspiegel vor einem Toilettentisch zu betrachten (Abb. 2). Eine halbnackte Frauenfigur beobachtet sie dabei durchs Fenster.

Es ist die Umkehrung einer klassischen Voyeurszene, in der ein bekleideter Mann eine nackte, sich bespiegelnde Frau betrachtet. Die Umkehrung der Geschlechterpositionen von aktiv und passiv in diesem Schema wird durch die riesigen Insekten unterhalb des Handspiegels verdoppelt und dramatisiert. Zu sehen ist ein sich begattendes Mantispaar. Im Augenblick der Begattung beißt die Gottesanbeterin dem Männchen den Kopf ab. Vernichtung und Zeugung fallen zusammen[4]. Das parodiert den so sorgsam kaschierten Schnitt, mit dem der Kopf der Männerfigur abgetrennt und durch den Steinkopf ersetzt worden ist. Der Blick in den Spiegel als vergewissernder Blick, soll Paßform und Einheit sichern. Die Selbstbeziehung wird aber durch die ostentative Blicklosigkeit der Steinmaske gebrochen. Auch der Blick der Frau, der ihr die aktive Rolle zuweist, herrscht nicht uneingeschränkt. Er wird vom Fensterrahmen buchstäblich durchkreuzt. Selbst Schauende, wird sie durch ihre ausgestellte Leiblichkeit Anblick und damit zum erotischen Objekt des Betrachters der Szene.

Das Blatt auf der gegenüberliegenden Seite kehrt die Situation um (Abb. 3). Ein Maskenmann nimmt vor einem Vorhang die Voyeurposition ein.

Er hält die Frauenfigur am Schopf. Den einen Arm hochgeworfen, hält sie mit der Linken schützend ihren Kopf, auf dem ein Nager hockt und ihr in den Finger beißt. Über einen zu ihren Füßen liegenden Mann hinweg schaut sie offenbar auf den Armlehnenwulst eines Sofas, aus dem sich Ärmchen hervorstrecken. Es sieht aus wie das letzte Winken einer eben aufgeschluckten Figur.

Der Maskenmann mediatisiert den Blick des Betrachters und erhöht zugleich die Unheimlichkeit der Szene. Wie die Collage interpretierend mit seiner Schaulust spielt, mit dem verbotenen Blick auf das Verborgene, zeigt der Vergleich mit der Vorlage. (Abb. 4) In der Romanillustration hält der Voyeur den Vorhang für den Betrachter beiseite, um ihm den Blick auf eine vom Anblick einer Leiche aufgeschreckten Frau freizugeben. Die Verdoppelung des Betrachters wird einerseits durch die Einmontierung des blicklosen Steinkopfs gebrochen, andrerseits auch weitergetrieben: In der Collage ist die erregte Frau nicht nur Objekt seines Blicks, sondern seines physischen Übergriffs. Dadurch ist er nicht länger nur Betrachter einer Schrekkensszene, sondern Agent in einer Gewaltszene, deren Opfer die Frau und nicht länger der Ermordete ist. Die handlungsauslösende Rolle der Leiche in der Vorlage ist in der Collage kaschiert. Die Blutlachen aus der Verletzung sind durch einen überdimensionierten Wurm verdeckt. Die Schreckensgeste in der Vorlage wird dadurch enttextualisiert. Durch den Griff in ihr Haar und das Nagetier wird sie transformiert: Die Affektgeste wird zu einer Abwehr- und Verteidigungsgeste vergegenständlicht. Da dies in Relation zur Materialisierung des Blicks des Betrachters geschieht, öffnet sich der Bildraum auf die ironische Reflexion männlicher Schaulust, die die Vorlage bedient.

Die Bildgrenze wird darüber hinaus vom Wechselspiel einzelner Elemente unterquert, das sich zwischen den beiden einander gegenübergestellten Collagen ergibt: Zwischen den das Szenische betonenden Vorhängen, dem Nagetier und der seltsamen Steinperücke, oder auch unter dem Aspekt »Verschlingen« zwischen dem Mantispaar und dem »Horrorsofa«. Diese assoziativen Verbindungen, die die Gestaltung und Ordnung der Collagen beeinflußt haben können, laden zum Hin- und Herschauen ein, ohne daß sie für die narrative Entfaltung eines Handlungsablaufs vereinnahmt werden könnten.

Auch in der nächsten Collage setzt Ernst ein Blicktheater in Szene, für das er sich eine Lücke in der Bildlichkeit der Vorlage zunutze macht (Abb. 5). Ein Maskenmann ist mit einer zweiten Männerfigur in die befremdlich wirkende Umarmung einer heranstürzenden Frau mit aufgerissenen Augen gerückt, der er ins Mieder greift. »Ah! je suis toujours belle! Aime moi! Aime moi! (P. 406)«, steht unter der Illustration, die wie die Vorlage der vorangegangenen Collage den »Damnées de Paris« entnommen ist (Abb. 6, Spies 1974, 727, 728). Die Gegenwehr des Mannes in Uniform gegen die leidenschaftliche Attacke der Frau besteht im Aufhalten ihres Griffs nach seinem Schwert. In der Collage ist dieser Griff durch die Überlage-

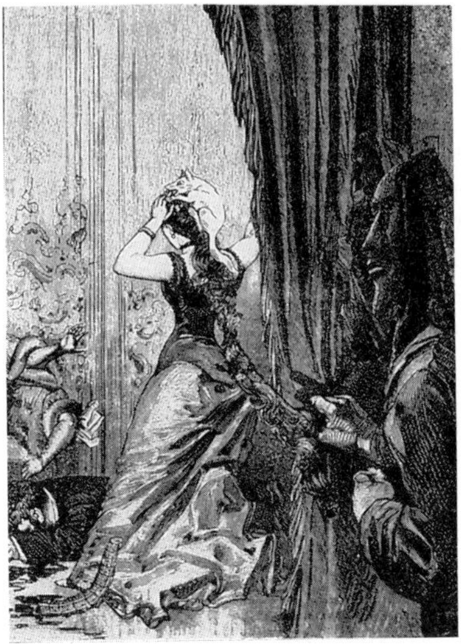

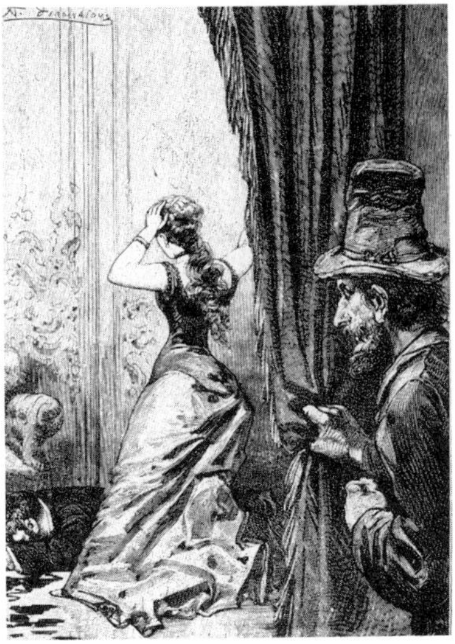

Abb. 3: Max Ernst, Une Semaine de Bonté, Bild 153, Collage 1934.
Abb. 4: Illustration zu »Les Damnées de Paris«, Holzstich um 1880.

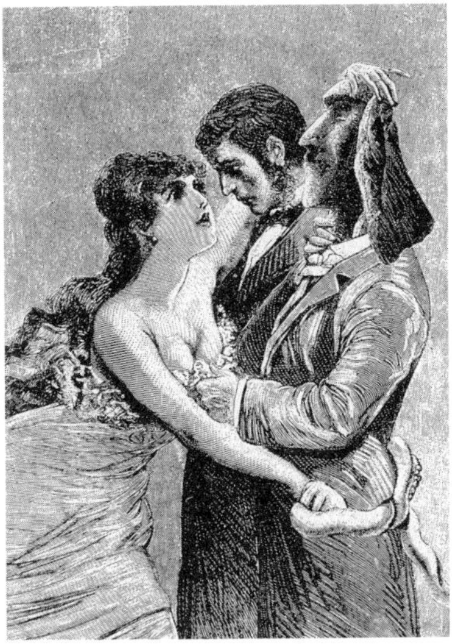

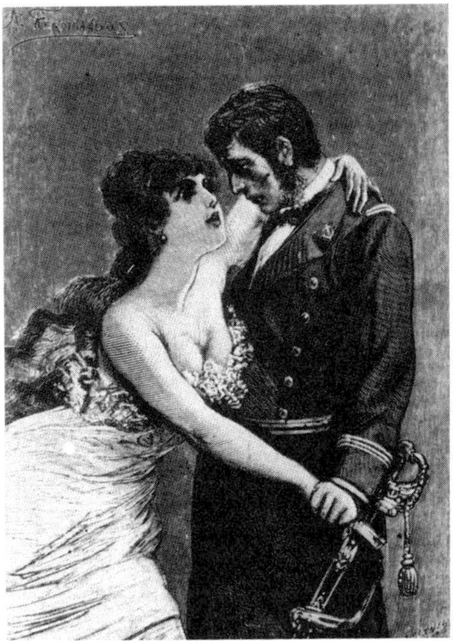

Abb. 5: Max Ernst, Une Semaine de Bonté, Bild 154, Collage 1934.
Abb. 6: Illustration zu »Les Damnées de Paris, Holzstich um 1880.

rung mit einem schlangenartig phallisch sich um die Hüfte des Maskenmannes ringelnden Gebilde kaschiert. Der seltsam an dem Bestürmten vorbeigehende Blick fungiert als Einfallstor für die Umkodierung von Blick und Gestik. Sie wird szenisch »materialisiert«, indem der Maskenmann so in die Umarmung hineingerückt wird, daß sich ihr leidenschaftlicher Gestus auf ihn richtet. Mit der Hand bekundet er sexuelles Interesse, mit den starren Zügen der Steinmaske aber eine vollkommene Desinvolture.

Obwohl die Frauenfigur stärker noch als in der ersten Collage die aktive Rolle in der Vorlage innehat, wird ihr entblößter Busen dem Betrachter durch die Dehnung der Umarmung dargeboten. Auch daß ihr Blick an dem Umarmten vorbeigeht, ist bewußt oder unbewußt als Einladung für den Betrachter zu verstehen. Die Einmontierung des Maskenmannes, sein Griff in das dargebotene Dekolleté, erscheinen so als die Realisierung des Wunsches, die die Kolportageillustration dem Betrachter anbietet. Seine dominante Position wird allerdings durch die auf seinem Kopf plazierte Hand und eine zweite, die ihm an die Gurgel greift, relativiert. Die Hand an seinem Hals verdeckt und betont die Schnittstelle und verweist auf die Fingierung der Geschlossenheit der Figur und ihrer Bildpräsenz. Die Geschlechterpositionen werden sowohl ausdrücklich gemacht, als auch aus ihrer Fixierung gelöst.

Das Melodrama der Geschlechterbeziehung, das auf die Schaulust des Betrachters ausgerichtet ist, scheint in der nächsten Collage bis zum Exzeß gesteigert (Abb. 7). Vor dem Vorhang eines Alkovens ist eine Folterszene zu sehen. Als szenisches Requisit teilt er hier nicht den Raum zwischen beobachtender und beobachteter Figur wie in den ersten zwei Collagen, sondern drängt die Figuren in einer Ebene zusammen. Maskenmann und Männerfigur sind nicht bloß nebeneinander gesetzt, wie in der vorangegangenen Collage; durch die mit dem Aufblicken der Männerfigur angedeutete Blickkonstellation und die anweisende Geste des Maskenmannes werden sie zu Komplizen. Objekt ist ein vom Bildrand überschnittener Frauenkörper, der offenbar mit einer brennenden Kerze malträtiert wird. In der Fallinie ihres Schoßes wirft eine Riesenheuschrecke Eier ab, die sich zu ihren Füßen häufen. Gekreuzt wird diese Fallinie von der auf ihren Unterleib weisende Geste des Maskenmannes. In der anderen Hand hält er eine gesenkte Fackel, landläufig ein Bildzeichen des Todes. Auf höchst makabre Weise kreuzen sich hier Prokreation und Destruktion, wie sie in der ersten Collage durch das Mantispaar präsent gemacht werden: eine Lektüreverknüpfung, die durch die Riesenheuschrecke verstärkt wird.

Die Körperhaltung der Frau ist allerdings lasziv gedehnt und dem Betrachter zugekehrt. Aus einer liegenden Position gedreht, scheint sie eher Objekt des Voyeurismus als der Folterung zu sein.

Ein zweiter Blick zeigt denn auch, daß die auf den Unterleib hindeutende Geste des Maskenmannes keineswegs eindeutig ist. Sie läßt sich ebensogut auf das Insektennest im Vorhang beziehen, das mit dem kerzenartigen Instrument in der Hand der Männerfigur ausgeräuchert wird. Die Unterlegung einer Insektenvertilgungskampagne hebt das Phantasmatische der Folterszene hervor. Hier wie in den anderen Collagen ist der weibliche Körper Matrix eines Gewaltphantasmas, das mehr oder weniger verdeckter Bestandteil der Typologie

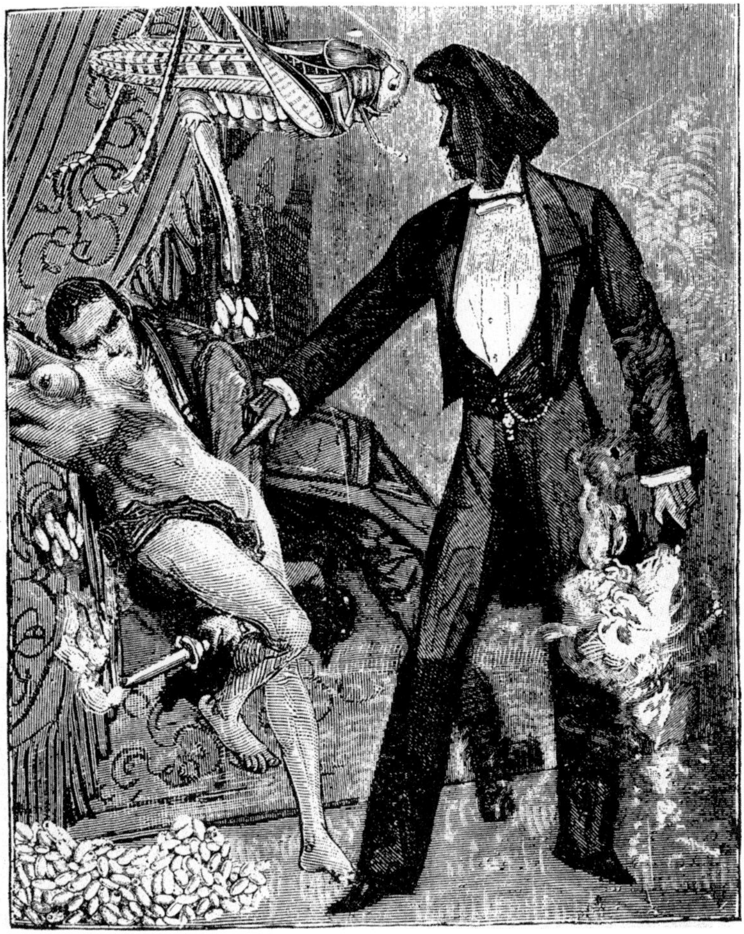

Abb. 7: Max Ernst, Une Semaine de Bonté, Bild 155, Collage 1934.

der Geschlechterbeziehungen in den Kolportageillustrationen ist. Die Collagen nehmen ihre Affektdynamik auf und lassen die phantasmatische Wunscherfüllung des Schautriebs platzgreifen.

Die Bildgrenze, über die die Wünsche aufgerufen und abgewiesen werden – sie könnten den Illusionismus der Darstellung stören, der auf der Abtrennung vom Zuschauer basiert – bricht zusammen. Die Überinszenierung, verbunden mit der Verrätselung durch die Kombination von Gestischem und Dinglichem, treibt die Rhetorik des banalen Horrors weiter zu einer eigenen figurativen Bildsprache. Die Einsetzung der steinernen Masken in das Figurentheater der Szenenfolge theatralisiert und ironisiert die Rolle des Betrachters. In der starren Blicklosigkeit der Maskenmänner und ihrer Aktivitäten kann er sich spiegelverkehrt repräsentiert sehen: zwar kann er als Voyeur schauen, nicht aber (ein)greifen in das, was sich für ihn abspielt. Die männlich dominierte und dominierende Rolle des Betrachters wird nicht mehr durch den privilegierten Ort außerhalb bestimmt, sondern selbst mit ins Spiel gebracht. Dadurch wird das herrschende Repräsentationsmuster, das darauf gegründet ist, die Schaulust zu provozieren und gleichzeitig zu verdecken, erkennbar durchkreuzt (Mulvey 1980). Einer möglichen Fixierung der Betrachterposition arbeitet die Serialität der Bildfolge entgegen, die zum Hin- und Herschauen auffordert und damit den traditionellen Blickbann bricht, der zu ihrer Stabilisierung beiträgt. Gerade dadurch werden wir über die einzelne Collage hinaus in die Lektüremöglichkeiten ihrer Abfolge gelockt, die durch meine Leseweise keineswegs erschöpft sind.

Anmerkungen

1 Zur Entstehungsgeschichte der »Semaine de Bonté« vgl. Spies (1974, 169f). Bauer versucht »die Gedankenwelt zu rekonstruieren, in deren Umfeld der Roman entstanden ist ...« (1977, 238); ähnlich ein Durchgang bei Maurer im Kontext einer Lektüre aller Collagebücher Max Ernsts (1986 8–91). M. E. Warlick steht in der Tradition, das flexible System der Alchemie zur Interpretation der Kunst der Avantgarde heranzieht. (1987)

2 Spieß nennt diese Collagen analytisch. Er grenzt sie von den *synthetischen* ab, in denen »aus einzelnen Bildfragmenten ein Bild« zusammengestellt wird (1974, 105). Seine Definition der *analytischen* Collage lautet: »bestehende Bilder, die in ihrer Totalität übernommen werden, erfahren durch zensierendes Einkleben bildfremder Teile eine Korrektur«. In wieweit das Einkleben »zensierend« ist und was unter »Korrektur« verstanden weden soll, wird nicht erläutert. Die Unterscheidung der beiden Collageformen ist wichtig für die Analyse surrealistischer Strategien, vgl. Rosalind Krauss (1985, 21f).

3 Vermutlich hat Ernst den Stich aus »Le Tour du Monde«. Aus dem Blatt lassen sich sechs im Abschnitt »Osterinsel« verwendete Steinköpfe herauslösen. Es blieb bisher unbeachtet.

4 »Die Fortpflanzung führt zur Diskontinuität der Wesen, aber sie bietet ihre Kontinuität auf, das heißt, sie ist innig mit dem Tod verbunden«, schreibt Bataille im »Heiligen Eros« (1974, 12). In der Mantis sieht Caillois »une sorte d'idéogramme objectif réalisant matériellement dans le monde extérieur les virtualités les plus tendancieuses de l'affectivité« (1972, 70). Sein Essay »La Mante Réligieuse«, der 1934 im »Minotaure« erschien, war entscheidender Auslöser dafür, daß die Mantis zum festen Bestandteil surrealistischer Ikonographie wurde (vgl. Pressly 1973).

Abbildungsnachweis

1: Chauvet 1935, Tafel XX. Fig. 43, 2, 3, 5, 7: Ernst 1963 4, 6: Spies 1974 Abb. 727, 728

Elisabeth Bronfen

Die »sterbende Valentine Godé-Darel«

Ist die Gewalt der Repräsentation gleichbedeutend mit der Repräsentation von Gewalt?

> Alles Moralische ist gebunden ans Leben in seinem drastischen Sinn, dort nämlich, wo es im Tode als Stätte der Gefahr schlechtweg sich inne hat. Und dieses Leben, welches uns moralisch, das heißt in unserer Einzigheit, betrifft, erscheint vom Standpunkt jeder Kunstgestaltung aus als negativ oder sollte doch so erscheinen. Denn ihrerseits kann Kunst in keinem Sinn es zugestehen, sich zum Gewissensrat in ihren Werken promoviert und das Dargestellte statt der Darstellung selbst beachtet zu sehen.
>
> Walter Benjamin

Ästhetisierende Abwehr oder Identifikation mit dem Opfer

Während der Vorarbeiten für die Untersuchung kunstwissenschaftlicher Beschreibungsmöglichkeiten des Hodler-»Zyklus« der »sterbenden Valentine Godé-Darel« begegnete ich zwei Positionen der Verarbeitung, die wohl die extremen Reaktionen gegenüber dieser Bildersequenz vorstellen, zwischen denen die Rezeption sich bewegt. Auf der einen Seite wies ein junger Kunsthistoriker mein Vorhaben, die Gewaltförmigkeit der ästhetischen Transformation eines Todes-Erlebnisses zu bezeichnen, als abwegig zurück. Für ihn waren die Bilder »schön«, »gelungen«. Es handle sich keineswegs um Gewaltförmiges, so daß eine Analyse der Bilder unter dem Gesichtspunkt der Gewalt eigentlich keine Berechtigung habe. Offensichtlich wehrte er den Bezug der Bilder zu einem realen Tod ab, als sei die formale Gestaltung eines Bildes von seinem Motiv völlig unabhängig. Obwohl in unserer Kultur, so René Girard, der reale Tod doch »als die schlimmste Gewalt, der sich der Mensch ergeben muß« (1972, 380) verstanden wird – oder vielleicht gerade deshalb – wurde seine Bedrohlichkeit in Hodlers Bildern von jenem Kunsthistoriker geleugnet. Meine Fragen wurden auf diese Weise gleich mit abgewehrt, nämlich ob nicht jede Darstellung vom Sterben gerade deshalb »gewalttätig« ist, weil sie die Position eines Betrachters (Voyeurs) impliziert und weil sie eine Parzellierung und Idolisierung des Körpers, d. h. eine Loslösung von seiner Existenz und seinem Kontext – und

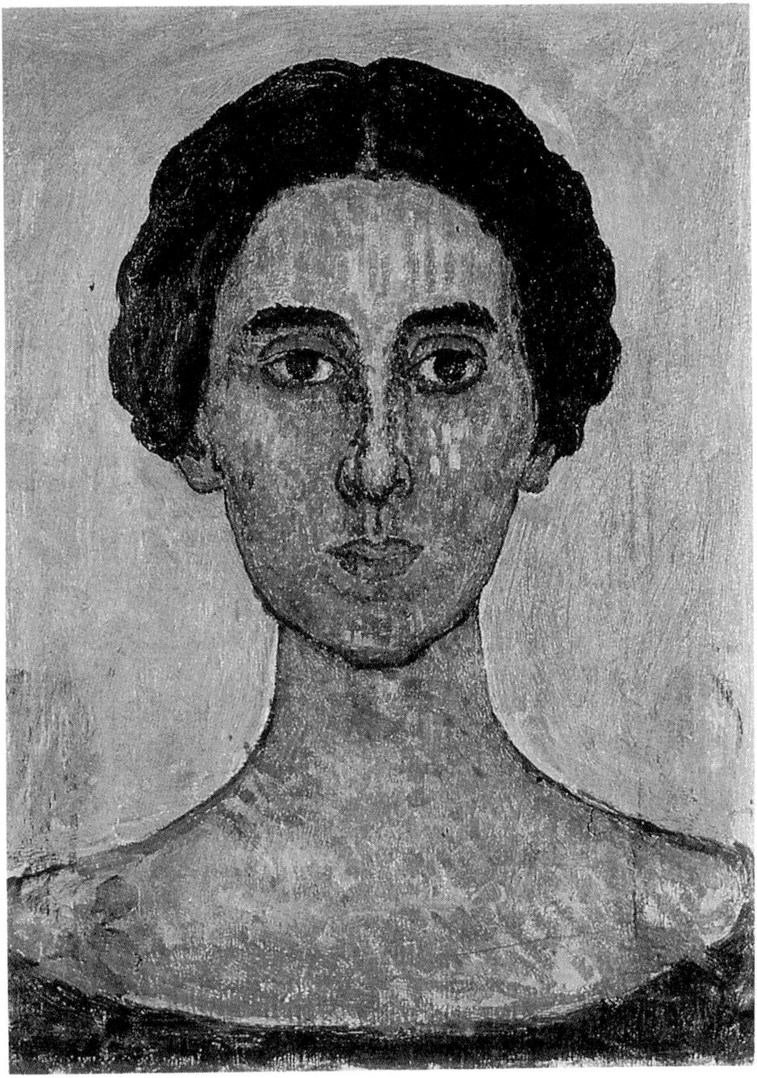

Abb. 1: Ferdinand Hodler, Bildnis Valentine Godé-Darel, 1912, Öl auf Leinwand.

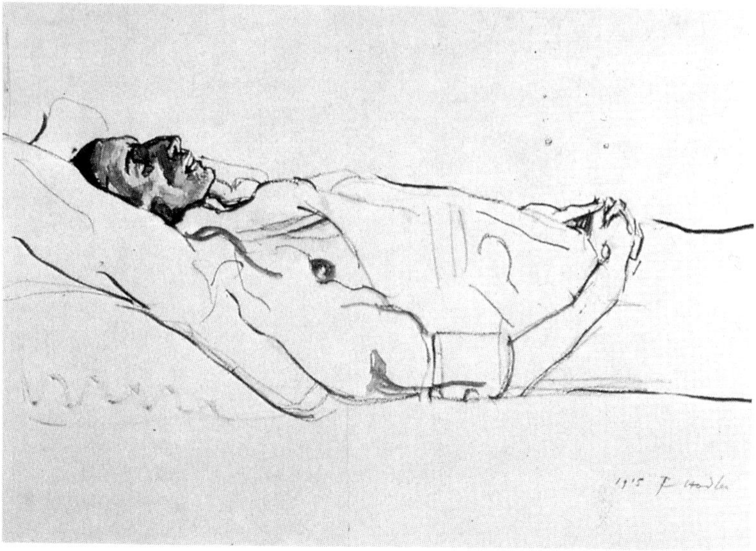

Abb. 2: Die tote Valentine Godé-Darel, 1915, Bleistift, Gouache und Öl auf beigem Papier.

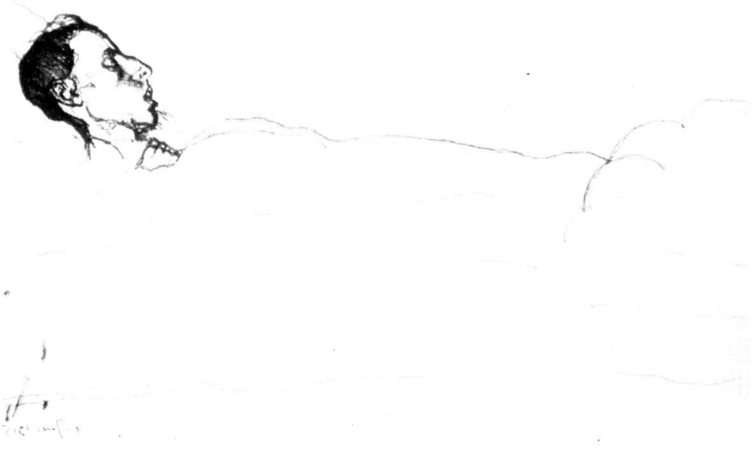

Abb. 3: Die sterbende Valentine Godé-Darel, 4. 1. 1915, Bleistift auf Fabriano.

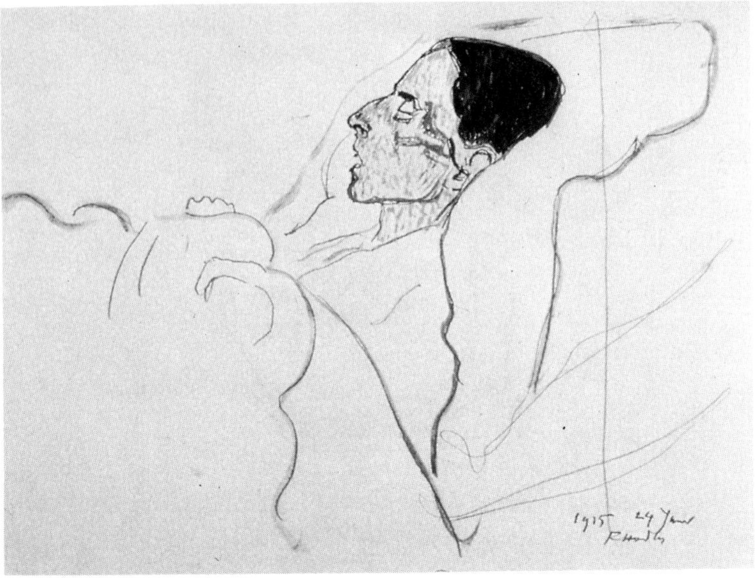

Abb. 4: Die sterbende Valentine Godé-Darel, 24. 1. 1915, Bleistift, Gouache auf beigem Papier.

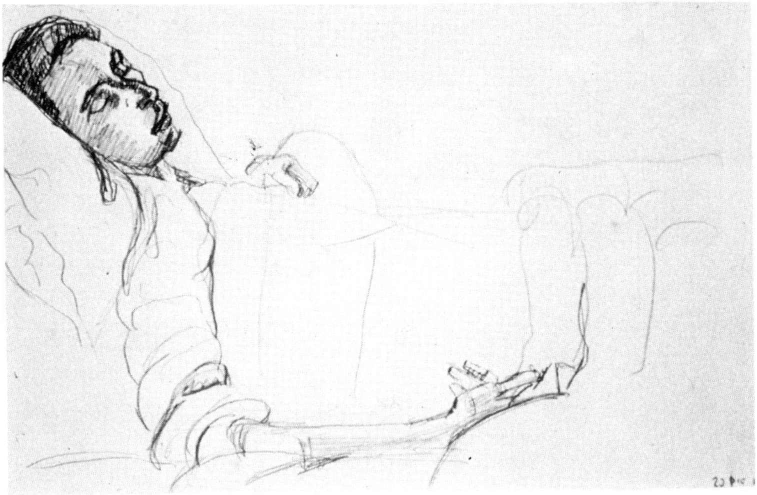

Abb. 5: Die kranke Valentine Godé-Darel, 23. 12. 1914, Bleistift auf beigem Papier.

das heißt Fetischisierung – auch beinhalten *muß*. Der Körper – immer schon Ort fremder Einschreibungen – wird als Sterbender als ein solcher Ort deutlich exponiert, die »fremde« Einschreibung durch Ästhetisierung verdoppelt. Die ausschließlich ästhetische Betrachtung der Bilder hat für den Kunsthistoriker die Funktion, eine Stabilität der Bildbetrachtung zu gewährleisten, die das außerhalb der Zeichen liegende Reale, das Beunruhigende ausschließt, hat vor allem aber die Funktion, eine stabile Beziehung zwischen ihm und den Bildern herzustellen.

Die entgegengesetzte Position nimmt die Photographin ein, die – widerwillig – die Dias für diese Untersuchung machen, d. h. die Bilder aus den Katalogen abphotographieren mußte. Sie fand den Auftrag entsetzlich und bedauerte die »arme Frau«. Dabei blieb unklar, ob sie die historische Valentine Godé-Darel meinte, ob sie entsetzlich fand, daß und wie diese sterben mußte oder daß sie dabei gezeichnet und gemalt worden war. Oder ob sie die Abbildungen entsetzlich fand, also wie Valentine dargestellt war (unangemessen, ungekonnt), oder ob sie mich – die Autorin meinte, als jemand, der diese Bilder analysieren und beschreiben muß. Diese Reaktion ist von diffusen Identifikationen mit dem Leiden des Modells gekennzeichnet, eine Reaktion, die wiederum durch den Ausschluß ästhetischer Betrachtung zustande kommt.

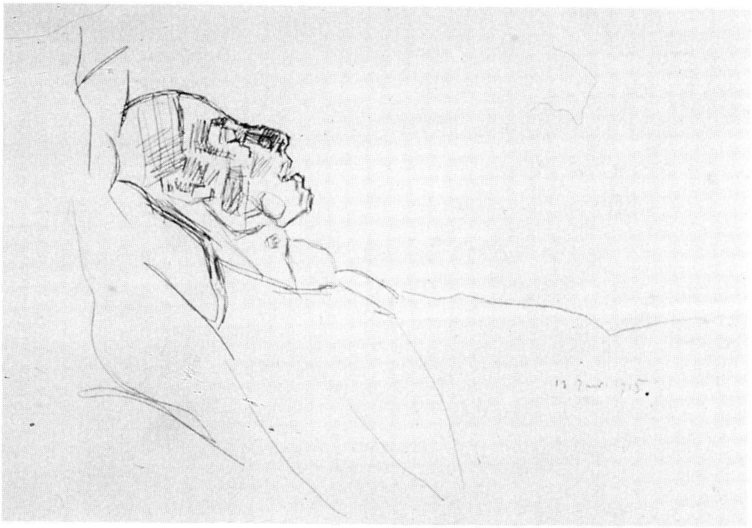

Abb. 6: Die sterbende Valentine Godé-Darel, 13. 1. 1915, Bleistift auf Velin.

Es bleibt zunächst dahingestellt, ob die Geschlechtszugehörigkeit der vorgestellten Sprecher ihre Positionen mitbestimmt. Beide sind partiell blind. Entgeht dem Ästheten, was die Photographin sieht? Aber was entgeht ihr, was jener wahrnimmt? Diese zwei konträren Reaktionen machen die Polysemie möglicher Interpretationen deutlich. Das heißt, die Bilder werden durch Deutung erst festgelegt, müssen vielleicht auch festgelegt werden, sie selbst bieten aber keine solche Festschreibung von sich aus an.

Dieses Beunruhigende, das von den Bildern ausgeht – so meine These –, macht nicht nur ihr Faszinosum aus, sondern ermöglicht erst einen konzeptuellen Zugang zu der Verschränkung von Gewalt und Bildproduktion. Erschüttern diese Bilder, weil sie den Betrachter schonungslos mit *einem* Sterbeprozeß konfrontieren, oder weil dieser Trauerprozeß, der letztlich privat und subjektiv ist, aufgezeichnet und damit distanziert wurde? Können wir die Erschütterung, die von diesen Bildern ausgeht, überhaupt genau lokalisieren? Verlust und Gewinn jeder Interpretation, wenn sie sich auf *eine* Sinndimension beschränkt, müssen bezeichnet werden, um die jeweiligen Interessen und Grenzen sichtbar zu machen.

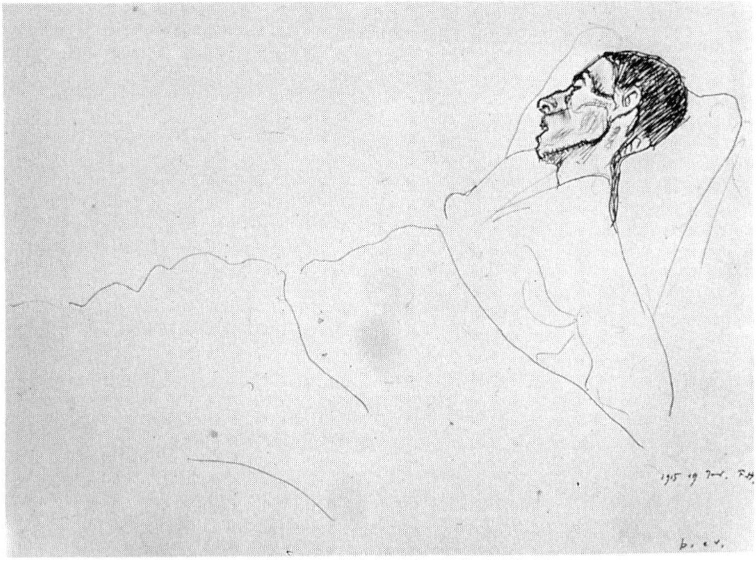

Abb. 7: Die sterbende Valentine Godé-Darel, 19. 1. 1915, Bleistift auf Papier.

Der Blick der Kunstgeschichte

Ich werde zuerst auf die »herkömmliche« Weise, wie die Hodlersche Bildsequenz von Kunsthistorikern besprochen wurde, eingehen. In dieser Diskussion, wie auch in der darauf folgenden Kritik, konzentriere ich mich auf die Ausstellungskataloge von Jura Brüschweiler, nicht zuletzt weil hier die seiner Arbeit vorhergehenden Äußerungen anderer Kunsthistoriker zu diesem Bildzyklus mit einbezogen sind. In einem zweiten Schritt werde ich dann meine Kritik an diesem Unternehmen selbst wieder kritisieren, um in der Spannweite und Verschränkung der drei dadurch eröffneten Positionen (oder diskursiven Orte) – jener herkömmlichen Sicht, einer feministischen Kritik an dieser Sicht, und der Kritik an dieser Kritik, die sich fragen wird, inwieweit Zeichen sowohl geschlechtsspezifisch als auch nicht geschlechtsspezifisch besetzt sind –, über das auf vielen Ebenen problematische Verhältnis von Gewalt und Repräsentation zu sprechen: Genauer um es als ein Phänomen zu erörtern, das als eines gesehen werden muß, das auf verschiedenen Ebenen sich abspielt und diese verknüpft.

Ich beginne mit Jura Brüschweilers Ausstellungskatalog, der den bezeichnenden Titel »Ein Maler vor Liebe und Tod. Ferdinand Hodler und Valentine Godé-Darel. Ein Werkzyklus 1908–1915« trägt (1976). Seine »Wiedergabe« dieser Maler-Modell-Beziehung ist eine doppelte. Auf der einen Seite unternimmt er als erster den Versuch, dieses »Ereignis« in Hodlers Leben und Werk ernst zu nehmen, nicht nur indem er in dieser Ausstellung so weit als möglich alle Bilder von Valentine Godé-Darel sammelt, sondern indem er ausführlich über sie zu berichten sucht. Ihm geht es darum, Ungenauigkeiten zu korrigieren, Fakten »sachlich und gründlich« festzulegen. Er macht also etwas bekannt, was aus Gründen der Moral (Godé-Darel war Hodlers Maitresse und Mutter seiner unehelichen Tochter) verdrängt, zumindest nicht hervorgehoben werden sollte. Dabei muß gleich festgehalten werden: in ihrer historischen Produktionssituation waren diese Bilder »private« und wurden in der Ausstellung von 1976 erstmals der Öffentlichkeit präsentiert. D. h. wir betrachten diese Bilder immer losgelöst aus ihrem ursprünglichen Kontext. Ihre intendierte Privatheit ist für uns als nachträgliche Betrachter nicht mehr nachempfindbar, aufgehoben, vielleicht nicht einmal sonderlich interessant. Man könnte von einer gewissen »Gewaltsamkeit« von Seiten der Ausstellungsveranstalter in der »Übersetzung« aus dem ursprünglich privaten Raum in den öffentlichen sprechen. Wichtiger scheint mir jedoch, daß diese Übersetzung dahin führt, uns zu verdeutlichen, daß wir es nicht mit dem realen Maler Hodler und seiner Produktionssituation zu tun haben, sondern immer schon mit einer historisch, kulturellen Rekonstruktion dieses Malers, dieses Mal-

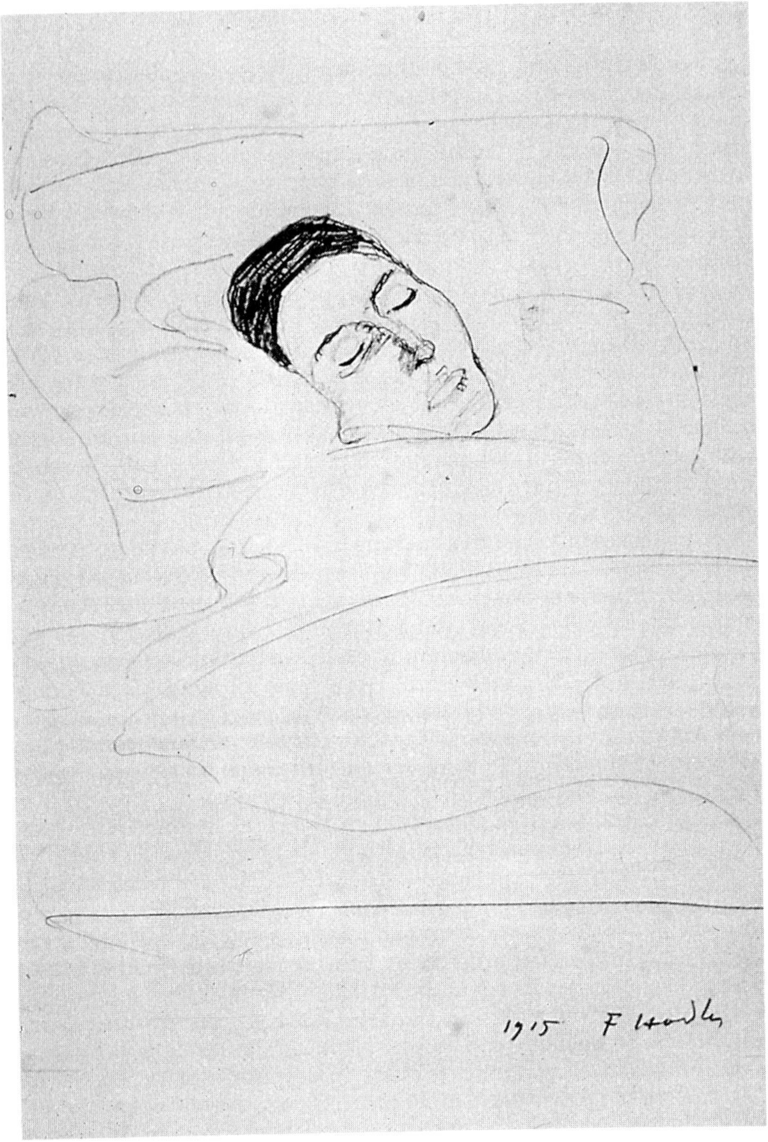

Abb. 8: Die sterbende Valentine Godé-Darel in Kissen gebettet, 1915, Bleistift auf Papier.

ereignisses. Jedes Sprechen über diese Bilder ist demnach nicht nur ein nachträgliches, sondern auch ein an einen anderen Ort verschobenes, und demnach müssen, auch wenn dies wieder neue Probleme aufwirft, sowohl die Akteure als historische wie auch deren Produkte als etwas immer schon Textuelles, Diskursives in Derridas Sinne verstanden werden.

Der Titel läßt zudem bereits erkennen, welche Gewichtung in dieser Ausstellung unternommen wird: das handelnde Subjekt ist der Maler, die Objekte, auf die sich sein Handeln bezieht und denen gegenüber er sich als Handelnder konstituiert, sind Liebe und Tod. Wir – die betrachtende Öffentlichkeit – werden also von Anfang an dazu angehalten, Interpretationen dieser Bilder zu bevorzugen, die diese als Allegorien deuten. Die Namen, die auf historische Persönlichkeiten zurückverweisen (Hodler, Godé-Darel), stehen an zweiter Stelle; an dritter das Vorstellen des Bildmaterials als »ein Werkzyklus«. Damit wird von Anfang an deutlich, daß es diesem kunsthistorischen Diskurs um die kulturelle Rekonstruktion des Künstlers geht, um Ereignisse, die die Künstlerwerke prägen, d. h. wir sind von Anfang an abgelöst von einer »leiblichen« Materialität, von einer Faktizität (das ist, was mit textuell gemeint ist). Ein Verweis auf das Reale wird sofort einem weiteren Signifikations-Prozeß unterworfen, dem es darum geht, die Konstruktion der allegorischen Figur eines Maler-Lebens zum Ausdruck zu bringen. Das ausgängliche Anliegen – sachlich und gründlich Fakten festzulegen – läßt im Laufe des Textes das Portrait eines Malers entstehen, von seinem historischen, materiellen Kontext gelöst: »Beredter jedoch als alle schriftlichen und dokumentarischen Quellen ist die Sprache der Kunstwerke, die aus (dieser) Begegnung... hervorgegangen sind« (8). Es ist »eine Bildnisreihe – deren einzelne Stücke sich in faszinierender Steigerung wie die Episoden eines Stendhalschen Romans aneinander reihen« (13).

In seinem Essay wird klar, je rätselhafter und weniger dokumentiert Godé-Darels Vergangenheit (bezogen auf Ehe, Arbeit, Lebensumstände, Beginn ihrer Krankheit, Empfindungen während der Krankheit) bleibt, desto ausführlicher und genauer ist Hodlers Leben dokumentiert worden. Diese historische Überschattung Godé-Darels wird verdoppelt durch Brüschweilers Tendenz, die Bilder der Frau allegorisch zu lesen – im Zuge derer der Signifikant Valentine Godé-Darel (mit Verweis auf einen konkreten weiblichen Körper) durch Signifikanten aus dem Paradigma »Weib« besetzt wird. Es zeichnet sich eine rhetorische Bewegung ab von der Beschreibung eines konkreten, kontextuell verankerten Frauenkörpers zur Darstellung einer allgemeinen, aus ihrem persönlichen Lebensbezug herausgelösten allegorischen Frau. Die Bildnisse werden gesehen als

»Symbol der weiblichen Verlockung«, als »Vergegenwärtigung der weiblichen Seele und den sie umschwebenden Zeitgeist« (16), als »die Liebe schlechthin« (17). Die zweite Deutungstendenz, die sich in diesen Text (und die Ausstellung) unthematisiert einschleicht, ist die Überschattung des Signifikanten Valentine Godé-Darel durch den Signifikanten »Selbstportrait Hodlers«. Anders gesagt, dieser Werkzyklus setzt eine Kette von bezeichnenden Elementen ins Gleiten, die von dem Körper einer geliebten, nun sterbenden Frau ausgehen, diese Bedeutung aber zugunsten einer vielsemantischen Figurierung – die Liebe, der Tod und das Künstlerselbstportrait – »tilgen«, im Sinne Derridas Begriff des »Durchstreichens« (1974), was den Signifikanten mitsamt seiner Durchstreichung erhält.

Das verschobene Selbstportrait

Brüschweiler postuliert (eine Verknüpfung die mir gefällt), daß mit dem Ausbruch von Godé-Darels Krankheit Hodler wieder (nach 12-jähriger Pause) mit dem Malen von Selbstportraits beginnt und dies nicht aus dem Selbstverständnis des Liebhabers heraus tut, sondern als jemand »der die Vergänglichkeit des Lebens, den Wahn des Ruhms« erkennt.[1] Die Selbstportraits, so Brüschweiler, seien zwingend in Beziehung zu Valentine Godé-Darel zu bringen, was anders formuliert auch bedeutet, die Bilder Godé-Darels sind zwingend als Selbstportraits zu verstehen. Die Bilder der Sterbenden sind Spiegelbilder, weil der Maler über den sterbenden Körper des Anderen seiner eigenen Sterblichkeit gewahr wird. Der sterbende Körper des Modells dient also einem Selbstportrait des Malers – aber er tut dies auf wiedersprüchliche Weise: er bringt gleichzeitig das Überleben des betrachtenden, abbildenden Malers und seine eigene Sterblichkeit zum Ausdruck (und dieser gleichzeitig doppelte und widersprüchliche Ausdruck ist, was Derrida mit Durchstreichung meint).

Überwindung des Todes

Brüschweilers Diskussion des Zyklus läuft darauf hinaus, diesen als eine heldenhafte Auseinandersetzung mit dem Tod und als Triumph über den Tod, und daran gekoppelt als Grenzerlebnis zu sehen, das eine neue, letzte Schaffensperiode einleitete. So hebt Brüschweiler in seiner Interpretation dieser Bilder nicht so sehr das Sterben des abgebildeten, bezeichneten Körpers hervor, sondern er betont die Gelungenheit, mit welcher der Künstler die Zeichnungen des Todes auf dem Körper wiedergibt. Die Analogie-Beziehung, um die es ihm geht, ist die zwischen der Weise, wie sich die Krankheit und ihre Spuren auf den Körper einschreiben, und wie der Maler seine Striche auf die Leinwand einschreibt – der Körper der Frau auf doppelte Weise gleichzeitig Chiffre und Aggregat für das gegenseitig sich bedingende Verhältnis von Dekomposition (Zersetzung durch Krebs) und Komposition (des Bildes, als Wiederzusammensetzung des nun abwesenden, gänzlich zersetzten Körpers). In seiner Deutung sind also der Tod einerseits, die Kunst andererseits die verschobenen Signifikate dieser Bilder – und in beiden Fällen zusätzlich in Beziehung auf des Malers Reaktion zu sehen. Es geht um seine Verzweiflung über den Tod, seine Fähigkeit, den Tod adäquat in Striche zu übersetzen, seine Fähigkeit, im Akt des Zeichnens, den Tod zu überwinden. Als selbstverständlich versteht Brüschweiler Hodlers Anwesenheit an Godé-Darels Sterbebett. »Mutig« und ein Zeichen von Kraft und Tapferkeit ist es, »ihren Leidensweg fünf Wochen lang... festzuhalten« (25). Letztendlich ist es seine Fähigkeit als Künstler, gekoppelt an seine Männlichkeit und Potenz, die für Brüschweiler auf dem Spiel steht: »Bei aller Ehrfurcht vor dem gewaltigen Ereignis des Sterbens und vor der erschütternden Tatsache des Todes, erscheint Hodlers Pinsel wie der unerbittlich sachliche Stift des Seismographen, der den Ablauf eines Naturgeschehens notiert. So ist es denn auch die Verbindung von totaler persönlicher Hingabe und höchster künstlerischer Potenz... die dem Abschluß des... Zyklus seine einzigartige Größe verleiht«. In den Bildern liest Brüschweiler Zeichen für die »Ergriffenheit des Malers« und seinen »erbitterten kämpfenden« Malerblick; die Bilder dokumentieren seine Tapferkeit angesichts des Sterbens, (seine) heroische Einordnung dem Tod gegenüber«. Im gleichen Zug, in dem der noch nicht tote Körper der Frau in die Leiche, d. h. in eine Art natürliches Artefakt übersetzt wird, wird in diesem kunsthistorischen Diskurs semantisch die Übersetzung von Tod in künstlerische Schöpfung unternommen. Die vom Sterben zersetzte Godé-Darel wird in Brüschweilers Wertung ein zweites Mal zersetzt, denn für ihn kommt hier nicht ihr Sterben, sondern das Sterben im Allgemeinen zum Ausdruck: »Deshalb sind die Bilder der in Agonie liegenden Valentine weit über die Darstellung eines bestimmten Menschen hinausgegangen zur Darstellung des Sterbens der Kreatur schlechthin. Sie sind darum auch nicht nur bloße Sinnbilder des Sterbens; sie sind das Naturereignis des Sterbens selbst« (29). Nicht Godé-Darel, sondern dem Tode über den Umweg ihres Körpers wird hier ins Antlitz gesehen. Eine weitere Verschiebung der Signifikanten: am Tage ihres Todes, so Brüschweiler, malt Hodler nicht die Leiche, sondern drei Landschaften des Genfer Sees – »die untergehende Sonne als Gleichnis von Valentines Abschied vom Leben«, »die Auflösung des Menschen in den Kosmos«. Indem auf Hodlers Ideen zu dem Prinzip des Parallelismus verwiesen wird, verschwindet der Signifikant *und* das Signifikat Godé-Darel zunehmend aus der Diskussion. Hodlers »Prinzip der Wiederholung bedeutet«, daß alles eins ist – Tod, Leiche und Landschaft. Zugleich ist dies eine abstrakte Abbildung: »nicht nur die tote Valentine, sondern ganz eigentlich der menschliche Tod« wird geschildert (31), eine Entindividualisierung, die die Gegenständlichkeit des Modells »ins Monumentale und ins Symbolische« hebt (31). Zudem entfesselte, so Brüschweiler, dieses Todeserlebnis in dem Künstler Fähigkeiten, die eine neue Schaffensperiode einleiteten.

Ich zitiere und dekonstruiere gleichzeitig zusammenfassend, weil repräsentativ für diese diskursive Position, Felix Baumann: »Hat je ein bildender Künstler mit derselben direkten Betroffenheit dem Tod ins Antlitz geschaut und diesen (sic!) darzustellen vermocht?« (Kat. Hodler 1983, 370). Signifikant ist für Baumann somit der Tod, nicht die sterbende/tote Valentine Godé-Darel, d. h. eine allegorische Figur und nicht ein materieller Körper. »Mit dem Zyklus der Valentine Godé-Darel hat sich Hodler ein Denkmal seiner Fähigkeit des Mitleidens, nicht des Mitleids, geschaffen, das seinesgleichen sucht.« Somit ist ein weiteres Signifikant dieser Bilder diese Fähigkeit des Künstlers, die zudem als einzigartig postuliert wird. Baumann bringt einen dem Todesereignis völlig fremden Bedeutungsbereich ins Spiel, nämlich den Wettstreit zwischen Malern und die Setzung von Denkmälern, nicht etwa für die Verstorbene, sondern für den Malenden. »Zugleich hat er mit diesem Zyklus seinen künstlerischen Kulminationspunkt erreicht. Angesichts des Todes: die letzte Befreiung aller seiner Ausdrucksmittel.« Eine Vorstellung, die wir aus dem Christentum kennen, »die Befreiung Valentine's Seele von ihrem Körper«, entgleitet in eine andere, die sich mit dem dem Tode fremden Paradigma der Kunst verknüpft. Es geht um eine doppelte Befreiung, nämlich die des Künstlers und die seiner Ausdrucksmittel. Über eine Betrachtung und zeichnerische Nachahmung der Auflösung der Frau durch den Tod und ihrer Befreiung aus den Begrenzungen der leiblichen Existenz, setzt sich auch der Künstler von Beschränkungen frei. »Hier wird jeder Pinselstrich zum Absoluten, zur menschlichen Botschaft. Hier wird nicht mehr ›Aufgehen im All‹ dargestellt, hier findet es statt.« Anders formuliert heißt das, die Spannung zwischen Signifikat und Signifikant wird aufgehoben. Der bezeichnende »Pinselstrich« gleicht völlig dem bezeichneten »Aufgehen« und inszeniert zudem diese Bedeutung. Wieder ist dies interessant als eine Verschiebung aus dem zitierten christlichen Verständnis des Todes, nämlich der Vorstellung von einem Auslöschen der Spannung zwischen Körper und Seele und von einem Aufgehen in eine nicht differenzierte Einheit. »Hier wird nicht mehr nach Wirklichkeitsnähe der

Farbe gefragt, hier ist Farbe Wirklichkeit.« Baumann wertet diese Bilder als so gelungen, weil er in ihnen eine Art Enttextualisierung festzustellen meint, in der das Problem der Mimesis, daß Abbildungen zwar wirklichkeitstreu nie aber Wirklichkeit sind, aufgehoben zu sein scheint. Diesem Postulat einer Enttextualisierung des Bildes steht aber eine völlige Textualisierung der Leiche entgegen, bzw. die Ausschließung des toten Körpers aus dem Bereich des materiell Wirklichen, da die Farbe, nicht der abgebildete Körper in dieser Diskussion bevorzugt beachtet wird. Die Bilder werden rein selbstreflexiv verstanden, ein Verweis auf eine außerhalb der Zeichen liegende Wirklichkeit wird aufgegeben, sie werden selbst als Wirklichkeit genommen.

Ich kann an dieser Stelle nur skizzenhaft auf die Kritik dieses kunsthistorischen Diskurses und dann meine Selbstkritik eingehen. Doch diese erste Kritik läßt sich mit der Frage umreißen: Warum erscheint mir die oben diskutierte Beschreibung dieser Bildsequenz, die diese als ein Selbstportrait des Künstlers, als Auseinandersetzung mit dem Tod auf Grund der Überschattung des weiblichen Körpers postuliert, selbst so gewalttätig? Weil diese Konstruktion des Künstlers als Helden, diese Bewegung vom Wörtlichen ins Figurale eine andere Dimension der Gewalt, nämlich eine materielle, außerhalb der Zeichen liegende, ausspart, unterdrückt?

Im Spiel der Gewalt hat jedes Geschlecht seinen Ort

In ihrem Aufsatz »Die Gewalt der Rhetorik« argumentiert Teresa de Lauretis, daß eine Darstellung von Gewalt nie von einer Vorstellung von Geschlechtlichkeit (gender) zu trennen ist, weil »das Objekt, dem Gewalt angetan wird, die Bedeutung des dargestellten Aktes etabliert, und dieses Objekt wird entweder als männlich oder als weiblich wahrgenommen« (1987, 42). Die Bedeutung, die eine gewisse Darstellung von Gewalt annimmt, hängt in unserer Kultur von dem Geschlecht des Objektes dieser Gewalt ab. Um diese Verknüpfung von Gewalt und Darstellung zu verdeutlichen, führt sie Lotmans Handlungstypologie an, nach der sich ein beweglicher Held gerade dadurch konstituiert, daß er sich durch einen unbeweglichen, geschlossenen Raum bewegt und somit Differenzen und Normen etabliert. Dieser geschlossene Raum kann, so Lotman, interpretiert werden als »Grotte, Grab, Haus, Frau, dunkel, warm, feucht; Eintritt in diesen Raum kann verstanden werden als Tod, Zeugung, Heimkehr – Handlungen, die letztlich gleichbedeutend sind«. De Lauretis weist darauf hin, daß in dieser Konzeption der Held immer männlich ist, weil das Hindernis immer weiblich sein muß. Zudem wird das

Weibliche immer mit dem nicht belebten und nicht beweglichen Ort identifiziert, bei dem es nicht um Subjektwerdung geht, sondern wo es als Grenze fungiert, welche nicht ihre eigene Bedeutung, sondern die einer anderen Figur produziert. In dieser Gleichsetzung von Weiblichkeit und Objekt sieht de Lauretis eine »Rhetorik der Gewalt«. Überträgt man de Lauretis Formel auf die vorhergehende Diskussion dieser Bild-Sequenz kann eine andere als die von Brüschweiler erzählte Geschichte erzählt werden. Ähnlich wie in Lotmans Typologie haben wir hier einen Helden, den Künstler, der seine Bedeutung durch den Ein- und Austritt in einen geschlossenen Raum – den weiblichen Ort des Sterbens von Godé-Darel – konstituiert. Was von Brüschweiler unreflektiert festgestellt wurde – nämlich die rhetorische Transformation von Godé-Darels Körper in eine leblose Figur, die semantisch nicht eigen- sondern fremd-bestimmt ist –, erweist sich mit der von de Lauretis vorgeschlagenen Verlagerung des Blickes als »gewaltsam«.

Selbstrettung des Künstlers

Der heldenhafte Versuch des Malers, über den sterbenden und toten Körper seiner Geliebten seiner Anerkennung des Todes und seiner Fähigkeit, diesen durch Malen zu überwinden, Ausdruck zu verleihen, sieht aus dieser Position aus wie die Enteignung des weiblichen Körpers, die Reduktion des Körpers auf ein fremdbestimmtes Objekt – als Stelle, die die Macht, die Imagination, die schöpferische Kraft des Malers etabliert oder bestätigt. Gewalttätig ist an dieser Rhetorik, daß sie den Blick auf die formale Ebene versetzt; daß der Schmerz des leidenden Körpers, der Mut einer jeden Sterbenden zunehmend zugunsten der künstlerischen Fähigkeit, der Kunststriche in der Beschreibung zurückgenommen werden. Diese Gewalt zeichnet den Versuch, eine Abwesenheit von Gewalt zu inszenieren, welche dem Maler und dem Betrachter erlauben, den schmerzhaften Kampf, der ihnen vor Augen geführt wird, zu ignorieren, ihn ins Ästhetische, ins Allgemeine zu überwinden, ihm gegenüber blind zu sein, d. h. an seiner Repräsentation ausschließlich das visuell schöne Spiel von Form, Linie, Farbe zu sehen. Aus dieser Position heraus – könnte man sagen – verweigert Hodler in seinen Bildern Valentine Godé-Darel ihren Schmerz, verweigert er ihr eine eigene Bedeutung, eine Möglichkeit unabhängig von ihm Bedeutung zu erlangen. Diese »Rhetorik der Gewalt« zieht Blindheit gegenüber einer wörtlichen Betrachtung vor; der Tod einer Frau wirkt als Vorwand und Ausgangspunkt (Grundierung) für eine Bedeutung, die woanders liegt, erlaubt dem Maler/Zuschauer eine sichere Position dem Tod des Anderen und implizit dem eigenen gegenüber.

Potenzierung des Männlichen durch das Verschwinden des Weiblichen

Abhängig von der Ebene, von der man ausgeht, haben wir es mit dem gewaltsamen Zersetzen eines weiblichen Körpers durch eine Krankheit zu tun oder mit einer gewaltsamen Rhetorik, die den realen Schmerz einer auf Allegorie gezielten Figurierung unterordnet – einer Figurierung, die den Verweis auf den »Realen Schmerz, die Reale Gewalt« verschiebt. Denn fragen wir uns, sind die Bilder gut gezeichnet? Oder fragen wir uns, leidet die Frau? Sehen wir den Schmerz der Frau überhaupt? Können wir ihn überhaupt sehen? Es ist zudem eine Figurierung, die auch, wie Griselda Pollock für die präraphaelitische Bildsequenz Elisabeth Siddalls überzeugend argumentiert hat (1988), die Weiblichkeit des Körpers selbst tilgt, und ihn als Signifikanten des männlichen Künstlers, als Zeichen für Männlichkeit und Potenz (hier in Auseinandersetzung mit Sterblichkeit) setzt. Ich frage mich also weiter: Was wird hier in dem Akt der Objektivierung geopfert? Die reale Gewalt des Sterbens, die Frau oder die Weiblichkeit der Frau?

Der reale Tod als allgemeine Gewalt

Aber – und hier setzt meine Kritik an meiner Kritik an – wenn wir diese »Blindheit« beleuchten und entlarven, die dem kunsthistorischen Diskurs über Weiblichkeits-Bilder so oft inne zu wohnen scheint – eine Blindheit gegenüber dem »wörtlichen« der Bilder, der außerhalb der Zeichen liegenden Referenz bzw. den stark rhetorischen Gehalt hervorheben, wenn wir betonen, wie Diskurse um Bilder diese als verschobene Signifikanten einsetzen, wenn wir dies in unserer Kritik tun, entgleiten wir nicht auch in eine Art Blindheit, die zu thematisieren wäre? Denn auch wenn von einem Punkt aus gesehen zu Recht vom Körper zu sprechen wäre als eine Chiffre für den Künstlerhelden, so bleibt, wenn wir uns an einen anderen Ort stellen, das Kaleidoskop drehen, wieder und weiterhin der sterbende Körper einer Frau im Blickfeld. Auf die »Gewaltsamkeit« der Konstruktion des Männlichen zu verweisen, also Gewalt als privilegiertes Signifikat dieser Bilder festzustellen, bedeutet letztendlich, die Referenz dieser Bilder auf die reale Gewalt des Sterbeprozesses *auch* wieder zu verdecken.

Auflösung der Geschlechterverhältnisse angesichts des Todes

So schlage ich eben eine weitere Art, diese Bilder zu sehen, vor: in der man nicht das Verhältnis von Signifikanten zu anderen Signifikanten (und daran die Verdrängung Weiblichkeit durch Männlichkeit) betont, sondern das, was zwischen Bezeichnung oder Darstellung und Körper auszumachen ist. Valie Export schreibt: »Die Kulturation des Körpers ist gleichzeitig auch seine Substitution und Absenz. Wie alle Technik, Zivilisation, Kultur eine ›Sprache des Abwesenden‹ ist. Als Sprache des Anwesenden gehört der Körper zur Rhetorik des Realen – das ist seine Crux«. (1987, 6f) Diese Sterbens-Bilder bezeichnen folgende Dynamik: Das »Reale« bricht ein in eine stabile Selbstvorstellung, um gleich wieder den Forderungen der Repräsentation, genauer den Forderungen einer darstellerischen Einheit geopfert zu werden. Daß diese Dynamik an einer Leiche, oder einem zur Leiche werdenden Körper zum Ausdruck kommt, ist nicht zufällig. Blanchot hat in seiner Diskussion des Verhältnisses von Bild und Leiche darauf hingewiesen, daß Leichen im ersten Moment unsere sichere Position als Betrachter, unsere stabilen Kategorien von Ort, Position und Referenz aufbrechen: »Was man die sterbliche Hülle nennt, läßt sich mit gebräuchlichen Kategorien nicht fassen... Tod setzt die Bezüge zu einem Ort in Schwebe... der Ort fehlt, die Leiche ist nicht an ihrem Platz. Wo ist sie? Sie ist nicht hier und dennoch ist sie nicht anderswo: nirgends? Aber die Tatsache bleibt, dann ist Nirgends hier«. (1955, 348) Zugleich muß diese Stabilität wieder eingeholt werden, und zwar im Akt der Darstellung, so daß wir uns von dem Erlebnis der Dekomposition zur Komposition, von der Leiche zur Repräsentation der Leiche bewegen. Die Leiche kann einerseits verstanden werden als das Reale, was in Lacans Sinn außerhalb jeder zeichlichen Erfassung liegt, als Sein minus Repräsentation, Beschreibung oder Interpretation, als Stelle des Scheiterns und Stolperns jeglicher symbolisierender und imaginierender Ordnungserstellungen (Ragland-Sullivan 1986, 188). Die Leiche kann für den Betrachter zugleich auch im Sinne Kristevas (1978) als das Semiotische verstanden werden, das eine gewaltsame, das Symbolische durchbrechende Kraft ausmacht, die mit dem Einführen von Kultur (mit Symbol und symbolischer Ordnung) geopfert werden muß und zugleich erhalten bleibt, indem sie diese gleichzeitig auch stets durchbricht und getrennt von ihr nicht zu denken ist, so daß die Sprache als strukturelle Gewalt, als »Mord am Körper« gesehen werden kann. Nimmt man diese beiden Konzeptionalisierungen an,dann kann man Hodlers Zyklus auch als ein dynamisches Spiel mit Gewalt beschreiben. Ein einziges Bild würde vielleicht stabilisierend und beruhigend wirken. Wir haben in dieser Sequenz ein Beispiel dafür, wie die Gewalt des Realen in Bilder übersetzt wird. Doch die Sequenzialität, die besessene Wiederholung bricht jegliche darstellerische Einheit wieder auf, inszeniert die Notwendigkeit, das gewaltsame Reale (den Tod des Anderen) in Zeichen zu übersetzen, d. h. die Notwendigkeit, von der wörtlichen Dimension abzusehen und ein Ereignis figural, als Allegorie für Tod, für die eigene Sterblichkeit, für die Einheit von Selbst und Welt zu sehen. Zugleich inszeniert diese Sequenzialität das Scheitern dieses Repräsentationsversuches, weil selbstreflexiv die Tätigkeit des darstellenden Vorganges, genauer seine gewaltsamen Aussparungs-, Überschattungs- und Durchstreichungstendenzen zum Ausdruck kommen. Die Aporie der Repräsentation will es, daß als Teil der Durchstreichung auch das ausgesparte gewaltsame Reale, als das, wovor jegliche Zeichen scheitern, und das vor jeglichen Zeichen scheitert, scheinbar, in seiner Unscheinbarkeit oder Abszenz zum Ausdruck kommt. So schlage ich vor, als Blickpunkt nicht eine semantisch besetzte rhetorische Figur (der Tod, das Selbstportrait, die Gewalt), sondern die figurale Dynamik, die in dem Sterbe-Zyklus Hodlers sich abzeichnet, zu bevorzugen. Diese führt uns gleichzeitig zwei Bewegungen vor Augen: 1) ein durch jede Repräsentation gefordertes Absehen von dem gewaltsamen Akt des Sterbens, in dem Valentine Godé-Darels Körper einbezogen ist, und 2) das gewaltsame Scheitern dieser Bilder, in ihrem Versuch, durch eine Festlegung in Bildern der Zerstörung des Körpers, der Zerstörung einer sicheren Position in der Welt und eines sicheren Bezuges zwischen Selbst und Welt, der Zerstörung eines stabilen Selbstentwurfes, wie sie durch das gewaltsame Erleben des Todes des anderen hervorgerufen wird, entgegenzuarbeiten. Dann kommt man, meine ich, an eine Erörterung des Verhältnisses von Gewalt und Bild, von Referenz und Zeichen, ohne in eine rein schwärmerische, didaktisch-aufklärerische oder rein ästhetisierende Haltung zu verfallen.

Anmerkung

1 Es ist interessant zu bemerken, daß nicht alle Bilder und Zeichnungen Hodlers datiert sind, so daß mit ein Anliegen von Brüschweilers Nacherzählung dieses Malerlebnisses darin besteht, sein Festlegen der Bildabfolge zu rechtfertigen.

Abbildungsnachweis

Kunsthaus Zürich (1), (2), (3), (4), (7), (8); Privatbesitz Schweiz, Foto: Kunsthaus Zürich (5), (6).

Jutta Kolkenbrock-Netz

Kunst und/oder Pornographie

Zur Diskursivität der Zensur im 19. und 20. Jahrhundert

> Die staatlichen Kunstverbote
> sind keine Sache des ästhetischen,
> sondern ausschließlich eine solche
> des politischen Kampfes.
> Lu Märten im Jahre 1914

Kunst ist obszön. Zumindest läßt sich diese These der Psychoanalyse Lacans entnehmen, welche den Blick als Objekt eines sexuellen Begehrens bestimmt (1978, 119). Das künstlerische Bild zeigt Blick, Blick eines Anderen, von dem sich das Subjekt erfaßt findet. Aber fast immer zähmt das Bild den Blick des Betrachters, welcher eingeladen ist, seinen Blick in dem Bilde zu deponieren, »wie man Waffen deponiert« (ebd. 1978, 107). Kunst also ist obszön, weil sie ein Sehfeld organisiert, das den Blick des Betrachters anzulocken scheint, ihn aber eher einfängt, aufnimmt, lenkt und ablenkt – von jener (Ur-) Szene, an die er sich heften möchte.

Je weniger die Kunst dem Phantasma einer Repräsentierbarkeit der Urszene in der Abbildung nachgibt, desto obszöner ist sie. Lacan nennt als ein Beispiel die christliche Kunst, weil alles hier auf »die Ausstellung des Körpers, evozierend den Genuß« (1986, 122) hinausläuft – mit Ausnahme der Kopulation, welche gerade deshalb dem Phantasma überlassen bleibt.

Nicht die scheinbar unmittelbare Repräsentation des Geschlechtsakts stiftet demnach die Beziehung von Kunst und sexuellem Begehren, sondern vielmehr eine *Spaltung von Auge und Blick,* welche das Bild bewirken kann. Denn erst in dieser Spaltung manifestiert sich der Trieb auf der Ebene des Sehfelds (Lacan 1978, 79). Das Auge des Betrachters, das sich an dem Bild des Künstlers weidet, ist nicht dasselbe wie der Blick, der ihm versagt bleibt, weil das Auge sich täuschen läßt, und erst recht nicht ist es identisch mit dem Blick des Anderen, der sich vom Bilde aus auf den Betrachter richtet und der die Ursache des Begehrens des Künstlers war. Am Ort der Psychoanalyse erweist sich die gängige Abgrenzung von Kunst und erotischer Kunst als tautologisch bzw. als Zensurierung dessen, was an Begehren und Genießen aus der Betrachtung von Bildern der Kunst zu gewinnen ist. Wie aber verhält es sich dann mit der Pornographie?

Mit Foucault läßt sich die Unterscheidung von Kunst und Pornographie als ein diskursives Faktum bestimmen. Seit Mitte des 19. Jahrhunderts funktioniert es als Regulativ innerhalb einer staatlichen und gesellschaftlichen Zensurpraxis, deren Diskursivität sich als ein Dispositiv der Macht (1978, 68) beschreiben läßt, weil sie eine Kombination von verschiedenen Diskursen, angeordnet nach Machtstrategien, darstellt. Das Regulativ »Kunst vs. Pornographie« unterscheidet die erlaubte von einer verbotenen Darstellung, Ausstellung und Beschreibung von Körpern, die – wie man wissen kann – »zum Genießen gemacht« sind (Lacan 1967, 42). In der juristischen Zensurpraxis verknüpfen sich religiös-moralische, pädagogische, ästhetische und wissenschaftliche Diskurselemente. Religiös-moralisch wird im 19. Jahrhundert die Beziehung von Kunst und Sexualität überhaupt tabuisiert. Der pädagogische Diskurs fordert den »Jugendschutz« ein. Der ästhetische Diskurs bindet die Aufnahme des Bildes an ein »interesseloses Wohlgefallen«. Zudem postuliert er einen auratischen Bildraum, der die Separation des Kunstwerks von der alltäglichen Wahrnehmung sichert. Schließlich begründet die Psychiatrie die Zensur von Pornographie aus der Notwendigkeit einer »Sozialhygiene«. Familie und eheliche Sexualität werden juristisch als sozial reproduktive Institutionen behandelt, zu deren Sicherung Polizei und Justiz aufgerufen sind.

Die Begriffsgeschichte der Pornographie unter diesen Voraussetzungen wäre zu schreiben. Sie soll hier in ersten Umrissen deutlich werden.

Das große vollständige Universallexikon von Johann Heinrich Zedler aus dem Jahre 1741 kennt das Wort Pornographie noch nicht. Wohl aber führt es das Wort Pornae auf, den Namen für bestimmte Schauspiele im antiken Rom, die von Huren veranstaltet und insgesamt unter die Spectacula Floralia gerechnet wurden. In der Antike scheint also die Prostitution eine Möglichkeit des Umgangs mit dem Körper und dem Geschlecht gewesen zu sein, die sich auch kulturell artikulieren konnte, ohne eine wie auch immer beschaffene Zensur des Staates auf sich zu ziehen. Erst die Sperrbezirke der käuflichen Liebe in den Großstädten Europas im 19. und 20. Jahrhundert bewirken auch jene kulturelle Tabuisierung, welche heute dem Wort Pornographie anhaftet. Im heute gültigen Lexikonwissen ist bereits die Etymologie dieses Wortes nicht ganz eindeutig. In den meisten Fällen wird es von griechisch »graphein«, d. i. schreiben und von griechisch »porne«, d. i. die Dirne abgeleitet. Die ursprünglich wertneutrale Bedeutung: »Schreiben oder Darstellen des Lebens von Prostituierten« wird nur noch in wenigen Lexikonartikeln genannt (vgl. Meyer 1977, New Encyclopaedia Britannica 1974, Grand Larousse encyclopédique 1963, Heyde 1964, Englisch 1927). Die Brockhaus-

Enzyklopädie aus dem Jahre 1972 z. B. präsentiert den wertenden Zensurbegriff des 19. Jahrhunderts. Sie nimmt nicht zufällig die maskuline Form »pornos«, d. i. der Hurer, zum Ausgangspunkt, um dann das Wort Pornographie kurz und bündig als »künstlerisch wertlose, das Obszöne betonende Darstellung geschlechtlicher Vorgänge in Wort und Bild« zu definieren. Da sich aber das Geschlechtliche nicht anders als obszön darstellen läßt, partizipiert diese Definition selbst am Phantasma, dessen Darstellung sie zensurieren will. In der 18. Auflage des Großen Brockhaus aus dem Jahre 1980 ist die Etymologie von Pornographie erneut verschoben, indem das Wort von »porneia« abgeleitet und mit »Unzucht« übersetzt wird. In einer Art von diskursivem Kurzschluß ist die Verbindung zum Zensurdiskurs des 19. Jahrhunderts hergestellt, denn der § 184 des Reichsstrafgesetzbuches in Deutschland aus dem Jahre 1872 richtet sich gegen »unzüchtige Schriften, Abbildungen oder Darstellungen« (Der Realismus vor Gericht 1890, 12, Leiss 1971, 81). An den leichten Verschiebungen innerhalb der Etymologie des Wortes »Pornographie« wird nur der Bedeutungswandel erkennbar, den das Wort erfuhr, nachdem es einmal seinen Platz im juristischen Zensurdiskurs gefunden hatte.

Wenn man H. Montgomery Heyde Glauben schenken kann, der freilich keine Begriffsgeschichte der Pornographie, sondern eher eine Geschichte der erotischen (Lese-)Kultur im angelsächsischen Raum verfaßt hat, gab es z. B. im englischen Gewohnheitsrecht im 18. Jahrhundert noch keine ausdifferenzierte Zensurierung des Obszönen (1965, 22 und 185). Eingegriffen wird in den Fällen, in denen Obszönität verbunden mit Blasphemie oder einer Tendenz zu antistaatlichem Aufruhr unterstellt werden kann. In den übrigen europäischen Staaten scheint die Entwicklung vergleichbar verlaufen zu sein. Der politische Charakter der Vormärzzensur in Deutschland ist evident. Erst mit den einschlägigen Paragraphen des Reichsstrafgesetzbuches von 1872 wird jene Rechtslage geschaffen, die es erfordert, das Obszöne juristisch zu definieren, da es als solches unter Strafe gestellt ist. Nach diesem Einschnitt kann auch das Wort Pornographie als Zensurbegriff in semantischer Opposition zum Kunstbegriff funktionieren. Um die Jahrhundertwende kommt es dann in Westeuropa zu internationalen Abstimmungen der Rechtsverhältnisse bezogen auf den staatlichen Umgang mit Pornographie, um den wechselseitigen Import und Export der jetzt explizit so bezeichneten Verlagsprodukte zu kontrollieren und zu beschränken (Baden 1910, 77 und Heyde 1965, 12).

Als der französische Autor Restif de la Bretonne im Jahre 1769 seine Reformschrift »Le Pornographe, ou Idées d'un honnête homme sur un projet de règlement pour les prostituées« nach einigen Zensurproblemen veröffentlichte (I, 1978, XXXII), wußte er zwar um die

Anstößigkeit seines Gegenstandes im Hinblick auf die kirchliche Moral, doch von diesem Gegenstand seiner Abhandlung auf das Obszöne seiner Schreibweise zu schließen, wäre ihm nicht eingefallen, ebensowenig eine Abgrenzung von Pornographie und Kunst. Indem er sich als »honnête homme« bezeichnet, qualifiziert er sein Schreiben im Gegenteil entsprechend dem adeligen Persönlichkeitsideal seiner Epoche, welches im Zuge der Aufklärung dazu tendiert, den ständischen Ehrenkodex in eine ethische Verhaltenslehre zu transformieren, die vor allem in der Literatur über den Adelsstand hinaus Allgemeingültigkeit für sich beanspruchte (Scheffers 1980, 41). Restif streitet in seiner Reformschrift für die Erneuerung der erotischen Kultur unter der Voraussetzung moderner Rationalität und modernen medizinischen Wissens. Bis ins Detail ausgedacht sind seine administrativen Vorschläge für die Errichtung von kommunalen Freudenhäusern. Sie sollen einen staatlich protegierten amourösen Raum abgeben für den männlichen Sexualgenuß, aber der vorherrschenden persönlichen Willkür von Männern gegenüber Prostituierten Einhalt gebieten. Der Autor begreift sich also als Pornograph, weil er schreibend ein spezifisches Wissen über die Prostitution hervorbringt, das er für eine aufklärerische Reformpolitik zur Verfügung stellen möchte.

Fast ein Jahrhundert später stellt in Frankreich der Sozialist Pierre-Joseph Proudhon eine Verbindung von moderner Kunst und Prostitution her, die zugleich eine ästhetische Ausgrenzung bedeutet. In seinem Buch »Du principe de l'art et sa destination sociale« (1865) tritt er mit Entschiedenheit für eine moralisch und politisch gestützte Ideenkunst ein in Opposition gegen das bis zum modernen Ästhetizismus gesteigerte Prinzip einer Autonomie der Kunst.

> »L'art, en tant qu'il a pour objet d'éveiller l'idéal, surtout celui de la forme, est donc une excitation au plaisir. Si la passion qu'il excite est l'amour, c'est un *agent pornocratique,* le plus dangereux de tous.« (ebd., 255)

»Pornokratie« ist also jede Verknüpfung von Kunst mit sexuellen Lüsten. Diese aber scheint unvermeidlich, wenn das einzige Ideal des Künstlers die Schönheit ist.

> »Mais le résultat le plus important du criticisme ou de la substitution de l'idéalisme de l'idée à l'idéalisme de la forme, c'est l'affranchissement de l'art de toutes les atteintes de prostitution.« (Ebd.)

Unverkennbar hat hier der Begriff der Prostitution in den ästhetischen Diskurs Eingang gefunden, indem er die Grenze der Kunst selbst bezeichnet, eine Art von Wendepunkt, an dem das ästhetische in ein sexuelles Genießen, das von der offiziellen Kultur nicht mehr lizensiert werden kann, umschlägt.

Im Jahre 1911 finden sich diese einschlägigen Proudhon-Zitate in einem Sachverständigen-Gutachten wieder, das der Stadtschulrat und Oberstudienrat Kerschensteiner in den Münchener Schwurgerichtsprozeß gegen den wegen Verbreitung von Pornographie angeklagten Verleger Semerau einbringt. Kerschensteiner trägt diese Zitate freilich verkürzt und in einer recht freien deutschen Übersetzung vor:

> »Der Idealismus der Form an Stelle des Idealismus der Idee gesetzt, liefert die Kunst schließlich der Prostitution aus und macht aus den Künstlern Bordellagenten.« (von Erlbach 1911 b, 494)

Georg Kerschensteiner war prominentes Mitglied in dem von Armin Kausen im Jahre 1906 gegründeten »Interkonfessionellen Männerverein zur Bekämpfung der öffentlichen Unsittlichkeit«, der seinen Kampf gegen die Großstadtprostitution zugleich als einen Kampf gegen Pornographie organisierte und damit sowohl sexuelle Aufklärungsschriften, photographische Reproduktionen künstlerischer Aktdarstellungen, aber auch kabarettistische Kleinkunst und moderne Theateraufführungen meinte. Hatten sich im Jahre 1900 Künstler und Schriftsteller in ihrer Opposition gegen die vom Zentrum und den Regierungsparteien in den Reichstag eingebrachte Gesetzesvorlage *Lex Heinze* gegen eine »drohende Verkupplung der Kunst mit den Dirnen und Zuhältern« gewandt (Roeren 1900, 27), so stellten die Massenkampagnen von Männervereinen gegen »Schmutz und Schund« nach der Jahrhundertwende diese Verkupplung durchaus hartnäckig und nachtragend wieder her. Die berühmt-berüchtigte Lex Heinze hatte sowohl die Verschärfung der strafrechtlichen Bestimmungen gegen die Prostitution als auch die Verschärfung der gesetzlichen Maßnahmen gegen das Obszöne vorgesehen (Lenman 1973, 74, Kolkenbrock-Netz 1985).

Die Gesetzesvorlage scheiterte am massiven Künstler- und Intellektuellenprotest und aufgrund der außergewöhnlichen Obstruktionstaktik der Sozialdemokratie im Reichstag. Am 25. Juni 1900 wurden dennoch ein Jugendschutzparagraph und die Antiprostitutionsbestimmungen verabschiedet (Lenman 1973, 110).

In der Diskurspraxis der Männervereine nach der Jahrhundertwende wird die Tendenz wiederaufgenommen, Werke moderner Kunst außerhalb der ästhetischen Redetradition zu situieren und mit Pornographie gleichzusetzen. So wurde schlicht zwischen »wahrer Kunst« und »Pornokunst« unterschieden (von Erlbach 1911 a, 108). Neben solcher ästhetischen Argumentation aber wird auch der medizinisch-psychiatrische Diskurs aufgeboten, um die sexuelle Wirkung von Bildern zu pathologisieren. In Vorläuferschaft zur aktuellen staatlich geförderten Pornographieforschung psychologischer Institute in den Vereinigten Staaten, auf deren zweifelhafte Ergebnisse sich heute die »PorNo«-Kampagne der Zeitschrift »Emma« beruft (Lautmann 1988), formuliert ein Frankfurter Arzt im Jahre 1911 in einer Pressezuschrift:

> »Es ließe sich ohne Schwierigkeit durch Meßinstrumente feststellen, wieviel Nervenkraft bei Betrachtung pornographischer Bilder verbraucht wird, welchen Verlust an Energie besonders die unausgesetzte Reizung bedeutet, der das Volk *wehrlos* ausgesetzt ist durch die Schaustellung der erotischen Erzeugnisse moderner Kunst und Vervielfältigungsindustrie an allen Straßenecken. Was soll hier der Ästhetiker? Hier tut der Ruf not: ›Ärzte vor!‹, denn es handelt sich hier nicht um eine ästhetische, sondern um eine *volkshygienische* Frage: *Darf dieses oder jenes Kunstwerk oder Industrieerzeugnis auf den Markt ohne Schädigung der Volksgesundheit?*« (Die Pornographie 1911, 510).

Das Problem einer öffentlichen Zurschaustellung von Bildern sowie deren massenhafter Verbreitung durch Postkartenproduktionen beherrschte auch die Diskussion um eine neue Gewerbegesetznovelle im Frühjahr 1914, welche von ihren Kritikern nicht zu Unrecht als »neue Lex Heinze« bezeichnet wurde (Offener Brief 1914, 162). Wie in der Pornographie-Debatte heute wurde zivilrechtlich eingefordert, was im Jahre 1900 in der Auseinandersetzung um einen neuen § 184 a des Reichsstrafgesetzbuches – den »Schaufensterparagraphen« (Vgl. Mast, 1980, 140) strafrechtlich nicht hatte durchgesetzt werden können. Der Änderungs- und Ergänzungsvorschlag zur Gewerbeordnung lautete daher:

> »Schriften, Abbildungen oder Darstellungen dürfen in Schaufenstern, Auslagen innerhalb der Verkaufsräume oder an öffentlichen Orten nicht derart zur Schau gestellt werden, daß die Zurschaustellung *geeignet* ist, Aergernis wegen sittlicher Gefährdung der Jugend zu geben.« (Entwurf 1914, 165)

Unter dem Vorwande des Jugendschutzes sollte also der Ausstellungsraum für Kunst rigide beschränkt werden. Aktbilder von Tizian, Michelangelo und Rubens werden in photographischer Reproduktion und im Schaufenster ausgestellt zur Pornographie. Kunstwerke, eingefügt in die Ästhetik der Großstadt, verlieren ihren Kunstcharakter. Der Wiener Schriftsteller und Lyriker Richard Schaukal, der sich in dieser Auseinandersetzung öffentlich auf die

Seite der Zensoren schlug, bestätigt in einer Anmerkung zur Parlamentsdebatte von 1914 kurz und bündig:

> »Stellt man aber in einer modernen ordinären Gasse zwischen Spezereigeschäften und Omnibussen vor ein Kaffeehaus eine Leda mit dem Schwan, so ist das nicht nur geschmacklos, sondern ein Ärgernis.« (In: Helfer im Kampf 1914, 178)

An Orten des Genusses und des Verkehrs könnte – das ist die Befürchtung – die künstlerische Darstellung nicht nur auf den Genuß anspielen, sondern vielleicht sogar selbst zum Genießen im Verkehr auffordern. Das obszöne mythische Motiv der Verführung der Leda durch Zeus scheint – eingefügt in die sexuelle Realität der Großstadt – seinen Bildcharakter zu verlieren. Kunst auf der Straße ist wie die Frau einem ungezähmten Blick ausgesetzt, aber sie gerät auch zu jenem phantasmatischen Objekt, das seinen Betrachter in einem Augen-Blick erfaßt und die Schranken seiner Abwehr chokartig durchschlägt. Gerade deshalb formuliert Schaukal:

> »Im öffentlichen Schaufenster, im allgemein zugänglichen Raum hat die Erotik nicht das Recht, sich auszuleben. Das Moment der Wehrlosigkeit ist da in Betracht zu ziehen.« (In: Helfer im Kampf 1914, 178)

Pornographie ist also auch, wenn die Obszönität des Bildes aufgehoben erscheint dadurch, daß die sexuelle Objekthaftigkeit des Dargestellten ungeschützt – außerhalb des auratischen Bildraums – hervortreten kann.

In der Begründung zum Gesetzentwurf von 1914 wird wie heute geradezu als ein Vorteil des zivilrechtlichen Verfahrens behauptet, daß die Freiheit von Kunst und Wissenschaft gewahrt bliebe (Entwurf 1914, 170).

Und so gelangt diese Zensurgeschichte zu der leider immer noch aktuellen Tautologie: Kunst ist Kunst, und Pornographie ist eben Pornographie.

Bibliographie

Ackelsberg, Martha 1986: Mujeres Libres: Individualität und Gemeinschaft – Organisation von Frauen während des Spanischen Bürgerkriegs. In: Schwarzer Faden, Nr. 21, H. 2, Grafenau, S. 28–29. (Erstveröffl. in: Radical America, Bd. 18, Nr. 4, 1984.)

Ackermann, Gerald M. 1986: Jean Léon Gérôme, Paris.

Adelung, Johann Christoph 1793–1801: Grammatisch-kritisches Wörterbuch der hochdeutschen Mundart, 4 Bde., Leipzig.

Adriani, Götz 1980: Paul Cezanne. Der Liebeskampf, München, Zürich.

Alford, Lady M. 1886: Needlework as Art, London.

Aguhlon, Maurice 1979: Marianne au combat, Paris.

Alino, Julia 1975: Als Frau in der Spanischen Revolution. Erlebnisbericht. In: Degen, Hans-Jürgen/Ahrens, Helmut (Hg.), »Wir sind es leid, die Ketten zu tragen...«. Antifaschisten im Spanischen Bürgerkrieg, Berlin, S. 35–61.

Allgemeine Deutsche Real-Encyclopaedie für die gebildeten Stände. Conversations-Lexicon. 5°. 10. Bde. Leipzig 1819 – 1824.

Allgemeines und Indüstrie-Adreßbuch der Königlich Preußischen Haupt- und Residenzstadt Berlin, auf das Jahr 1808, Berlin.

Andrée, Rolf 1977: Arnold Böcklin – Die Gemälde, München.

Ankwicz-Kleehoven, Hans

1932: 17. Jahresausstellung der Vereinigung bildender Künstlerinnen. In: Wiener Zeitung, 25. 10.

1933: »Das Leben der Frau« in der Secession. In: Wiener Zeitung, 11. 4.

1934: Kinder – Blumen – Tiere, Jahresausstellung der Vereinigung bildender Künstlerinnen Österreichs. In: Wiener Zeitung, 4. 10.

1938: Was Frauenhände schaffen. In: Wiener Zeitung, 19. 5.

Anzeige für den ›Historischen Calender für Damen für das Jahr 1791‹ von Friedrich Schiller. Bey G. J. Göschen. In: Wieland, Chr. M. (Hg.), Der Neue Teutsche Merkur, 1. Quartal, S. 197–211.

Appuhn, Horst 1977: Private Andachtsbilder. Ausstellung im Museum für Kunst und Kunstgeschichte der Stadt Dortmund, Schloß Cappenberg.

Arntzen, Helmut/Nolting, Wilfrid (Hg.) 1977: Der Spiegel, 28/1972, München.

Arroyo, Francesco, 1983: Una escultura recordará en Montjuic a los catalanes fusilados tras la guerra civil por defendar la libertad. Su autor es Ferran Ventura y será instalada en el Fossar de la Pedrera. In: El Pais vom 22. 1.

AVA (Allgemeines Verwaltungsarchiv Wien), Ministerium für Unterricht und Kunst.
1910: Nr. 3360/21547, Statuten der Vereinigung bildender Künstlerinnen Österreichs.
1918/19: Nr. 3369/27394, Jahresbericht der Vereinigung bildender Künstlerinnen Österreichs.
1919: Nr. 3369/1978, Brief von Helene Krauss an das Ministerium vom 27. 11.
1925: Nr. 2940/23192, 29. 2.
1927: Nr. 3372/28400, Brief von Fanny Harlfinger an das Ministerium vom 16. 10.
1932: Nr. 3378/5573, Februar 1932 und Schreiben vom 26. 6.

Avenarius, Ferdinand 1918: Das Bild als Narr. Die Karikatur in der Völkerverhetzung, was sie aussagt – und was sie verschweigt, München.

Baden, J. 1910: Der Kampf gegen den Schmutz in den Parlamenten. In: Allgemeine Rundschau, 7. Jg., Nr. 5, S. 76–77.

Badstübner-Gröger, Sibylle 1988: Zur Arbeitssituation von Künstlern am Hofe Friedrichs II. von Preußen. Unveröff. Typoskript des Vortrags auf der Arbeitstagung: »Kunstverhältnisse – ein Paradigma kunstwissenschaftlicher Forschung«. Institut für Ästhetik und Kunstwissenschaft an der Akademie der Wissenschaften der DDR, Berlin (DDR).

Baer, Brigitte 1988: Eine Lesart von Picassos Werk in den Kriegsjahren: Eine traumatische Trauer. In: Picasso im Zweiten Weltkrieg 1939–1945, Katalog, Museum Ludwig, Köln, S. 49–79.

Ballo, Guido 1971: Lucio Fontana, Köln-Lindenthal.

Barcon, Juan 1984: El Fossar de la Pedrera se prepara para recibir los restos mortales de Companys. In: El Correo Catalán vom 22. 10.

Barr, Alfred H. jr. 1977: Painting and Sculpture in the Museum of Modern Art 1929–1967, New York.

Barta, Ilsebill / Breu Zita / Hammer-Tugendhat, Daniela / Jenni, Ulrike / Nierhaus, Irene / Schöbel, Judith (Hg.) 1987: Frauen Bilder, Männer Mythen. Kunsthistorische Beiträge, Berlin.

Barron, Stephanie (Hg.) 1984: Skulptur des Expressionismus, München.

Basedow, Johann Bernhard 1972: Elementarwerk, Bd. I (1774), Hildesheim, New York.

Bataille, Georges 1974: Der heilige Eros. Frankfurt-Berlin-Wien.

Baudelaire, Charles 1981: Gesammelte Schriften. Übers. Max Bruns, 4 Bde. (Nachdruck) Dreieich.

Bauer, Gerd 1977: »Une Semaine de Bonté«. In: Wallraf-Richartz-Jahrbuch Bd. 34.

Bay, André 1984: Adieu Lucy. Le Roman de Pascin, Paris.

Bayo, Eliseo 1982: Realiza un monumento a los fusilados del 39. Ferran Ventura: El último escutor en piedra. In: Ciero Universal Eventos vom 16. 7.

Beck, Johannes Jodoco 1743: Tractatus von Schwäch- und Schwängerung Jungfern und ehrlichen Wittwen, Nürnberg.

Behn, Sabine / Mommertz, Monika

1984: Die Frau in Revolution und Bürgerkrieg in der Spanischen Revolution. In: Bohl, Andreas (Hg.), Revolution in Spanien, München, S. 140–160.

1987: »Wir wollen eine bewußte weibliche Kraft schaffen.« »Mujeres Libres« – anarchistische Frauen in Revolution und Widerstand. In: (Bochumer) Archiv für die Geschichte des Widerstandes und der Arbeit, Nr. 8, S. 53–69.

Below, Irene 1989: »Die Utopie der neuen Frau setzt die Archäologie der alten voraus.« Frauenforschung in kunstwissenschaftlichen und künstlerischen Disziplinen. Erscheint in: Metz-Göckel, Sigrid/Schlüter, Anne (Hg.), Wohin geht die Frauenforschung? Dortmund.

Belting, Hans 1984: Das Ende der Kunstgeschichte, München.

Belting, Hans / Dilly, Heinrich / Kemp, Wolfgang / Sauerländer, Willibald / Warnke, Martin (Hg.) 1985: Kunstgeschichte. Eine Einführung, Berlin (2. Aufl. 1986).

Benjamin, Walter

1974: Das Kunstwerk im Zeitalter seiner technischen Reproduzierbarkeit, Frankfurt/M.

1974a: Charles Baudelaire. Ein Lyriker im Zeitalter des Hochkapitalismus, Frankfurt/M.

1977: Metaphysik der Jugend. In: Tiedemann, R./ Schweppenhäuser H. (Hg.), W. Benjamin. Gesammelte Schriften, Bd. II, Frankfurt/M.

Berger, Renate

1982: Malerinnen auf dem Weg ins 20. Jahrhundert. Kunstgeschichte als Sozialgeschichte, Köln.

1985: Pars pro toto. Zum Verhältnis von künstlerischer Freiheit und sexueller Integrität. In: dies./Hammer-Tugendhat, Daniela (Hg.): Der Garten der Lüste, Köln.

1988: Beim Namen nennen – Feminismus und Innovation. In: kritische Berichte, 16. Jg., H. 1, S. 15-25.
1988: Wenn Kunst und Pornographie zusammengehen. Oder: Was hat künstlerische Freiheit von Männern mit sexueller Integrität von Frauen zu tun? In: Frankfurter Rundschau, 8. 12.
1989: Ikonoklasmus. Frauen- oder Genusforschung in der Kunstwissenschaft. Vortrag anläßlich des Symposions »Frauenforschung und Kunst von Frauen«, Bonn, 16. 2.

Bergius, Hanne 1986: Berlin als Hure Babylon. In: Boberg, Jochen u. a. (Hg.): Die Metropole. Industriekultur in Berlin im 20. Jahrhundert, Bd. II, S. 102–119.

Berman, Marshall 1984: All that is solid Melts into Air. The Experience of Modernity, London.

Bernecker, Walther L. (Hg.) 1980: Kollektivismus und Freiheit. Quellen zur Geschichte der Sozialen Revolution in Spanien 1936–1939, München.

Betterton, Rosemary (Hg.) 1987: Looking On. Images of Femininity in the Visual Arts and Media, London, New York.

Beucker, Ivo 1949: Vorwort zu: Georg Kolbe. Auf den Wegen der Kunst. Aus dem Nachlaß zusammengestellt von der Georg-Kolbe-Stiftung, Berlin.

Beuys, Joseph 1986: Die Flamme weiterreichen. Rede anläßlich der Verleihung des Wilhelm-Lehmbruck-Preises der Stadt Duisburg am 12. Januar. In: deutsche bauzeitung, 12. Jg., H. 1987 9, S. 10–11.

Bischoff, Cordula / Dinger, Brigitte / Ewinkel, Irene/Merle, Ulla (Hg.): 1984: FrauenKunstGeschichte. Zur Korrektur des herrschenden Blicks. Gießen.

Blanchot, Maurice 1955: Les deux versions de l'imaginaire. In: L'espace littéraire, Paris.

Blumenkranz, Bernhard 1973: Die Jugendpredigt Augustins. Ein Beitrag zur Geschichte der jüdisch-christlichen Beziehungen in den ersten Jahrhunderten, Paris.

Bocaccio 1895: De mulieribus claris. Deutsch von Steinhöwel, Karl Drescher (Hg.), Tübingen.

Bockemühl, Michael 1989: Anschauen als Bildkonstitution. In: Bätschmann, Oskar u.a. (Hg.): Kunstgeschichte – Aber wie? Berlin, S. 63–83.

Bodenstedt, Hans 1942: Pygmalion. Ein Geheimnis. In: Zucht und Sitte. Schriften zur Neuordnung unserer Lebensgesetze, Goslar, Berlin, Folge 2, S. 24–30.

Böttiger, Karl August 1797: G. Schadow. In: ders. (Hg.), Literarische Zustände und Zeitgenossen. In Schilderungen aus Karl August Böttigers handschriftlichem Nachlaß, Leipzig, veröffentl. 1838.

Borchers, Klaudia 1974: Delaunays kreisende Farbklänge. In: Westfalen-Blatt (Bielefeld), Nr. 76, 30. 3.

Bouchot, Henri 1893: Les Salons de 1883. In: Gazette des Beaux Artes, Bd. II, S. 118.

Bourdieu, Pierre 1987: Der feine Unterschied. Kritik der gesellschaftlichen Urteilskraft, Frankfurt/M.

Bovenschen, Silvia 1979: Über die Frage: gibt es eine weibliche Ästhetik? In: Ästhetik und Kommunikation, 25, S. 60–74.

Bowlt, John 1979/80: Einige sehr elegante Damen. In: Künstlerinnen der russischen Avantgarde 1910–30, Galerie Gmurzynska, Köln.

Brecht, Bertold 1982: Gedichte über die Liebe. Ausgewählt von Werner Hecht, Frankfurt.

Bringmann, M. 1976: Ein erträumter Lorbeerkranz und die Flohstiche der Realität. In: Vey, H.(Hg.), Anselm Feuerbach. Gemälde und Zeichnungen, München, Berlin.

Brockhaus, Der große, in 12 Bänden, 1980 Wiesbaden, 18. Aufl.

Brockhaus Enzyklopädie in zwanzig Bänden, 1972, Bd. XV, Wiesbaden, 17. Aufl.

Bronfen, Elisabeth 1987: Die schöne Leiche. Weiblicher Tod als motivische Konstante von der Mitte des 18. Jahrhunderts bis in die Moderne. In: Berger, Renate / Stephan, Inge (Hg.), Weiblichkeit und Tod in der Literatur, Köln, Wien, S. 87–115.

1988: Disavowal and insight. The Pornography of Representation by S. Kappeler. In: Art History II, No. 1 1988, S. 123ff.

Broude, Norma 1982: Miriam Schapiro and »Femmage«: Reflections on the Conflict between Decoration and Abstraction in Twentieth-Century Art. In: Norma Broude / Mary D. Garrard: Feminism and Art History 315–331, New York.

Brüschweiler, Jura 1976: Ein Maler vor Liebe und Tod. Ferdinand Hodler und Valentine Godé-Darel. Ein Werkzyklus, 1908 – 1915. Katalog Kunsthaus Zürich.

Brus, Günter 1986: Museum moderner Kunst Wien, Amanshauser, H./Ronte, D. (Hg.), Der Überblick, Salzburg, Wien.

Buci-Glucksmann, Christine 1984: Walter Benjamin und die Utopie des Weiblichen, Hamburg.

Buesche, Albert 1949: Nachruf auf Bernhard Hoetger. In: Der Tagesspiegel, Berlin 28. 7.

Bundesminister für Bildung und Wissenschaft, Der (Hg.) 1986/87: Frauen im Kultur und Medienbetrieb. Datenerhebungen und zusammenfassender Bericht (Pilotstudie) des Zentrums für Kulturforschung, Bonn.

Burke, Peter 1987: Die Renaissance in Italien. Sozialgeschichte einer Kultur zwischen Tradition und Erfindung, Berlin (London 1972).

Buselmeier, Karin 1978: Frauen in der Spanischen Revoltuion. In: Mamas Pfirsiche – Frauen und Literatur, Nr. 9710, Münster, S. 5–130.

Caillois, Roger 1972: La Mante Réligieuse. In: ders. Le Mythe et L'homme 35–83. Paris.
Campe, Joachim Heinrich 1807–1811: Wörterbuch der deutschen Sprache. 5 Theile, Braunschweig.
Chadwick, Helen 1986: Katalog, Institute of Contemporary Arts, (mit Aufsätzen von Maria Warner und Richard Cork), London.
Chadwick, Whitney 1985: Women Artists and the Surrealist Movment, London.
Chandler, Alice 1971: A Dream of Order. The Mediveal Ideal in Nineteeth Century Literature, London.
Chauvet, Stephen 1935: Ile de Pâques. Paris.
Chevchenko, Alexander 1913: Le néo-primitivisme (Juni 1913, Moskau). In: art et poésie russe, Begleitband zum Katalog, Paris (Moskau 1900-30), Paris, S. 70–79.
Christie, Grace 1931: English Mediveal Embroidery, Oxford.
Cixous, Helene
1975: C. Clément. La jeune née, Paris
1976: Le sexe ou la tête? In: Cahiers du Griff 13, oct.
Clark T. J. 1984: The Painting of Modern Life. Paris in the Art of Manet and his Followers, London.
Claudel, Paul 1913: Camille Claudel Statuaire. In: L'Art décoratif, Juli, S. 5–50.
Cohen, Arthur A.
1975: Sonia Delaunay, New York.
1978: (Hg.) The New Art of Color. The Writings of Robert and Sonia Delaunay, New York.
Copper, Douglas 1971: The cubist epoch, London.
Corinth, Lovis 1926: Selbstbiographie, Berlin.
Cott, Nancy F. 1987: The Myth of Passionlessness. An Interpretation of Victorian Sexual Ideology. In: Signs, vol. 4, No. 2. p. 219–236.
Cowling, Elisabeth 1978: An other culture. In: Dawn Ades: Dada and Surrealism reviewed 452–468, London.
Crimp, Douglas 1979: Pictures. In: October, Nr. 8, S. 75–88.
Crossley, Liz 1989: The Fourth International: or Women Art Historians Stepping Every Which Way. In: Feminist Art News, Vol. 2, Nr. 1.
Curtius, Ludwig 1929: Die Wandmalerei Pompejis. Eine Einführung in ihr Verständnis, Leipzig.

Damase, Jacques 1971: Sonia Delaunay. Rythmes et couleurs, Paris.
Damnitz, Barbara 1974: Das Schöpferische und die Frau. In: Tendenzen, 16. Jg., H. 102, S. 27–31.
Damus, Martin 1985: Plastik vor und nach 1945. Kontinuität und Bruch in der skulpturalen Auffassung. In: Bushardt, Magdalena / Nicolai, Bernd / Schuster, Wolfgang (Hg.): Entmachtung der Kunst. Architektur, Bildhauerei und ihre Institutionalisierung 1920 bis 1960, Berlin, S. 119–140.
Dannecker, Martin 1978: Der Homosexuelle und die Homosexualität, Frankfurt/M.
Dante, Alighieri 1988: Die Göttliche Komödie. Ital. u. dt. Übers. Gmelin, Hermann, Stuttgart.
Davidoff, Leonora 1973: The Best Circles: Society, Etiquette and the Season, London.
Daweke, Klaus / Schneider, Michael 1986: Die Mission des Mäzens. Zur öffentlichen und privaten Förderung der Künste, Opladen.
Deitsch, Peter 1970: George Grosz. Berlin Drawings and Watercolors (Stock Catalogue Nr. 15), New York.
Delaunay, Charles 1983: Robert Delaunay ein Visionär. In: Robert Delaunay, Katalog, Galerie Gmurzynska, Köln, S. 24–30.
Delaunay, Robert 1957: Le cahiers de Robert Delaunay. In: Francastel Pierre (Hg.), Du cubisme à l'art abstrait, Paris. Zit. n., Sonia Delaunay, Katalog, Städtisches Kunsthaus Bielefeld, S. 53–55.
Derrida, Jacques
1972: La différence, Paris.
1974: Grammatologie, Frankfurt/M.
Dessauer, Walter 1933: Die Kunst – ein Spiegelbild des Frauenlebens. In: Neue Frauen Presse, 16. 3.
Dilly, Heinrich
1986: Wechselseitige Erhellung: Die Kunstgeschichte und ihre Nachbardisziplinen. In: Belting, H. u. a. (Hg.) a.a.O., S. 283–297.
1988: Deutsche Kunsthistoriker 1933–1945, München.
Dinter, Annegret 1979: Der Pygmalion-Stoff in der europäischen Literatur. Rezeptionsgeschichte einer Ovid-Fabel, Heidelberg.
Domm, Anne-S.
1987 (Hg.): Hans von Marées, Briefe, München, Zürich.
1989: Der ›klassische‹ Hans von Marées und die Existenzmalerei Anfang des 20. Jahrhunderts, (Reihe: Miscellanea Bavaria Monacensia, Bd. 146, Kommissions-Verlag Uni-Druck), München.
Dorival, Bernhard 1985: Sonja Delaunay. Leben und Werk 1885–1979, München.

Dube, Annemarie / Dube, Wolf-Dieter 1967: Ernst Ludwig Kirchner, das graphische Werk. 2 Bde., München.
Dube, Wolf-Dieter 1973: »Der Lustmörder« von Heinrich Maria Davringhausen, Pantheon, Bd. XXXI, S. 181–185.
Düchting, Hajo 1982: Robert Delaunays »Fenêtres«: peinture pure et simultané. Paradigma einer modernen Wahrnehmungsform, München.
Dückers, Alexander 1979: George Grosz. Das druckgraphische Werk, Berlin.
Duffin, Lorna 1978: The Conspicuous Consumptive Woman as Invalid. In: Delamont, Sara / Duffin, Lorna (Hg.), The Nineteenth Century Woman. Her Cultural and Physical World, London.

Eberle, Matthias 1985: World War I and the Weimar Artists, Dix, Grosz, Beckmann, Schlemmer, New Haven, London.
Ebert, Joachim (Hg.) 1984: Die Arbeitswelt der Antike, Wien, Köln, Graz.
Eckhardt, Götz (Hg.) 1987: Johann Gottfried Schadow, Kunstwerke und Kunstansichten. Ein Quellenwerk zur Berliner Kunst- und Kulturgeschichte von 1750–1845. Kommentierte Neuausgabe der Veröffentlichung von 1845, 3 Bde., Bd. I.
Ehe, Die glückliche 1795: In: Berlinisches Taschenbuch oder Toilettengeschenk, Berlin.
Einem, Herbert von
1962: Wilhelm Lehmbruck. In: Katalog, Wilhelm Lehmbruck, Haus der Kunst, München, S. 7–10.
1964: Gedanken zu Anselm Feuerbach und seiner Iphigenie. In: Zeitschrift des deutschen Vereins für Kunstwissenschaft XII, S. 127–140.
Einstein, Carl 1926: Die Kunst des 20. Jahrhunderts. Propyläen-Kunstgeschichte, Bd. XVI, Berlin.
Elias, Norbert 1978: Über den Prozeß der Zivilisation, 2 Bde., Frankfurt/M.
Ellis, Sarah Stickney 1939: Woman of England, London.
Elvert, Emanuel D. 1809: »Die Unzulässigkeit ärztlicher Entscheidungen über vorhandenes männliches Vermögen«, welche ich in einer »Tübingen bei Heerbrand 1808.8« herausgegebenen Schrift ventiliert habe, noch einmal zur Sprache gebracht. Zugleich als Antwort auf die über erwähnte Schrift in der saltzburger mediz. chirurg. Zeitung 1808. 2. B., Nr. 44, S. 289ff erschienene Rezension. In: Kopp, Johann Heinrich, Jahrbuch der Staatsarzneikunde, 2. Jg., Frankfurt/M., S. 102–115.
Englisch, Paul 1927: Geschichte der erotischen Literatur, Stuttgart.

Ennen, Edith 1985: Die Frauen im Mittelalter – ihre Grenzen und Möglichkeiten. In: Frau-Recht-Gesellschaft (Reihe: Sozialwissenschaftliche Materialien), Linz, S. 19–36.

»Entartete Kunst« o. J.: Führer durch die Ausstellung, München (1937/38).

Entwurf eines Gesetzes gegen die Gefährdung der Jugend durch Zurschaustellung von Schriften, Abbildungen und Darstellungen 1914. In: Die Hochwacht, IV. Jg., S. 165–170.

Enzensberger, Hans Magnus 1964: Die Sprache des Spiegels. In: Einzelheiten, Bd. I, Frankfurt/M.

Erdheim, Mario 1984: Die gesellschaftliche Produktion von Unbewußtheit, Frankfurt/M.

Erlbach, Otto von

1911a: Der höchste Gerichtshof über die Münchner Pornokunst. Zugleich ein Wort über die Zuständigkeit der Schwurgerichte für pornographische Delikte. In: Allgemeine Rundschau, 8. Jg., Nr. 7, S. 108–109.

1911b: Der Prozeß Semerau. Pessimistische Randglosse. In: Allgemeine Rundschau, 8. Jg., Nr. 29, S. 490–497.

Erman, Adolf 1923: Ägypten und ägyptisches Leben im Altertum (bearb. von Hermann Ranke), Tübingen.

Ernst, Max

1934: Une Semaine de Bonté ou les Sept Eléments Capitaux (edition Jeanne Bucher) Paris.

1963: Une Semaine de Bonté. Die Weiße Woche. Ein Bilderbuch von Güte, Liebe und Menschlichkeit. Berlin.

Eröffnungsschrift der Wohnanlage, o. J., Wien.

Eromäki, Aulikki / Herter, Renate / Wagner-Kantuser, Ingrid 1989: Zur Situation von Frauen im Kunstbetrieb. Dokumentation eines Seminar- und Forschungsprojektes an der Hochschule der Künste Berlin 1983–1989. Hochschule der Künste (Hg.), Berlin.

Espada, Arcadio 1985: Un bello espacio acoge a Companys y a otros muertos sin nombre. Pujol halba de la muerte de President como el gesto más decisivio del ctcalanîsmo. In: Política vom 28. 10.

Ettmüller, G. 1866: Die Freskobilder zu Konstanz. In: Mittheilungen der antiquarischen Gesellschaft in Zürich 15, H. 16, S. 223 – 242.

Export, Valie

1980: Biennale di Venezia.

1980a: Feministischer Aktionismus. In: Nabakowski, Gislind/ Sander, Helke / Gorsen, Peter (Hg.): Frauen in der Kunst, Frankfurt/M., Bd. II, S. 139–160.

1987: Das Reale und sein Doubel: DER KÖRPER, Bern.

Feist, Peter H. 1973: Zur Plastik in der VII. Kunstausstellung der DDR. In: Bildende Kunst, H. 3, S. 107–112.
Feuerbach, Anselm 1911: Briefe an seine Mutter. Kern, G. J./Uhde-Bernays H. (Hg.), 2 Bde., Berlin.
1924: Ein Vermächtnis, München.
Fischer, Hans W. 1935: Menschenschönheit. Gestalt und Antlitz des Menschen in Leben und Kunst, Berlin.
Fischer, Lothar 1976: George Grosz, Hamburg.
Fischer-Kowalski, Mariana
1985: Mit der Moral am Ende. Zur Entstehung neuer Verkehrsformen. In: Altmüller, R. u. a. (Hg.), Festschrift Mélanges Felix Kreissler, Wien, München, Zürich.
1987: Das Verhältnis von »Geist« und »Körper« als innere Klassenherrschaft. In: MACHT-KÖRPER-SEXUALITÄT. Zeitgeschichte, 14. Jg., H. 11/12, S. 469–482.
Flagmeier, Renate
1984: Studien zum Werk der Camille Claudel und anderer Künstler aus dem Umkreis des Auguste Rodin, Unveröffentl. Magisterarbeit, Berlin (Technische Universität).
1988: Camille Claudel. Bildhauerin. In: kritische berichte, Nr. 1, S. 36–45.
1988a: Clotho, 1893. In: Katalog, »L'Age mur« de Camille Claudel, Musée d'Orsay, Paris.
Flavell, Kay M. 1988: George Grosz a Biography, New Haven, London.
Flierl, Bruno
1982: Architekturbezogene Kunst auf der IX. Kunstausstellung der DDR 1982/1983. Unveröffentlichtes Manuskript 1982/83. Teilweise veränderte Fassung in: Flierl 1984, S. 256–282.
1984: Architektur und Kunst. Texte 1964–1983, Dresden.
Foucault, Michel
1974: Was ist ein Autor? In: Ders.: Schriften zur Literatur, München, 7–31.
1977: Sexualität und Wahrheit. Der Wille zum Wissen, Frankfurt/M.
1978: In: Dispositive der Macht. Michel Foucault: Über Sexualität, Wissen und Wahrheit, Berlin (West), S. 55–74.
Freud, Sigmund 1948ff: Gesammelte Werke, London.
Fritsch, Werner u. a. (Hg.) 1980: Für Eures Volkes Zukunft nehmt Partei. Nichtproletarische Demokraten an der Seite des Fortschritts, Köln.
Frommhold, Erhard 1968: Kunst im Widerstand. Malerei, Graphik, Plastik 1922 bis 1945, Dresden, Frankfurt/M.
Frübis, Hilla / Birkle, Gotlind 1989: Der Blick aufs Barometer. Bericht zur 4. Kunsthistorikerinnen-Tagung in Berlin 1988. In:

Frauen in der Literaturwissenschaft, Rundbrief 21, März 1989, S. 27–29.

Gärtner, Hannelore 1987: Käthe Kollwitz. Ein neues Frauenbild als Gegenentwurf zu den Weiblichkeitsmythen des 19. Jahrhunderts. In: Barta, Ilsebill u. a. (Hg.), a.a.O., S. 179 – 193.

Galerie Gmurzynska
1975: Sonja Delaunay, Katalog, Retrospektivausstellung zum 90. Geburtstag, Köln.
1983: Robert Delaunay, Katalog, Köln.

Gerlach-Laxner, Ute 1980: Hans von Marées, Katalog seiner Gemälde. Materialien zur Kunst des 19. Jahrhunderts, Bd. 28, München.

Giachi, Arianna 1975: Kraftvolle Formen, kühne Farbigkeit. In: Frankfurter Allgemeine Zeitung, 20. 12.

Gillen, Eckhart 1987: Der Mythos »deutsche« Kunst. Der Fall der »Knienden« von Wilhelm Lehmbruck. In: Katalog, Mythos Berlin, Berlin, S. 313–318.

Girard, René
1972: La violence et le sacré, Paris.
1983: Das Ende der Gewalt. Analyse eines Menschheitsverhängnisses, Freiburg.

Göbel, Heinrich 1923: Wandteppiche, Teil I, Die Niederlande, 2 Bde., Leipzig.

Goethe, Johann Wolfgang von 1970: Iphigenie. In: ders., Werke Bd. II, Werkausgabe, Frankfurt/M.

Golücke, Dieter 1984: Bernhard Hoetger. Bildhauer, Maler, Baukünstler, Designer. Hg. Museum am Ostwall Dortmund, Worpswede.

Gombrich, Ernst 1984: Aby Warburg. Eine intellektuelle Biographie, Frankfurt/M.

Gómez, José Martí 1984: Una »Piedad« para la memoria de unos años. In: El Periódico vom 17. 3.

Goodich, Michael 1979: The unmentionable vice, o. O.

Gordon, Donald E. 1968: Ernst Ludwig Krichner. Kritischer Katalog seiner Werke, 2 Bde., München.

Gossmann, Lionel 1983: Orpheus Philologus – Bachofen versus Momsen on the Study of Antiquity. In: Transactions of the American Philosophical Society, Vol. 73, part 5.

Gouma-Peterson, Thalia / Mathews, Patricia 1987: The Feminist Critique of Art History. In: Art Bulletin 3, S. 326–357.

Grand Larousse encyclopédique 1963: Grand encyclopédique en dix volumes, Vol. VIII, Paris.

Grasskamp, Walter 1987: Die unbewältigte Moderne. Entartete Kunst und documenta I. Verfremdung und Entschärfung. In:

Museum der Gegenwart – Kunst in öffentlichen Sammlungen bis 1937, Katalog, Kunstsammlung Nordrhein-Westfalen, Düsseldorf, S. 13–24.

Gray, Camilla 1962: The Russian Experiment in Art 1863–1922, London.

Greisenegger, W. 1968: Ecclesia und Synagoge. In: Kirschbaum, Engelbert (Hg.), Lexikon der christlichen Ikonographie, Bd. I, Rom, Freiburg i. Br. Basel, Wien, Sp. 569–578.

Griesheim, Christian Ludwig von 1760: Verbesserte und vermehrte Auflage des Tractats. Die Stadt Hamburg. In: Sach- und Gefühlslexikon von Abschied bis Zuckerbäcker. Gesammelt und kommentiert von Rita Backe und Birgit Kuipel, Hamburg 1987.

Grimm, H. 1882: 15 Essays, Berlin.

Grosz, George

1921: Mit Pinsel und Schere, Berlin.

1930: Die Gezeichneten, Berlin.

1962: Ohne Hemmung. Gesicht und Kehrseite der Jahre 1914 bis 1924 schonungslos enthüllt von George Grosz. Zeichnungen und fertige Blätter. Katalog, Galerie Meta Nierendorf, Berlin.

1974: Ein kleines Ja und ein großes Nein, Hamburg (Taschenbuch der Ausgabe von 1955).

1979: Briefe 1913–1959 (Knust, Herbert Hg.), Hamburg.

1986: Ach knallige Welt, du Lunapark. Gesammelte Gedichte (Dencker, Klaus Peter, Hg.), München, Wien.

Grube, Rudolf 1958: Sonia Delaunay. In: Freie Presse (Gütersloh), 17.9.

Guggenheim, Peggy 1986: Ich habe alles gelebt – Memoiren der »feme fatale« der Kunst, Bergisch-Gladbach.

Guggenheim, Peggy 1962: Von Kunst besessen. Autobiographie. München.

Guiffrey, Jules 1896: Les Tapisseries. Histoire générale des Arts Appliqués à l'Industrie, tome VI, Paris.

Guillemot, Maurice 1899: o. T. In: L'Europe Artiste, 28. 5., Rubrik »Boite à Lettres« (Zeitungsausschnitt im Archiv des Musée Rodin Paris, Dossier Camille Claudel).

Händler, Gerhard 1985: Wilhelm Lehmbruck. Die Zeichnungen der Reifezeit, Stuttgart.

Haftmann, Werner 1972: Marc Chagall, Köln.

Hahn, Karl-Heinz 1986: Schiller, Göschen und der »Historische Calender für Damen«. In: Mix, York-Gotthard (Hg.), Kalender? Ey, wie viel Kalender! Literarische Almanache zwischen Rokoko und Klassizismus, Wolfenbüttel.

Hancke, Erich 1923: Max Liebermann – Sein Leben und sein Werk, Berlin (2. Aufl.).
Hamann R./Hermand, J. 1971: Epochen deutscher Kultur vor 1870 bis zur Gegenwart. Gründerzeit, Bd. I, München.
Hammer-Tugendhat, Daniela 1988: Zur 4. Kunsthistorikerinnen-Tagung in Berlin-West vom 21.–25. September 1988. In: kritische berichte, 16. Jg., Heft 4, S. 120–123.
Hans, M. F./Lapouge, G. 1978: Les femmes, la pornographie et l'erotisme, Paris.
Hartshorne, C. H. 1848: English Mediveal Embroidery, London.
Hartwig, Helmut 1986: Die Grausamkeit der Bilder. Horror und Faszination in alten und neuen Medien, Weinheim, Berlin.
Haug, Wolfgang Fritz 1987: Ästhetik der Normalität – Vor-Stellung und Vorbild. Die Faschisierung des männlichen Akts bei Arno Breker. In: Inszenierung der Macht. Ästhetische Faszination im Faschismus, Katalog, Neue Gesellschaft für Bildende Kunst (NGBK), Berlin, S. 79–102.
Hauser, Arnold 1978: Sozialgeschichte der Kunst, München.
Heine, Heinrich 1968: Französische Maler. Gemäldeausstellung in Paris 1831. In: ders., Werke, Bd. 3, Galley, Eberhard (Hg.), Frankfurt/M., S. 5–59.
Heinrich, Klaus 1987: Zur aktuellen Mythenfaszination. Sog. Interview mit Klaus Heinrich von Horst Kurnitzky. In: Niemandsland. Zeitschrift zwischen den Kulturen, 1. Jg., H. 3, S. 84–93.
Heinz, Dora 1963: Europäische Wandteppiche I, Braunschweig.
Heinzmann, J. G. (Hg.) 1780: Feyerstunden der Grazien. Ein Lesebuch, Bern.
Heinz-Mohr, Gerd / Sommer, Volker 1988: Die Rose. Entfaltung eines Symbols, München.
Heise, Carl Georg 1947: Zum Tode Georg Kolbes. In: Tiesenhausen, Maria (Hg.) 1987, a.a.O., S. 197 f.
Helfer im Kampf 1914: In: Die Hochwacht, 4. Jg., Nr. 7, S. 177–179.
Henrich, Dieter 1987: Tod in Flandern und in Stein. In: ders., Konzepte. Essays zur Philosophie in der Zeit, Frankfurt, S. 73–138 (Erstver. 1979).
Henry, Ruth
1975: Sonja Delaunay wurde in Paris 90. In: Frankfurter Rundschau, 16. 12.
1985: Die Delaunays. In: Frankfurter Rundschau, 24. 6.
Herde, Rosemarie 1968: Das Hohelied in der lateinischen Literatur des Mittelalters bis zum 12. Jahrhundert. (Münchner Beiträge zur Mediävistik und Renaissance-Forschung), Spoleto.
Hess, Günter 1975: Allegorie und Historismus. In: Festschrift für Friedrich Ohly »Verbum und Signum«, München, Bd. 1, S. 555–591.

Hess, Hans 1985: George Grosz, New Haven, London (1. Aufl. 1974).
Heusinger von Waldegg, Joachim
1974: Zur Ikonographie von Manets Nana. In: Hofmann 1974 a.a.O., S. 106 – 180.
1975, zus. mit Arbeitsgruppe kunsthist. Studenten: Heinrich Maria Davringhausen. Der General – Aspekte eines Bildes, Führer des Rheinischen Landesmuseums Bonn.
Heyck, E. 1909: Feuerbach. Künstlermonographie 76, Bielefeld, Leipzig.
Heyde, H. Montgomery 1964: Geschichte der Pornographie. Eine wissenschaftliche Studie, Stuttgart (A History of Pornography, London 1964.)
Hirschfeld, Peter 1968: Mäzene. Die Rolle des Auftraggebers in der Kunst, München.
Hoberg, Annegret 1986: Chronik: Delaunay-Frankreich-Deutschland. In: Delaunay und Deutschland, Katalog, Staatsgalerie für moderne Kunst im Haus der Kunst, München, S. 14–68.
Hoff, August 1936: Wilhelm Lehmbruck. Seine Sendung und sein Werk, Berlin.
Hoffmann, Edith 1975: Sonia Delaunay. In: Neue Züricher Zeitung, 15. 12.
Hoffmann-Curtius, Kathrin
1984: Der Doryphoros als Kommilitone. Antikenkonzeption in München nach der Räterepublik. In: Humanistische Bildung, H. 8, Stuttgart, S. 148–178.
1987: Frauenbilder Oskar Kokoschkas. In: Barta, Ilsebill u. a. (Hg.), a.a.O, S. 164–178.
Hofman, Werner
1963 (Hg.): Die Plastiken, Museum des 20. Jahrhunderts, Wien.
1974: Nana. Mythos und Wirklichkeit, Köln (2. Aufl.).
1979: Über Menzels »Atelierwand« in der Hamburger Kunsthalle. In: ders. Bruchlinien. Aufsätze zur Kunst des 19. Jahrhunderts, München, S. 201–213.
1986: (Hg.) Eva und die Zukunft. Das Bild der Frau seit der Französischen Revolution, Kunsthalle Hamburg, München.
Hohl, Reinhold 1986: Wilhelm Lehmbruck: Ein deutsches Schutzgebiet. In: Katalog, Deutsche Kunst im 20. Jahrhunderts, Staatsgalerie Stuttgart, S. 434–435.
Hoog, Michael 1976: r. delaunay, Naefels, Schweiz.

Imdahl, Max / Vriesen, Gustav 1967: Robert Delaunay – Licht und Farben, Köln.
Irigaray, Luce 1977: Ce Sexe qui n'en est pas un, Paris.

Jaene, Hans Dieter 1968: Der Spiegel, ein deutsches Nachrichtenmagazin, Frankfurt/M.
Jaguer, Edouard 1984: Surrealistische Photographie. Zwischen Traum und Wirklichkeit, Köln.
Jäger, Hans Wolf 1971: Politische Metaphorik im Jakobinismus und im Vormärz, Stuttgart.
Janitschek, Hubert
1879: Die Frau in der Kunst. In: Die Gesellschaft der Renaissance in Italien und die Kunst, Stuttgart, S. 50–73.
1879a: Das Mäzenatenthum des Staates und der Privaten. In: s. o., S. 73–100.
Jansen, Elmar 1985: Wilfried Fritzenreiter, Plastik, Medaillen, Zeichnungen, Katalog, Majakowski-Galerie, Berlin (West).
Janson, H. W. 1983: An Iconographie – Index to Stanislas Lami's Dictionaire des Sculpture d'Ecole française du XIX. siècle, New York, London.
Jende, Fritz 1979: In: Volksstimme (Magdeburg), 25. 10.
Johl, Carl Hermann
1917: Die Webstühle der Griechen und Römer. Dissertation, Universität Kiel.
1924: Altägyptische Webstühle und Brettchenweberei in Altägypten, Leipzig.
Julian, Philippe 1971: Mythen und Phantasmen in der Kunst des Fin-de-Siècle, Berlin.
Junod, Philippe 1985: Das (Selbst)portrait des Künstlers als Christus. In: Kat. Das Selbstportrait, a. a. O. S. 59–79.
Just, Dieter 1967: Der Spiegel – Arbeitsweise, Inhalt, Wirkung, Hannover.

Kämpf-Jansen, Helga 1987: Kitsch – oder ist die Antithese der Kunst weiblich? In: Barta, Ilsebill u. a. (Hg.), a.a.O., S. 322–341.
Kaffsack, Hans-Jochen 1985: Dynamik der Farben. In: Neue Rhein Zeitung (Essen), 8. 10.
Kahnweiler, Daniel Henry 1958: Der Weg zum Kubismus, Stuttgart.
Kaiser, Georg 1972: Pygmalion. In: Georg Kaiser - Werke, hg. von Walther Huder, Bd. 6, Stücke 1934–1944. Frankfurt/M., Berlin, Wien 1972, S. 515–606.
Kambas, Chryssoula 1988: Die Werkstatt als Utopie, Tübingen.
Kappeler, Susanne 1988: Pornographie: Rassismus der Darstellung. In: Pornographie – Die Macht der Darstellung, München.

Kataloge

Allotria 1961: Kunstverein München.
Chagall, Marc 1985: Retrospektive. Arbeiten auf Papier, Kestner Gesellschaft Hannover.
Claudel, Camille (1864–1943) 1984: Musée Rodin, Paris.
Dada and Surrealism Reviewed 1978, Ades, Dawn (Hg),London.
Das Verborgene Museum, 2 Bde. 1987, Bd. II, Dein Land ist Morgen tausend Jahre schon, Neue Gesellschaft für Bildende Kunst (Hg.), Berlin.
Elida-Preis für das schönste Frauenporträt 1928: Künstlerhaus, Wien.
Eva und die Zukunft. Siehe Hofmann, W. (Hg) 1986.
Exposition 1899: Société Nationale des Beaux Art, Paris.
Fontana o. J.: Banca Commerciale Italiana (Suisse). Text von Guido Ballo, Kritische Werkanalyse von Marco Meneguzzo, Zürich.
Frauenliebe-Männerliebe 1984: Bilder und Dokumente zur Homosexualität in Deutschland, Kunsthistorisches Institut der Philipps-Universität Marburg.
Guggenheim, 1983: Third enlarged Cathalogue of the Solomon R. Collection of Non-Objective Paintings 1938: Gibbes Memorial Art Gallery Charleston, South Carolina.
1989: Nationalgalerie Staatliche Museen Preußischer Kulturbesitz, Berlin.
Hodler, Ferdinand 1983, Kunsthaus Zürich.
Ich und die Stadt. Menschen und Großstadt in der deutschen Kunst des 20. Jhs. 1987: Berlinische Galerie, Berlin.
Immendorff, Jörg 1985: Kunstverein Braunschweig, Braunschweig.
Kunst mit Eigensinn. Aktuelle Kunst von Frauen. Texte und Dokumentation, 1985: Wien, München.
Lebende Bilder 1843: Mit Einführungstexten von J. G. Schadow, Berlin-DDR, Staatliche Museen, Nationalgalerie, Archiv. Schadow-Nachlaß.
Liebermann, Max in seiner Zeit 1979: Nationalgalerie Berlin Staatliche Museen, Stiftung Preußischer Kulturbesitz.
Marées, Hans von 1984: Bayrische Staatsgemäldesammlung München.
Mythos Berlin 1987: Zur Wahrnehmungsgeschichte einer industriellen Metropole. Eine szenische Ausstellung auf dem Gelände des Anhalter Bahnhofs, Berlin.
Plastik im Freien 1953: Ausstellung anläßlich der Internationalen Gartenbau-Ausstellung, Hamburg.
Schicksal, Das einer Sammlung 1988: Aufbau und Zerstörung der Neuen Abteilung der Nationalgalerie im ehemaligen Kronprinzen Palais Unter den Linden 1918–1945, Neue Gesell-

schaft für Bildende Kunst (NGBK) Berlin (West) und Staatliche Museen zur Berlin/DDR, Nationalgalerie.
Selbstporträt, Das im Zeitalter der Photographie 1985: Maler und Photographen im Dialog mit sich selbst. Akademie der Kunst, Berlin, Bern.
Skulpturen des Expressionismus 1984: siehe Barron, Stephanie (Hg.).
Stationen der Moderne 1988: Die bedeutenden Kunstausstellungen des 20. Jahrhunderts in Deutschland, Berlinische Galerie, Berlin.
Wie sieht die Frau? 1930: 3. Ausstellung des Verbands bildender Künstlerinnen und Kunsthandwerkerinnen, Wiener Frauenkunst, Neu Burg, Terrassensäle, Wien.
Zwischen Widerstand und Anpassung 1978: Kunst in Deutschland 1933–1945, Akademie der Künste, Berlin.
Zen 49 1986: Poetter, Jochen (Hg.). Die ersten 10 Jahre – Orientierungen.

Kelly, Mary
1983: Post-Partum Document, London.
1984: Re-viewing Modernist Criticism. In: Screen, Nr. 3, S. 41–62.
1986: Interim, Katalog, Fruitmarket Gallery, Edinburg; Kettles Yard Gallery, University of Cambridge; Riverside Studio, London, mit einem Aufsatz von Laura Mulvey.
Kersten, Wolfgang 1987: Paul Klee, »Zerstörung, der Konstruktion zuliebe?«, Marburg.
Ketsch, Peter 1983: Frauen im Mittelalter. Quellen und Materialien, Kuhn, Anette (Hg.), Düsseldorf.
Kipphoff, Petra
1985: Gemeinsam bis zur Sonne. In: Die Zeit (Hamburg), 21.6.
1989: Guggenheim hoch zwei. In: Die Zeit, vom 17.2.
Kittler, Friedrich 1986: Grammophon, Film, Typewriter, Berlin.
Klee, Paul 1988: Tagebücher 1898–1918, Kersten, Wolfgang (Hg.), Bern.
Klenke, Claus-Volker/Tholen, Christoph 1988: Traum, Historisierung und eingebildete Identität. Psychohistorische Anmerkungen zur Phantasmatik der Erinnerung. In: Eschenhagen, Wieland (Hg.), Die neue deutsche Ideologie. Einsprüche gegen die Entsorgung der Vergangenheit, Darmstadt, S. 59–77.
Klünner, Lothar 1978: Jenseits von Schrei und Grimasse: Die Malerin Jeanne Mammen. In: Zwischen Widerstand und Anpassung. Kunst in Deutschland 1933–1945, Katalog, Akademie der Künste, Berlin, S. 32–36.
Koch, Gertrud 1977: Zu Valie Exports Film »Unsichtbare Gegner«. In: Frauen und Film, Nr. 13, Frankfurt/M., S. 6–11.

Kolkenbrock-Netz, Jutta 1985: der mann als statthalter des normalen: kriterien literarischer zensur von der jahrhundertwende bis zum ersten weltkrieg. In: kultuRRevolution. zeitschrift für angewandte diskurstheorie, H. 9, S.15–21.

Korff, Gottfried 1989: Berliner Nächte. Zum Selbstbild urbaner Eigenschaften und Leidenschaften. In: Reulecke, Jürgen u. a. (Hg.), Kultur der Metropolen im Vergleich, Essen

Koselleck, Reinhart 1979: Kriegerdenkmale als Identifikationsstiftungen der Überlebenden. In: Marquard, Odo / Stierle (Hg.), a.a.O., S. 148–275.

Kraft, Sabine 1983: Das Tal der Gefallenen. In: Arch+, Nr. 71, Aachen, S. 76–77.

Krauss, Rosalind 1985: The Photographic Conditions of Surrealism. In: Dies.: The Originality of the Avant-Garde and Other Modernist Myths, Cambridge, London.

Krebs, Peter-Per 1974: Die Stellung der Handwerkswitwe in der Zunft vom Spätmittelalter bis zum 18. Jahrhundert. Dissertation, Universität Regensburg, jurist. Fakultät, Regensburg.

Krieger, Verena, 1987: Entscheiden. Was Frauen (und Männer) über den § 218 wissen sollten, Hamburg 1987

Kris, Ernst/Kurz, Otto 1980: Die Legende vom Künstler. Ein geschichtlicher Versuch. Frankfurt/M.

Kristeva, Julia

1977: Polylogue, Paris.

1978: Das Semiotische und das Symbolische. In: Die Revolution der poetischen Sprache, Frankfurt/M.

Kröhnke, Anka 1986: Frei contra angewandt – oder vom Denken in Kästchen. In: Gegenlicht – 60 Jahre Gedok, Katalog, Staatliche Kunsthalle Berlin, S. 87–88.

Krüger, Wolfgang 1986: Auferstehung aus Krieg und KZ in der bildenden Kunst der Gegenwart. Mit einem Nachwort von Hans-Kurt Boehlke, Kassel. (Kasseler Studien zur Sepulkralkultur, Bd. 4, Boehlke, Hans-Kurt (Hg.)).

Krünitz, Johann Georg (Hg.) 1773–1858: Oeconomisch-technologische Enzyclopaedie, 242 Bde., Berlin.

Kuhn, Alfred 1922: Die neuere deutsche Plastik. Von Achtzehnhundert bis zur Gegenwart, München (2. Aufl.).

Kuhn, Thomas S. 1988: Die Struktur wissenschaftlicher Revolutionen, Frankfurt/M., (9. Aufl.).

Kundera, Milan 1977: Das Leben ist anderswo, Frankfurt/M.

Kurth, Betty 1926: Die deutschen Bildteppiche des Mittelalters, Bde. I–II, Wien.

Kurz, Gerhard 1982: Metapher, Allegorie, Symbole, Göttingen.

Kuzmany, Karl Maria 1910: Die Kunst der Frau. In: Kunst und Kunsthandwerk, XIII. Jg., Wien.

Lacan, Jacques
1966: Ecrits, Paris.
1967: Psychoanalyse et médecine. In: Lettres de l'Ecole Freudienne de Paris, Nr. 1, S. 34–61.
1978: Die vier Grundbegriffe der Psychoanalyse. Das Seminar Buch XI (1964), (Übers. Norbert Haas), Freiburg.
1986: Encore. Das Seminar Buch XX (1972–1973), (Übers. Norbert Haas/Vreni Haas/Hans-Joachim Metzger), Berlin (West).
Lafontaine 1801: Die Schwäger. In: Taschenbuch für Damen.
Lambert, Miss
1843: The Handbook of Needlework, London.
1944: Church Needlework, London.
Landolt-Starke, Marion / Schulz, Daniela: 4. Kunsthistorikerinnentagung. In: Frauen in der Literaturwissenschaft, Rundbrief 20, S. 27–28.
Lauretis, Teresa de 1987: The Violence of Rethoric. In: Technology of Gender. Essays on Theory, Film, and Fiction, Bloomington (deutsch in: Das Argument, Nr. 169/1988).
Lautmann, Rüdiger
1984: Der Zwang zur Tugend. Die gesellschaftliche Kontrolle der Sexualitäten, Frankfurt/M.
1988: Die neue Gefährlichkeit der Pornographie. Politische Kampagnen und psychologische Wirkungsforschung. In: Zeitschrift für Sexualforschung, H. 1, S. 45–67.
Leach, Edmund 1978: Kultur und Kommunikation. Zur Logik symbolischer Zusammenhänge, Frankfurt/M.
Leiss, Ludwig 1971: Kunst im Konflikt. Kunst und Künstler im Widerstreit mit der »Obrigkeit«, Berlin, New York.
Leith, James A. 1978: The War of Images surrounding the Commune. In: ders., (Hg.), Images of the Commune/Images de la Commune, Montreal, London, S. 101–150.
Lenman, R. J. V. 1973/74: Art, Society, and the Law in Wilhelmine Germany: the Lex Heinze. In: Oxford German Studies, H. 8, S. 87–113.
Lespinasse, René de/Bonnardot, François 1879: Le Livre des Métiers d'Etienne Boileau, Paris.
Lewis, Beth Irwin 1971: George Grosz. Art and Politics in the Weimar Republic, Madison, Milwaukee, London.
Liddy Waller 1792: In: Leipziger Taschenbuch für Frauenzimmer zum Nutzen und Vergnügen.
Liebschaft Gustav Adolphs, König von Schweden 1797: In: Leipziger Taschenbuch für Frauenzimmer zum Nutzen und Vergnügen, S. 35–158.

Linse, Ulrich 1980: »Saatfrüchte sollen nicht vermahlen werden!« Zur Resymbolisierung des Soldatentods. In: Vondung, Klaus (Hg.), Kriegserlebnis. Der Erste Weltkrieg in der literarischen Gestaltung und symbolischen Deutung der Nation, Göttingen, S. 262–274.

Linnekamp, Rolf (Hg.) 1979: Kindlers Malerei Lexikon in 15 Bänden, Bd. III, München.

Lippard, Lucy 1976: The Pains and Pleasures of Rebirth: European and American Women's Body Art. In: Dies., From the Center. Feminist Essays on Woman's Art, New York, S. 121–138.

Lippert, Renate 1985: »Ein Millimeter schmerzfreie Zone«. Valie Exports ... Remote ... Remote. In: Frauen und Film, Nr. 39, Frankfurt/M., S. 73–81.

Livius 1983: Ab urbe condita. Lat. u. dt., Hillen, Hans Jürgen (Hg.) o.O.

Lithographie, Die Politische im Kampf um die Pariser Kommune 1871. Arbeitsgruppe »Die Politische Lithographie im Kampf um die Pariser Kommune, Frankfurt 1976.

Löffler, Fritz 1981: Otto Dix. Oeuvre der Gemälde, Recklinghausen.

Loskill, Hans-Jörg 1979: Das Schaffen von 70 Jahren. In: Westdeutsche Allgemeine Zeitung (Essen), 1.9.

Lukach, Joan M. 1983: Hilla Rebay. In Search of the Spirit in Art, New York.

Lurz, Meinhold 1985: Kriegerdenkmäler in Deutschland, 6 Bde., Heidelberg.

Märten, Lu

1909: Torso. Das Buch eines Kindes, München.

1919: Die Künstlerin. Eine Monographie. Kleine Monographie zur Frauenfrage, Schreiber, Adele (Hg.), München. (Neuauflage 1990 in: Kambas Chryssoula (Hg.), Lu Märten, Die Künstlerin. Texte zur Ästhetik und Kultur der Frau, Darmstadt/Neuwied).

1921: Kunst und historischer Materialismus. In: Die Rote Fahne, 4. Jg., 29. Mai, Morgenausgabe.

1924: Wesen und Veränderung der Formen/Künste, Frankfurt.

1982: Formen für den Alltag. Auswahl, Kommentare, Bibliographie von Rainhard May, Dresden.

Lu Märten Verein zur Förderung von Frauenforschung in Kunst- und Kulturwissenschaft e.V. (Hg.) 1988: Reader zur 4. Kunsthistorikerinnen-Tagung, 21.–25. September 1988 Berlin (West)

Mammen, Jeanne 1974: Äußerlicher Kurzbericht. (Vita). In: Katalog Galerie G. A. Richter, Stuttgart, o. S.

Manthey, Jürgen 1983: Wenn Blicke zeugen könnten. Eine psychohistorische Studie über das Sehen in Literatur und Philosophie, München, Wien.

Marquard, Odo/Stierle, Karlheinz (Hg.) 1979: Identität. Poetik und Hermeneutik, Bd. 8, München.

Marshall, Frances/Marshall, Hugh 1894: Old English Embroidery: Its Technique and Symbolism, London.

Maurer, Evan M.

1984: Dada and Surrealism. In: »Primitivism« in 20th century Art (Kat. Museum of Modern Art) Bd. 2, S. 535–592.

1986: Images of Dream and Desire: The Prints and Collage Novels of Max Ernst, in: Kat. Max Ernst, Beyond Surrealism. A Retrospective of the Artist's Books and Prints, S. 37–93 New York.

Mast, Peter 1980: Künstlerische und wissenschaftliche Freiheit im Deutschen Reich 1890–1901, o. O. (Rheinfelden)

Mayer, Hans 1977: Außenseiter, Frankfurt/M.

M-g (anonym) 1810: Luise, Preußens verehrte Königin, und ihre Schwester Friederike. In: Rockstroh, Heinrich (Hg.), Journal für Kunst und Kunstsachen Künsteleien und Moden, Bd. I, Leipzig.

Meier-Graefe, Julius

1915: Entwicklungsgeschichte der modernen Kunst, 2 Bde. München. Neuausgabe 1966: Reifenberg, Benno / Meier-Graefe-Broch, Annemarie (Hg.), Stuttgart, Hamburg.

1987: Hans von Marées. Sein Leben und sein Werk, Frankfurt/M. (Nachdruck von Bd. 1 der Ausg., München 1909/10).

Mende, Ludwig Julius 1819: Ausführliches Handbuch der gerichtlichen Medizin, Leipzig.

Mendés, Catulle 1871: Les 73 journées de la Commune (Du 18 mars au 29 mai 1871), Paris.

Mendez, Diego 1982: El Valle de los Caidos. Idea, proyecto y construcción, Fundación Nacional Francisco Franco (Hg.), Madrid.

Merseburger Staatsarchiv, Rep. 76, alt Abt. III, Nr. 385, Bl. 25, 22.

Metzger, Johann Daniel 1793: Kurzgefaßtes System der gerichtlichen Arzneywissenschaft, Königsberg.

Meyer, Franz 1988: Picasso und die Zeitgeschichte. In: Picasso im Zweiten Weltkrieg (s. Baer), S. 95–105.

Meyers enzyklopädisches Lexikon in 25 Bänden 1977, Mannheim.

Miller, Stephen R. 1983: The Surrealist Imagery of Kay Sage. In: Art International, Nr. 4, XXVI, S. 32–56.

Mitchell, Juliet/Rose, Jacqueline 1983: Feminine Sexuality. Jacques Lacan and the *école freudienne*, New York, London.

Möbius, Helga 1989: Frauenkunstgeschichte. In: Bildende Kunst (Berlin/DDR) Mai.

Moffet, Kenworth 1973: Meier-Graefe as Art Critic, München.
Molinari, Danielle 1985: Sonia Delaunay. Delaunay und Deutschland, Katalog (s. Hoberg), S. 192–207.
Money, E 1872: La Caricature sous la Commune. In: Revue de France II (avril-juin), S. 33–54.
Morris, B. 1962: Victorian Embroidery, London.
Morris May 1905: Ausstellungsbesprechung. In: Burlington Magazine, Vol. 7, Juli–Sept.
Mosse, Georges L. 1987: Nationalismus und Sexualität. Bürgerliche Moral und sexuelle Normen, Reinbek bei Hamburg. Erstveröff., München/Wien 1985.
Müntz, Eugène 1882: La Tapisserie, Paris.
Münzberg, Hugo 1916: The Photoplay a Psychological Study, New York, London.
Mulvey, Laura 1975: Visual Pleasure and Narrative Cinema. In: Screen, summer. 1980 deutsch, in: Nabakowski, Gislind u. a. (Hg.); Frauen in der Kunst, Frankfurt.
Muysers, Carola 1989: Ljubow Popowa, eine Künstlerin und der Kubismus. Unveröffentl. Magisterarbeit, Berlin (Freie Universität).
mvz (anonym) 1980: Die andere Seite der Avantgarde. In: DU, Zürich, Mai. Aus der Sammlung der Kritiken zur Ausstellung »L' altra méta dell avantguardia 1910–40«, Mailand.
Mynona (Solomon Friedländer) 1922: über George Grosz, Dresden (repr. Makol Verlag, o. J.)

Neuburger, Susanne (Hg.) 1985: Rudolf Bauer 1889–1953. Ausstellungskatalog, Museum moderner Kunst/Museum des 20. Jahrhunderts, Wien und Staatliche Kunsthalle Berlin.
Neumann, Eckhard 1986: Künstlermythen. Eine psychohistorische Studie über Kreativität, Frankfurt/M., New York.
New Encyclopaedia Britannica, The, 1974, Bd. IX.
Nierhaus, Irene
1986: Das Zwiegesicht – Facetten der Kunst und Politik der Vereinigung bildender Künstlerinnen – Wiener Secession 1914–1945. In: Die Wiener Secession. Die Vereinigung bildender Künstler 1877–1985, Wien/Köln/Graz.
1988: Gerda Matejka-Felden. Eine Kunstvermittlerin. In: kritische berichte, 16. Jg., H. 1, S. 61–64.
Nobs-Greter, Ruth 1984: Die Künstlerin und ihr Werk in der deutschsprachigen Kunstgeschichtsschreibung, Dissertation, Zürich.
Novalis 1798: Glauben und Lieben oder Der König und die Königin. In: Jahrbücher der preußischen Monarchie unter der Regierung Friedrich Wilhelms III., Fragment Nr. 31, Bd. II, S. 280.

Österreichische Bau- und Werkkunst 1926/27, Wien.

Offener Brief an Herrn Dr. Ludwig Fulda, Vorsitzenden des Goethe-Bundes 1914. In: Die Hochwacht, 4. Jg., S. 162–165.

Ohly, Friedrich: 1958: Hohelied-Studien. Grundzüge einer Geschichte der Hoheliedauslegung des Abendlandes bis zum 1200. (Schriften der Wissenschaftlichen Gesellschaft an der Johann-Wolfgang-Goethe-Universität Frankfurt/M., Geisteswissenschaftliche Reihe, 1) Wiesbaden.

Orenstein, Gloria 1982: La vision surréaliste de Kay Sage et la nouvelle conscience féministe. In: Melusine, Nr. 3, S. 215–221.

Oschilewski, Walter G. 1949: Anruf des Lebens. Über G. Kolbe und sein Verständnis. In: Telegraph vom 2. 10.

Owens, Craig 1985: Der Diskurs der Anderen. Feminismus und Postmoderne. In Katalog: Kunst mit Eigensinn, a.a.O.

Pätzold, Alexandra 1987: Fremdkörper der Männergesellschaft. Freund- und Feindbilder von Männern. In: Barta, Ilsebill u. a. (Hg.), a.a.O., S. 345–361.

Pane, Gina 1985: Partitions. Opere Multimedia 1984–85, Katalog, Padiglione d'Arte Contemporanea – Milano, Milano.

Paret, Peter 1983: Die Berliner Secession. Moderne Kunst und ihre Feinde im Kaiserlichen Deutschland, Berlin.

Parker, Roszika 1986: The Subversive Stitch. Embroidery and the Making of the Feminine, London.

Parker, Roszika/Pollock, Griselda
1981: Old Mistresses. Women, Art and Ideology, London.
1987: Framing Feminism. Art and the Women's Movement 1970–85 (Ed. and Introduction), London, New York.

Pauli, Gustav 1911: Max Liebermann, Klassiker der Kunst, Bd. XI, Berlin.

Peletier, Philippe 1984: From Oceania. In: »Primitivism« in 20th Century Art (Kat. Museum of Modern Art) Bd. 1, 99–121.

Pinder, Wilhelm 1937: Georg Kolbe. Werke der letzten Jahre, Berlin.

Piper, Ernst 1987: Nationalsozialistische Kulturpolitik. Ernst Barlach und die »entartete Kunst«. Eine Dokumentation, Frankfurt/M.

Piper, Reinhard 1916: Das Liebespaar in der Kunst, München.

Plath, Sylvia
1965: Ariel, New York.
1977: Ariel, übers. Erich Fried, Frankfurt/M.

Plunien EO 1979: Quadrate und drei Ladies im »Quadrat«. In: Die Welt (Essen), Kultur, 10. 9.

Poetter, Jochen (Hg.) 1986: Zen 49. Die ersten 10 Jahre – Orientierungen. Ausstellungskatalog, Kunsthalle Baden–Baden.

Pollig, Andrea 1986: Germania ist es, – bleich und kalt ... In: Lipp, Carola (Hg.), Schimpfende Weiber und patriotische Jungfrauen. Frauen im Vormärz und in der Revolution 1848/49, Baden-Baden, S. 385–402.

Pollock, Griselda

1980: Mary Cassatt, London.

1980: Artists Mythologies and Media: Genius, Madness and Art History. In: Screen. Vol. 21, No. 3.

1982: Vision, Voice and Power. In: Block, 6, S. 2–21.

1987: Phantasie, Stimme und Macht. Feministische Kunstgeschichte und Marxismus. In: Das Argument, Zeitschrift für Philosophie und Sozialwissenschaften, Nr. 161, 1987, S. 66–76.

1988: Vision and Difference. Femininity, Feminism and the Histories of Art, London.(siehe auch Parker)

Pomeroy, Sarah B. 1985: Frauenleben im klassischen Altertum, Stuttgart.

Poorter, Nora de 1979/80: Over de weduwe Geubels en de datering van Jodaens Tapijetenreeks De taferelen uit het landleven. In: Gentse Bijdragen tot de Kunstgeschiedenis, Bd. XXV, Gent, S. 208–224.

Pornographie, Die ein Schandfleck für den deutschen Namen. Weitere Stimmen zum Prozeß Semerau 1911. In: Allgemeine Rundschau, 8. Jg., Nr. 30, S. 510–512.

Prengel, Annedore 1988: Wie masochistisch sind Frauen? Eine feministisch-psychologische Kritik der Pornodebatte. In: Frauen und Schule. Zeitschrift für Mädchen- und Frauenbildung, 7. Jg. November, S. 28–23.

Pressly, William 1973: The Praying Mantis in Surrealist Art. In: Art Bulletin LV 1973, 600–615.

Preuss-Lausitz, Ulf u. a. 1983: Kriegskinder, Konsumkinder, Krisenkinder. Zur Sozialisationsgeschichte seit dem Zweiten Weltkrieg, Weinheim, Basel.

Priesdorf, Kurt 1936: Soldatisches Fürstentum, Hamburg, S. 335.

Probst, Volker G. 1986: Bilder vom Tod. Eine Studie zum deutschen Kriegerdenkmal in der Weimarer Republik am Beispiel des Pietà-Motives und seiner profanierten Varianten, Hamburg.

Proudhon, P. J. 1865: Du Principe de l'art et de sa destination sociale, Paris.

Psychologisches Seminar Zürich (Hg.) 1981: Die neue Narzißmustheorie: zurück ins Paradies? Frankfurt/M.

Pugin, Augustus Welby 1843: On the Present State of Ecclesiastical Architecture in Britain, London.

Quincey, Thomas de 1977: Der Mord als eine schöne Kunst betrachtet, Kohl, Norbert (Hg.), Frankfurt.
Quistorp, Johann Christian 1770: Grundsätze des Deutschen peinlichen Rechts, Rostock.

Raddatz, Fritz J. 1982: Chancen und Grenzen eienr proletarischen Kultur. In: Revolte und Melancholie, Frankfurt/M.
Ragland-Sullivan, Ellie 1986: Jacques Lacan and the Philosophy of Psychoanalysis, Urbana.
Rank, Otto 1918: »Um Städte werben«. In: Ders., Der Künstler, Wien, Leipzig, S. 158–170.
Raulet, Gérard 1987: Natur und Ornament. Zur Erzeugung von Heimat, Darmstadt.
Rave, Paul Ortwin o. J.: Kunstdiktatur im Dritten Reich. Schneede, Uwe (Hg.), Berlin.
Realismus , Der vor Gericht 1890: Nach dem stenographischen Bericht über die Verhandlung am 23., 26. und 27. Juni 1890 vor der Strafkammer I des Königl. Landgerichts zu Leipzig gegen Conrad Alberti, Hermann Conradi, Wilhelm Walloth und deren Verleger (§ 184 und 166 des Reichsstrafgesetzbuches), Leipzig.
Regeln für junge in den Ehestand tretende Frauen 1800. In: Taschenbuch für edle teutsche Weiber. Leipzig, S. 54–80.
Reinhardt, Hildegard 1981: Jeanne Mammen und die »kunstseidenen Mädchen«. In: Jeanne Mammen 1890–1976. Gemälde, Aquarelle, Zeichnungen, Lithographien, Katalog, Hans-Thomas-Gesellschaft, Reutlingen, S. 19–28.
Reshef, Ouriel 1983: Guerre, Mythes et Caricature, Paris.
Restany, Pierre 1982: Yves Klein, New York.
Restif de la, Bretonne
1769: Le Pornographe, ou Idées d'un honnête homme sur un projet de règlement pour les prostituées propre à prévenir les malheurs qu'occasionne le *publicisme* des femmes; avec des notes historiques et justificatives, Londres, La Haie.
1978: Oeuvres. Texte et bibliographie établis par Henri Bachelin. Bd. I–IX. Génève Réimpression de l'édition de Paris 1930–1032).
Richter, Hans 1973: Der Bauer und die Baroness. In: ders., Begegnungen von Dada bis heute, Köln.
Riegl, Alois 1893: Der antike Webstuhl. In: Mittheilungen des k.k. österreichischen Museums für Kunst und Industrie, N. F., Bd. IV, Wien.
Rifkin, Adrian 1983: No Particular Thing to Mean. In: Block 8, S. 36–45.

Röcke, Werner (Hg.) 1982: Berthold von Regensburg. Vier Predigten. (Reclam Universal-Bibliothek), Stuttgart.

Roeren, Hermann 1900: Die Lex Heinze und ihre Gefahr für Kunst, Literatur und Sittlichkeit. Von einem Parlamentarier, Köln.

Roesler, Arthur

1927: Wiener Frauenkunst. 1. Ausstellung des Verbandes bildender Künstlerinnen und Kunsthandwerkerinnen im österreichischen Museum für Kunst und Industrie. In: Nachlaß Arthur Roessler, Wiener Stadtbibliothek.

1928: Secession. Ausstellung »Vereinsloser Künstler«. In: Nachlaß Arthur Roessler, Wiener Stadtbibliothek.

1929: Das Bild im Raum. 2. Ausstellung des Verbandes bildender Künstlerinnen. In: Nachlaß Arthur Roessler, Wiener Stadtbibliothek.

Rogoff, Irit K. 1986: The Public Self – Self Portraits and Cultural Ideologies in German Modernism, Dissertation, Courtauld Institute of Art, London University.

Roh, Franz 1960: Bemerkungen zu Kompositionen von Hilla Rebay. In: Die Kunst und das schöne Heim, 59. Jg., November, H. 2, S. 46–49.

Rose, Jacqueline 1979/1986: Woman as Symptom (1979). In: dies., Sexuality in the Field of Vision, London, S. 215–223. Erstveröffentl. in: Cinema in the Eighties: Proceedings of the Meeting, Venice 1980, S. 23–25.

Rosenbach, Ulrike 1982: Videokunst. Foto. Aktion/Performance. Feministische Kunst, Köln.

Rosenberg, Johanna 1979: Lu Märtens Entwurf einer historisch-materialistischen Theorie der Künste. In: Weimarer Beiträge, Nr. 10.

Rosenberg, Raphael 1989: Einleitung. In: Bätschmann, Oskar u. a. (Hg.), Kunstgeschichte – Aber wie? Berlin, S. 7–11.

Rossi, Giovanni Battista de 1893: Inscriptiones christianae urbis Romae, Volumen Primum, Rom.

Roters, Eberhard 1987: Die Opferung und Verklärung der Braut. In: Androgyn. Sehnsucht nach Vollkommenheit, Katalog, Neuer Berliner Kunstverein, Berlin, S. 127–143.

Rubin, William 1972: Dada und Surrealismus, Stuttgart.

Rudenstein, Angelica 1982: Russische Avantgarde. Die Sammlung Costakis, Köln.

Rumpf, J. D. 1833: Berlin und Potsdam. Eine Beschreibung aller Merkwürdigkeiten dieser Städte und ihrer Umgebung, Berlin, 5. Auflag., S. 209.

Rutherford, Jonathan / Chapman, Rowena 1988: The Forward March of Men Halted. In: Male Order, London.

Sabarsky, Serge 1985: George Grosz. Die Berliner Jahre, Katalog, Staatl. Kunsthalle Berlin.

Sachs, Hannelore / Badstübner, Ernst / Neumann, Helga o. J.: Erklärendes Wörterbuch zur christlichen Kunst, Leipzig, Berlin.

Said, Edward 1984: The World, the Text and the Critic. London.

Salzmann, Siegfried 1979: Fall Nummer 1: Wilhelm Lembruck, Die Kniende – Duisburg 1927. In: Katalog, Im Namen des Volkes, Wilhelm-Lehmbruck-Museum Duisburg, S. 8–21.

Satre, Jean Paul 1980: Das Sein und das Nichts, Reinbek.

Sauer, Marina 1987: Dilettantinnen und Malweiber. In: Das Verborgene Museum, Dokumentation der Kunst von Frauen in Berliner öffentlichen Sammlungen, Katalog, Berlin.

Sauerländer, Willibald 1985: Die Gegenstandssicherung – allgemein; ders. Alterssicherung, Ortssicherung und Individualsicherung. In: Belting, a.a.O., S. 47 – 57 u. S. 116 – 144.

Schade, Sigrid

1987: Der Mythos des »Ganzen Körpers«. Das Fragmentarische in der Kunst des 20. Jahrhunderts als Dekonstruktion bürgerlicher Totalitätskonzepte. In: Barta, Ilsebill u. a. (Hg.), a.a.O., S. 239–260.

1988: Ist der Nationalsozialismus darstellbar? Ein Streifzug durch die Kritik an der Ausstellung »Inszenierung der Macht«. In: Neue Gesellschaft für Bildende Kunst (Hg.), Erbeutete Sinne. Nachträge zur Berliner Ausstellung »Inszenierung der Macht, Ästhetische Faszination im Faschismus«, Berlin, S. 49–58.

1989: Das Fest der Martern. Zur Ikonographie von Pornographie in der bildenden Kunst. In: Rick K., Treudl S. (Hg.), Frauen – Gewalt – Pornographie. Wien

Schadow, J. G. 1808: Biographie. In: Meusels Archiv für Künstler und Kunstfreunde, Bd. II, H. 4, S. 91–111.

1849: Kunstwerke und Kunstansichten, (»Aufsätze und Briefe«) in: Börsch-Supan, H. (Hg.), Berlin 1980.

Scheffers, Henning 1980: Höfische Konvention und die Aufklärung. Wandlungen des honnête-homme-Ideals im 17. und 18. Jahrhundert, Bonn.

Schefold, Karl 1957: Die Wände Pompejis. Topographisches Verzeichnis der Wanddekoration, Berlin.

Schenda, Rolf 1970: Volk ohne Buch, Frankfurt/M.

Schmalenbach, Werner 1955: Einführung zum Katalog, Wilhelm Lehmbruck, Kestner-Gesellschaft, Hannover.

Schmid, Pia 1985: Zeit des Lesens. Zeit des Fühlens. Anfänge deutschen Bildungsbürgertums, Berlin.

Schmidt, Hans Werner 1987: Klassizität als Norm – Klassik als Abstraktion. Aspekte der Wert- und Wirklichkeitsauffassung in den 30er Jahren. In: »Die Axt hat geblüht ...«. Europäische Konflikte der 30er Jahre in Erinnerung an die frühe Avantgarde, Katalog, Städtische Kunsthalle Düsseldorf.

Schmidt, Georg 1974: Umgang mit Kunst, Basel.

Schmidt, Robert 1908: Die 15. Ausstellung der Berliner Secession. In: Die Kunst, Bd. XVII: Freie Kunst, der »Kunst für alle«, 23. Jg., München, S. 409–419.

Schmidt-Linsenhoff, Viktoria

1985: Sexismus und Museum. In: kritische berichte, 13. Jg, H. 3, S. 42–50.

1986: Käthe Kollwitz. Weibliche Aggression und Pazifismus. In: kritische berichte, 14. Jg., H. 3, S. 36ff.

1987: Mann und Weib, Weib und Hampelmann. In: Barta, Ilsebill u. a. (Hg.), a.a.O., S. 366–390.

Schmidt-Mühlisch, Lothar 1985: Wenn die Stadt in Trümmern fällt. In: Die Welt (Essen), 19. 10.

Schmied, Wieland 1986: Ausgangspunkt und Verwandlung. Gedanken über Vision, Expression und Konstruktion in der deutschen Kunst 1905–1985. In: Deutsche Kunst im 20. Jahrhundert, Malerei und Plastik 1905 – 1985. Joachimides, Christos, u.a. (Hg.), München 1986, S. 21–72.

Schneede, Uwe

1975: (Hg.) George Grosz. Leben und Werk, Stuttgart.

1975a: George Grosz. Der Künstler in seiner Gesellschaft, Köln.

Schön, Gerhard 1962: Unterweisung in Malerei. In: Rheinischer Merkur (Koblenz), 30. 3.

Schönemann, Heinz 1979: Gerhard Lichtenfeld. In: Hochschule für industrielle Formgestaltung Halle-Burg Giebichenstein (Hg.), Gerhard Lichtenfeld, Plastiken und Zeichnungen, Katalog, Staatliche Galerie Moritzburg Halle.

Scholz, Robert 1984: Ein unruhiges Jahrzehnt: Lebensmittelunruhen, Massenstreiks und Arbeitslosenkrawalle in Berlin 1914–1923. in: Gailus, Manfred, u. a. (Hg.), Pöbelexzesse und Volkstumulte in Berlin. Zur Sozialgeschichte der Straße 1883–1980, Berlin, S. 79–123.

Schröder, B. 1924: Feuerbach und die Antike. In: Jahrbuch der Preußischen Kunstsammlung, Bd. XLV, Berlin.

Schubert, Dietrich 1981: Die Kunst Lehmbrucks, Worms.

Schubring, Paul 1915: Cassoni. Truhen und Truhenbilder der italienischen Renaissance, Leipzig.

Schuller, Marianne 1984: Vergabe des Wissens. Notizen zum Verhältnis von »weiblicher Intellektualität« und Macht. In: Konkursbuch 12, Frauen und Macht.

Schulte, Regina 1984: Kindesmörderinnen auf dem Lande. In: Mo-

dik, Hans/Sabean, David (Hg.), Emotionen und materielle Kultur, Göttingen.
Sciurie, Helga
1985: Ecclesia und Synagoge am Fürstenportal des Bamberger Doms. In: Strützel, Dieter/Petzold Lali (Hg.), Einheitlichkeit und Differenzierung in der sozialistischen Kulturentwicklung, (Wissenschaftliche Beiträge der Friedrich-Schiller-Universität Jena), Jena, S. 164–167.
1988: Ecclesia und Synagoge in der deutschen Bischofsstadt. Thesen zum Assoziationspotential eines Strukturmodells. In: Möbius, Friedrich/Schubert, Ernst (Hg.), Europäische Kunst im 13. Jahrhundert, Manuskript, erscheint in Weimar 1992.
Seeger, Karl von 1930: Das Denkmal des Weltkriegs, Stuttgart.
Semrau, Jens 1982: »Schreitende« von E. Pansowá. Kurzmonographie aus der Folge von Monographien zu Werken der 9. Kunstausstellung der DDR. Sektion Kunstwissenschaft im Verbund Bildender Künstler der DDR (Hg.).
Sennett, Richard
1983: Verfall und Ende des öffentlichen Lebens. Die Tyrannei der Intimität. Frankfurt/M.
Seuphor, Michel 1959: Die Plastik unseres Jahrhunderts. Wörterbuch der modernen Plastik, Köln.
Shachar, Isaiah 1974: The Judensau. A Medivial Anti-Jewish Motif and its History, (Warburg Institut Surveys 5), London.
Shahar, Shulamith 1981: Die Frau im Mittelalter, Königstein/Ts.
Sinsheimer Herbert 1930: Katalogtext zur Einzelaustellung Jeanne Mammens in der Galerie Gurlitt, Berlin 1930, o.S.
Simon, Jules 1892: La femme au vingtième siècle, Paris.
Simson, Otto von 1984: Ecclesia und Synagoge am südlichen Querhausportal des Straßburger Münsters. In: Kötzsche, Lieselotte/Osten-Sacke, Peter von der, Wenn der Messias kommt. Das jüdisch-christliche Verhältnis im Spiegel mittelalterlicher Kunst, (Veröffentlichung aus dem Institut für Kirche und Judentum, 16, Erstveröffentl. franz. 1972), Berlin, S. 104–125.
Skutsch, K. L. 1957: Einleitung zum Katalog, Wilhelm Lehmbruck. Das plastische Werk, Ölbilder, Zeichnungen, Graphiken, Haus am Waldsee, Berlin.
Smith-Rosenberg, Carroll 1985: Disorderly Conduct. Visions of Gender in Victorian America, New York.
Smudits, Alfred 1984: Wandel der Aufwachsbedingungen – Wandel der Weisen des Umgangs mit der Welt: Die Fragmentierung des bürgerlichen Subjekts und was danach kommen könnte. In: Österreichische Zeitschrift für Soziologie, 9. Jg., H. 3, S. 44–53.

Souchy, Augustin 1987: Nacht über Spanien. Anarcho-Syndikalisten in Revolution und Bürgerkrieg 1936–39. Ein Bericht, Grafenau 1987.

Spies, Werner 1974 (1979): Max Ernst, Collagen – Inventar und Widerspruch. Oeuvre-Katalog. Bd. IV, bearbeitet von Werner Spies, Sigrid u. Günter Metken, Köln.

Spickernagel, Ellen 1985: Geschichte und Geschlecht: Der feministische Ansatz. In: Belting, Hans u. a. (Hg.) a.a.O., S. 264–282.

Stein, Gertrude 1988: Die geographische Geschichte von Amerika oder die Beziehung zwischen der menschlichen Natur und dem Geist des Menschen. (Übers. Anne Stiebel), Frankfurt/M.

Stephan, Inge / Sigrid Weigel 1983: Die verborgene Frau. Argument-Sonderband, Nr. 96, Berlin.

Stephani, Gustav 1898: Die textile Innendekoration des frühmittelalterlichen Hauses und die ältesten Stickereien Pommerns. Dissertation, Universität Halle.

Stieglitz, Ann 1989: The »I« Gaze. In: W.A.S.L. (Women Arts Slides Library) – Journal, Nr. 28.

Stone, Elisabeth (unter d. Namen Viscountess Wilton) 1840: The Art of Needlework, London.

Strobl, Ingrid, 1981: Die Geburt der neuen Frau aus dem Geist des Widerstands. Ein paar Thesen zu einer Theorie feministischer Kritik, in: Typisch Frau, Hrsg. Bonner Kusntverein, Galerie Philomene Magers, Bonn 1981

Struchtemeier, Thea A.

1987: Durruti heißt euch eintreten – Durruti heißt euch fortgehen. Ein Besuch auf dem Cementiri del Sud–Oest in Barcelona. In: Schwarzer Faden Nr. 26, H. 4, S. 52–55.

1988: Neues von der Frauen-»Front«. Zur 4. Kunsthistorikerinnentagung in Berlin. In:Sschwarzer Faden, Vierteljahresschrift für Lust und Freiheit, Nr. 29, H. 4.

1988a: Trauer im Ruhrgebiet – Grabdenkmale des Bergbaus als nationale Totenkunst. In: Deutsche Friedhofskultur, Jg. 78, Nr. 9, Aachen, S. 204–209.

1988b: Impressionen von spanischen Großstadtfriedhöfen. In: Deutsche Friedhofskultur, 78. Jg., Nr. 6, Aachen, S. 128–132.

Stuttmann, Ferdinand 1961: Max Liebermann, Hannover

Suppan, Martin / Tromayer, Ernst 1981: Marie Egner – eine österreichische Stimmungsimpressionistin, Wien.

Sykora, Katharina 1989: Die 4. Kunsthistorikerinnen-Tagung in Berlin. Ein Tagungsbericht. In: Feministische Studien Nr. 1

Szeeman, Harald 1985: Individuelle Mythologien, Berlin.

Tancock, John L. 1976: The Sculpture of Auguste Rodin, Philadelphia.

Tb (anonym) 1798: Die fürstlichen Schwestern (Eine Marmorgruppe von Schadow). In: Jahrbücher (s. Novalis), Bd. I, Febr./März/ April, S. 129–135.

Theissing, H. 1976: Die Ewigkeit der Kunst. Zu Anselm Feuerbachs Schaffen und Denken. In: Vey, H. (Hg.), Anselm Feuerbach. Gemälde und Zeichnungen, München, Berlin.

1981: George Grosz. Die Morde und das Groteske. In: Festschrift für Eduard Trier, Berlin, s. 269–284.

Theweleit, Klaus

1977 (1983): Männerphantasien, 2 Bde. (Bd. 1, Frauen, Fluten, Körper, Geschichte; Bd. 2, Männerkörper – Zur Psychoanalyse des weißen Terrors, Reinbek bei Hamburg.

1988: Buch der Könige, Bd. 1, Orpheus und Eurydike, Frankfurt/M.

Thurn, Adelheid von 1798: Ein Beispiel ehelicher Tugend und weiblicher Tapferkeit. Eine Geschichte aus dem 13. Jahrhundert. In: Leipziger Taschenbuch für Frauenzimmer zum Nutzen und Vergnügen, S. 134–152.

Tichy, Marina 1984: Alltag und Traum. Leben und Lektüre der Wiener Dienstmädchen um die Jahrhundertwende, Wien, Köln, Graz.

Tiesenhausen, Maria Freifrau von (Hg.) 1987: Georg Kolbe. Briefe und Aufzeichnungen, Tübingen.

Tietze-Conrad, Erika

1911: Die Kunst der Frau. Ein Nachwort zur Ausstellung in der Wiener Secession. In: Zeitschrift für bildende Kunst, N. F. XXII, Leipzig.

1925: Bildende Künstlerinnen und ihre Sorgen. In: Neues Wiener Journal 16. 10.

Trier, Eduard 1958: Wilhelm Lehmbruck. Die Kniende. (Werkmonographie zur bildenden Kunst, 32), Stuttgart.

Trömel-Plötz, Senta 1982: Frauensprache – Sprache der Veränderung, Frankfurt/M.

Tuñón de Lara, Manuel 1987: Versuch einer Gesamteinschätzung – Ein halbes Jahrhundert danach. In: Der Spanische Bürgerkrieg. Eine Bestandsaufnahme, Frankfurt/M., S. 625–650.

Uhde-Bernays, H. 1913: Klassiker der Kunst, Bd. XXIII, Feuerbach, Berlin.

Vachtova, Ludmilla

1977: Die Frau in der russischen Avantgarde – ein Epos ohne Helden. In: Künstlerinnen international 1877–1977, Katalog, Arbeitsgruppe Frauen in der Kunst und Neue Gesellschaft für Bildende Kunst, Berlin, S. 30–32.

1979/80: Die russische Frau und ihre Avantgarde. In: S. Bowlt, S. 41–46.
Valentiner, Wilhelm R. 1922: Georg Kolbe. Plastik und Zeichnung, München.
Vardiman, Ernst 1982: Die Frau in der Antike, Wien, Düsseldorf.
Venus Ade 1984: Ein Bild-Bericht über die Macht der Liebe und der Abgründe der Triebe. In: Stern, Nr. 18, 23. 4., S. 44–60, 64, 67.
Verlet, Pierre (Hg.) 1965: Das große Buch der Tapisserie, Wien, Düsseldorf.

Wagner, Beate 1982: Zwischen Mythos und Realität. Die Frau in der frühgriechischen Gesellschaft, Frankfurt/M.
Wagner, Monika 1988: Triumph und Tod des Helden. Europäische Historienmalerei von Rubens bis Manet. Besprechung der Ausstellung im Wallraf-Richartz-Museum Köln 1988. In: kritische berichte, 16. Jg. H.2, S. 88–91.
Walter, Johann, Gottlieb 1776: Betrachtungen über die Geburths-Theile des weiblichen Geschlechts, Berlin.
Warlick, M. E. 1987: Max Ernst's Alchemical Novel »Une Semaine de Bonté«. In: Art Journal 46, 61–73
Warnke, Martin 1985: Hofkünstler. Zur Vorgeschichte des modernen Künstlers, Köln.
Warren, E. / Pullan, Mrs. 1855: Treasures of Needlework, London.
Wauters, Alphonse 1878: Les tapisseries bruxelloises, Brüssel.
Weigel, Sigrid 1987: Die Städte sind weiblich und nur dem Sieger hold. Zur Funktion des Weiblichen in Gründungsmythen und Städtedarstellungen. In: Anselm, Sigrun u. a. (Hg.), Triumph und Scheitern in der Metropole, Berlin, S. 207–227.
Weinstein, Joan 1987: Art and The November Revolution in Germany 1918–19, (Ph. D. UCLA, Los Angeles 1986), Xerox Ann Arbor.
Weiss, Peter 1981: Notizbücher 1971–1980, Bde. I, Frankfurt/M.
Wellneck, Charlotte 1796: In: Leipziger Taschenbuch für Frauenzimmer zum Nutzen und Vergnügen, S. 153 – 242
Wenk, Silke
1985: Rezension von R. Parker und G. Pollock: Old Mistresses. In: Das Argument. Zeitschrift für Philosophie und Sozialwissenschaften, Nr. 152, Berlin, S. 602–605.
1986: Warum ist die (Kriegs-)Kunst weiblich? Frauenbilder in der Plastik auf öffentlichen Plätzen in Berlin. In: Kunst und Unterricht, H. 101, S. 7–14.
1987: Der öffentliche weibliche Akt. Eine Allegorie des Sozialstaats. In: Barta, Ilsebill u. a. (Hg.), a.a.O., S. 217–238.
1987a: Aufgerichtete weibliche Körper. Zur allegorischen

Skulptur im deutschen Faschismus. In: Katalog, Inszenierung der Macht. Ästhetische Faszination im Faschismus, Neue Gesellschaft für Bildende Künste (Hg.), Berlin, S. 103–118.
1988: Hin-weg-sehen oder: Faschismus, Normalität und Sexismus. Notizen zur Faschismusrezeption anläßlich der Kritik der Ausstellung »Inszenierung der Macht«. In: Erbeutete Sinne. Nachträge zur Berliner Ausstellung »Inszenierung der Macht. Ästhetische Faszination im Faschismus«. Neue Gesellschaft für Bildende Kunst (Hg.), Berlin, S. 17–32.

Wenzel, Edith 1987: Synagoge und Ecclesia. Zum Antijudaismus im deutschsprachigen Spiel des späten Mittelalters. In: Internationales Archiv für Sozialgeschichte der deutschen Literatur, H. 12, S. 57–81.

Werner, Bruno 1940: Die deutsche Plastik der Gegenwart, Berlin.

Westecker, Dieter / Eberth, Carl / Lengemann, Werner / Müller, Erich 1972: documenta – Dokumente 1955–1968. Vier internationale Ausstellungen moderner Kunst, Kassel.

Westfehling, Uwe 1987: Helden, Antihelden, anonyme Helden. In: Katalog, Triumph und Tod des Helden, Köln, S. 139–150.

Wethey Harold 1975: The Paintings of Titian, Bd. 3, The Mythological and Historical Paintings, London.

Wey, F. A. 1871: Chronique du siège de Paris, Paris.

Wiegand, Wilfried 1985: Der orphische Mann, die expressive Frau. In: Frankfurter Allgemeine Zeitung, 1. 8.

Wiese, Lepold von 1929: Die Funktion des Mäzens im gesellschaftlichen Leben, Köln.

Willis, Liz 1984: Frauen in der Spanischen Revolution 1936–1939. In: Krasser, Cornelia/Schmück, Jochen (Hg.), Frauen in der Spanischen Revolution 1936–1939, Berlin (Anarchistische Texte Nr. 32/33), S. 41–59.

Willrich, Wolfgang 1937: Säuberung des Kunsttempels. Eine kunstpolitische Kampfschrift zur Gesundung deutscher Kunst im Geiste nordischer Art. München und Berlin.

Winckelmann, Johann Joachim 1982: Geschichte der Kunst des Altertums. In: Winckelmanns Werk in einem Band, Berlin, Weimar (3. Aufl.), S. 165–311.

Winter, Peter 1974: Sonia Delaunays Tapisserien in Bielefeld. In: Frankfurter Allgemeine Zeitung, 13. 4.

Wissmann, Jürgen 1979: Sonia Delaunay. In: Sonia Delaunay, Vieira da Silva, Bridget Riley, Katalog, Quadrat Bottrop, S. 3–4.

Wittkower, Margot / Wittkower Rudolf 1965: Künstler – Außenseiter der Gesellschaft, Berlin, Köln.

Wittkower, Rudolf 1969: Grundlagen der Architektur im Zeitalter des Humanismus, München.

Wolff, Janet 1985: The Invisible Flâneuse. Woman and the Literature of Modernity. In: Theory, Culture and Society, No. 2/3, S. 37–48.

Wolfradt, Willi
1921: George Grosz. Junge Kunst, Bd. 21, Leipzig.
1921a: George Grosz. Der Cicerone, 13. Jg., S. 103–118.

Worringer, Wilhelm 1948: Problematik der Gegenwartskunst, München.

Wysocki, Gisela 1980: Die Fröste der Freiheit. Aufbruchsphantasien, Frankfurt/M.

Zedler, Johann Heinrich 1732ff: Großes vollständiges Universal-Lexikon, 64 Bde., 4 Supplementbde., Leipzig, Halle.

Ziehe, Thomas 1975: Pubertät und Narzißmus, Frankfurt/M.

Zilsel, Edgar 1926: Die Entstehung des Geniebegriffs, Tübingen.

Zimmermann, Rainer 1980: Die Kunst der verschollenen Generation. Deutsche Malerei des expressiven Realismus 1925–1975, Düsseldorf, Wien.

Zunkel, Friedrich 1975: Art. Ehre, Reputation. In: Brunner, O. / Conze W. / Koselleck, R. (Hg.), Historische Grundbegriffe. Lexikon der politisch-sozialen Sprache in Deutschland, 2 Bde. Stuttgart.

Autorinnen und Herausgeberinnen

ANISS (Angerer M. L. / Nierhaus I. N. / Schöbel J. / Smudits A.) Wien. ANISS ist ein interdisziplinär arbeitendes Projektteam, das mit soziologischen, kommunikationswissenschaftlichen und kunsthistorischen Ansätzen versucht, Bildphänomene der Massenmedien zu untersuchen. Publ.: »Wandel medialer Körperbilder auf Illustriertentitelblättern« (6. Symposion der Österreichischen Gesellschaft für Semiotik 1987, im Erscheinen).

Irene Below, geb. 1942 in Heidelberg, studierte in München, Köln, Berlin und Florenz Kunstgeschichte, Archäologie und Germanistik; 1971 Promotion in Kunstgeschichte an der FU Berlin; seit 1970 Mitplanung der Schulprojekte an der Universität Bielefeld, seit 1974 Lehrende am Oberstufen-Kolleg des Landes NW an der Universität Bielefeld, 1975 Geburt von Michael, 1977 Geburt von Till, seit 1985 Beteiligung an der Konzeption eines Frauenstudiengangs am Oberstufen-Kolleg, seit 1988 eine der Sprecherinnen von »Frauenforschung in der Kunstwissenschaft. Sektion im Ulmer Verein«. – Arbeitsschwerpunkte: Künstlerinnen des 20. Jahrhunderts, Kunstvermittlung, Kunst und Mode, weibliche Ästhetik, Alltagsästhetik.

Katja von der Bey, geb. 1962 in Remscheid; 1982 Beginn des Studiums der Kunstgeschichte, Geschichte und Philosophie in Köln, seit 1985 an der Freien Universität Berlin; 1986 Mitinitiatorin einer studentischen AG zur Frauen-Kunst-Geschichte, seit 1986 Mitinhaberin einer Galerie; Mitorganisatorin der 4. Kunsthistorikerinnen-Tagung 1988 in Berlin, arbeitet an einer Magisterarbeit über Hilla Rebay.

Gotlind Birkle, Kiel, geb. 1961. Studium der Kunstgeschichte und der Neueren deutschen Literaturwissenschaft in Tübingen und Basel. 1987 Magisterarbeit mit dem Thema »Zeichnung – Skizze – Bild. Studien zur Landschaft bei Karl Blechen«.

Elisabeth Bronfen hat Literaturwissenschaft an der Harvard University und der Ludwig-Maximilians Universität München studiert. Seit 1985 ist sie in München als Akademische Rätin a. Z. am Institut für Englische Philologie tätig. Sie hat ein Buch über den literarischen Raum am Beispiel des Romanzyklus »Pilgrimage« von

Dorothy Richardson (Niemeyer Verlag) und verschiedene Aufsätze zu dem Thema Weiblichkeit, Tod und Ästhetik veröffentlicht.

Christel Burmeier, 1951 in Westfalen auf dem Land geboren und aufgewachsen. 1971–76 Kunststudium an der HfBK Lerchenfeld in Hamburg, speziell bei F. E. Walther und Bazon Brock. 1972 beginnt sie ihre Arbeit zum Thema Maler/Modell. Verschiedene Ausstellungen in Berlin, Hannover und Hamburg folgten. 1982 Arbeitsstipendium für Hamb. Künstler, 1985 Kunstfondsstipendium Bonn. Lehrtätigkeit an der GHK Kassel sowie an der HfBK Hamburg. Seit 1979 Kunstvermittlung in der Hamburger Kunsthalle. Lebt in Hamburg. Publikationsauswahl: Keine Kleider machen noch kein Modell, in: Frauen, die pfeifen ..., hrsg. von Ruth Geiger, Hilke Holinka, Claudia Rosenkranz und Sigrid Weigel, Frankfurt 1978; Ein Modell sieht anderes. Grenzbereiche und Tabus beim Aktzeichnen, in: Die Schönheit muß manchmal auch wahr sein, hrsg. von Dieter Hacker und Bernhard Sandfort, Berlin 1982. Modellsituationen, in: Nackt in der Kunst des 20. Jahrhunderts, Katalog Sprengelmuseum Hannover 1984.

Silvia Eiblmayr, Studium der Kunstgeschichte in Wien. Dissertation zum Thema weiblicher Körperinszenierung in der Kunst des 20. Jahrhunderts. Mitorganisatorin der Ausstellung »Kunst mit Eigen-Sinn. Internationale Ausstellung aktueller Kunst von Frauen«, Museum moderner Kunst/Museum des 20. Jahrhunderts Wien, 1985. Seit 1988 Lehrauftrag an der Akademie der bildenden Künste Wien. Publikationen zur Inszenierung des weiblichen Körpers. Mitherausgeberin der Publikation »Kunst mit Eigen-Sinn. Aktuelle Kunst von Frauen. Texte und Dokumentation«, Wien 1985.

Caroline Fawkes, geb. 1943. Studium der Germanistik in Southampton, Wien, Hamburg und London, und der Kunstgeschichte am Courtauld Institute of Art, London. Unterrichtet seit 1973 an der St. Martin's School of Art, London.

Renate Flagmeier, geb. 1956 in Dieulefit (Frankreich). Studium der Kunstgeschichte und Romanischen Literaturen an der Technischen Universität Berlin, 1985 Magisterabschluß, schriftliche Hausarbeit mit dem Thema »Studien zum Werk der Camille Claudel und anderer Künstler aus dem Umkreis des Auguste Rodin«. Seitdem freiberufliche Tätigkeit als Kunsthistorikerin im Rahmen verschiedener Ausstellungsprojekte, u. a. »Das verborgene Museum« 1987/88. Parallel Arbeit an einer Dissertation zum Werk Camille Claudels und Auguste Rodins.

Sabine Forsthuber, geb. 1959. Studium der Fächer Kunstgeschichte und Italienisch in Wien und Perugia. 1983 Promotion über »Moderne Raumkunst. Wiener Ausstellungsbauten von 1898–1914«. Z. Zt. Universitätsassistentin am Institut für Kunstgeschichte und Denkmalpflege an der TU/Wien. Forschungsauftrag über »Österreichische Künstlerinnen der 1. Republik«.

Beatrix Geisel hat fast 20 Jahre als Redakteurin, zuletzt als Leiterin des Kulturressorts einer Wochenzeitung, gearbeitet. Seit 1983 arbeitet sie als freie Journalistin und beschäftigt sich wissenschaftlich aus der Perspektive der Frauenforschung u. a. mit der Kultur der Weimarer Republik.

Theresa Georgen, geb. 1946. Studium der Kunstgeschichte in Mainz, Tübingen, Hamburg, London und Wien. Promotion 1976. Zwischen 1976 und 1986 Tätigkeiten als Ausstellungsmacherin und Museumspädagogin am Landesmuseum Darmstadt, bei der Preußen-Ausstellung in West-Berlin, am Kunstmuseum Bern. Seit 1986 Professorin für Kunst- und Designgeschichte am Fachbereich Gestaltung der Fachhochschule Kiel. Publikationen zu Themen feministischer Kunstgeschichte in »FrauenKunstGeschichte« und »Weiblichkeit in der Moderne«.

Kathrin Hoffmann-Curtius, geb. 1937, prom. in Kunstgeschichte, Geschichte und Archäologie 1965 in Bonn. Verheiratet, zwei Kinder. Volkshochschuldozentin. Lehraufträge an verschiedenen Universitäten. Gegenwärtige Arbeitsschwerpunkte: Kunst und Erster Weltkrieg, Wurzeln des Faschismus.

Jutta Kolkenbrock-Netz, wissenschaftliche Mitarbeiterin am Germanistischen Institut der Ruhr-Universität Bochum. Publikationen (Auswahl): Fabrikation-Experiment-Schöpfung. Strategien ästhetischer Legitimation im Naturalismus 1981; Interpretation, Diskursanalyse und/oder feministische Lektüre literarischer Texte von Frank Wedekind. In: Ursula A. J. Becher und Jörn Rüsen (Hg.): Weiblichkeit in geschichtlicher Perspektive. Frankfurt/M. 1988.

Kerstin Kolter, geb. 1958 in Oberhausen/NRW. Studium an der PH/HdK Berlin. 1987 Erste Staatsprüfung für das Amt des Lehrers mit fachwissenschaftlicher Ausbildung in zwei Fächern (Bildende Kunst und Sozialkunde). Z. Zt. Lehramtsanwärterin im Bezirk Charlottenburg in Berlin. Unveröffentl. Wiss. Hausarbeit: Frauen zwischen »angewandter« und »freier« Kunst: Sonia Delaunay in der Kritik, Berlin 1986.

Ulrike Krenzlin, geb. 1940, Annaberg/Sachsen, 1960 bis 1965 Studium der Kunstgeschichte, Archäologie und Germanistik in Leipzig, 1969 Promotion A, 1965 bis 1969 Museumsarbeit, 1969 bis 1982 Assistentin am Bereich Kunstwissenschaft der Humboldt-Universität zu Berlin (Redakteurin am »Lexikon der Kunst«), 1979 Promotion B, seit 1982 wiss. Mitarbeiterin des Instituts für Ästhetik und Kunstwissenschaften an der Akademie der Wissenschaften der DDR. Publikationen: u. a. Kollektivarbeiten an der »Europäischen Kunstgeschichte in Daten«, »Geschichte der deutschen Kunst« 1760–1890 (2 Bde.).

C. M. H. Kühn, Studium der Malerei an der HdK Berlin (Meisterschüler 1983) und dem Royal College of Art, London (DAAD-Stipendium 1986/87) Karl-Hofer-Stipendium 1989/90
Ausstellungen in Berlin, Westdeutschland, London.

Ines Lindner, geb. 1953, lebt in Berlin. Studium der Kunstgeschichte, Literaturwissenschaft und Volkskunde in Tübingen und Marburg. Abschlußarbeit über Weiblichkeitsbilder bei Picabia und Duchamp. Seit 1980 Ausstellungsredakteurin. Zuletzt Arbeit am »Verborgenen Museum e.V.«, Berlin. Arbeitsschwerpunkte: Surrealismus, Künstlerinnen in der Moderne. Publikationen u. a.: Die rasenden Mänaden in: Frauen Bilder, Männer Mythen, (Ilsebill Barta u. a., (Hg.), 1987); Kalldewey: Dionysos. Zu Kalldewey, Farce in: Strauß Lesen (M. Radix (Hg.) München 1987).

Annelie Lütgens, geb. 1956 in Hamburg. Studium der Kunstgeschichte, Archäologie und Kunstdidaktik in Hamburg, lebt in Berlin. Zur Zeit Arbeit an einer Dissertation über die Malerin Jeanne Mammen. Forschungsschwerpunkte: KünstlerInnen im Widerstand, Kunst nach 1945 in Deutschland, Künstlerinnen im 20. Jahrhundert.

Salean A. Maiwald studierte in Tübingen (Diplom-Psychologin). Seit 1982 lebt sie als Malerin in Berlin und schreibt an einer Dissertation über feministische Theorien. Sie hatte Ausstellungen und Aktionen in Westdeutschland und Berlin.

Stephanie Matuszak, geb. 25. 4. 1959 in Wilhelmshaven. Studium der Kunstgeschichte, Germanistik u. Pädagogik in Göttingen. DAAD Stipendium Wien. Parallelstudium Architektur als a.o.-Hörerin. Dissertation über die Plastik im Wiener Gemeindewohnbau der I. Republik (s. Artikel) bei Prof. Dr. K. Arndt, Göttingen. Werkverträge am Historischen Museum und Künstlerhaus in Wien, Anton Hanak Museum, Langenzersdorf. Interessensschwerpunkte: Architektur,

Plastik u. Bühnenbild des 20. Jh.'s, v. a. unter dem Aspekt der Auseinandersetzung mit Raum aus weiblicher und männlicher Sicht.

Anke Meyer-Knees, geb. 1957, gestorben 1989. Literaturwissenschaftlerin, Mitarbeiterin in der Bochumer Diskurswerkstatt, Promotionsprojekt »Geschlechterzeichen in der Medizin des 18. Jahrhunderts«. Publikationen (Auswahl): »frauen gemeinsam sind stark« – pathos als katalysator einer bewegung oder die verdrängte sentimentalität der erinnerung, in: kultu*RR*evolution, zeitschrift für angewandte diskurstheorie, februar 1985, H. 8; tanz der vampirinnen. zur hamburger tagung »frauen-literatur-politik«, in: kultu*RR*evolution, Oktober 1986, H. 13; Jungfernhäutchen und Geschlechtslust – Zum Zeichencharakter der Geschlechtsorgane und zur Semiotik der Geschlechter im medizinischen und gerichtsmedizinischen Diskurs des 18. Jahrhundert, Vortrag bei dem 6. Symposium der Österreichischen Gesellschaft für Semiotik, Salzburg November 1987.

Helga Möbius, geboren 1935, Dozentin am Bereich Kunstwissenschaft der Humboldt-Universität Berlin. Promotion 1970 zur mittelalterlichen Bauornamentik, Habilitation 1988 zum holländischen Porträt des 17. Jh. Veröffentlichungen zur mittelalterlichen Kunstgeschichte, zur Kulturgeschichte der Frau im Barock und zur Kunst der DDR.

Barbara Kramer-Egghart, geb. 1959 in Wien. Studium der Kunstgeschichte, Völkerkunde und Archäologie. Seit November 1985 Arbeit an der Dissertation »Gedanken über die Entwicklung der Bordüren bei Tapisserien«. Dreimonatiger Forschungsaufenthalt in Belgien im Jahre 1987. 1984 Veröffentlichung des Aufsatzes »Die Dekkenfresken der Bibliothek der Kartause Gaming«, in: W. Hildebrand (Hg.), Kartause Gaming – 900 Jahre Kartäuserorden, Ausst.-Katalog, S. 69–85.

Carola Muysers, geboren 1960, 1981–89 Studium der Kunstgeschichte. 1986 Gründung einer AG »Frauenkunstgeschichte« an der FU Berlin. 1986–87 Mitarbeit an dem Handbuch »Zur Physiologie der bildenden Kunst. Künstlerinnen Kunsthistorikerinnen Multiplikatorinnen Berlin 1985–87« (Hg. Karoline Müller, Inge Huber). Mitarbeit an dem Ausstellungskatalog »120 Jahre Verein der Berliner Künstlerinnen«, Berlin 1987. Mitbegründerin des Lu Märten Vereins zur Förderung von Frauenforschung in Kunst- und Kulturwissenschaft. 1988 Mitorganisatorin des 4. Kunsthistorikerinnenkongresses September 1988 in Berlin. 1989 Magister mit Arbeit »Ljubow Popowa, eine Künstlerin und der Kubismus. Analyse und

Vorstellung des kubistischen Werkes der russischen Künstlerin«. Einjähriges Stipendium der Förderkommission für Frauenforschung des Senators für Familie und Soziales in Berlin zur Erforschung des Berufsbildes der Künstlerin der letzten 125 Jahre am Beispiel des Vereins der Berliner Künstlerinnen. Ausstellungskritiken und Katalogbeiträge in unregelmäßigen Abständen über Künstlerinnen.

Roszika Parker studierte Europäische Kunstgeschichte am Courtauld-Institut der Universität London. Sie war Mitglied der Spare-Rib-Magazine Redaktion von 1972–80, 1974 gehörte sie zu den Gründerinnen des Women's Art History Collective, eine feministische Gruppe, deren Ziel es war, die Geschichte der Kunst von Frauen zu erforschen und die Ergebnisse in die traditionellen Kunsterziehungsinstitutionen einzubringen.

Alexandra Pätzold, geb. 1943. Studium der Kunstgeschichte, Archäologie, Christlichen Archäologie, Promotion 1981 (Der Akathistos-Hymnos. Die Bilderzyklen in der byzantinischen Wandmalerei des 14. Jahrhunderts. Stuttgart 1989). Freiberuflich tätig als Lehrbeauftragte und Ausbilderin in Klientenzentrierter Gesprächsführung (GwG) in Marburg und Frankfurt; z. Zt. Arbeit an »Körper, Sinne und Gefühle. Zur Ordnung und Aufteilung der Geschlechter«.

Griselda Pollock ist in Kanada aufgewachsen, ging aber in England zur Schule (Lady Margaret Hall, Oxford, B. A. 1967) und studierte am Coutauld Institute of Art (M. A. 1970). Sie promovierte 1980 mit einer Arbeit über Vincent van Gogh und holländische Kunst an der Universität London. Ein Teil der Arbeit ist unter dem Titel »Van Gogh and his Dutch Period« (Amsterdam 1980) publiziert. Sie hat über die Bildenden Künste des 19. und 20. Jahrhundert an verschiedenen britischen Universitäten gelehrt. Zur Zeit unterrichtet sie an der Universität Leeds.

Miriam van Rijsingen, geb. 1956. 1984 Arbeit über Eva Hesse (Nijmegen). Seit 1985 wissenschaftliche Mitarbeiterin für Frauenstudien am Kunsthistorischen Instituts der Universität von Amsterdam. Arbeitet an einer Promotion über Anselm Feuerbachs Frauenporträts. Weitere Forschungsbereiche: weibliche Selbstporträts und »Weiblichkeit und Abstraktion«.

Irit Rogoff, Kunsthistorikerin, arbeitet z.Z. an der University of California, Davis, USA. Veröffentlichungen: Representation of Politics; Critics, Pessimists, Radicals. In: German Art in the 20th Century, Painting and Sculpture 1905–1085, London 1987; Gustav Klimt; A Bridgehead to Modernism. In: Intellectual and the Future in the

Habsburg Empire, London 1987. Mapping Out Strategies of Dislocation. In: Joshua Neustein, Katalog New York 1987.

Sigrid Schade, geb. 1954, zur Zeit Wissenschaftliche Mitarbeiterin an der TU Berlin, Veröffentlichungen (Auswahl): Schadenzauber und die Magie des Körpers, Hexenbilder der frühen Neuzeit, Worms 1983 (Diss.); Ver-Zeichnungen. Wo treffen sich Ästhetik und eine Theorie des Weiblichen in den 80er Jahren des 20. Jh.? in: kritische berichte H. 3, 1985; Kunst und Psychoanalyse. Fragmente Nr. 20 1986; Cindy Sherman oder die Kunst der Verkleidung, in: J. Conrad, U. Konnertz (Hg.): Weiblichkeit in der Moderne. Tübingen 1986; Text- und Körperalphabet: Hans Bellmer und Unica Zürn, in: Bild und Text – le texte et l'image (= artefact 4), Marburg 1989.

Linda Scheckel, geb. 1955, studierte Malerei an der HdK-Berlin (1984 Meisterschülerin). Nach einem Studienaufenthalt in Rom (DAAD-Stipendium) lebt und arbeitet sie in Berlin. Sie hatte Ausstellungen und Aktionen in Berlin, Westdeutschland und Rom.

Pia Schmid, geboren 1951 in Leipzig, Dr. phil., Erziehungswissenschaftlerin an der Universität Frankfurt. Veröffentlichungen (u. a.): Zeit des Lesens. Zeit des Fühlens. Anfänge des deutschen Bildungsbürgertums. Berlin: 1985; Das Allgemeine, die Bildung und das Weib. Zur verborgenen Konzipierung von Allgemeinbildung als allgemeiner Bildung für Männer. In: H.-E.-Tenorth (Hg.): Allgemeinbildung. Analysen zu ihrer Wirklichkeit. Versuche über ihre Zukunft. Weinheim/München 1986; Frauen im pädagogischen Diskurs. Interdisziplinäre Bibliographie. Frankfurt 1989 (zusammen mit B. Schultz, C. Weber, C. Klose).

Isabell Schulz, geb. 1960. Studium der Kunstgeschichte, Volkskunde und Erziehungswissenschaften in Bonn und Hamburg. Magister Examen 1985, Thema der Arbeit: Nikolaus Lang: »Für die Geschwister Götte (1973/74) – Museum anonymer Persönlichkeiten«. Seit 1986 Dissertation über Meret Oppenheim. 1988 Erstellung eines Buches über Künstlerinnen mit Schwerpunkt 20. Jahrhundert (erscheint vorauss. Herbst 1989 beim Verlag 2001). Veröffentlichungen u. a.: Die Frau als Künstlerin. Über das Leben und Werk von Künstlerinnen früher und heute, Hamburg 1986 (aus der Reihe: Hintergründe und Materialien, Museumspädagogischer Dienst (Hg.)); Qui êtes vous? Who are you? Wer sind Sie? – Gedanken zu den Selbstporträts von Meret Oppenheim. In: Meret Oppenheim. Legat an das Kunstmuseum Bern (Katalog), Bern 1987; (gemeinsam mit Christel Burmeier) Präsenz von Frauen im Kunstmuseum. In: Frauen Kunst Wissenschaft, Rundbrief, H. 1, 1989.

Helga Sciurie, geboren 1940 in Jena. Studium der Kunsterziehung, Kunstgeschichte, Slawistik in Berlin und Jena bei Friedrich Möbius und Peter H. Feist; Forschungen zum russischen Porträt um 1900, zur Kunst in Somalia, zur deutschen mittelalterlichen Skulptur. Habilitation 1988 zur deutschen Skulptur des 13. Jh. Wissenschaftliche Oberassistentin an der Friedrich-Schiller-Universität Jena.

Michaele Siebe, geb. 1960. Studium der Kunstgeschichte, Philosophie und Romanistik. Magisterarbeit zum »Bild der Deutschen in den Karikaturen von Honoré Daumier«. Zur Zeit Promotion in Tübingen zum Thema: Nationale Stereotypenbildung in der Karikatur des 19. Jh.

Thea A. Struchtemeier, geb. 1958 in Hagen, Dipl.-Sozialwissenschaftlerin. Studium der Sozialwissenschaft, Germanistik, Pädagogik und Theologie an der Ruhr-Universität Bochum; zeitweise Gastbesuche an den Universitäten Mainz und Paderborn. Diverse Veröffentlichungen auf dem Gebiet der politischen/Sepulkralkultur (Arbeiter-, Bergbau-, Krieger-, Deserteurdenkmäler und Soldatenfriedhöfe; Friedhofskultur im In- und Ausland) und politischen Theorie (politische Philosophie, Nationalismus, Militärsoziologie, Staatstheorie und Anarchismus). Arbeitet z. Zt. in Paderborn an einer Dissertation über nationale Repräsentationsformen kollektiven Todes im politischen Denken und in der politischen Denkmalskunst im Zeitraum vom 18. bis frühen 20. Jahrhundert in Deutschland und Europa.

Katharina Sykora. Studium der Kunstgeschichte, Romanistik und Pädagogik in Würzburg und Heidelberg. 1983 Promotion über »Das Phänomen des Seriellen als künstlerische Methode von Monet bis zur amerikanischen Pop Art«. 1985–1988 wissenschaftliche Mitarbeiterin am Feministischen Archiv Frankfurt a. M. Lehrbeauftragte an verschiedenen Universitäten. Veröffentlichungen in den Bereichen Film und Bildende Kunst mit dem Schwerpunkt Frauenforschung/Feministische Forschung.

Sabine Tischer, Stuttgart, geb. 1961. Studium der Kunstgeschichte, Archäologie und Ethnologie in Erlangen, Boston und Tübingen. Z. Zt. Magisterarbeit über »Tizians Zyklus der ›Büßer‹ im Ausstattungsprogramm von Schloß Binche (1549). Studien zu Auftrag, Genese und Rezeption«.

Ingrid Wagner-Kantuser, geboren 1953. Erstes und Zweites Staatsexamen für bildende Kunst und Deutsch; Studium der Kunstgeschichte und Germanistik in Berlin. Seit 1980 freie Mitarbeit bei der Konzeption, Organisation und Redaktion von Kunstausstellungen und Katalogen, z. B. 1982 Unbeachtete Produktionsformen Berlin; 1983 Heinrich Vogeler Berlin und Hamburg; Göttinger Kunstmarkt, Berlin, Göttingen, Wuppertal, 1985; Das verborgene Museum, Berlin 1987. 1980–86 Lehraufträge an der Hochschule der Künste Berlin und der Hochschule für Bildende Kunst Braunschweig zum Thema »Frauen und Kunst«. Seit 1986 wissenschaftliche Mitarbeiterin an der Hochschule der Künste, Berlin.

Veröffentlichungen vorwiegend zum Schwerpunkt »Frauen und Kunst«. Derzeit Arbeit an einer Dissertation zum Diskurs um die weibliche Ästhetik und den Körper in den Arbeiten zeitgenössischer Künstlerinnen. Verheiratet, ein Sohn (geb. 1984), lebt in Berlin.

Ulrike Weiss, geb. 1950. Studium der Slavistik, Kunstgeschichte, Kunsterziehung in Heidelberg, Frankfurt und Kassel; eigene Werkstatt für Lithographie; Lehrauftrag für Figürliches Zeichnen (Staatliche Modeschule Stuttgart) und Kunstgeschichte (Fachhochschule Reutlingen); Ausstellungen u. a. in Stuttgart, München, Kirchheim/ Teck, Tübingen, Warschau; Installationen u. Kunstaktionen zu »Identität – Identifikation«; 1984 »Spuren«, Künstlerhaus, Heidelberg, 1985 »Körper – Blicke«, Galerie am Haagtor, Tübingen, 1986 »Madonnen – Identität – Identifikation«, Ammerhofkapelle, Tübingen, 1987 »Dreifaltigkeit der Malerei«, Herbstsalon, Schorndorf, 1988 »Kunst schafft Leben«, Katholische Akademie, Salzburg.

Silke Wenk, geb. 1949. Seit 1985 wissenschaftliche Mitarbeiterin an der Hochschule der Künste Berlin. 1988/89 Gastprofessorin für feministische Kunstwissenschaft an der Gesamthochschule Kassel. – Arbeitsschwerpunkte: Bilder des Weiblichen in und Mythen über Skulptur im 19./20. Jahrhundert; Künstlerinnen-Biographien; Kunst im Faschismus. – Weitere Veröffentlichungen: Die Arbeit eines deutschen Archäologen an der Modernisierung des antiken Ideals, in: Kat. Auf den Spuren der Antike. Bendorf 1985, Geheimrat Dr. Theodor Wiegand und die deutsche Bank: Notizen zum Verhältnis von klassischer Archäologie und Imperialismus an der Wende zum 20. Jhdt. In: Hephaistos 7/8, 1985/86.

Gabriele Werner, geb. 1958, lebt in Berlin. Studium der Kunstgeschichte, Germanistik, Philosophie, Politologie und Pädagogik. 1986 Magisterprüfung in Hamburg, Arbeit über den »Sacro Bosco« des Vicino Orsini (Bomarzo), als »Garten der Lust und Garten der Macht«. Lehraufträge in Braunschweig (Hochschule für Bildende Künste). Seit 1988 eine der Sprecherinnen der Sektion im Ulmer Verein »Frauenforschung in der Kunstwissenschaft«. Veröffentlichungen u. a.: Unsere »soziale Befindlichkeit« kann nicht »salonfähig« werden. Überlegungen entlang der Berichterstattungen über die III. Kunsthistorikerinnen-Tagung in Wien 1986. In: kritische berichte, 16. Jg. H. 1, 1988; Welche Realität meint das Reale? Zu Alfred Hrdlickas Gegendenkmal in Hamburg. Eine Erwiderung auf Dietrich Schubert. In: kritische berichte, 16. Jg., H. 3, 1988. Gegenwärtiger Arbeitsschwerpunkt und Thema der Dissertation: Das Verhältnis von Kunst und Mathematik/Naturwissenschaften in Künstlerprogrammen des 20. Jahrhunderts.

Sachregister

Personenregister